适用于车身修复人员、车身涂装人员

Jidongche Weixiu Jishu Renyuan Congye Zige Kaoshi Zhinan

机动车维修技术人员从业资格考试指南

【模块A、F、G】

机动车维修技术人员从业资格考试指南编委会

模块A：职业道德和法律法规

模块F：车身修复

模块G：车身涂装

人民交通出版社
China Communications Press

内 容 提 要

本书为全国机动车维修技术人员从业资格考试用书，主要依据《中华人民共和国机动车维修技术人员从业资格考试大纲》进行编写。本书共分三篇：模块A（职业道德和法律法规）、模块F（车身修复）、模块G（车身涂装）。书中的每章均按照“章节提要、考纲要求、例题解析、习题及答案”的模式编写。每篇的最后为本模块编写了模拟试题及参考答案。

本书可供报考全国机动车维修技术人员从业资格的车身修复人员和车身涂装人员考前复习使用，从业人员亦可参考。

图书在版编目（CIP）数据

机动车维修技术人员从业资格考试指南（模块A、F、G）/机动车维修技术人员从业资格考试指南编委会主编．—北京：人民交通出版社，2011.4

ISBN 978-7-114-08919-0

Ⅰ.①机… Ⅱ.①机… Ⅲ.①机动车－车辆修理－资格考核－自学参考资料 Ⅳ.①U472.4

中国版本图书馆CIP数据核字（2011）第031037号

书　　名：机动车维修技术人员从业资格考试指南(模块A、F、G)
著 作 者：机动车维修技术人员从业资格考试指南编委会
责任编辑：曹延鹏
出版发行：人民交通出版社
地　　址：(100011) 北京市朝阳区安定门外外馆斜街3号
网　　址：http://www.ccpress.com.cn
销售电话：(010) 59757969，59757973
总 经 销：人民交通出版社发行部
经　　销：各地新华书店
印　　刷：北京鑫正大印刷有限公司
开　　本：787×1092　1/16
印　　张：26.75
字　　数：675千
版　　次：2011年4月　第1版
印　　次：2011年4月　第1次印刷
书　　号：ISBN 978-7-114-08919-0
定　　价：56.00元

机动车维修技术人员从业资格考试指南
审定委员会

主　任：杨　清

副主任：冯海波　李显生　刘浩学　华玉岩　吴东风　王　忠　席金波

成　员（按姓氏笔画排序）：

于先滋　方学立　王　铮　冯增平　安　宁　吕万民　朱　军
李云峰　李　敏　李　森　张忠文　张胜伟　张　真　项继春
秦振彪　徐红梅　徐殿忠　韩春晓

机动车维修技术人员从业资格考试指南
编写委员会

主　任：李晓峰

副主任：张西振

成　员（按姓氏笔画排序）：

王晓峰　石俊东　刘　洋　曲昌辉　陈先成　李东光　李　娟
宋孟辉　吴兴敏　杨克勤　杨洪庆　杨艳芬　张立新　张玉凤
张成利　张振国　单　迪　武志强　信元昕　赵锦鹏　高　峰
郭大民　奚延明　崔　震　康宏卓　缑　敏　鞠　峰

前言

交通运输部颁布实施的《道路运输从业人员管理规定》，规定了机动车维修技术负责人、质量检验员、机修人员、电器维修人员、钣金（车身修复）、涂漆（车身涂装）人员、车辆技术评估（含检测）人员实行从业资格考试制度。《中华人民共和国机动车维修技术人员从业资格考试大纲》明确了考试内容、合格标准及考试范围。机动车维修技术人员从业资格考试制度的实施，对于加强我国机动车维修技术人员从业资格管理、提高机动车维修技术人员素质和车辆维修质量具有十分重要的意义。

为了配合交通运输部机动车维修技术人员从业资格考试，帮助广大应考人员系统地学习相关知识，在较短时间内掌握考试内容，顺利地通过考试，我们按照《中华人民共和国机动车维修技术人员从业资格考试大纲》的要求，组织编写了《机动车维修技术人员从业资格考试指南》。本套丛书共有五册：

1.《机动车维修技术人员从业资格考试指南（模块A、D）》。

模块A：职业道德和法律法规；模块D：发动机与底盘检修技术。

2.《机动车维修技术人员从业资格考试指南（模块A、E）》。

模块E：电器维修技术。

3.《机动车维修技术人员从业资格考试指南（模块A、B、C、H）》。

模块B：技术质量管理；模块C：维修检验技术；模块H：车辆技术评估。

4.《机动车维修技术人员从业资格考试指南（模块A、F、G）》。

模块F：车身修复；模块G：车身涂装。

5.《机动车维修技术人员从业资格考试指南（技能考核指导书）》。

本套丛书按照“章节提要、考纲要求、例题解析、习题及答案”的模式编写，并附有模拟试题及答案。模拟试题每套为80题，按照考试大纲的要求分为判断题、单项选择题和多项选择题三种题型，分别为30题、30题、20题。

本套丛书适用于上述人员的自学和培训教育，是机动车维修技术人员从业资格考试的配套教材。

由于编者水平有限，加之编写时间仓促，书中难免存在疏漏和不妥之处，诚请广大读者批评指正。北京华育通盛文化发展有限公司、辽宁省道路运输协会等单位在本套丛书编写和审定过程中也做了大量工作，在此深表感谢。

最后，预祝广大应考人员顺利通过机动车维修技术人员从业资格考试。

机动车维修技术人员从业资格考试指南编委会

二〇一一年三月

目录

第一篇　模块A：职业道德和法律法规

第二篇　模块F：车身修复

第三篇　模块G：车身涂装

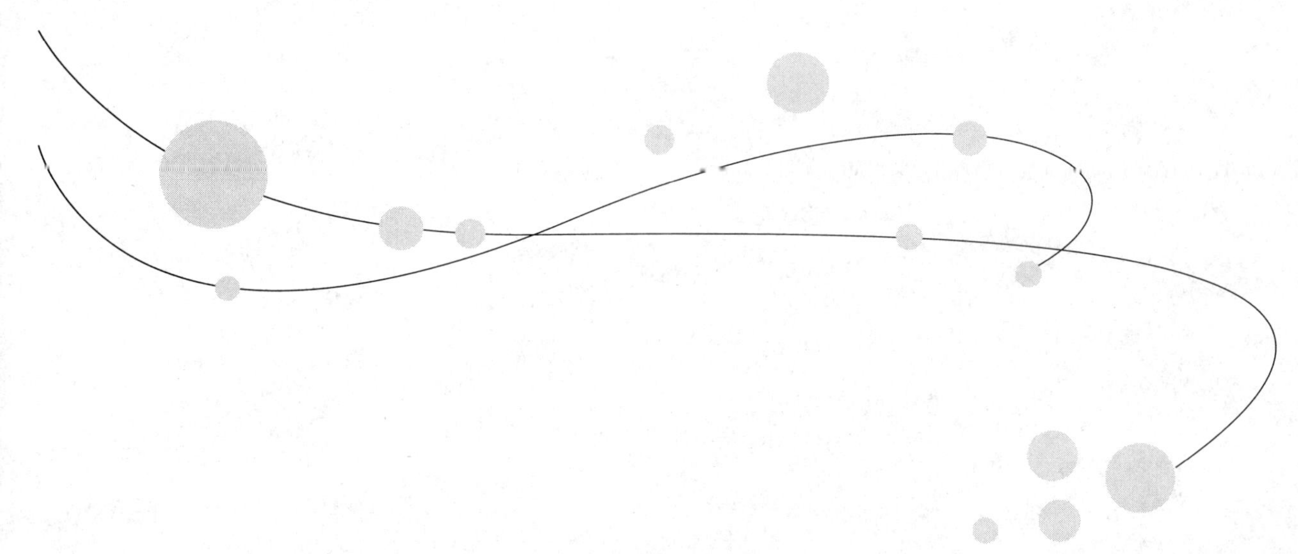

模块A
职业道德和法律法规

第1章 机动车维修从业人员职业道德

第一节 机动车维修职业道德

本节提要

1. 熟悉职业和职业道德的含义；
2. 掌握社会主义道德的内涵；
3. 掌握职业道德的特点、作用和标准；
4. 掌握机动车维修职业道德范畴；
5. 了解机动车维修职业道德社会性；
6. 掌握机动车维修从业人员职业道德规范。

考纲要求

1. 职业是社会成员对社会所承担的责任和工作，具有一定的社会责任性。在现实生活中，人们习惯于把每个人在社会中所从事的并作为主要生活来源的工作称之为职业。

2. 为了规范从业人员的职业行为，确保职业活动的正常进行，必须建立用于调整职业生活中发生的各种关系的职业道德规范。

3. 职业道德是所有从业人员在职业活动中应该遵守的行为准则，涵盖了从业人员与服务对象、职业与职工、职业与职业之间的关系。

4. 整个社会对从业人员职业观念、职业态度、职业技能、职业纪律和职业作风的要求越来越高。

5. 职业道德不仅是从业人员在职业活动中的行为标准和要求，而且也是本行业对社会所承担的道德责任和义务。

6. 在内容方面，职业道德必须鲜明地表达职业义务、职业责任以及职业行为上的道德准则；它往往表现为某一职业特有的道德传统和道德习惯，表现为从事某一职业的人们所特有的道德心理和道德品质。

7. 在表现形式方面，职业道德往往比较具体、灵活、多样。采用制度、守则、公约、承诺、誓言、条例，以及标语口号之类的形式，以便于从业人员所接受和实施，也有利于形成一种职业的道德习惯。

8. 职业道德的基本职能是调节职能。从调节范围来看，一方面，职业道德可以用来调节从业人员内部关系，加强职业、行业内部人员的凝聚力；另一方面，也可以用来调节从业人员与服务对象之间的关系，用来塑造本职业从业人员的形象。

9. 从产生的效果看，职业道德既能使一定的社会或阶级的道德原则和规范“职业化”，又能使个人道德品质“成熟化”。任何一种形式的职业道德，都在不同程度上体现着阶级道德或社会道德的要求。

10. 职业道德与各种职业要求和职业生活结合，具有较强的稳定性和连续性，形成从业人员比较稳定的职业心理和职业习惯，影响道德主体的道德风貌。

11. 社会主义职业道德是建立在社会主义经济基础上的、以共产主义道德为指导的新型职业道德。为人民服务是社会主义职业道德的集中体现，也是“爱岗敬业、诚实守信、办事公道、服务群众、奉献社会”的社会主义职业道德的核心内容。

12. 在社会主义社会中，无论从事哪一种职业都是为人民服务。各种职业的从业人员处在共同理想指导下建立起来的平等、互助、团结、友爱的关系中。在社会主义社会中，人人都是服务对象，人人又都是为他人服务。

13. 社会主义职业道德体现了公民权利与义务相统一的精神和“我为人人、人人为我”的原则。

14. 社会主义职业道德成为调整社会主义社会中职业与职业，以及职业内部利益关系的调节器，成为激励从业人员提高职业认识、培养职业感情、锻炼职业意志、树立职业理想、遵守职业纪律，以及做好本职工作的强大精神力量。

15. 每种职业都担负着一种特定的职业责任和职业义务。

16. 社会主义社会一切职业规范的形成，都贯穿着社会主义、共产主义道德的原则和要求。用社会主义职业道德规范约束从业者的职业生活和职业行为，就为人们进行社会主义道德实践活动提供了极大的可能性和现实性。

17. 《公民道德建设实施纲要》规定，社会主义道德建设要坚持以爱祖国、爱人民、爱劳动、爱科学、爱社会主义为基本要求。

18. 职业道德具有以下特点：适用范围的有限性；发展历史的继承性；表达形式的多样性；贯彻执行的纪律性。

19. 职业具有不断发展和世代延续的特征。职业道德具有发展的历史继承性。

20. 纪律也是一种行为规范，但它是介于法律和道德之间的一种特殊的规范，兼有道德和法律的双重色彩，具有法令的要求。职业道德具有纪律的规范性。

21. 职业道德是社会道德体系的重要组成部分，它既具有社会道德的一般作用，又具有自身的特殊作用，具体表现为：有助于调节从业人员内部以及从业人员与服务对象间的关系；有助于维护和提高本行业的信誉；有助于促进本行业的发展；有助于提高全社会的道德水平。

22. 提高企业的信誉主要靠产品的质量和服务质量，而从业人员高尚的职业道德是产品质量和服务质量的有效保证。

23. 员工素质主要包含知识、能力、责任心等三个方面，其中责任心是最重要的。

24. 为人民服务是社会主义职业道德的最高标准，是职业道德的核心。

25. 邓小平同志曾经指出：人民满意不满意，人民高兴不高兴，人民赞成不赞成，应当成为衡量我们一切工作与言行的标准。

26. 《公民道德建设实施纲要》把“服务群众，奉献社会”作为公民职业道德建设的重要内容鲜明地提了出来。

27. 各种职业活动的属性和目的不是任意确定的，而要基于人民群众的需要；职业活动的价值评价标准也不是出自从业者的主观臆断，而是掌握在其所服务的对象——人民群众手中。

28. 在任何职业活动中，都必须始终坚持为人民服务的宗旨，树立“以服务人民为荣，以背离人民为耻”的社会主义荣辱观。

29. 为人民服务体现了社会主义道德的实质。社会主义道德达到了目的和手段、权利和义务四者的统一。

30. 在社会主义社会，为人民服务既是目的，又是手段；人民既是权利和义务的主体，也是权利和义务的客体。

31. 为人民服务是履行职业职责的精神动力和衡量职业行为善恶的最高标准。

32. 普通劳动者只要诚实劳动，忠于职守，公平交易，按劳取酬，履行公民义务，热心社会公益事业，也属于为人民服务的范畴。

33. 机动车维修职业道德范畴主要有机动车维修职业的义务和良心、机动车维修职业信誉和尊严、机动车维修职业责任和情感等几个方面。

34. 我国机动车维修职业和机动车维修从业人员应承担和履行的职业义务是：热爱机动车维修业，献身机动车维修业，确保道路运输车辆技术状况完好，努力发展交通运输。

35. 在实际工作中自觉自愿地履行职业责任，这就是一种道德行为，就是履行机动车维修职业义务的表现。

36. 机动车维修业是道路运输事业的保障体系，是发展现代化交通运输业的重要组成部分，与社会责任相联系。

37. 当机动车维修从业人员认识到自己的职业责任，从而产生积极推动机动车维修行业发展进步的使命感和责任感，并落实到修车行为上，在实际工作中自觉自愿地履行职业责任，这就是一种道德行为，就是履行机动车维修职业义务的表现。

38. 机动车维修职业良心主要有两层含义：一是机动车维修从业人员内心对机动车维修、对服务对象的强烈的道德责任感；二是机动车维修从业人员依据机动车维修职业道德的基本要求进行自我表现评价的能力。

39. 机动车维修职业信誉,包括机动车维修职业的信用和名誉，它表现为社会对机动车维修职业的信任感和机动车维修职业在社会生活中的声誉。

40. 机动车维修职业尊严是指社会或他人对机动车维修职业的尊重，也指机动车维修员对机动车维修职业的尊重和爱护；职业尊严是职业形象内在素质的客观反映，与职业义务、职业责任、职业纪律、职业道德有紧密联系。

41. 机动车维修职业道德反映的是机动车维修职业与其他职业之间、机动车维修与社会之间、机动车维修职业内部职工之间最本质、最重要、最普遍的职业道德关系。

42. 机动车维修职业责任是指机动车维修从业人员所承担的社会责任。机动车维修职业所承担的社会责任具体地讲，就是对机动车技术状况负责，对托修方负责。从宏观上讲，就是承担着保障道路运输事业发展的重大职能。

43. 在机动车维修职业活动中，对学习掌握维修技术缺乏积极性，对机动车维修工作马马虎虎，以至出现机动车维修质量低劣等现象，就是缺乏机动车维修职业情感的具体反映。

44. 我国机动车维修职业道德的社会责任是：恢复和提高机动车技术状况，保证安全生产，充分发挥机动车的效能和降低运行消耗。

45. 机动车维修人员为社会提供的不是实物形态的产品，而是维修服务。

46. 精工细作、完工及时、安全可靠、优质高效地向用户提供维修合格的车辆是每一个机动车维修从业人员的基本职业责任。

47. 机动车维修职业最明显的特征就是以其技术上的可靠性，恢复汽车的使用性能，使汽车能正常运行。

48. 维修企业内部各层次、各环节、各工种之间存在着十分密切的关系，需要相互衔接和配合。

49. 机动车维修工作是一项技术性强、安全要求高的工作，加之机动车维修人员都掌握着一定的修理技术，有于人于己的“方便”之处。这一特点客观上又向从业人员提出了遵章守纪、规范操作、廉洁自律、克己奉公、不谋私利、维护国家和集体利益的基本要求。

50. 机动车维修业是我国道路运输业的组成部分，是为道路运输和人们出行服务的。我国道路运输生产活动的社会性质，决定了机动车维修职业的利益与社会利益的一致性。

51. 机动车维修从业人员职业道德规范，是指机动车维修从业人员在机动车维修工作中必须遵循的职业道德准则和行为规范。每一位机动车维修从业人员都要自觉遵守以爱岗敬业、诚实守信、办事公道、服务群众、奉献社会为主要内容的职业道德。

52. 机动车维修职业尊严可以使从业人员自我控制和支配职业行为，使自己的一举一动都从维护机动车维修职业尊严出发，避免发生不利于或有损职业尊严的行为。

53. 爱岗敬业是为人民服务思想和集体主义精神的具体体现，是社会主义职业道德规范的基础。爱岗是对人们工作态度的一种普遍要求。敬业就是用一种严肃的态度对待自己的工作。

54. 在工作实践中，爱岗敬业实际上是衡量一个从业人员是否合格、是否优秀的重要标准。

55. 所谓敬业就是用一种严肃的态度对待自己的工作，勤勤恳恳、兢兢业业、忠于职守、尽职尽责。敬业包含两层含义：一为谋生敬业；二为真正认识到自己工作的意义而敬业。

56. 爱岗是敬业的基础，敬业是爱岗的具体表现；爱岗敬业是为人民服务精神的具体体现。

57. 爱岗敬业不仅仅是一句口号、一种精神，在工作实践中，爱岗敬业实际上是衡量一个从业人员是否合格、是否优秀的重要标准。

58. 爱岗敬业对于机动车维修从业人员的具体要求是：严守岗位、尽心尽责、注重务实、服务行业，兢兢业业地干好机动车维修各个岗位的本职工作，积极为机动车维修行业发展、为整个道路运输业发展服务，从而达到为人民服务的最终目的。

59. 诚实守信是忠诚老实、信守诺言，是为人处事的一种美德。诚实和守信两者意思是相通的，是互相联系在一起的。诚实是守信的基础，守信是诚实的具体表现。

60. 诚实守信是任何一个从业人员应遵守的职业道德，也是每一个行业树立形象的根本；在从事机动车维修工作时，机动车维修从业人员既代表个人，又代表了企业，甚至代表了整个机动车维修行业和道路运输业的形象。

61. 诚实守信是任何一个从业人员都应遵守的职业道德，也是行业树立形象的根本。

62. 无论对什么样的客户都同样热情，是在机动车维修服务过程中“办事公道”的具体体现。

63. 办事公道是衡量每一位机动车维修从业人员职业道德水平的重要标志，身体力行特别是机动车维修企业负责人、技术负责人、质量检验员和车辆技术评估人员，尤其要做到。

64. 在职业活动中的公正公平，是为了保证每个人在社会上的合法地位和平等权利。

65. 办事公道对于机动车维修从业人员的具体要求：一是依法办事，严格按照机动车维修标准和规范，进行机动车维修作业，自觉维护工艺的严肃性，保证机动车维修质量；二是裁量公正，机动车维修质量检验、车辆技术评估的结论要公正、准确，维护消费者的合法权益，维护企业的声誉；三是尽职尽责，敢于依法管理、敢于承担责任、敢于承担风险，把严格管理建立在热爱本职工作的基础上，不怕困难、不回避矛盾，坚持原则，任劳任怨，以对党和国家、对行业、对人民高度负责的精神，恪尽职守，保证机动车维修质量和服务水平。

66. 服务群众是党的群众路线在社会主义职业道德方面的具体表现。

67. 所谓服务群众就是为人民群众服务。服务群众是为人民服务精神的直接表达。

68. 一切依靠人民群众，一切服务于人民群众，是我们党的群众路线的重要内容。服务群众是党的群众路线在社会主义职业道德方面的具体表现，这也是社会主义职业道德与私有制社会职业道德的分水岭。

69. 服务群众对于机动车维修从业人员的具体要求：首先，要真正做到服务群众，不仅要树立服务群众的观念，还要将群众观念落实到机动车维修职业活动中去。其次，还要认真钻研业务，具备为群众服务的技能。

70. 奉献社会，就是全心全意为社会作贡献，这是为人民服务精神的最高体现。

71. 所谓奉献，就是不期望等价的回报和酬劳，而愿意为他人、为社会、为真理、为正义献出自己的力量，包括宝贵的生命。奉献社会不仅有明确的信念，而且有崇高的行为。

72. 奉献社会是职业道德中的最高境界。奉献社会是一种人生境界，是一种融合在事业中的高尚人格。

73. 在市场经济条件下，倡导无私奉献的精神，可以使企业和个人改善服务质量，提高信誉程度，增强竞争实力，从而赢得顾客，赢得市场。

74. 奉献社会对于机动车维修从业人员的具体要求是：以本业为荣，以本职为乐，积极为机动车维修行业发展奉献出自己的力量，不能只讲索取，不讲奉献。

75. 在机动车维修服务工作中，不计名利、勇于吃苦、任劳任怨，用“毫不利己，专门利人”的精神，最大限度地满足服务对象的需求，在奉献中充分体现自己的人生价值，就能实现全心全意为人民服务。

76. 奉献社会的精神主要强调的是一种忘我的全身投入的精神。

77. 与爱岗敬业、诚实守信、办事公道、服务群众这四项规范相比较，奉献社会是职业道德中的最高要求，同时也是做人的最高境界。

78. 爱岗敬业、诚实守信是对从业人员职业行为的基本要求，达不到这两项要求，就很难做好工作；办事公道、服务群众比前两项要求更高了一些，需要有一定的道德修养作基础；奉献社会，则是这五项要求中最高的，一个人只要达到一心为社会作奉献的境界，他的工作就必然能做得很好，就能实现全心全意为人民服务。

例题解析

1 判断题

例题：爱岗敬业不仅仅是一句口号、一种精神，在工作实践中，爱岗敬业实际上是衡量一个从业人员是否合格、是否优秀的重要标准。（　）

解析：此题为判断题，如果此题正确应（√），错误应（×）。此题是考核机动车维修从业人员职业道德规范中爱岗敬业的内涵。爱岗是对人们工作态度的一种普遍要求；敬业就是用一种严肃的态度对待自己的工作。热爱机动车维修工作，是机动车维修从业人员职业道德规范的首要内容。它反映了机动车维修从业人员对职业价值的正确认识和对所从事职业的真挚感情。一个人只有先爱岗位，热爱自己所从事的工作，才能有高尚的职业道德。因此，爱岗敬业实际上是衡量一个从业人员是否合格、是否优秀的重要标准。此题为（√）。

2 单项选择题

例题：在工作实践中，（　　）实际上是衡量一个从业人员是否合格、是否优秀的重要标准。

A. 诚实守信　　B. 爱岗敬业　　C. 办事公道

解析：此题为单项选择题，只有一个正确答案，将选择的正确答案填在（　　）内。此题是考核机动车维修从业人员职业道德规范方面的内容。机动车维修从业人员职业道德规范，是指机动车维修从业人员在机动车维修工作中必须遵循的职业道德准则和行为规范。每一位机动车维修从业人员都要自觉遵守以爱岗敬业、诚实守信、办事公道、服务群众、奉献社会为主要内容的职业道德，为机动车维修业的发展作出奉献。而爱岗敬业实际上是衡量一个从业人员是否合格、是否优秀的重要标准。所以此题答案为（ B ）。

3 多项选择题

例题：员工素质主要包含（　　）方面。

A. 知识　　B. 能力　　C. 进取心　　D. 责任心

解析：此题为多项选择题，有一个或多个正确答案，将选择的正确答案填在（　　）内。此题是考核职业道德的作用中职业道德有助于促进本行业发展的作用。作为机动车从业人员应明确行业或企业的发展有赖于高的经济效益，而高的经济效益源于高的员工素质。员工素质主要包含知识、能力、责任心三个方面，其中责任心是最重要的。所以此题答案是（ABD）。

习题及答案

一 习题

（一）判断题

1. 职业是社会成员对社会所承担的职责和工作。　（　）
2. 人们通常将所从事的、作为主要生活来源的工作称之为职业。　（　）
3. 职业道德是从业人员在职业活动中应该遵循的行为准则。　（　）
4. 职业道德体现了行业对社会所承担的道德责任和义务。　（　）
5. 职业道德表现为从事某一职业的人们所特有的道德心理和道德品质。　（　）
6. 职业道德与个人的道德品质没有必然联系。　（　）
7. 职业道德能使个人的道德品质“成熟化”。　（　）
8. 职业道德可以帮助从业人员形成比较稳定的职业心理和职业习惯。　（　）

9. 职业道德在很大程度上会影响整个社会的道德风貌。（ ）

10. 职业道德往往采用制度、守则、公约、承诺、誓言、条例、口号等表现形式。（ ）

11. 职业道德是从业人员工作态度和价值观念的表现。（ ）

12. 社会主义职业道德是一种新型职业道德。（ ）

13. 社会主义职业道德体现了公民权利与义务相统一的精神。（ ）

14. 用社会主义职业道德规范约束从业者的职业行为，是社会主义建设的需要。（ ）

15. 从业人员职业道德水平的高低影响职业形象，与产品质量和服务质量关系不大。（ ）

16. 整个社会对从业人员职业观念、职业态度、职业技能、职业纪律和职业作风的要求越来越高。（ ）

17. 社会主义职业道德建设要以为人民服务、维护广大人民群众的最大利益为出发点和根本目的。（ ）

18. 为人民服务是社会主义职业道德的最高标准。（ ）

19.《公民道德建设实施纲要》把“服务群众，奉献社会”作为公民职业道德建设的重要内容鲜明地提了出来。（ ）

20. 各种职业活动的属性和目的不是任意确定的，而要基于人民群众的需要；职业活动的价值评价标准也不是出自从业者的主观臆断，而是掌握在其所服务的对象——人民群众手中。（ ）

21. 在任何职业活动中，都必须始终坚持为人民服务的宗旨，树立“以服务人民为荣，以背离人民为耻”的社会主义荣辱观。（ ）

22. 机动车维修职业道德规范可以用来调节承修、托修双方之间的关系。（ ）

23. 机动车维修职业道德反映了机动车维修职业与其他职业之间、机动车维修与社会之间、机动车维修职业内部职工之间的职业道德关系。（ ）

24. 机动车维修从业人员内心对机动车维修业、对服务对象强烈的道德责任感是机动车维修职业良心的含义之一。（ ）

25. 在机动车维修职业活动中，对学习掌握维修技术缺乏积极性，对机动车维修工作马马虎虎，以至出现机动车维修质量低劣等现象，就是缺乏机动车维修职业情感的具体反映。（ ）

26. 机动车维修职业信誉表现为社会对机动车维修职业的信任感和机动车维修在社会生活中的声誉。（ ）

27. 机动车维修职业尊严是机动车维修职业形象受到社会尊重程度的客观反映。（ ）

28. 精工细作、完工及时、安全可靠、优质高效地向用户提供维修服务，是机动车维修从业人员的基本职业责任。（ ）

29. 机动车维修企业需要从业人员团结协作的精神。（ ）

30. 机动车维修技术人员可以利用所掌握的维修技术，利用工作之便为自己谋利。（ ）

31. 维护国家和集体利益是职业道德的基本要求。（ ）

32. 机动车维修从业人员按规范操作，不需要精打细算、点滴节约。（ ）

33. 敬业就是兢兢业业、忠于职守。（ ）

34. 敬业是爱岗的基础。（ ）

35. 爱岗敬业是衡量一个从业人员是否优秀的重要标准。（ ）

36. 诚实守信就是忠诚老实、信守承诺，是为人处事的一种美德。（ ）

37. 诚实是守信的具体表现。（ ）

38. 机动车维修严格执行国家、地方标准及行业相关的法律、法规、规章和规范，是从业人员对托修方诚实守信的基本体现。（ ）

39. 失信会在短时间内牟取暴利，因此商业欺诈也不失为一种竞争手段。（ ）

40. 机动车维修从业人员不能诚实守信会直接影响企业的诚信度。（ ）

41. “办事公道”是对有一定权力的领导提出的，与一般从业人员无关。（ ）

42. 无论对什么样的客户都同样热情，是在机动车维修服务过程中“办事公道”的具体体现。（ ）

43. 服务群众是党的群众路线在社会主义职业道德方面的具体表现。（ ）

44. 奉献就是不期望等价的回报和酬劳，而愿意为他人、为社会、为真理、为正义献出自己的力量，包括宝贵的生命。（ ）

45. 奉献精神是一种融合在事业中的高尚人格。（ ）

46. 在机动车维修服务工作中，不计名利、勇于吃苦、任劳任怨，最大限度地满足服务对象的需求，是“为人民服务”的具体体现。（ ）

47. 在市场经济条件下，倡导无私奉献的精神，目的是使企业减少劳动力成本。（ ）

48. 一个人只要达到一心为社会奉献的境界，就有刻苦钻研的精神，就能实现全心全意为人民服务。（ ）

49. 奉献社会对于机动车维修从业人员的具体要求是：以本业为荣，以本职为乐，积极为机动车维修行业发展奉献出自己的力量。（ ）

50. 爱岗敬业不仅仅是一句口号、一种精神，在工作实践中，爱岗敬业实际上是衡量一个从业人员是否合格、是否优秀的重要标准。（ ）

51. 普通劳动者只要诚实劳动，忠于职守，公平交易，按劳取酬，履行公民义务，热心社会公益事业，也属于为人民服务的范畴。（ ）

52. 机动车维修业是道路运输事业的保障体系，是发展现代化交通运输业的重要组成部分，与社会责任没有联系。（ ）

53. 机动车维修人员为社会提供的不是实物形态的产品，而是维修服务。（ ）

（二）单项选择题

1. 为了规范从业人员的职业行为，确保职业活动的正常进行，必须建立用于调整职业生活中发生的各种关系的（ ）。

A. 职业规范　B. 职业道德规范　C. 职业道德

2. 职业具有一定的（ ）。

A. 社会责任性　B. 社会公益性　C. 社会实践性

3.《公民道德建设实施纲要》规定，社会主义道德建设要坚持以为人民服务为（ ）。

A. 原则　B. 核心　C. 基本要求

4.（ ）是社会主义道德的集中体现，也是社会主义职业道德的核心内容。

A. 爱岗敬业　B. 诚实守信　C. 为人民服务

5. 社会主义职业道德体现了（　）的精神和“我为人人、人人为我”的原则。

A. 公民权利与义务相统一

B. 公民权利与义务相协调

C. 公民权利与义务互为补充

6. 纪律是介于法律与道德之间的一种（　），它既要求人们能自觉遵守，又带有一定的强制性。

A. 法令　　B. 制度　　C. 行为规范

7. 职业道德的基本职能是（　）。

A. 服务职能　　B. 调节职能　　C. 保证职能

8.《公民道德建设实施纲要》规定，社会主义道德建设要坚持以爱祖国、爱人民、爱劳动、爱科学、爱社会主义为（　）。

A. 基本要求　　B. 核心　　C. 原则

9. 在实际工作中自觉自愿地履行职业责任，就是（　）的具体表现。

A. 完成生产任务

B. 履行机动车维修职业义务

C. 遵纪守法

10. 依据机动车维修职业道德的基本要求进行自我评价的能力，是机动车维修（　）的含义之一。

A. 职业义务　　B. 职业责任　　C. 职业良心

11. 机动车维修职业所承担的社会责任从宏观上讲，具有（　）的职能。

A. 保障机动车技术状况

B. 保障托修方利益

C. 保障道路运输事业发展

12. 机动车维修职业所承担的社会责任具体地讲就是（　）。

A. 对机动车技术状况负责，对托修方负责

B. 机动车维修职业能力

C. 爱岗敬业、诚实守信、办事公道、服务群众、奉献社会

13. 机动车维修从业人员应自觉控制和支配职业行为，努力维护机动车维修的（　）。

A. 职业尊严　　B. 职业良心　　C. 职业义务

14. 在工作实践中，（　）实际上是衡量一个从业人员是否合格、是否优秀的重要标准。

A. 诚实守信　　B. 爱岗敬业　　C. 办事公道

15. 诚实守信是任何一个从业人员都应遵守的职业道德，也是行业树立形象的（　）。

A. 基本要求　　B. 根本　　C. 职业责任

16. 恢复机动车技术状况，保证安全生产，充分发挥机动车的效能和降低运行消耗，是我国机动车维修职业的（　）。

A. 质量要求　　B. 评价标准　　C. 社会责任

17. 机动车维修最主要的特征就是以其（　），恢复汽车的使用性能，使汽车能正常运行。

A. 服务的周到性　　B. 技术的可靠性　　C. 设施的完备性

18. 机动车维修从业人员职业道德规范是指机动车维修从业人员在机动车维修工作中（　）的职业道德准则和行为规范。

A. 必须遵循　　B. 努力提倡　　C. 积极推广

19. 爱岗是敬业的（　）。

A. 结果　　B. 体现　　C. 基础

20. 敬业是爱岗的（　）。

A. 结果　　B. 具体体现　　C. 基础

21. 严守岗位、尽心尽责、注重务实、兢兢业业地做好机动车维修各个岗位的本职工作，是（　）对于机动车维修从业人员的具体要求。

A. 爱岗敬业　　B. 诚实守信　　C. 奉献社会

22. 办事公道是衡量机动车维修从业人员（　）水平的重要标志。

A. 政策　　B. 职业道德　　C. 领导

23. 在职业活动中做到（　），是为了保证每个人在社会上的合法地位和平等权利。

A. 公正公平　　B. 廉洁奉公　　C. 团结协作

24. 服务群众是（　）的直接表达。

A. 党的群众路线　　B. 共产主义理想　　C. 为人民服务精神

25. 认真钻研业务、提高工作技能是在服务群众方面对于机动车维修从业人员的（　）。

A. 基本条件　　B. 具体要求　　C. 具体体现

26. 在机动车维修服务工作中，不计名利、勇于吃苦、任劳任怨，最大限度地满足服务对象的需求，积极为机动车维修行业发展奉献出自己的力量，这是（　）对于机动车维修从业人员的具体要求。

A. 爱岗敬业　　B. 诚实守信　　C. 奉献社会

27. 奉献社会就是（　）。

A. 大公无私的情怀　　B. 克己奉公的品德　　C. 全心全意为社会作贡献

28. 与爱岗敬业、诚实守信、办事公道、服务群众这四项道德规范相比较，奉献社会是职业道德中的（　），同时也是做人的最高境界。

A. 最高要求　　B. 基本要求　　C. 严格要求

29. 爱岗敬业、诚实守信是对从业人员职业行为的（　）。

A. 最高要求　　B. 基础要求　　C. 严格要求

30. 奉献社会的精神主要强调的是一种（　）的精神。

A. 兢兢业业　　B. 任劳任怨　　C. 忘我的全身心投入

(三) 多项选择题

1. 建立职业道德规范用于（　　）。

A. 强化人们的法制观念

B. 规范从业人员的职业行为

C. 调整职业生活中发生的各种关系

D. 确保职业活动正常进行

2. 职业道德涵盖了（　）之间的关系。

A. 职工与家庭　　B. 职业与职工

C. 职业与职业　　D. 从业人员与服务对象

3. 整个社会对从业人员（　　）和职业作风的要求越来越高。

A. 职业观念　　B. 职业态度　　C. 职业技能　　D. 职业纪律

4. 在内容方面，职业道德必须鲜明地表达（　　）方面的道德准则。

A. 职业义务　B. 职业责任　C. 职业行为　D. 职业生涯

5.（　　）是职业道德的具体表现形式。

A. 法律　B. 守则　C. 公约　D. 技术标准

6. 职业道德具有以下特点：（　　）。

A. 适用范围的有限性　B. 发展历史的继承性

C. 表达形式的多样性　D. 贯彻执行的纪律性

7. 从调节范围来看，职业道德可以用来调节（　　）。

A. 从业人员内部关系，加强职业、行业内部人员的凝聚力

B. 从业人员与服务对象之间的关系，用来塑造本职业从业人员的形象

C. 从业人员与企业组织之间的关系，提高企业的整体创造力和竞争力

D. 企业组织和服务对象之间的关系，创造和谐消费环境，提高企业的信誉度

8. 职业道德是社会道德体系的重要组成部分，它既具有社会道德的一般作用，又具有自身的特殊作用，具体表现为：（　　）。

A. 有助于调节从业人员内部以及从业人员与服务对象间的关系

B. 有助于维护和提高本行业的信誉

C. 有助于促进本行业的发展

D. 有助于提高全社会的道德水平

9. 机动车维修职业活动中，下列（　　）就是缺乏机动车维修职业情感的具体反映。

A. 对学习掌握维修技术缺乏积极性

B. 对机动车维修工作马马虎虎

C. 出现机动车维修质量低劣现象

D. 不使用检测设备对车辆进行故障检测

10. 我国机动车维修职业的社会责任主要是：（　　）。

A. 恢复机动车技术性能　B. 保证安全生产

C. 充分发挥机动车的效能和降低运行消耗　D. 为汽车制造业作贡献

11. 机动车维修职业道德反映的是（　　）之间最本质、最重要、最普遍的职业道德关系。

A. 机动车维修职业与其他职业　B. 机动车维修与社会

C. 机动车维修职业内部职工　D. 机动车维修企业与机动车维修企业

12. 每一位机动车维修从业人员都要自觉遵守以爱岗敬业、（　　）为主要内容的职业道德，为机动车维修业的发展作出贡献。

A. 诚实守信　B. 办事公道　C. 服务群众　D. 奉献社会

13.《公民道德建设实施纲要》把“（　　）”作为公民职业道德建设的重要内容。

A. 服务群众　B. 公平竞争　C. 爱岗敬业　D. 奉献社会

14. 机动车维修从业人员的职业道德义务，主要体现为从业人员内心推动行业发展进步的（　　）。

A. 责任感　B. 荣誉感　C. 使命感　D. 自豪感

15. 职业尊严与（　　）有密切关系。

A. 职业义务　B. 职业责任　C. 职业纪律　D. 职业道德

16. 机动车维修的社会责任具体讲就是对（　　）负责。

A. 机动车技术状况　B. 托修方　C. 企业员工　D. 本企业

17. 机动车维修职业道德的主要内容包括爱岗敬业、诚实守信、（　　）。

A. 办事公道　　B. 服务群众　　C. 不怕困难　　D. 奉献社会

二 习题答案

（一）判断题

1. ✓　2. ✓　3. ✓　4. ✓　5. ✓　6. ×　7. ✓　8. ✓　9. ✓　10. ✓
11. ✓　12. ✓　13. ✓　14. ✓　15. ×　16. ✓　17. ✓　18. ✓　19. ✓　20. ✓
21. ✓　22. ✓　23. ✓　24. ✓　25. ✓　26. ✓　27. ✓　28. ✓　29. ✓　30. ×
31. ✓　32. ×　33. ✓　34. ×　35. ✓　36. ✓　37. ✓　38. ✓　39. ×　40. ✓
41. ×　42. ✓　43. ✓　44. ✓　45. ✓　46. ✓　47. ×　48. ✓　49. ✓　50. ✓
51. ✓　52. ×　53. ✓

（二）单项选择题

1. B　2. A　3. B　4. C　5. A　6. C　7. B　8. A　9. B　10. C
11. C　12. A　13. A　14. B　15. B　16. C　17. B　18. A　19. C　20. B
21. A　22. B　23. A　24. C　25. B　26. C　27. C　28. A　29. B　30. C

（三）多项选择题

1. BCD　2. ABC　3. ABCD　4. ABC　5. BC
6. ABCD　7. AB　8. ABCD　9. ABC　10. ABC
11. ABC　12. ABCD　13. AD　14. BD　15. ABCD
16. AB　17. ABD

第二节　机动车维修行规行约

本节提要

1. 掌握八条行规行约的具体内容；
2. 掌握行规行约中对“守法经营、接受监督，诚信为本、公平竞争”的要求；
3. 掌握行规行约中对“尊重客户、热忱服务，弘扬职业道德、建设精神文明”的要求；
4. 掌握行规行约中对“规范操作、保证质量，文明生产、保护环境”的要求；
5. 掌握行规行约中对“自我管理、自我发展，科技兴业、开拓创新”的要求。

考纲要求

1. 2003年，中国汽车维修行业协会制定了《全国汽车维修行业行为规范公约》，其主要内容为：守法经营，接受监督；诚信为本，公平竞争；尊重客户，热忱服务；弘扬职业道德，建设精神文明；规范操作，保证质量；文明生产，保护环境；自我管理，自我发展；科技兴业，开拓创新等八个方面。

2. 下面情况属于“守法经营，接受监督”的范畴：全面公开机动车维修作业规范、收费标准、监督电话；严格按照国家有关规定合理结算费用，依法开具发票；自觉接受行政监督、舆论监督、社会监督。

3. 下面情况属于“诚信为本，公平竞争”的范畴：公正签订并忠实履行机动车维修合同；不擅自减少作业项目；不使用假冒伪劣配件；不作虚假广告宣传。

4. 下面情况属于“尊重客户，热忱服务”的范畴：牢固树立“质量第一，客户至上”的观念；从业人员持证上岗，亮牌服务，举止文明；建立客户档案，定期跟踪回访，主动征求意见；开展提醒服务，答复客户咨询，排除客户疑虑；努力满足客户要求，维护客户正当权益。

5. 下面情况属于“弘扬职业道德，建设精神文明”的范畴：发展企业文化，建立服务品牌；倡导爱岗敬业精神，树立团队合作意识，充分调动企业员工的积极性，开创奋发向上的比、学、赶、帮新局面；开展服务规范化达标活动，树立行业新风尚。

6. 下面情况属于“规范操作，保证质量”的范畴：建立健全机动车维修质量保证体系，全面贯彻执行国家标准、行业标准、地方标准和企业标准；认真做好机动车维修检验记录，按规定签发《机动车维修出厂合格证》，及时受理客户投诉，承担质量保证责任。

7. 下面情况属于“文明生产，保护环境”的范畴：搞好文明生产和安全生产，防止污染，保护环境，不断完善设施和服务功能，做到厂区整洁，环境优美，布局合理；实现作业现场安静，维修工具、机件、场地、人身清洁，工具、机件、油水不落地。

8. 下面情况属于“自我管理，自我发展”的范畴：自觉抵制非法行为，勇于同侵害行业利益的行为作斗争，捍卫行业合法权益；通过正常渠道反映企业的意见与要求，不断提升行业整体素质。

9. 下面情况属于“科技兴业，开拓创新”的范畴：积极推广应用机动车维修新技术、新工艺、新材料、新设备；更新管理观念，优化企业管理，增强市场竞争力；加强行业培训与交流，开展业内的横向联合与协作，加速行业技术进步。

10. 为加强机动车维修行业精神文明建设，建立机动车维修行业诚信机制，营造良好的机动车维修市场经济秩序，切实维护车辆所有人的合法权益，中国汽车维修行业协会制定了《全国汽车维修行业行为规范公约》，要求全国机动车维修业户共同遵守，自觉执行，相互监督。

11. 对于一个企业来说，在市场经济条件下，最重要的是树立良好的信誉，树立起值得他人信赖的企业形象。所谓信誉，是由信用和名誉合成的。信用是指在职业活动中诚实可信，名誉是在职业活动中重视名声和荣誉。

12. 给托修方出具《维修竣工出厂合格证》是维修企业执行质量保证期制度的诚信行为。

13. 市场经济是法制经济，一切经济活动必须由带有普遍性、强制性的法律来规范。

14. 企业诚信的基础是守法经营，这也是企业能够长期稳定、持续发展的必要条件。守法经营首先要做到经营主体合法，即从事机动车维修经营活动的企业必须符合国家相关法律、法规要求，具备机动车维修企业开业条件，经过审批，取得经营许可后，才能开展经营活动。其次要做到经营行为合法，应当严格按照规定的条件和行为规范开展经营活动。

15. 要做到经营行为合法，应当严格按照规定的条件和行为规范开展经营活动：一要遵守国家法律、法规和规章；二要严格按照技术标准和工艺流程进行修车作业，确保修车质量，并实行质量保证期制度；三要规范收费行为，公布机动车维修工时定额和收费标准，合理收取费用；四要自觉接受行政监督、舆论监督、社会监督，依法规范经营行为，杜绝无证经营，不按规范作业，“假维护”、“假检测”，使用假冒伪劣配件，不执行质量保证期制度，不按规定明码标价，乱收费用等损害消费者合法权益的失信行为。

16. 从长远来看，诚信是竞争力，诚信度也将成为企业的无形资产。

17. 信誉是市场经济的重要基础，规范有序的机动车维修市场的经济活动需要良好的信誉环境。在机动车维修行业建立诚信机制，改革管理方式、解决维修市场信息不对称的矛盾，充分发挥优胜劣汰机制的作用，用市场的办法解决市场的问题，是对机动车维修市场实施标本兼治的有效途径。

18. 失信的危害：一是破坏了企业正常经营，败坏了企业的声誉，引发信任危机；二是严重影响社会的投资和消费，企业失去今后的市场；三是严重干扰了正常信用体系的发展，甚至造成社会风气的败坏和道德水平的滑坡。

19. 通过诚信机制的建设，促进广大机动车维修企业加强诚信意识，注重人才培养，增强技术能力，规范经营行为，提高维修质量，提供社会满意的服务，实现真正意义上的"诚信修车"，促进整个行业协调发展。

20. 机动车维修经营者要严格按照技术标准和工艺流程进行修车作业，确保修车质量，并实行质量保证期制度。

21. 实践表明，开展"诚信维修，规范服务"为宗旨的诚信活动，有利于在全行业营造"守信用、讲信誉、重信义"的良好氛围，进一步促进维修企业强化服务意识，转变服务理念，改善服务设施，规范服务行为，提高服务质量，创建服务品牌，切实保护维修市场消费者的合法权益，树立起维修行业在社会上的良好信誉。

22. 中国汽车维修行业协会颁发了《全国汽车维修诚信经营企业评估指标体系》，该体系共计9项39条，几乎涵盖了与汽车维修企业诚信经营密切相关的所有内容，由客户接待、签订合同、车辆维修、车辆验交、配件保证体系、质量保证体系、服务保证体系、财务和社会资信以及客户评价等部分组成。包含了汽车维修诚信经营企业应当具备的物质条件、人员素质、管理水平和服务意识。

23. 2001年9月20日，中共中央发布了《公民道德建设实施纲要》，其第11条内容为：社会主义道德建设要坚持以为人民服务为核心，以集体主义为原则，以爱祖国、爱人民、爱劳动、爱科学、爱社会主义为基本要求，以社会公德、职业道德、家庭美德为着力点。

24. 在公民道德建设中，应当把《公民道德建设实施纲要》所要求的主要内容具体化、规范化，使之成为全体公民普遍认同和自觉遵守的行为准则。

25. 社会公德是全体公民在社会交往和公共生活中应该遵循的行为准则，涵盖了人与人、人与社会、人与自然之间的关系。

26. 2001年9月20日，中共中央发布了《公民道德建设实施纲要》，相关内容有：为人民服务作为公民道德建设的核心，是社会主义道德区别和优越于其他社会形态道德的显著标志。集体主义作为公民道德建设的原则，是社会主义经济、政治和文化建设的必然要求。

27.《公民道德建设实施纲要》第13条内容为：在社会主义社会，人民当家作主，国家利益、集体利益和个人利益根本上的一致，使集体主义成为调节三者利益关系的重要原则。要把集体主义精神渗入社会生产和生活的各个层面，引导人们正确认识和处理国家、集体、个人的利益关系。

28.《公民道德建设实施纲要》第14条内容为：爱祖国、爱人民、爱劳动、爱科学、爱社会主义作为公民道德建设的基本要求，是每个公民都应当承担的法律义务和道德责任。必须把这些基本要求与具体道德规范融为一体，贯穿公民道德建设的全过程。要引导人们发扬爱国主义精神，提高民族自尊心、自信心和自豪感，以热爱祖国、报效人民为最大光荣，以损害祖国利益、民族尊严为最大耻辱。

29. 职业道德是所有从业人员在职业活动中应该遵循的行为准则，涵盖了从业人员与服务对象、职业与职工、职业与职业之间的关系。

30.《公民道德建设实施纲要》第16条内容为：要大力倡导以爱岗敬业、诚实守信、办事公道、服务群众、奉献社会为主要内容的职业道德，鼓励人们在工作中做一个好建设者。

31.《公民道德建设实施纲要》第17条内容为：家庭美德是每个公民在家庭生活中应该遵循的行为准则，涵盖了夫妻、长幼、邻里之间的关系。家庭美德不仅关系到每个家庭的美满幸福，也有利于社会的安定和谐。要大力倡导以尊老爱幼、男女平等、夫妻和睦、勤俭持家、邻里团结为主要内容的家庭美德，鼓励人们在家庭里做一个好成员。

例题解析

1 判断题

例题：“自觉抵制非法行为，勇于同侵害行业利益的行为作斗争，捍卫行业合法权益”是《全国汽车维修行业行为规范公约》中“规范操作，保证质量”提出的要求。（ ）

解析：此题为判断题，如果此题正确应（✓），错误应（×）。此题是考核《全国汽车维修行业行为规范公约》中八大方面规范内容中“自我管理，自我发展”的规范内容。《全国汽车维修行业行为规范公约》中属于“自我管理，自我发展”范畴的是“自觉抵制非法行为，勇于同侵害行业利益的行为作斗争，捍卫行业合法权益；通过正常渠道反映企业的意见与要求，不断提升行业整体素质”。因此，此题（×）。

2 单项选择题

例题：在社会主义社会，人民当家作主，国家利益、集体利益和个人利益根本上的一致，使集体主义成为（ ）三者利益关系的重要原则。

A. 改善　　B. 制约　　C. 调节

解析：此题为单项选择题，只有一个正确答案，将选择的正确答案填在（ ）内。此题是考核《公民道德建设实施纲要》第13条内容。《公民道德建设实施纲要》第13条内容为：在社会主义社会，人民当家作主，国家利益、集体利益和个人利益根本上的一致，使集体主义成为调节三者利益关系的重要原则。要把集体主义精神渗入社会生产和生活的各个层面，引导人们正确认识和处理国家、集体、个人的利益关系。所以此题答案为（C）。

3 多项选择题

例题：实践表明，开展“诚信维修，规范服务”为宗旨的诚信活动，可进一步促进维修企业（ ）、提高服务质量，创建服务品牌等，树立起维修行业在社会上的良好信誉。

A. 强化服务意识　　B. 转变服务理念
C. 改善服务设施　　D. 规范服务行为

解析：此题为多项选择题，有一个或多个正确答案，将选择的正确答案填在（ ）内。此题是考核建立机动车维修行业诚信机制的作用。实践表明，开展“诚信维修，规范服务”为宗旨的诚信活动， 有利于在全行业营造“守信用、讲信誉、重信义”的良好氛围，进一步促进维修企业强化服务意识，转变服务理念，改善服务设施，规范服务行为，提高服务质量，创建服务品牌，切实保护维修市场消费者的合法权益，树立起维修行业在社会上的良好信誉。所以此题答案是（ABCD）。

习题及答案

 习题

（一）判断题

1.《全国汽车维修行业行为规范公约》的主要内容有8个方面。（ ）

2.《全国汽车维修行业行为规范公约》中“守法经营，接受监督”包括：遵纪守法，端正经营行为，全面公开机动车维修作业规范、收费标准、监督电话，合理结算费用等。（ ）

3.《全国汽车维修行业行为规范公约》中的“接受监督”仅指自觉接受托修方监督。（ ）

4.《全国汽车维修行业行为规范公约》中“诚信为本，公平竞争”包括坚持诚信为本，以优质服务、用户满意为宗旨参与市场竞争。（ ）

5.“不擅自减少作业项目，不使用假冒伪劣配件，不作虚假广告宣传”是《全国汽车维修行业行为规范公约》中“守法经营，接受监督”提出的要求。（ ）

6.“建立客户档案，定期跟踪回访，主动征求意见”，是《全国汽车维修行业行为规范公约》中“自我管理，自我发展”提出的要求。（ ）

7.“开展提醒服务，答复客户咨询，排除客户疑虑；努力满足客户要求，维护客户正当权益”，是《全国汽车维修行业行为规范公约》中“尊重客户，热诚服务”的要求。（ ）

8.“开展服务规范化达标活动，树立行业新风尚”是建设机动车维修行业精神文明的有效措施之一。（ ）

9. 企业认真做好机动车维修检验记录，是具体落实《全国汽车维修行业行为规范公约》中“规范操作，保证质量”的行为之一。（ ）

10.“及时受理客户投诉，承担质量保证责任”，是《全国汽车维修行业行为规范公约》中“规范操作，保证质量”提出的要求。（ ）

11.《全国汽车维修行业行为规范公约》中，“文明生产，保护环境”一条对作业现场未提出明确要求。（ ）

12. 全国机动车维修业户应共同遵守、自觉执行《全国汽车维修行业行为规范公约》，并相互监督。（ ）

13.“维修工具、机件、场地、人身清洁；工具、机件、油水不落地”，是《全国汽车维修行业行为规范公约》中“文明生产，保护环境”提出的具体要求。（ ）

14.“自觉抵制非法行为，勇于同侵害行业利益的行为作斗争，捍卫行业合法权益”是《全国汽车维修行业行为规范公约》中“规范操作，保证质量”提出的要求。（ ）

15.“通过正常渠道反映企业的意见与要求，不断提升行业整体素质”，是《全国汽车维修行业行为规范公约》中“自我管理，自我发展”提出的要求。 ( )

16. 名誉是在职业活动中注重追求名声和荣誉。 ( )

17.“信誉”具有信用和名誉两方面的含义。 ( )

18. 企业能够长期稳定、持续发展主要靠社会关系，企业诚信差一点不是很重要。 ( )

19. 给托修方出具《维修竣工出厂合格证》是维修企业执行质量保证期制度的诚信行为。 ( )

20. 守法经营是企业能够长期稳定、持续发展的必要条件。 ( )

21. 诚信的基础是守法经营，包括经营主体合法、经营行为合法。 ( )

22. 失信会破坏企业的正常经营，败坏企业的声誉，引发信任危机。 ( )

23. 失信会在短时间内牟取暴利，是可以快速致富的有效途径。 ( )

24. 失信甚至会造成社会风气的败坏和道德水平的滑坡。 ( )

25. 在机动车维修行业建立诚信机制，是对机动车维修市场实施标本兼治的有效途径。 ( )

26.“企业信誉”是指企业在职业活动中的名声。 ( )

27. 良好的机动车维修企业质量信誉等级将成为企业的无形资产。 ( )

28. 规范有序的机动车维修市场需要良好的信誉环境。 ( )

29. 为人民服务体现了社会主义职业道德建设的先进性和广泛性要求的统一。 ( )

30. 行业信誉体现了社会承认的该行业在职业活动中的价值。 ( )

31. 实现“诚信修车”，有利于促进整个行业协调发展。 ( )

32. 实践表明，开展“诚信维修，规范服务”为宗旨的诚信建设活动，有利于在全行业营造“守信用、讲信誉、重信义”的良好氛围。 ( )

33. 集体主义是社会主义经济、政治和文化建设的必然要求。 ( )

34. 社会公德是全体公民在社会交往和公共生活中应该遵循的行为准则，涵盖了人与人、人与社会、人与自然之间的关系。 ( )

35.《公民道德建设实施纲要》要求：社会主义道德建设要坚持以为人民服务为核心，以集体主义为原则。 ( )

36.《公民道德建设实施纲要》要求：要把集体主义精神渗入社会生产和生活的各个层面，引导人们正确认识和处理国家、集体、个人的利益关系。 ( )

37. 在市场经济蓬勃发展的新形势下，为人民服务的道德观过时了。 ( )

38. 爱祖国、爱人民、爱劳动、爱科学、爱社会主义作为公民道德建设的根本要求。 ( )

39. 爱祖国、爱人民、爱劳动、爱科学、爱社会主义是每个公民都应当承担的法律义务和道德责任。 ( )

40. 在改革开放、市场经济全球化的今天，不再强调民族自尊心、自信心和自豪感。 ( )

41.《公民道德建设实施纲要》提出：要大力倡导以爱岗敬业、诚实守信、办事公道、服务群众、奉献社会为主要内容的职业道德，鼓励人们在工作中做一个好的建设者。 ( )

42. 家庭美德是每个公民在家庭生活中应该遵循的行为准则。 ( )

43. 家庭美德不仅关系到每个家庭的美满幸福，也有利于社会的安定和谐。　（　）

44.《公民道德建设实施纲要》提出：要大力倡导家庭美德，鼓励人们在家庭里做一个好成员。　（　）

（二）单项选择题

1. 为加强行业精神文明建设，（　）组织制定了《全国汽车维修行业行为规范公约》。

A. 中国汽车维修行业协会　B. 交通运输部　C. 国务院文明办

2. 公正签订并忠实履行机动车维修合同是《全国汽车维修行业行为规范公约》中所提出的“（　）”要求的一种体现。

A. 守法经营，接受监督

B. 诚信为本，公平竞争

C. 尊重客户，热忱服务

3. 牢固树立“质量第一，客户至上”的观念，从业人员持证上岗，亮牌服务，举止文明，是《全国汽车维修行业行为规范公约》中所提出的“（　）”要求的一种体现。

A. 守法经营，接受监督

B. 尊重客户，热忱服务

C. 弘扬职业道德，建设精神文明

4. “发展企业文化，建立服务品牌。倡导爱岗敬业精神，树立团队合作意识，充分调动企业员工积极性，开创奋发向上的比、学、赶、帮新局面”是《全国汽车维修行业行为规范公约》中“（　）”的具体要求。

A. 诚信为本，公平竞争

B. 自我管理，自我发展

C. 弘扬职业道德，建设精神文明

5. “认真做好机动车维修检验记录，按规定签发机动车维修出厂合格证”，是《全国汽车维修行业行为规范公约》中“（　）”的具体要求。

A. 诚信为本，公平竞争

B. 规范操作，保证质量

C. 弘扬职业道德，建设精神文明

6. “搞好文明生产和安全生产，防止污染，保护环境，不断完善设施和服务功能，做到厂区整洁，环境优美，布局合理”是《全国汽车维修行业行为规范公约》中“（　）”的具体要求。

A. 弘扬职业道德，建设精神文明

B. 规范操作，保证质量

C. 文明生产，保护环境

7. “自觉抵制非法行为，勇于同侵害行业利益的行为作斗争，捍卫行业合法权益”，是《全国汽车维修行业行为规范公约》中“（　）”的具体要求。

A. 诚信为本，公平竞争

B. 自我管理，自我发展

C. 弘扬职业道德，建设精神文明

8.《全国汽车维修行业行为规范公约》中，“（　）”提出要“确立科技兴业新思路”。

A. 诚信为本，公平竞争

B. 科技兴业，开拓创新

C. 弘扬职业道德，建设精神文明

9. “更新管理理念，优化企业管理，增强市场竞争能力”是《全国汽车维修行业行为规范公约》中“（　）”的具体要求。

A. 诚信为本，公平竞争

B. 科技兴业，开拓创新

C. 弘扬职业道德，建设精神文明

10. “加强行业培训与交流，开展业内的横向联合与协作，加速行业技术进步”是《全国汽车维修行业行为规范公约》中“（　）”的具体要求。

A. 诚信为本，公平竞争

B. 自我管理，自我发展

C. 科技兴业，开拓创新

11. 维修企业诚信的基础是（　）。

A. 文明礼貌　　B. 热忱服务　　C. 守法经营

12. 市场经济是法制经济，一切经济活动必须由带有普遍性、强制性的（　）来规范。

A. 法律　　B. 领导指示　　C. 技术标准

13. 企业守法经营，首先要做到经营主体合法，即从事机动车维修经营活动的企业必须符合国家相关法律、法规要求，具备相应开业条件，经过许可取得（　）。

A. 工商执照　　B. 经营许可证　　C. 维修资质

14. “严格按照技术标准和工艺流程进行修车作业，并实行质量保证期制度”是企业守法经营方面有关（　）的具体体现。

A. 经营主体合法　　B. 经营行为合法　　C. 维修工艺规范

15. 维修企业“假维护”、“假检测”，使用假冒伪劣配件，是损害（　）合法权益的失信行为。

A. 经营者　　B. 行业　　C. 消费者

16. 几乎涵盖了与汽车维修企业诚信经营密切相关的所有内容的是（　）。

A.《全国汽车维修诚信经营企业评估指标体系》

B.《全国汽车维修行业行为规范公约》

C.《公民道德建设实施纲要》

17. 中国汽车维修行业协会颁发了《全国汽车维修诚信经营企业评估指标体系》共计（　），几乎涵盖了与汽车维修企业诚信经营密切相关的所有内容。

A. 9项37条　　B. 10项39条　　C. 9项39条

18.（　）颁发了《全国汽车维修诚信经营企业评估指标体系》。

A. 中华人民共和国交通运输部

B. 中国汽车维修行业协会

C. 中华工商联合会

19. 通过诚信机制的建设，促进广大汽车维修企业增强（　），增强技术能力，规范经营行为，提高维修质量，实现真正意义上的“诚信修车”。

A. 质量意识　　B. 法治意识　　C. 诚信意识

20. 2001年9月20日，（　）发布了《公民道德建设实施纲要》。

A. 中共中央　　　B. 国务院　　　C. 中央精神文明办公室

21.《公民道德建设实施纲要》要求：社会主义道德建设要坚持以（　）为核心。

A. 四项基本原则　　　B. 党的领导　　　C. 为人民服务

22.《公民道德建设实施纲要》要求：社会主义道德建设要以（　）为原则。

A. 共产主义　　　B. 社会主义　　　C. 集体主义

23. 集体主义作为公民道德建设的原则，是社会主义经济、政治和文化建设的（　）。

A. 具体要求　　　B. 基本要求　　　C. 必然要求

24. 在社会主义社会，人民当家作主，国家利益、集体利益和个人利益根本上的一致，使集体主义成为（　）三者利益关系的重要原则。

A. 改善　　　B. 制约　　　C. 调节

25.《公民道德建设实施纲要》要求：社会主义道德建设要以社会公德、职业道德、家庭美德为（　）。

A. 目标　　　B. 着力点　　　C. 基本要求

26. 在公民道德建设中，应当把《公民道德建设实施纲要》所要求的主要内容具体化、规范化，使之成为全体公民普遍认同和自觉遵守的（　）。

A. 法律条款　　　B. 规章制度　　　C. 行为准则

27. 爱祖国、爱人民、爱劳动、爱科学、爱社会主义作为公民道德建设的（　），是每个公民都应当承担的道德责任。

A. 目标　　　B. 着力点　　　C. 基本要求

28. 社会公德是公民个人（　）和社会文明程度的重要表现。

A. 文化素质　　　B. 道德修养　　　C. 精神状态

29. 要大力倡导以爱岗敬业、诚实守信、办事公道、服务群众、奉献社会为主要内容的（　），鼓励人们在工作中做一个好的建设者。

A. 社会公德　　　B. 职业道德　　　C. 家庭美德

30.（　）涵盖了夫妻、长幼、邻里之间的关系。

A. 社会公德　　　B. 职业道德　　　C. 家庭美德

31. 尊老爱幼、男女平等、夫妻和睦、勤俭持家、邻里团结是（　）的主要表现。

A. 社会公德　　　B. 职业道德　　　C. 家庭美德

（三）多项选择题

1. “诚信”就是（　　）。

A. 忠诚老实　　　B. 信守承诺　　　C. 自信　　　D. 宽容

2.《全国汽车维修行业行为规范公约》要求“守法经营，接受监督”包括自觉接受（　　）。

A. 行政监督　　　B. 舆论监督　　　C. 社会监督　　　D. 同行监督

3.《全国汽车维修行业行为规范公约》中“科技兴业，开拓创新”提出“积极推广应用机动车维修（　　）”。

A. 新技术　　　B. 新工艺　　　C. 新材料　　　D. 新设备

4. 失信的危害包括（　　）。

A. 破坏了企业正常经营，败坏了企业的声誉，引发信任危机

B. 严重影响社会的投资和消费，企业会失去今后的市场

C. 严重干扰了正常信用体系的建立

D. 造成社会风气的败坏和道德水平的滑坡

5. 实践表明，开展“诚信维修，规范服务”为宗旨的诚信活动，可进一步促进维修企业（　　）、提高服务质量，创建服务品牌等，树立起维修行业在社会上的良好信誉。

A. 强化服务意识　B. 转变服务理念　C. 改善服务设施　D. 规范服务行为

6.《公民道德建设实施纲要》提出公民道德建设要引导人们正确处理（　　）等关系。

A. 个人与社会　B. 竞争与协作

C. 先富与共富　D. 经济效益与社会效益

二 习题答案

（一）判断题

1. ✓　2. ✓　3. ×　4. ✓　5. ×　6. ×　7. ✓　8. ✓　9. ✓　10. ✓
11. ×　12. ✓　13. ✓　14. ×　15. ✓　16. ×　17. ✓　18. ×　19. ✓　20. ✓
21. ✓　22. ✓　23. ×　24. ✓　25. ✓　26. ×　27. ✓　28. ✓　29. ✓　30. ✓
31. ✓　32. ✓　33. ✓　34. ✓　35. ✓　36. ✓　37. ×　38. ×　39. ✓　40. ×
41. ✓　42. ✓　43. ✓　44. ✓

（二）单项选择题

1. A　2. B　3. B　4. C　5. B　6. C　7. B　8. B　9. B　10. C
11. C　12. A　13. A　14. B　15. C　16. A　17. C　18. B　19. C　20. A
21. C　22. C　23. B　24. C　25. B　26. C　27. C　28. B　29. B　30. C
31. C

（三）多项选择题

1. AB　2. ABC　3. ABCD　4. ABCD　5. ABCD
6. ABCD

第2章 机动车维修法律、法规及规章

第一节 《中华人民共和国道路运输条例》

本节提要

1. 了解《中华人民共和国道路运输条例》对推动我国道路运输业发展的重大意义；
2. 了解《中华人民共和国道路运输条例》的基本内涵和原则；
3. 掌握《中华人民共和国道路运输条例》的总则、第三十八条、第四十条、第四十四条、第四十五条、第四十六条等与机动车维修相关的规定及其释义；
4. 掌握《中华人民共和国道路运输条例》第六章法律责任中的第六十六条、第六十七条、第七十三条、第七十四条的内容。

考纲要求

1.《中华人民共和国道路运输条例》自2004年7月1日起实施。这是我国第一部由国务院制定下达的规范道路运输经营活动和管理行为的行政法规。

2.《中华人民共和国道路运输条例》坚持了以下原则：保障运输安全生产，建立全国统一的道路运输市场，维护消费者权益，约束和监管行政行为。

3. 机动车维修经营属于道路运输相关业务，是《中华人民共和国道路运输条例》规范的范围，从事机动车维修经营的行为（或活动）和人（包括公民、法人或其他组织）应当遵守《中华人民共和国道路运输条例》。

4.《中华人民共和国道路运输条例》所谓的机动车维修经营，是指经营以维持或恢复机动车技术状况和正常功能、延长机动车使用寿命为作业任务所进行的维护和修理。

5.《中华人民共和国道路运输条例》规定，申请从事机动车维修经营应当具备的条件包括：有相应的机动车维修场地，有必要的设备、设施和技术人员，有健全的机动车维修管理制度，有必要的环境保护措施。

6. 申请从事机动车维修经营业务的，应当向所在地县级道路运输管理机构提出申请。

7.《中华人民共和国道路运输条例》第四十条规定：县级道路运输管理机构应当自受理申请之日起15日内审查完毕，作出许可或者不予许可的决定，并书面通知申请人。

8. 机动车维修经营者向工商行政管理机关办理有关登记手续，应当事先取得道路运输管理机构的许可证明，并必须持许可证明方可向工商行政管理机关办理有关登记手续。

9.《中华人民共和国道路运输条例》对规范机动车维修经营行为作出如下规定，按照国家有关技术规范对机动车进行维修；保证维修质量，不得使用假冒伪劣配件维修机动车；公布机动车维修工时定额和收费标准，合理收取费用。

10. 机动车进行二级维护、总成修理或者整车修理的，必须进行维修质量检验。检验合格的，维修质量检验人员应当签发机动车维修合格证。

11. 机动车维修实行质量保证期制度。

12. 机动车进行二级维护、总成修理或者整车修理后的维修质量检验是法定的。

13. 质量保证是在一定的时间范围内即质量保证期内，主要考虑机动车自身技术状况会由于磨损随时间呈下降的特点，否则难以划分质量责任界限。

14. 机动车维修经营者不得承修已报废的机动车，不得擅自改装机动车。

15. 报废车是指达到国家报废标准，或者虽未达到国家报废标准，但发动机或者底盘严重损坏，经检验不符合国家机动车运行安全技术条件，或者国家机动车污染物排放标准的机动车。

16. 未经许可擅自从事道路运输站（场）经营、机动车维修经营、机动车驾驶人培训的，由县级以上道路运输管理机构责令停止经营。

17. 客运经营者、货运经营者、道路运输相关业务经营者非法转让、出租道路运转许可证由县级以上道路运输管理机构责令停止违法行为，收缴有关证件，处2000元以上1万元以下罚款。

18. 道路运输管理，应当公平、公正、公开和便民。

19. 质量保证期内因维修质量原因造成机动车无法正常使用的，机动车维修经营者应当无偿返修。

20. 道路运输管理机构及其工作人员执行职务时，应当自觉接受社会和公民的监督。

21. 任何单位和个人都有权对道路运输管理机构的工作人员滥用职权、徇私舞弊的行为进行举报。

22. 道路运输管理机构的工作人员实施监督检查时，应当有2名以上人员参加，并向当事人出示执法证件。

23. 机动车维修经营者使用假冒伪劣配件维修机动车，承修已报废的机动车或者擅自改装机动车的，由县级以上道路运输管理机构责令改正。

例题解析

❶ 判断题

例题：机动车进行二级维护作业的，可以不进行维修质量检验。（　）

解析：此题为判断题，如果此题正确应（√），错误应（×）。此题是考核《中华人民共和国道路运输条例》第四十五条的内容。《中华人民共和国道路运输条例》规定，机动车维修经营者对汽车进行二级维护、总成修理或者整车修理的，应当进行维修质量检验。检验合格的，维修质量检验人员应当签发机动车维修合格证。此题为（×）。

❷ 单项选择题

例题：道路运输管理机构的工作人员实施监督检查时，应当有（　）人员参加，并向当事人出示执法证件。

A. 2名以上　　B. 3名以上　　C. 3名

解析：此题为单项选择题，只有一个正确答案，将选择的正确答案填在（　）内。此题是考核《中华人民共和国道路运输条例》中有关执法监督方面的第六十条的内容。《中华人民共和国道路运输条例》第六十条规定，道路运输管理机构的工作人员实施监督检查时，应当有2名以上人员参加，并向当事人出示执法证件。所以此题答案为（ A ）。

3 多项选择题

例题：根据《中华人民共和国道路运输条例》的总则中规定：道路运输管理，应当（　　）。

A. 公平　　B. 公开　　C. 公正　　D. 便民

解析：此题为多项选择题，有一个或多个正确答案，将选择的正确答案填在（　　）内。此题是考核《中华人民共和国道路运输条例》的总则第四条内容。《中华人民共和国道路运输条例》的总则第四条规定，道路运输管理，应当公平、公正、公开和便民。所以此题答案是（ ABCD ）。

习题及答案

一 习题

（一）判断题

1.《中华人民共和国道路运输条例》的颁布实施，填补了我国道路运输管理行政法规的空白。（　）

2. 机动车维修经营属于道路运输相关业务。（　）

3. 申请从事机动车维修经营业务的，应当向所在地县级道路运输管理机构提出申请。（　）

4. 按《中华人民共和国道路运输条例》的规定，申请从事机动车维修经营业务的，应当向所在地市级道路运输管理机构提出申请。（　）

5. 按《中华人民共和国道路运输条例》的规定，申请机动车维修的经营者，取得机动车维修经营许可证件后，还应当依法向工商行政管理机关办理有关登记手续。（　）

6. 按《中华人民共和国道路运输条例》的规定，从事整车修理与总成修理的机动车维修企业应当建立和实施机动车维修检验制度和质量保证期制度。（　）

7. 按《中华人民共和国道路运输条例》的规定，机动车维修经营者不得使用假冒伪劣配件维修机动车。（　）

8. 按《中华人民共和国道路运输条例》的规定，取得一类汽车维修业务许可的企业，可以按托修方要求，更换发动机总成，无需查看相关手续。（　）

9. 按《中华人民共和国道路运输条例》的规定，机动车维修经营者不得承修已报废的机动车。（　）

10. 机动车进行二级维护作业的，可以不进行维修质量检验。（　）

11. 机动车进行二级维护、总成修理或者整车修理后的维修质量检验是法定的。（　）

12. 质量保证是在一定的时间范围内即质量保证期内，主要考虑机动车自身技术状况由于磨损会随时间呈下降的特点，否则难以划分质量责任界限。（　）

（二）单项选择题

1.《中华人民共和国道路运输条例》是我国第一部规范道路运输经营活动和管理行为的（　）。

A. 行政法规　　B. 国家标准　　C. 行业规章

2. 在国家行政管理中，机动车维修业是（　）的组成部分。

A. 汽车制造业　B. 道路运输业　C. 机械行业

3.《中华人民共和国道路运输条例》规定，申请从事机动车维修经营业务的，应当向所在地县级（　）提出申请。

A. 道路运输管理机构　B. 公安机关交通管理部门　C. 工商管理部门

4.《中华人民共和国道路运输条例》规定，县级道路运输管理机构应当自受理机动车维修经营许可申请之日起（　）日内审查完毕，作出许可或者不予许可的决定，并书面通知申请人。

A. 7　B. 10　C. 15

5.《中华人民共和国道路运输条例》规定，机动车维修经营者应当持（　）依法向工商行政管理机关办理有关登记手续。

A. 营业执照　B. 税务登记证　C. 机动车维修经营许可证明

6.《中华人民共和国道路运输条例》规定，机动车维修经营者应当按照国家有关（　）对机动车进行维修，保证维修质量。

A. 法律法规　B. 技术规范　C. 行业规章

7. 道路运输管理机构的工作人员实施监督检查时，应当有（　）人员参加，并向当事人出示执法证件。

A. 2名以上　B. 3名以上　C. 3名

8.《中华人民共和国道路运输条例》规定，机动车维修经营者对机动车进行二级维护、总成修理或者整车修理的，应当进行维修质量检验。检验合格的，维修质量检验人员应当签发（　）。

A. 维修记录　B. 过程检验单　C. 机动车维修竣工出厂合格证

9. 机动车维修经营者使用假冒伪劣配件维修机动车，承修已报废的机动车或者擅自改装机动车的，由县级以上道路运输管理机构责令（　）。

A. 停止经营　B. 停止违法行为　C. 改正

（三）多项选择题

1. 制定出台《中华人民共和国道路运输条例》是为了（　）。

A. 解决我国道路运输市场管理无法可依的迫切需要

B. 落实《行政许可法》管理道路运输市场的需要

C. 适应加入世界贸易组织后道路运输市场管理的需要

D. 适应建立全国统一开放、竞争有序的道路运输市场体系的需要

2. 根据《中华人民共和国道路运输条例》的规定："申请从事机动车维修经营的，应当具备（　）等条件。

A. 有相应的机动车维修场地　B. 有必要的设备、设施和技术人员

C. 有健全的机动车维修管理制度　D. 有必要的环境保护措施

3. 根据《中华人民共和国道路运输条例》的总则中规定：道路运输管理，应当（　）。

A. 公平　B. 公开　C. 公正　D. 便民

二 习题答案

（一）判断题

1. ✓　2. ✓　3. ✓　4. ×　5. ✓　6. ✓　7. ✓　8. ×　9. ✓　10. ×　11. ✓　12. ✓

(二) 单项选择题

1. A　2. B　3. A　4. C　5. C　6. B　7. A　8. C　9. C

(三) 多项选择题

1. ABCD　2. ABCD　3. ABCD

第二节　机动车维修管理相关规定及规范

本节提要

1. 熟悉《机动车维修管理规定》的立法目的和重大意义；

2. 掌握机动车维修经营许可的分类、从事机动车维修经营业务的条件、许可申请程序、审批时限、许可证件有效期、许可事项变更登记等；

3. 掌握机动车维修经营者在维修经营方面的责任和义务；

4. 掌握机动车维修经营者在质量管理方面的法定义务；

5. 了解道路运输管理机构应当履行的职责；

6. 掌握机动车维修经营者应当配合和服从监督检查的义务；

7. 了解道路运输管理人员违反《机动车维修管理规定》应承担的法律责任；

8. 掌握机动车维修经营者违反《机动车维修管理规定》应承担的法律责任。

考纲要求

一　《机动车维修管理规定》

1.《机动车维修管理规定》自2005年8月1日起施行。

2. 机动车维修经营者应当依法经营，诚实信用，公平竞争，优质服务。

3. 交通部主管全国机动车维修管理工作；县级以上地方人民政府交通主管部门负责组织领导本行政区域的机动车维修管理工作；县级以上道路运输管理机构负责具体实施本行政区域内的机动车维修管理工作。

4.《机动车维修管理规定》在调整和规范市场经营与管理行为的同时，确立了行业发展方向，鼓励机动车维修企业实行集约化、专业化、连锁经营，促进机动车维修业的合理分工和协调发展，鼓励推广应用机动车维修环保、节能、不解体检测和故障诊断技术，推进行业信息化建设和救援、维修服务网络化建设，提高机动车维修行业整体素质，满足社会需要。

5. 机动车维修经营是指以维持或者恢复机动车技术状况和正常功能，延长机动车使用寿命为作业任务所进行的维护、修理以及维修救援等相关经营活动。

6. 机动车维修经营依据维修车型种类、服务能力和经营项目实行分类许可。

7. 机动车维修经营业务根据维修对象分为汽车维修经营业务、危险货物运输车辆维修经营业务、摩托车维修经营业务和其他机动车维修经营业务四类。

8. 摩托车维修经营业务根据经营项目和服务能力分为一类维修经营业务和二类维修经营业务。

9. 获得一类汽车维修经营业务、一类其他机动车维修经营业务许可的，可以从事相应车型的整车修理、总成修理、整车维护、小修、维修救援、专项修理和维修竣工检验工作。

10. 获得二类汽车维修经营业务、二类其他机动车维修经营业务许可的，可以从事相应车型的整车修理、总成修理、整车维护、小修、维修救援和专项修理工作。

11. 获得三类汽车维修经营业务、三类其他机动车维修经营业务许可的，可以分别从事发动机、车身、电气系统、自动变速器维修及车身清洁维护、涂漆、轮胎动平衡和修补、四轮定位检测调整、供油系统维护和油品更换、喷油泵和喷油器维修、曲轴修磨、汽缸镗磨、散热器（水箱）、空调维修、车辆装潢（篷布、坐垫及内装饰）、车辆玻璃安装等专项工作。

12. 汽车维修经营业务、其他机动车维修经营业务根据经营项目和服务能力分为一类维修经营业务、二类维修经营业务和三类维修经营业务。

13. 获得危险货物运输车辆维修经营业务许可的，除可以从事危险货物运输车辆维修经营业务外，还可以从事一类汽车维修经营业务。

14. 健全的维修管理制度包括质量管理制度、安全生产管理制度、车辆维修档案管理制度、人员培训制度、设备管理制度及配件管理制度。

15. 申请从事汽车维修经营业务或者其他机动车维修经营业务的，应当符合下列条件，有与其经营业务相适应的维修车辆停车场和生产厂房；有与其经营业务相适应的设备、设施；有必要的技术人员；有健全的维修管理制度；有必要的环境保护措施。

16. 从事一类和二类维修业务的应当各配备至少1名技术负责人员和质量检验人员。技术负责人员和质量检验人员总数的60%应当经全国统一考试合格。技术负责人员应当熟悉汽车或者其他机动车维修业务，并掌握汽车或者其他机动车维修及相关政策法规和技术规范；质量检验人员应当熟悉各类汽车或者其他机动车维修检测作业规范，掌握汽车或者其他机动车维修故障诊断和质量检验的相关技术，熟悉汽车或者其他机动车维修服务收费标准及相关政策法规和技术规范。

17. 从事一类和二类维修业务的应当各配备至少1名从事机修、电器、钣金、涂漆的维修技术人员；从事机修、电器、钣金、涂漆的维修技术人员应当熟悉所从事工种的维修技术和操作规范，并了解汽车或者其他机动车维修及相关政策法规。机修、电器、钣金、涂漆维修技术人员总数的40%应当经全国统一考试合格。

18. 从事三类维修业务的，按照其经营项目分别配备相应的机修、电器、钣金、涂漆的维修技术人员；从事发动机维修、车身维修、电气系统维修、自动变速器维修的，还应当配备技术负责人员和质量检验人员。技术负责人员、质量检验人员及机修、电器、钣金、涂漆维修技术人员总数的40%应当经全国统一考试合格。

19. 危险货物运输车辆维修，是指对运输易燃、易爆、腐蚀、放射性、剧毒等性质货物的机动车维修，不包含对危险货物运输车辆罐体的维修。

20. 申请从事机动车维修经营的，应当向所在地的县级道路运输管理机构提出申请，并提交下列材料：《交通行政许可申请书》；经营场地、停车场面积材料、土地使用权及产权证明复印件；技术人员汇总表及相应职业资格证明；维修检测设备及计量设备检定合格证明复印件；按照汽车、其他机动车、危险货物运输车辆、摩托车维修经营，分别提供本规定其他相关材料。

21. 道路运输管理机构应当按照《中华人民共和国道路运输条例》和《交通行政许可实施程序规定》规范的程序实施机动车维修经营的行政许可。

22. 道路运输管理机构对机动车维修经营申请予以受理的，应当自受理申请之日起15日内作出许可或者不予许可的决定。符合法定条件的，道路运输管理机构作出准予行政许可的决定，向申请人出具《交通行政许可决定书》，在10日内向被许可人颁发机动车维修经营许可证件，明确许可事项。

23. 机动车维修经营者应当持机动车维修经营许可证件依法向工商行政管理机关办理有关登记手续。

24. 机动车维修经营许可证件实行有效期制。从事一、二类汽车维修业务和一类摩托车维修业务的证件有效期为6年；从事三类汽车维修业务、二类摩托车维修业务及其他机动车维修业务的证件有效期为3年。

25. 机动车维修经营者需要终止经营的，应当在终止经营前30日告知作出原许可决定的道路运输管理机构办理注销手续。

26. 机动车维修经营者不得擅自改装机动车，不得承修已报废的机动车，不得利用配件拼装机动车。

27. 机动车维修经营者应当加强对从业人员的安全教育和职业道德教育，确保安全生产；机动车维修从业人员应当执行机动车维修安全生产操作规程，不得违章作业。

28. 机动车维修产生的废弃物，应当按照国家的有关规定进行处理。

29. 机动车维修经营者应当公布机动车维修工时定额和收费标准，合理收取费用。

30. 机动车维修工时定额优先适用机动车维修经营者备案的标准。

31. 机动车维修经营者应当将其执行的机动车维修工时单价标准报所在地道路运输管理机构备案。

32. 机动车生产厂家在新车型投放市场后一个月内，有义务向社会公布其维修技术资料和工时定额。

33. 按《机动车维修管理规定》中有关质量管理方面规定，机动车维修企业应当实行竣工出厂质量保证期制度、采购配件登记制度、质量检验制度等。

34. 机动车维修经营者应当使用规定的结算票据，并向托修方交付维修结算清单。维修结算清单中，工时费与材料费应分项计算。维修结算清单格式和内容由省级道路运输管理机构制定。

35. 机动车维修经营者不出具规定的结算票据和结算清单的，托修方有权拒绝支付费用。

36. 机动车维修经营者应当按照规定，向道路运输管理机构报送统计资料。

37. 道路运输管理机构应当为机动车维修经营者保守商业秘密。

38. 机动车维修连锁经营企业总部应当按照统一采购、统一配送、统一标识；统一经营方针、统一服务规范和价格的要求，建立连锁经营的作业标准和管理手册，加强对连锁经营服务网点经营行为的监管和约束，杜绝不规范的商业行为。

39. 机动车维修经营者应当按照国家、行业或者地方的维修标准和规范进行维修。尚无标准或规范的，可参照机动车生产企业提供的维修手册、使用说明书和有关技术资料进行维修。

40. 机动车维修经营者应当建立采购配件登记制度，记录购买日期、供应商名称、地址、产品名称及规格型号等，入库时，应查验产品合格证等相关证明。

41. 机动车维修经营者对于换下的配件、总成，应当交托修方自行处理。

42. 机动车维修经营者应当将原厂配件、副厂配件和修复配件分别标识，明码标价，供用户选择。

43. 机动车维修经营者对机动车进行二级维护、总成修理、整车修理的，应当实行维修前诊断检验、维修过程检验和竣工质量检验制度。

44. 承担机动车维修竣工质量检验的机动车维修企业或机动车综合性能检测机构应当使用符合有关标准并在检定有效期内的设备，按照有关标准进行检测，如实提供检测结果证明，并对检测结果承担法律责任。

45.《机动车维修竣工出厂合格证》的内容除竣工出厂车辆基本参数和维修项目等信息，还包括给车属单位提供的质量保证卡。

46. 未签发机动车维修竣工出厂合格证的机动车，不得交付使用，车主可以拒绝交费或接车。

47. 机动车维修竣工出厂合格证由省级道路运输管理机构统一印制和编号，县级道路运输管理机构按照规定发放和管理。

48. 禁止伪造、倒卖、转借机动车维修竣工出厂合格证。

49. 机动车维修经营者对机动车进行二级维护、总成修理、整车修理的，应当建立机动车维修档案。

50. 机动车维修档案主要内容包括：维修合同、维修项目、具体维修人员及质量检验人员、检验单、竣工出厂合格证（副本）及结算清单等。

51. 机动车维修档案保存期为两年。

52. 道路运输管理机构应加强对机动车维修专业技术人员的管理，严格执行专业技术人员考试和管理制度。

53. 汽车和危险货物运输车辆整车修理或总成修理质量保证期为车辆行驶20000km或者100日；二级维护质量保证期为车辆行驶5000km或者30日；一级维护、小修及专项修理质量保证期为车辆行驶2000km或者10日。

54. 机动车维修质量保证期，从维修竣工出厂之日起计算；质量保证期中行驶里程和日期指标，以先达到者为准。

55. 在质量保证期和承诺的质量保证期内，因维修质量原因造成机动车无法正常使用，且承修方在3日内不能或者无法提供因非维修原因而造成机动车无法使用的相关证据的，机动车维修经营者应当及时无偿返修，不得故意拖延或者无理拒绝。

56. 在质量保证期内，机动车因同一故障或维修项目经两次修理仍不能正常使用的，机动车维修经营者应当负责联系其他机动车维修经营者，并承担相应修理费用。

57. 机动车维修经营者应当公示承诺的机动车维修质量保证期。所承诺的质量保证期不得低于《机动车维修管理规定》的规定。

58. 道路运输管理机构应当受理机动车维修质量投诉，积极按照维修合同约定和相关规定调解维修质量纠纷。

59. 机动车维修质量纠纷双方当事人均有保护当事车辆原始状态的义务。必要时可拆检车辆有关部位，但双方当事人应同时在场，共同认可拆检情况。

60. 对机动车维修质量的责任认定需要进行技术分析和鉴定，且承修方和托修方共同要求道路运输管理机构出面协调的，道路运输管理机构应当组织专家组或委托具有法定检测资格的检测机构作出技术分析和鉴定。鉴定费用由责任方承担。

61. 对机动车维修经营者实行质量信誉考核制度。机动车维修质量信誉考核内容应当包括经营者基本情况、经营业绩（含奖励情况）、不良记录等。

62. 道路运输管理机构应当建立机动车维修企业诚信档案。机动车维修质量信誉考核结果是机动车维修诚信档案的重要组成部分。

63. 道路运输管理机构建立的机动车维修企业诚信信息，除涉及国家秘密、商业秘密外，应当依法公开，供公众查阅。

64. 道路运输管理机构的执法人员在机动车维修经营场所实施监督检查时，应当有2名以上人员参加，并向当事人出示交通部监制的交通行政执法证件。

65. 道路运输管理机构实施监督检查时，可以采取查询、复制与违法行为有关的维修台账、票据、凭证、文件及其他资料，核对与违法行为有关的技术资料等措施。

66. 从事机动车维修经营活动的单位和个人，应当自觉接受道路运输管理机构及其工作人员的检查，如实反映情况，提供有关资料。

67. 有下列行为之一，擅自从事机动车维修相关经营活动的，由县级以上道路运输管理机构责令其停止经营；有违法所得的，没收违法所得，处违法所得2倍以上10倍以下的罚款；没有违法所得或者违法所得不足1万元的，处2万元以上5万元以下的罚款；构成犯罪的，依法追究刑事责任；未取得机动车维修经营许可，非法从事机动车维修经营的；使用无效、伪造、变造机动车维修经营许可证件，非法从事机动车维修经营的；超越许可事项，非法从事机动车维修经营的。

68. 机动车维修经营者非法转让、出租机动车维修经营许可证件的，由县级以上道路运输管理机构责令停止违法行为，收缴转让、出租的有关证件，处以2000元以上1万元以下的罚款；有违法所得的，没收违法所得。

69. 机动车维修经营者使用假冒伪劣配件维修机动车，承修已报废的机动车或者擅自改装机动车的，由县级以上道路运输管理机构责令改正，并没收假冒伪劣配件及报废车辆；有违法所得的，没收违法所得，处违法所得2倍以上10倍以下的罚款；没有违法所得或者违法所得不足1万元的，处2万元以上5万元以下的罚款，没收假冒伪劣配件及报废车辆；情节严重的，由原许可机关吊销其经营许可；构成犯罪的，依法追究刑事责任。

70. 机动车维修经营者签发虚假或者不签发机动车维修竣工出厂合格证的，由县级以上道路运输管理机构责令改正；有违法所得的，没收违法所得，处以违法所得2倍以上10倍以下的罚款；没有违法所得或者违法所得不足3000元的，处以5000元以上2万元以下的罚款；情节严重的，由许可机关吊销其经营许可；构成犯罪的，依法追究刑事责任。

71. 机动车维修经营者有下列行为之一的，由县级以上道路运输管理机构责令其限期整改；限期整改不合格的，予以通报；未按照规定执行机动车维修质量保证期制度的；未按照有关技术规范进行维修作业的；伪造、转借、倒卖机动车维修竣工出厂合格证的；机动车维修经营者只收费不维修或者虚列维修作业项目的；机动车维修经营者未在经营场所醒目位置悬挂机动车维修经营许可证件和机动车维修标志牌的；机动车维修经营者未在经营场所公布收费项目、工时定额和工时单价的；机动车维修经营者超出公布的结算工时定额、结算工时单价向托修方收费的；机动车维修经营者不按照规定建立维修档案和报送统计资料的。

二《道路运输从业人员管理规定》

1.《道路运输从业人员管理规定》规定自2007年3月1日起施行。

2. 道路运输从业人员是指经营性道路客货运输驾驶人、道路危险货物运输从业人员、机动车维修技术人员、机动车驾驶培训教练员、道路运输经理人和其他道路运输从业人员。

3. 机动车维修技术人员包括机动车维修技术负责人员、质量检验人员以及从事机修、电器、钣金、涂漆、车辆技术评估（含检测）作业的技术人员。

4. 道路运输从业人员应当依法经营，诚实信用，规范操作，文明从业。

5. 交通运输部负责全国道路运输从业人员管理工作。

6. 县级以上地方人民政府交通主管部门负责组织领导本行政区域内的道路运输从业人员管理工作，并具体负责本行政区域内道路危险货物运输从业人员的管理工作。

7. 县级以上道路运输管理机构具体负责本行政区域内经营性道路客货运输驾驶人、机动车维修技术人员、机动车驾驶培训教练员、道路运输经理人和其他道路运输从业人员的管理工作。

8. 国家对道路运输从业人员实行从业资格考试制度。

9. 从业资格是对道路运输从业人员所从事的特定岗位职业素质的基本评价。

10. 经营性道路客货运输驾驶人和道路危险货物运输从业人员必须取得相应从业资格，方可从事相应的道路运输活动。

11. 道路运输经理人和机动车驾驶培训教练员从业资格考试由省级道路运输管理机构组织实施，每年组织两次考试。

12. 机动车维修技术人员、机动车驾驶培训教练员取得从业资格的比例分别是相关经营者依法获取机动车维修和机动车驾驶人培训经营许可的必要条件之一。

13. 道路运输从业人员从业资格考试应当按照交通运输部编制的考试大纲、考试题库、考核标准、考试工作规范和程序组织实施。

14. 机动车维修技术人员从业资格考试由设区的市级道路运输管理机构组织实施，每季度组织一次考试。

15. 机动车维修技术人员应当符合下列条件：

（1）技术负责人员：具有机动车维修或者相关专业大专以上学历，或者具有机动车维修或相关专业中级以上专业技术职称；熟悉机动车维修业务，掌握机动车维修及相关政策法规和技术规范。

（2）质量检验人员：具有高中以上学历；熟悉机动车维修检测作业规范，掌握机动车维修故障诊断和质量检验的相关技术，熟悉机动车维修服务收费标准及相关政策法规和技术规范。

（3）从事机修、电器、钣金、涂漆、车辆技术评估（含检测）作业的技术人员：具有初中以上学历；熟悉所从事工种的维修技术和操作规范，并了解机动车维修及相关政策法规。

16. 申请参加机动车维修技术人员从业资格考试的，应当向其户籍地或者暂住地设区的市级道路运输管理机构提出申请，填写《机动车维修技术人员从业资格考试申请表》，并提供下列材料：身份证明及复印件、学历证明及复印件；申请参加技术负责人员从业资格考试的，也可以提供技术职称证明及复印件；申请质量检验人员从业资格考试的，还应当同时提供机动车驾驶证及复印件和维修技术工作经历证明。

17. 道路运输从业人员从业资格考试成绩有效期为1年，考试成绩逾期作废。

18. 申请人在从业资格考试中有舞弊行为的，取消当次考试资格，考试成绩无效。

19. 交通运输主管部门或者道路运输管理机构应当建立道路运输从业人员从业资格管理档案。

20. 道路运输从业人员从业资格管理档案包括：从业资格考试申请材料，从业资格考试及从业资格证件记录，从业资格证件换发、补发、变更记录，违章、事故及诚信考核、继续教育记录等。

21. 交通运输主管部门和道路运输管理机构应当向社会提供道路运输从业人员相关从业信息的查询服务。

22. 经营性道路客货运输驾驶人、道路危险货物运输从业人员、机动车维修技术人员、道路运输经理人和其他道路运输从业人员经考试合格后，取得《中华人民共和国道路运输从业人员从业资格证》。

23. 道路运输从业人员从业资格证件全国通用。

24. 已获得从业资格证件的人员需要增加相应从业资格类别的，应当向原发证机关提出申请，并按照规定参加相应培训和考试。

25. 道路运输从业人员从业资格证件由交通运输部统一印制并编号。具体工作委托交通专业人员资格评价中心负责。

26. 经营性道路客货运输驾驶人从业资格证件、机动车维修技术人员从业资格证件由设区的市级道路运输管理机构发放和管理。

27. 道路运输从业人员从业资格证件有效期为6年。

28. 道路运输从业人员从业资格证件遗失、毁损的，应当到原发证机关办理证件补发手续。

29. 道路运输从业人员服务单位变更的，应当到交通主管部门或者道路运输管理机构办理从业资格证件变更手续。

30. 申请人违反相关从业资格管理规定且尚未接受处罚的，受理机关应当在其接受处罚后换发、补发、变更相应的从业资格证件。

31. 道路运输从业人员有下列情形之一的，由发证机关注销其从业资格证件：经营性道路客货运输驾驶人、道路危险货物运输驾驶人、机动车维修质量检验人员、机动车驾驶培训教练员的机动车驾驶证被注销或者被吊销的；超过从业资格证件有效期180日未申请换证的等等。

32. 凡被注销的从业资格证件，应当由发证机关予以收回，公告作废并登记归档。

33. 交通运输主管部门和道路运输管理机构应当将道路运输从业人员的违章行为记录在《中华人民共和国道路运输从业人员从业资格证》的违章记录栏内，并通报发证机关。发证机关应当将该记录作为道路运输从业人员诚信考核和计分考核的依据，并存入管理档案。机动车驾驶培训教练员违章记录直接记入教练员档案，并作为诚信考核的重要内容。

34. 道路运输从业人员诚信考核和计分考核周期为12个月，从初次领取从业资格证件之日起计算。诚信考核等级分为优良、合格、基本合格和不合格，分别用AAA级、AA级、A级和B级表示。在考核周期内，累计计分超过规定的，诚信考核等级为B级。

35. 省级交通运输主管部门和道路运输管理机构应当将道路运输从业人员每年的诚信考核和计分考核结果向社会公布，供公众查阅。

36. 道路运输从业人员在从事道路运输活动时，应当携带相应的从业资格证件，并应当遵守国家相关法规和道路运输安全操作规程，不得违法经营、违章作业。

37. 经营性道路客货运输驾驶人和道路危险货物运输驾驶人不得超限、超载运输，连续驾驶时间不得超过4个小时。

38. 机动车维修技术人员应当按照维修规范和程序作业，不得擅自扩大维修项目，不得使用假冒伪劣配件，不得擅自改装机动车，不得承修已报废的机动车，不得利用配件拼装机动车。

39. 有下列行为之一的人员，由县级以上道路运输管理机构责令改正，处200元以上

2000元以下的罚款；构成犯罪的，依法追究刑事责任：未取得相应从业资格证件，驾驶道路客货运输车辆的；使用失效、伪造、变造的从业资格证件，驾驶道路客货运输车辆的；超越从业资格证件核定范围，驾驶道路客货运输车辆的。

40. 机动车维修企业有下列情形之一的，其年度质量信誉等级为B级：不按要求参加年度质量信誉考核或不按要求提供质量信誉考核材料，且不按要求补正的；在质量信誉考核过程中弄虚作假、隐瞒情况或提供虚假材料的；未按要求建立质量信誉档案，或在质量信誉考核过程中不配合，导致质量信誉考核工作无法进行的。

41. 机动车维修技术人员发生重大生产安全事故，且负主要责任的，由发证机关吊销其从业资格证件。

42. 机动车维修技术人员发现重大事故隐患，不立即采取消除措施，继续作业的，由发证机关吊销其从业资格证件。

43. 被吊销的从业资格证件应当由发证机关公告作废并登记归档。

三 《机动车维修企业质量信誉考核办法（试行）》

1. 依据《机动车维修管理规定》及有关规章，交通部（公路司）组织起草了《机动车维修企业质量信誉考核办法（试行）》，2006年12月25日交通部以《关于印发（机动车维修企业质量信誉考核办法（试行））的通知》，颁布实施。

2. 机动车维修企业质量信誉考核工作每年进行一次。考核周期为每年的1月1日至12月31日。考核工作应当在考核周期次年3月至6月进行。机动车维修企业应在每年的3月底前，向所在地县级或设区的市级道路运输管理机构申请对企业上年度进行质量信誉考核。

3. 在全国机动车维修行业实施质量信誉考核，将有利于全面贯彻中共中央《全民道德建设实施纲要》，在全行业建立诚信服务机制；有利于激励企业改进管理，增强服务意识和水平；有利于用户的理性选择和有效监督，维护其正当权益；有利于引导市场发育，加速企业结构调整；有利于完善市场服务功能，合理配置资源；有利于规范企业经营行为，保护守法经营；有利于提高行业整体素质，提高服务质量；有利于完善从市场准入、动态监控，到退出市场的全过程管理体制，实现行业跨越式发展。

4. 质量信誉考核是指在考核周期内对机动车维修企业的从业人员素质、安全生产、维修质量、服务质量、环境保护、遵章守纪和企业管理等方面进行的综合评价。

5. 机动车维修企业质量信誉考核工作应当遵循公平、公正、公开和便民的原则。

6. 交通运输部负责全国机动车维修企业质量信誉考核工作。县级以上人民政府交通运输主管部门负责组织领导本行政区域的机动车维修企业质量信誉考核工作。县级以上道路运输管理机构按照《机动车维修企业质量信誉考核办法（试行）》规定的职责，负责具体实施机动车维修企业质量信誉考核工作。

7. 机动车维修企业质量信誉考核等级分为优良、合格、基本合格和不合格，分别用AAA级、AA级、A级和B级表示。

8. 机动车维修企业质量信誉考核指标包括：从业人员素质指标（维修技术人员获取从业资格证件情况）；安全生产指标（安全生产制度实施情况及安全生产状况）；维修质量指标（质量保证体系建设和实施情况）；服务质量指标（服务公示情况、有责投诉次数、服务质量事件和用户满意度）；遵章守纪指标（守法经营和违章情况）；环境保护指标（环保设施设备技术状况和运用情况，废气、废水、废油以及空调制冷剂等维修废物回收处理情况）；企业管理指标（质量信誉档案建立情况、企业形象、获奖情况、连锁经营情况）。

9. 机动车维修企业质量信誉考核实行计分制，考核总分为1000分，加分为100分。在考核总分中从业人员素质考核占100分，安全生产考核占150分，维修质量考核占200分，服务质量考核占200分，遵章守纪考核占150分，环境保护考核占150分，企业管理考核占50分。企业管理指标中企业形象、获奖情况、连锁经营情况为加分项目。

10. 一二类汽车维修企业质量信誉考核记分标准由交通运输部统一制定。三类汽车维修企业及一二类摩托车维修企业和其他机动车维修企业的质量信誉考核记分标准由省级道路运输管理机构参照一二类汽车维修企业质量信誉考核记分标准统一制定。

11. 考核总分和加分合计不低于850分，且企业从业人员素质、安全生产等考核分数在该项总分的80%以上是AAA级企业的考核条件之一。

12. 考核总分和加分合计不低于700分，且企业从业人员素质、安全生产等考核分数在该项总分的65%以上是AA级企业的考核条件之一。

13. A级企业的考核条件未达到AA级企业的考核条件：考核期内未发生一次死亡1人及以上的安全生产责任事故和特大恶性服务质量事件；考核期内未出现超越许可事项或使用无效、伪造、变造机动车维修经营许可证件，非法从事机动车维修经营的违法违章行为；考核期内未出现使用假冒伪劣配件维修机动车、承修已报废的机动车、擅自改装机动车或利用配件拼装机动车的违法违章行为；考核总分和加分合计不低于600分，且企业从业人员素质、安全生产等考核分数在该项总分的60%以上。

14. B级企业：考核期内有下列情形之一的，质量信誉等级为B级：发生一次死亡1人及以上的安全生产责任事故和重大、特大恶性服务质量事件；出现超越许可事项或使用无效、伪造、变造机动车维修经营许可证件，非法从事机动车维修经营的违法违章行为；出现使用假冒伪劣配件维修机动车、承修已报废的机动车、擅自改装机动车或利用配件拼装机动车的违法违章行为；考核总分和加分合计低于600分或者企业从业人员素质、安全生产等考核分数在该项总分的60%以下的。

15. 机动车维修企业应当建立质量信誉档案，并及时将相关内容和材料记入质量信誉档案。

16. 机动车维修企业应当建立质量信誉档案，主要内容包括：

（1）企业基本情况，包括企业名称、法人代表名称、机动车维修经营许可证件、工商执照、分公司名称及所在地、从业人员情况等；

（2）安全生产事故记录，包括每次事故的时间、地点、事故原因、死伤人数、经济损失及处理情况；

（3）服务质量事件记录，包括每次事件的时间、原因、社会影响、通报部门或机构；

（4）违章经营情况，包括每次违章经营的时间、责任人、违章事实、查处机关、行政处罚和通报情况；

（5）投诉情况，包括每次投诉的投诉人、投诉内容、受理部门、投诉方式、曝光媒体名称、社会影响及处理等情况；

（6）企业管理情况，包括质量信誉档案建立情况、连锁经营情况、服务人员统一标志及持证上岗情况，

（7）获得市、厅级以上集体荣誉称号的情况。

17. 重大恶性服务质量事件是指由于企业原因，对社会造成不良影响，而受到市级交

通运输主管部门或者道路运输管理机构通报批评的服务质量事件。

18. 特大恶性服务质量事件是指由于企业原因，对社会造成恶劣影响，而受到省级以上交通运输主管部门或者道路运输管理机构通报批评的服务质量事件。

19. 机动车维修企业所在地县级或者设区的市级道路运输管理机构应当通过企业上报、行政执法、纠纷调解、受理投诉和社会举报等多种渠道，收集并汇总有关信息，建立包含机动车维修企业各年度质量信誉考核表和考核结果为主要内容的机动车维修企业诚信档案。

20. 道路运输管理机构在日常工作中，已经掌握被考核机动车维修企业质量信息考核指标情况的，可不再要求机动车维修企业报送此项指标的相关材料。

21. 在异地设分公司的机动车维修企业，应当提供分公司的质量信誉情况。机动车维修企业下设的分公司与总公司一起进行质量信誉考核。分公司所在地县级或设区的市级道路运输管理机构应当对分公司的质量信誉情况进行核实，出具书面证明，并对确认结果负责。

22. 申请机动车维修连锁经营服务网点的，可由机动车维修连锁经营企业总部向连锁经营服务网点所在地县级道路运输管理机构提出申请，提交连锁经营协议书副本、机动车维修连锁经营企业总部机动车维修经营许可证件复印件、连锁经营的作业标准和管理手册、连锁经营服务网点符合机动车维修经营相应开业条件的承诺书等材料，并对材料真实性承担相应的法律责任。

23. 连锁经营机动车维修企业可直接由总部向所在地县级或设区的市级道路运输管理机构提供质量信誉考核申请，并应当提供连锁经营网点的质量信誉情况。连锁经营网点的质量信誉情况由连锁经营总部进行核实，出具书面保证，并承担由此引发的法律责任。道路运输管理机构对连锁网点的相关情况不再进行实质考核。

24. 具备质量信誉等级的机动车维修企业需要分立或合并，应当按照相应办法规定重新进行质量信誉考核，原质量信誉等级自动失效。

25. 对机动车维修企业进行质量信誉考核，应当依照下列程序进行：

（1）机动车维修企业所在地的县级道路运输管理机构应当根据本机构的机动车维修企业质量信誉管理档案，对机动车维修企业报送的质量信誉材料进行核实。核实结束后，对机动车维修企业质量信誉等级进行初评，并将各项考核指标数据和所得分数、初评结果上报设区的市级道路运输管理机构。

（2）设区的市级道路运输管理机构应当将机动车维修企业的考核数据、所得分数和初步考核结果，书面通知被考核机动车维修企业。

（3）设区的市级道路运输管理机构将辖区机动车维修企业的各项考核指标数据、所得分数和初步考核结果，在当地主要新闻媒体、本机构网站或本级交通主管部门网站上进行为期15天的公示。

26. 机动车维修企业所在地为设区市的，由所在地设区的市级道路运输管理机构负责对机动车维修企业质量信誉情况进行核实，并对企业质量信誉等级进行初评。

27. 被考核企业或其他单位、个人对公示结果有异议的，可在公示期间向设区的市级道路管理机构书面申诉或举报，道路管理机构应当为举报人保密，不得向其他单位或个人泄漏举报人的姓名及有关情况。举报人应如实签署姓名或单位名称，并附联系方式，否则，不予受理。

28. 省级和设区的市级道路运输管理机构应于6月30日前在当地主要新闻媒体、本机构网站或本级交通主管部门网站上公布上一年度机动车维修企业质量信誉考核结果，并在网站上建立专项查询系统，方便社会各界查询机动车维修企业历年的质量信誉等级。

29. 机动车维修企业发生名称、法定代表人等事项变更，应当在办理经营许可证变更手续时，一并办理质量信誉管理相关手续，原质量信誉等级不变。

30. 道路运输管理机构可以根据机动车维修企业质量信誉等级的高低，对企业采取推荐参加政府采购招投标、重大事故车维修、加入全国机动车维修救援网络等激励措施。

31. 连续三年考核为AAA级的机动车维修企业，在许可证件有效期届满时，申请继续经营的，可由作出原许可决定的道路运输管理机构直接办理换证手续。

32. 鼓励AAA级的机动车维修企业以投资参股（股比超过50%）或以特许经营、品牌连锁等多种形式扩大维修网点，维修网点可享用原企业的质量信誉等级。

33. 机动车维修企业可以使用其质量信誉等级进行新闻宣传或者从事相关的商业活动。

34. 机动车维修企业有下列情形之一的，其年度质量信誉等级为B级：不按要求参加年度质量信誉考核或不按要求提供质量信誉考核材料，且不按要求补正的；在质量信誉考核过程中弄虚作假、隐瞒情况或提供虚假材料的；未按要求建立质量信誉档案，或在质量信誉考核过程中不配合，导致质量信誉考核工作无法进行的。

例题解析

1 判断题

例题：危险货物运输车辆维修，是指对运输易燃、易爆、腐蚀、放射性、剧毒等性质货物的机动车及危险货物运输车辆罐体维修。（　）

解析：此题为判断题，如果此题正确应（√），错误应（×）。此题是考核《机动车维修管理规定》中第二章机动车维修经营许可方面的内容。《机动车维修管理规定》第十二条规定了从事危险货物运输车辆维修的汽车维修经营者具备维修经营开业条件，同时对危险货物运输车辆维修也作了具体规定，即危险货物运输车辆维修，是指对运输易燃、易爆、腐蚀、放射性、剧毒等性质货物的机动车维修，不包含对危险货物运输车辆罐体的维修。所以此题为（×）。

2 单项选择题

例题：经营性道路客货运输驾驶人从业资格考试由（　）组织实施，每月组织一次考试。

A. 设区的市级道路运输管理机构
B. 省级道路运输管理机构
C. 地级道路运输管理机构

解析：此题为单项选择题，只有一个正确答案，将选择的正确答案填在（　）内。此题是考核《道路运输从业人员管理规定》有关组织实施从业资格考试方面的内容。《道路运输从业人员管理规定》第八条规定：经营性道路客货运输驾驶人从业资格考试由设区的市级道路运输管理机构组织实施，每月组织一次考试。所以此题答案为（A）。

3 多项选择题

例题： 获得一类汽车维修经营业务、一类其他机动车维修经营业务许可的，可以从事相应车型的（　　）工作。

A. 整车修理、总成修理　　B. 整车维护

C. 小修、维修救援、专项修理　　D. 维修竣工检验

解析： 此题为多项选择题，有一个或多个正确答案，将选择的正确答案填在（　）内。此题是考核《机动车维修管理规定》中第二章机动车维修经营许可方面的内容，《机动车维修管理规定》第八条规定“获得一类汽车维修经营业务、一类其他机动车维修经营业务许可的，可以从事相应车型的整车修理、总成修理、整车维护、小修、维修救援、专项修理和维修竣工检验工作”。所以此题答案是（ ABCD ）。

习题及答案

习题

（一）判断题

1.《机动车维修管理规定》自2005年8月1日开始实施。（　）

2.《机动车维修管理规定》规定：机动车维修经营者应当依法经营，诚实信用，公平竞争，优质服务。（　）

3. 县级以上地方人民政府交通运输主管部门负责具体实施本行政区域内的机动车维修管理工作。（　）

4.《机动车维修管理规定》中所指机动车维修经营，不包括维修救援活动。（　）

5. 机动车维修经营依据维修车型种类、服务能力和经营项目实行分类许可。（　）

6. 摩托车维修经营业务分为一类、二类和三类。（　）

7. 获得一类汽车维修经营业务、一类其他机动车维修经营业务许可的，不可以从事相应车型的维修救援和维修竣工检验工作。（　）

8. 一类机动车维修企业可以从事危险货物运输车辆维修。（　）

9. 获得危险货物运输车辆维修经营许可的，可以从事相应车型一类汽车维修经营业务。（　）

10. 专项从事供油系统维护和油品更换的企业属于三类汽车或其他机动车维修企业。（　）

11. 获得二类汽车维修经营业务许可的，不可以从事整车修理、总成修理工作。（　）

12. 维修企业管理制度包括：质量管理制度、安全生产管理制度、车辆维修档案管理制度、人员培训制度、设备管理制度及配件管理制度。（　）

13. 申请从事汽车维修经营业务或者其他机动车维修经营业务的只要有必要的技术人员、有健全的维修管理制度和必要的环境保护措施就可以。（　）

14. 技术负责人员应当熟悉汽车或者其他机动车维修业务，并掌握汽车或者其他机动车维修及相关政策法规和技术规范。（　）

15. 机动车维修经营者不得擅自改装机动车，但可以利用配件拼装机动车。（　）

16.《机动车维修管理规定》中规定，机动车维修经营者应当确保安全生产。（ ）

17. 从事一类和二类维修业务的技术负责人员和质量检验人员总数的40%应当经全国统一考试合格。（ ）

18. 危险货物运输车辆维修，是指对运输易燃、易爆、腐蚀、放射性、剧毒等性质货物的机动车及危险货物运输车辆罐体维修。（ ）

19. 道路运输管理机构应当按照《中华人民共和国道路运输条例》和《交通行政许可实施程序规定》规范的程序实施机动车维修经营的行政许可。（ ）

20. 机动车维修经营者应当持机动车维修经营许可证件依法向工商行政管理机关办理有关登记手续。（ ）

21.《机动车维修管理规定》中规定，机动车维修产生的废弃物，应当按照国家的有关规定进行处理。（ ）

22.《机动车维修管理规定》中规定，机动车维修经营者必须将其执行的机动车维修工时定额报所在地道路运输管理机构备案。（ ）

23. 机动车维修经营者不出具规定的结算票据和结算清单的，托修方有权拒绝支付费用。（ ）

24. 机动车维修经营者应当按照规定，向道路运输管理机构报送统计资料。（ ）

25. 机动车维修作业项目尚无标准或规范的，可参照机动车生产企业提供的维修手册、使用说明书和有关技术资料进行维修操作。（ ）

26.《机动车维修管理规定》中规定，机动车维修经营者应当将配件明码标价，供用户选择。（ ）

27. 机动车维修经营者对于换下的配件、总成，可以自行处理。（ ）

28. 按《机动车维修管理规定》要求，配件材料明码标价仅指：机动车维修经营者在结算材料费用时，应将原厂配件、副厂配件和修复配件在材料清单上分别标识。（ ）

29.《机动车维修管理规定》所指的质量检验制度包括自检、互检和专职检验。（ ）

30. 承担机动车维修竣工质量检验的机动车维修企业或机动车综合性能检测机构应对检测结果承担法律责任。（ ）

31. 未签发机动车维修竣工出厂合格证的机动车，不得交付使用，车主可以拒绝交费或接车。（ ）

32. 禁止伪造、倒卖、转借《机动车维修竣工出厂合格证》。（ ）

33.《机动车维修管理规定》中规定机动车维修档案的主要内容包括：托修方、车牌号码、车型、发动机型号、底盘号、维修类别、维修合同编号和进出厂日期。（ ）

34. 对机动车维修质量进行监督检验是道路运输管理机构对机动车维修经营实施质量监督和管理的工作职责之一。（ ）

35.《机动车维修管理规定》中规定，质量保证期中行驶里程和日期指标，以行驶里程为主，以日期为参考。（ ）

36. 机动车维修经营者应当公示承诺的机动车维修质量保证期，所承诺的质量保证期可以低于《机动车维修管理规定》的有关规定。（ ）

37. 出现机动车维修质量纠纷，质量纠纷双方当事人均可以向道路运输管理机构提出维修质量纠纷调解申请。（ ）

38. 当机动车维修质量的责任认定需要道路运输管理机构出面组织技术分析和鉴定

时，必须是承修方和托修方共同要求。（ ）

39. 当出现机动车维修质量纠纷时，承修方为了查实"因非维修原因而造成机动车无法使用的相关证据"，必要时可自行拆检车辆有关部位。（ ）

40. 道路运输管理机构实施监督检查时，可以查询、复制与违法行为有关的维修台账、票据、凭证、文件及其他资料，核对与违法行为有关的技术资料。（ ）

41. 当事人无权向道路运输管理机构提出查阅质量信誉考核监督检查记录的要求。（ ）

42. 从事机动车维修经营活动的单位和个人，应当自觉接受道路运输管理机构及其工作人员的检查，如实反映情况，提供有关资料。（ ）

43.《机动车维修管理规定》中规定，承修已报废的机动车或者擅自改装机动车，情节严重的，由原许可机关吊销其经营许可；构成犯罪的，依法追究刑事责任。（ ）

44.《机动车维修管理规定》中规定，机动车维修经营者不签发机动车维修竣工出厂合格证的，没收违法所得，处以5000元以上2万元以下的罚款。（ ）

45.《机动车维修管理规定》中规定，机动车维修经营者未在经营场所公布收费项目、工时定额和工时单价，由县级以上道路运输管理机构责令其停止经营。（ ）

46.《道路运输从业人员管理规定》所称道路运输从业人员不包括机动车维修技术人员。（ ）

47. 道路运输从业人员应当依法经营，诚实信用，规范操作，文明从业。（ ）

48. 交通运输部负责全国道路运输从业人员管理工作。（ ）

49. 县级以上道路运输管理机构具体负责本行政区域内经营性道路客货运输驾驶人、机动车维修技术人员、机动车驾驶培训教练员、道路运输经理人和其他道路运输从业人员（危险货物运输从业人员）的管理工作。（ ）

50. 经营性道路客货运输驾驶人和道路危险货物运输从业人员必须取得相应从业资格，方可从事相应的道路运输活动。（ ）

51. 道路运输经理人和机动车驾驶培训教练员从业资格考试由省级道路运输管理机构组织实施，每年组织两次考试。（ ）

52. 机动车维修技术负责人应该熟悉机动车维修业务，掌握机动车维修相关政策法规和技术规范。（ ）

53. 质量检验人员无需了解机动车维修服务收费标准及行业相关政策法规。（ ）

54. 从事机修、电器、钣金、涂漆、车辆技术评估（含检测）作业的技术人员应了解机动车维修的相关政策法规。（ ）

55. 申请参加技术负责人从业资格考试，必须同时提供学历证明及复印件和技术职称证明及复印件。（ ）

56. 申请参加机动车维修技术人员从业资格考试的，都必须提供学历证明及复印件。（ ）

57. 道路运输从业人员从业资格管理档案中包括违章、事故及诚信考核、继续教育记录。（ ）

58. 道路运输从业人员相关从业信息属于行业内部信息，不向社会提供查询服务。（ ）

59. 机动车维修技术人员经考试合格后，可以取得《道路运输从业人员从业资格证》。（ ）

60. 道路运输从业人员从业资格证件仅在本省内通用。（ ）

61. 已获得从业资格证件的人员需要增加相应从业资格类别的，应当向原发证机关提出申请，并按照规定参加相应培训和考试。（ ）

62. 道路运输从业人员从业资格证件遗失、毁损的，应当到原发证机关办理证件补发手续。（ ）

63. 道路运输从业人员服务单位变更的，无需到交通运输主管部门或者道路运输管理机构办理从业资格证件变更手续。（ ）

64. 申请人违反相关从业资格管理规定接受处罚后才能换发、补发、变更相应的从业资格证件。（ ）

65. 机动车维修技术人员取得从业资格的比例是机动车维修经营者依法获取经营许可的必要条件之一。（ ）

66. 机动车维修质量检验人员的机动车驾驶证被注销或者被吊销的，由发证机关注销其从业资格证件。（ ）

67. 道路运输管理机构应当将道路运输从业人员的违章行为记录在《道路运输从业人员从业资格证》的违章记录栏内，并通报发证机关。（ ）

68. 交通运输主管部门或者道路运输管理机构应当建立道路运输从业人员从业资格管理档案。（ ）

69. 道路运输从业人员违章记录是道路运输从业人员诚信考核和计分考核的依据之一，并存入管理档案。（ ）

70. 维修企业在质量信誉考核过程中弄虚作假、隐瞒情况或提供虚假材料的，按规定其年度质量信誉等级定为不合格，用A级表示。（ ）

71. 道路运输管理机构应当将道路运输从业人员每年的诚信考核和计分考核结果向社会公布，供公众查阅。（ ）

72. 机动车维修技术人员应当按照维修规范和程序作业，不得擅自扩大维修项目。（ ）

73. 机动车维修技术人员发现重大事故隐患，不立即采取消除措施，继续作业的，由发证机关吊销其从业资格证件。（ ）

74. 凡被注销的从业资格证件，应当由发证机关予以收回，公告作废并登记归档。（ ）

75. 道路运输从业人员在从事道路运输活动时，应当携带相应的从业资格证件，并应当遵守国家相关法规和道路运输安全操作规程，不得违法经营、违章作业。（ ）

76. 经营性道路客货运输驾驶人和道路危险货物运输驾驶人不得超限、超载运输，连续驾驶时间不得超过12个小时。（ ）

77. 超越从业资格证件核定范围，驾驶道路客货运输车辆的，由县级以上道路运输管理机构责令改正，处200元以上2000元以下的罚款；构成犯罪的，依法追究刑事责任。（ ）

78. 被吊销的从业资格证件应当由发证机关公告作废并登记归档。（ ）

79.《机动车维修企业质量信誉考核办法（试行）》是依据《机动车维修管理规定》及有关规章制定的。（ ）

80. 机动车维修企业质量信誉考核工作应当遵循公平、公正、公开和便民的原则。（ ）

81.《机动车维修企业质量信誉考核办法（试行）》规定：质量信誉考核工作每年进行一次，机动车维修企业在每年的12月底前，向所在地县级或设区的市级道路运输管理机构提交相关材料。（ ）

82. 对机动车维修企业实行质量信誉考核，是加强机动车维修市场管理，加快机动车维修市场诚信体系建设的有效举措。（ ）

83. 在中华人民共和国境内，已获取经营许可的机动车维修企业，自愿申请进行机动车维修企业质量信誉考核，也可以不参加。（ ）

84. 在全国机动车维修行业实施质量信誉考核，有利于在全行业建立诚信服务机制。（ ）

85. 机动车维修企业质量信誉等级分为优良、合格、基本合格和不合格，分别用AAA级、AA级、A级和B级表示。（ ）

86. 机动车维修企业质量信誉考核指标包括从业人员素质、安全生产指标、维修质量指标、服务质量指标等7个方面。（ ）

87. 机动车维修企业质量信誉考核中，从业人员素质指标主要考核维修技术人员获取从业资格证件的情况。（ ）

88. 机动车维修企业质量信誉考核中，遵章守纪指标包括守法经营和违章情况。（ ）

89.《机动车维修企业质量信誉考核办法（试行）》规定：机动车维修企业质量信誉考核中环境保护考核项目占100分。（ ）

90. 机动车维修企业质量信誉考核中，企业形象、获奖情况、连锁经营情况为企业管理指标的加分项目。（ ）

91. 交通运输部对各类别汽车维修企业和摩托车维修企业规定了全国统一的质量信誉考核记分标准。（ ）

92. 机动车维修企业质量信誉考核期内未发生一次死亡1人及以上的安全生产责任事故和特大恶性服务质量事件，是获得机动车维修企业质量信誉等级A级以上的必要条件之一。（ ）

93. 机动车维修企业质量信誉考核期内出现超越许可事项或使用无效、伪造、变造机动车维修经营许可证件，非法从事机动车维修经营的违法违章行为，质量信誉等级为B级。（ ）

94. 机动车维修企业质量信誉考核期内未出现使用假冒伪劣配件维修机动车、承修已报废的机动车、擅自改装机动车或利用配件拼装机动车的违法违章行为，是获得机动车维修企业质量信誉等级A级以上的必要条件之一。（ ）

95. 机动车维修企业质量信誉考核为A级的，考核总分和加分合计不低于600分。（ ）

96. 机动车维修企业应当建立质量信誉档案，并及时将相关内容和材料记入质量信誉档案。（ ）

97. 机动车维修企业质量信誉档案不包括安全生产事故记录。（ ）

98.质量信誉档案中的违章经营情况，包括每次违章经营的时间、责任人、违章事实、查处机关、行政处罚和通报情况。（ ）

99. 机动车维修企业质量信誉档案包括质量投诉情况。（ ）

100. 机动车维修企业质量信誉档案中，企业管理情况包括企业经济效益和社会效益。

（　）

101. 道路运输管理机构在日常工作中，已经掌握被考核机动车维修企业质量信息考核指标情况的，可不再要求机动车维修企业报送此项指标的相关材料。（　）

102. 机动车维修企业质量信誉考核中，在异地设有分公司的机动车维修企业，应当提供分公司的质量信誉情况。（　）

103. 机动车维修企业下设的分公司与总公司单独进行质量信誉考核；子公司的质量信誉等级由其所在地道路运输管理机构单独考核。（　）

104. 具备质量信誉等级的机动车维修企业需要分立或合并，应当重新进行质量信誉考核，原质量信誉等级自动失效。（　）

105.《机动车维修企业质量信誉考核办法（试行）》规定：连锁经营网点的质量信誉情况应由连锁经营总部进行核实，出具书面保证，道路运输管理机构对连锁网点的相关情况可不再进行实质考核。（　）

106. 县级道路运输管理机构应将机动车维修企业的质量信誉考核数据、所得分数和初步考核结果书面通知被考核的机动车维修企业。（　）

107. 被质量信誉考核企业或其他单位、个人对机动车维修企业的质量信誉考核公示结果有异议的，可随时向设区的市级道路运输管理机构书面申诉或举报。（　）

108. 机动车维修企业质量信誉考核公示期间，被考核企业或其他单位、个人可以匿名举报被考核质量信誉的企业。（　）

109. 道路运输管理机构应当为机动车维修企业的质量信誉考核举报人保密，不得向其他单位或个人泄露举报人的姓名及有关情况。（　）

110. 应将机动车维修企业质量信誉考核结果在网站上建立专项查询系统，方便社会各界查询机动车维修企业历年的质量信誉等级。（　）

111. 机动车维修企业所在地县级或者设区的市级道路运输管理机构应当建立包含机动车维修企业各年度质量信誉考核表和考核结果为主要内容的机动车维修企业诚信档案。（　）

112. 机动车维修企业发生名称、法定代表人等事项变更，原质量信誉等级失效。（　）

113. 道路运输管理机构可以根据机动车维修企业质量信誉等级的高低，对企业采取推荐参加政府采购招投标、重大事故车维修、加入全国机动车维修救援网络等激励措施。（　）

114. AAA级的机动车维修企业投资参股（股比超过50%）或以特许经营、品牌连锁等形式扩大维修网点，其维修网点可享用原企业的质量信誉等级。（　）

115. 机动车维修企业不可以使用其质量信誉等级进行新闻宣传或者从事相关的商业活动。（　）

116.《机动车维修企业质量信誉考核办法（试行）》规定：机动车维修企业不按要求参加年度质量信誉考核或不按要求提供质量信誉考核材料，且不按要求补正的，其年度质量信誉等级为B级。（　）

（二）单项选择题

1.《机动车维修管理规定》（交通部2005年7号令）于（　）正式实施。

A. 2006年1月1日　　B. 2005年8月1日　　C. 2005年1月1日

2.《机动车维修管理规定》中规定，机动车维修经营业务根据维修对象分为（　）类。

A. 二　　　　　　　　B. 三　　　　　　　　C. 四

3.《机动车维修管理规定》中规定，汽车维修经营业务、其他机动车维修经营业务根据经营项目和（　）分为一类维修经营业务、二类维修经营业务和三类维修经营业务。

A. 场地　　　　　　　B. 设备　　　　　　　C. 服务能力

4.《机动车维修管理规定》鼓励机动车维修企业实行集约化、专业化、（　），促进机动车维修业的合理分工和协调发展。

A. 现代化　　　　　　B. 连锁经营　　　　　C. 多种经营

5.《机动车维修管理规定》鼓励推广应用机动车维修环保、节能、（　）和故障诊断技术。

A. 高科技　　　　　　B. 安全　　　　　　　C. 不解体检测

6.《机动车维修管理规定》明确提出：（　）主管全国机动车维修管理工作。

A. 交通运输部　　　　B. 国务院　　　　　　C. 国务院和交通运输部

7.《机动车维修管理规定》明确提出：（　）负责组织领导本行政区域的机动车维修管理工作。

A. 县级以上地方人民政府交通运输主管部门

B. 县级以上道路运输管理机构

C. 市级以上地方人民政府交通运输主管部门

8.《机动车维修管理规定》中规定，（　）以上道路运输管理机构负责具体实施本行政区域内的机动车维修管理工作。

A. 省级　　　　　　　B. 市级　　　　　　　C. 县级

9. 机动车维修经营，是指以维持或者恢复机动车技术状况和正常功能，延长机动车使用寿命为作业任务所进行的维修、（　）以及维修救援等相关经营活动。

A. 修理　　　　　　　B. 拆装　　　　　　　C. 检测

10. 根据《机动车维修管理规定》，机动车维修经营依据（　）实行分类许可。

A. 维修车型种类、服务能力和经营项目

B. 维修车型种类、经营项目

C. 维修车型种类

11.《机动车维修管理规定》中规定，获得（　）类汽车维修经营业务许可的，可以从事相应车型的维修竣工检验工作。

A. 一　　　　　　　　B. 二　　　　　　　　C. 三

12. 按《机动车维修管理规定》，获得（　）维修经营业务许可的，除可以从事危险货物运输车辆维修经营业务外，还可以从事一类汽车维修经营业务。

A. 汽车　　　　　　　B. 危险货物运输车辆　C. 其他机动车

13.《机动车维修管理规定》中规定，机动车维修经营许可证件实行有效期制。从事一、二类汽车维修业务和一类摩托车维修业务的证件有效期为（　）年。

A. 3　　　　　　　　　B. 5　　　　　　　　　C. 6

14.《机动车维修管理规定》中规定，从事三类汽车维修业务、二类摩托车维修业务及其他机动车维修业务的证件有效期为（　）年。

A. 3　　　　　　　　　B. 5　　　　　　　　　C. 6

15.《机动车维修管理规定》中规定，从事一类和二类维修业务的应当各配备至少1名技术负责人员和（　）。

A. 业务负责人员　　　B. 结算员　　　C. 质量检验人员

16.《机动车维修管理规定》中规定，从事一类和二类维修业务的企业，其技术负责人员和质量检验人员总数的（　）应当经全国统一考试合格。

A. 40%　　　B. 50%　　　C. 60%

17.《机动车维修管理规定》中规定，质量检验人员应当熟悉各类汽车或者其他机动车维修检测（　）。

A. 技术参数　　　B. 作业规范　　　C. 程序

18.《机动车维修管理规定》中规定，从事一类和二类汽车或其他机动车维修业务的企业，机修、电器、钣金、涂漆维修技术人员总数的（　）应当经全国统一考试合格。

A. 60%　　　B. 50%　　　C. 40%

19.《机动车维修管理规定》中规定，从事三类维修业务的技术负责人员、质量检验人员及机修、电器、钣金、涂漆维修技术人员总数的（　）应当经全国统一考试合格。

A. 60%　　　B. 50%　　　C. 40%

20. 根据《机动车维修管理规定》的规定，道路运输管理机构对机动车维修经营申请予以受理的，应当自受理申请之日起（　）日内作出许可或者不予许可的决定。

A. 10　　　B. 15　　　C. 20

21. 根据《机动车维修管理规定》的规定，道路运输管理机构对机动车维修经营申请符合法定条件的，道路运输管理机构作出准予行政许可的决定，向申请人出具《交通行政许可决定书》，在（　）日内向被许可人颁发机动车维修经营许可证件，明确许可事项。

A. 10　　　B. 15　　　C. 20

22.《机动车维修管理规定》中规定，机动车维修经营者需要终止经营的，应当在终止经营前（　）日告知作出原许可决定的道路运输管理机构，办理注销手续。

A. 20　　　B. 30　　　C. 40

23.《机动车维修管理规定》中规定，机动车维修经营者应当加强对从业人员的安全教育和（　），确保安全生产。

A. 操作技能教育　　　B. 职业道德教育　　　C. 安全操作规程教育

24.《机动车维修管理规定》中规定，为确保安全生产，机动车维修从业人员应当执行机动车维修（　），不得违章作业。

A. 技术规范　　　B. 业务流程　　　C. 安全生产操作规程

25. 根据《机动车维修管理规定》的规定，机动车生产厂家在新车型投放市场后一个月内，有（　）向社会公布其维修技术资料和工时定额。

A. 责任　　　B. 选择性地　　　C. 义务

26. 根据《机动车维修管理规定》的规定，维修经营者应当使用规定的结算票据，并向托修方交付维修结算清单。维修结算清单中，（　）应分项计算。

A. 材料费与管理费　　　B. 工时费与管理费　　　C. 工时费与材料费

27.《机动车维修管理规定》中规定，机动车维修经营者应当将其执行的机动车维修工时单价标准报所在地道路运输管理机构（　）。

A. 批准　　　B. 备案　　　C. 许可

28.《机动车维修管理规定》中规定，机动车维修经营者应当按照国家、行业或者地方的（　）和规范进行维修。

A. 维修制度　　　B. 法规政策　　　C. 维修标准

29.《机动车维修管理规定》中规定，机动车维修经营者应当建立采购配件（ ）制度，记录购买日期、供应商名称、地址、产品名称及规格型号等。

A. 管理　　B. 出入库管理　　C. 登记

30.《机动车维修管理规定》中规定，采购配件在登记入库时，应查验（ ）等相关证明。

A. 采购发票　　B. 产品合格证　　C. 检验单

31.《机动车维修管理规定》中规定，承担机动车维修竣工质量检验的机动车维修企业或机动车综合性能检测机构应当使用符合有关标准并在检定有效期内的设备，按照（ ）进行检测。

A. 岗位职责　　B. 设备操作规范　　C. 有关标准

32.《机动车维修竣工出厂合格证》的内容除竣工出厂车辆基本参数和维修项目等信息，还包括给车属单位提供的（ ）。

A. 使用说明书　　B. 用户满意度调查表　　C. 质量保证卡

33.《机动车维修管理规定》中规定，机动车维修竣工出厂合格证由（ ）道路运输管理机构统一印制和编号，县级道路运输管理机构按照规定发放和管理。

A. 省级　　B. 市级　　C. 县级

34. 机动车维修档案保存期为（ ）年。

A. 一　　B. 二　　C. 三

35. 根据《机动车维修管理规定》的规定，机动车维修经营者应当按照规定，向道路运输管理机构（ ）。

A. 提供技术和管理支持　　B. 提交内部管理制度　　C. 报送统计材料

36. 根据《机动车维修管理规定》的规定，道路运输管理机构应当为机动车维修经营者（ ）。

A. 索要统计资料　　B. 提供技术和管理支持　　C. 保守商业秘密

37. 根据《机动车维修管理规定》的规定，机动车维修经营者对于换下的配件、总成，应当（ ）。

A. 收回并集中做报废处理　　B. 交托修方自行处理　　C. 和托修方协商处理

38.《机动车维修管理规定》中规定，道路运输管理机构应加强对机动车维修专业技术人员的管理，严格执行专业技术人员（ ）和管理制度。

A. 培训　　B. 奖励　　C. 考试

39.《机动车维修管理规定》中规定，汽车和危险货物运输车辆整车修理或总成修理质量保证期为车辆行驶（ ）万km或者100日。

A. 1　　B. 2　　C. 3

40.《机动车维修管理规定》中规定，二级维护质量保证期为车辆行驶5000km或者（ ）日。

A. 10　　B. 20　　C. 30

41.《机动车维修管理规定》中规定，一级维护、小修及专项修理质量保证期为车辆行驶（ ）。

A. 1000km或5日　　B. 15000km或7日　　C. 2000km或10日

42.《机动车维修管理规定》中规定，擅自从事机动车维修相关经营活动的，由县级以上道路运输管理机构责令其停止经营；有违法所得的，没收违法所得，处违法所得（ ）

的罚款。

A. 1倍以上3倍以下　　B. 2倍以上5倍以下　　C. 2倍以上10倍以下

43.《机动车维修管理规定》中规定，超越许可事项，非法从事机动车维修经营的，没收违法所得或者违法所得不足1万元的，处（　）的罚款；构成犯罪的，依法追究刑事责任。

A. 1万元以上3万元以下　　B. 2万元以上5万元以下　　C. 3万元以上5万元以下

44.《机动车维修管理规定》中规定，机动车维修质量保证期，从维修（　）之日起计算。

A. 竣工　　B. 竣工出厂　　C. 结算

45.《机动车维修管理规定》中规定，在质量保证期和承诺的质量保证期内，因维修质量原因造成机动车无法正常使用，且（　）在3日内不能或者无法提供因非维修原因而造成机动车无法使用的相关证据的，机动车维修经营者应当及时无偿返修。

A. 车主　　B. 承修方　　C. 托修方

46.《机动车维修管理规定》中规定，在质量保证期内，机动车因同一故障或维修项目经（　）次修理仍不能正常使用的，机动车维修经营者应当负责联系其他机动车维修经营者，并承担相应修理费用。

A. 一　　B. 二　　C. 三

47.《机动车维修管理规定》中规定，道路运输管理机构应当受理机动车维修质量投诉，积极按照（　）和相关规定调解维修质量纠纷。

A. 行业标准　　B. 维修合同约定　　C. 投诉方要求

48.《机动车维修管理规定》中规定，道路运输管理机构在调解维修质量纠纷时，组织专家组或委托具有法定检测资格的检测机构进行技术分析和鉴定所产生的费用由（　）承担。

A. 承修方　　B. 托修方　　C. 责任方

49.《机动车维修管理规定》中规定，对机动车维修经营者实行（　）考核制度。

A. 产值利润　　B. 质量信誉　　C. 返修率

50.《机动车维修管理规定》中规定，道路运输管理机构应当建立机动车维修企业诚信档案。机动车维修（　）考核结果是机动车维修诚信档案的重要组成部分。

A. 上线检测一次合格率　　B. 返修率　　C. 质量信誉

51.《机动车维修管理规定》中规定，道路运输管理机构的执法人员在机动车维修经营场所实施监督检查时，应当由（　）名以上人员参加，并向当事人出示交通运输部监制的交通行政执法证件。

A. 4　　B. 3　　C. 2

52.《机动车维修管理规定》中规定，机动车维修经营者使用假冒伪劣配件维修机动车，由县级以上道路运输管理机构责令改正，并没收假冒伪劣配件，有违法所得的，没收违法所得，处违法所得（　）的罚款。

A. 2倍以上10倍以下　　B. 1倍以上5倍以下　　C. 1倍以上3倍以下

53.《机动车维修管理规定》中规定，未经许可擅自从事机动车维修经营，由县级以上道路运输管理机构责令停止经营；没有违法所得或者违法所得不足1万元的，处（　）的罚款；构成犯罪的，依法追究刑事责任。

A. 1万元以上3万元以下　　B. 1万元以上5万元以下　　C. 2万元以上5万元以下

54.《机动车维修管理规定》中规定，机动车维修经营者非法转让、出租许可证件的，由县级以上道路运输管理机构责令停止违法行为，收缴有关证件，处以（　）的罚款。

A. 2000元以上1万元以下　　B. 3000元以上1万元以下　　C. 5000元以上1万元以下

55.《机动车维修管理规定》中规定，机动车维修经营者签发虚假机动车维修竣工出厂合格证的，由县级以上道路运输管理机构责令改正；有违法所得的，没收违法所得，处以违法所得（　）的罚款。

A. 2倍以上10倍以下　　B. 1倍以上5倍以下　　C. 1倍以上3倍以下

56.《机动车维修管理规定》中规定，机动车维修经营者超出备案的结算工时定额、结算工时单价向托修方收费的，由县级以上道路运输管理机构（　）。

A. 处以违法所得2倍以上10倍以下的罚款

B. 责令其停止经营

C. 责令其限期整改

57.《机动车维修管理规定》中规定，机动车维修经营者不按照规定建立维修档案和报送统计资料的，由县级以上道路运输管理机构责令其限期整改；限期整改不合格的，予以（　）。

A. 罚款处理　　B. 通报批评　　C. 吊销执照

58.《道路运输从业人员管理规定》自（　）起施行。

A. 2006年12月1日　　B. 2007年1月1日　　C. 2007年3月1日

59.《道路运输从业人员管理规定》中规定，国家对道路运输从业人员实行（　）。

A. 持证上岗制度　　B. 从业资格考试制度　　C. 人力资源管理制度

60. 申请人在从业资格考试中有舞弊行为的，取消（　），考试成绩无效。

A. 考试资格　　B. 当次考试资格　　C. 当年考试资格

61. 交通运输主管部门和道路运输管理机构应当向社会提供道路运输从业人员相关从业信息的（　）服务。

A. 咨询　　B. 查询　　C. 考核信息

62.《道路运输从业人员管理规定》明确指出，从业资格是对道路运输从业人员所从事的特定岗位（　）的基本评价。

A. 职业资格　　B. 任职条件　　C. 职业素质

63.《道路运输从业人员管理规定》中规定，机动车维修技术人员从业资格考试由设区的市级道路运输管理机构组织实施，每（　）组织一次考试。

A. 年　　B. 季度　　C. 月

64.《道路运输从业人员管理规定》中规定，机动车维修技术负责人应当具有机动车维修或者相关专业（　）以上学历，或者具有机动车维修或相关专业中级以上专业技术职称。

A. 本科　　B. 中专　　C. 大专

65.《道路运输从业人员管理规定》中规定，申请参加机动车维修技术人员从业资格考试的，应当向其户籍地或者暂住地设区的（　）道路运输管理机构提出申请，填写《机动车维修技术人员从业资格考试申请表》。

A. 县、区级　　B. 市级　　C. 省级

66.《道路运输从业人员管理规定》中规定，道路运输从业人员从业资格考试成绩有效期为（　）年，考试成绩逾期作废。

A. 1　　B. 2　　C. 3

67.《道路运输从业人员管理规定》中规定，道路运输从业人员从业资格证件由（　）统一印制并编号，具体工作委托交通专业人员资格评价中心负责。

A. 市级行业管理部门　　B. 省级行业管理部门　　C. 交通运输部

68.《道路运输从业人员管理规定》中规定，机动车维修技术人员从业资格证件由（　）发放和管理。

A. 交通运输部

B. 省级道路运输管理机构

C. 设区的市级道路运输管理机构

69.《道路运输从业人员管理规定》中规定，道路运输从业人员从业资格证件有效期为（　）年。

A. 6　　B. 5　　C. 3

70.《道路运输从业人员管理规定》中规定，超过从业资格证件有效期（　）日未申请换证的，由发证机关注销其从业资格证件。

A. 60　　B. 90　　C. 180

71.《道路运输从业人员管理规定》中规定，道路运输从业人员诚信考核和计分考核周期为（　）个月，从初次领取从业资格证件之日起计算。

A. 6　　B. 12　　C. 24

72.《道路运输从业人员管理规定》中规定，道路运输从业人员诚信考核等级分为四级，最好的一级为优良，用（　）级表示。

A. A　　B. AA　　C. AAA

73.《道路运输从业人员管理规定》中规定，机动车维修技术人员发生重大生产安全事故，且负主要责任的，由发证机关（　）。

A. 给予2000元以上罚款

B. 责令其参加安全学习

C. 吊销其从业资格证件

74.《机动车维修企业质量信誉考核办法（试行）》规定，质量信誉等级分为优良、合格、基本合格和不合格，分别用（　）表示。

A. 优、良、中、差

B. AAA级、AA级、A级和B级

C. 甲、乙、丙、丁

75. 机动车维修企业质量信誉考核工作每年进行一次。考核周期为每年的（　）。

A. 1月1日至12月31日

B. 3月1日至6月31日

C. 4月1日至10月31日

76. 机动车维修企业应在每年的（　）前，向所在地县级或设区的市级道路运输管理机构申请对企业上年度进行质量信誉考核。

A. 5月1日　　B. 3月31日　　C. 10月30日

77. 在全国机动车维修行业实施质量信誉考核，将有利于在全行业建立（　）机制；有利于完善从市场准入、动态监控，到退出市场的全过程管理体制，实现行业跨越式发展。

A. 安全生产　　B. 质量保证　　C. 诚信服务

78.（　）以上道路运输管理机构按照《机动车维修企业质量信誉考核办法（试行）》规定的职责，负责具体实施机动车维修企业质量信誉考核工作。

A. 省级　　B. 市级　　C. 县级

79. 机动车维修企业质量信誉考核中，安全生产指标包括（　）实施情况及安全生产状况。

A. 质量管理制度　　B. 安全生产制度　　C. 安全生产岗位职责

80. 机动车维修企业质量信誉考核中，维修质量指标包括（　）建设和实施情况。

A. 质量管理制度　　B. 质量管理网络　　C. 质量保证体系

81. 机动车维修企业质量信誉考核中，企业管理指标包括（　）建立情况、企业形象、获奖情况和连锁经营情况等。

A. 质量管理制度　　B. 企业管理程序　　C. 质量信誉档案

82.《机动车维修企业质量信誉考核办法（试行）》规定，机动车维修企业质量信誉考核实行计分制，考核总分为1000分，维修质量和服务质量考核共占（　）分。

A. 200　　B. 400　　C. 500

83.《机动车维修企业质量信誉考核办法（试行）》规定，质量信誉AAA级企业应达到：质量信誉考核总分和加分合计不低于（　）分，且企业从业人员素质、安全生产等考核分数在该项总分的80%以上。

A. 800　　B. 850　　C. 900

84.《机动车维修企业质量信誉考核办法（试行）》规定，质量信誉AA级企业要求达到考核总分和加分合计不低于700分，且企业从业人员素质、安全生产等考核分数在该项总分的（　）以上。

A. 50%　　B. 60%　　C. 65%

85.《机动车维修企业质量信誉考核办法（试行）》规定，重大恶性服务质量事件是指由于企业原因，对社会造成不良影响，而受到（　）交通运输主管部门或者道路运输管理机构通报批评的服务质量事件。

A. 县区级　　B. 市级　　C. 省级

86.《机动车维修企业质量信誉考核办法（试行）》规定，特大恶性服务质量事件是指由于企业原因，对社会造成恶劣影响，而受到省级以上交通运输主管部门或者道路运输管理机构（　）的服务质量事件。

A. 通报批评　　B. 严重警告　　C. 经济处罚

87.《机动车维修企业质量信誉考核办法（试行）》规定，机动车维修企业质量信誉考核工作每（　）进行一次。

A. 半年　　B. 年　　C. 两年

88. 按《机动车维修企业质量信誉考核办法（试行）》的规定，设区的市级道路运输管理机构应将机动车维修企业的质量信誉初步考核结果进行为期（　）天的公示。

A. 5　　B.10　　C. 15

89. 按《机动车维修企业质量信誉考核办法（试行）》的规定，省级和设区的市级道路运输管理机构应于（　）前公布上一年度机动车维修企业质量信誉考核结果。

A. 6月30日　　B. 5月30日　　C. 4月30日

90.《机动车维修企业质量信誉考核办法（试行）》规定，连续三年考核为（　）级的机动车维修企业，在许可证件有效期届满时，申请继续经营的，可由作出原许可决定的道路运输管理机构直接办理换证手续。

A. A　　B. AA　　C. AAA

(三)多项选择题

1. 机动车维修经营者应当公布机动车维修（　　），合理收取费用。

A. 技术标准　　B. 工时定额　　C. 管理制度　　D. 工时单价

2. 机动车维修经营者必须按照报备的（　　）计算作业工时和收取维修费用，不得随意加价、乱收费。

A. 汽车维修技术标准　　B. 汽车维修工时单价

C. 汽车维修工时定额　　D. 汽车维修质量标准

3. 按《机动车维修管理规定》中有关质量管理方面规定，机动车维修企业应当实行（　　）。

A. 竣工出厂质量保证期制度　　B. 安全生产制度

C. 采购配件登记制度　　D. 质量检验制度

4. 从事机修、电器、钣金、涂漆的维修技术人员应当熟悉所从事工种的（　　），并了解汽车或者其他机动车维修及相关政策法规。

A. 岗位职责　　B. 维修技术　　C. 职业道德　　D. 操作规范

5. 从事发动机维修、车身维修、电气系统维修、自动变速器四类专项维修的，除了按照其经营项目配备相应的机修、电器、钣金、涂漆的维修技术人员外，还应当配备（　　）。

A. 技术负责人员　　B. 质量检验人员　　C. 业务人员　　D. 结算人员

6. 申请从事机动车维修经营的，应当向所在地的县级道路运输管理机构提出申请，并提交（　　）。

A. 申请书和经营场地证明　　B. 技术人员名单及资质证明

C. 资金账号　　D. 设备及计量检定证明

7. 机动车维修连锁经营企业总部应当按照（　　）的要求，建立连锁经营的作业标准和管理手册。

A. 统一经营方针、统一服务规范和价格　　B. 统一标识

C. 统一店面大小、统一人员数量　　D. 统一采购、统一配送

8.《机动车维修管理规定》规定，机动车维修经营者对机动车进行（　　）的，应当实行维修前诊断检验、维修过程检验和竣工质量检验制度。

A. 故障排除　　B. 二级维护　　C. 总成修理　　D. 整车修理

9. 机动车维修经营者对机动车进行（　　）的，应当建立机动车维修档案。

A. 小修　　B. 二级维护　　C. 总成修理　　D. 整车修理

10. 机动车维修经营者有（　　）行为的，由县级以上道路运输管理机构责令其限期整改；限期整改不合格的，予以通报。

A. 未按照规定执行机动车维修质量保证期制度

B. 未按有关技术规范进行维修作业

C. 伪造、转借、倒卖机动车维修竣工出厂合格证

D. 机动车维修经营者只收费不维修或者虚列维修作业项目

11. 申请机动车维修连锁经营服务网点的，可由机动车维修连锁经营企业总部向连锁经营服务网点所在地县级道路运输管理机构提出申请，提交下列（　　）材料，并对材料真实性承担相应的法律责任。

A. 机动车维修连锁经营企业总部机动车维修经营许可证件复印件

B. 连锁经营协议书副本

C. 连锁经营的作业标准和管理手册

D. 连锁经营服务网点符合机动车维修经营相应开业条件的承诺书

12. 获得一类汽车维修经营业务、一类其他机动车维修经营业务许可的，可以从事相应车型的（　　）工作。

A. 整车修理、总成修理　　B. 整车维护

C. 小修、维修救援、专项修理　　D. 维修竣工检验

13.《道路运输从业人员管理规定》中所指的机动车维修技术人员，包括机动车维修（　　），以及从事机修、电器、钣金、涂漆、车辆技术评估（含检测）作业的技术人员。

A. 企业负责人　　B. 质量检验人员

C. 技术负责人员　　D. 业务接待员

14.《道路运输从业人员管理规定》中规定，道路运输从业人员从业资格考试应当按照交通运输部编制的（　　）组织实施。

A. 考试大纲　　B. 考试题库

C. 考核标准　　D. 考试工作规范和程序

15.《道路运输从业人员管理规定》中规定，质量检验人员应具有高中以上学历，熟悉机动车维修检测作业规范，掌握机动车维修（　　）的相关技术。

A. 操作工艺　　B. 故障诊断　　C. 竣工验收　　D. 质量检验

16.《道路运输从业人员管理规定》中规定，申请参加质量检验人员从业资格考试，必须提供（　　）。

A. 身份证明及复印件　　B. 维修技术工作经历证明

C. 学历证明及复印件　　D. 机动车驾驶证及复印件

17. 机动车维修技术人员应当按照维修规范和程序作业，不得（　　）。

A. 扩大维修项目　　B. 使用假冒伪劣配件

C. 利用配件拼装机动车　　D. 承修已报废的机动车

18. 质量信誉考核是指在考核周期内对机动车维修企业的（　　）等方面进行的综合评价。

A. 从业人员素质　　B. 维修和服务质量

C. 安全生产和环境保护　　D. 遵章守纪和企业管理

19.《机动车维修企业质量信誉考核办法（试行）》中规定，机动车维修企业质量信誉考核过程中，对服务质量的考核指标应包括：（　　）。

A. 服务公示情况　　B. 有责投诉次数

C. 服务质量事件　　D. 用户满意度

20.《机动车维修企业质量信誉考核办法（试行）》中规定，机动车维修企业质量信誉考核过程中，对企业环境保护的考核指标，包括：环保设施设备技术状况和运用情况，废气、废水、废油以及空调制冷剂等维修废物（　　）情况。

A. 清除　　B. 回收　　C. 保存　　D. 处理

21.《机动车维修企业质量信誉考核办法（试行）》中规定，机动车维修企业质量信誉考核总分和加分合计低于600分或者（　　）等考核分数在该项总分的60%以下的，质量信誉等级为B级。

A. 企业从业人员素质　　B. 服务质量
C. 维修质量　　D. 安全生产

22.《机动车维修企业质量信誉考核办法（试行）》中规定，服务质量事件记录，包括每次事件的（　）。

A. 时间　　B. 原因
C. 社会影响　　D. 通报部门或机构

23. 下列（　　）属于机动车维修企业质量信誉档案主要内容。

A. 企业基本情况和企业管理情况　　B. 安全生产事故记录
C. 服务质量事件记录和投诉情况　　D. 违章经营情况

二 习题答案

（一）判断题

1.✓ 2.✓ 3.× 4.× 5.✓ 6.× 7.× 8.× 9.✓ 10.✓
11.× 12.✓ 13.× 14.✓ 15.× 16.✓ 17.× 18.× 19.✓ 20.✓
21.✓ 22.× 23.✓ 24.✓ 25.✓ 26.✓ 27.× 28.× 29.× 30.✓
31.✓ 32.✓ 33.× 34.✓ 35.× 36.× 37.✓ 38.✓ 39.× 40.✓
41.× 42.✓ 43.✓ 44.✓ 45.× 46.× 47.✓ 48.✓ 49.× 50.✓
51.✓ 52.✓ 53.× 54.✓ 55.✓ 56.✓ 57.✓ 58.× 59.✓ 60.×
61.✓ 62.✓ 63.× 64.✓ 65.✓ 66.✓ 67.✓ 68.✓ 69.✓ 70.×
71.✓ 72.✓ 73.✓ 74.✓ 75.✓ 76.× 77.✓ 78.✓ 79.✓ 80.✓
81.× 82.✓ 83.× 84.✓ 85.✓ 86.✓ 87.✓ 88.✓ 89.× 90.✓
91.× 92.✓ 93.✓ 94.✓ 95.✓ 96.✓ 97.× 98.✓ 99.✓ 100.×
101.✓ 102.✓ 103.× 104.✓ 105.✓ 106.✓ 107.× 108.× 109.✓ 110.✓
111.✓ 112.× 113.✓ 114.✓ 115.× 116.✓

（二）单项选择题

1. B 2. C 3. C 4. B 5. C 6. A 7. A 8. C 9. A 10. A
11. A 12. B 13. C 14. A 15. C 16. C 17. B 18. C 19. C 20. B
21. A 22. B 23. B 24. C 25. C 26. C 27. B 28. C 29. C 30. B
31. C 32. C 33. A 34. B 35. C 36. C 37. B 38. C 39. B 40. C
41. C 42. C 43. B 44. B 45. B 46. B 47. B 48. C 49. B 50. C
51. C 52. A 53. C 54. A 55. A 56. C 57. B 58. C 59. B 60. B
61. B 62. C 63. B 64. C 65. B 66. A 67. C 68. C 69. A 70. C
71. B 72. C 73. C 74. B 75. A 76. B 77. C 78. C 79. B 80. C
81. C 82. B 83. B 84. C 85. B 86. A 87. B 88. C 89. A 90. C

（三）多项选择题

1. BD 2. BC 3. ACD 4. BD 5. AB
6. ABD 7. ABD 8. BCD 9. BCD 10. ABCD
11. ABCD 12. ABCD 13. BC 14. ABCD 15. BD
16. ABCD 17. ABCD 18. ABCD 19. ABCD 20. BD
21. AD 22. ABCD 23. ABCD

♣ 第三节　机动车维修管理相关法规

本节提要

1. 了解环境保护法规如《大气污染防治法》、《固体废物污染环境防治法》、《水污染防治法》等的主要内容，掌握与机动车维修行业相关的条 款内容；

2. 了解质量管理法规如《产品质量法》、《标准化法》、《计量法》等的主要内容，掌握在机动车维修行业实施的条款内容；

3. 了解经营管理法规如《经济合同法》、《消费者权益法》等的主要内容，掌握与机动车维修行业相关的条款内容；

4. 了解安全与劳动保护法规如《安全生产法》、《劳动法》等的主要内容，掌握其在机动车维修行业适用的条款内容。

考纲要求

1.《大气污染防治法》规定，任何单位和个人不得制造、销售或者进口污染物排放超过标准的机动车船。

2.《大气污染防治法》规定，在用机动车不符合污染排放物标准的，不得上路行驶。

3. 修订后的《大气污染防治法》对重点城市的大气污染防治突出了以下内容：一是加强对机动车的污染防治；二是加大城市扬尘的控制力度；三是禁止超过排放标准排放污染物；四是实行大气污染物排放的总量控制和许可制度；五是建立排污收费制度；六是强化法律责任。

4.《大气污染防治法》提出了防治机动车船排放污染的具体措施主要是机动车船必须达标排放。这是对机动车船排放大气污染物控制最基本的要求。这里说的“达标”，是指达到依照本法第七条规定制定的国家或者地方机动车船大气污染物排放标准。

5.《大气污染防治法》规定，机动车维修单位，应当按照防止大气污染的要求和国家有关技术规范进行维修，使在用机动车达到规定的污染物排放标准。

6. 机动车维修企业在自身生产过程中会产生废油、废水、废气，以及废旧蓄电池、废旧轮胎、废旧汽车配件和生产与办公垃圾等固体废物，如果不加以控制，或回收、处理不当，对环境、对企业员工的职业健康都会造成一定危害。

7. 机动车维修企业应认真贯彻执行“预防为主、防治结合、综合治理”的环境保护方针，遵守国家有关环境保护的法律法规、规章及标准。

8. 机动车维修企业应具备的环境保护条件，应在环境保护管理制度和环境保护措施两部分加以落实。

9. 机动车维修企业应建立废油、废液、废气、废蓄电池、废旧轮胎及垃圾等有害物质集中收集、有效处理和保持整洁的环境保护管理制度，包括危险废物管理计划。

10. 机动车维修企业应对“三废”处理、通风、吸尘、净化、消声等设施落实管理责任，确保运行良好。

11. 机动车维修企业应严禁违法转移和非法经营危险废物回收的行为。

12. 全面实施在用车辆的检查/维护制度（I/M制度），严格作业规范，确保车辆排放和噪声达标。

13. 环境保护措施：

（1）机动车维修企业建造符合标准、防雨防渗的固体废物，尤其是危险废物的暂存设施；有害物质存储区域应界定清楚，必要时应有隔离、控制措施。

（2）作业环境以及按生产工艺安装、配置的处理“三废”、通风、吸尘、净化、消声等设施，均符合国家环境保护法规、标准的规定。

（3）机动车维修企业涂漆车间设有专用的废水排放及处理设施，采用干打磨工艺的，设有粉尘收集装置和除尘设备，并设有通风设备。

（4）机动车维修调试车间或调试工位设置汽车尾气收集净化装置。

（5）在维修作业过程中，严禁车辆使用不合格的净化装置和消声装置。

（6）车辆竣工出厂前，要严格检查车辆尾气排放和噪声指标，对尾气排放和噪声指标不符合国家标准的，不得放行出厂。

14. 按机动车维修企业环境保护条件要求，喷漆车间和钣金、轮胎作业等排放高噪声的车间，应该尽量远离人员居住地。

15.“达标排放”的要求和范围包括：排放污染物的浓度应达标；总量应达标，即达标排放要求亦适用于总量控制；达标要求也适用于流域控制和水环境质量控制；达标要求还包括了饮用水质达标；城市污水集中处理设施出水水质达标；船舶防污设备达标；按规定设置排污口即排污口设置达标和排污口管理规范化达标。

16. 单位和个人应当按照国务院规定的期限，停止生产、进口、销售含铅汽油。

17. 对新车而言，国家可以通过制定机动车污染物排放标准，并要求新制造的车辆必须符合该标准。

18. 国家鼓励生产和消费使用清洁能源的机动车船。

19. 在用机动车必须符合制造当时的在用机动车污染物排放标准。所谓“制造当时的在用机动车污染物排放标准”是指该机动车制造时国家规定的在用机动车污染物排放标准。

20. 机动车维修单位，应当按照防治大气污染的要求和国家有关技术规范进行维修，使在用机动车达到规定的污染物排放标准。

21. 为了防止汽车维修过程中产生的有害气体排入大气，按机动车维修企业环境保护条件要求，调试车间或调试工位应设置“汽车尾气收集净化装置”。

22. 修订后的《固废防治法》共有六章九十一条，除了总则、法律责任、附则外，还包括：固体废物污染环境防治的监督管理、固体废物污染环境的防治、危险废物污染环境防治的特别规定。

23.《产品质量法》所称的产品是指经过加工、制作，用于销售的物品。

24.《产品质量法》所指的产品必须同时具备三个条件：产品必须是经过加工、制作的物品；产品必须是用于销售的；产品应是动产；不包括不动产。

25. 机动车维修质量管理虽然不在《产品质量法》的适用范围，但必须遵循《产品质量法》提出的有关质量管理的基本原则。

26. 机动车维修企业在生产过程中为客户提供维修配件，必须承担产品销售者相关的质量责任和义务。也应承担配件使用质量监控和配件代销的任务。

27. 国家采用国际单位制。

28. 计量检定必须执行计量检定规定。国家计量检定规程由国务院计量行政部门制定。

29. 机动车维修企业在购置计量器具时，一定要认准产品是否具有生产许可证和计量检定合格证。

30. 定期将计量器具送计量检定机构检定。

31. 标准化的含义是：在经济、技术、科学及管理等社会实践中，对重复性事物和概念通过制定、实施标准，达到统一，以获得最佳秩序和社会效益的过程。

32.《标准化法》是制定标准，推行标准化，实施标准化管理和监督的依据。

33.《标准化法》将我国标准分为国家标准、行业标准、地方标准、企业标准四级。国家标准、行业标准分为强制性标准和推荐性标准。

34. 国家标准由国务院标准化行政主管部门制定。对没有国家标准而又需要在全国某个行业范围内统一的技术要求，可以制定行业标准。

35. 行业标准由国务院有关行政主管部门制定，并报国务院标准化行政主管部门备案，在公布国家标准之后，该项行业标准即行废止。

36. 强制性标准，必须执行。不符合强制性标准的产品，禁止生产、销售和进口。

37.《劳动法》是依据《宪法》中有关劳动者基本权利和义务的规定制定的。

38. 劳动者对用人单位管理人员违章指挥、强令冒险作业，有权拒绝执行。

39.《劳动法》规定，劳动者的义务主要有：按照规定的数量和质量完成生产任务和工作任务；遵守劳动纪律和用人单位各项规章制度；学习科学文化和技术业务知识；保守企业商业秘密；遵守各项劳动法律规范等。

40. 用人单位必须为劳动者提供符合国家规定的劳动安全卫生条件和必要的劳动防护品，对从事有职业危害作业的劳动者应当定期进行健康检查。

41. 用人单位应当建立职业培训制度，按照国家规定提取和使用职业培训经费，根据本单位实际情况，有计划地对劳动者进行职业培训。

42.《劳动法》从法律的角度规范了劳资双方的行为，成为最直接关系到劳动者权益的法律依据，因此对《劳动法》在企业的实施广泛受到各行各业劳动者的关注。

43.《劳动法》规定，用人单位的义务主要有：依法考核录用和招聘职工；合理组织生产；保障职工代表大会和工会行使其职权；及时支付职工劳动报酬。

44. 签订劳动合同应该在双方自愿和平等的基础上，严格依照劳动法所规定的条款和劳动主管部门与合同主管部门所设定的劳动合同示范文本格式进行，不能采取实用主义和各取所需的态度，任意节选和删改这些相关条款。

45. 与劳动者签订有效的劳动合同，应该严格符合法律规定，以保护双方合法权益。

46. 按照《劳动法》的有关规定，企业在给付劳动者报酬时应该具体做到：

（1）企业必须向劳动者提供必要的生活保障，严格实行不低于当地政府制定的最低生活保障水平的薪酬制度；

（2）实行计件工资制的企业，在确定工资发放方案时，应该保证职工在生产淡季也能取得不低于当地政府规定的最低基本生活费用。

47. 按照《劳动法》的有关规定，企业一定要关注工作场所的环境治理和重视职工的劳动保护。

48. 按《劳动法》规定，企业应与劳动者签订劳动合同。

49.《劳动法》规定，劳动者的权利主要有：劳动权；民主管理权；休息权；获得劳动报酬权；劳动保护权；职业培训和业务进修权；物质帮助权等。

50. 机动车维修企业在与劳动者签订劳动合同，除了明确双方的权利和义务之外，还要写明双方均认为合情合理的违约责任，以便于双方互相约束。

51.《劳动法》明确了国家确定职业分类，制定职业技能标准，实行职业资格证书制度，实施职业技能考核鉴定，为我国建立职业技能开发体系，深化职业培训制度改革，全面开发劳动者的职业技能，提高我国劳动者整体素质，提供了法律依据和保障。

52. 在企业和劳动者之间，企业是强者，对劳动合同的格式条款，要注意所拟的劳动合同应该符合法律规定，否则，一旦发生劳动争议，劳动仲裁部门将会作出不利于企业的解释。

53. 员工出现劳动纠纷，在本企业没有能力化解的情况下，可以通过劳动仲裁部门进行劳动仲裁。

54. 在企业与员工发生分歧时，严禁使用暴力手段威胁、恐吓员工，企业经营者应该心平气和地约请职工代表对话协商，化解矛盾、取得谅解。

55. 机动车维修合同在《合同法》中属于"承揽合同"规范的范畴。

56. 机动车维修被认为是具有特定性的承揽工作，承修方是承揽人，托修方是定作人，因此，机动车维修合同属于《合同法》规范的范围，《合同法》规定，依法成立的合同，对当事人具有法律约束力。当事人应当按照约定履行自己的义务，不得擅自变更或者解除合同。依法成立的合同，受法律保护。

57. 承揽人应当妥善保管定作人提供的材料以及完成的工作成果，因保管不善造成毁损、灭失的，应当承担损害赔偿责任。

58. 消费者在购买、使用商品和接受服务时享有的权利：当购买、使用商品或者接受服务受到人身、财产损害时，依法获得赔偿的权利等等。

59. 托修方有权了解机动车维修所用材料与配件价格和修车工时单价。

60. 承修方对托修方权益保护应尽的法律责任包括：严格履行双方约定的机动车维修合同；向托修方提供修理工时定额标准、实际消耗的工时以及维修所用的配件、材料价格的真实信息（工时清单、材料清单）供审核；严格执行机动车维修技术标准，确保机动车维修质量，出具《机动车维修竣工出厂合格证》（含质量保证卡）；建立并向托修方提供机动车维修检验记录、检测数据等机动车维修技术档案。

61. 制定《安全生产法》，主要是要解决社会主义市场经济体制下安全生产工作如何法律化、制度化的问题。

62. 安全生产管理方针：坚持安全第一、预防为主。

63. 国家有关部门将依照《安全生产法》和有关法律、法规的规定，追究生产安全事故责任人员的法律责任。

64. 安全生产条件是指生产经营单位在安全生产中的设施、设备、场所、环境等"硬件"方面的条件，这些条件是与安全生产责任制度相配套的。

65. 按机动车维修企业安全生产条件要求，企业应具备与其维修作业相适应的安全管理制度和安全保护措施，建立并实施安全生产责任制。

66. 从业人员既是安全生产保护的对象，又是实现安全生产的基本要素。

67. 从业人员有对安全生产工作中存在的问题提出批评、检举和控告的权利，有权拒绝违章指挥和强令冒险作业。

68. 生产经营单位必须遵守有关安全生产的法律、法规。严格执行安全生产方面的有关国家标准和行业标准。

69. 从业人员发现直接危及人身安全的紧急情况时，有进行紧急避险的权利。即可以停止作业或者在采取可能的应急措施后撤离作业场所。

70. 从业人员因生产安全事故受到损害时，除依法享有工伤社会保险外，还有依照民事法律的相关规定，向本单位提出赔偿要求的权利。

71. 从业人员在作业过程中，应当严格遵守本单位的安全生产规章制度和操作规程，服从安全生产管理。

72. 从业人员在作业过程中发现事故隐患或者其他不安全因素的，应当立即向现场安全生产管理人员或者本单位的负责人报告。

73.《机动车维修管理规定》第二十四条规定，机动车维修经营者应当加强对从业人员的安全教育和职业道德教育，确保安全生产。

74. 机动车维修企业应具有各工种、各类机电设备的安全操作规程。

75. 使用、存储有毒、易燃、易爆物品，腐蚀剂，压力容器等，机动车维修企业均应有相应的安全防护措施、设施。

76. 机动车维修从业人员应当执行机动车维修安全生产操作规程，不得违章作业。

77. 车间举升车辆，一定要确认设备负载是否匹配，设备是否完好，确信支承位置恰当、绑扎牢靠、锁止有效之后，作业人员始得进入车下工作。

78. 严禁无驾驶资格的人员在作业区域驾驶操作。

79. 机动车维修作业中涉及的有毒有害物质比较多，应该特别引起重视，主要包括：充电间要与蓄电池作业间隔离开，并且要安装通风设备；充电操作人员不进行充电操作时，要远离充电间；危险品仓库与一般物品分开存放；剧毒物资要专门设库存放，指定专人保管，并且有严格的进出库审批手续和领发料登记台账。

80. 防意外伤害指出：不能将水倒入浓硫酸中进行稀释。

81. 企业用电安全管理的具体工作主要包括：要经常检查移动用电设施完好状况，发现破损漏电器材，必须立即停止使用，进行更换或者维修；教育职工不能乱拉私接电线，不得在车间里扔工具和零件等，以免碰断电线引起短路或者触电事故；一旦发生触电事故，首先切断电源，再用绝缘物对触电人员施救，以防连锁事故的发生。

82. 企业消防安全管理的具体工作主要包括：使用石油产品作为清洗剂和稀释剂的企业或者车间，不允许进行焊接等有明火的作业；运输危险品的车辆，只能在具有危险品车辆维修资格的企业维修；机修、喷漆、缝工、充电作业等车间及仓库区，严禁烟火。

83. 机动车维修企业要做好环境安全管理工作，主要包括：对存放剧毒品、危险品等要建立完整的安全管理规定，实行专库、专人保管；对送修的机动车要严格检验、识别，发现有走私、盗抢、拼装等可疑迹象时，要稳住客户及时报警；严禁企业违反环保法规随意排放废液、废气；喷漆车间和钣金、轮胎作业等排放高噪声的车间，应该设立在下风口和尽量远离人员居住的方位。

84. 对某些仓库保管员、喷漆工、充电工、轮胎作业工、钣金工等接触有毒有害物质和噪声危害的工作人员，要加强劳动防护，并且定期组织职工进行必要的体检，按照规定发放必需的营养补贴。

85. 企业应具备与其维修作业相适应的安全管理制度和安全保护措施，建立并实施安全生产责任制。

86. 车辆被千斤顶举升或者开进检查地沟时，必须将前后车轮用三角木块塞紧，工作人员才能接近车辆和进行维修作业。

87. 蓄电池作业间应该与充电间实施隔离，充电车间要阴凉通风，避免使用可能产生电火花的无屏蔽插座和禁止一切明火作业。

88. 轮胎维修作业人员应佩戴护目眼镜和防尘口罩，定期对他们进行尘肺检查。

89. 禁止使用含铅汽油和其他危害人体健康的清洗剂，注意车间的夏季通风和冬期保暖。

90. 生产经营单位在与从业人员订立的劳动合同中，不得含有免除或者减轻生产经营单位对从业人员因生产安全事故伤亡依法应承担的责任的内容。

91. 生产经营单位有义务将生产安全事故的防范措施和事故的应急措施告知从业人员。

92. 机动车维修中的安全“六防”是指：防溜车、防坠落、防挤压、防中毒、防烫伤、防意外伤害。

例题解析

1 判断题

例题：在用机动车必须符合现行在用机动车污染物排放标准。（　）

解析：此题为判断题，如果此题正确应（✓），错误应（×）。此题是考核《大气污染防治法》有关排放污染方面的主要内容。《大气污染防治法》第三十三条规定：在用机动车不符合制造当时的在用机动车污染物排放标准的，不得上路行驶。所谓“制造当时的在用机动车污染物排放标准”是指该机动车制造时国家规定的在用车污染物排放标准。此题为（×）。

2 单项选择题

例题：承揽人应当妥善保管定作人提供的材料以及完成的工作成果，因保管不善造成毁损、灭失的，应当承担（　）。

A. 行政拘留责任　　B. 刑事责任　　C. 损害赔偿责任

解析：此题为单项选择题，只有一个正确答案，将选择的正确答案填在（　）内。此题是考核《合同法》在机动车维修行业的实施内容。《合同法》第二百六十五条规定，承揽人应当妥善保管定作人提供的材料以及完成的工作成果，因保管不善造成毁损、灭失的，应当承担损害赔偿责任。所以此题答案为（C）。

3 多项选择题

例题：机动车维修企业应认真贯彻执行（　）的环境保护方针。

A. 预防为主　　B. 防治结合　　C. 综合治理　　D. 防患未然

解析：此题为多项选择题，有一个或多个正确答案，将选择的正确答案填在（　）内。此题是考核环境保护法规在机动车维修企业实施的方针。为保证国家有关环境保护法规在机动车辆维修企业得以贯彻落实，机动车维修企业应具备环境保护条件，环境保护条件包括环境保护管理制度和环境保护措施两部分，在环境保护管理制度的主要内容中有：认真贯彻执行“预防为主、防治结合、综合治理”的环境保护方针，遵守国家《环境保护法》、《大气污染防治法》、《环境噪声污染防治法》等有关环境保护的法律法规、规章及标准。所以此题答案是（ABC）。

习题及答案

一 习题

（一）判断题

1. 任何单位和个人不得制造、销售或者进口污染物排放超过标准的机动车船。（　）

2. 在用机动车不符合污染排放物标准的，不得上路行驶。（ ）

3. 对新车而言，国家可以通过制定机动车污染物排放标准，并要求新制造的车辆必须符合该标准。（ ）

4. 国家鼓励生产和消费使用清洁能源的机动车船。（ ）

5. 在用机动车必须符合现行在用机动车污染物排放标准。（ ）

6. 机动车维修经营者，应当按照防治大气污染的要求和国家有关技术规范进行维修，使在用机动车达到规定的污染物排放标准。（ ）

7. 按机动车维修企业环境保护条件要求，企业应具备废油、废液、废气、废蓄电池、废轮胎及垃圾等有害物质集中收集、有效处理和保持环境整洁的环境保护管理制度。（ ）

8. 按机动车维修企业环境保护条件要求，机动车维修企业内应设置有害物质存储区域，并界定清楚，必要时应有隔离、控制措施。（ ）

9. 严禁机动车维修企业违反环保法规随意排放废液、废气。（ ）

10. 按机动车维修企业环境保护条件要求，喷漆车间和钣金、轮胎作业等排放高噪声的车间，应该尽量远离人员居住地。（ ）

11. 随意处理固体废物，会导致严重污染环境的危险废物流入“地下工厂”进行非法再生产，严重威胁环境安全和人民身体健康。（ ）

12. 国家严禁违法转移和非法经营危险废物的行为。（ ）

13. 严禁机动车维修企业在维修作业过程中使用不合格的净化装置和消声装置。（ ）

14. 实施机动车排放污染控制的检查/维护（I/M）制度，是机动车维修企业贯彻《大气污染防治法》的具体体现。（ ）

15.《水污染防治法》提出了“达标排放”的要求，包括排放污染物的浓度应达标，排放总量应达标。（ ）

16.《产品质量法》明确了产品质量管理的方针和原则，与提供技术服务的机动车维修企业无关。（ ）

17. 按《计量法》规定，我国采用国际单位制，如压力单位应统一使用“kg/cm^2”。（ ）

18. 计量仪器设备的检定必须由计量检定机构严格按计量检定规程定期进行。（ ）

19. 按《计量法》的要求，机动车维修企业在购置计量器具时一定要认准生产许可标记。（ ）

20. 计量器具购买时严格把好关，以后就不用送检了。（ ）

21. “标准化”就是通过制定、实施标准，达到统一，以获得最佳秩序和社会效益的过程。（ ）

22. 行业标准由国务院有关行政主管部门制定，并报国务院标准化行政主管部门备案，在公布国家标准之后，该项行业标准即行废止。（ ）

23. 强制性标准，必须执行。（ ）

24. 不符合强制性标准的产品，禁止生产、销售和进口。（ ）

25.《劳动法》规定，当事人应当按照约定履行自己的义务，不得擅自变更或者解除合同。（ ）

26.《劳动法》是依据《宪法》中有关劳动者基本权利和义务的规定制定的。（ ）

27. 用人单位必须为劳动者提供符合国家规定的劳动安全卫生条件和必要的劳动防护用品。（ ）

28. 用人单位应当建立职业培训制度，按照国家规定提取和使用职业培训经费，根据本单位实际，有计划地对劳动者进行职业培训。（ ）

29.《劳动法》从法律的角度规范了劳资双方的行为，是最直接关系到劳动者权益的法律。（ ）

30. 签订劳动合同应该在双方自愿和平等的基础上，严格依照劳动合同示范文本格式进行。（ ）

31. 在签订劳动合同时，应该严格符合法律规定，以保护双方合法权益。（ ）

32. 按《劳动法》规定，企业应及时给付劳动者合理的报酬。（ ）

33. 机动车维修企业可以实行低于当地政府制定的最低生活保障水平的低薪酬制度。（ ）

34. 按《劳动法》规定，企业要关注工作场所的环境治理和重视职工的劳动保护。（ ）

35. 机动车维修合同对承修、托修双方不具有法律约束力。（ ）

36. 可以由修理厂单方面更改机动车维修合同中的修理内容或所用配件，以保证维修质量。（ ）

37. 按《消费者权益保护法》规定，消费者在购买、使用商品时，其合法权益受到损害的，可以向销售者要求赔偿。（ ）

38.《安全生产法》主要解决安全生产工作如何法律化、制度化的问题。（ ）

39. 从业人员既是安全生产保护的对象，又是实现安全生产的基本要素。（ ）

40. 按《安全生产法》规定，从业人员有权拒绝违章指挥和强令冒险作业。（ ）

41. 生产经营单位必须严格执行安全生产方面的有关国家标准和行业标准。（ ）

42. 从业人员因生产安全事故受到损害时，依法享有工伤社会保险，但不得向本单位提出赔偿要求。（ ）

43. 严格执行机动车维修技术标准，确保机动车维修质量，并出具《机动车维修竣工出厂合格证》。（ ）

44. 从业人员发现直接危及人身安全的紧急情况时，可以停止作业或者在采取可能的应急措施后撤离作业场所。（ ）

45. 机动车维修从业人员应当执行机动车维修安全生产操作规程，不得违章作业。（ ）

46. 无驾驶资格的修理人员在作业区域可以驾驶车辆，但不能出厂门。（ ）

47. 按维修生产防中毒的要求，充电操作人员不进行充电操作时，要远离充电间。（ ）

48. 维修企业危险品仓库与一般物品应分开存放，剧毒物资要专门设库存放，指定专人保管，并且有严格的进出库审批手续和领发料登记台账。（ ）

49. 按维修生产防意外伤害的要求，应该将水倒入浓硫酸中进行稀释。（ ）

50. 按维修企业用电安全管理要求，要经常检查移动用电设施的完好状况。（ ）

51. 按维修企业用电安全管理要求，不能乱拉私接电线，不得在车间里乱扔工具和零件等，以免碰断电线引起短路或者触电事故。（ ）

52. 按维修企业消防安全管理要求，使用石油产品作为清洗剂和稀释剂的企业或者车

间，不允许进行焊接等有明火的作业。（ ）

53. 危险品运输车辆，只可以在相应的一类维修企业维修。（ ）

54. 机动车维修车间及仓库区，严禁烟火。（ ）

55. 维修企业充电车间要阴凉通风，避免使用可能产生电火花的无屏蔽插座和禁止一切明火作业。（ ）

56. 轮胎维修作业人员应佩戴护目眼镜和防毒口罩。（ ）

57. 禁止使用含铅汽油和其他危害人体健康的清洗剂。（ ）

58. 企业与员工发生分歧时，严禁使用暴力手段威胁恐吓员工。（ ）

59. 维修企业应组织员工定期进行职业健康安全检查。（ ）

60. 国家有关部门应当依照《安全生产法》追究生产安全事故责任人员的法律责任。（ ）

（二）单项选择题

1.《大气污染防治法》规定，机动车船必须达标排放。这里所说的达标是指达到国家或者（ ）制定的机动车船大气污染物排放标准。

A. 行业　B. 地方　C. 制造厂

2. 机动车维修企业采用干打磨工艺的（ ），设有粉尘收集装置、除尘设备和通风设备，是环境保护措施之一。

A. 钣金车间　B. 机修车间　C. 涂漆车间

3. 按《大气污染防治法》的要求，机动车维修调试车间或调试工位应设置（ ）。

A. 除尘设备　B. 汽车尾气收集净化装置　C. 消声装置

4. 按《产品质量法》的规定，机动车维修企业在生产过程中为客户提供维修配件，必须承担产品（ ）相关的质量责任和义务。

A. 生产者　B. 销售者　C. 使用者

5.（ ）不符合《产品质量法》所称的产品条件。

A. 经过加工、制作的物品　B. 用于销售　C. 不动产

6. 对没有国家标准而又需要在全国某个行业范围内统一的技术要求，可以制定（ ）。

A. 企业标准　B. 行业标准　C. 国家标准

7. 按《计量法》规定，维修企业使用的计量器具应定期送到计量检定机构（ ）。

A. 检验　B. 校正　C. 检定

8. 机动车维修合同在《合同法》中属于（ ）规范的范畴。

A. 承揽合同　B. 委托合同　C. 技术合同

9. 承揽人应当妥善保管定作人提供的材料以及完成的工作成果，因保管不善造成毁损、灭失的，应当承担（ ）。

A. 行政拘留责任　B. 刑事责任　C. 损害赔偿责任

10. 承修方对托修方权益保护应尽的法律责任有严格履行双方约定的机动车维修（ ）。

A. 约定　B. 协议　C. 合同

11. 托修方有权了解机动车维修所用材料与配件的价格和修车（ ）。

A. 技术秘密　B. 盈利状况　C. 工时单价

12. 按机动车维修企业安全生产条件要求，企业应具备与其维修作业相适应的安全管

理制度和安全保护措施，建立并实施（　）。

A. 安全操作规程　B. 岗位责任制　C. 安全生产责任制

13. 按维修企业安全生产要求，车辆开进检查地沟，必须将前后车轮（　）后，工作人员才能接近车辆和进行维修作业。

A. 停稳　B. 用千斤顶顶起　C. 用三角木块塞紧

14. 按维修企业用电安全管理要求，一旦发生触电事故，应首先（　）。

A. 用绝缘物对触电人员施救　B. 拨打110　C. 切断电源

15. 按职业病防治安全管理工作要求，对接触有毒有害物质和噪声危害的工作人员，要加强劳动防护，并且定期组织职工进行必要的（　）。

A. 防护训练　B. 体检　C. 疗养

16. 生产经营单位有（　）将生产安全事故的防范措施和事故的应急措施告知从业人员。

A. 权利　B. 责任　C. 义务

17. 按《劳动法》规定，企业应与劳动者签订（　）。

A. 责任书　B. 协议　C. 劳动合同

18. 机动车维修企业在与劳动者签订劳动合同时，除了明确双方的权利和义务之外，还要写明双方均认为合情合理的（　），以便于双方互相约束。

A. 劳动报酬　B. 违约责任　C. 岗位职责

19. 员工出现劳动纠纷，在本企业没有能力化解的情况下，可以通过（　）进行劳动仲裁。

A. 劳动仲裁部门　B. 工会组织　C. 上一级主管部门

20.《劳动法》明确了国家确定职业分类，制定职业技能标准，实行（　）制度。

A. 持证上岗　B. 职业资格证书　C. 等级工

（三）多项选择题

1. 按《消费者权益保护法》，承修方建立并向托修方提供机动车维修（　）等机动车维修技术档案。

A. 检测数据　B. 结算清单　C. 工时清单　D. 检验记录

2. 按《消费者权益保护法》，向托修方提供（　）等是对机动车维修消费者权益保护的体现。

A. 结算清单　B. 工时定额标准　C. 工时清单　D. 材料清单

3. 修订后的《大气污染防治法》对重点城市的大气污染防治突出了（　）等内容。

A. 加强对机动车污染防治

B. 加大城市扬尘的控制力度

C. 禁止超过排放标准排放污染物

D. 实行大气污染物排放的总量控制和许可制度

4. 机动车维修企业在维修生产中产生的固体废物，包括：（　）等。

A. 废旧蓄电池　B. 废旧轮胎

C. 废旧汽车机件　D. 生产与办公垃圾

5. 企业应按国家环境保护法规的规定，按生产工艺要求安装、配置（　）等设施。

A. 处理“三废”　B. 通风　C. 吸尘　D. 净化和消声

6.《固体废物污染环境防治法》的主要内容包括（　　）。

A. 固体废物污染环境防治的监督管理

B. 固体废物污染环境的防治

C. 危险废物污染环境防治的特别规定

D. 法律责任

7. 机动车维修企业应认真贯彻执行（　　）的环境保护方针。

A. 预防为主　　B. 防治结合　　C. 综合治理　　D. 防患未然

8.《中华人民共和国标准化法》规定，我国标准分为（　　）。

A. 国家标准　　B. 行业标准　　C. 地方标准　　D. 企业标准

9.《标准化法》是（　　）的依据。

A. 制定标准　　B. 推行标准化

C. 实施标准化管理　　D. 实施标准化监督

10.《安全生产法》规定，国家安全生产管理坚持（　　）方针。

A. 安全第一　　B. 三不放过　　C. 防患未然　　D. 预防为主

11. 机动车维修企业经营条件中的"安全生产条件"是指：生产经营单位在安全生产中（　　）等"硬件"方面的条件。

A. 设施　　B. 设备　　C. 场所　　D. 环境

12.《机动车维修管理规定》中规定，机动车维修经营者应当加强对从业人员的（　　），确保安全生产。

A. 安全教育　　B. 职业道德教育　　C. 法制教育　　D. 文化培训

13. 按机动车维修企业安全生产条件要求，企业应具有（　　）的安全操作规程。

A. 各工种　　B. 各类机电设备　　C. 各生产车间　　D. 各工序

14. 按机动车维修企业安全生产条件要求，使用、存储有毒、易燃、易爆物品，腐蚀剂，压力容器等，均应有相应的安全防护（　　）。

A. 制度　　B. 措施　　C. 设施　　D. 操作规程

15. 机动车维修中的安全"六防"是指：（　　）、防烫伤、防意外伤害。

A. 防溜车　　B. 防坠落　　C. 防挤压　　D. 防中毒

16. 车间举升车辆，一定要确认（　　）。

A. 设备负载匹配　B. 设备完好　　C. 支承位置恰当　D. 锁止有效

17. 从业人员在作业过程中，应当严格遵守本单位的安全生产（　　），服从安全生产管理。

A. 规章制度　　B. 工作规范　　C. 制度　　D. 操作规程

18. 从业人员在作业过程中发现事故隐患或者其他不安全因素的，应当立即向（　　）报告。

A. 消防部门　　B. 现场安全生产管理人员

C. 公安部门　　D. 本单位的负责人

19.《劳动法》规定，劳动者的权利主要有：（　　）；劳动保护权；职业培训和业务进修权等。

A. 劳动权　　B. 享受保险和福利的权利

C. 休息权　　D. 获得劳动报酬权

 习题答案

（一）判断题

1.√	2.√	3.√	4.√	5.×	6.√	7.√	8.√	9.√	10.√
11.√	12.√	13.√	14.√	15.√	16.×	17.×	18.√	19.√	20.×
21.√	22.√	23.√	24.√	25.√	26.√	27.√	28.√	29.√	30.√
31.√	32.√	33.×	34.√	35.×	36.×	37.√	38.√	39.√	40.√
41.√	42.×	43.√	44.√	45.√	46.×	47.√	48.√	49.×	50.√
51.√	52.√	53.×	54.√	55.√	56.×	57.√	58.√	59.√	60.√

（二）单项选择题

1. B	2. C	3. B	4. B	5. C	6. B	7. C	8. A	9. C	10. C
11. C	12. C	13. C	14. C	15. B	16. C	17. C	18. B	19. A	20. B

（三）多项选择题

1. AD	2. ABCD	3. ABCD	4. ABCD	5. ABCD
6. ABCD	7. ABC	8. ABCD	9. ABCD	10. AD
11. ABCD	12. AB	13. AB	14. BC	15. ABCD
16. ABCD	17. AD	18. BD	19. ABCD	

第3章 汽车维修检测标准与规范

第一节 汽车维修标准化体系

本节提要

1. 了解标准定义、属性、分类及标准代号的含义；
2. 了解标准制定的原则和过程，标准颁布与管理的有关规定；
3. 了解标准贯彻实施的形式以及标准化监督机制的有关规定；
4. 了解汽车维修标准体系结构及其内容。

考纲要求

一 标准的基本知识

1. 标准是对重复性事物和概念所做的统一规定。它是以科学、技术和实践经验的综合成果为基础，经有关方面协商一致，由主管机构批准，以特定形式发布，应该共同遵守的准则和依据。

2. 标准具有相对统一的、固定的特性，既具有法律的约束性，在理论上又是可协调的。

3. 标准按照法律的约束性程度不同分为强制性标准和推荐性标准。

4. 对标准实施进行监督，可以随时发现标准中存在的问题，为进一步修订标准提供依据。

5. 涉及保障人体健康，人身、财产安全的标准和法律、行政法规规定强制执行的标准，都是强制性标准。

6. 强制性标准是国家技术法规的重要组成部分。对违反强制性标准，造成严重后果，构成犯罪的对直接责任人员依法追究刑事责任。

7. 为了防止企业利用标准欺诈消费者，要求采用低于推荐性标准的企业标准组织生产的企业，必须向消费者明示其产品的标准水平。

8. 按标准适用范围，即应用领域和有效范围可分为国际标准、国外先进标准（区域标准）、国家标准、行业标准、地方标准和企业标准。

9. 没有国家标准而又需在全国某个行业范围内统一的技术标准是行业标准，由国务院有关行政主管部门制定并报国务院标准化行政主管部门备案。

10. 企业生产的产品没有国家标准、行业标准和地方标准，由企业制定的作为组织生产的依据的标准，或在企业内制定适用的严于国家标准、行业标准或地方标准的，并按省、自治区、直辖市人民政府的规定备案的标准称为企业标准。

11. 虽然各类标准有各自不同的适用范围，但在权威性方面，国内各级标准中国家标准权威最高，其他标准在类似要求上不得与其抵触。

12. 行业标准是国家标准的补充，且行业标准的制定不得与国家标准相抵触，一旦国家有关标准公布实施后，相应的行业标准即行废止。

13. 标准按其内容属性分类可分为技术标准、管理标准和工作标准。

14. 技术标准主要用以规范事物的技术性内容，主要包括基础标准、产品标准、方法标准、安全、卫生与环保标准、信息技术标准。

15. 方法（检测、试验）标准以产品性能与质量方面的试验；检查、分析、抽样、统计、计算、测定、作业等各种方法为对象而制定的标准。包括操作和精度要求，对所用仪器、设备、检测或试验条件、方法、步骤、数据计算、结果分析、合格标准及复验规则等方面的统一规定。

16. 强制性国家标准代号为GB，推荐性国家标准代号为GB/T。

17. 汽车维修标准在推动行业技术进步、规范市场秩序方面有着不可忽视的重要作用。

18.《汽车维修业开业条件》既是企业建设的技术标准，又是规范汽车维修市场准入的管理标准。

19. 标准代号由标准级别代号、标准顺序号、标准发布年号和标准名称四部分组成。

20. 标准的实施，即有组织、有计划、有措施地将标准规定的内容贯彻到生产、流通、使用等领域中去的过程。

21. 安全标准以保护人和物的安全为目的而制定的标准。如《机动车安全运行技术条件》（GB 7258—2004）。

22. 对标准实施进行监督，是政府有关部门领导和管理标准化活动的重要手段。

23. 标准是汽车维修生产过程技术管理的重要依据。

二 汽车维修标准体系

1. 汽车维修标准体系是在汽车维修专业范围内按标准对象、标准项目、标准级别与性质及相互间内在联系编制成的系统性技术文件。

2. 汽车维修标准体系总结构分为“汽车维修管理、服务标准”和“汽车维修基础和通用标准”两个部分。

3. 汽车维修基础标准和通用标准对汽车维修工作具有广泛的指导作用。

4.《汽车维修业开业条件》是汽车维修基础标准之一。

5. 在汽车维修标准体系中，《商用汽车发动机大修竣工出厂技术条件》属于专用修理技术标准。

6. 汽车维修标准体系第二层次为专用修理技术标准，也可称为方法标准。

7.《汽车维护、检测、诊断技术规范》归口在专用修理技术标准类标准。

8. 有关汽车安全性能检测的标准在汽车维修标准体系表中归口在安全、环保标准层次。

9.《汽车维修业开业条件》（GB/T 16739.1~2—2004）由中华人民共和国国家质量监督检验检疫总局、中国国家标准化管理委员会2004年1月6日发布，2005年1月1日起实施。

10. 汽车维修技术规范是指导汽车维修作业和技术质量管理的技术文件，主要包括维修手册、车辆使用说明书等。

三 汽车维修企业标准化工作

1. 汽车维修从业人员应当增强标准化意识，严格执行汽车维修标准，规范职业行为，确保维修质量，满足社会需求。

2. 技术标准是企业科学管理的基础；技术标准是合同中确认质量的重要依据；技术标准是企业组织生产的重要技术依据；技术标准是处理质量纠纷的重要依据。

3. 企业标准化管理工作的基本任务是：执行国家有关标准的法律、法规，实施国家标准、行业标准和地方标准，制定和实施企业标准；并对标准的实施进行检查。

4. 作为专业从事汽车维修的企业或业户其标准化工作的任务：收集、整理、更新、统一归口管理各类企业相关技术、管理标准和国内外标准化资料，建立档案；组织制定、修订企业标准，健全企业标准体系；负责对本企业实施标准的情况进行监督检查。

5. 制定企业标准的程序主要包括：编制计划、调查研究，起草标准草案、征求意见，对标准草案进行必要的验证，审查、批准、编号，发布标准。

6. 企业标准选用和制定的基本原则：贯彻国家和地方有关的方针、政策、法律、法规，全面收集并及时更新有关标准版本，严格执行强制性国家标准、行业标准和地方标准，即企业标准一定要保证严于上级标准，包括国家、行业及地方标准等。

7. 汽车维修标准是指导企业生产过程中与经营管理的基本准则，标准可以通过配套的技术规范，包括维修手册、检验规程等，在企业生产技术管理过程中得到具体实施。

8. 对标准与规范的执行实施监督是企业管理的重要手段，目前通过企业建立健全ISO质量管理体系的形式，完善企业标准化工作，使技术规范渗透到每个工位、每一个生产经营管理过程，是经实践证明行之有效的一种技术质量管理模式，值得推广。

例题解析

1 判断题

例题：《汽车维修业开业条件》既是企业建设的企业标准，又是规范汽车维修市场准人的国家标准。（　）

解析：此题为判断题，如果此题正确应（✓），错误应（×）。此题是考核标准按内容属性的分类及技术标准、管理标准、工作标准三者的关系，标准按内容属性可分为技术标准、管理标准和工作标准。三者既彼此联系又各有侧重，如，管理标准与技术标准之间并没有非常严格的界限，有的管理标准也具有技术标准的属性，而许多技术标准同样具有管理功能。如，《汽车维修业开业条件》既是企业建设的技术标准，又是规范汽车维修市场准入的管理标准。二者在执行时常常互相渗透、互相补充。此题为（×）。

2 单项选择题

例题：（　）是合同中确认质量的重要依据。

A. 工作标准　　B. 管理标准　　C. 技术标准

解析：此题为单项选择题，只有一个正确答案，将选择的正确答案填在（　）内。此题是考核企业标准化工作的重要性的内容。其中技术标准是企业科学管理的基础，市场经济进行的商品交换和经济往来，主要通过合同的形式来实现，在这些合同中，技术标准是质量的技术依据。因此技术标准是合同中确认质量的重要依据。所以此题答案为（C）。

 多项选择题

例题：标准代号由（　　）组成。

A. 标准级别代号　　B. 标准顺序号

C. 标准发布年号　　D. 标准名称

解析：此题为多项选择题，有一个或多个正确答案，将选择的正确答案填在（　　）内。此题是考核标准代号的编号规则。为便于研究和应用标准，国家规定了标准代号的编号规则。标准代号由4部分组成，标准代号第1部分为标准级别代号，第2部分为标准顺序号，第3部分为标准发布年号，第4部分为标准名称。所以此题答案是（ABCD）。

习题及答案

一 习题

（一）判断题

1. 标准是由主管机构批准，以特定形式发布，应该共同遵守的准则和依据。（　）
2. 标准是对重复性事物和概念所做的统一规定。（　）
3. 标准具有法律的约束性，都必须强制执行。（　）
4. 对违反强制性标准，造成严重后果构成犯罪的，对直接责任人员依法追究刑事责任。（　）
5. 国家标准权威性最高，要求也最高，行业标准或企业标准可以比国家标准要求低。（　）
6. 方法标准是以产品性能与质量方面的试验、检查等各种方法为对象而制定的标准。（　）
7. 强制性国家标准代号为GB；推荐性国家标准代号为GB/T。（　）
8. 汽车维修标准在推动行业技术进步、规范市场秩序方面有着不可忽视的重要作用。（　）
9. 标准是汽车维修生产过程技术管理的重要依据。（　）
10. 有组织、有计划、有措施地将标准规定的内容贯彻到生产、流通、使用等领域中去的过程即是对标准的实施。（　）
11.《汽车维修业开业条件》既是企业建设的企业标准，又是规范汽车维修市场准入的国家标准。（　）
12. 汽车维修从业人员应当增强标准化意识，严格执行汽车维修标准，规范职业行为，确保维修质量，满足社会需求。（　）
13. 对标准实施进行监督，是政府有关部门领导和管理标准化活动的重要手段。（　）
14. 汽车维修标准体系是在汽车维修专业范围内按标准对象、标准项目、标准级别与性质及相互间内在联系编制成的系统性技术文件。（　）

15. 汽车维修标准体系总结构分为“汽车维修管理、服务标准”和“汽车维修基础和通用标准”两个部分。 ( )

16. 汽车维修基础标准和通用标准对汽车维修工作具有广泛的指导作用。 ( )

17.《汽车维修业开业条件》是汽车维修基础标准之一。 ( )

18. 技术标准是企业科学管理的基础。 ( )

19. 技术标准是处理质量纠纷的重要依据。 ( )

20. 对本企业实施标准的情况负责监督检查是企业标准化工作的主要任务之一。 ( )

21. 企业标准化工作的任务就是收集整理、更新、统一归口管理各类标准。 ( )

22. 调查研究是制定企业标准的必要程序。 ( )

23. 严格执行强制性国家标准、行业标准和地方标准，即企业标准一定要低于上级标准，包括国家、行业及地方标准。 ( )

24. 是否有利于企业技术进步、保证和提高产品质量是标准选用的基本原则。 ( )

25. 技术规范是为标准在企业生产技术管理过程中得到具体实施相配套的。 ( )

26. 企业建立健全ISO质量管理体系，是对标准与规范执行情况实施监督的重要手段。 ( )

(二) 单项选择题

1.《汽车维护、检测、诊断技术规范》归口在（ ）类标准。

A. 专用修理技术标准

B. 维护、修理、检测设备标准

C. 基础和通用标准

2. 有关汽车安全性能检测的标准在汽车维修标准体系表中归口在（ ）层次。

A. 信息化标准　　B. 材料、能源标准　　C. 安全、环保标准

3. 标准按法律的（ ）程度不同分为强制性标准和推荐性标准两类。

A. 强制性　　B. 约束性　　C. 规范性

4. 涉及保障人体健康、人身财产安全的标准和法律、行政法规规定强制执行的标准，都是（ ）。

A. 推荐性标准　　B. 国家标准　　C. 强制性标准

5.（ ）是国家技术法规的重要组成部分。

A. 推荐性标准　　B. 强制性标准　　C. 国际标准

6. 没有国家标准而又需在全国某个行业范围内统一的标准是（ ）。

A. 国家标准　　B. 行业标准　　C. 地方标准

7. 在汽车维修标准体系中，《商用汽车发动机大修竣工出厂技术条件》属于（ ）。

A. 基础标准　　B. 专用修理技术标准　　C. 通用标准

8. 汽车维修标准体系第二层次为专用修理技术标准，也可称为（ ）。

A. 产品标准　　B. 技术管理标准　　C. 方法标准

9.《汽车维护、检测、诊断技术规范》归口在（ ）类标准。

A. 专用修理技术标准

B. 维护、修理、检测设备标准

C. 基础和通用标准

10. 有关汽车安全性能检测的标准在汽车维修标准体系表中归口在（ ）层次。

A. 信息化标准　B. 材料、能源标准　C. 安全、环保标准

11. 对标准实施进行（　），可以随时发现标准中存在的问题，为进一步修订标准提供依据。

A. 宣贯　B. 动员　C. 监督

12.《汽车维修业开业条件》是规范汽车维修市场准入的（　）。

A. 国家标准　B. 行业标准　C. 企业标准

13.（　）是合同中确认质量的重要依据。

A. 工作标准　B. 管理标准　C. 技术标准

14.《机动车安全运行技术条件》属于（　）。

A. 产品标准　B. 安全标准　C. 基础标准

（三）多项选择题

1. 标准是对（　）所作的统一规定。

A. 行为　B. 重复性事物　C. 概念　D. 事物

2. 标准制定以（　）的综合成果为基础。

A. 法规　B. 科学　C. 技术　D. 实践经验

3. 我国标准按适用范围分为（　）。

A. 国家标准　B. 行业标准　C. 地方标准　D. 企业标准

4. 按标准化对象，通常把标准分为（　）几类。

A. 技术标准　B. 管理标准　C. 工作标准　D. 产品标准

5. 标准代号由（　）组成。

A. 标准级别代号　B. 标准顺序号　C. 标准发布年号　D. 标准名称

6. 技术标准主要用以规范事物的技术性内容，主要包括：基础标准、（　）、信息技术标准。

A. 产品标准　B. 技术管理标准

C. 方法标准　D. 安全、卫生与环保标准

7. 汽车维修技术规范是指导汽车维修作业和技术质量管理的技术文件，主要包括（　）等。

A. 检验规程　B. 维修手册　C. 工时定额　D. 车辆使用说明书

二 习题答案

（一）判断题

1. ✓　2. ✓　3. ×　4. ✓　5. ×　6. ✓　7. ✓　8. ✓　9. ✓　10. ✓
11. ×　12. ✓　13. ✓　14. ✓　15. ✓　16. ✓　17. ✓　18. ✓　19. ✓　20. ✓
21. ×　22. ✓　23. ×　24. ✓　25. ✓　26. ✓

（二）单项选择题

1. A　2. C　3. B　4. C　5. B　6. B　7. B　8. C　9. A　10. C
11. C　12. A　13. C　14. B

（三）多项选择题

1. BC　2. BCD　3. ABCD　4. ABC　5. ABCD
6. ACD　7. BD

第二节　汽车维修管理主要技术标准

本节提要

1. 了解GB/T 16739.1～2对各类汽车维修企业（业户）应具备的人员、组织管理、设备、设施等条件方面的规定；

2. 了解GB/T 18189对各类摩托车维修企业（业户）开业技术条件方面的规定；

3. 了解JT/T 640对汽车维修行业包括行业管理、企业管理建立计算机管理信息系统的技术要求方面的规定；

4. 了解JT/T 478对汽车综合性能检测站建立计算机管理信息系统，包括运行环境、检测系统、业务处理、系统维护等方面的规定；

5. 了解GB/T 17933对汽车综合性能检测站开展汽车综合性能检测工作应具备的服务功能、管理、技术能力以及场地和设施方面的规定。

考纲要求

1. 汽车维修管理标准在“汽车维修标准体系结构”中属于“基础和通用标准”类，是为协调统一汽车维修行业管理事项所制定的标准，如规范企业市场准入条件的标准、规范行业从业人员技术要求的标准等，是行业管理和企业管理的重要依据。

2.《汽车维修业开业条件》（GB/T 16739.1～.2—2004）分为两部分：《汽车维修业开业条件 第1部分：汽车整车维修企业》（GT 16739.1—2004）；《汽车维修业开业条件 第2部分：汽车专项维修业户》（GB/T 16739.2—2004）。两部分分别规定了汽车整车维修企业和汽车专项维修业户必须具备的人员、组织管理、设施、设备等条件。

3.《汽车维修业开业条件》（GB/T 16739.1～.2—2004）是交通行政主管部门对汽车整车维修企业（一类、二类）和专项维修业户（三类）进行开业审核和管理的依据。

4.《汽车维修业开业条件》属于推荐性国家标准，但交通部门规章《机动车维修管理规定》（交通部令2005年第7号）将其确定为汽车维修企业开业的必要条件，而具有强制力。

5.《汽车维修业开业条件 第1部分：汽车整车维修企业》（GB/T 16739.1～.2—2004）对汽车整车维修企业的定义是：有能力对所维修车型的整车、各个总成及主要零部件进行各级维护、修理及更换，使汽车的技术状况和运行性能完全（或接近完全）恢复到原车的技术要求，并符合相应国家标准和行业标准的规定的维修企业。汽车整车维修企业按规模大小、服务能力分为一类汽车整车维修企业和二类汽车整车维修企业。

6. 整车维修企业可以有主修车型，并根据主修车型的不同在开业条件方面有所区别。

7.《汽车维修业开业条件》（GB/T 16739.1～.2—2004），将汽车整车维修企业按主修车型分为小型车、大中型客车、大中型货车三种。

8.《汽车维修业开业条件 第1部分：汽车整车维修企业》（GB/T 16739.1～.2—2004）对汽车整车维修企业关键岗位人员的数量配备和持证上岗等人员条件作了明确规定。企业关键岗位人员包括企业管理负责人、技术负责人及检验、业务、价格核算、维修（机修、电器、钣金、油漆）等。

9. 汽车整车维修企业管理负责人、技术负责人及检验、业务、价格核算、维修（机修、电器、钣金、油漆）等关键岗位至少应配备1人，并应经过有关培训，取得行业主管部门颁发的从业资格证书，持证上岗。

10.《汽车维修业开业条件 第1部分：汽车整车维修企业》（GB/T 16739.1～.2—2004）规定，汽车整车维修企业检验人员数量应与其经营规模相适应，其中至少应有1名总检验员和1名进厂检验员。

11.《汽车维修业开业条件 第1部分：汽车整车维修企业》（GB/T 16739.1～.2—2004）从具备相关法规等文件资料、规范业务工作流程、健全经营管理体系、实行计算机管理等制度4个方面对整车维修企业经营管理条件作出了相应的规定。

12. 整车维修企业应具有规范的工作流程，并明示业务受理程序、服务承诺、用户抱怨受理制度等。

13.《汽车维修业开业条件 第1部分：汽车整车维修企业》（GB/T 16739.1～.2—2004）规定，汽车整车维修企业具备技术标准和相关维修资料、健全各项制度、建立技术档案制度4个方面对整车维修企业质量管理条件作出相应规定。

14.《汽车维修业开业条件 第1部分：汽车整车维修企业》（GB/T 16739.1～.2—2004）规定，汽车整车维修企业接待室、停车场、生产厂房在面积和设置方面应满足相关条件。

15.《汽车维修业开业条件 第1部分：汽车整车维修企业》（GB/T 16739.1～.2—2004）对维修不同类型车辆的汽车整车维修企业提出了不同的设备配置要求。

16.《汽车维修业开业条件 第1部分：汽车整车维修企业》（GB/T 16739.1～.2—2004）规定，整车维修企业应在量具、机工具及手动工具配备、通用设备、专用设备及主要检测设备的品种、规格、数量配备，所选用设备的产品技术性能，量具、设备的计量检定等方面满足相关设备条件。

17.《汽车维修业开业条件 第1部分：汽车整车维修企业》（GB/T 16739.1—2004）规定，汽车整车维修企业应配置发动机检测诊断设备，应具备示波器、发动机检测专用真空表和转速表的功能。

18.《汽车维修业开业条件 第1部分：汽车整车维修企业》（GB/T 16739.1～.2—2004）规定，修理大中型客车的汽车整车维修企业都必须配备无损探伤设备，其他企业允许外协。

19. 按《汽车维修业开业条件 第1部分：汽车整车维修企业》（GB/T 16739.1～.2—2004）规定，汽车整车维修企业部分不常用设备或大型设备允许外协，主要检测设备中检测排放污染以外的设备对二类维修企业允许外协。

20.《汽车维修业开业条件 第1部分：汽车整车维修企业》（GB/T 16739.1～.2—2004）规定，汽车整车维修企业必须配置发动机检测诊断设备。

21.《汽车维修业开业条件 第2部分：汽车专项维修业户》（GB/T 16739.2—2004）规定，从事汽车发动机、车身、电气系统、自动变速器、车身清洁维护、涂漆、轮胎动平衡及修补、四轮定位检测调整、供油系统维护及油品更换、喷油泵和喷油器维修、曲轴修磨、汽缸镗磨、散热器（水箱）、空调维修、汽车装潢（篷布、坐垫及内装饰）、门窗玻璃安装等专项维修作业的业户为汽车专项维修业户。

22. 从事汽车发动机、车身、电气系统等专项维修作业的业户是汽车专项维修业户。

23.《汽车维修业开业条件 第2部分：汽车专项维修业户》（GB/T 16739.2—2004）规

定，汽车专项维修业户开业，除必须满足规定的通用技术条件外，还必须满足专项维修开业的专用条件。

24.《摩托车维修业开业条件》（GB/T 18189—2000）规定了一、二类摩托车维修企业的环境与场地、设备、人员、管理制度以及流动资金等条件。

25.《摩托车维修业开业条件》（GB/T 18189—2000）规定，一类摩托车维修企业必须至少配备1名专职质量检验员。

26.《摩托车维修业开业条件》（GB/T 18189—2000）规定，二类摩托车维修企业必须有专人负责技术、质量管理工作。

27.《汽车维修业开业条件》（GB/T 16739.1 ~ .2—2004）规定，具有相关汽车维修技术标准是汽车整车维修企业质量管理条件之一。

28.《汽车维修业开业条件》（GB/T 16739.1 ~ .2—2004）规定，有各工种、各类机电设备的安全操作规程，是汽车整车维修企业安全生产条件之一。

29.《汽车维修业开业条件 第1部分：汽车整车维修企业》（GB/T 16739.1 ~ .2—2004）规定，大型货车整车维修企业主要检测设备中制动检验台允许外协。

30.《汽车维修业开业条件 第2部分：汽车专项维修业户》（GB/T 16739.2—2004）的规定，汽车专项维修业户按专项维修作业范围不同分为16种。

31.《汽车维修业开业条件 第2部分：汽车专项维修业户》（GB/T 16739.2—2004）的规定，发动机专项修理业户开业专用条件中检验员配置要求不少于2人。

32.《摩托车维修业开业条件》（GB/T 18189—2000）中规定，摩托车维修企业分为两类。

33.《汽车维修业开业条件》（GB/T 16739.2—2004）规定，汽车专项维修业户开业通用条件包括人员条件、设施条件、设备条件一般性要求和环境保护条件、规范的业务工作流程要求，法规、标准、技术文件要求。

34.《汽车维修业开业条件》（GB/T 16739.2—2004）规定，从事供油系统维护及油品更换专项维修业务的业户，应具备的设备包括不解体油路清洗设备、换油设备和废油收集设备、举升设备或地沟、空气压缩机。

35.《汽车维修业开业条件》（GB/T 16739.1—2004）规定了汽车整车维修企业必须具备的组织管理条件，重点包括经营管理和质量管理。

36.《汽车维修行业计算机管理信息系统技术规范》（JT/T 640—2005）规定了汽车维修行业计算机管理信息系统的构成、数据信息、系统功能、配置、接口和性能，以及系统的安装和维护要求。

37.《汽车维修行业计算机管理信息系统技术规范》（JT/T 640—2005）规定，汽车维修企业计算机管理信息系统的主要数据信息包括基本信息与车辆维修业务管理信息。

38.《汽车维修行业计算机管理信息系统技术规范》（JT/T 640—2005）规定，汽车维修行业管理信息系统应能实现业务办理、业户管理、车辆管理、从业人员管理、单据管理、查询统计等功能。

39.《汽车维修行业计算机管理信息系统技术规范》（JT/T 640—2005）规定，汽车维修行业计算机管理信息系统由汽车维修行业管理信息系统和汽车维修企业管理信息系统两部分组成。

40.《汽车维修行业计算机管理信息系统技术规范》（JT/T 640—2005）规定，车辆维修管理信息系统应具有业务接待、生产调度、检验、车辆维修技术档案、维修结算、查询统计功能。

41.《汽车综合性能检测站能力的通用要求》（GB/T 17993—2005）规定，汽车综合性能检测站的功能是依法对营运车辆的技术状况进行检测；依法对车辆维修竣工质量进行检测；接受委托，对车辆改装（造）、延长报废期及相关新技术、科研鉴定等项目进行检测；接受有关部门、机构的委托，进行规定项目的检测。

42.《汽车综合性能检测站能力的通用要求》（GB/T 17993—2005）提出了汽车综合性能检测站技术能力要求，包括人员、检测项目与参数、检测仪器设备、计算机控制检测系统。

43.《汽车综合性能检测站能力的通用要求》（GB/T 17993—2005）将汽车综合性能定义为：在用汽车动力性、安全性、燃料经济性、使用可靠性、排气污染物和噪声，以及整车装备完整性与状态、防雨密封性等多种技术性能的组合。

44.《汽车综合性能检测站能力的通用要求》（GB/T 17993—2005）规定了汽车综合性能检测站应具备的服务功能、管理、技术能力以及场地和设施的要求。

例题解析

1 判断题

例题：《汽车维修业开业条件　第2部分：汽车专项维修业户》（GB/T 16739.2—2004）规定，汽车专项维修业户开业，满足规定的通用技术条件即可。（　）

解析：此题为判断题，如果此题正确应（√），错误应（×）。此题是考核汽车专项维修业户开业条件，《汽车维修业开业条件第　2部分：汽车专项维修业户》（GB/T 16739.2—2004）规定，汽车专项维修业户开业，除必须满足规定的通用技术条件外，还必须满足专项维修开业的专用条件。此题为（×）。

2 单项选择题

例题：汽车维修管理标准在“汽车维修标准体系结构”中所属的类别是（　）。

A. 基础和通用标准　　B. 专用维修技术标准　　C. 维护、修理检测设备标准

解析：此题为单项选择题，只有一个正确答案，将选择的正确答案填在（　）内。此题既是考核汽车维修标准体系结构类别，也是考核汽车维修管理标准的作用。汽车维修管理标准是为协调统一汽车维修行业管理事项所制定的标准，如规范企业市场准入条件的标准、规范行业从业人员技术要求的标准等，是行业管理和企业管理的重要依据。因此是属于汽车维修标准体系结构中的“基础和通用标准”的范畴。此题选（A）。

3 多项选择题

例题：《汽车综合性能检测站能力的通用要求》（GB/T 17993—2005）将汽车综合性能定义为：在用汽车（　）、排气污染物和噪声，以及整车装备完整性与状态、防雨密封性等多种技术性能的组合。

A. 安全性　　B. 动力性　　C. 燃料经济性　　D. 使用可靠性

解析：此题为多项选择题，有一个或多个正确答案，将选择的正确答案填在（　）内。此题是考核汽车综合性能的涵义。《汽车综合性能检测站能力的通用要求》（GB/T

17993—2005）将汽车综合性能定义为：在用汽车动力性、安全性、燃料经济性、使用可靠性、排气污染物和噪声，以及整车装备完整性与状态、防雨密封性等多种技术性能的组合。所以此题答案是（ ABCD ）。

习题及答案

习题

（一）判断题

1. 汽车维修管理标准在“汽车维修标准体系结构”属“维护、修理检测设备标准”类。（ ）

2. 汽车维修管理标准是行业管理和企业管理的重要依据。（ ）

3.《汽车维修业开业条件》（GB/T 16739.1 ~ .2—2004）是交通行政主管部门对汽车整车维修企业和专项维修业户进行开业审核和管理的依据。（ ）

4.《汽车维修业开业条件》（GB/T 16739.1 ~ .2—2004）是强制性的行业标准。（ ）

5.《汽车维修业开业条件 第1部分：汽车整车维修企业》（GB/T 16739.1—2004）对汽车整车维修企业的定义是：有能力对所维修车型的整车、各个总成及主要零部件进行各级维护、修理及更换的维修企业。（ ）

6.《汽车维修业开业条件 第1部分：汽车整车维修企业》（GB/T 16739.1—2004）规定，汽车整车维修企业按服务能力分为一类汽车整车维修企业和二类汽车整车维修企业。（ ）

7.《汽车维修业开业条件 第1部分：汽车整车维修企业》（GB/T 16739.1—2004）中所指的一、二类汽车整车维修企业，其经营范围不相同。（ ）

8. 汽车整车维修企业按规模大小、服务能力分为一类汽车整车维修企业和二类汽车整车维修企业。（ ）

9. 整车维修企业可以有主修车型，并根据主修车型的不同在开业条件方面有所区别。（ ）

10. 汽车整车维修企业管理负责人应经过有关培训，取得行业主管部门颁发的从业资格证书，持证上岗。（ ）

11.《汽车维修业开业条件 第2部分：汽车专项维修业户》（GB/T 16739.2—2004）中没有设定“供油系统维护及油品更换”汽车专项维修项目。（ ）

12.《汽车维修业开业条件 第1部分：汽车整车维修企业》（GB/T 16739.1—2004）对汽车整车维修企业关键岗位的人员条件作了规定。（ ）

13.《汽车维修业开业条件 第1部分：汽车整车维修企业》（GB/T 16739.1—2004）规定，汽车整车维修企业接待室、停车场、生产厂房在面积和设置方面应满足相关条件。（ ）

14.《汽车维修业开业条件 第1部分：汽车整车维修企业》（GB/T 16739.1—2004）对维修不同类型车辆的汽车整车维修企业提出了不同的设备配置要求。（ ）

15.《汽车维修业开业条件 第1部分：汽车整车维修企业》（GB/T 16739.1—2004）规定，汽车整车维修企业部分不常用设备或大型设备允许外协。（ ）

16.《汽车维修业开业条件 第1部分：汽车整车维修企业》（GB/T 16739.1—2004）中要求汽车整车维修企业配置的所有检测设备，对二类整车维修企业均允许外协。（ ）

17.《汽车维修业开业条件 第1部分：汽车整车维修企业》（GB/T 16739.1—2004）规定，汽车整车维修企业必须配置发动机检测诊断设备。（ ）

18.《汽车维修业开业条件 第1部分：汽车整车维修企业》（GB/T 16739.1—2004）规定，汽车整车维修企业都必须配备无损探伤设备。（ ）

19. 从事汽车发动机、车身、电气系统等专项维修作业的业户是汽车专项维修业户。（ ）

20.《汽车维修业开业条件 第2部分：汽车专项维修业户》（GB/T 16739.2—2004）规定，汽车专项维修业户开业，除必须满足规定的通用技术条件外，还必须满足专项维修开业的专用条件。（ ）

21.《汽车维修业开业条件 第2部分：汽车专项维修业户》（GB/T 16739.2—2004）规定，汽车专项维修业户开业，满足规定的通用技术条件即可。（ ）

22.《摩托车维修业开业条件》（GB/T 18189—2000）规定了一二类摩托车维修企业的环境与场地、设备、人员、管理制度以及流动资金等条件。（ ）

23.《摩托车维修业开业条件》（GB/T 18189—2000）规定，一类摩托车维修企业必须至少配备1名专职质量检验员。（ ）

24.《摩托车维修业开业条件》（GB/T 18189—2000）规定，二类摩托车维修企业必须有专人负责技术、质量管理工作。（ ）

25.《汽车维修行业计算机管理信息系统技术规范》（JT/T 640—2005）规定，汽车维修企业计算机管理信息系统的主要数据信息包括：基本信息与车辆维修业务管理信息。（ ）

26.《汽车维修行业计算机管理信息系统技术规范》（JT/T 640—2005）规定，汽车维修行业管理信息系统应能实现业务办理、业户管理、车辆管理、从业人员管理、单据管理、查询统计等功能。（ ）

27.《汽车综合性能检测站能力的通用要求》（GB/T 17993—2005）规定了汽车综合性能检测站应具备的服务功能、管理、技术能力以及场地和设施的要求。（ ）

28.《汽车综合性能检测站能力的通用要求》（GB/T 17993—2005）对汽车综合性能检测站开展汽车综合性能检测工作应具备的场地和设施没有明确要求。（ ）

29.《汽车综合性能检测站能力的通用要求》（GB/T 17993—2005）对综合性能检测站计算机控制检测系统提出了相关要求。（ ）

（二）单项选择题

1. 汽车维修管理标准在“汽车维修标准体系结构”中所属的类别是（ ）。

A. 基础和通用标准　B. 专用维修技术标准　C. 维护、修理检测设备标准

2.《汽车维修业开业条件》（GB/T 16739.1 ~ .2—2004）规定，汽车整车维修企业检验人员数量应与其（ ）相适应。

A. 维修车型　B. 企业性质　C. 经营规模

3.《汽车维修业开业条件》（GB/T 16739.1 ~ .2—2004）规定，具有相关汽车维修技术标准是汽车整车维修企业（ ）之一。

A. 经营管理条件　B. 质量管理条件　C. 安全生产条件

4.《汽车维修业开业条件》（GB/T 16739.1—2004）规定，有各工种、各类机电设备

的安全操作规程，是汽车整车维修企业（ ）之一。

A. 经营管理条件　B. 质量管理条件　C. 安全生产条件

5.《汽车维修业开业条件 第1部分：汽车整车维修企业》（GB/T 16739.1—2004）中规定，大型货车整车维修企业主要检测设备中（ ）允许外协。

A. 声级计　B. 排气分析仪或烟度计　C. 制动检验台

6.《汽车维修业开业条件 第2部分：汽车专项维修业户》（GB/T 16739.2—2004）规定，汽车专项维修业户按专项维修作业范围不同分为（ ）种。

A. 10　B. 12　C. 16

7.《汽车维修业开业条件 第2部分：汽车专项维修业户》（GB/T 16739.2—2004）规定，发动机专项修理业户开业专用条件中检验员配置要求不少于（ ）人。

A. 1　B. 2　C. 3

8.《摩托车维修业开业条件》（GB/T 18189—2000）中规定，摩托车维修企业分为（ ）类。

A. 一　B. 二　C. 三

（三）多项选择题

1. 国家标准《汽车维修业开业条件》（GB/T 16739.1～.2—2004）分为（ ）两部分。

A. 汽车一类维修企业　B. 汽车二类维修企业

C. 汽车整车维修企业　D. 汽车专项维修业户

2.《汽车维修业开业条件》（GB/T 16739.1～.2—2004）规定了汽车整车维修企业和汽车专项维修业户必须具备的（ ）等条件。

A. 人员　B. 组织管理　C. 设施　D. 设备

3.《汽车维修业开业条件》（GB/T 16739.1～.2—2004）对汽车整车维修企业管理负责人、技术负责人及（ ）等关键岗位人员配备和持证上岗作了规定。

A. 检验　B. 业务

C. 价格核算　D. 维修（机修、电器、钣金、油漆）

4.《汽车维修业开业条件》（GB/T 16739.1～.2—2004），将汽车整车维修企业按主修车型分为（ ）三种。

A. 小型车　B. 中型车　C. 大中型客车　D. 大中型货车

5.《汽车维修业开业条件》提出的汽车整车维修企业设备条件，包括（ ）配备的要求。

A. 通用设备　B. 专用设备　C. 主要检测设备　D. 诊断仪表

6.《汽车维修业开业条件 第1部分：汽车整车维修企业》（GB/T 16739.1～.2—2004）从具备（ ）等制度方面对整车维修企业经营管理条件作出了相应的规定。

A. 相关法规等文件资料　B. 健全经营管理体系

C. 规范业务工作流程　D. 实行计算机管理

7.《汽车维修业开业条件 第1部分：汽车整车维修企业》（GB/T 16739.1～.2—2004）规定，整车维修企业应具有规范的工作流程，并明示（ ）等。

A. 业务受理程序　B. 服务承诺

C. 配件采购　D. 用户抱怨受理制度

8.《汽车维修业开业条件 第1部分：汽车整车维修企业》（GB/T 16739.1—2004）规

定，汽车整车维修企业应配置发动机检测诊断设备，且应具备（　　）的功能。

A. 示波器　　B. 点火正时检测

C. 发动机检测专用真空表　　D. 转速表

9.《汽车维修业开业条件》（GB/T 16739. 2—2004）规定，汽车专项维修业户开业通用条件包括（　　）。

A. 人员条件

B. 设施条件、设备条件一般性要求和环境保护条件

C. 规范的业务工作流程要求

D. 法规、标准、技术文件要求

10.《汽车维修业开业条件》（GB/T 16739. 2—2004）规定，从事供油系统维护及油品更换专项维修业务的业户，应具备的设备包括（　　）。

A. 不解体油路清洗设备　　B. 换油设备和废油收集设备

C. 举升设备或地沟　　D. 空气压缩机

11.《汽车维修业开业条件》（GB/T 16739. 1—2004）规定了汽车整车维修企业必须具备的组织管理条件，重点包括（　　）。

A. 经营管理　　B. 生产管理　　C. 业务管理　　D. 质量管理

12.《汽车维修行业计算机管理信息系统技术规范》（JT/T 640—2005）规定了汽车维修行业计算机管理信息系统的构成、（　　）、配置、接口和性能，以及系统的安装和维护要求。

A. 数据信息　　B. 系统功能　　C. 网页设计　　D. 安全措施

13.《汽车维修行业计算机管理信息系统技术规范》（JT/T 640—2005）规定，汽车维修行业计算机管理信息系统由（　　）两部分组成。

A. 汽车维修行业管理信息系统　　B. 维修费用结算系统

C. 汽车维修企业管理信息系统　　D. 维修救援网络系统

14.《汽车维修行业计算机管理信息系统技术规范》（JT/T 640—2005）规定，车辆维修管理信息系统应具有（　　）功能。

A. 业务接待、生产调度　　B. 检验、车辆维修技术档案

C. 维修结算、查询统计　　D. 配件管理

15.《汽车综合性能检测站能力的通用要求》（GB/T 17993—2005）规定，汽车综合性能检测站的功能是（　　）。

A. 依法对营运车辆的技术状况进行检测

B. 依法对车辆维修竣工质量进行检测

C. 接受委托，对车辆改装（造）、延长报废期及相关新技术、科研鉴定等项目进行检测

D. 接受有关部门、机构的委托，进行规定项目的检测

16.《汽车综合性能检测站能力的通用要求》（GB/T 17993—2005）提出了汽车综合性能检测站技术能力要求，包括（　　）。

A. 人员　　B. 检测项目与参数

C. 检测仪器设备　　D. 计算机控制检测系统

17.《汽车综合性能检测站能力的通用要求》（GB/T 17993—2005）将汽车综合性能定义为：在用汽车（　　）、排气污染物和噪声，以及整车装备完整性与状态、防雨密封性等多种技术性能的组合。

A. 安全性　　B. 动力性　　C. 燃料经济性　　D. 使用可靠性

二 习题答案

(一) 判断题

1.× 2.√ 3.√ 4.× 5.√ 6.√ 7.× 8.√ 9.√ 10.√
11.× 12.√ 13.√ 14.√ 15.√ 16.× 17.√ 18.× 19.√ 20.√
21.× 22.√ 23.√ 24.√ 25.√ 26.√ 27.√ 28.× 29.√

(二) 单项选择题

1. A 2. C 3. B 4. C 5. C 6. C 7. B 8. B

(三) 多项选择题

1. CD 2. ABCD 3. ABCD 4. AC 5. ABC
6. ABCD 7. ABD 8. ACD 9. ABCD 10. ABCD
11. AD 12. AB 13. AC 14. ABC 15. ABCD
16. ABCD 17. ABCD

第三节　汽车维修主要技术标准

本节提要

1. 了解GB/T 18344对汽车维护作业的分级与周期，维护作业工艺过程，维护作业（包括检测诊断、竣工检验技术要求）等所作的有关规定；

2. 掌握汽车二级维护的工艺过程及各工序的技术要求；

3. 了解GB/T 19910对汽车发动机（点燃式汽油发动机）电子控制系统维修前检查、视情维修以及维修后检验的技术要求方面的规定；

4. 掌握汽车发动机电子控制系统维修的基本要求；

5. 了解GB/T 18275对汽车制动传动装置，包括气压制动、液压制动传动装置修理的基本技术要求、试验方法和检验规则方面的规定；

6. 掌握汽车制动传动装置修理的基本要求和检验规则；

7. 了解GB/T 3798对如何进行汽车整车大修出厂技术检验以及整车大修质量保证方面的规定；

8. 掌握汽车整车大修竣工验收的基本要求和质量保证期；

9. 了解GB/T 3799在用商用汽车发动机大修出厂技术检验、发动机大修质量保证和包装要求方面的规定；

10. 掌握发动机大修竣工验收的基本要求和质量保证期；

11. 了解GB/T 5336对大客车车身修理的技术要求、附件及电器的安装与使用要求，竣工检验及质量保证要求方面的规定；

12. 掌握大客车车身修理竣工验收的基本要求和质量保证期。

考纲要求

1. 汽车维修技术标准在“汽车维修标准体系结构”中属于“专用修理技术标准”类，

也称为“方法”类标准，用以规范汽车维修作业行为。如有关汽车维护作业规范、汽车修理竣工技术要求方面的标准等。该标准属于推荐性国家标准，适用于所有在用汽车。

2.《汽车维护、检测、诊断技术规范》（GB/T 18344—2001）规定，汽车一级维护、二级维护周期的确定，应以汽车行驶里程为基本依据。

3.《汽车维护、检测、诊断技术规范》（GB/T 18344—2001）第6条规定了一级维护作业内容。汽车一级维护作业以清洁、润滑、紧固为作业中心，以确保行车安全和排放合格为目标，作业项目设置包括：清洁各滤清器，检查点火系统和排放控制装置，检查全车密封性，检查蓄电池和灯光、仪表、信号装置，检查、紧固各连接螺栓，全车润滑点润滑，共 17项作业。

4.《汽车维护、检测、诊断技术规范》（GB/T 18344—2001）规定，汽车二级维护以除一级维护作业外，以检查、调整安全部件、发动机工作状况和排气污染控制装置等为作业中心内容。

5.《汽车维护、检测、诊断技术规范》（GB/T 18344—2001）第7. 1条规定了汽车二级维护作业的工艺过程，并以第 7. 2条将此过程以流程图的形式加以明确。

6.《汽车维护、检测、诊断技术规范》（GB/T 18344—2001）规定，汽车二级维护首先要进行维护前检测诊断，依据检测结果及车辆实际技术状况进行故障诊断，确定附加作业。

7.《汽车维护、检测、诊断技术规范》（GB/T 18344—2001）规定，汽车二级维护作业项目包括基本作业和附加作业两部分。

8.《汽车维护、检测、诊断技术规范》（GB/T 18344—2001）规定，汽车二级维护作业过程应贯穿过程检验。

9.《汽车维护、检测、诊断技术规范》（GB/T 18344—2001）规定，汽车二级维护必须拆检车轮制动器。

10.《汽车维护、检测、诊断技术规范》（GB/T 18344—2001）提出“附录A各类车型汽车维护、检测、诊断技术规范导则（提示的附录）”，规定：

A1对于不同车型中汽车维护、检测、诊断技术规范相同作业内容部分，依据本标准中相应的条款执行。

A2对于不同车型中汽车维护、检测、诊断技术规范不同作业内容部分，参照本标准中相对应的条款，依据车型的使用说明和维护手册中的有关条款执行。

11. 机动车维修企业应严格按《汽车维护、检测、诊断技术规范》（GB/T 18344—2001）指导汽车二级维护作业和竣工质量检验。

12.《汽车维护、检测、诊断技术规范》（GB/T 18344—2001）提出了汽车二级维护前必须进行的检测诊断项目，包括发动机功率，汽缸压力；汽车排气污染物，三元催化转化装置的作用；电控燃油喷射系统；柴油车检查供油提前角、供油间隔角和喷油泵供油压力；制动性能，检查制动力；转向轮定位，主要检查前轮定位角和转向盘自由转动量；车轮动平衡；前照灯；操纵稳定性，有无跑偏、发抖、摆头；变速器，有无泄漏、异响、松脱等现象，换挡是否轻便灵活；离合器，有无打滑、发抖现象，分离是否彻底，结合是否平稳；传动轴，有无泄漏、异响、松脱、裂纹等现象；后桥，主减速器有无泄漏、异响、松动、过热等现象。

13.《汽车维护、检测、诊断技术规范》（GB/T 18344—2001）规定，汽车二级维护过程检验的技术要求应满足有关的技术标准或规范。

14.《汽车维护、检测、诊断技术规范》（GB/T 18344—2001）规定了汽车日常维护、一级维护、二级维护的周期、作业内容、技术规范。

15.《汽车维护、检测、诊断技术规范》(GB/T 18344—2001)规定，汽车二级维护检测项目中，转向轮定位主要检查前轮定位角、转向盘自由转动量。

16.《汽车维护、检测、诊断技术规范》(GB/T 18344—2001)规定，汽车二级维护竣工检验方法包括路试、人工检查、仪器检测。

17. 汽车二级维护作业的中心内容以检查、清洁、润滑、紧固、调整为主，并检查有关制动、操作等安全部件。

18.《液化石油气汽车维护、检测规范》(JT/T 511—2004)适用于液化石油气(LPG)汽车，包括单一燃料LPG汽车和LPG汽油两用燃料汽车。

19.《液化石油气汽车维护、检测规范》(JT/T 511—2004)中，对液化石油气汽车各级维护作业内容与技术要求，强调了对液化石油气装置检查、紧固的要求。

20. 按《液化石油气汽车维护检测规范》(JT/T 511—2004)规定，维修LPG汽车的作业人员和竣工检验人员应经过专项技术培训，持证上岗。

21. 按《液化石油气汽车维护检测规范》(JT/T 511—2004)要求，LPG汽车维修企业比一般企业要求严格，还应具有维修专用装置所需的设备、设施、标志、措施等特定条件。

22.《液化石油气汽车维护检测规范》(JT/T 511—2004)规定了液化石油气汽车维修企业应具备的技术条件。

23. 按《液化石油气汽车维护检测规范》(JT/T 511—2004)的定义，液化石油气专用装置包括气瓶、供气部件和控制部件或燃料转换部件等。

24. 按《液化石油气汽车维护检测规范》(JT/T 511—2004)的规定，液化石油气汽车维修企业应符合《汽车维修业开业条件》(GB/T 16739)的相关规定。

25.《液化石油气汽车维护检测规范》(JT/T 511—2004)给液化石油气/汽油两用燃料汽车定义为具有两套相互独立的燃料供给系统，一套供给液化石油气，另一套供给汽油，两套燃料供给系统可分别但不可同时向发动机供给燃料的汽车。

26.《轿车车身维护技术要求》(JT/T 509—2004)中所指车身维护，包括车身清洁、研磨、抛光、新车开蜡、打蜡、封釉、玻璃贴膜等。

27. 车身内部以及附件清洁维护作业也是车身维护作业项目。

28.《轿车车身维护技术要求》(JT/T 509—2004)规定了对车身附件的清洁维护工艺要求。

29.《轿车车身维护技术要求》(JT/T 509—2004)中，车内清洁维护工艺要求规定，车内清洁作业完成后，应打开汽车电器、仪表等检查工作是否正常。

30.《轿车车身维护技术要求》(JT/T 509—2004)中车身清洁工艺要求规定了车身清洁的条件和步骤。

31.《轿车车身维护技术要求》(JT/T 509—2004)规定，车身清洁工艺过程最后一道工序是车内清洁。

32.《轿车车身维护技术要求》(JT/T 509—2004)规定了车身漆面研磨的环境条件，即应在室内，干净、无风的环境中进行。

33.《轿车车身维护技术要求》(JT/T 509—2004)规定了车身漆面上蜡前应进行清洁和漆面检查的具体要求。

34. 按《轿车车身维护技术要求》(JT/T 509—2004)中车内清洁维护工艺要求规定，车身内部清洁维护作业时应将车内照明灯关闭；车内清洁作业完成后，应打开汽车电器、仪表等检查工作是否正常。

35.《轿车车身维护技术要求》（JT/T 509—2004）规定了轿车车身、底盘外表及发动机室外表维护的主要内容和工艺要求。

36.《轿车车身维护技术要求》（JT/T 509—2004）规定，车身维护作业部位包括车身、底盘外表和发动机室内外三部分。

37. 车身清洁宜在车身表面冲冷至60℃以下进行。

38.《轿车车身维护技术要求》（JT/T 509—2004）规定，车身清洁的步骤为高压水冲洗、上液、擦拭、清除沥青、冲净、擦干、车内清洁。

39.《轿车车身维护技术要求》（JT/T 509—2004）规定，对车身进行漆面研磨之前应用脱蜡洗车剂彻底清洁漆面，并遮挡空滤器进气口、橡胶件、镀铬件。

40.《轿车车身维护技术要求》（JT/T 509—2004）规定，车身漆面抛光时应遵循先粗后细、最后进行镜面处理的顺序。每完成一道抛光工序后，应彻底清除残留物。

41. 抛光轮应在使用前清洗干净，无残留颗粒及固蜡。

42. 对轮毂、轮胎等进行清洁、保护及上光作业中不得取掉或移动平衡铅块。

43.《汽车发动机电子控制系统修理技术要求》（GB/T 19910—2005）是指导汽车维修企业对汽车发动机电子控制系统修理和维修质量管理的主要技术依据。

44.《汽车发动机电子控制系统修理技术要求》（GB/T 19910—2005）规定，汽车发动机电子控制系统维修前，应按原厂的规定，对电子燃油喷射系统进行检查和诊断。

45.《汽车发动机电子控制系统修理技术要求》（GB/T 19910—2005）规定了对汽车发动机电子控制系统维修前检查的要求、检查项目、检验方法和安全操作技术要点。

46.《汽车发动机电子控制系统修理技术要求》（GB/T 19910—2005）规定，发动机电子控制系统在视情修理后，应对有故障的系统部件用检测仪逐项进行检查。

47.《汽车发动机电子控制系统修理技术要求》（GB/T 19910—2005）规定，汽车发动机电子控制系统检修作业后，应保持各接头、线柱的清洁与连接可靠。

48.《汽车发动机电子控制系统修理技术要求》（GB/T l9910—2005）规定，汽车发动机电子控制系统维修前检查的技术要求共有47项。

49.《汽车发动机电子控制系统修理技术要求》（GB/T 19910—2005）规定，维修前检查记录中要有系统部件名称、正常参数值的范围和检查到的参数值，并应注明故障分析原因以及维修方案。

50.《汽车发动机电子控制系统修理技术要求》（GB/T 19910—2005）规定，发动机电子控制系统在视情修理后，应对过量空气系数（λ）进行测定，λ值应为1.00 ± 0.03（或制造厂规定的范围）。

51.《汽车发动机电子控制系统修理技术要求》（GB/T 19910—2005）对汽车发动机电子控制系统视情维修提出安全操作规范、维修技术要求、修竣故障信息清除并对控制系统进行重新设定的要求几个方面的技术要求。

52.《汽车发动机电子控制系统修理技术要求》（GB/T 19910—2005）规定，进行点火系统及控制系统部件维修时，拆卸任何电器部件插头前，应先关闭点火开关。有密封要求的部件一经拆装后，其密封件应予以更换。

53.《汽车发动机电子控制系统修理技术要求》（GB/T 19910—2005）规定，电感型元件控制一端不得使用触碰搭铁或引入电瓶电压进行测试。

54.《汽车盘式制动器修理技术条件》（GB/T 18343—2001）是指导汽车盘式制动器维

修操作和实施维修质量检验工作的重要依据。

55.《汽车盘式制动器修理技术条件》（GB/T 18343—2001）规定，制动盘不得有裂纹，其工作表面不得有锈斑、缩孔等现象。

56.《汽车盘式制动器修理技术条件》（GB/T 18343—2001）规定了汽车盘式制动器主要零部件的修理技术要求及有关参数。

57.《汽车盘式制动器修理技术条件》（GB/T 18343—2001）规定，制动摩擦块磨损必须均匀，磨损后其厚度一般不小于1. 5mm。

58.《汽车盘式制动器修理技术条件》（GB/T 18343—2001）规定，汽车更换制动摩擦块和（或）修理制动盘之后必须磨合，即以50km/h车速用中等稳定的踏板压力制动停车20次，每两次停车间隔不小于15s。

59.《汽车盘式制动器修理技术条件》（GB/T 18343—2001）规定，修理时，油脂、制动液或任何其他异物不得触及制动摩擦块、制动钳、制动盘表面以及轮鼓外表面。安装制动块时，应保持制动块干燥，不可沾染上制动液和油类液体。

60.《汽车盘式制动器修理技术条件》（GB/T 18343—2001）规定，制动钳拆卸分解前应将制动主缸储油室中的制动液吸出一半，防止活塞修理后装配推回时制动液溢出。

61.《汽车盘式制动器修理技术条件》（GB/T 18343—2001）规定，检查修理前应彻底清洗制动钳各组成零件、各配合表面。用清洁的制动液或规定的制动清洁剂清洗制动钳体、缸筒和活塞，禁止使用汽油、煤油、稀料或其他类似的溶剂。

62.《汽车盘式制动器修理技术条件》（GB/T 18343—2001）规定，制动盘总厚度一般不得小于标准厚度2. 0mm，划痕沟槽深度不得大于0. 38mm。

63.《汽车盘式制动器修理技术条件》（GB/T 18343—2001）规定，修理后和换新的制动盘其端面平面度公差应不大于0. 02mm，两端面平行度公差应不大于0. 0125mm，工作表面粗糙度不得大于60μm。

64.《汽车盘式制动器修理技术条件》（GB/T 18343—2001）规定，装配后制动盘端面全跳动一般不应大于0.15mm。

65.《汽车盘式制动器修理技术条件》（GB/T 18343—2001）规定，更换制动摩擦块时同轴两侧车轮须同时更换。

66.《汽车制动传动装置修理技术条件》（GB/T 18275. 1~. 2—2000）分别规定了汽车气压制动传动装置和液压制动传动装置修理的基本技术要求、试验方法和检验规则。

67.《汽车制动传动装置修理技术条件 气压传动》（GB/T 18275. 1—2000）规定了空气压缩机修理过程中对各主要零部件检验的技术要求，包括汽缸长期以来镗磨后缸筒表面的圆度、圆柱度和表面粗糙度。

68.《汽车制动传动装置修理技术条件 气压传动》（GB/T 18275. 1—2000）中，对贮气筒提出了要求。无变形和泄漏、内部清洁和密封性。

69.《汽车制动传动装置修理技术条件 气压传动》（GB/T 18275. 1—2000）中对采用气压制动传动系统的不同车辆，规定了整车制动系统密封性的测试方法和相应技术标准；当气压升至600kPa且不使用制动的情况下，停止空气压缩机工作3min后，其气压降低应不大于10kPa；在气压为600kPa的情况下，将制动踏板踩到底，待气压稳定后观察3min，单车气压降低值不得超过20kPa；整车气压降低值不得超过30kPa。

70.《汽车制动传动装置修理技术条件 气压传动》（GB/T 18275. 1—2000）分别规定了制动阀密封性能试验方法、制动阀静特性试验方法、制动气室密封性试验方法的技术要求和有关限值。

71.《汽车制动传动装置修理技术条件 气压传动》（GB/T 18275.1—2000）规定，制动阀应逐件进行密封性试验，符合制动阀密封性能的要求，方能出厂和投入使用；修理后的空气压缩机应进行磨合试验，达到原厂规定的技术要求后，方能出厂和投入使用。

72.《汽车制动传动装置修理技术条件 液压传动》（GB/T 18275.2—2000）中，规定了液压制动传动系统修理后真空助力器真空密封性，各零部件，真空增压器止回阀密封性，主缸、轮缸密封性和耐压性经检验合格后，方能投入使用的有关原则。

73.《汽车制动传动装置修理技术条件 液压传动》（GB/T 18275.2—2000）对汽车液压制动传动装置添加制动液提出了具体要求。

74.《汽车制动传动装置修理技术条件 液压传动》（GB/T 18275.2—2000）规定了汽车液压制动传动装置液压系统中的空气排除和系统密封性要求。

75.《汽车制动传动装置修理技术条件 液压传动》（GB/T 18275.2—2000）规定，检查液压制动系统的真空密封性，当真空增压器真空度达到66.7kPa后，切断真空源，15s内真空度的下降量不得大于3.3kPa；当主缸输出压力为9000kPa后，切断真空源，15s内真空度的下降量不得大于3.3kPa。

76.《汽车制动传动装置修理技术条件 液压传动》（GB/T 18275.2—2000）规定，检查液压制动系统的液压密封性，使增压缸压力值达到9000kPa，踏下制动踏板，在15s内压力值下降量应不大于10%，总成各部件不得有渗漏油现象。

77. 按《汽车大修竣工出厂技术条件 第1部分：载客汽车》（GB/T 3798.1—2005）规定，载客汽车是指在设计和技术特性上用于载运乘客及其随身行李的，包括驾驶人座位在内座位数超过9座的汽车。

78. 按《汽车大修竣工出厂技术条件》（GB/T 3798.1~.2—2005）规定，载客或载货汽车大修竣工出厂要求：主要结构参数应符合原设计规定，由修理改变的整备质量，不得超过新车出厂额定值的3%。

79. 按《汽车大修竣工出厂技术条件 第2部分：载货汽车》（GB/T 3798.2—2005）规定，对危险货物运输车辆检视，要求排气管应安装有效的隔热和熄灭火星的装置。

80. 按《汽车大修竣工出厂技术条件》（GB/T 3798.1~.2—2005）规定，载客或载货汽车大修竣工出厂要求：对车辆的左右轴距差有规定；左右轴距差不得大于原设计轴距的1/1000。

81. 按《汽车大修竣工出厂技术条件》（GB/T 3798.1~.2—2005）规定，载客或载货汽车大修竣工出厂要求：汽油发动机应符合GB/T 3799. 1的规定。

82. 按《汽车大修竣工出厂技术条件》（GB/T 3798.1~.2—2005）规定，载客或载货汽车大修竣工出厂要求：离合器接合平稳、分离彻底、操作轻便、工作可靠，不得有异响、打滑或发抖现象，踏板力不大于300N。

83. 按《汽车大修竣工出厂技术条件 第1部分：载客汽车》（GB/T 3798.1—2005）规定，前轴采用非独立悬架的载客汽车大修竣工出厂要求：汽车转向轮的横向侧滑量，应在±5m/km之间。

84. 按《汽车大修竣工出厂技术条件》（GB/T 3798.1~.2—2005）规定，载客或载货汽车大修竣工出厂要求：自动变速器的操纵装置位于P挡时，应有驻车锁止功能。

85.《汽车大修竣工出厂技术条件 第1部分：载客汽车》（GB/T 3798.1—2005）规定，自动变速器的车辆行驶中，应能按规定的换挡点进行升、降挡；换挡平顺、不打滑，无冲击、无异响。

86. 按《汽车大修竣工出厂技术条件》（GB/T 3798.1~.2—2005）规定，载客或载货汽车大修竣工出厂要求：传动轴及中间轴承应工作正常，无松旷、抖动、异响及过热现象。

87. 按《汽车大修竣工出厂技术条件》（GB/T 379.8.1~.2—2005）规定，载客或载货汽车大修竣工出厂要求：装备有缓速器的车辆，缓速器应作用正常有效，缓速率应符合原设计要求。

88. 按《汽车大修竣工出厂技术条件》（GB/T 3798.1~.2—2005）规定，总质量大于3500kg的载客或载货汽车大修竣工出厂时，车轮总成的横向摆动量和径向跳动量有要求。

89. 按《汽车大修竣工出厂技术条件》（GB/T 3798.1~.2—2005）规定，汽车大修竣工出厂要求：最大设计速度不小于100km/h的载客汽车，车轮应进行动平衡试验；载货汽车大修竣工出厂时车轮进行动平衡试验，其动不平衡质量应不大于10g。

90. 按《汽车大修竣工出厂技术条件》（GB/T 3798.1~.2—2005）规定，载客或载货汽车大修竣工出厂时：转向轮胎冠上的花纹深度不允许小于3. 2mm。

91. 按《汽车大修竣工出厂技术条件》（GB/T 3798.1~.2—2005）规定，转向节与衬套的配合及轮毂轴承预紧度应符合原制造厂维修技术要求。

92. 按《汽车大修竣工出厂技术条件》（GB/T 3798.1~.2—2005）规定，装有排气制动的柴油车，当排气制动装置关闭3/4行程时，联动机构应使喷油泵完全停止供油；而当排气制动装置开启时，又能正常供油。

93. 按《汽车大修竣工出厂技术条件》（GB/T 3798.1~.2—2005）规定，采用液压制动的汽车，在达到规定的制动效能时，踏板行程不应大于踏板全行程的3/4。

94. 按《汽车大修竣工出厂技术条件》（GB/T 3798.1~.2—2005）规定，应保证驻车制动操纵杆的有效行程符合要求。

95.《汽车大修竣工出厂技术条件》（GB/T 3798.1 ~ .2—2005）对车身、保险杠及翼子板的左右对称部位离地高度差有要求；载客汽车车身、保险杠及翼子板左右应对称，各对称部位离地面高度差应不大于10mm。

96.《汽车大修竣工出厂技术条件 第2部分：载货汽车》（GB/T 3798.2—2005）对整车大修的货车车架整修提出了技术要求，车架应分段检查，各段对角线长度差不大于5mm。

97. 按《汽车大修竣工出厂技术条件》（GB/T 3798.1~.2—2005）规定，全车电气线路应布置合理、连接正确；线束包扎良好、牢固可靠；线束通过孔洞处应有防护设施，且距离排气管不小于300mm。

98. 按《汽车大修竣工出厂技术条件》（GB/T 3798.1~.2—2005）规定，全车电气线路导线规格及线色符合规定，接头牢固、良好，裸露的电气接头及电气开关应距燃油箱的加油口和通气口200mm以上。

99. 按《汽车大修竣工出厂技术条件》（GB/T 3798.1~.2—2005）规定，最高设计车速为150km/h、采用二灯制的汽车大修竣工出厂时，其前照灯远光光束发光强度最小值为12000cd。

100. 按《汽车大修竣工出厂技术条件》（GB/T 3798.1~.2—2005）规定，前照灯近光光束明暗截止线转角或中点的高度应为0. 6~0. 8*H*，*H*为前照灯基准中心高度。

101. 按《汽车大修竣工出厂技术条件》（GB/T 3798.1~.2—2005）规定，汽车大修走合期满后，每百公里燃料消耗量不得大于该车型原设计规定的相应车速等速百公里燃料消耗量的105%。

102. 按《汽车大修竣工出厂技术条件》（GB/T 3798.1~.2—2005）规定，试验台或道路检验制动性能，应符合《营运车辆综合性能要求和检验方法》（GB 18565—2001）中有关条款的规定。

103. 按《汽车大修竣工出厂技术条件》（GB/T 3798.1~.2—2005）规定，载客或载货汽车大修竣工出厂时，制动系装有比例阀、限压阀、感载阀、惯性阀或制动防抱死装置的，在试验台上达不到规定制动力的车辆，应以满载路试的检验结果为准。

104. 按《汽车大修竣工出厂技术条件》（GB/T 3798.1~.2—2005）规定，载客或载货汽车大修竣工出厂时，转动转向盘使转向轮达到原厂规定的最大转角，在全过程中用转向力测试仪测得的转向盘的操纵力不得大于120N。

105. 按《汽车大修竣工出厂技术条件 第2部分：载货汽车》（GB/T 3798.2—2005）的规定，带有增压或中冷增压的发动机，增压装置应按原厂规定进行装配和检验，增压器工作应正常，转速应达到原设计规定。

106.《汽车大修竣工出厂技术条件》（GB/T 3798.1~.2—2005）规定，一次性锁止螺栓不得重复使用。

107.《汽车大修竣工出厂技术条件》（GB/T 3798.1~.2—2005）规定，汽车大修质量保证的形式是签发汽车大修出厂合格证及有关技术文件。

108.《汽车大修竣工出厂技术条件 第1部分：载客汽车》（GB/T 3798.1—2005）规定，载客汽车大修竣工出厂要求：自动变速器的操纵装置除位于P、N外的任何挡位，发动机均应不能起动。

109. 不可以用螺栓连接代替铆钉。

110. 汽车大修竣工出厂技术条件 第2部分：载货汽车》（GB/T 3798.2—2005）规定，载货汽车大修竣工出厂要求：驾驶室、货厢应平整完好，无变形、裂损、锈蚀等缺陷。

111. 汽车大修竣工出厂技术条件 第1部分：载客汽车》（GB/T 3798.1—2005）规定，载客汽车大修竣工出厂装用的轮胎应与其最大设计速度相适应。

112. 转向轮不可以装用翻新轮胎。

113. 汽车大修竣工出厂技术条件 第1部分：载客汽车》（GB/T 3798.1—2005）规定，载客汽车大修竣工出厂要求：前照灯光束的照射位置和发光强度应符合GB 18565中有关条款的规定。

114.《汽车大修竣工出厂技术条件 第1部分：载客汽车》（GB/T 3798.1—2005）规定，载客汽车大修竣工出厂要求：电子控制装置（ECU）应无故障代码显示。

115.《汽车大修竣工出厂技术条件 第1部分：载客汽车》（GB/T 3798.1—2005）规定，载客汽车大修竣工出厂要求：各种排放控制装置应齐全、有效，汽车的排放指标应符合国家标准的要求。

116. 在海拔3000m的青藏高原，汽车大修出厂时驱动轮输出功率按《汽车大修竣工出厂技术条件》（GB/T 3798.1 ~ .2—2005）规定，可以进行修正。

117.《汽车大修竣工出厂技术条件》（GB/T 3798.1 ~ .2—2005）规定，蓄电池外观应整洁、安装牢固，桩头完好、正负极标志分明，桩卡头及搭铁线连接牢实；电解液密度、液面高度和电压差应符合规定。

118.《汽车大修竣工出厂技术条件》（GB/T 3798.1 ~ .2—2005）适用于载客汽车和载货汽车。

119.《汽车大修竣工出厂技术条件》（GB/T 3798.1 ~ .2—2005）规定了载客或载货汽

车大修竣工出厂的技术要求和质量保证。

120.《汽车大修竣工出厂技术条件》（GB/T 3798.1 ~ .2—2005）规定，关键部位螺栓、螺母的扭紧顺序和拧紧力矩应符合原制造厂维修技术要求。

121.《汽车大修竣工出厂技术条件》（GB/T 3798.1 ~ .2—2005）规定，影响汽车行驶安全的制动系、转向系和行驶系的关键零部件，不得使用修复件。

122.《汽车大修竣工出厂技术条件》（GB/T 3798.1 ~ .2—2005）规定，离合器踏板的有效行程和踏板力应符合原设计规定。

123.《商用汽车发动机大修竣工出厂技术条件》（GB/T 379P.1 ~ .2—2005）规定了商用汽车大修竣工出厂的技术要求、质量保证和包装要求。

124.《商用汽车发动机大修竣工出厂技术条件 第1部分：汽油发动机》（GB/T 3799.1 ~ .2—2005）规定，汽油发动机大修竣工出厂外观检验的项目包括：发动机外观整洁与漆面检查、发动机各部及附件、发动机各部分密封性能、电器部分。

125.《商用汽车发动机大修竣工出厂技术条件 第2部分：柴油发动机》（GB/T 3799.1 ~ .2—2005）中，有关柴油发动机性能检验，特别强调了对发动机超速断油控制装置、紧急停机装置检验的技术要求。

126. 按《商用汽车发动机大修竣工出厂技术条件》（GB/T 3799.1 ~ .2—2005）规定，汽油（柴油）发动机维修、检验记录文件包括进厂检验单、过程检验单和竣工检验单。

127. 按《商用汽车发动机大修竣工出厂技术条件 第2部分：柴油发动机》（GB/T 3799.1 ~ .2—2005）规定，柴油发动机大修时，喷油泵、喷油器、调速器均应进行调试、检测，其性能指标符合原制造厂维修技术要求。

128. 按《商用汽车发动机大修竣工出厂技术条件 第1部分：汽油发动机》（GB/T 3799.1 ~ .2—2005）规定，发动机大修竣工运转状况及检查要求：发动机在各种工况下运转应稳定，不得有突爆、回火、放炮、异常响声等异常现象。

129. 按《商用汽车发动机大修竣工出厂技术条件 第1部分：汽油发动机》（GB/T 3799.1 ~ .2—2005）规定，发动机大修竣工要求，电子控制燃油喷射系统技术参数、性能应符合原制造厂维修技术要求。

130. 按《商用汽车发动机大修竣工出厂技术条件》（GB/T 3799.1 ~ .2—2005）的规定，承修单位应按要求对修竣发动机的额定功率、最大转矩、燃料经济性等性能参数进行检验。

131. 按《商用汽车发动机大修竣工出厂技术条件》（GB/T 3799.1 ~ .2—2005）的规定，发动机排放装置应齐全、有效，排放污染物限值应符合国家有关标准的规定。

132. 按《商用汽车发动机大修竣工出厂技术条件》（GB/T 3799.1 ~ .2—2005）的规定，发动机大修维修技术资料包括维修部位、更换件、发动机型号、编号、维修工时、人员、检验结果等。

133. 按《商用汽车发动机大修竣工出厂技术条件》（GB/T 3799.1 ~ .2—2005）的规定，在发动机大修进厂检验单中，对用户报修项目及发动机现状要记录的内容包括：此次要求是什么、进厂前主要问题、已进行过几次发动机大修、装用该发动机的车辆总行驶里程。

134. 按《商用汽车发动机大修竣工出厂技术条件》（GB/T 3799.1 ~ .2—2005）的规定，《发动机大修过程检验单》中，要求对汽缸体等主要零部件作换修记录，内容包括续用、更换、修理。

135. 按《商用汽车发动机大修竣工出厂技术条件》（GB/T 3799.1 ~ .2—2005）的规

定，《发动机大修过程检验单》中对主要零部件检验内容包括：活塞连杆组、汽缸直径、汽缸盖、曲轴、凸轮轴与轴承。

136. 按《商用汽车发动机大修竣工出厂技术条件（GB/T 3799.1～.2—2005）的规定，发动机大修过程检验，要求对汽缸直径形位误差进行测量，其项目有圆度和圆柱度。

137. 按《商用汽车发动机大修竣工出厂技术条件》（GB/T 3799.1～.2—2005）的规定，发动机大修过程检验要求测量曲轴主轴颈、连杆轴颈的圆度和圆柱度。

138. 按《商用汽车发动机大修竣工出厂技术条件》（GB/T 3799.1～.2—2005）的规定，发动机大修竣工检验要求进行发动机性能检验，其中人工检查的项目有异响、运转状况、怠速等。

139. 按《商用汽车发动机大修竣工出厂技术条件》（GB/T 3799.1～.2—2005）的规定，发动机大修竣工检验要求进行试机检查高速和怠速时的机油压力。

140. 按《商用汽车发动机大修竣工出厂技术条件》（GB/T 3799.1～.2—2005）的规定，发动机大修竣工检验要求进行试机检查中速、加速及过渡、怠速工况的发动机运转状况。

141.《商用汽车发动机大修竣工出厂技术条件》（GB/T 3799.1～.2—2005）规定，发动机大修过程中，修复的零、部件装配前应经检验，确保其性能达到规定的技术要求。

142. 按《商用汽车发动机大修竣工出厂技术条件 柴油发动机》（GB/T 3799.1～.2—2005）规定，柴油发动机大修竣工时，当发动机转速超过额定转速时，断油控制装置应正常有效。

143.《商用汽车发动机大修竣工出厂技术条件》（GB/T 3799.1～.2—2005）规定，装配后的发动机如需进行冷磨、热试，应按工艺要求和技术条件进行冷磨、热试、清洗，并更换润滑油、机油滤清器或滤芯。

144.《商用汽车发动机大修竣工出厂技术条件 第1部分：汽油发动机》（GB/T 3799.1～.2—2005）规定，发动机在低温255K（-18℃）时，都能顺利启动，允许启动3次。

145.《商用汽车发动机大修竣工出厂技术条件 第2部分：柴油发动机》（GB/T 3799.1～.2—2005）规定，发动机在低温-10℃时，都能顺利启动，允许启动3次。

146. 按《商用汽车发动机大修竣工出厂技术条件》（GB/T 3799.1～.2—2005）规定，在规定转速下，发动机润滑系统工作正常，机油压力和机油温度应符合原制造厂维修技术要求，警示装置可靠有效。

147. 按《商用汽车发动机大修竣工出厂技术条件 第1部分：汽油发动机》（GB/T 3799.1～.2—2005）规定，发动机大修竣工检验要求检测发动机动力性的参数是额定功率和最大转矩；发动机大修出厂时，在标准状态下，发动机额定功率和最大转矩不得低于原设计标定值的90%。

148. 按《商用汽车发动机大修竣工出厂技术条件 第1部分：汽油发动机》（GB/T 3799.1～.2—2005）规定，发动机大修出厂时最低燃料消耗率不得大于原设计标定值的105%。

149. 按《商用汽车发动机大修竣工出厂技术条件 第1部分：汽油发动机》（GB/T 3799.1～.2—2005）规定，汽油发动机大修竣工检验要求检测高怠速、怠速工况下排放污染物的含量。

150. 按《商用汽车发动机大修竣工出厂技术条件 第1部分：汽油发动机》（GB/T 3799.1～.2—2005）规定，发动机大修过程检验要求测量凸轮轴的轴颈直径、轴颈与轴承的配合间隙，以及凸轮升程。

151. 按《商用汽车发动机大修竣工出厂技术条件 第1部分：汽油发动机》（GB/T 3799.1～.2—2005）规定，发动机大修竣工检验应检测怠速工况下的进气歧管真空度及波动范围。

152.《商用汽车发动机大修竣工出厂技术条件》（GB/T 3799.1～.2—2005）规定，发动机大修竣工检验应检测电控系统有无故障代码显示。

153. 按《商用汽车发动机大修竣工出厂技术条件 第1部分：汽油发动机》（GB/T 3799.1～.2—2005）规定，应在发动机转速为高怠速转速时测试空气过量系数（λ）。

154.《商用汽车发动机大修竣工出厂技术条件 第1部分：汽油发动机》（GB/T 3799.1～.2—2005）规定，进气歧管真空度的波动范围是：6缸汽油发动机一般不超过3kPa，4缸汽油发动机一般不超过5kPa。

155.《商用汽车发动机大修竣工出厂技术条件 第1部分：汽油发动机》（GB/T 3799.1～.2—2005）规定，发动机外表应按规定喷漆，漆层应牢固，不得有起泡、剥落和漏喷现象。

156.《商用汽车发动机大修竣工出厂技术条件 第1部分：汽油发动机》（GB/T 3799.1～.2—2005）规定，对原设计规定需加装限速装置的发动机，维修人员应对限速装置作相应调整并加铅封。限速装置宜在发动机走合期满进行首次维护后拆除。

157.《商用汽车发动机大修竣工出厂技术条件》（GB/T 3799.1～.2—2005））规定，机油消耗量应符合原设计规定。

158.《商用汽车发动机大修竣工出厂技术条件》（GB/T 3799.1～.2—2005）给出了发动机维修、检验记录的格式。

159.《商用汽车发动机大修竣工出厂技术条件》（GB/T 3799.1～.2—2005）中，对发动机大修时各缸活塞质量差有严格要求。

160.《商用汽车发动机大修竣工出厂技术条件》（GB/T 3799.1～.2—2005）要求，发动机包装前应放掉润滑油和冷却液，并封堵好外露通孔。

161.《商用汽车发动机大修竣工出厂技术条件》（GB/T 3799.1～.2—2005）发动机大修竣工检验要求中，规定了机油压力和警示装置的检验技术要求。

162.《大客车车身修理技术条件》（GB/T 5336—2005）规定了大客车车身修理的技术要求和竣工检验及质量保证要求等。

163.《大客车车身修理技术条件》（GB/T 5336—2005）规定了大客车车身附件及电器的安装与使用要求。

164.《大客车车身修理技术条件》（GB/T 5336—2005）规定的车身修理竣工检验项目中，包括修理后整备质量增加量的限值要求。

165.《大客车车身修理技术条件》（GB/T 5336—2005）规定了车架纵梁直线度、平面度公差、对角线长度差的检验技术要求。

例题解析

1 判断题

例题：《轿车车身维护技术要求》（JT/T 509—2004）规定了车身漆面抛光时应遵循先粗后细、最后进行镜面处理的顺序。每完成一道抛光工序后，应彻底清除残留物。（ ）

解析：此题为判断题，如果此题正确应（√），错误应（×）。此题是考核车身漆面抛光工艺要求的内容。《轿车车身维护技术要求》（JT/T 509—2004）第3.3.4条规定，抛光时应遵循先粗后细、最后进行镜面处理的顺序。每完成一道抛光工序后，应彻底清除残留物。此题为（√）。

2 单项选择题

例题：《汽车发动机电子控制系统修理技术要求》（GB/T 19910—2005）规定，电感型元件控制一端不得使用（　　）或引入电瓶电压进行测试。

A. 短路连接　　B. 数字万用表　　C. 触碰搭铁

解析：此题为单项选择题，只有一个正确答案，将选择的正确答案填在（　　）内。此题是考核汽车发动机电子控制系统视情维修技术要求中安全操作规范内容。《汽车发动机电子控制系统修理技术要求》（GB/T 19910—2005）第4.2.9条规定：电感型元件控制一端不得使用触碰搭铁或引入电瓶电压进行测试。所以此题答案为（C）。

3 多项选择题

例题：《汽车维护、检测、诊断技术规范》（GB/T 18344—2001）提出了汽车二级维护前必须进行的检测诊断项目，离合器主要检查（　　）。

A. 有无打滑现象　　B. 有无发抖现象　　C. 分离是否彻底　　D. 结合是否平稳

解析：此题为多项选择题，有一个或多个正确答案，将选择的正确答案填在（　　）内。此题是考核汽车二级维护前必须进行的检测诊断项目中离合器的检查内容。《汽车维护、检测、诊断技术规范》（GB/T 18344—2001）规定，汽车二级维护前必须进行的检测诊断项目中，对离合器应检查离合器有无打滑、发抖现象，分离是否彻底，结合是否平稳。所以此题答案是（ABCD）。

习题及答案

习题

（一）判断题

1.《汽车维护、检测、诊断技术规范》（GB/T 18344—2001）规定，汽车一级维护、二级维护周期的确定，应以汽车行驶里程为基本依据。（　　）

2.《汽车维护、检测、诊断技术规范》（GB/T 18344—2001）规定，汽车一级维护作业以清洁、润滑、紧固为中心，以确保行车安全和排放合格为目标。（　　）

3. 一级维护作业内容有检查蓄电池和灯光、仪表、信号装置，检查、紧固各连接螺栓，全车润滑点润滑等，共17项作业。（　　）

4.《汽车维护、检测、诊断技术规范》（GB/T 18344—2001）规定，汽车二级维护以更换“三滤”为作业中心内容。（　　）

5.《汽车维护、检测、诊断技术规范》（GB/T 18344—2001）规定，汽车二级维护以检查、调整为作业中心内容。（　　）

6.《汽车维护、检测、诊断技术规范》（GB/T 18344—2001）规定了汽车二级维护的工艺过程。（　　）

7.《汽车维护、检测、诊断技术规范》（GB/T 18344—2001）规定，汽车二级维护首先要进行维护前检测诊断。（ ）

8. 按《汽车维护、检测、诊断技术规范》（GB/T 18344—2001）规定，汽车二级维护前检测诊断只是为了诊断车辆有无故障。（ ）

9.《汽车维护、检测、诊断技术规范》（GB/T 18344—2001）规定，汽车二级维护作业项目包括基本作业和附加作业两部分。（ ）

10.《汽车维护、检测、诊断技术规范》（GB/T 18344—2001）规定，汽车二级维护作业过程应贯穿过程检验。（ ）

11.《汽车维护、检测、诊断技术规范》（GB/T 18344—2001）规定，汽车二级维护必须拆检车轮制动器。（ ）

12.《汽车维护、检测、诊断技术规范》（GB/T 18344—2001）附录A规定了各种车型的维护操作具体要求。（ ）

13.《液化石油气汽车维护检测规范》（JT/T 511—2004）规定了液化石油气汽车维修企业应具备的技术条件。（ ）

14. 根据《液化石油气汽车维护检测规范》（JT/T 511—2004）中的定义，两用燃料汽车就是两种燃料可以同时燃烧的汽车。（ ）

15. 按《液化石油气汽车维护检测规范》（JT/T 511—2004）的定义，液化石油气专用装置包括气瓶、供气部件和控制部件或燃料转换部件等。（ ）

16. 按《液化石油气汽车维护检测规范》（JT/T 511—2004）的规定，液化石油气汽车维修企业应符合《汽车维修业开业条件》（GB/T 16739）的相关规定。（ ）

17. 按《液化石油气汽车维护检测规范》（JT/T 511—2004）规定，各类汽车维修企业均可实施液化石油气汽车一级维护以上作业。（ ）

18. 按《轿车车身维护技术要求》（JT/T 509—2004）规定，车身维护作业部位就是车身外部。（ ）

19.《轿车车身维护技术要求》（JT/T 509—2004）中所指车身维护，包括车身清洁、研磨、抛光、新车开蜡、打蜡、封釉、玻璃贴膜等。（ ）

20. 按《轿车车身维护技术要求》（JT/T 509—2004）中的规定，车身内部以及附件清洁维护作业不是车身维护作业项目。（ ）

21.《轿车车身维护技术要求》（JT/T 509—2004）规定了车身外部高压水冲洗工艺。（ ）

22.《轿车车身维护技术要求》（JT/T 509—2004）规定了对车身附件的清洁维护工艺要求。（ ）

23.《轿车车身维护技术要求》（JT/T 509—2004）中，车内清洁维护工艺要求规定，车内清洁作业完成后，应打开汽车电器、仪表等检查工作是否正常。（ ）

24. 车身清洁宜在车身表面冲冷至60℃以下进行。（ ）

25.《轿车车身维护技术要求》（JT/T 509—2004）规定了车身清洁的步骤为高压水冲洗、上液、擦拭、清除沥青、冲净、擦干、车内清洁。（ ）

26.《轿车车身维护技术要求》（JT/T 509—2004）规定了对车身进行漆面研磨之前应用脱蜡洗车剂彻底清洁漆面，并遮挡空滤器进气口、橡胶件、镀铬件。（ ）

27.《轿车车身维护技术要求》（JT/T 509—2004）规定了车身漆面抛光时应遵循先粗后细、最后进行镜面处理的顺序。每完成一道抛光工序后，应彻底清除残留物。（ ）

28. 抛光轮应在使用中随时清洗干净，无残留颗粒及固蜡。（ ）

29. 对轮毂、轮胎等进行清洁、保护及上光作业中不得取掉或移动平衡铅块。（ ）

30.《汽车发动机电子控制系统修理技术要求》（GB/T 19910—2005）是指导汽车维修企业对汽车发动机电子控制系统修理和维修质量管理的主要技术依据。（ ）

31.《汽车发动机电子控制系统修理技术要求》（GB/T 19910—2005）规定，汽车发动机电子控制系统维修前，应按原厂的规定，对电子燃油喷射系统进行检查和诊断。（ ）

32.《汽车发动机电子控制系统修理技术要求》（GB/T 19910—2005）规定，进行点火系统及控制系统部件维修时，拆卸任何电器部件插头前，应先关闭点火开关。有密封要求的部件一经拆装后，其密封件应予以更换。（ ）

33.《汽车发动机电子控制系统修理技术要求》（GB/T 19910—2005）规定了对汽车发动机电子控制系统维修前检查的要求、检查项目、检验方法和安全操作技术要点。（ ）

34.《汽车发动机电子控制系统修理技术要求》（GB/T 19910—2005）规定，发动机电子控制系统在视情修理后，应对有故障的系统部件用检测仪逐项进行检查。（ ）

35.《汽车发动机电子控制系统修理技术要求》（GB/T 19910—2005）规定，汽车发动机电子控制系统检修作业后，应保持各接头、线柱的清洁与连接可靠。（ ）

36.《汽车盘式制动器修理技术条件》（GB/T 18343—2001）规定，制动钳拆卸分解前应将制动主缸储油室中的制动液吸出一半，防止活塞修后装配推回时制动液溢出。（ ）

37.《汽车盘式制动器修理技术条件》（GB/T 18343—2001）规定，检查修理前使用汽油、煤油、或其他类似的溶剂彻底清洗制动钳各组成零件、各配合表面。（ ）

38.《汽车盘式制动器修理技术条件》（GB/T 18343—2001）规定，检查修理前用清洁的制动液或规定的制动清洁剂清洗制动钳体、缸筒和活塞。（ ）

39.《汽车盘式制动器修理技术条件》（GB/T 18343—2001）是指导汽车盘式制动器维修操作和实施维修质量检验工作的重要依据。（ ）

40.《汽车盘式制动器修理技术条件》（GB/T 18343—2001）规定：制动盘不得有裂纹，其工作表面不得有锈斑、缩孔等现象。（ ）

41.《汽车盘式制动器修理技术条件》（GB/T 18343—2001）规定，更换制动摩擦块时同轴两侧车轮须同时更换。（ ）

42.《汽车制动传动装置修理技术条件 气压传动》（GB/T 18275.1—2000）对真空增压器工作特性、真空密封性分别提出了有关修理技术要求。（ ）

43.《汽车制动传动装置修理技术条件 液压传动》（GB/T 18275.2—2000）对汽车液压制动传动装置添加制动液提出了具体要求。（ ）

44.《汽车大修竣工出厂技术条件》（GB/T 3798.1 ~ .2—2005）规定，一次性锁止螺栓不得重复使用。（ ）

45.《汽车大修竣工出厂技术条件》（GB/T 3798.1 ~ .2—2005）规定，汽车大修质量保证的形式是签发汽车大修出厂合格证及有关技术文件。（ ）

46.《汽车大修竣工出厂技术条件 第1部分：载客汽车》（GB/T 3798.1—2005）规定，载客汽车大修竣工出厂要求：自动变速器的操纵装置除位于P、R外的任何挡位，发动机均应不能起动。（ ）

47.《汽车大修竣工出厂技术条件 第1部分：载客汽车》（GB/T 3798.1—2005）规

定，自动变速器的车辆行驶中，应能按规定的换挡点进行升、降挡；换挡平顺、不打滑，无冲击、无异响。（ ）

48.《汽车大修竣工出厂技术条件》（GB/T 3798.1～.2—2005）规定，可以用螺栓连接代替铆钉。（ ）

49.《汽车大修竣工出厂技术条件 第2部分：载货汽车》（GB/T 3798.2—2005）规定，载货汽车大修竣工出厂要求：驾驶室、货厢应平整完好，无变形、裂损、锈蚀等缺陷。（ ）

50.《汽车大修竣工出厂技术条件 第1部分：载客汽车》（GB/T 3798.1—2005）规定，载客汽车大修竣工出厂装用的轮胎应与其最大设计车速相适应。（ ）

51.《汽车大修竣工出厂技术条件 第1部分：载客汽车》（GB/T 3798.1—2005）规定，载客汽车大修竣工出厂规定，转向轮可以装用翻新轮胎。（ ）

52.《汽车大修竣工出厂技术条件 第1部分：载客汽车》（GB/T 3798.1—2005）规定，载客汽车大修竣工出厂要求：前照灯光束的照射位置和发光强度应符合GB18565中有关条款的规定。（ ）

53.《汽车大修竣工出厂技术条件 第1部分：载客汽车》（GB/T 3798.1—2005）规定，载客汽车大修竣工出厂要求：电子控制装置（ECU）应无故障代码显示。（ ）

54.《汽车大修竣工出厂技术条件 第1部分：载客汽车》（GB/T 3798.1—2005）规定，载客汽车大修竣工出厂要求：各种排放控制装置应齐全、有效，汽车的排放指标应符合国家标准的要求。（ ）

55. 按《汽车大修竣工出厂技术条件 第1部分：载客汽车》（GB/T 3798.1—2005）规定，载客汽车大修竣工出厂要求：最大设计速度不小于100km/h的汽车，车轮应进行静平衡试验。（ ）

56.《汽车大修竣工出厂技术条件》（GB/T 3798.1～.2—2005）规定，大修竣工出厂车辆滑行性能应符合GB 7258中有关条款的规定。（ ）

57.《汽车大修竣工出厂技术条件》（GB/T 3798.1～.2—2005），对车辆的左右轴距差有规定。（ ）

58.《汽车大修竣工出厂技术条件》（GB/T 3798.1～.2—2005），对车身、保险杠及翼子板的左右对称部位离地高度差没有要求。（ ）

59.《汽车大修竣工出厂技术条件 第2部分：载货汽车》（GB/T 3798.2—2005）对整车大修的货车车架整修提出了技术要求。（ ）

60. 在海拔3000m的青藏高原，汽车大修出厂时驱动轮输出功率按《汽车大修竣工出厂技术条件》（GB/T 3798.1～.2—2005）规定，可以进行修正。（ ）

61.《商用汽车发动机大修竣工出厂技术条件 第1部分：汽油发动机》（GB/T 3799.1—2005）规定，汽油发动机大修竣工出厂发动机外表应视情喷漆。（ ）

62. 对原设计规定需加装限速装置的发动机，按《汽车大修竣工出厂技术条件》（GB/T 3798.1～.2—2005）规定，限速装置宜在发动机大修后进行第一次二级维护时拆除铅封。（ ）

63.《商用汽车发动机大修竣工出厂技术条件》（GB/T 3799.1～.2—2005）规定，机油消耗量应符合原设计规定。（ ）

64.《商用汽车发动机大修竣工出厂技术条件》（GB/T 3799.1～.2—2005）给出了发动机维修、检验记录的格式。（ ）

65.《商用汽车发动机大修竣工出厂技术条件》（GB/T 3799.1～.2—2005）中，对发动机大修时各缸活塞质量差没有严格要求。（ ）

66.《商用汽车发动机大修竣工出厂技术条件》（GB/T 3799.1～.2—2005）要求，发动机包装前应放掉润滑油和冷却液，并封堵好外露通孔。（ ）

67.《商用汽车发动机大修竣工出厂技术条件》（GB/T 3799.1～.2—2005）发动机大修竣工检验要求中，规定了机油压力和警示装置的检验技术要求。（ ）

68.《大客车车身修理技术条件》（GB/T 5336—2005）规定了大客车车身修理的技术要求和竣工检验及质量保证要求等。（ ）

69.《大客车车身修理技术条件》（GB/T 5336—2005）规定了大客车车身附件及电器的安装与使用要求。（ ）

70.《大客车车身修理技术条件》（GB/T 5336—2005）规定的车身修理竣工检验项目中，包括修理后整备质量增加量的限值要求。（ ）

（二）单项选择题

1. 机动车维修企业应严格按（ ）指导汽车二级维护作业和竣工质量检验。

A.《汽车维护、检测、诊断技术规范》（GB/T 18344—2001）

B.《商用发动机大修竣工出厂技术条件》（GB/T 3799.1～.2—2005）

C.《机动车安全运行技术条件》（GB 7258—2004）

2.《汽车维护、检测、诊断技术规范》（GB/T 18344—2001）提出了汽车二级维护前必须进行的检测诊断项目，包括（ ）。

A. 点火提前角　　B. 机油压力　　C. 汽车排气污染物

3.《汽车维护、检测、诊断技术规范》（GB/T 18344—2001）以（ ）的方式严格规定了汽车二级维护的工艺过程。

A. 表格　　B. 流程图　　C. 示意图

4. 按《汽车维护、检测、诊断技术规范》（GB/T 18344—2001）规定，汽车二级维护作业项目包括：基本作业项目和（ ）。

A. 拆检作业项目　　B. 大修作业项目　　C. 附加作业项目

5.《汽车维护、检测、诊断技术规范》（GB/T 18344—2001）规定，汽车二级维护基本作业项目的作业内容以（ ）为主。

A. 小修　　B. 检查、调整　　C. 拆检

6.《汽车维护、检测、诊断技术规范》（GB/T 18344—2001）规定，汽车二级维护过程检验的技术要求应满足有关的（ ）或规范。

A. 技术参数　　B. 技术条件　　C. 技术标准

7. 按《液化石油气汽车维护检测规范》（JT/T 511—2004）规定，维修LPG汽车的作业人员和竣工检验人员应经过（ ），持证上岗。

A. 中级工培训　　B. 专项技术培训　　C. 安全培训

8. 按《液化石油气汽车维护检测规范》（JT/T 511—2004）要求，LPG汽车维修企业比一般企业要求严格，还应具有维修专用装置所需的设备、设施、标志、措施等（ ）。

A. 基本条件　　B. 特定条件　　C. 先决条件

9.《轿车车身维护技术要求》（JT/T 509—2004）中车身清洁工艺要求规定了车身清洁的（ ）和步骤。

A. 项目　　B. 条件　　C. 工艺

10.《轿车车身维护技术要求》（JT/T 509—2004）规定，车身清洁工艺过程最后一道工序是（　）。

A. 擦干

B. 清除车身表面的焦油、沥青等污物

C. 车内清洁

11.《轿车车身维护技术要求》（JT/T 509—2004）规定了车身漆面研磨的环境条件，即应在室内，干净、（　）的环境中进行。

A. 无尘　　B. 无风　　C. 无噪声

12.《轿车车身维护技术要求》（JT/T 509—2004）规定了车身漆面上蜡前应进行清洁和（　）的具体要求。

A. 漆面检查　　B. 漆面除锈　　C. 漆面抛光

13. 按《轿车车身维护技术要求》（JT/T 509—2004）中车内清洁维护工艺要求规定，车内清洁作业完成后，应打开汽车（　）等检查工作是否正常。

A. 发动机　　B. 电器、仪表　　C. 门窗

14.《汽车发动机电子控制系统修理技术要求》（GB/T 19910—2005）规定，汽车发动机电子控制系统维修前检查的技术要求共有（　）。

A. 40项　　B. 42项　　C. 47项

15.《汽车发动机电子控制系统修理技术要求》（GB/T 19910—2005）规定，维修前检查记录中要有系统部件名称、正常参数值的范围和检查到的参数值，并应注明（　）以及维修方案。

A. 损坏部件　　B. 故障部位　　C. 故障分析原因

16.《汽车发动机电子控制系统修理技术要求》（GB/T 19910—2005）规定，发动机电子控制系统在视情修理后，应对过量空气系数（λ）进行测定，λ值应为（　）（或制造厂规定的范围）。

A. 1.00 ± 0.01　　B. 1.00 ± 0.02　　C. 1.00 ± 0.03

17.《汽车发动机电子控制系统修理技术要求》（GB/T 19910—2005）规定，电感型元件控制一端不得使用（　）或引入电瓶电压进行测试。

A. 短路连接　　B. 数字万用表　　C. 触碰搭铁

18.《汽车盘式制动器修理技术条件》（GB/T 18343—2001）规定了汽车盘式制动器（　）的修理技术要求及有关参数。

A. 制动盘　　B. 主要零部件　　C. 制动摩擦片

19.《汽车盘式制动器修理技术条件》（GB/T 18343—2001）规定，制动摩擦块磨损必须均匀，磨损后其厚度一般不小于（　）mm。

A. 1.0　　B. 1.5　　C. 2.0

20.《汽车盘式制动器修理技术条件》（GB/T 18343—2001）规定，汽车更换制动摩擦块和（或）修理制动盘之后必须磨合，即以50km/h车速用中等稳定的踏板压力制动停车（　）次，每两次停车间隔不小于15s。

A. 10　　B. 15　　C. 20

21.《汽车盘式制动器修理技术条件》（GB/T 18343—2001）规定，制动盘总厚度一般不得小于标准厚度（　）。

A. 1.0mm　　B. 2.0mm　　C. 3.0mm

22.《汽车盘式制动器修理技术条件》（GB/T 18343—2001）规定，制动盘划痕沟槽深度不得大于（　）。

A. 0.10mm　　B. 0.25mm　　C. 0.38mm

23.《汽车盘式制动器修理技术条件》（GB/T 18343—2001）规定，修理后和换新的制动盘两端面平行度公差应不大于（　）。

A. 0.0125mm　　B. 0.02mm　　C. 0.15mm

24.《汽车盘式制动器修理技术条件》（GB/T 18343—2001）规定，修理后和换新的制动盘工作表面粗糙度不得大于（　）。

A. 0.0125mm　　B. 0.02mm　　C. 60 μm

25.《汽车盘式制动器修理技术条件》（GB/T 18343—2001）规定，装配后制动盘端面全跳动一般不应大于（　）。

A. 0.0125mm　　B. 0.02mm　　C. 0.15mm

26.《汽车制动传动装置修理技术条件 气压传动》（GB/T 18275.1—2000）中对采用气压制动传动系统的不同车辆，当气压升至600kPa且不使用制动的情况下，停止空气压缩机工作3min后，其气压降低应不大于（　）kPa。

A. 10　　B. 20　　C. 30

27.《汽车制动传动装置修理技术条件 气压传动》（GB/T 18275.1—2000）中对采用气压制动传动系统的不同车辆，在气压为600kPa的情况下，将制动踏板踩到底，待气压稳定后观察3min，单车气压降低值不得超过（　）kPa。

A. 10　　B. 20　　C. 30

28.《汽车制动传动装置修理技术条件 气压传动》（GB/T 18275.1—2000）中对采用气压制动传动系统的不同车辆，在气压为600kPa的情况下，将制动踏板踩到底，待气压稳定后观察3min，列车气压降低值不得超过（　）kPa。

A. 10　　B. 20　　C. 30

29.《汽车制动传动装置修理技术条件　液压传动》（GB/T 18275.2—2000）规定了汽车液压制动传动装置液压系统中的（　）和系统密封性要求。

A. 水分排除　　B. 空气排除　　C. 油液泄漏

30. 按《汽车大修竣工出厂技术条件　第1部分：载客汽车》（GB/T 3798.1—2005）规定，载客汽车是指在设计和技术特性上用于载运乘客及其随身行李的，包括驾驶人座位在内座位数超过（　）座的汽车。

A. 9　　B. 19　　C. 22

31. 按《汽车大修竣工出厂技术条件》（GB/T 3798.1～.2—2005）规定，载客或载货汽车大修竣工出厂要求：主要结构参数应符合原设计规定，由修理改变的整备质量，不得超过新车出厂额定值的（　）。

A. 5%　　B. 4%　　C. 3%

32.《汽车制动传动装置修理技术条件 液压传动》（GB/T 18275.2—2000）规定，当真空增压器真空度达到66. 7kPa后，切断真空源，15s内真空度的下降量不得大于（　）kPa。

A. 2.2　　B. 3.3　　C. 4.4

33.《汽车制动传动装置修理技术条件 液压传动》（GB/T 18275.2—2000）规定，当主缸输出压力为9000kPa后，切断真空源，15s内真空度的下降量不得大于（　）kPa。

A. 2.2　　　　B. 3.3　　　　C. 4.4

34.《汽车制动传动装置修理技术条件 液压传动》（GB/T 18275.2—2000）规定，使增压缸压力值达到9000kPa，踏下制动踏板，在15s内压力值下降量应不大于（　）kPa，总成各部件不得有渗漏油现象。

A. 5　　　　B. 10　　　　C. 15

35. 按《汽车大修竣工出厂技术条件 第2部分：载货汽车》（GB/T 3798.2—2005）规定，对危险货物运输车辆检视，要求（　）应安装有效的隔热和熄灭火星的装置。

A. 排气管　　　　B. 进气管　　　　C. 发动机

36. 按《汽车大修竣工出厂技术条件》（GB/T 3798.1～.2—2005）规定，载客或载货汽车大修竣工出厂要求：左右轴距差不得大于原设计轴距的（　）。

A. 1/10000　　　　B. 1/1000　　　　C. 1/100

37. 按《汽车大修竣工出厂技术条件》（GB/T 3798.1～.2—2005）规定，载客或载货汽车大修竣工出厂要求：汽油发动机应符合（　）的规定。

A. GB/T 3799.2　　　　B. GB/T 3799.1　　　　C. GB/T 3798.1

38. 按《汽车大修竣工出厂技术条件》（GB/T 3798.1～.2—2005）规定，载客或载货汽车大修竣工出厂要求：离合器接合平稳、分离彻底、操作轻便、工作可靠，不得有异响、打滑或发抖现象，踏板力不大于（　）N。

A. 100　　　　B. 300　　　　C. 400

39. 按《汽车大修竣工出厂技术条件 第1部分：载客汽车》（GB/T 3798.1—2005）规定，前轴采用非独立悬架的载客汽车大修竣工出厂要求：汽车转向轮的横向侧滑量，应在（　）m/km之间。

A. ±5　　　　B. ±4　　　　C. ±3

40. 按《汽车大修竣工出厂技术条件》（GB/T 3798.1～.2—2005）规定，载客或载货汽车大修竣工出厂要求：自动变速器的操纵装置位于（　）挡时，应有驻车锁止功能。

A. R　　　　B. D　　　　C. P

41. 按《汽车大修竣工出厂技术条件》（GB/T 3798.1～.2—2005）规定，载客或载货汽车大修竣工出厂要求：车辆行驶中，自动变速器能按规定的（　）进行升、降挡。

A. 车速　　　　B. 油压　　　　C. 换挡点

42. 按《汽车大修竣工出厂技术条件》（GB/T 3798.1～.2—2005）规定，载客或载货汽车大修竣工出厂要求：传动轴及中间轴承应工作正常，无松旷、抖动、（　）及过热现象。

A. 异常　　　　B. 异响　　　　C. 声响

43. 按《汽车大修竣工出厂技术条件》（GB/T 3798.1～.2—2005）规定，载客或载货汽车大修竣工出厂要求：装备有缓速器的车辆，缓速器应作用正常有效，（　）应符合原设计要求。

A. 缓速性能　　　　B. 缓速率　　　　C. 滑移率

44. 按《汽车大修竣工出厂技术条件》（GB/T 3798.1～.2—2005）规定，总质量大于（　）kg的载客或载货汽车大修竣工出厂时，车轮总成的横向摆动量和径向跳动量有要求。

A. 3000　　　　B. 3500　　　　C. 4000

45. 按《汽车大修竣工出厂技术条件 第1部分：载客汽车》（GB/T 3798.1—2005）规

定，载客汽车大修竣工出厂要求：最大设计速度不小于（　　）km/h的汽车，车轮应进行动平衡试验。

A. 80　　B. 100　　C. 120

46. 按《汽车大修竣工出厂技术条件　第2部分：载货汽车》（GB/T 3798.2—2005）规定，载货汽车大修竣工出厂要求：车轮进行动平衡试验，其动不平衡质量应不大于（　　）g。

A. 5　　B. 10　　C. 15

47. 按《汽车大修竣工出厂技术条件》（GB/T 3798.1～.2—2005）规定，载客或载货汽车大修竣工出厂时：转向轮胎冠上的花纹深度不允许小于（　　）mm。

A. 1.6　　B. 3.0　　C. 3.2

48. 按《汽车大修竣工出厂技术条件》（GB/T 3798.1～.2—2005）规定，转向节与衬套的配合及轮毂轴承预紧度应符合（　　）要求。

A. 尺寸公差　　B. 原制造厂维修技术　　C. 大修工艺

49. 按《汽车大修竣工出厂技术条件》（GB/T 3798.1～.2—2005）规定，装有排气制动的柴油车，当排气制动装置关闭（　　）行程时，联动机构应使喷油泵完全停止供油；而当排气制动装置开启时，又能正常供油。

A. 2/3　　B. 3/4　　C. 3/5

50. 按《汽车大修竣工出厂技术条件》（GB/T 3798.1～.2—2005）规定，采用液压制动的汽车，在达到规定的制动效能时，踏板行程不应大于踏板全行程的（　　）。

A. 2/3　　B. 3/4　　C. 3/5

51. 按《汽车大修竣工出厂技术条件》（GB/T 3798.1～.2—2005）规定，应保证驻车制动操纵杆的（　　）符合要求。

A. 全行程　　B. 自由行程　　C. 有效行程

52. 按《汽车大修竣工出厂技术条件　第1部分：载客汽车》（GB/T 3798.1—2005）规定，车身、保险杠及翼子板左右应对称，各对称部位离地面（　　）应不大于10mm。

A. 直线度　　B. 高度差　　C. 垂直度

53.《汽车大修竣工出厂技术条件　第2部分：载货汽车》（GB/T 3798.2—2005）规定，车架应分段检查，各段（　　）不大于5mm。

A. 平行度　　B. 长度　　C. 对角线长度差

54. 按《汽车大修竣工出厂技术条件》（GB/T 3798.1～.2—2005）规定，全车电气线路应布置合理、连接正确；线束包扎良好、牢固可靠；线束通过孔洞处应有防护设施，且距离排气管不小于（　　）mm。

A. 200　　B. 300　　C. 400

55. 按《汽车大修竣工出厂技术条件》（GB/T 3798.1～.2—2005）规定，全车电气线路导线规格及线色符合规定，接头牢固、良好，裸露的电气接头及电气开关应距燃油箱的加油口和通气口（　　）mm以上。

A. 200　　B. 300　　C. 400

56. 按《汽车大修竣工出厂技术条件》（GB/T 3798.1～.2—2005）规定，最高设计速度为150km/h、采用（　　）灯制的汽车大修竣工出厂时，其前照灯远光光束发光强度最小值为12000cd。

A. 一　　B. 二　　C. 四

57. 按《汽车大修竣工出厂技术条件》（GB/T 3798.1 ~ .2—2005）规定，前照灯近光光束明暗截止线转角或中点的高度应为（　）H，H为前照灯基准中心高度 。

A. 0.6 ~ 0.8　　B. 0.7 ~ 0.9　　C. 0.8 ~ 0.95

58. 按《汽车大修竣工出厂技术条件》（GB/T 3798.1 ~ .2—2005）规定，汽车大修走合期满后，每百公里燃料消耗量不得大于该车型原设计规定的相应车速等速百公里燃料消耗量的（　）。

A. 100%　　B. 103%　　C. 105%

59. 按《汽车大修竣工出厂技术条件》（GB/T 3798.1 ~ .2—2005）规定，试验台或道路检验制动性能，应符合（　）中有关条款的规定。

A.《营运车辆综合性能要求和检验方法》（GB l8565—2001）

B.《机动车运行安全技术条件》（GB 7258—2004）

C.《汽车维护、检测、诊断技术规范》（GB/T 18344—2001）

60. 按《汽车大修竣工出厂技术条件》（GB/T 3798.1 ~ .2—2005）规定，载客或载货汽车大修竣工出厂时，制动系装有比例阀、限压阀、感载阀、惯性阀或制动防抱死装置的，在试验台上达不到规定制动力的车辆，应以（　）的检验结果为准。

A. 空载路试　　B. 空载台试　　C. 满载路试

61. 按《汽车大修竣工出厂技术条件》（GB/T 3798.1 ~ .2—2005）规定，载客或载货汽车大修竣工出厂时，转动转向盘使转向轮达到原厂规定的最大转角，在全过程中用转向力测试仪测得的转向盘的操纵力不得大于（　）N。

A. 150　　B. 100　　C. 120

62. 按《汽车大修竣工出厂技术条件　第2部分：载货汽车》（GB/T 3798.2—2005）的规定，带有增压或中冷增压的发动机，增压装置应按原厂规定进行装配和检验，增压器工作应正常，（　）应达到原设计规定。

A. 增压压力　　B. 密封性　　C. 转速

63.《商用汽车发动机大修竣工出厂技术条件》（GB/T 3799. 1 ~ . 2—2005）规定，发动机大修过程中，修复的零、部件装配前应经（　），确保其性能达到规定的技术要求。

A. 清洁　　B. 清洗　　C. 检验

64. 按《商用汽车发动机大修竣工出厂技术条件　柴油发动机》（GB/T 3799.2—2005）规定，柴油发动机大修竣工时，当发动机转速超过额定转速时，（　）应正常有效。

A. 限速器　　B. 喷油泵　　C. 断油控制装置

65.《商用汽车发动机大修竣工出厂技术条件》（GB/T 3799.1 ~ .2—2005）规定，装配后的发动机如需进行冷磨、热试，应按工艺要求和技术条件进行冷磨、热试、（　），并更换润滑油、机油滤清器或滤芯。

A. 调整　　B. 清洗　　C. 检查

66.《商用汽车发动机大修竣工出厂技术条件　第1部分：汽油发动机》（GB/T 3799.1—2005）规定，发动机在低温255K（–18℃）时，都能顺利起动，允许起动（　）。

A. 2次　　B. 3次　　C. 1次

67.《商用汽车发动机大修竣工出厂技术条件　第2部分：柴油发动机》（GB/T 3799.2—2005）规定，发动机在低温（　）℃时，都能顺利起动，允许起动3次。

A. 0　　B. –10　　C. –18

68. 按《商用汽车发动机大修竣工出厂技术条件》（GB/T 3799.1 ~ .2—2005）规定，

在规定转速下，发动机润滑系统工作正常，机油压力和（ ）应符合原制造厂维修技术要求，警示装置可靠有效。

A. 故障指示灯　　B. 机油温度　　C. 溢流阀压力

69. 按《商用汽车发动机大修竣工出厂技术条件　第1部分：汽油发动机》（GB/T 3799.1—2005）规定，发动机大修出厂时，在标准状态下，发动机额定功率和最大转矩不得低于原设计标定值的（ ）。

A. 85%　　B. 90%　　C. 80%

70. 按《商用汽车发动机大修竣工出厂技术条件　第1部分：汽油发动机》（GB/T 3799.1—2005）规定，发动机大修出厂时最低燃料消耗率不得大于原设计标定值的（ ）。

A. 105%　　B. 110%　　C. 115%

71. 按《商用汽车发动机大修竣工出厂技术条件　第1部分：汽油发动机》（GB/T 3799.1—2005）规定，发动机大修过程检验要求测量凸轮轴的轴颈直径、轴颈与轴承的配合间隙，以及（ ）。

A. 凸轮表面状况　　B. 凸轮升程　　C. 凸轮曲线

72. 按《商用汽车发动机大修竣工出厂技术条件　第1部分：汽油发动机》（GB/T 3799.1—2005）规定，发动机大修竣工检验应检测（ ）工况下的进气歧管真空度及波动范围。

A. 中速　　B. 高速　　C. 怠速

73. 按《商用汽车发动机大修竣工出厂技术条件》（GB/T 3799.1 ~ .2—2005）规定，发动机大修竣工检验应检测电控系统（ ）。

A. 系统电压　　B. 有无故障代码显示　　C. 波形图

74. 按《商用汽车发动机大修竣工出厂技术条件　第1部分：汽油发动机》（GB/T 3799.1—2005）规定，应在发动机转速为（ ）时测试空气过量系数（λ）。

A. 怠速转速　　B. 中速转速　　C. 高怠速转速

75. 按《商用汽车发动机大修竣工出厂技术条件　第1部分：汽油发动机》（GB/T 3799.1—2005）规定，进气歧管真空度的波动范围是：6缸汽油发动机一般不超过3kPa；4缸汽油发动机一般不超过（ ）kPa。

A. 3　　B. 4　　C. 5

76. 按《商用汽车发动机大修竣工出厂技术条件 第1部分：汽油发动机》（GB/T 3799.1 ~ .2—2005）规定，限速装置宜在发动机（ ）拆除。

A. 一级维护后　　B. 二级维护前　　C. 走合期满进行首次维护后

（三）多项选择题

1.《汽车维护、检测、诊断技术规范》（GB/T 18344—2001）规定了汽车二级维护作业的中心内容以（ ）为主，并检查有关制动、操作等安全部件。

A. 检查和调整　　B. 清洁　　C. 润滑　　D. 紧固

2.《汽车维护、检测、诊断技术规范》（GB/T 18344—2001）规定了汽车日常维护、一级维护、二级维护的（ ）。

A. 周期　　B. 作业内容　　C. 工时定额　　D. 技术规范

3.《汽车维护、检测、诊断技术规范》（GB/T 18344—2001）提出了汽车二级维护前必须进行的检测诊断项目，离合器主要检查（ ）。

A. 有无打滑现象　B. 有无发抖现象　C. 分离是否彻底　D. 结合是否平稳

4.《汽车维护、检测、诊断技术规范》（GB/T 18344—2001）提出了汽车二级维护前必须进行的检测诊断项目，传动轴主要检查（　　）。

A. 有无泄漏　B. 异响　C. 松脱　D. 裂纹

5.《汽车维护、检测、诊断技术规范》（GB/T 18344—2001）提出了汽车二级维护前必须进行的检测诊断项目，主减速器主要检查（　　）。

A. 过热　B. 松动　C. 异响　D. 有无泄漏

6.《汽车维护、检测、诊断技术规范》（GB/T 18344—2001）规定，汽车二级维护检测项目中，转向轮定位主要检查（　　）。

A. 转向角度　B. 前轮定位角　C. 转向盘自由转动量　D. 转向力

7.《汽车维护、检测、诊断技术规范》（GB/T 18344—2001）规定，汽车二级维护竣工检验方法包括（　　）。

A. 路试　B. 人工检查　C. 仪器检测　D. 碰撞试验

8.《液化石油气汽车维护、检测规范》（JT/T 511—2004）适用于液化石油气（LPG）汽车，包括（　　）。

A. 单一燃料LPG汽车　B. CNG汽车

C. LPG汽油两用燃料汽车　D. 双燃料汽车

9.《液化石油气汽车维护、检测规范》（JT/T 511—2004）中，对液化石油气汽车各级维护作业内容与技术要求，强调了对液化石油气装置（　　）的要求。

A. 检查　B. 调整　C. 修理　D. 紧固

10.《轿车车身维护技术要求》（JT/T 509—2004）规定了轿车车身、底盘外表及发动机室外表维护的（　　）。

A. 周期　B. 主要内容　C. 技术标准　D. 工艺要求

11.《轿车车身维护技术要求》（JT/T 509—2004）规定，车身维护作业部位包括（　　）。

A. 车身　B. 底盘外表　C. 发动机室内外　D. 门窗、各灯罩

12.《汽车发动机电子控制系统修理技术要求》（GB/T 19910—2005）对汽车发动机电子控制系统视情维修提出（　　）几个方面的技术要求。

A. 安全操作规范

B. 维修技术要求

C. 使用检测诊断设备

D. 修竣故障信息清除并对控制系统进行重新设定的要求

13.《汽车盘式制动器修理技术条件》（GB/T 18343—2001）规定，修理时，油脂、制动液或任何其他异物不得触及（　　）。

A. 制动摩擦块　B. 制动钳　C. 制动盘表面　D. 轮毂外表面

14.《汽车盘式制动器修理技术条件》（GB/T 18343—2001）规定，安装制动块时，应保持制动块干燥，不可沾染上（　　）。

A. 制动液　B. 冷却液　C. 水　D. 油类液体

15.《汽车制动传动装置修理技术条件》（GB/T 18275.1 ~ .2—2000）分别规定了汽车（　　）修理的基本技术要求、试验方法和检验规则。

A. 制动器　B. 制动管路

C. 气压制动传动装置　D. 液压制动传动装置

16.《汽车制动传动装置修理技术条件 气压传动》（GB/T18275.1—2000）规定了空气压缩机修理过程中对各主要零部件检验的技术要求，包括汽缸镗磨后缸筒表面的（ ）。

A. 圆度　B. 圆柱度　C. 表面粗糙度　D. 垂直度

17.《汽车制动传动装置修理技术条件 气压传动 》（GB/T 18275.1—2000）中，对储气筒（ ）提出了要求。

A. 压力开关　B. 无变形和泄漏　C. 内部清洁　D. 密封性

18.《汽车制动传动装置修理技术条件 气压传动》（GB/T 18275.1—2000）规定了（ ）试验方法的技术要求和有关限值。

A. 制动阀密封性能　B. 制动阀静特性　C. 制动气室密封性　D. 制动管路

19.《汽车制动传动装置修理技术条件 液压传动 》（GB/T 18275.2—2000）中，规定了液压制动传动系统修理后经（ ）检验合格后方能投入使用的有关原则。

A. 真空助力器真空密封性　B. 各零部件

C. 真空增压器止回阀密封性　D. 主缸、轮缸密封性和耐压性

20.《汽车大修竣工出厂技术条件》（GB/T 3798.1 ~ 2—2005）适用于（ ）。

A. 载客汽车　B. 载货汽车　C. 轿车　D. 乘用车

21.《汽车大修竣工出厂技术条件》（GB/T 3798.1 ~ 2—2005）规定了载客或载货汽车大修竣工出厂的（ ）。

A. 检验　B. 技术要求　C. 质量保证　D. 排放性能

22.《汽车大修竣工出厂技术条件》（GB/T 3798.1 ~ 2—2005）规定，关键部位螺栓、螺母的（ ）应符合原制造厂维修技术要求。

A. 型号　B. 扭紧顺序　C. 拧紧力矩　D. 锁紧装置

23.《汽车大修竣工出厂技术条件》（GB/T 3798. 1 ~ 2—2005）规定，影响汽车行驶安全的（ ）的关键零部件，不得使用修复件。

A. 传动系　B. 制动系　C. 转向系　D. 行驶系

24.《汽车大修竣工出厂技术条件》（GB/T3798. 1 ~ 2—2005）规定，离合器踏板的（ ）应符合原设计规定。

A. 有效行程　B. 踏板力　C. 自由行程　D. 高度

25.《汽车大修竣工出厂技术条件》（GB/T 3798. 1 ~ 2—2005）规定，蓄电池外观应整洁、安装牢固，桩头完好、正负极标志分明，桩卡头及搭铁线连接牢实；（ ）应符合规定。

A. 放电程度　B. 电解液密度　C. 液面高度　D. 电压差

26.《商用汽车发动机大修竣工出厂技术条件 第1部分：汽油发动机》（GB/T 3799.1 ~ .2—2005）规定，发动机的外表应按规定喷漆，漆层应牢固，不得有（ ）现象。

A. 起泡　B. 剥落　C. 不均匀　D. 漏喷

27.《商用汽车发动机大修竣工出厂技术条件》（GB/T 3799.1 ~ .2—2005）规定了商用汽车大修竣工出厂的（ ）和包装要求。

A. 检验　B. 技术要求　C. 质量保证　D. 排放性能

28.《商用汽车发动机大修竣工出厂技术条件 第1部分：汽油发动机》（GB/T 3799.1—2005）规定，汽油发动机大修竣工出厂外观检验的项目包括：（ ）。

A. 发动机外观整洁与漆面检查　　B. 发动机各部及附件

C. 发动机各部分密封性能　　D. 电器部分

29.《商用汽车发动机大修竣工出厂技术条件 第2部分 柴油发动机》（GB/T 3799. 2—2005）中，有关柴油发动机性能检验，特别强调了对发动机（　　）检验的技术要求。

A. 超速断油控制装置　　B. 加速装置

C. 噪声　　D. 紧急停机装置

30. 按《商用汽车发动机大修竣工出厂技术条件》（GB/T 3799.1 ~ .2—2005）规定，汽油（柴油）发动机维修、检验记录文件包括（　　）。

A. 进厂检验单　　B. 过程检验单　　C. 竣工检验单　　D. 出厂合格证

31. 按《商用汽车发动机大修竣工出厂技术条件 第2部分 柴油发动机》（GB/T 3799.2—2005）规定，柴油发动机大修时，（　　）均应进行调试、检测，其性能指标符合原制造厂维修技术要求。

A. 输油泵　　B. 喷油泵　　C. 喷油器　　D. 调速器

32. 按《商用汽车发动机大修竣工出厂技术条件 第1部分：汽油发动机》（GB/T 3799.1—2005）规定，发动机大修竣工运转状况及检查要求：发动机在各种工况下运转应稳定，不得有（　　）等异常现象。

A. 突爆、回火、放炮　B. 阻滞　　C. 异常响声　　D. 打滑

33. 按《商用汽车发动机大修竣工出厂技术条件 第1部分：汽油发动机》（GB/T 3799.1—2005）规定，发动机大修竣工要求，电子控制燃油喷射系统（　　）应符合原制造厂维修技术要求。

A. 技术参数　　B. 故障显示　　C. 性能　　D. 控制方式

34. 按《商用汽车发动机大修竣工出厂技术条件》（GB/T 3799.1 ~ .2—2005）的规定，承修单位应按要求对修竣发动机的（　　）等性能参数进行检验。

A. 点火提前角　　B. 额定功率　　C. 最大转矩　　D. 燃料经济性

35. 按《商用汽车发动机大修竣工出厂技术条件》（GB/T 3799.1 ~ .2—2005）的规定，发动机排放装置应（　　），排放污染物限值应符合国家有关标准的规定。

A. 安装牢固　　B. 齐全　　C. 完好　　D. 有效

36. 按《商用汽车发动机大修竣工出厂技术条件》（GB/T 3799.1 ~ .2—2005）的规定，发动机大修维修技术资料包括（　　）等。

A. 维修部位、更换件　　B. 发动机型号、编号

C. 维修工时、人员　　D. 检验结果

37. 按《商用汽车发动机大修竣工出厂技术条件》（GB/T 3799.1 ~ .2—2005）的规定，在发动机大修进厂检验单中，对用户报修项目及发动机现状要记录的内容包括：（　　）。

A. 此次要求是什么　　B. 进厂前主要问题

C. 已进行过几次发动机大修　　D. 装用该发动机的车辆总行驶里程

38. 按《商用汽车发动机大修竣工出厂技术条件》（GB/T 3799.1 ~ .2—2005）的规定，《发动机大修过程检验单》中，要求对汽缸体等主要零部件作换修记录，内容包括（　　）。

A. 续用　　B. 更换　　C. 修理　　D. 维护

39. 按《商用汽车发动机大修竣工出厂技术条件》（GB/T 3799.1 ~ .2—2005）的规

定，《发动机大修过程检验单》中对主要零部件检验内容包括：（　　）。

A. 活塞连杆组　　B. 汽缸直径　　C. 汽缸盖　　D. 曲轴、凸轮轴与轴承

40. 按《商用汽车发动机大修竣工出厂技术条件》（GB/T 3799.1～.2—2005）的规定，发动机大修过程检验，要求对汽缸直径形位误差进行测量，其项目有（　　）。

A. 圆度　　B. 锥度　　C. 最大磨损量　　D. 圆柱度

41. 按《商用汽车发动机大修竣工出厂技术条件》（GB/T 3799.1～.2—2005）的规定，发动机大修过程检验要求测量曲轴主轴颈、连杆轴颈的（　　）。

A. 圆度　　B. 锥度　　C. 最大磨损量　　D. 圆柱度

42. 按《商用汽车发动机大修竣工出厂技术条件》（GB/T 3799.1～.2—2005）的规定，发动机大修竣工检验要求进行发动机性能检验，其中人工检查的项目有（　　）等。

A. 异响　　B. 运转状况　　C. 发动机功率　　D. 怠速

43. 按《商用汽车发动机大修竣工出厂技术条件》（GB/T 3799.1～.2—2005）的规定，发动机大修竣工检验要求进行试机检查（　　）时的机油压力。

A. 中速　　B. 高速　　C. 怠速　　D. 最高转速

44. 按《商用汽车发动机大修竣工出厂技术条件》（GB/T 3799.1～.2—2005）的规定，发动机大修竣工检验要求进行试机检查（　　）工况的发动机运转状况。

A. 最高转速　　B. 中速　　C. 加速及过渡　　D. 怠速

45. 按《商用汽车发动机大修竣工出厂技术条件 第1部分：汽油发动机》（GB/T 3799.1—2005）的规定，汽油发动机大修竣工检验要求检测（　　）工况下排放污染物的含量。

A. 中速　　B. 高怠速　　C. 怠速　　D. 最高车速

46. 按《商用汽车发动机大修竣工出厂技术条件 第1部分：汽油发动机》（GB/T 3799.1—2005）的规定，发动机大修竣工检验要求检测发动机动力性的参数是（　　）。

A. 额定功率　　B. 最大功率　　C. 额定转矩　　D. 最大转矩

47.《大客车车身修理技术条件》（GB/T 5336—2005）规定了车架纵梁直线度、（　　）的检验技术要求。

A. 弯曲度　　B. 扭曲度　　C. 平面度公差　　D. 对角线长度差

二 习题答案

（一）判断题

1. √	2. ×	3. √	4. ×	5. √	6. √	7. √	8. ×	9. √	10. √
11. √	12. ×	13. √	14. ×	15. √	16. √	17. ×	18. ×	19. √	20. ×
21. √	22. √	23. √	24. √	25. √	26. √	27. √	28. ×	29. √	30. √
31. √	32. √	33. √	34. √	35. √	36. √	37. ×	38. √	39. √	40. √
41. √	42. ×	43. √	44. √	45. √	46. ×	47. √	48. ×	49. √	50. √
51. ×	52. √	53. √	54. √	55. ×	56. ×	57. √	58. ×	59. √	60. √
61. ×	62. ×	63. √	64. √	65. ×	66. √	67. √	68. √	69. √	70. √

（二）单项选择题

1. A	2. C	3. B	4. C	5. B	6. C	7. B	8. B	9. B	10. C
11. B	12. A	13. B	14. C	15. C	16. C	17. C	18. B	19. B	20. C
21. B	22. C	23. A	24. C	25. C	26. A	27. B	28. C	29. B	30. A

31. C　32. B　33. B　34. B　35. A　36. B　37. B　38. B　39. A　40. C
41. C　42. B　43. B　44. B　45. B　46. B　47. C　48. B　49. B　50. B
51. C　52. B　53. C　54. B　55. A　56. B　57. A　58. C　59. A　60. C
61. C　62. C　63. C　64. C　65. B　66. B　67. B　68. B　69. B　70. A
71. B　72. C　73. B　74. C　75. C　76. C

(三) 多项选择题

1. ABCD　2. ABD　3. ABCD　4. ABCD　5. ABCD
6. BC　7. ABC　8. AC　9. AD　10. BD
11. ABC　12. ABD　13. ABCD　14. AD　15. CD
16. ABC　17. BCD　18. ABC　19. ABCD　20. AB
21. BC　22. BC　23. BCD　24. AC　25. BCD
26. ABD　27. BC　28. ABCD　29. AD　30. ABC
31. BCD　32. AC　33. AC　34. BCD　35. BD
36. ABCD　37. ABCD　38. ABC　39. ABCD　40. AD
41. AD　42. ABD　43. BC　44. BCD　45. BC
46. AD　47. CD

第四节　汽车检测主要技术标准

本节提要

1. 了解GB 18565对营运车综合性能，包括动力性、燃料经济性、制动性、转向操纵性、照明和信号装置及其他电器设备、排放与噪声控制、密封性整车装备的基本技术要求和检验方法方面的规定；

2. 掌握营运车综合性能检验的基本要求；

3. 了解GB 7258对机动车整车及主要总成、安全防护装置等有关运行安全的基本技术要求及检验方法方面的规定；

4. 掌握机动车安全性能检验的基本要求；

5. 了解GA 468对机动车安全性能检验的方式、工位、项目、常用设备和工具，检验流程、检验方法、检验结果及审核等方面的规定；

6. 掌握机动车安全性能检验项目、检验流程和检验结果及审核的基本要求；

7. 了解GB 18285对点燃式发动机汽车怠速、高怠速工况下排气污染物排放限值和测量方法，以及采用稳态工况法、瞬态工况法和简易瞬态工况法三种简易工况法进行排放测量方法方面的规定；

8. 掌握GB 18285的适用范围和几种不同排放测量方法的基本原则；

9. 了解GB 3847对在用汽车车用压燃式发动机和压燃式发动机汽车排气烟度排放限值及排放测试方法方面的规定；

10. 掌握在用汽车排气烟度排放控制要求及测量方法；

11. 掌握JT/T 198对营运车辆技术状况等级的评定内容、等级划分、评定项目和技术要求方面的规定。

考纲要求

1.《营运车辆综合性能要求和检验方法》（GB 18565—2001）属于强制性国家标准，该标准是车辆综合性能检测、评定的重要依据之一。适用于营运车辆，非营运车辆可参照执行。

2.《营运车辆综合性能要求和检验方法》（GB 18565—2001）规定，营运车辆整车动力性评价指标是发动机性能和整车动力性能。

3. 营运车辆技术等级评定和检测依据《营运车辆技术等级划分和评定要求》（JT/T 198—2004）进行。

4. 营运车辆年度审验的检测标准为《营运车辆综合性能要求和检验方法》（GB 18565—2001）。

5.《营运车辆综合性能要求和检验方法》（GB 18565—2001）规定，营运车辆油耗限值应小于等于该车型原厂规定的相应车速等速百公里燃料耗量的110%。

6. 制动协调时间是汽车在急踩制动时，从踏板开始动作至制动力达到规定的制动力75%时所需时间的限值。

7. 按《营运车辆综合性能要求和检验方法》（GB 18565—2001）的规定，用悬架检测台来检测车辆的悬架特性，应车辆空载，不乘人（含驾驶人）；其标准限值为吸收率不小于40%。

8. 按《营运车辆综合性能要求和检验方法》（GB 18565—2001）的规定，台试检测制动，为获取足够的附着力，允许在机动车上增加附加质量。

9.《营运车辆技术等级划分和评定要求》（JT/T 198—2004）适用于营运车辆，将营运车辆技术等级分划分为一级、二级和三级，为三级。

10.《营运车辆综合性能要求和检验方法》（GB 18565—2001）规定了营运车辆动力性、燃料经济性、制动性、转向操纵性、照明和信号装置及其他电气设备、排放与噪声控制、密封性、整车装备的基本技术要求和检验方法。

11.《营运车辆综合性能要求和检验方法》（GB 18565—2001）要求：营运车辆应装备与其相适应的有效灭火装置。

12.《营运车辆综合性能要求和检验方法》（GB 18565—2001）规定，所有危险品运输车辆的排气管，都必须安装在车身的前部且都应装有有效的隔热和熄灭火星的装置。

13.《营运车辆综合性能要求和检验方法》（GB 18565—2001）规定，装运危险品货物的罐（槽）运输车辆，应在罐（槽）阀门口装置积漏器。

14.《营运车辆综合性能要求和检验方法》（GB 18565—2001）规定，环境温度在15~30℃范围内，海拔高度变化后，检测所得发动机额定功率可按公式$P_{修正}=P_{实测}/k$进行修正。

15. 设计速度不小于100km/h的货车，前排座椅必须装置汽车安全带，这是《营运车辆综合性能要求和检验方法》（GB 18565—2001）对车辆安全防护装置提出的技术要求。

16.《机动车运行安全技术条件》（GB 7258—2004）规定了行车制动系制动踏板的自由行程应符合该车有关技术条件。

17.《机动车运行安全技术条件》（GB 7258—2004）规定了机动车的整车及主要总成、安全防护装置等有关运行安全的基本技术要求及检验方法。

18.《机动车运行安全技术条件》（GB 7258—2004）是我国机动车安全技术管理最基本的技术性法规。

19. 按《机动车运行安全技术条件》（GB 7258—2004）的规定，在进行汽车前照灯检测时，发动机的状态为电源系统可处于充电状态；可将前照灯照射在距离10m的屏幕上，检验其光束照射位置。

20.《机动车运行安全技术条件》（GB 7258—2004）规定，当机动车经台架检验后，对其制动性能有质疑时，可按规定的路试检验及进行复检，并以满载路试结果为准。

21.《机动车安全运行技术条件》（GB 7258—2004）规定，制动器应有磨损补偿装置。制动器磨损后，制动间隙应易于通过手动或自动调整装置来补偿。

22.《机动车安全运行技术条件》（GB 7258—2004）规定，总质量大于12000kg的长途客车和旅游客车、总质量大于16000kg，允许挂接总质量大于10000kg的挂车的货车及总质量大于10000kg的挂车必须安装符合（GB/T 13594）规定的防抱死制动装置。

23.《机动车安全运行技术条件》（GB 7258—2004）规定，制动距离是指机动车在规定的初速度下急踩制动时，从脚接触制动踏板（或手触动制动手柄）时起至机动车停住时止机动车驶过的距离。

24. 按《机动车运行安全技术条件》（GB 7258—2004）的规定，在用乘用车二灯制前照灯远光的发光强度应为15000cd。

25. 按《机动车运行安全技术条件》（GB 7258—2004）的规定，检测转向轮的侧滑量时，车轮对正侧滑台，匀速车速应为3~5km/h。

26. 按《机动车运行安全技术条件》（GB 7258—2004）的规定了转向盘最大自由转动量的限值。最大设计速度大于等于100km/h车辆的转向盘自由转动量为200。

27.《机动车运行安全技术条件》（GB 7258—2004）规定了对不同类型的机动车车轮总成横向摆动量和径向跳动量的限值。其中，总质量不大于3500kg的汽车不应大于5mm。

28.《机动车运行安全技术条件》（GB 7258—2004）对台试检验行车制动性能提出了制动力总和与整车重量的百分比、轴制动力与轴荷的百分比、制动力平衡与制动协调时间、汽车车轮阻滞力等要求。

29.《机动车运行安全技术条件》（GB 7258—2004）对原标准中车辆前照灯照射位置要求进行了调整，包括高度、水平照射位置。

30.《机动车运行安全技术条件》（GB 7258—2004）规定了轮胎使用参数，包括轮胎花纹深度、轮胎负荷、轮胎气压、轮胎规格的技术要求。

31.《机动车安全检验项目和方法》（GA 468—2004）规定，检验结果的内容包括检测线各设备的检验数据、外观检查、底盘动态检验、地沟检验的情况。

32.《机动车安全检验项目和方法》（GA 468—2004）规定了机动车安全检验的方式有线外检验、线内检验、路试检验。

33.《机动车安全检验项目和方法》（GA 468—2004）属于行业标准。

34. 按《机动车安全检验项目和方法》（GA 468—2004）规定，路试检验机动车制动性能时，应在纵向坡度不大于1%、轮胎与地面间的附着系数不小于0. 7的硬实、清洁、干燥的水泥或沥青路面上进行。

35. 按《机动车安全检验项目和方法》（GA 468—2004）规定，当实际车速为80km/h时，车速表的允许指示范围应是80~92km/h。

36. 按《机动车安全检验项目和方法》（GA 468—2004）规定，驻车制动操作装置，一般应在操纵机构全行程的三分之二以内产生规定的制动效能。

37. 按《机动车安全检验项目和方法》（GA 468—2004）规定，台试空载检验气压制动时，对气压制动系的指示压力要求为≤600kPa。

38.“轴制动力”是指该轴左右轮最大制动力之和。

39.《点燃式发动机汽车排气污染物限值及测量方法（双怠速法和简易工况法）》（GB 18285—2005）增加了高怠速工况排放限值和对过量空气系数（λ）的要求。具有强制执行的效力，适用于装用点燃式发动机的新生产和在用汽车。

40. 采用双怠速法测量汽油车尾气排放时，其高怠速的排放值应低于低怠速的排放值。

41. 加速模拟工况（ASM）是点燃式发动机汽车排放控制的试验方法之一，即稳态工况法。

42.《车用压燃式发动机和压燃式发动机汽车排气烟度排放限值及测量方法》（GB 3847—2005）具有强制执行的效力，适用污染物排放符合GB 18352的车用压燃式发动机的轻型汽车。

43.《车用压燃式发动机和压燃式发动机汽车排气烟度排放限值及测量方法》（GB 3847—2005）不适用于低速载货汽车和三轮汽车。

44. 自《车用压燃式发动机和压燃式发动机汽车排气烟度排放限值及测量方法》（GB 3847—2005）实施之日起，压燃式发动机在用汽车排放监控，采用排气烟度排放限值（自由加速）及测量方法。

45.《点燃式发动机汽车排气污染物限值及测量方法（双怠速法和简易工况法）》（GB 18285—2005）中所指简易工况法包括稳态工况法、瞬态工况法和简易瞬态工况法三种。

46.《点燃式发动机汽车排气污染物限值及测量方法（双怠速法和简易工况法）》（GB 18285—2005）中所述过量空气系数（λ）是指：燃烧1kg燃料所需的实际空气量与理论空气量之质量比。

47.《点燃式发动机汽车排气污染物限值及测量方法（双怠速法和简易工况法）》（GB 18285—2005）规定，对于使用闭环控制电子燃油喷射系统和三元催化转化器技术的汽车进行过量空气系数（λ）的测定。

48. 进行排放测量时，《点燃式发动机汽车排气污染物限值及测量方法（双怠速法和简易工况法）》（GB 18285—2005）规定发动机冷却液和润滑油温度应不低于80℃，或者达到汽车使用说明书规定的热车状态。

49. 进行排放测量时，《点燃式发动机汽车排气污染物限值及测量方法（双怠速法和简易工况法）》（GB 18285—2005）规定，应保证被检测车辆处于制造厂规定的正常状态，发动机进气系统应装有空气滤清器，排气系统应装有排气消声器，并不得有泄漏。

50. 对于两用燃料汽车，《点燃式发动机汽车排气污染物限值及测量方法（双怠速法和简易工况法）》（GB 18285—2005）要求对两种燃料分别进行排放检测。

51.《点燃式发动机汽车排气污染物限值及测量方法（双怠速法和简易工况法）》（GB 18285—2005）给出两条对排放测量结果进行判定的规则：

（1）所列车型CO和HC排放测试结果有一项不合格，即判为不合格；

（2）对于使用闭环控制电子燃油喷射系统和三元催化转化器技术装置的汽车，过量空气系数（λ）超出范围，即判为不合格。

52.《点燃式发动机汽车排气污染物限值及测量方法（双怠速法和简易工况法）》（GB 18285—2005）规定：各省级环境保护行政主管部门根据当地实际情况，确定排放监控方案、选择排放监控测量方法，但同一类型车辆环保定期检测时不得采用两种或两种以上测量方法。

53.《点燃式发动机汽车排气污染物限值及测量方法（双怠速法和简易工况法）》（GB 18285—2005）规定，在机动车保有量大、污染严重的地区，可采用简易工况法实施在用汽车排放监控。

54. 点燃式发动机汽车简易瞬态工况污染物排放试验可以实时地分析车辆在负荷工况下排气污染物的排放质量。

55. 按《点燃式发动机汽车排气污染物限值及测量方法（双怠速法和简易工况法）》（GB 18285—2005）的规定，一辆2001年7月1日前生产的轿车（汽油发动机），尾气排放污染物的检测应采用双怠速法。

56.《车用压燃式发动机和压燃式发动机汽车排气烟度排放限值及测量方法》（GB3847—2005）和《点燃式发动机汽车排气污染物排放限值及测量方法（双怠速法及简易工况法）》（GB 18285—2005）自2005年7月1日起实施。

57.《车用压燃式发动机和压燃式发动机汽车排气烟度排放限值及测量方法》（GB 3847—2005）中规定了压燃式发动机汽车自由加速工况下排气污染物排放限值及测量方法。

58. 按《车用压燃式发动机和压燃式发动机汽车排气烟度排放限值及测量方法》（GB 3847—2005）的规定，在机动车保有量大、污染严重的地区，可采用加载减速工况法。

59. 按《车用压燃式发动机和压燃式发动机汽车排气烟度排放限值及测量方法》（GB 3847—2005）压燃式发动机在用汽车的排放监控也可采用目测法，对高排放汽车进行筛选，由具有资格的人员进行。

60. 按《点燃式发动机汽车排气污染物排放限值及测量方法（双怠速法及简易工况法）》（GB 18285—2005）的规定，高怠速工况是指发动机无负载运转状态，用加速踏板将发动机转速稳定控制在50%额定转速或制造厂技术文件中规定的高怠速转速时的工况。

61.《点燃式发动机汽车排气污染物排放限值及测量方法（双怠速法及简易工况法）》（GB 18285—2005）将轻型汽车的高怠速转速规定为（2500+100）r/min，重型车的高怠速转速规定为（1800+100）r/min。

62. 按《点燃式发动机汽车排气污染物排放限值及测量方法（双怠速法及简易工况法）》（GB 18285—2005）的规定，一辆2002年1月1日生产的奥迪轿车，高怠速时CO排放限值应为0. 3%。

63. 自《点燃式发动机汽车排气污染物排放限值及测量方法（双怠速法及简易工况法）》（GB 18285—2005）实施之日起，全国点燃式发动机在用汽车排放监控，采用双怠速法排气污染物排放限值及测量方法。

64. 按《点燃式发动机汽车排气污染物排放限值及测量方法（双怠速法及简易工况法）》（GB 18285—2005）所述，ASM5025工况，即测功机以车辆速度为25km/h、加速度为1. 475m/s^{2}时的输出功率的50%作为设定功率对车辆加载。

65. 按《点燃式发动机汽车排气污染物排放限值及测量方法（双怠速法及简易工况法）》（GB 18285—2005）的规定，采用稳态工况法测试前，车辆可在无负荷状态，使发动机以2500r/min转速运转4min进行预热。

66.《点燃式发动机汽车排气污染物排放限值及测量方法（双怠速法及简易工况法）》（GB 18285—2005）的规定，ASM5025工况测试程序是：车辆经预热后，加速至25km/h，测功机根据测试工况要求加载，工况计时器开始计时（t=0s），车辆保持25km/

h ± 1.5km/h等速5s后开始检测。

67.《点燃式发动机汽车排气污染物排放限值及测量方法（双怠速法及简易工况法）》（GB 18285—2005）规定，按瞬态工况法检测，共运行195s。

68. 按《点燃式发动机汽车排气污染物排放限值及测量方法（双怠速法及简易工况法）》（GB 18285—2005）的规定，点燃式发动机汽车简易瞬态工况污染物排放试验设备包括一个至少能模拟加速惯量和匀速负荷的底盘测功机、一个五气分析仪和一个气体流量分析仪组成的采样分析系统。

69.《点燃式发动机汽车排气污染物排放限值及测量方法（双怠速法及简易工况法）》（GB 18285—2005）规定了怠速法排放测量程序：发动机从怠速状态加速至70%额定转速，运转30s，后升至高怠速状态。将取样探头插入排气管中，深度不少于400mm，并固定在排气管上。维持15s后，由具有平均值功能的仪器读取30s内的平均值，或者人工读取30s内的最高值和最低值，其平均值即为高怠速污染物测量结果。发动机从高怠速降至怠速状态15s后，由具有平均功能的仪器读取30s内的平均值，或者人工读取30s内的最高值和最低值，其平均值即为怠速污染物测量结果。

70. 按《点燃式发动机汽车排气污染物排放限值及测量方法（双怠速法及简易工况法）》（GB 18285—2005）的规定，2001年1月1日前生产的汽油车的排气污染物检测应用双怠速法进行检测。

71. 按《点燃式发动机汽车排气污染物排放限值及测量方法（双怠速法及简易工况法）》（GB 18285—2005）所述，简易加速模拟工况试验方法的主要特点是通过汽车底盘测功机对车辆加载。

72. 对使用闭环控制电子燃油喷射系统的车和装有三元催化转化器的车，国家标准《点燃式发动机汽车排气污染物排放限值及测量方法（双怠速法及简易工况法）》（GB 18285—2005）规定，要进行过量空气系数（λ）的测定。

73. 按《车用压燃式发动机和压燃式发动机汽车排气烟度排放限值及测量方法》（GB 3847—2005）规定，如果出现里程表失灵、机油压力偏低、车辆制动失灵、冷却系统泄漏情况或缺陷，均不能进行加载减速测试。

74.《车用压燃式发动机和压燃式发动机汽车排气烟度排放限值及测量方法》（GB 3847—2005）所述光吸收系数（k），是表示光束被单位长度的排烟衰减的一个系数。

75.《车用压燃式发动机和压燃式发动机汽车排气烟度排放限值及测量方法》（GB 3847—2005）附录I规定的不透光烟度法，是在全负荷曲线上不同稳定转速下测定排气烟度排放的方法。

76. 按《车用压燃式发动机和压燃式发动机汽车排气烟度排放限值及测量方法》（GB 3847—2005）规定，自由加速测试方法的操作要求是：在1s内，将加速踏板快速、连续地完全踩到底，使喷油泵在最短时间内供给最大油量。

77. 按《车用压燃式发动机和压燃式发动机汽车排气烟度排放限值及测量方法》（GB 3847—2005）规定，进行自由加速试验不透光烟度法试验前，采用至少三次自由加速过程或其他等效方法对排气系统进行吹拂。

78. 按《车用压燃式发动机和压燃式发动机汽车排气烟度排放限值及测量方法》（GB 3847—2005）规定，检测过程中由于发动机出现故障，使检测工作终止时，必须待故障排除后重新进行排放检测。

79.《车用压燃式发动机和压燃式发动机汽车排气烟度排放限值及测量方法》（GB

3847—2005）对在用汽车加载减速法车辆预检要求分为两部分：车辆身份确认和安全检查。

80. 柴油车自由加速工况即在发动机怠速下，迅速但不猛烈地踏下加速踏板，使喷油泵供给最大油量；在发动机达到调速器允许的最大转速前，保持此位置，一旦达到最大转速，立即松开加速踏板，使发动机恢复至怠速。

81. 自由加速滤纸式烟度即在自由加速工况下，从发动机排气管抽取规定长度的排气柱所含的炭烟，使规定面积的清洁滤纸染黑的程度。

82. 按《车用压燃式发动机和压燃式发动机汽车排气烟度排放限值及测量方法》（GB 3847—2005）规定的安全检查，用于确定车辆是否适合进行柴油车加载减速法排放测试。

83.《车用压燃式发动机和压燃式发动机汽车排气烟度排放限值及测量方法》（GB 3847—2005）对不同时期生产的在用汽车，分三个阶段分别提出不同的排放控制要求（检测方法和限值标准）。

84. 按《车用压燃式发动机和压燃式发动机汽车排气烟度排放限值及测量方法》（GB 3847—2005）的规定，装配压燃式发动机的车辆排气污染物检测，应采用自由加速试验法。

85. 按《车用压燃式发动机和压燃式发动机汽车排气烟度排放限值及测量方法》（GB 3847—2005）的规定，2001年10月1日前生产的柴油车的排气污染物检测应用烟度计进行检测。

86. 按《车用压燃式发动机和压燃式发动机汽车排气烟度排放限值及测量方法》（GB 3847—2005）的规定，不透光烟度计是用于连续测量汽车排气的光吸收系数的仪器。

87. 按《车用压燃式发动机和压燃式发动机汽车排气烟度排放限值及测量方法》（GB 3847—2005）规定，此标准实施之日起生产的在用汽车，所测得的排气光吸收系数不应大于车型核准批准的自由加速排气烟度排放限值，再加$0.5m^{-1}$。

88. 进行自由加速试验时应在发动机怠速下，换挡操纵杆应置于空挡位置，将加速踏板快速、连续地完全踩到底，使喷油泵在最短时间内供给最大油量。在发动机达到调速器允许的最大转速前，保持此位置。一旦达到最大转速，立即松开加速踏板，使发动机恢复至怠速。

89. 按《车用压燃式发动机和压燃式发动机汽车排气烟度排放限值及测量方法》（GB 3847—2005）的规定，自1995年7月1日起至2001年9月30日期间生产的在用汽车，应进行自由加速试验，所测得的烟度值应不大于4. 5Rb。

90. 按《车用压燃式发动机和压燃式发动机汽车排气烟度排放限值及测量方法》（GB 3847—2005）的规定，自1995年6月30日以前生产的在用汽车，按要求进行自由加速试验，所测得的烟度值应不大于4. 0Rb。

91. 按《车用压燃式发动机和压燃式发动机汽车排气烟度排放限值及测量方法》（GB 3847—2005）规定，不透光烟度法试验前，发动机应充分预热，在发动机机油标尺孔位置测得的机油温度应至少为80℃。

92. 按《车用压燃式发动机和压燃式发动机汽车排气烟度排放限值及测量方法》（GB 3847—2005）规定，用不透光烟度法试验发动机时，在每个自由加速循环的起点均应处于怠速状态。对重型发动机，将加速踏板放开后至少等待10s。

93. 按《车用压燃式发动机和压燃式发动机汽车排气烟度排放限值及测量方法》（GB 3847—2005）规定，在用汽车加载减速试验不透光烟度法适用于装用压燃式发动机、最大总质量大于400kg、最大设计速度大于或者等于50km/h的在用汽车。

94. 按《车用压燃式发动机和压燃式发动机汽车排气烟度排放限值及测量方法》（GB

3847—2005）规定，进行排气烟度检测时，连接好不透光烟度计，采样探头的插入深度不得低于400mm。

95.《车用压燃式发动机和压燃式发动机汽车排气烟度排放限值及测量方法》（GB 3847—2005）规定，2001年10月1日前生产的在用汽车自由加速试验滤纸烟度法适用于装有柴油发动机、最大总质量大于400kg、最大设计速度等于或大于50km/h的汽车。

96. 按《车用压燃式发动机和压燃式发动机汽车排气烟度排放限值及测量方法》（GB 3847—2005）规定，汽车自由加速试验滤纸烟度法测试前，应用压力为300～400kPa的压缩空气清洗取样管路，把抽气泵置于待抽气位置，将洁白的滤纸置于待取样位置，将滤纸夹紧。

97. 按《车用压燃式发动机和压燃式发动机汽车排气烟度排放限值及测量方法》（GB 3847—2005）规定，在用车自由加速试验滤纸烟度法，按规定循环测量四次，取后三次读数的算术平均值即为所测烟度值。

98. 自2001年10月1日起至《车用压燃式发动机和压燃式发动机汽车排气烟度排放限值及测量方法》（GB 3847—2005）实施之日生产的汽车，应按要求进行自由加速试验，自然吸气式发动机所测得的排气光吸收系数应小于或等于2.0m^{-1}。

99. 自2001年10月1日起至《车用压燃式发动机和压燃式发动机汽车排气烟度排放限值及测量方法》（GB 3847—2005）标准实施之日起生产的汽车，应按要求进行自由加速试验，涡轮增压式发动机排气光吸收系数小于或等于3.0m^{-1}。

100. 营运车辆技术评定检测的项目不同于车辆安全性能检测（年检）的项目。

101.《营运车辆技术等级划分和评定要求》（JT/T 198—2004）由国家技术监督局2004年3月17日发布，2004年6月1日起实施。

102.《营运车辆技术等级划分和评定要求》（JT/T 198—2004）规定了营运车辆技术等级评定的内容，技术等级评定项目和技术要求，以及评定的检测方法等。

103. 营运汽车技术等级评定检测应依据《营运车辆综合性能要求和检验方法》（GB 18565—2001）规定的要求进行。

104. 营运车辆技术等级评定内容包括动力性、燃料经济性、制动性、转向操纵性、前照灯发光强度、光束照射位置及排放污染物检测等。

例题解析

1 判断题

例题： 按《车用压燃式发动机和压燃式发动机汽车排气烟度排放限值及测量方法》（GB 3847—2005）规定，如果出现里程表失灵、机油压力偏低、车辆制动失效、冷却系统泄漏情况或缺陷，只能进行加载减速测试。（ ）

解析： 此题为判断题，如果此题正确应（√），错误应（×）。此题是考核进行加载减速测试的条件，按《车用压燃式发动机和压燃式发动机汽车排气烟度排放限值及测量方法》（GB 3847—2005）规定，在进行加载减速测试前，检测员应彻底检查车辆状况，如果出现里程表失灵、机油压力偏低、车辆制动失效、冷却系统泄漏等情况或缺陷，均不能进行加载减速测试。此题为（×）。

2 单项选择题

例题： 按《车用压燃式发动机和压燃式发动机汽车排气烟度排放限值及测量方法》

（GB 3847—2005）的规定，（　）是用于连续测量汽车排气的光吸收系数的仪器。

A. 五气分析仪　　B. 气体流量分析仪　　C. 不透光烟度计

解析：此题为单项选择题，只有一个正确答案，将选择的正确答案填在（　）内。此题是考核不透光烟度计的作用及定义。按《车用压燃式发动机和压燃式发动机汽车排气烟度排放限值及测量方法》（GB 3847—2005）的规定，不透光烟度计是用于连续测量汽车排气的光吸收系数的仪器。所以此题答案为（C）。

 多项选择题

例题：按《点燃式发动机汽车排气污染物排放限值及测量方法（双怠速法及简易工况法）》（GB 18285—2005）的规定，点燃式发动机汽车简易瞬态工况污染物排放试验设备包括（　）。

A. 底盘测功机　　B. 五气分析仪

C. 气体流量分析仪　　D. 不透光烟度计

解析：此题为多项选择题，有一个或多个正确答案，将选择的正确答案填在（　）内。此题是考核点燃式发动机汽车采用简易瞬态工况法测量污染物排放试验的设备内容。《点燃式发动机汽车排气污染物排放限值及测量方法（双怠速法及简易工况法）》（GB 18285—2005）附录D.2.3.0规定：点燃式发动机汽车简易瞬态工况污染物排放试验设备包括一个至少能模拟加速惯量和匀速负荷的底盘测功机、一个五气分析仪和一个气体流量分析仪组成的采样分析系统。所以此题答案是（ABC）。

习题及答案

一 习题

(一) 判断题

1.《营运车辆综合性能要求及检验方法》（GB 18565—2001）为强制性行业标准。（　）

2.《营运车辆综合性能要求和检验方法》（GB 18565—2001）规定了营运车辆动力性、燃料经济性、制动性、转向操纵性、照明和信号装置及其他电气设备、排放与噪声控制、密封性、整车装备的基本技术要求和检验方法。（　）

3. 在我国道路上运行的所有车辆必须达到《营运车辆综合性能要求和检验方法》（GB 18565—2001）规定的要求。（　）

4.《营运车辆综合性能要求和检验方法》（GB 18565—2001）要求：营运车辆应装备与其相适应的有效灭火装置。（　）

5.《营运车辆综合性能要求和检验方法》（GB 18565—2001）规定，所有危险品运输车辆的排气管，都必须安装在车身的前部。（　）

6.《营运车辆综合性能要求和检验方法》（GB 18565—2001）规定，所有危险品运输车辆的排气管，都应装有有效的隔热和熄灭火星的装置。（　）

7.《营运车辆综合性能要求和检验方法》（GB 18565—2001）规定，装运危险品货物的罐（槽）运输车辆，应在罐（槽）阀门口装置积漏器。（　）

8.《营运车辆综合性能要求和检验方法》（GB 18565—2001）规定，环境温度在

15～30℃范围内，海拔高度变化后，检测所得发动机额定功率可按公式$P_{修正}=P_{实测}/k$ 进行修正。（ ）

9. 设计速度不小于100km/h的货车，前排座椅必须装置汽车安全带，这是《营运车辆综合性能要求和检验方法》（GB 18565—2001）对车辆安全防护装置提出的技术要求。（ ）

10.《机动车运行安全技术条件》（GB 7258—2004）规定的制动系统基本参数中不包括行车制动系制动踏板的自由行程。（ ）

11.《机动车运行安全技术条件》（GB 7258—2004）规定了机动车的整车及主要总成、安全防护装置等有关运行安全的基本技术要求及检验方法。（ ）

12.《机动车运行安全技术条件》（GB 7258—2004）是我国机动车安全技术管理最基本的技术性法规。（ ）

13. 按《机动车运行安全技术条件》（GB 7258—2004）的规定，可将前照灯照射在距离10m的屏幕上，检验其光束照射位置。（ ）

14.《机动车运行安全技术条件》（GB 7258—2004）对行车制动装置没有规定"制动器应有磨损补偿装置"。（ ）

15.《机动车安全运行技术条件》（GB 7258—2004）规定，对台试制动性能有质疑时，可以以路试检验结果为准。（ ）

16.《机动车安全运行技术条件》（GB 7258—2004）规定，汽车制动距离是车轮抱死后在地面的拖印长度。（ ）

17.《机动车安全检验项目和方法》（GA 468—2004）规定，检验结果的内容包括检测线各设备的检验数据、外观检查、底盘动态检验、地沟检验的情况。（ ）

18. 自《点燃式发动机汽车排气污染物限值及测量方法（双怠速法和简易工况法）》（GB 18285—2005）实施之日起，所有点燃式发动机排放监控采用怠速法。（ ）

19. 按《车用压燃式发动机和压燃式发动机汽车排气烟度排放限值及测量方法》（GB 3847—2005）规定，对在用柴油车排放检测均采用车辆自由加速试验烟度检测。（ ）

20. 加速模拟工况（ASM）是柴油车排放控制的试验方法之一。（ ）

21. ASM5025工况测试程序是：车辆经预热后，加速至25km/h，测功机根据测试工况要求加载，工况计时器开始计时（t=0s），车辆保持25km/h ± l. 5km/h等速5s后开始检测。（ ）

22. 采用双怠速法测量汽油车尾气排放时，其高怠速的排放值应低于低怠速的排放值。（ ）

23.《点燃式发动机汽车排气污染物限值及测量方法（双怠速法和简易工况法）》（GB 18285—2005）具有强制执行的效力。（ ）

24. "轴制动力"是指该轴左右轮制动力之和。（ ）

25.《点燃式发动机汽车排气污染物限值及测量方法（双怠速法和简易工况法）》（GB 18285—2005）增加了高怠速工况排放限值和对过量空气系数（λ）的要求。（ ）

26.《点燃式发动机汽车排气污染物限值及测量方法（双怠速法和简易工况法）》（GB 18285—2005）适用于装用点燃式发动机的新生产和在用汽车。（ ）

27.《车用压燃式发动机和压燃式发动机汽车排气烟度排放限值及测量方法》（GB 3847—2005）适用范围包括低速载货汽车和三轮汽车。（ ）

28. 自《车用压燃式发动机和压燃式发动机汽车排气烟度排放限值及测量方法》（GB 3847—2005）实施之日起，压燃式发动机在用汽车排放监控，采用排气烟度排放限值（自由加速）及测量方法。（ ）

29.《点燃式发动机汽车排气污染物限值及测量方法（双怠速法和简易工况法）》（GB 18285—2005）和《车用压燃式发动机和压燃式发动机汽车排气烟度排放限值及测量方法》（GB 3847—2005）均为推荐性国家标准。（ ）

30.《点燃式发动机汽车排气污染物限值及测量方法（双怠速法和简易工况法）》（GB 18285—2005）中所指简易工况法包括稳态工况法、瞬态工况法和简易瞬态工况法三种。（ ）

31.《点燃式发动机汽车排气污染物限值及测量方法（双怠速法和简易工况法）》（GB 18285—2005）适用于装用点燃式发动机的新生产汽车，不包括在用汽车。（ ）

32.《点燃式发动机汽车排气污染物限值及测量方法（双怠速法和简易工况法）》（GB 18285—2005）中所述过量空气系数（λ）是指：燃烧 1kg 燃料所需的实际空气量与理论空气量之质量比。（ ）

33.《点燃式发动机汽车排气污染物限值及测量方法（双怠速法和简易工况法）》（GB 18285—2005）规定：所列车型CO和HC排放测试结果有一项不合格，即判为不合格。（ ）

34.《点燃式发动机汽车排气污染物限值及测量方法（双怠速法和简易工况法）》（GB 18285—2005）规定：所列车型CO和HC排放测试结果都不合格，即判为不合格。（ ）

35.《点燃式发动机汽车排气污染物限值及测量方法（双怠速法和简易工况法）》（GB 18285—2005）规定，对于使用闭环控制电子燃油喷射系统和三元催化转化器技术的汽车进行过量空气系数（λ）的测定。（ ）

36. 在进行过量空气系数（λ）测试前，《点燃式发动机汽车排气污染物限值及测量方法（双怠速法和简易工况法）》（GB 18285—2005）没有严格规定要预热发动机。（ ）

37. 进行排放测量时，《点燃式发动机汽车排气污染物限值及测量方法（双怠速法和简易工况法）》（GB 18285—2005）规定，应保证被检测车辆处于制造厂规定的正常状态，发动机进气系统应装有空气滤清器，排气系统应装有排气消声器，并不得有泄漏。（ ）

38. 对于两用燃料汽车，《点燃式发动机汽车排气污染物限值及测量方法（双怠速法和简易工况法）》（GB 18285—2005）要求对两种燃料分别进行排放检测。（ ）

39. 对于使用闭环控制电子燃油喷射系统和三元催化转化器的车辆，《点燃式发动机汽车排气污染物限值及测量方法（双怠速法和简易工况法）》（GB 18285—2005）规定，检测的过量空气系数（λ）若超出规定范围，可提供故障分析的参考，不作为排放不合格的判定依据。（ ）

40.《点燃式发动机汽车排气污染物限值及测量方法（双怠速法和简易工况法）》（GB 18285—2005）规定，在机动车保有量大、污染严重的地区，可采用简易工况法实施在用汽车排放监控。（ ）

41.《点燃式发动机汽车排气污染物限值及测量方法（双怠速法和简易工况法）》（GB 18285—2005）规定，对于同一车型的在用汽车实施排放监控定期检测时，可以采用两种或两种以上的排气污染物排放检测方法。（ ）

42. 点燃式发动机汽车简易瞬态工况污染物排放试验可以实时地分析车辆在负荷工况下排气污染物的排放质量。（ ）

43.《车用压燃式发动机和压燃式发动机汽车排气烟度排放限值及测量方法》（GB 3847—2005）规定了压燃式发动机汽车的排气烟度的排放限值及测量方法。（ ）

44.《车用压燃式发动机和压燃式发动机汽车排气烟度排放限值及测量方法》（GB 3847—2005）具有强制执行的效力，适用污染物排放符合GB 18352的装用压燃式发动机的轻型汽车。（ ）

45.《车用压燃式发动机和压燃式发动机汽车排气烟度排放限值及测量方法》（GB 3847—2005）对不同时期生产的在用汽车，分三个阶段分别提出不同的排放控制要求（检测方法和限值标准）。（ ）

46.《车用压燃式发动机和压燃式发动机汽车排气烟度排放限值及测量方法》（GB 3847—2005）所述光吸收系数（*k*），是表示光束被单位长度的排烟衰减的一个系数。（ ）

47. 按《车用压燃式发动机和压燃式发动机汽车排气烟度排放限值及测量方法》（GB 3847—2005）规定，在用汽车的排放监控不可采用目测法对高排放汽车进行筛选。（ ）

48.《车用压燃式发动机和压燃式发动机汽车排气烟度排放限值及测量方法》（GB 3847—2005）附录I规定的不透光烟度法，是在全负荷曲线上不同稳定转速下测定排气烟度排放的方法。（ ）

49. 按《车用压燃式发动机和压燃式发动机汽车排气烟度排放限值及测量方法》（GB 3847—2005）规定，进行自由加速试验不透光烟度法试验前，应采用至少2次自由加速过程或其他等效方法对排气系统进行吹拂。（ ）

50. 按《车用压燃式发动机和压燃式发动机汽车排气烟度排放限值及测量方法》（GB 3847—2005）规定，自由加速测试方法的操作要求是：在1s内，将加速踏板快速、连续地完全踩到底，使喷油泵在最短时间内供给最大油量。（ ）

51. 按《车用压燃式发动机和压燃式发动机汽车排气烟度排放限值及测量方法》（GB 3847—2005）规定，检测过程中由于发动机出现故障，使检测工作终止时，必须待故障排除后重新进行排放检测。（ ）

52. 按《车用压燃式发动机和压燃式发动机汽车排气烟度排放限值及测量方法》（GB 3847—2005）规定，如果出现里程表失灵、机油压力偏低、车辆制动失效、冷却系统泄漏情况或缺陷，只能进行加载减速测试。（ ）

53.《车用压燃式发动机和压燃式发动机汽车排气烟度排放限值及测量方法》（GB 3847—2005）对在用汽车加载减速法车辆预检要求分为两部分：车辆身份确认和安全检查。（ ）

54. 柴油车自由加速工况即在发动机怠速下，迅速但不猛烈地踏下加速踏板，使喷油泵供给最大油量；在发动机达到调速器允许的最大转速前，保持此位置；一旦达到最大转速，立即松开加速踏板，使发动机恢复至怠速。（ ）

55. 自由加速滤纸式烟度即在自由加速工况下，从发动机排气管抽取规定长度的排气柱所含的炭烟，使规定面积的清洁滤纸染黑的程度。（ ）

56. 按《车用压燃式发动机和压燃式发动机汽车排气烟度排放限值及测量方法》（GB 3847—2005）规定，在用车自由加速试验滤纸烟度法，按规定循环测量六次，取后三次读数的算术平均值即为所测烟度值。（ ）

57. 按《车用压燃式发动机和压燃式发动机汽车排气烟度排放限值及测量方法》（GB 3847—2005）规定的安全检查，用于确定车辆是否适合进行柴油车加载减速法排放测试。（ ）

58. 按《车用压燃式发动机和压燃式发动机汽车排气烟度排放限值及测量方法》（GB 3847—2005）规定，如果出现车辆机油压力偏低的情况，不能进行柴油机自由加速工况法排放测试。（ ）

59. 按《车用压燃式发动机和压燃式发动机汽车排气烟度排放限值及测量方法》（GB 3847—2005）规定，柴油机自由加速工况检测时，检测员应起动发动机，变速器置于空挡，逐渐增大加速踏板开度到最大并保持，记录这时发动机的最大转速。（ ）

60. 简易瞬态工况法可以实时地分析车辆在负荷工况下排气污染物的排放质量。（ ）

61.《营运车辆技术等级划分和评定要求》（JT/T 198—2004）由国家技术监督局2004年3月17日发布，2004年6月1日起实施。（ ）

62.《营运车辆技术等级划分和评定要求》（JT/T 198—2004）规定了营运车辆技术等级评定的内容，技术等级评定项目和技术要求，以及评定的检测方法等。（ ）

63.《营运车辆技术等级划分和评定要求》（JT/T 198—2004）规定，营运车辆技术等级划分为一级、二级和三级。（ ）

64. 按《营运车辆技术等级划分和评定要求》（JT/T 198—2004）规定，营运车辆技术评定检测的项目与车辆安全性能检测（年检）的项目相同。（ ）

65. 按《营运车辆技术等级划分和评定要求》（JT/T 198—2004）规定，营运汽车技术等级评定检测应依据《营运车辆综合性能要求和检验方法》（GB 18565—2001）规定的要求进行。（ ）

66.《营运车辆技术等级划分和评定要求》（JT/T 198—2004）规定，营运车辆技术等级评定内容，包括：动力性、燃料经济性、制动性、转向操纵性、前照灯发光强度和光束照射位置等。（ ）

67. 按《营运车辆技术等级划分和评定要求》（JT/T 198—2004）规定，营运车辆技术评定内容，不包括排放污染物检测。（ ）

(二) 单项选择题

1. 营运车辆技术等级评定和检测依据（ ）进行。

A.《营运车辆综合性能要求和检验方法》（GB 18565—2001）

B.《营运车辆技术等级划分和评定要求》（JT/T 198—2004）

C.《机动车运行安全技术条件》（GB 7258—2004）

2. 营运车辆年度审验的检测标准为（ ）。

A.《机动车运行安全技术条件》（GB 7285—2004）

B.《汽车维护、检测、诊断技术规范》（GB/T 18344—2001）

C.《营运车辆综合性能要求和检验方法》（GB 18565—2001）

3.《营运车辆综合性能要求和检验方法》（GB 18565—2001）规定，营运车辆油耗限值应小于或等于该车型原厂规定的相应车速等速百公里燃料耗量的（ ）。

A. 100%　　B. 105%　　C. 110%

4. 制动协调时间是汽车在急踩制动时，从踏板开始动作至制动力达到规定的制动力（ ）时所需时间的限值。

A. 30%　　　　B. 50%　　　　C. 75%

5.《营运车辆综合性能要求和检验方法》（GB 18565—2001）要求：营运车辆应装备与其相适应的有效（　）。

A. 调整装置　　　　B. 安全装置　　　　C. 灭火装置

6.《营运车辆综合性能要求和检验方法》（GB 18565—2001）规定，所有危险品运输车辆的排气管，都必须安装在车身的（　）。

A. 中部　　　　B. 后部　　　　C. 前部

7. 按《营运车辆综合性能要求和检验方法》（GB 18565—2001）的规定，用悬架检测台来检测车辆的悬架特性，其标准限值为（　）。

A. 吸收率不小于40%

B. 悬架效率不小于45%

C. 同轴左右轮悬架效率之差不得大于20%

8. 按《营运车辆综合性能要求和检验方法》（GB 18565—2001）规定，用悬架特性检验台检测车辆悬架特性，应（　）。

A. 车辆空载，不乘人（含驾驶人）

B. 车辆满载

C. 车辆空载，仅乘驾驶人

9. 按《营运车辆综合性能要求和检验方法》（GB 18565—2001）的规定，台试检测制动，为获取足够的（　），允许在机动车上增加附加质量。

A. 附着力　　　　B. 制动力　　　　C. 驻车制动力

10.《营运车辆技术等级划分和评定要求》（JT/T 198—2004）适用于（　）。

A. 所有在用车　　　　B. 所有新车　　　　C. 营运车辆

11.《营运车辆技术等级划分和评定要求》（JT/T 198—2004）规定，营运车辆技术等级分（　）级。

A. 一　　　　B. 二　　　　C. 三

12.《机动车运行安全技术条件》（GB 7258—2004）规定，当机动车经台架检验后，对其制动性能有质疑时，可按规定的路试检验及进行复检，并以（　）结果为准。

A. 空载　　　　B. 满载　　　　C. 负载

13.《机动车安全运行技术条件》（GB 7258—2004）规定，制动器应有（　）。

A. 储备行程　　　　B. 自动调整装置　　　　C. 磨损补偿装置

14.《机动车安全运行技术条件》（GB 7258—2004）规定，总质量大于12000kg的长途客车和旅游客车、总质量大于16000kg，允许挂接总质量大于10000kg的挂车的货车及总质量大于10000kg的挂车必须安装符合（GB/T 13594）规定的（　）。

A. 防抱制动装置　　　　B. 横向稳定控制装置　　　　C. 驱动防滑装置

15.（　）是汽车在急踩制动时，从踏板开始动作至制动力达到规定的制动力75%时所需时间的限值。

A. 有效制动时间　　　　B. 制动时间　　　　C. 制动协调时间

16. 按《机动车运行安全技术条件》（GB 7258—2004）的规定，可将前照灯照射在距离（　）的屏幕上，检验其光束照射位置。

A. 5m　　　　B. 10m　　　　C. 20m

17.《机动车运行安全技术条件》（GB 7258—2004）规定，在进行汽车前照灯检测时，发动机的状态为（　）。

A. 电源系统可处于充电状态

B. 发动机处于熄火状态

C. 电源可处于无电状态

18. 按《机动车运行安全技术条件》（GB 7258—2004）的规定，在用乘用车二灯制前照灯远光的发光强度应为（　）cd。

A. 15000　　B. 12000　　C. 10000

19. 按《机动车运行安全技术条件》（GB 7258—2004）的规定，检测转向轮的侧滑量时，车轮对正侧滑台，匀速车速应为（　）km/h。

A. 3 ~ 5　　B. 6 ~ 10　　C. 10 ~ 20

20. 按《机动车运行安全技术条件》（GB 7258—2004）的规定，最大设计速度大于等于100km/h车辆的转向盘自由转动量为（　）。

A. 20°　　B. 30°　　C. 10°

21. 按（　）的不同，《机动车运行安全技术条件》（GB 7258—2004）规定了转向盘最大自由转动量的限值。

A. 车辆类别　　B. 最大设计速度　　C. 最大总质量

22.《机动车运行安全技术条件》（GB 7258—2004）规定了对不同类型的机动车车轮总成横向摆动量和径向跳动量的限值。其中，总质量不大于 3500kg的汽车不应大于（　）mm。

A. 5　　B. 6　　C. 7

23.《机动车辆安全检验项目和方法》（GA 468—2004）属于（　）标准。

A. 国家标准　　B. 行业标准　　C. 地方标准

24.《机动车运行安全技术条件》（GB 7258—2004）规定，当机动车经台架检验后，对其制动性能有质疑时，可按规定的（　）及进行复检，并以满载路试结果为准。

A. 人工检验　　B. 线内检验　　C. 路试检验

25. 按《机动车辆安全检验项目和方法》（GA 468—2004）规定，路试检验机动车制动性能时，应在纵向坡度不大于（　）、轮胎与地面间的附着系数不小于0. 7的硬实、清洁、干燥的水泥或沥青路面上进行。

A. 0. 5%　　B. 1%　　C.10%

26. 按《机动车辆安全检验项目和方法》（GA 468—2004）规定，当实际车速为80 km/h时，车速表的允许指示范围应是（　）km/h。

A. 76 ~ 96　　B. 80 ~ 92　　C. 69 ~ 80

27. 按《机动车辆安全检验项目和方法》（GA 468—2004）规定，驻车制动操作装置，一般应在操纵机构全行程的（　）以内产生规定的制动效能。

A. 三分之二　　B. 四分之三　　C. 连续往复拉动三次

28. 按《机动车辆安全检验项目和方法》（GA 468—2004）规定，台试空载检验气压制动时，对气压制动系的指示压力要求为（　）kPa。

A. ≤450　　B. ≤500　　C. ≤600

29. 按《机动车辆安全检验项目和方法》（GA 468—2004）规定，台试检验汽车制动力时，下面叙述正确的是（　）。

A. 空载或满载检测时，对制动力的要求都是相同的

B.“轴制动力”是指该轴左右轮最大制动力之和

C. 轮阻滞力对前轮不得大于5%，后轮不得大于8%

30.《点燃式发动机汽车排气污染物限值及测量方法（双怠速法和简易工况法）》（GB 18285—2005）增加了（　）和对过量空气系数（λ）的要求。

A. 装用点燃式发动机的新生产和在用汽车

B. 所有营运汽车

C. 所有在用汽车

31.《点燃式发动机汽车排气污染物限值及测量方法（双怠速法和简易工况法）》（GB 18285—2005）适用于（　）。

A. 怠速工况排放限值　B. 高怠速工况排放限值　C. 起动工况排放限值

32. 按《点燃式发动机汽车排气污染物限值及测量方法（双怠速法和简易工况法）》（GB 18285—2005）的规定，一辆2001年7月1日前生产的轿车（汽油发动机），尾气排放污染物的检测应采用（　）。

A. 怠速法　B. 双怠速法　C. 不透光烟度法

33.《车用压燃式发动机和压燃式发动机汽车排气烟度排放限值及测量方法》（GB 3847—2005）和《点燃式发动机汽车排气污染物排放限值及测量方法（双怠速法及简易工况法）》（GB 18285—2005）自（　）起实施。

A. 2005年7月1日　B. 2006年7月1日　C. 2007年1月1日

34.《车用压燃式发动机和压燃式发动机汽车排气烟度排放限值及测量方法》（GB 3847—2005）中规定了压燃式发动机汽车（　）下排气污染物排放限值及测量方法。

A. 怠速工况　B. 高怠速工况　C. 自由加速工况

35. 按《点燃式发动机汽车排气污染物排放限值及测量方法（双怠速法及简易工况法）》（GB 18285—2005）的规定，高怠速工况是指发动机无负载运转状态，用油门踏板将发动机转速稳定控制在（　）额定转速或制造厂技术文件中规定的高怠速转速时的工况。

A. 30%　B. 40%　C. 50%

36.《点燃式发动机汽车排气污染物排放限值及测量方法（双怠速法及简易工况法）》（GB 18285—2005）将轻型汽车的高怠速转速规定为（　）r/min，重型车的高怠速转速规定为（1800 ± 100）r/min。

A. 1800 ± 100　B. 2000 ± 100　C. 2500 ± 100

37. 按《点燃式发动机汽车排气污染物排放限值及测量方法（双怠速法及简易工况法）》（GB 18285—2005）的规定，一辆2002年1月1日生产的奥迪轿车，高怠速时CO排放限值应为（　）。

A. 0. 3%　B. 0. 4%　C. 0. 5%

38. 按《点燃式发动机汽车排气污染物排放限值及测量方法（双怠速法及简易工况法）》（GB 18285—2005）的规定进行排放测量时，发动机冷却液和润滑油温度应不低于（　）℃，或者达到汽车使用说明书规定的热车状态。

A. 70　B. 80　C. 85

39. 按《点燃式发动机汽车排气污染物排放限值及测量方法（双怠速法及简易工况法）》（GB 18285—2005）的规定，进行怠速排放测量时，应将排气分析仪取样探头插入排气管中，深度不少于（　）mm。

A. 200　　B. 300　　C. 400

40. 自《点燃式发动机汽车排气污染物排放限值及测量方法（双怠速法及简易工况法）》（GB 18285—2005）实施之日起，全国点燃式发动机在用汽车排放监控，采用（　）排气污染物排放限值及测量方法。

A. 怠速法　　B. 双怠速法　　C. 自由加速工况法

41. 按《点燃式发动机汽车排气污染物排放限值及测量方法（双怠速法及简易工况法）》（GB 18285—2005）所述，ASM5025工况，即测功机以车辆速度为25km/h、加速度为1. 475m/s^2 时的输出功率的（　）作为设定功率对车辆加载。

A. 25%　　B. 30%　　C. 50%

42. 按《点燃式发动机汽车排气污染物排放限值及测量方法（双怠速法及简易工况法）》（GB 18285—2005）的规定，采用稳态工况法测试前，车辆可在（　）状态，使发动机以2500r/min转速运转4min进行预热。

A. 加速　　B. 低速　　C. 无负荷

43.《点燃式发动机汽车排气污染物排放限值及测量方法（双怠速法及简易工况法）》（GB 18285—2005）的规定，ASM5025工况测试程序是：车辆经预热后，加速至25km/h，测功机根据测试工况要求加载，工况计时器开始计时（t=0s），车辆保持25km/h ± 1. 5km/h等速（　）s后开始检测。

A. 2　　B. 5　　C. 10

44.《点燃式发动机汽车排气污染物排放限值及测量方法（双怠速法及简易工况法）》（GB 18285—2005）规定，按瞬态工况法检测，共运行（　）s。

A. 160　　B. 195　　C. 185

45. 按《点燃式发动机汽车排气污染物排放限值及测量方法（双怠速法及简易工况法）》（GB 18285—2005）的规定，点燃式发动机汽车简易瞬态工况污染物排放试验设备包括一个至少能模拟加速惯量和匀速负荷的（　）、一个五气分析仪和一个气体流量分析仪组成的采样分析系统。

A. 电动机　　B. 变速器　　C. 底盘测功机

46. 按《车用压燃式发动机和压燃式发动机汽车排气烟度排放限值及测量方法》（GB 3847—2005）的规定，装配压燃式发动机的车辆排气污染物检测，应采用（　）。

A. 怠速法　　B. 双怠速法　　C. 自由加速试验法

47. 按《点燃式发动机汽车排气污染物排放限值及测量方法（双怠速法及简易工况法）》（GB 18285—2005）的规定，进行双怠速法进行汽油车排气污染物的测量方法中，下列哪一道程序不正确（　）。

A. 发动机由怠速工况加速到额定转速的70%,维持30s升至高怠速

B. 在怠速状态维持15s后开始读数

C. 读取30s内的稳定值，作为测量结果

48. 按《点燃式发动机汽车排气污染物排放限值及测量方法（双怠速法及简易工况法）》（GB 18285—2005）的规定，2001年1月1日前生产的汽油车的排气污染物检测应用（　）进行检测。

A. 双怠速法　　B. 怠速法　　C. 加速模拟工况法

49. 按《车用压燃式发动机和压燃式发动机汽车排气烟度排放限值及测量方法》（GB 3847—2005）的规定，2001年10月1日前生产的柴油车的排气污染物检测应用（　）进行

检测。

A. 烟度计　　B. 不透光烟度计　　C. 烟度计和不透光烟度计

50. 按《点燃式发动机汽车排气污染物排放限值及测量方法（双怠速法及简易工况法）》（GB 18285—2005）所述，简易加速模拟工况试验方法的主要特点是：（　）。

A. 通过汽车底盘测功对车辆加载

B. 不需要对车辆加载

C. 操作简单

51. 按《车用压燃式发动机和压燃式发动机汽车排气烟度排放限值及测量方法》（GB 3847—2005）的规定，不透光烟度计是用于连续测量汽车排气的（　）的仪器。

A. 烟度　　B. 光吸收系数　　C. 颗粒

52. 按《车用压燃式发动机和压燃式发动机汽车排气烟度排放限值及测量方法》（GB 3847—2005）的规定，（　）是用于连续测量汽车排气的光吸收系数的仪器。

A. 五气分析仪　　B. 气体流量分析仪　　C. 不透光烟度计

53. 按《车用压燃式发动机和压燃式发动机汽车排气烟度排放限值及测量方法》（GB 3847—2005）规定，此标准实施之日起生产的在用汽车，所测得的排气光吸收系数不应大于车型核准批准的自由加速排气烟度排放限值，再加（　）m^{-1}。

A. 0.3　　B. 0.4　　C. 0.5

54. 按《车用压燃式发动机和压燃式发动机汽车排气烟度排放限值及测量方法》（GB 3847—2005）的规定，自1995年7月1日起至2001年9月30日期间生产的在用汽车，应进行自由加速试验，所测得的烟度值应不大于（　）Rb。

A. 3.5　　B. 4.0　　C. 4.5

55. 按《车用压燃式发动机和压燃式发动机汽车排气烟度排放限值及测量方法》（GB 3847—2005）的规定，自1995年6月30日以前生产的在用汽车，按要求进行自由加速试验，所测得的烟度值应不大于（　）Rb。

A. 3.5　　B. 4.0　　C. 5.0

56. 按《车用压燃式发动机和压燃式发动机汽车排气烟度排放限值及测量方法》（GB 3847—2005）的规定，在机动车保有量大、污染严重的地区，可采用（　）。

A. 加载减速工况法　　B. 自由加速试验工况法　　C. 目测法

57. 按《车用压燃式发动机和压燃式发动机汽车排气烟度排放限值及测量方法》（GB 3847—2005）规定，不透光烟度法试验前，发动机应充分预热，在发动机机油标尺孔位置测得的机油温度应至少为（　）℃。

A. 70　　B. 80　　C. 85

58. 按《车用压燃式发动机和压燃式发动机汽车排气烟度排放限值及测量方法》（GB 3847—2005）规定，用不透光烟度法试验发动机时，在每个自由加速循环的起点均应处于怠速状态。对重型发动机，将油门踏板放开后至少等待（　）s。

A. 5　　B. 10　　C. 15

59. 按《车用压燃式发动机和压燃式发动机汽车排气烟度排放限值及测量方法》（GB 3847—2005）规定，在用汽车加载减速试验不透光烟度法适用于装用压燃式发动机、最大总质量大于400kg、最大设计速度大于或者等于（　）km/h的在用汽车。

A. 50　　B. 60　　C. 70

60. 按《车用压燃式发动机和压燃式发动机汽车排气烟度排放限值及测量方法》（GB

3847—2005）规定，进行排气烟度检测时，连接好不透光烟度计，采样探头的插入深度不得低于（　）mm。

A. 300　　　　B. 400　　　　C. 500

61.《车用压燃式发动机和压燃式发动机汽车排气烟度排放限值及测量方法》（GB 3847—2005）规定，2001年10月1日前生产的在用汽车自由加速试验滤纸烟度法适用于装有柴油发动机、最大总质量大于400kg、最大设计速度等于或大于（　）km/h的汽车。

A. 50　　　　B. 60　　　　C. 70

62. 按《车用压燃式发动机和压燃式发动机汽车排气烟度排放限值及测量方法》（GB 3847—2005）规定，汽车自由加速试验滤纸烟度法测试前，应用压力为（　）kPa的压缩空气清洗取样管路，把抽气泵置于待抽气位置，将洁白的滤纸置于待取样位置，将滤纸夹紧。

A. 200～300　　　　B. 300～400　　　　C. 350～400

63. 按《车用压燃式发动机和压燃式发动机汽车排气烟度排放限值及测量方法》（GB 3847—2005）规定，在用车自由加速试验滤纸烟度法，按规定循环测量四次，取后（　）次读数的算术平均值即为所测烟度值。

A. 四　　　　B. 三　　　　C. 二

64. 自2001年10月1日起至《车用压燃式发动机和压燃式发动机汽车排气烟度排放限值及测量方法》（GB 3847—2005）实施之日生产的汽车，应按要求进行自由加速试验，自然吸气式发动机所测得的排气光吸收系数应≤（　）m^{-1}。

A. 2.0　　　　B. 2.5　　　　C. 3.0

65. 自2001年10月1日起至《车用压燃式发动机和压燃式发动机汽车排气烟度排放限值及测量方法》（GB 3847—2005）标准实施之日起生产的汽车，应按要求进行自由加速试验，涡轮增压式发动机排气光吸收系数≤（　）m^{-1}。

A. 2.0　　　　B. 2.5　　　　C. 3.0

66.《营运车辆技术等级划分和评定要求》（JT/T 198—2004）由国家技术监督局2004年3月17日发布，（　）起实施。

A. 2005年7月1日　　　　B. 2004年7月1日　　　　C. 2004年6月1日

(三) 多项选择题

1.《营运车辆综合性能要求和检验方法》（GB18565—2001）规定，营运车辆整车动力性评价指标是（　　）。

A. 发动机性能　　　　B. 整车动力性能

C. 起动性能　　　　D. 滑行性能

2.《机动车运行安全技术条件》（GB 7258—2004）对台试检验行车制动性能提出了（　）等要求。

A. 制动力总和与整车重量的百分比　　　　B. 轴制动力与轴荷的百分比

C. 制动力平衡与制动协调时间　　　　D. 汽车车轮阻滞力

3.《机动车运行安全技术条件》（GB 7258—2004）对原标准中车辆前照灯照射位置要求进行了调整，包括（　　）照射位置。

A. 高度　　　　B. 远度　　　　C. 水平　　　　D. 纵向

4.《机动车运行安全技术条件》（GB 7258—2004）规定了轮胎使用参数，包括（　）的技术要求。

A. 轮胎花纹深度　　B. 轮胎负荷　　C. 轮胎气压　　D. 轮胎规格

5.《机动车辆安全检验项目和方法》（GA468—2004）规定了机动车安全检验的方式有（　　）。

A. 线外检验　　B. 线内检验　　C. 路试检验　　D. 外观检验

6. 按《车用压燃式发动机和压燃式发动机汽车排气烟度排放限值及测量方法》（GB 3847—2005）规定，如果出现（　　）情况或缺陷，均不能进行加载减速测试。

A. 里程表失灵　　B. 机油压力偏低

C. 车辆制动失效　　D. 冷却系统泄漏

7. 对（　　），国家标准《点燃式发动机汽车排气污染物排放限值及测量方法（双怠速法及简易工况法）》（GB 18285—2005）规定，要进行过量空气系数（λ）的测定。

A. 使用闭环控制电子燃油喷射系统的车　　B. 轿车

C. 装有三元催化转化器的车　　D. 污染严重超标的车

8. 按《点燃式发动机汽车排气污染物排放限值及测量方法（双怠速法及简易工况法）》（GB 18285—2005）的规定，点燃式发动机汽车简易瞬态工况污染物排放试验设备包括（　　）。

A. 底盘测功机　　B. 五气分析仪

C. 气体流量分析仪　　D. 不透光烟度计

二 习题答案

（一）判断题

1. ✕　2. ✓　3. ✕　4. ✓　5. ✓　6. ✓　7. ✓　8. ✓　9. ✓　10. ✕
11. ✓　12. ✓　13. ✓　14. ✕　15. ✓　16. ✕　17. ✓　18. ✕　19. ✕　20. ✕
21. ✓　22. ✓　23. ✓　24. ✕　25. ✓　26. ✓　27. ✕　28. ✓　29. ✕　30. ✓
31. ✕　32. ✓　33. ✓　34. ✕　35. ✓　36. ✕　37. ✓　38. ✓　39. ✕　40. ✓
41. ✕　42. ✓　43. ✕　44. ✓　45. ✓　46. ✓　47. ✕　48. ✓　49. ✕　50. ✓
51. ✓　52. ✕　53. ✓　54. ✓　55. ✓　56. ✕　57. ✓　58. ✕　59. ✕　60. ✓
61. ✓　62. ✓　63. ✓　64. ✕　65. ✓　66. ✓　67. ✕

（二）单项选择题

1. B　2. C　3. C　4. C　5. C　6. C　7. A　8. A　9. A　10. C
11. C　12. B　13. C　14. A　15. C　16. B　17. A　18. A　19. A　20. A
21. B　22. A　23. B　24. C　25. B　26. B　27. A　28. C　29. B　30. B
31. A　32. B　33. A　34. C　35. C　36. C　37. A　38. B　39. C　40. B
41. C　42. C　43. B　44. B　45. C　46. C　47. C　48. A　49. A　50. A
51. B　52. C　53. C　54. C　55. B　56. A　57. B　58. B　59. A　60. B
61. A　62. B　63. B　64. A　65. C　66. C

（三）多项选择题

1. AB　2. ABCD　3. AC　4. ABCD　5. ABC
6. ABCD　7. AC　8. ABC

第4章 模拟试题及参考答案

模拟试题一

一 判断题（30题，每题1分，共30分）

1.《汽车维修业开业条件》（GB/T 16739. 1～. 2—2004）是强制性的行业标准。（ ）

2.《汽车维修业开业条件 第2部分：汽车专项维修业户》（GB/T 16739. 2—2004）规定，汽车专项维修业户开业，除必须满足规定的通用技术条件外，还必须满足专项维修开业的专用条件。（ ）

3. 全国机动车维修业户应共同遵守、自觉执行《全国汽车维修行业行为规范公约》，并相互监督。（ ）

4.《车用压燃式发动机和压燃式发动机汽车排气烟度排放限值及测量方法》（GB 3847—2005）适用范围包括低速载货汽车和三轮汽车。（ ）

5. 一个人只要达到一心为社会做奉献的境界，就有刻苦钻研的精神，就能实现全心全意为人民服务。（ ）

6.《汽车维护、检测、诊断技术规范》（GB/T 18344—2001）规定，汽车二级维护必须拆检车轮制动器。（ ）

7.《营运车辆综合性能要求和检验方法》（GB 18565—2001）规定，所有危险品运输车辆的排气管，都必须安装在车身的前部。（ ）

8. 一类机动车维修企业可以从事危险货物运输车辆维修。（ ）

9.《汽车维修行业计算机管理信息系统技术规范》（JT/T 640—2005）规定，汽车维修行业管理信息系统应能实现业务办理、业户管理、车辆管理、从业人员管理、单据管理、查询统计等功能。（ ）

10. 县级以上地方人民政府交通运输主管部门负责具体实施本行政区域内的机动车维修管理工作。（ ）

11. 在用机动车必须符合现行在用机动车污染物排放标准。（ ）

12. 维修企业充电车间要阴凉通风，避免使用可能产生电火花的无屏蔽插座和禁止一切明火作业。（ ）

13. 车身清洁宜在车身表面冲冷至60℃以下进行。（ ）

14. 按《劳动法》规定，企业应及时给付劳动者合理的报酬。（ ）

15. 机动车维修实行质量保证期制度。（ ）

16. 机动车维修车间及仓库区，严禁烟火。（ ）

17. 按机动车维修企业环境保护条件要求，企业应具备废油、废液、废气、废蓄电

池、废轮胎及垃圾等有害物质集中收集、有效处理和保持环境整洁的环境保护管理制度。（ ）

18. 标准是汽车维修生产过程技术管理的重要依据。（ ）

19. 普通劳动者只要诚实劳动，忠于职守，公平交易，按劳取酬，履行公民义务，热心社会公益事业，也属于为人民服务的范畴。（ ）

20.《汽车维修业开业条件 第1部分：汽车整车维修企业》（GB/T 16739. 1—2004）对汽车整车维修企业的定义是：有能力对所维修车型的整车、各个总成及主要零部件进行各级维护、修理及更换的维修企业。（ ）

21. 从事汽车发动机、车身、电气系统等专项维修作业的业户是汽车专项维修业户。（ ）

22.《全国汽车维修行业行为规范公约》中“文明生产，保护环境”一条对作业现场未提出明确要求。（ ）

23. 获得危险货物运输车辆维修经营许可的，可以从事相应车型一类汽车维修经营业务。（ ）

24.《汽车综合性能检测站能力的通用要求》（GB/T 17993—2005）规定了汽车综合性能检测站应具备的服务功能、管理、技术能力以及场地和设施的要求。（ ）

25. 机动车维修企业可以实行低于当地政府制定的最低生活保障水平的低薪酬制度。（ ）

26. 计量器具购买时严格把好关，以后就不用送检了。（ ）

27.《汽车盘式制动器修理技术条件》（GB/T 18343—2001）规定，检查修理前使用汽油、煤油或其他类似的溶剂彻底清洗制动钳各组成零件、各配合表面。（ ）

28. 按《道路运输条例》的规定，申请机动车维修的经营者，取得机动车维修经营许可证件后，还应当依法向工商行政管理机关办理有关登记手续。（ ）

29.《机动车运行安全技术条件》（GB 7258—2004）规定的制动系统基本参数中不包括行车制动系制动踏板的自由行程。（ ）

30. 在市场经济条件下，倡导无私奉献的精神，目的是使企业减少劳动力成本。（ ）

二 单项选择题（30题，每题1分，共30分）

1. 按《营运车辆综合性能要求和检验方法》（GB 18565—2001）规定，用悬架特性检验台检测车辆悬架特性，应（ ）。

A. 车辆空载，不乘人（含驾驶人）

B. 车辆满载

C. 车辆空载，仅乘驾驶人

2. 没有国家标准而又需在全国某个行业范围内统一的标准是（ ）。

A. 国家标准　　B. 行业标准　　C. 地方标准

3.“认真做好机动车维修检验记录，按规定签发机动车维修出厂合格证”，是《全国汽车维修行业行为规范公约》中“（ ）”的具体要求。

A. 诚信为本，公平竞争

B. 规范操作，保证质量

C. 弘扬职业道德，建设精神文明

4.《汽车维护、检测、诊断技术规范》（GB/T 18344—2001）提出了汽车二级维护前必须进行的检测诊断项目，包括（ ）。

A. 点火提前角　　B. 机油压力　　C. 汽车排气污染物

5.《道路运输条例》规定，申请从事机动车维修经营业务的，应当向所在地县级（ ）提出申请。

A. 道路运输管理机构　　B. 公安机关交通管理部门　　C. 工商管理部门

6. 按《车用压燃式发动机和压燃式发动机汽车排气烟度排放限值及测量方法》（GB 3847—2005）的规定，装配压燃式发动机的车辆排气污染物检测，应采用（ ）。

A. 怠速法　　B. 双怠速法　　C. 自由加速试验法

7.《汽车发动机电子控制系统修理技术要求》（GB/T 19910—2005）规定，电感型元件控制一端不得使用（ ）或引入电瓶电压进行测试。

A. 短路连接　　B. 数字万用表　　C. 触碰搭铁

8. 根据《机动车维修管理规定》，机动车维修经营依据（ ）实行分类许可。

A. 维修车型种类、服务能力和经营项目

B. 维修车型种类、经营项目

C. 维修车型种类

9.《点燃式发动机汽车排气污染物排放限值及测量方法（双怠速法及简易工况法）》（GB 18285—2005）将轻型汽车的高怠速转速规定为（ ）r/min，重型车的高怠速转速规定为（1800 ± 100）r/min。

A. 1800 ± 100　　B. 2000 ± 100　　C. 2500 ± 100

10. 按《大气污染防治法》的要求，机动车维修调试车间或调试工位应设置（ ）。

A. 除尘设备　　B. 汽车尾气收集净化装置　　C. 消声装置

11.《汽车维护、检测、诊断技术规范》（GB/T 18344—2001）规定，汽车二级维护过程检验的技术要求应满足有关的（ ）或规范。

A. 技术参数　　B. 技术条件　　C. 技术标准

12. 按维修企业用电安全管理要求，一旦发生触电事故，应首先（ ）。

A. 用绝缘物对触电人员施救　　B. 拨打110　　C. 切断电源

13. 按职业病防治安全管理工作要求，对接触有毒有害物质和噪声危害的工作人员，要加强劳动防护，并且定期组织职工进行必要的（ ）。

A. 防护训练　　B. 体检　　C. 疗养

14.《机动车维修企业质量信誉考核办法（试行）》规定，质量信誉AAA级企业应达到：质量信誉考核总分和加分合计不低于（ ）分，且企业从业人员素质、安全生产等考核分数在该项总分的80%以上。

A. 800　　B. 850　　C. 900

15. 营运车辆年度审验的检测标准为（ ）。

A.《机动车运行安全技术条件》（GB 7285—2004）

B.《汽车维护、检测、诊断技术规范》（GB/T 18344—2001）

C.《营运车辆综合性能要求和检验方法》（GB 18565—2001）

16.《公民道德建设实施纲要》规定，社会主义道德建设要坚持以为人民服务为（ ）。

A. 原则　　B. 核心　　C. 基本要求

17. 在汽车维修标准体系中，《商用汽车发动机大修竣工出厂技术条件》属于（　）。

A. 基础标准　　B. 专用修理技术标准　　C. 通用标准

18.“搞好文明生产和安全生产，防止污染，保护环境，不断完善设施和服务功能，做到厂区整洁，环境优美，布局合理”是《全国汽车维修行业行为规范公约》中“（　）”的具体要求。

A. 弘扬职业道德，建设精神文明

B. 规范操作，保证质量

C. 文明生产，保护环境

19.《汽车维护、检测、诊断技术规范》（GB/T 18344—2001）以（　）的方式严格规定了汽车二级维护的工艺过程。

A. 表格　　B. 流程图　　C. 示意图

20. 承修方对托修方权益保护应尽的法律责任有严格履行双方约定的机动车维修（　）。

A. 约定　　B. 协议　　C. 合同

21. 按《液化石油气汽车维护检测规范》（JT/T 511—2004）规定，维修LPG汽车的作业人员和竣工检验人员应经过（　），持证上岗。

A. 中级工培训　　B. 专项技术培训　　C. 安全培训

22. 机动车维修经营，是指以维持或者恢复机动车技术状况和正常功能，延长机动车使用寿命为作业任务所进行的维修、（　）以及维修救援等相关经营活动。

A. 修理　　B. 拆装　　C. 检测

23.《汽车盘式制动器修理技术条件》（GB/T 18343—2001）规定了汽车盘式制动器（　）的修理技术要求及有关参数。

A. 制动盘　　B. 主要零部件　　C. 制动摩擦片

24.（　）以上道路运输管理机构按照《机动车维修企业质量信誉考核办法（试行）》规定的职责，负责具体实施机动车维修企业质量信誉考核工作。

A. 省级　　B. 市级　　C. 县级

25. 职业具有一定的（　）。

A. 社会责任性　　B. 社会公益性　　C. 社会实践性

26.《机动车运行安全技术条件》（GB 7258—2004）规定，在进行汽车前照灯检测时，发动机的状态为（　）。

A. 电源系统可处于充电状态

B. 发动机处于熄火状态

C. 电源可处于无电状态

27. 机动车维修企业采用干打磨工艺的（　），设有粉尘收集装置、除尘设备和通风设备，是环境保护措施之一。

A. 钣金车间　　B. 机修车间　　C. 涂漆车间

28.《机动车维修管理规定》中规定，（　）以上道路运输管理机构负责具体实施本行政区域内的机动车维修管理工作。

A. 省级　　B. 市级　　C. 县级

29. 汽车维修管理标准在“汽车维修标准体系结构”中所属的类别是（　）。

A. 基础和通用标准

B. 专用维修技术标准

C. 维护、修理检测设备标准

30.《汽车维修业开业条件》（GB/T 16739.1 ~ .2—2004）规定，具有相关汽车维修技术标准是汽车整车维修企业（　　）之一。

A. 经营管理条件　　B. 质量管理条件　　C. 安全生产条件

三 多项选择题（20题，每题2分，共40分）

1. 职业道德涵盖了（　　）之间的关系。

A. 职工与家庭　　B. 职业与职工

C. 职业与职业　　D. 从业人员与服务对象

2.《汽车维修业开业条件》（GB/T 16739.1 ~ .2—2004）对汽车整车维修企业管理负责人、技术负责人及（　　）等关键岗位人员配备和持证上岗做了规定。

A. 检验　　B. 业务

C. 价格核算　　D. 维修（机修、电器、钣金、油漆）

3.《汽车维修行业计算机管理信息系统技术规范》（JT/T 640—2005）规定，车辆维修管理信息系统应具有（　　）功能。

A. 业务接待、生产调度　　B. 检验、车辆维修技术档案

C. 维修结算、查询统计　　D. 配件管理

4.《标准化法》是（　　）的依据。

A. 制定标准　　B. 推行标准化

C. 实施标准化管理　　D. 实施标准化监督

5. 下列（　　）属于机动车维修企业质量信誉档案主要内容。

A. 企业基本情况和企业管理情况

B. 安全生产事故记录

C. 服务质量事件记录和投诉情况

D. 违章经营情况

6.《汽车维修业开业条件 第1部分：汽车整车维修企业》（GB/T 16739.1 ~ .2—2004）从具备（　　）等制度方面对整车维修企业经营管理条件作出了相应的规定。

A. 相关法规等文件资料　　B. 健全经营管理体系

C. 规范业务工作流程　　D. 实行计算机管理

7.《机动车维修企业质量信誉考核办法（试行）》中规定，机动车维修企业质量信誉考核过程中，对企业环境保护的考核指标，包括：环保设施设备技术状况和运用情况，废气、废水、废油以及空调制冷剂等维修废物（　　）情况。

A. 清除　　B. 回收　　C. 保存　　D. 处理

8. 机动车维修企业在维修生产中产生的固体废物，包括：（　　）等。

A. 废旧蓄电池　　B. 废旧轮胎

C. 废旧汽车机件　　D. 生产与办公垃圾

9.《全国汽车维修行业行为规范公约》中“科技兴业，开拓创新”提出“积极推广应用机动车维修（　　）。

A. 新技术　　B. 新工艺　　C. 新材料　　D. 新设备

10. 技术标准主要用以规范事物的技术性内容，主要包括：基础标准、（　　）、信息技术标准。

A. 产品标准　　B. 技术管理标准

C. 方法标准　　D. 安全、卫生与环保标准

11.《安全生产法》规定，国家安全生产管理坚持（　　）方针。

A. 安全第一　　B. 三不放过　　C. 防患未然　　D. 预防为主

12. 根据《道路运输条例》的规定："申请从事机动车维修经营的，应当具备（　　）等条件。

A. 有相应的机动车维修场地　　B. 有必要的设备、设施和技术人员

C. 有健全的机动车维修管理制度　　D. 有必要的环境保护措施

13. 整个社会对从业人员（　　）和职业作风的要求越来越高。

A. 职业观念　　B. 职业态度　　C. 职业技能　　D. 职业纪律

14. 在内容方面，职业道德必须鲜明地表达（　　）方面的道德准则。

A. 职业义务　　B. 职业责任　　C. 职业行为　　D. 职业生涯

15.《汽车综合性能检测站能力的通用要求》（GB/T 17993—2005）规定，汽车综合性能检测站的功能是（　　）。

A. 依法对营运车辆的技术状况进行检测

B. 依法对车辆维修竣工质量进行检测

C. 接受委托，对车辆改装（造）、延长报废期及相关新技术、科研鉴定等项目进行检测

D. 接受有关部门、机构的委托，进行规定项目的检测

16. 失信的危害包括（　　）。

A. 破坏了企业正常经营，败坏了企业的声誉，引发信任危机

B. 严重影响社会的投资和消费，企业会失去今后的市场

C. 严重干扰了正常信用体系的建立

D. 造成社会风气的败坏和道德水平的滑坡

17.《汽车维护、检测、诊断技术规范》（GB/T 18344—2001）规定了汽车日常维护、一级维护、二级维护的（　　）。

A. 周期　　B. 作业内容　　C. 工时定额　　D. 技术规范

18.《汽车大修竣工出厂技术条件》（GB/T 3798.1～.2—2005）规定，蓄电池外观应整洁、安装牢固，桩头完好、正负极标志分明，桩卡头及搭铁线连接牢实；（　　）应符合规定。

A. 放电程度　　B. 电解液密度　　C. 液面高度　　D. 电压差

19. 按《商用汽车发动机大修竣工出厂技术条件　第1部分 汽油发动机》（GB/T 3799.1—2005）的规定，发动机大修竣工检验要求检测发动机动力性的参数是（　　）。

A. 额定功率　　B. 最大功率　　C. 额定转矩　　D. 最大转矩

20. 对（　　），国家标准《点燃式发动机汽车排气污染物排放限值及测量方法（双怠速法及简易工况法）》（GB 18285—2005）规定，要进行过量空气系数（λ）的测定。

A. 使用闭环控制电子燃油喷射系统的车　　B. 轿车

C. 装有三元催化转化器的车　　D. 污染严重超标的车

模拟试题一参考答案

一 判断题

1.√	2.√	3.√	4.√	5.√	6.×	7.√	8.√	9.√	10.√
11.√	12.√	13.√	14.√	15.×	16.√	17.√	18.√	19.√	20.√
21.√	22.√	23.√	24.√	25.×	26.√	27.×	28.√	29.×	30.√

二 单项选择题

1. A	2. B	3. B	4. C	5. A	6. C	7. C	8. A	9. C	10. B
11. C	12. C	13. B	14. B	15. C	16. B	17. B	18. C	19. B	20. C
21. B	22. C	23. B	24. C	25. A	26. A	27. C	28. C	29. A	30. B

三 多项选择题

1. ABC	2. ABCD	3. ABC	4. ABCD	5. ABCD
6. ABCD	7. BD	8. ABCD	9. ABCD	10. ACD
11. AB	12. ABCD	13. ABCD	14. ABC	15. ABCD
16. ABCD	17. ABD	18. BCD	19. AD	20. AC

模拟试题二

一 判断题（30题，每题1分，共30分）

1.《汽车维修业开业条件》既是企业建设的企业标准，又是规范汽车维修市场准入的国家标准。（ ）

2.《汽车维修业开业条件 第1部分：汽车整车维修企业》（GB/T 16739.1—2004）规定，汽车整车维修企业必须配置发动机检测诊断设备。（ ）

3.《汽车盘式制动器修理技术条件》（GB/T 18343—2001）规定：制动盘不得有裂纹，其工作表面不得有锈斑、缩孔等现象。（ ）

4. 诚实守信就是忠诚老实、信守承诺，是为人处事的一种美德。（ ）

5.《汽车综合性能检测站能力的通用要求》（GB/T 17993—2005）对汽车综合性能检测站开展汽车综合性能检测工作应具备的场地和设施没有明确要求。（ ）

6.《摩托车维修业开业条件》（GB/T 18189—2000）规定，一类摩托车维修企业必须至少配备1名专职质量检验员。（ ）

7. 根据《液化石油气汽车维护检测规范》（JT/T 511—2004）中的定义，两用燃料汽车就是两种燃料可以同时燃烧的汽车。（ ）

8.《汽车大修竣工出厂技术条件》（GB/T 3798.1 ~ .2—2005），对车身、保险杠及翼

子板的左右对称部位离地高度差没有要求。（ ）

9. 自《点燃式发动机汽车排气污染物限值及测量方法（双怠速法和简易工况法）》（GB 18285—2005）实施之日起，所有点燃式发动机排放监控采用怠速法。（ ）

10.《商用汽车发动机大修竣工出厂技术条件》（GB/T 3799.1 ~ .2—2005）发动机大修竣工检验要求中，规定了机油压力和警示装置的检验技术要求。（ ）

11.《大客车车身修理技术条件》（GB/T 5336—2005）规定了大客车车身修理的技术要求和竣工检验及质量保证要求等。（ ）

12. 按《车用压燃式发动机和压燃式发动机汽车排气烟度排放限值及测量方法》（GB 3847—2005）规定，进行自由加速试验不透光烟度法试验前，应采用至少2次自由加速过程或其他等效方法对排气系统进行吹拂。（ ）

13. 国家有关部门应当依照《安全生产法》追究生产安全事故责任人员的法律责任。（ ）

14. 按《营运车辆技术等级划分和评定要求》（JT/T 198—2004）规定，营运汽车技术等级评定检测应依据《营运车辆综合性能要求和检验方法》（GB 18565—2001）规定的要求进行。（ ）

15. 按维修企业用电安全管理要求，不能乱拉私接电线，不得在车间里乱扔工具和零件等，以免碰断电线引起短路或者触电事故。（ ）

16. 按《车用压燃式发动机和压燃式发动机汽车排气烟度排放限值及测量方法》（GB 3847—2005）规定，如果出现车辆机油压力偏低的情况，不能进行柴油机自由加速工况法排放测试。（ ）

17. 无驾驶资格的修理人员在作业区域可以驾驶车辆，但不能出厂门。（ ）

18. 机动车维修从业人员应当执行机动车维修安全生产操作规程，不得违章作业。（ ）

19. 按机动车维修企业环境保护条件要求，机动车维修企业内应设置有害物质存储区域，并界定清楚，必要时应有隔离、控制措施。（ ）

20.《劳动法》从法律的角度规范了劳资双方的行为，是最直接关系到劳动者权益的法律。（ ）

21. 机动车维修企业质量信誉考核期内未发生一次死亡1人及以上的安全生产责任事故和特大恶性服务质量事件，是获得机动车维修企业质量信誉等级A级以上的必要条件之一。（ ）

22. 机动车维修企业发生名称、法定代表人等事项变更，原质量信誉等级失效。（ ）

23. 奉献社会对于机动车维修从业人员的具体要求是：以本业为荣，以本职为乐，积极为机动车维修行业发展奉献出自己的力量。（ ）

24. 道路运输管理机构应当将道路运输从业人员每年的诚信考核和计分考核结果向社会公布，供公众查阅。（ ）

25. 严禁机动车维修企业违反环保法规随意排放废液、废气。（ ）

26.《中华人民共和国道路运输条例》规定，机动车维修经营者不得使用假冒伪劣配件维修机动车。（ ）

27. 在改革开放、市场经济全球化的今天，不再强调民族自尊心、自信心和自豪感。（ ）

28. 机动车维修业是道路运输事业的保障体系，是发展现代化交通运输业的重要组成部分，与社会责任没有联系。（ ）

29. 质量保证是在一定的时间范围内即质量保证期内，主要考虑机动车自身技术状况由于磨损会随时间呈下降的特点，否则难以划分质量责任界限。（ ）

30. 企业认真做好机动车维修检验记录，是具体落实《全国汽车维修行业行为规范公约》中“规范操作，保证质量”的行为之一。（ ）

二 单项选择题（30题，每题1分，共30分）

1. 在公民道德建设中，应当把《公民道德建设实施纲要》所要求的主要内容具体化、规范化，使之成为全体公民普遍认同和自觉遵守的（ ）。

A. 法律条款　B. 规章制度　C. 行为准则

2.《商用汽车发动机大修竣工出厂技术条件》（GB/T 3799.1 ~ .2—2005）规定，发动机大修竣工检验应检测电控系统（ ）。

A. 系统电压　B. 有无故障代码显示　C. 波形图

3. 按《机动车维修企业质量信誉考核办法（试行）》的规定，省级和设区的市级道路运输管理机构应于（ ）前公布上一年度机动车维修企业质量信誉考核结果。

A. 6月30日　B. 5月30日　C. 4月30日

4. 按《汽车大修竣工出厂技术条件》（GB/T 3798.1 ~ .2—2005）规定，载客或载货汽车大修竣工出厂时，制动系装有比例阀、限压阀、感载阀、惯性阀或制动防抱死装置的，在试验台上达不到规定制动力的车辆，应以（ ）的检验结果为准。

A. 空载路试　B. 空载台试　C. 满载路试

5. 依据机动车维修职业道德的基本要求进行自我评价的能力，是机动车维修（ ）的含义之一。

A. 职业义务　B. 职业责任　C. 职业良心

6.《汽车维修业开业条件 第1部分：汽车整车维修企业》（GB/T 16739.1—2004）中规定，大型货车整车维修企业主要检测设备中（ ）允许外协。

A. 声级计　B. 排气分析仪或烟度计　C. 制动检验台

7.《摩托车维修业开业条件》（GB/T 18189—2000）中规定，摩托车维修企业分为（ ）类。

A. 一　B. 二　C. 三

8.《汽车制动传动装置修理技术条件 液压传动》（GB/T 18275.2—2000）规定，使增压缸压力值达到9000kPa，踏下制动踏板，在15s内压力值下降量应不大于（ ）kPa，总成各部件不得有渗漏油现象。

A. 5　B. 10　C. 15

9. 按《汽车大修竣工出厂技术条件》（GB/T 3798.1 ~ .2—2005）规定，载客或载货汽车大修竣工出厂时：转向轮胎冠上的花纹深度不允许小于（ ）mm。

A. 1.6　B. 3.0　C. 3.2

10.《商用汽车发动机大修竣工出厂技术条件 第1部分：汽油发动机》（GB/T 3799.1—2005）规定，发动机在低温255K（-18℃）时，都能顺利起动，允许起动（ ）。

A. 2次　B. 3次　C. 1次

11.《机动车维修企业质量信誉考核办法（试行）》规定：质量信誉AA级企业要求达到考核总分和加分合计不低于700分，且企业从业人员素质、安全生产等考核分数在该项总分的（ ）以上。

A. 50% B. 60% C. 65%

12.《点燃式发动机汽车排气污染物排放限值及测量方法（双怠速法及简易工况法）》（GB 18285—2005）规定，按瞬态工况法检测，共运行（ ）s。

A. 160 B. 195 C. 185

13. 奉献社会就是（ ）。

A. 大公无私的情怀 B. 克己奉公的品德 C. 全心全意为社会作贡献

14. 按《汽车维修业开业条件 第2部分：汽车专项维修业户》（GB/T 16739. 2—2004）的规定，发动机专项修理业户开业专用条件中检验员配置要求不少于（ ）人。

A. 1 B. 2 C. 3

15. 牢固树立“质量第一，客户至上”的观念，从业人员持证上岗，亮牌服务，举止文明，是《全国汽车维修行业行为规范公约》中所提出的“（ ）”要求的一种体现。

A. 守法经营，接受监督

B. 尊重客户，热忱服务

C. 弘扬职业道德，建设精神文明

16. 按《点燃式发动机汽车排气污染物排放限值及测量方法（双怠速法及简易工况法）》（GB 18285—2005）所述，简易加速模拟工况试验方法的主要特点是：（ ）。

A. 通过汽车底盘测功对车辆加载

B. 不需要对车辆加载

C. 操作简单

17.《道路运输从业人员管理规定》自（ ）起施行。

A. 2006年12月1日 B. 2007年1月1日 C. 2007年3月1日

18. 自2001年10月1日起至《车用压燃式发动机和压燃式发动机汽车排气烟度排放限值及测量方法》（GB 3847—2005）实施之日生产的汽车，应按要求进行自由加速试验，自然吸气式发动机所测得的排气光吸收系数应≤（ ）m^{-1}。

A. 2.0 B. 2.5 C. 3.0

19. 员工出现劳动纠纷，在本企业没有能力化解的情况下，可以通过（ ）进行劳动仲裁。

A. 劳动仲裁部门 B. 工会组织 C. 上一级主管部门

20. 机动车维修合同在《合同法》中属于（ ）规范的范畴。

A. 承揽合同 B. 委托合同 C. 技术合同

21. 认真钻研业务、提高工作技能是在服务群众方面对于机动车维修从业人员的（ ）。

A. 基本条件 B. 具体要求 C. 具体体现

22.《机动车维修企业质量信誉考核办法（试行）》规定，连续三年考核为（ ）级的机动车维修企业，在许可证件有效期届满时，申请继续经营的，可由作出原许可决定的道路运输管理机构直接办理换证手续。

A. A B. AA C. AAA

23.《道路运输从业人员管理规定》中规定，道路运输从业人员诚信考核和计分考核周期为（　）个月，从初次领取从业资格证件之日起计算。

A. 6　　B. 12　　C. 24

24.《道路运输从业人员管理规定》中规定，机动车维修技术负责人应当具有机动车维修或者相关专业（　）以上学历，或者具有机动车维修或相关专业中级以上专业技术职称。

A. 本科　　B. 中专　　C. 大专

25. 道路运输从业人员应当（　）。

A. 礼貌待客、文明经营、诚实守信、公平公正

B. 公平、公正、公开和便民

C. 依法经营，诚实信用，规范操作，文明从业

26.《机动车维修管理规定》中规定，采购配件在登记入库时，应查验（　）等相关证明。

A. 采购发票　　B. 产品合格证　　C. 检验单

27.《中华人民共和国道路运输条例》规定，机动车维修经营者对机动车进行二级维护、总成修理或者整车修理的，应当进行维修质量检验。检验合格的，维修质量检验人员应当签发（　）。

A. 维修记录　　B. 过程检验单　　C. 机动车维修竣工出厂合格证

28. 机动车维修企业质量信誉考核工作每年进行一次。考核周期为每年的（　）。

A. 1月1日至12月31日　　B. 3月1日至6月30日　　C. 4月1日至10月31日

29. 奉献社会的精神主要强调的是一种（　）的精神。

A. 兢兢业业　　B. 任劳任怨　　C. 忘我的全身心投入

30. 按《机动车辆安全检验项目和方法》（GA 468—2004）规定，驻车制动操作装置，一般应在操纵机构全行程的（　）以内产生规定的制动效能。

A. 三分之二　　B. 四分之三　　C. 连续往复拉动三次

三 多项选择题（20题，每题2分，共40分）

1. 按《商用汽车发动机大修竣工出厂技术条件　第1部分 汽油发动机》（GB/T 3799.1—2005）的规定，发动机大修竣工检验要求检测发动机动力性的参数是（　）。

A. 额定功率　　B. 最大功率　　C. 额定转矩　　D. 最大转矩

2. “诚信”就是（　）。

A. 忠诚老实　　B. 信守承诺　　C. 自信　　D. 宽容

3. 企业应按国家环境保护法规的规定，按生产工艺要求安装、配置（　）等设施。

A. 处理“三废”　　B. 通风　　C. 吸尘　　D. 净化和消声

4. 修订后的《大气污染防治法》对重点城市的大气污染防治突出了（　）等内容。

A. 加强对机动车污染防治

B. 加大城市扬尘的控制力度

C. 禁止超过排放标准排放污染物

D. 实行大气污染物排放的总量控制和许可制度

5. 从业人员在作业过程中，应当严格遵守本单位的安全生产（　），服从安全生产管理。

A. 规章制度　　B. 工作规范　　C. 制度　　D. 操作规程

6.《公民道德建设实施纲要》提出公民道德建设要引导人们正确处理（　　）等关系。

A. 个人与社会　　B. 竞争与协作　　C. 先富与共富　　D. 经济效益与社会效益

7. 汽车维修技术规范是指导汽车维修作业和技术质量管理的技术文件，主要包括（　　）等。

A. 检验规程　　B. 维修手册　　C. 工时定额　　D. 车辆使用说明书

8.《汽车维修业开业条件》（GB/T 16739.2—2004）规定，从事供油系统维护及油品更换专项维修业务的业户，应具备的设备包括（　　）。

A. 不解体油路清洗设备　　B. 换油设备和废油收集设备

C. 举升设备或地沟　　D. 空气压缩机

9. 机动车维修职业道德的主要内容包括爱岗敬业、诚实守信、（　　）。

A. 办事公道　　B. 服务群众　　C. 不怕困难　　D. 奉献社会

10.《汽车维修行业计算机管理信息系统技术规范》（JT/T 640—2005）规定了汽车维修行业计算机管理信息系统的构成、（　　）、配置、接口和性能，以及系统的安装和维护要求。

A. 数据信息　　B. 系统功能　　C. 网页设计　　D. 安全措施

11.《汽车大修竣工出厂技术条件》（GB/T 3798.1 ~ .2—2005）适用于（　　）。

A. 载客汽车　　B. 载货汽车　　C. 轿车　　D. 乘用车

12. 按《商用汽车发动机大修竣工出厂技术条件 第1部分：汽油发动机》（GB/T 3799.1—2005）规定，发动机大修竣工运转状况及检查要求：发动机在各种工况下运转应稳定，不得有（　　）等异常现象。

A. 突爆、回火、放炮　　B. 阻滞

C. 异常响声　　D. 打滑

13.《机动车辆安全检验项目和方法》（GA 468—2004）规定了机动车安全检验的方式有（　　）。

A. 线外检验　　B. 线内检验　　C. 路试检验　　D. 外观检验

14. 制定出台《中华人民共和国道路运输条例》是为了（　　）。

A. 解决我国道路运输市场管理无法可依的迫切需要

B. 落实《行政许可法》管理道路运输市场的需要

C. 适应加入世界贸易组织后道路运输市场管理的需要

D. 适应建立全国统一开放、竞争有序的道路运输市场体系的需要

15. 按《车用压燃式发动机和压燃式发动机汽车排气烟度排放限值及测量方法》（GB 3847—2005）规定，如果出现（　　）情况或缺陷，均不能进行加载减速测试。

A. 里程表失灵　　B. 机油压力偏低　　C. 车辆制动失效　　D. 冷却系统泄漏

16.《机动车维修企业质量信誉考核办法（试行）》中规定，机动车维修企业质量信誉考核过程中，对服务质量的考核指标应包括：（　　）。

A. 服务公示情况　　B. 有责投诉次数

C. 服务质量事件　　D. 用户满意度

17.《道路运输从业人员管理规定》中规定，道路运输从业人员从业资格考试应当按照交通部编制的（　　）组织实施。

A. 考试大纲　　B. 考试题库
C. 考核标准　　D. 考试工作规范和程序

18.《大客车车身修理技术条件》（GB/T 5336—2005）规定了车架纵梁直线度、（　　）的检验技术要求。

A. 弯曲度　　B. 扭曲度　　C. 平面度公差　　D. 对角线长度差

19. 我国机动车维修职业的社会责任主要是：（　　）。

A. 恢复机动车技术性能
B. 保证安全生产
C. 充分发挥机动车的效能和降低运行消耗
D. 为汽车制造业作贡献

20. 机动车维修从业人员的职业道德义务，主要体现为从业人员内心推动行业发展进步的（　　）。

A. 责任感　　B. 荣誉感　　C. 使命感　　D. 自豪感

模拟试题二参考答案

一 判断题

1. ×	2. ✓	3. ✓	4. ✓	5. ×	6. ✓	7. ×	8. ×	9. ×	10. ✓
11. ✓	12. ×	13. ✓	14. ✓	15. ✓	16. ×	17. ×	18. ✓	19. ✓	20. ✓
21. ✓	22. ×	23. ✓	24. ✓	25. ✓	26. ✓	27. ×	28. ×	29. ✓	30. ✓

二 单项选择题

1. C	2. B	3. A	4. C	5. C	6. C	7. B	8. B	9. C	10. B
11. C	12. B	13. C	14. B	15. B	16. A	17. C	18. A	19. A	20. A
21. B	22. C	23. B	24. C	25. C	26. B	27. C	28. A	29. C	30. A

三 多项选择题

1. AD	2. AB	3. ABCD	4. ABCD	5. AD
6. ABCD	7. BD	8. ABCD	9. ABD	10. AB
11. AB	12. AC	13. ABC	14. ABCD	15. ABCD
16. ABCD	17. ABCD	18. CD	19. ABC	20. BD

模块F

车身修复

第1章 车身修理安全知识

本章提要

1. 熟悉车身修理车间的布置及安全事项；
2. 掌握车身修理人员身体安全与防护措施；
3. 掌握车身修理操作时要遵守的个人安全准则；
4. 掌握车身修理工具设备的安全操作方法。

考纲要求

一 车身修理车间的布置及安全事项

1. 车身修复工作区一般分为钣金加工检查工位、钣金加工校正工位、车身校正工位和材料存放工位等。

2. 在车身修复工作区域要完成事故车辆的检查、车辆零部件拆卸、板件修理、车身测量校正、车身板件更换和车身装配调整等工作。

3. 轿车车身校正工位要放置一台车身校正仪。车身校正仪平台的长度一般为5～6m，宽度一般为2～2.5m。为了有足够的安全操作空间，在车身校正平台外围至少要有1.5～2m的操作空间，车身校正工位的长度一般为8～10m，宽度一般为5～6.5m。

4. 车身维修车间所使用的压缩空气的压强一般是0.5～0.8MPa。一般车间使用一个压缩空气站，各个工位都有压缩空气接口，管路要沿墙壁布置，也可以布置在靠近车间顶板的位置，而压缩空气接口布置高度应不超过1m。从主气管路分流到各工位的分管路的连接要通过一个三通阀完成，三通阀分流出的气路要朝上布置，以防止主管路冷凝的油、水流入分管路。

5. 车身修复的焊接工作用电量很大，特别是气体保护焊焊接和电阻点焊焊接。气体保护焊焊接时的电流不能小于15A，而大功率的电阻点焊机焊接时的电流为30～40A。在车身校正工位附近应该设置一个专用的配电箱供车身修复焊接用电，配电箱位置距离车身校正仪不能超过10m，否则焊机接线过长会引起线路过热。

6. 在对车辆进行作业时，应拉起驻车制动器。如果车辆为自动变速器，则应置于驻车挡；如果车辆为手动变速器，则挂入空挡。最好用楔形木块垫住轮胎，防止车辆移动。

7. 在车身修复操作中，不要穿着宽松的衣服，身体应远离运动部件，特别要远离散热器风扇叶片和传动带。传动带很容易将手指、头发绞入传动轮，造成严重的伤害。

8. 拧紧车身上的紧固件时必须遵守操作规范，要使用扭力扳手拧紧悬架、转向系统、车轮的螺母或螺栓。

9. 车身修复操作时，地面要保持干净、无水。由于水能导电，如果带电导线落入站有人的水坑中，则会带来电击危险。

10. 车身修复操作时，所用电动工具和设备的电源线应该正确搭铁。如果电源线中的搭铁插头断裂，则应更换插头后再使用工具。定期检查电线的绝缘层有无裂缝或裸露出导线，及时更换有破损的电线。

11. 在对车身板件进行焊接或用割炬、等离子弧切割时，必须先将隔音材料拆下；不要在油漆、稀释剂或其他可燃液体或材料周围进行焊接或切割，不要在蓄电池周围进行焊接或研磨，不要在调漆间附近使用割炬或焊接设备；在车辆内饰旁边进行焊接和切割时，应拆下座椅或地板垫，再用一块浸水的布或焊接毯盖上，最好在旁边备一桶水或一个灭火器，防止火灾的发生。

12. 不可以使用氧乙炔焊对燃油箱进行焊接操作。

13. 为防止电气火灾，在进行电气作业或车身作业时，一定要断开蓄电池。

14. 燃烧的三个基本要素是热量（温度）、易燃物和氧气，只要使三个要素中的一个缺失就能熄灭火焰，防止火灾的发生。

15. 使用灭火器时要站在距离火源2～3m的地方，应将喷嘴对准火焰的根部，将灭火剂喷入火焰中。

16. 车间里一般都要配备水龙头、灭火器、防火沙等灭火材料。当汽油燃烧时，可使用多用途的干粉灭火器或防火沙进行灭火。

17. 当车间发生火灾烟雾过大时，不要打开门窗，以防止空气流动使火势加大。

二 车身修理车间的布置及安全事项

1. 在对镀锌钢材进行焊接时产生的焊接烟尘、在进行打磨抛光时产生的微尘、在清洗部件时挥发的溶剂和在喷射防腐剂时挥发的液滴，都会被吸入呼吸系统，对人体产生暂时的甚至永久的伤害，因此，在进行这些操作时都应该佩戴呼吸器。

2. 在进行研磨时，应佩戴防尘口罩、防护手套、防护面罩、耳罩等防护用具。

3. 供气式呼吸器是最安全的保护方式，建议在喷涂所有类型的底漆、涂料、密封材料和防腐材料时都使用供气式呼吸器。

4. 呼吸器的密封是非常重要的，它能防止污染的空气通过滤清器进入人的肺部。使用呼吸器前要检查有无空气泄漏，对呼吸器进行密合性测试，包括负压测试和正压测试。

5. 呼吸器负压测试：严密封住滤芯并吸气，如果密封性良好，面罩部分会随着正常的呼吸而朝向脸部凹陷。

6. 呼吸器正压测试：严密封住呼气器出口并呼气，如果密封性良好，面罩部分会鼓出，而空气不会随着正常的呼气从面罩中溢出。

7. 当使用呼吸器时呼吸困难或到达更换周期时，应更换过滤器，一旦闻到溶剂的味道就应更换滤芯。定期检查面罩，确保没有裂纹或变形。呼吸器应保存在气密的容器内或塑料自封袋中，保持清洁。面部过多的毛发会妨碍气密性，面部毛发浓密的修理人员，应使用供气式呼吸器。

8. 在高噪声场所工作时需要佩戴耳塞或耳罩等耳朵保护装置。在使用气动錾、气动锯等切割工具，板件击打、打磨等操作产生的高噪声都会对耳朵产生伤害。

9. 在进行保护焊、等离子弧切割或氧乙炔焊操作时应佩戴有深色镜片的头盔或护目镜。头盔能保护面部免受高温、紫外线或熔化金属的灼伤，深色镜片保护眼睛免受过亮光线或电弧紫外线的伤害。

10. 在焊接时应戴上皮质手套，防止手被熔化的金属烫伤；裤长要能盖住鞋头，防止炽热的火花或熔化的金属进入鞋子。

11. 在焊接时最好穿绝缘鞋，防止静电事故的发生，在腿部和脚部最好有焊接护腿和护脚保护。

12. 在车间内应穿着合格的连体工作服，不能穿着宽松的衣服、未系袖扣的衬衫、松垂的领带以及披着的衬衫。

三 个人安全准则

1. 在打磨、喷砂或处理溶液时，应佩戴头罩、安全眼镜或防尘镜、防尘面具和工作服。面具应与皮肤紧密贴合，防止吸入灰尘和微粒。

2. 在用压缩空气枪吹洗车门的侧壁和其他难以到达的地方时，应戴上护目镜和防尘面具。

3. 在金属处理过程中，因金属调理剂含有磷酸，吸入这种化学物质或与皮肤、眼睛接触，可引起发炎。使用这些材料时，要穿着合格的工作服，并佩戴安全镜、橡胶手套及气体呼吸保护器。

4. 作业人员在抬起和搬运物品时，应弯曲膝部而不能弯曲腰部。

四 工具设备安全操作

1. 手动工具应保持清洁和良好的工作状况。工具沾满润滑脂、润滑油（俗称机油）后容易从手中滑脱，可能造成关节挫伤或手指折断。工具使用完毕和收拾前应将其擦拭干净。

2. 扳手操作时是用拉而不是用推的动作，否则万一手从紧固件上意外滑脱，手就会被撞伤。如果不得不采用推的动作时，应伸开五指，用手掌推动。

3. 手动工具在使用前应检查是否存在裂纹、碎片、毛刺、断齿或其他情况。如果工具存在问题，要修理或更换后再使用。

4. 在使用锋利或带尖的工具时应特别当心，例如凿子和冲子应正确研磨，保持锋利。凿子的刃应该锋利而且是方正的，长时间使用后，凿子和冲子的头部会变形或变大，可使用砂轮机消除工具头部的变形部位，重新修整倒角（带锥度边）。

5. 在进行任何操作时，不要把旋具、冲子或其他尖锐的手动工具放到口袋里，以免刺伤自己或损坏车辆。

6. 使用动力工具时，不要超出其额定功率。如砂轮通常有每分钟的最大转数（r/min），操作时应确保动力工具未超出砂轮、刷子或其他工具的极限转速，否则砂轮或刷子可能会炸开，砂轮碎片或钢丝被甩出会造成人员、物品的损伤。

7. 当用工具进行研磨修整时，应慢慢研磨，避免工具表面的硬化金属过热。如果研磨金属呈现蓝色时，会产生过多的热量使得工具表面硬化层从金属上脱落，并软化工具的金属部分。

8. 在用动力设备对小零件进行操作时，不要一手持零件，一手持工具操作，否则零件容易滑脱，造成手部的严重伤害。在进行研磨、钻孔、打磨时一定要使用夹紧钳或台钳来固定小零件。

9. 在车身修理中要经常使用液压装置，在使用液压机时，应确保施加的液压是安全的。在操作液压机时要站在侧面，一定要戴上全尺寸面罩，防止零件飞出造成人身伤害。

10. 焊接用的气瓶要固定牢靠，防止倾倒产生危险。使用完毕后应关上气瓶顶部的主气阀，避免气体泄漏流失或爆炸。

11. 用压缩空气进行清洁工作时，压力值应保持在0.5MPa以下。不要用压缩空气来清洁衣物，压缩空气不能直接对着皮肤吹，即使在较低的压力下，压缩空气也能使灰尘嵌入皮肤，可能会造成皮肤发炎。

12. 在用举升机举升车辆时，慢慢升起举升机。车辆升高大约150mm时停止举升，晃动车辆，确认车辆在举升机上是平衡的。如果听到异响，则表明车辆可能没有正确支撑，应降下车辆并重新对正车辆和举升垫。车辆被完全举起后，举升机的安全钩锁住后才能在车底作业，这样即使举升机液压系统失效了，安全钩也能保证举升机和车辆不会落下。

13. 修理人员在工作中经常用移动式千斤顶抬起车辆的前部、侧面或后部。为了避免车辆损坏，千斤顶的支座应放置在车辆使用手册中指定的举升点（纵梁、夹紧焊缝、悬架臂或后桥）。如果支座位置摆放不正确，可能会使车底的部件凹陷或损坏。

14. 在车底作业时，要用支撑架将车辆支撑住，而不能单靠液压千斤顶支撑，它们是用来升起车辆，而不是用来支撑车辆的。

15. 使用移动式液压千斤顶时，顺时针转动千斤顶手柄关闭升起支座的液压阀，上下泵动手柄，缓慢升起车辆。车辆升到足够高度后，用支撑架进行支撑固定。将车辆从千斤顶上放下来时，应逆时针慢慢转动手柄将车辆缓慢降下，防止车辆猛然降落，造成损伤。

16. 车辆举升点是为安全升起车辆设计的，举升机举升垫和移动式千斤顶应准确放置在举升点位置。车辆的中心应靠近举升机的中心，以免车辆失衡落下。

例题解析

1 判断题

例题：在车间内应慢速驾驶车辆并始终保持有一个车窗是开着的。（　）

解析：此题为判断题，如果此题正确，应（√），错误应（×）。此题是考核车身修理车间的安全注意事项。在车间内应慢速驾驶车辆，始终保持开着一个车窗，可以让驾驶人更容易听到同事发出的警示。所以此题答案为（√）。

2 单项选择题

例题：在进行打磨、研磨或用吹风机吹净板件操作时应佩戴（　）呼吸器。

A. 滤筒式　　B. 供气式　　C. 防尘式

解析：此题为单项选择题，只有一个正确答案，将选择的正确答案填在（　）内。此题是考核车身修理人员呼吸系统和肺部的防护措施。防尘式呼吸器一般是用多层滤纸制作过滤器，它能够阻挡空气中的微粒、粉尘进入人的鼻腔、咽喉、呼吸道和肺部。在进行打磨、研磨或用吹风机吹净板件时会产生大量的粉尘，应佩戴防尘式呼吸器。所以此题答案为（C）。

3 多项选择题

例题： 在进行（　　）操作时应佩戴有深色镜片的头盔或护目镜。

A. 保护焊　　B. 等离子切割　　C. 氧乙炔焊　　D. 磨削或切削

解析： 此题为多项选择题，有一个或多个正确答案，将选择的正确答案填在（　　）内。此题是考核车身修理人员眼睛和面部的防护措施。在进行保护焊、等离子弧切割或氧乙炔焊操作时应佩戴有深色镜片的头盔或护目镜。头盔能保护面部免受高温、紫外线或熔化金属的灼伤，深色镜片保护眼睛免受过亮光线或电弧紫外线的伤害。所以此题答案是（ABC）。

习题及答案

一 习题

(一) 判断题

1. 车身修复工作区一般分为钣金加工检查工位、钣金加工校正工位、车身校正工位和材料存放工位等。（　　）

2. 轿车车身校正工位的安全操作空间是：长度一般为8 ~ 10m，宽度一般为5 ~ 6.5m。（　　）

3. 车身维修车间内，从主气管路分流到各工位的分管路的连接方法无严格要求，只要有足够的气量即可。（　　）

4. 车身修复操作中，惰性气体保护焊操作的用电量最大。（　　）

5. 一般车身修理车间使用一个压缩空气站，各个工位都有压缩空气接口，管路要沿墙壁布置，也可以布置在靠近车间顶板的位置。（　　）

6. 在车身修复操作中不要穿着过于宽松的衣服。（　　）

7. 拧紧车身上的紧固件时，一直要到拧不动时为止，必要时可用加长杆。（　　）

8. 车身修复操作时，地面要保持干净、无水。（　　）

9. 车身修复操作时，所用电动工具和设备的电源线应该正确搭铁。（　　）

10. 对车身板件进行焊接或用等离子弧切割时，要做好其他部件的防护工作，防止火灾的发生。（　　）

11. 在对车辆进行作业时应拉起驻车制动器，最好用楔形木块垫住轮胎防止车辆移动。（　　）

12. 对燃油箱可以使用氧乙炔焊进行焊接操作。（　　）

13. 当车间发生火灾烟雾过大时，要打开门窗及时排烟。（　　）

14. 在使用惰性气体保护焊进行焊接时，只佩戴好防护面具即可。（　　）

15. 在使用惰性气体保护焊进行焊接时，烟尘和锌蒸气会对人体产生非常大的伤害。（　　）

16. 使用呼吸器前要进行密合度测试。（　　）

17. 在车间一般都要配备水龙头、灭火器、防火沙等灭火材料。（　　）

18. 在焊接时最好穿绝缘鞋，防止触电事故的发生。（　　）

19. 车身修复使用的凿子和冲子应正确研磨，使其保持锋利状态。（ ）

20. 可以用压缩空气来清理衣物，但不能用来清理身体。（ ）

21. 通过移动式千斤顶举升车辆到一定高度后，可以在车下作业。（ ）

22. 车身修复焊接用的配电箱距离车身校正仪不能超过10m。（ ）

23. 在对车身板件进行焊接或用割炬、等离子弧切割时必须先将隔音材料拆下。（ ）

24. 在调漆间附近可以使用割炬或焊接设备进行操作。（ ）

25. 在研磨钢板时，需要佩戴耳罩。（ ）

26. 安全鞋的主要作用是防止长时间站立脚部疲劳。（ ）

27. 焊接手套的作用是防止紫外线伤害手部皮肤。（ ）

28. 维修工具使用完毕后，应将其擦拭干净再放入工具箱。（ ）

29. 在焊接时，裤长要能盖住鞋头，防止炽热的火花或熔化的金属进入鞋子。（ ）

30. 使用凿子进行研磨修整时，金属不能呈现蓝色。（ ）

31. 打磨机的砂轮片超过其转速极限会破碎伤人。（ ）

32. 焊接用的气瓶要固定牢靠，不用时要拧紧气瓶顶部的主气阀。（ ）

33. 液压举升装置的主要作用是用来支撑车辆。（ ）

34. 维修时断开蓄电池的原因是为了节省蓄电池的电量。（ ）

35. 车辆举升点是为安全升起车辆设计的，举升机举升垫和移动式千斤顶应准确放置在举升点位置。（ ）

(二) 单项选择题

1. 使用灭火器时应该对准火焰的（ ）。

A. 上部　B. 中部　C. 根部

2. 车身维修车间所使用的压缩空气的压强是（ ）MPa。

A. 0.4 ~ 0.8　B. 0.5 ~ 0.8　C. 0.3 ~ 0.8

3. 电阻点焊机焊接时的电流为（ ）A。

A. 30 ~ 40　B. 20 ~ 30　C. 10 ~ 30

4. 防护效果最好的呼吸器是（ ）。

A. 滤筒式呼吸器　B. 供气式呼吸器　C. 防尘式呼吸器

5. 焊接时戴焊接头盔的主要目的是（ ）。

A. 防止紫外线伤害眼睛　B. 看清楚焊接位置　C. 保护脸部皮肤

6. 车身维修车间一般使用一个压缩空气站，从主气管路分流到各工位的分管路的连接要通过一个（ ）完成。

A. 三通阀　B. 开关　C. 控制器

7.（ ）操作时要戴耳罩。

A. 焊接　B. 拧螺栓　C. 打磨

8. 在对小的板件打孔时，以下（ ）是正确的。

A. 用手握紧后打孔　B. 用台虎钳夹紧后打孔　C. 用脚踩紧后打孔

9. 用压缩空气进行清洁时，空气压力应为（ ）MPa以下。

A. 0.8　B. 0.3　C. 0.5

10. 在使用液压举升机时，操作者应该站在（ ）。

A. 液压举升机的正面　B. 液压举升机的侧面　C. 液压举升机的下面

11. 面部毛发浓密的修理人员应采用（ ）呼吸器。

A. 滤筒式　　　B. 供气式　　　C. 防尘式

12. 手动工具存在裂纹、碎片、毛刺、断齿等问题时，（　）。

A. 可以继续使用　　　B. 应修理或更换　　　C. 不能继续使用

13. 用举升机举升车辆时，以下（　）是对的。

A. 直接举升

B. 在举升中要不断停下检查

C. 举升150mm后停下检查后再举升

14. 举升机举升车辆后，应用（　）来承受车辆载荷。

A. 液压自锁

B. 安全钩锁紧

C. 液压自锁和安全钩锁紧共同作用

15. 移动式液压千斤顶降低高度时，要（　）。

A. 顺时针慢慢转动手柄

B. 逆时针慢慢转动手柄

C. 可以快速逆时针转动手柄

16. 保护耳朵的耳罩主要用于防止（　）对耳朵的伤害。

A. 低分贝噪声　　　B. 中分贝噪声　　　C. 高分贝噪声

17. 在车间内，以下（　）的穿着方法是正确的。

A. 穿着合格的连体工作服

B. 穿着宽松的衣服

C. 袖子未系扣的衬衫

18. 焊接时佩戴的防护镜片是（　）的。

A. 茶色　　　B. 深色　　　C. 咖啡色

19. 使用灭火器进行操作时，要站在离火焰（　）m远的地方。

A. 2 ~ 3　　　B. 1 ~ 2　　　C. 3 ~ 4

20.（　）可对滤筒式呼吸器进行负压测试。

A. 手掌放到滤芯上并吸气

B. 手掌放到滤芯上并呼气

C. 手掌罩住呼气器并呼气

21.（　）可对滤筒式呼吸器进行正压测试。

A. 手掌放到滤芯上并吸气

B. 手掌放到滤芯上并呼气

C. 手掌罩住呼气器并呼气

22. 在车身校正平台外围至少要有（　）m的操作空间。

A. 0.5 ~ 1　　　B. 1 ~ 1.5　　　C. 1.5 ~ 2

23. 把尖锐的手动工具放到口袋里可能会（　）。

A. 造成工具尖端折断　　　B. 造成人身伤害　　　C. 刺破衣服

24. 使用有2500r/min标记的砂轮时，砂轮转速（　）r/min。

A. 可以高于2500　　　B. 必须为2500　　　C. 必须低于2500

（三）多项选择题

1. 燃烧的必要条件是（　）。

A. 火焰　　B. 氧气　　C. 易燃物　　D. 热量

2. 当汽油燃烧时，可使用（　　）进行灭火。

A. 大量的水　　B. 干粉灭火器　　C. 防火沙　　D. 扫帚

3. 在进行研磨时，应佩戴（　　）等防护用具。

A. 防尘口罩　　B. 防护手套　　C. 防护面罩　　D. 耳罩

4. 用扳手拧紧或松开螺栓时，可以（　　）。

A. 用拉的动作　　B. 敲击　　C. 握紧手指推　　D. 伸开五指用掌推

5. 在车身修复工作区域要完成（　　）等工作。

A. 事故车辆的检查　　B. 车辆零部件拆卸、板件修理、车身板件更换

C. 车身测量校正　　D. 车身装配调整

6. 维修人员用手搬运物品时，要（　　）。

A. 腰部弯曲　　B. 腰部挺直　　C. 膝部弯曲　　D. 膝部挺直

7. 用压缩空气枪吹洗工件时，应佩戴的防护用具是（　　）。

A. 耳罩　　B. 护目镜　　C. 头盔　　D. 防尘面具

8. 用移动式千斤顶举升车辆时，可以举升车辆的（　　）。

A. 纵梁　　B. 悬架臂　　C. 后桥　　D. 车地板

9. 车辆在车间停放时，要采取（　　）措施防止车辆移动。

A. 拉紧驻车制动器　　B. 踩紧脚制动踏板

C. 变速器操纵杆放在驻车挡或空挡　　D. 车轮下塞木块

10. 手动工具在使用前应检查是否存在（　　）或其他情况。

A. 裂纹　　B. 碎片　　C. 毛刺　　D. 断齿

11. 呼气器的过滤器在（　　）情况下需要更换。

A. 闻到气味　　B. 密封不严　　C. 呼吸困难　　D. 到了保质期

12.（　　）会对呼吸系统及肺部产生永久伤害。

A. 焊接烟尘　　B. 打磨抛光时产生的微尘

C. 防腐剂挥发的液滴　　D. 清洗时挥发的溶剂

二 习题答案

(一) 判断题

1. ✓　2. ✓　3. ×　4. ×　5. ✓　6. ✓　7. ×　8. ✓　9. ✓　10. ✓
11. ✓　12. ×　13. ×　14. ×　15. ✓　16. ✓　17. ✓　18. ✓　19. ✓　20. ×
21. ×　22. ✓　23. ✓　24. ×　25. ✓　26. ×　27. ×　28. ✓　29. ✓　30. ✓
31. ✓　32. ✓　33. ×　34. ×　35. ✓

(二) 单项选择题

1. C　2. B　3. A　4. B　5. A　6. A　7. C　8. B　9. C　10. B
11. B　12. B　13. C　14. B　15. B　16. C　17. A　18. B　19. A　20. A
21. B　22. C　23. B　24. C

(三) 多项选择题

1. BCD　2. BC　3. ABCD　4. AD　5. ABCD
6. BC　7. BD　8. ABC　9. ACD　10. ABCD
11. ABCD　12. ABC

第2章 基础知识

本章提要

1. 掌握车身制图的基础知识；
2. 掌握钣金展开图的绘制方法；
3. 掌握车身钣金件修复常用设备的结构、原理和使用方法；
4. 掌握液压传动的原理；
5. 掌握液压传动各组成部件的结构、特点及工作原理；
6. 掌握常用量具的使用方法。

考纲要求

一 车身制图基础知识

1. 一张完整的车身零件图通常包括一组视图、完整的尺寸、技术要求、标题栏。

2. 在零件图上，用代号、数字或文字表示零件的技术指标，图纸的技术要求包括表面粗糙度要求、精度要求、形位公差等。

3. 零件图的标题栏中要填写零件的名称、材料、数量、绘图比例、图样标号，并制图、审核等责任者的签名等内容。

4. A0的图纸幅面为841mm×1189mm，A1的图纸幅面为594mm×841mm，A2的图纸幅面为420mm×594mm，A3的图纸幅面为297mm×594mm，A4的图纸幅面为210mm×297mm。

5. 国家标准《技术制图　图纸幅面和格式》（GB/T14689—2008）规定，A0幅面的面积为1m^2。

6. 零件表面的粗糙度是评定零件表面质量的一项技术指标。零件表面粗糙度要求越高，其加工成本也越高。符号$\bigtriangledown\!\!\!\!/$表示用去除材料的方法达到表面粗糙度的要求，符号$\circ\!\!\!\!\sqrt{}$表示用不去除材料的方法达到表面粗糙度的要求。表面粗糙度符号加注表面粗糙度数值，就构成了表面粗糙度代号，如$\overset{3.2}{\bigtriangledown\!\!\!\!/}$表示粗糙度的最大值为3.2，用去除材料的方法获得。

7. 装配图上的明细表配置在标题栏的上方，按自上而下的顺序填写。明细栏一般由序号、代号、名称、数量、材料、质量和备注等组成。

8. 零件图中的技术要求是指制造或检验零件时应达到技术方面的要求，一般包括：零件表面加工要求（即表面粗糙度）、尺寸精度要求（即尺寸公差）、零件几何形状和位置精度要求（即形位公差）、材料及热处理等，其他技术要求用文字形式按顺序注写在图样标题栏上方。

9. 要求零件具有互换性，并不是要求零件的尺寸做得绝对准确，而是要求将误差控制在一个规定的范围之内。这个范围即允许尺寸的变动量，称为尺寸公差。

10. 常见的图纸中一般有俯视图、正视图和左视图。一般图纸的视图都是利用正投影来绘制的。

11. 国家标准《产品几何技术规范（GPS）几何公差 形状、方向、位置和跳动公差标注》（GB/T 1182—2008）规定了4种形状公差、2种形状或位置公差、8种位置公差。

12. 形位公差的标注格式由框格、公差内容、关系线、基准代号等组成。带箭头的关系线指向被检测要素。

13. 车身零件图上一般应标注定形尺寸、定位尺寸和总体尺寸。标注尺寸的起点称为尺寸基准。

14. 看组合体视图用的形体分析法是将复杂立体分解成各个简单的基本体，再研究各个简单基本体的组合方式来加以综合，最终获得形体的整体信息。

15. 看组合体视图用的线面分析法是通过对平面投影图的线条和封闭线框特性分析、理解该元素所反映的几何形状和形体，来帮助分析形体的立体形状和组合方式。

16. 图样在能清楚表达产品和零部件的结构、轮廓、尺寸及各部分相互关系的前提下，视图的数量应尽量少。有些零件通过一两个视图就可以识别出来它的形状了。有些零件不能仅仅凭其中一两个视图来识别它的形状，应该多个视图联系起来看，如主视图、左视图相同而俯视图不同时，所表达的物体形状就不一样。

17. 在汽车车身设计中，采用右手定则确定坐标系，而在坐标系中，*X*为汽车的长度方向，*Y*为宽度方向，*Z*为高度方向。坐标零平面的确定原则是按汽车满载时确定零平面。高度方向（*Z*坐标）零平面为沿车架纵梁上缘上表面平直且较长一段所在平面；长度方向（*X*坐标）零平面为通过汽车前轮理论中心线并垂直于*Z*坐标零平面的平面；宽度方向（*Y*坐标）零平面为汽车的纵向对称中心平面。

18. 车身坐标线的间隔为100mm，车身图上右侧某处距*OX*平面400mm的坐标线应标记为4*X*。

19. 车身制图上要标注长度、宽度和高度。

20. 向汽车前进方向观察，位于左侧的零件总成称为左零件、左总成，反之为右零件、右总成。

二 钣金展开图

1. 将立体表面按其实际形状和大小，依次摊平在一个平面上，称为立体表面展开。展开后所得到的图形，称为立体的表面展开图，例如圆管展开后是矩形，圆锥展开后是扇形。在绘制表面展开图时，通常采用图解法和计算法。计算法多用于不便使用图解法的大型钣金件的展开。

2. 对于圆柱类零件，圆柱表面具有平行的素线，通常采用平行线法作展开图；对于圆锥类零件，椎体表面素线在展开图中呈放射线状，通常采用放射线法做展开图。

3. 圆柱展开时周长等分得越多，展开图越接近实际形状。

4. 钣金件质量检验的基本方法有检视法、测量法和探测法。其中检视法有目视法、敲击法和比较法三种；探测法有浸油锤击检验、水压试验和气压试验。

5. 对于零件是否有明显的裂纹，或用铆钉连接的零件是否松动，都可用小锤轻轻敲击来检验。如果其响声沙哑，则零件有裂纹、松动或结合不良；如果金属声音清脆，说明零件的状况良好。

6. 在轿车修理中，钣金件的展开放样技术的应用并不普遍，在客车或货车修理中的应用很普遍。

三 车身钣金件修复的常用设备

1. 剪床是客车车身修复工作中重要的剪切机械。龙门式斜口剪床是应用最广泛的一种剪床，它的工作部分主要由上、下剪刀组成，上剪刀固定在剪床的滑块上，下剪刀固定在剪床的工作台上，剪床是通过上剪刀的运动来剪切板件。

2. 剪床是通过曲柄销把主轴旋转运动转变为刀板上下运动。操作剪床，当踏下脚踏开关后，在操作机构的作用下，离合器结合，同时制动器松开，带轮通过传动轴上的齿轮带动曲轴旋转，曲轴又带动安装有上剪刀的滑块，沿导轨上下运动与安装在工作台上的下剪刀配合，进行剪切。

3. 为了便于剪切相同规格和尺寸的板料，机座上安装了作基准用的可旋转的前后挡板。

4. 工厂结合自己的具体情况，会对剪床进行改造，提高了自动化程度，如自动上料、下料、定位、压紧等。

5. 两人或两人以上共同操作剪床时，必须密切配合，听从一人指挥，并由专人控制脚踏离合器，以防事故的发生。

6. 若发现剪床上、下刀间隙出现偏差，可在刀片与刀架间填上薄铜皮，然后将刀片用螺栓固定在刀架上。

7. 各种型号剪床的主要技术参数是可剪切板料的最大厚度。如：Q11—12.5 × 3200中的12. 5就是表示这种剪床可剪切板料的最大厚度为12.5mm。

8. 上、下刀片贴合的垂直面对滑块行程的平行度检验的标准相同，要求在1000mm行程长度上，剪切厚度≤10mm，公差值为0.05 ~ 0.16mm。剪切厚度>10mm，公差值在0.05 ~ 0.24mm。

9. 当剪切质量要求不高时，剪切角调整得大些，剪切力下降，对设备有利。但剪切角的增大可能使在剪切窄的板料时产生扭曲现象，因此在剪切作业中一定要注意将剪切角调整到合适的位置。

10. 剪板机的技术参数中，每分钟行程次数是指剪板机空载时的每分钟连续行程次数，而不是每分钟可以剪切板料的次数。

11. 弯管机用于管子的弯曲，通常采用冷弯。因为管子冷弯后有回弹现象，故弯管时转盘应多转3° ~ 5°。

12. 弯管机的转盘与滚轮的圆弧槽应与管子外径相符，以保证管子在弯曲时不致产生椭圆形截面。

13. 大批量弯管之前，应先进行试验调整，用移动芯棒位置的方法来改善弯管质量。如管子弯曲后椭圆度较大，则可将芯棒向前伸出一段距离；如管材弯曲壁厚减薄过多，甚至破裂，则需将芯棒向后移动一定距离。

14. 液压弯管机的角度刻度不易判断准确，因此在弯管前要制作角度样板，用角度样板进行实际检查及校验。

15. 液压弯管机管托之间的距离不能过小（必须能使顶胎通过），也不能过大。太小的距离会使顶胎顶在管托上而损坏弯管机；太大，则在弯曲时管托之间的管子会产生不理想的变形。液压弯管机顶胎所对应的圆心角受其结构的限制，弯曲角度一般不宜超过90°。

16. 卷板机用于将板料卷弯成圆柱面、圆锥面或任意形状的柱面。

17. 卷板机是对板料进行连续三点弯曲的过程。卷板根据卷制的温度不同可分为冷卷、温卷、热卷三种。

18. 卷板时出现鼓凸现象有两个原因：一是操作上的原因，另一个原因是轴辊受力过大。

四 液压传动

1. 液压传动是依靠液体在密封容积中的压力变化实现运行和动力传递的。

2. 液压泵是将原动机输入的机械能转换为流体介质的压力能，为液压系统提供压力油。

3. 液压系统通过工作介质实现运动和动力传递。液压传动是利用液体作为工作介质进行能量转换和控制某些动作的一种传动方式。

4. 在密闭容器内，施加于静止液体的压力传递到液体各点是等值压力。

5. 液压千斤顶起重机械的原理是通过液压装置的作用使力发生放大。

6. 液压动力元件是把机械能提供给系统。

7. 齿轮泵是一种常用的液压泵，它的主要优点是结构简单、制造方便，价格低廉，体积小，质量小，自吸性能好，对油的污染不敏感，工作可靠，便于维护修理，又因齿轮是对称的旋转体，故允许转速较高。其缺点是流量脉动大，噪声大，排量不可调。

8. 单作用叶片泵在转子每转1转的过程中，完成吸油、压油各1次。

9. 柱塞泵常做成高压泵。柱塞泵常用于高压大流量和流量需要调节的液压系统，如龙门刨床、拉床、液压机、起重机械等设备的液压系统。

10. 溢流阀主要是用于溢去系统多余油液，并让压力基本恒定。

11. 液压系统的故障中约有75%是由于油液污染造成的。

12. 液压管道应尽量短，横平竖直，转弯少。为避免管道褶皱，以减少压力损失，硬管装配时的弯曲半径要足够大。管道悬伸较长时要适当设置管夹（标准件）。

13. 节流阀的输出流量与节流口的结构形式有关，使用的节流口都介于理想薄刃孔和细长孔之间。人们希望节流阀阀口面积一经调定，通过流量即不变化，以使执行元件速度稳定，但实际上是做不到的。

14. 溢流阀按其结构原理分为直动型和先导型两种。直动型溢流阀的压力油直接作用于阀芯，一般只能用于低压小流量时；当系统压力较高时，就需要采用先导型溢流阀。

15. 止回阀是一种只允许油液正向流动，不允许倒流的阀。止回阀中的弹簧仅用于使阀芯在阀座上就位，刚度较小，故开启压力很小（0.04～0.1MPa）。

16. 柱塞液压缸只能制成单作用缸。在大行程设备中，为了得到双向运动，柱塞液压缸常成对使用。柱塞端面是受压面，其面积大小决定柱塞速度和推力。柱塞液压缸结构简单，制造容易，维修方便，常用于长行程机床，如龙门刨床、导轨磨床、大型拉床等。

17. 液压缸有多种类型，按结构特点分为活塞式、柱塞式和组合式三大类。按作用方式可分为单作用式和双作用式两种。

18. 液压传动系统由动力元件（液压泵）、执行元件（液压缸或液压电动机）、控制元件（溢流阀、节流阀、止回阀）、辅助元件（油箱、油管、过滤器以及各种指示器和控制仪表）和工作介质组成。

19. 液压泵按照结构形式不同可以分为齿轮式、叶片式、柱塞式和螺杆式等类型。按照输出油液的流量是否可调分为定量式和变量式。

20. 压力计的精度等级以其误差占量程的百分数表示。选用压力计时，系统最高压力约为其量程的3/4。

21. 胶管接头有可拆式和扣压式两种，各有A、B、C三种形式。随管径不同可用于工作压力在6～40MPa的系统中。

22. 卡套式管接头结构性能良好，装拆方便，广泛用于高压系统，但管道径向尺寸和卡套尺寸精度要求高，需采用冷拔无缝钢管。

23. 软管直线安装时要有3%～4%的余量，以适应油温变化、受拉和振动的需要。

五 常用量具的使用

1. 所谓测量就是将被测的量与作为计量单位的标准量进行比较，以确定其量值的过程。检验是与测量相似的概念，但通常只判定被测量是否合格，而不一定确定其量值。

2. 任何一个测量过程都包括被测对象、计量单位、测量方法和测量精度四个要素。

3. 测量精度是指测量结果与实际测量值的一致度，它体现了测量结果的可靠性。

4. 我国法定计量单位是以米（m）作为长度单位。在机械制造中，长度单位还有毫米（mm）和微米（μm）。1m=1000mm，1mm=1000μm。在车身维修中，测量用的长度单位是毫米（mm）。

5. 角度以度（°）作为基本单位，常用的角度单位还有分（′）和秒（″）。1°=60′，1′=60″。车身修复测量角度的基本单位是度（°）。

6. 汽车修理常用的量具有游标卡尺、千分尺、万能角度仪和水平仪。

7. 游标卡尺是应用游标读数原理制成的。游标卡尺的主尺读数是整数部分，游标读数是小数部分，将整数部分和小数部分相加，即为测量结果。游标卡尺的示值误差随游标读数值和测量范围而变。例如游标读数值为0.02mm、测量范围为0～300mm的游标卡尺，其示值误差不大于±0.02mm。

8. 游标卡尺主尺刻度间距是1mm，游标刻度间距是0.9mm，其误差是0.1mm。

9. 千分尺是应用螺旋微动原理制成的。外径千分尺的精度等级分为0级和1级。例如测量范围在0～100mm内，1级千分尺的示值误差不大于±0.004 mm，0级的示值误差为其一半。

10. 千分尺的读数方法首先从固定套筒上读数（固定套筒上刻线的刻度间距为0.5mm），读出0.5的整数倍，然后在微分筒上读出其余小数。例如千分尺的读数为14.177mm，其中最后一位数字是估读得出的。

11. 万能角度尺用来测量工件的内外角度。其读数方法和游标卡尺相似，先从尺身上读出游标零线前的度数，再看游标线上哪条刻线与尺身刻线对正，确定角度“分”的数值，两者相加就是被测的角度数值。

12. 通过直角尺、直尺与扇形板的不同连接形式，可使万能角度尺测量不同范围的角度。如果测量角度大于90°、180°或270°，读数时应在万能角度尺读数上相应加上

±90°、±180°或±270°。

13. 为了降低水平仪本身对测量精度的影响，往往在同一测量点上作正反两次测量，以两次读数的平均值作为该处的水平度。

例题解析

1 判断题

例题： 检视法是由检验人员通过量具和仪器来检查判断零件技术状况的方法。 （ ）

解析： 此题为判断题，如果此题正确，应（√），错误应（×）。此题是考核钣金件质量检验的基本方法。检视法是一种凭检验人员的眼看、耳听、手摸来检查判断零件技术状况的方法。所以此题答案为（×）。

2 单项选择题

例题：（ ）是指测量结果与实际测量值的一致度，它体现了测量结果的可靠性。

A. 测量方法　　B. 测量值　　C. 测量精度

解析： 此题为单项选择题，只有一个正确答案，将选择的正确答案填在（ ）内。此题是考核测量的基本概念。任何一个测量过程都包括四个要素：被测对象、计量单位、测量方法和测量精度，其中测量精度是指测量结果与实际测量值的一致度，它体现了测量结果的可靠性。所以此题答案为（C）。

3 多项选择题

例题： 液压泵按照输出油液的流量是否可调分为（ ）。

A. 不可调式　　B. 可调式　　C. 定量式　　D. 变量式

解析： 此题为多项选择题，有一个或多个正确答案，将选择的正确答案填在（ ）内。此题是考核液压泵的分类知识。液压泵按照结构形式不同可以分为齿轮式、叶片式、柱塞式和螺杆式等类型。按照输出油液的流量是否可调分为定量式和变量式。所以此题答案是（CD）。

习题及答案

一 习题

（一）判断题

1. A0幅面图纸的面积为$1.5m^2$。 （ ）
2. 图纸的技术要求包括表面粗糙度、精度、形位公差等。 （ ）
3. ⌀√表示的含义是加工后圆柱的精度。 （ ）
4. 要求零件具有互换性，就是要求零件的尺寸做得绝对准确。 （ ）
5. 每个零件在长、宽、高三个方向上都必须只有一个基准。 （ ）
6. 在绘制零件图时，所有零件必须全部绘制成三视图，缺一不可。 （ ）
7. 线面分析法是通过对平面投影图的线条和封闭线框特性进行分析的方法。 （ ）
8. 形体分析法是将复杂立体分解成各个简单的基本体，再研究各个简单基本体的组

合方式来加以综合，最终获得形体的整体信息。（　）

9. 车身制图中，汽车的纵向对称中心平面是X坐标的零平面。（　）

10. 对立体表面展开时，一般使用图解法和计算法。（　）

11. 圆柱类零件通常采用平行线法做展开图。（　）

12. 圆柱展开时周长等分得越多，展开图越接近实际形状。（　）

13. 在汽车车身设计中，采用右手定则确定坐标系，而在坐标系中，X为汽车的长度方向，Y为宽度方向，Z为高度方向。（　）

14. 一种区分汽车左侧和右侧的方法是站在汽车前面，右手就是汽车的右侧，左手就是汽车的左侧。（　）

15. 用探测方式对钣金件检验的方法有浸油锤击、水压和目测等。（　）

16. 钣金件的展开放样技术在轿车修理中的应用很普遍。（　）

17. 钣金件的展开放样技术在客车或货车修理中的应用很普遍。（　）

18. 剪床是客车车身修复工作中重要的剪切机械。（　）

19. 主视图、左视图相同而俯视图不同时，所表达的物体形状就不一样。（　）

20. 下剪刀固定在剪床的滑块上，上剪刀固定在剪床的工作台上。（　）

21. 操作剪床，当踏下脚踏开关后，在操作机构的作用下，上、下剪刀进行剪切。（　）

22. 为了便于剪切相同规格和尺寸的板料，机座上安装了作基准用的压料板。（　）

23. 工厂结合自己的具体情况，会对剪床进行改造，提高了自动化程度，如自动上料、下料、定位、压紧等。（　）

24. 两人或两人以上共同操作剪床时，必须密切配合，同时控制脚踏离合器，以防事故的发生。（　）

25. 当剪切线距离板料边缘很近时，要注意压紧装置的压脚能否压住板料，如果被剪钢板厚度小于8mm，可不加垫板直接用压板压住。（　）

26. 若发现剪床上、下刀间隙出现偏差，可在刀片与刀架间填上薄铜皮，然后将刀片焊接固定在刀架上。（　）

27. 上、下刀片贴合的垂直面对滑块行程的平行度检验的标准相同。（　）

28. 剪床的剪切角增大可使在剪切窄的条料时，不会产生扭曲。（　）

29. 弯管机用于管子的弯曲，通常采用冷弯。（　）

30. 冷弯后因为管子有回弹现象，故弯管时转盘应多8°～15°。（　）

31. 液压弯管机管托之间的距离太大，会使顶胎顶在管托上而损坏弯管机。（　）

32. 弯管机的转盘与滚轮的圆弧槽，应与管子外径相符，以保证管子在弯曲时不致产生椭圆形截面。（　）

33. 如管材弯曲壁厚减薄过多，甚至破裂，则需将芯棒向前移动一定距离。（　）

34. 弯管机可以用移动芯棒位置的方法来改善弯管质量。（　）

35. 冷压弯管机管托之间的距离不能过小，但可以偏大一些。（　）

36. 卷板机用于将板料卷弯成圆柱面、圆锥面或任意形状的柱面。（　）

37. 液压弯管机的角度刻度不易判断准确，需用角度样板进行实际检查及校验。（　）

38. 卷板机的卷板只能采用冷卷一种工艺形式。（　）

39. 选用压力计时，系统最高压力约为其量程的3/4。（　）

40. 胶管接头有可拆式和扣压式两种。（　）

41. 卡套式管接头结构性能良好，装拆方便，广泛用于高压系统。（ ）

42. 液压传动是利用液体作为工作介质进行能量转换和控制某些动作的一种传动方式。（ ）

43. 软管直线安装时要有6% ~ 12%的余量，以适应油温变化。（ ）

44. 液压管道应尽量短，横平竖直，转弯少，以减少压力损失。（ ）

45. 纸质过滤器污染使滤芯逐渐堵塞时，流经过滤器时产生的压差增大。（ ）

46. 节流阀阀口面积一经调定，通过流量即不变化。（ ）

47. 溢流阀因压力油直接作用于阀芯故称先导型溢流阀。（ ）

48. 对于那些是否有明显的裂纹，用铆钉连接的零件是否松动，都可用小锤轻轻敲击检验。（ ）

49. 溢流阀按其结构原理分为直动型和先导型两种。（ ）

50. 止回阀中的压力能使阀芯在阀座上就位。（ ）

51. 柱塞缸结构复杂，制造容易，维修方便。（ ）

52. 柱塞端面是受压面，其面积大小决定了柱塞速度和推力。（ ）

53. 柱塞缸能制成双向作用缸。（ ）

54. 一张完整的车身零件图中应该注出制造零件所需的全部尺寸。（ ）

55. 液压缸有多种类型，按结构特点分为活塞式、柱塞式和组合式三大类。（ ）

56. 齿轮泵流量脉动大，噪声大，排量可以调节。（ ）

57. 测量通常只判定被测量的工件是否合格。（ ）

58. 测量精度是指测量结果与实际测量值的一致度，它体现了测量结果的可靠性。（ ）

59. 常用的长度单位有米（m）和微米（μm），1m＝100 000μm。（ ）

60. 车身测量中常用的单位是毫米（mm）。（ ）

61. 游标卡尺的主尺读数是小数部分，游标读数是整数部分。（ ）

62. 游标读数值为0.02mm，测量范围为0 ~ 300mm的游标卡尺，其示值误差不大于±0. 02mm。（ ）

63. 千分尺是应用游标原理制成的。（ ）

64. 外径千分尺的精度等级分为0级和1级。（ ）

65. 0级外径千分尺的示值误差为0.004mm。（ ）

66. 图样在能清楚表达产品和零部件的结构、轮廓、尺寸及各部分相互关系的前提下，视图的数量应尽量少。（ ）

67. 千分尺的读数为14.177mm，其中最后一位数字是估读得出的。（ ）

68. 游标卡尺的读数为10.15mm，其中最后一位数字是估读得出的。（ ）

69. 万能角度尺的读数方法与千分尺类似。（ ）

70. 万能角度尺用来测量工件的内外角度。（ ）

71. 计算法多用于大型钣金件的展开。（ ）

72. 万能角度尺的尺身上读出的是“度”的数值，游标读出的是“分”的数值。（ ）

73. 万能角度尺只能测量90°以内的角度。（ ）

74. 为了降低水平仪本身对测量精度的影响，往往在同一测量点上作正反两次测量，以两次读数的平均值作为该处的水平度。（ ）

75. 水平尺只能测量出不水平，而不能测出不水平度。（ ）

(二) 单项选择题

1. $\sqrt[3.2]{}$表示的含义是（　）。

A. 粗糙度的最大值为3.2μm，用去除材料的方法获得

B. 粗糙度的最大值为3.2μm，用不去除材料的方法获得

C. 粗糙度的最小值为3.2μm，用去除材料的方法获得

2. 形状公差有（　）种类型。

A. 2　　B. 3　　C. 4

3. 位置公差有（　）种类型。

A. 6　　B. 8　　C. 4

4. 常见的图纸中一般有（　）。

A. 左视图、右视图和下视图

B. 前视图、后视图和中视图

C. 俯视图、正视图和左视图

5. A2的图纸幅面为（　）。

A. 841mm × 1189mm　　B. 594mm × 841mm　　C. 420mm × 594mm

6. 一般图纸的视图都是利用（　）来绘制的。

A. 立体图投影　　B. 正投影　　C. 侧投影

7. 车身制图上的*Z*坐标表示的是（　）尺寸。

A. 高度　　B. 宽度　　C. 长度

8. 车身坐标线的间隔为（　）mm。

A. 150　　B. 50　　C. 100

9. 车身图上右侧某处距*OX*平面400mm的坐标线应标记是（　）。

A. 4*X*　　B. –4*X*　　C. 400

10. 圆管展开后是（　）。

A. 圆形　　B. 矩形　　C. 半圆形

11. 圆锥展开后是（　）。

A. 扇形　　B. 圆形　　C. 矩形

12. 零件图中的技术要求按顺序注写在图样标题栏（　）。

A. 上方　　B. 下方　　C. 左方

13. 圆锥体的展开一般用（　）。

A. 平行线法　　B. 放射线法　　C. 近似法

14. 用敲击法检验钣金时，（　）说明还存在缺陷。

A. 声音清脆　　B. 响声沙哑　　C. 声音响亮

15. 剪床通过（　）的运动来剪切板件。

A. 下剪刀　　B. 上剪刀　　C. 工作台

16. 车身制图中是以（　）作为纵向零线。

A. 前轮理论中心的中心线

B. 前围中心线

C. 后轮理论中心的中心线

17. 装配图上的明细表配置在标题栏的（　），按自上而下的顺序填写。

A. 上方　　B. 下方　　C. 左方

18. 应根据板料的厚度来调整上、下剪刀的间隙，剪薄板时上、下剪刀的间隙在（　）mm以下。

A. 0.3　　B. 0.4　　C. 0.5

19. 当板厚增加时，剪床的剪刃间隙应（　）。

A. 调小　　B. 比板厚小　　C. 调大

20. 剪床的下剪刀贴合垂直面与滑块行程的平行度公差，要求在1000mm行程长度上，剪切厚度≤10mm，公差值为（　）mm。

A. 0.05～0.16　　B. 0.10～0.16　　C. 0.16～0.18

21. 剪床是通过（　）把主轴旋转运动转变为刀板上下运动。

A. 滑块　　B. 曲柄销　　C. 连杆

22. Q11—12.5×3200中的12.5就是（　）。

A. 最小的剪切厚度　　B. 最大的剪切厚度　　C. 剪切参考厚度

23. 在零件图中标注形位公差时，带箭头的关系线指向（　）。

A. 被检测要素　　B. 零件表面

C. 尺寸线、尺寸界线或其的延长线

24. 当剪切质量要求不高时，剪切角调整得（　）对设备有利。

A. 按设备参数偏小些　　B. 小些　　C. 大些

25. 液压弯管机顶胎所对应的圆心角受其结构的限制，弯曲角度一般不宜超过（　）。

A. 90°　　B. 100°　　C. 120°

26. 卷板时出现鼓凸现象，有两个原因：一是操作上的原因，另一个原因是（　）。

A. 轴辊受力过小　　B. 轴辊过松　　C. 轴辊受力过大

27. 卷板机卷板是对板料进行连续（　）点弯曲的过程。

A. 三　　B. 二　　C. 四

28. 剪板机的技术参数中每分钟行程次数是指（　）。

A. 可以剪切板料的次数

B. 剪板机空载时每分钟连续行程次数

C. 可剪切板料最多的次数

29. 标注尺寸的起点称为（　）。

A. 尺寸基准　　B. 尺寸零线　　C. 尺寸基础

30. 剪床是通过曲柄销把（　）的旋转运动转变为刀板的上下运动，这是剪床运动部分的关键。

A. 主轴　　B. 从动齿轮　　C. 主动齿轮

31. 龙门剪板机的剪刀片是用（　）分装在上刀架和下床面上的。

A. 焊接　　B. 螺栓　　C. 铆接

32. 用剪床剪切时，当剪切线距离板料边缘很近时，要注意（　）。

A. 压紧装置压脚能否靠近板料

B. 压紧装置压脚能否超出板料

C. 压紧装置压脚能否压住板料

33. 液压传动是依靠液体（　）中的压力来实现运动和动力传递的。

A. 在密封容积变化　　B. 在容积压强变化　　C. 在容积传动力的变化

34. 液压泵是将原动机输入的机械能转换为流体介质的（　）。

A. 动力能　　B. 压力能　　C. 压缩能

35. 车身制图上的X坐标表示的是（　）尺寸。

A. 高度　　B. 宽度　　C. 长度

36. 以下（　）是执行元件。

A. 溢流阀　　B. 齿轮泵　　C. 液压缸

37. 液压系统是通过（　）实现运动和动力传递。

A. 工作介质　　B. 力的传动　　C. 机械元件

38. 在密闭容器内，施加于静止液体的压力传递到液体各点是（　）的。

A. 放大　　B. 等值　　C. 缩小

39. 液压千斤顶起重机械的原理是通过液压装置的作用使力发生（　）。

A. 缩小　　B. 传递　　C. 放大

40. 液压动力元件是把（　）提供给系统。

A. 压力油　　B. 机械能　　C. 动力能

41. 车身制图上的Y坐标表示的是（　）尺寸。

A. 高度　　B. 宽度　　C. 长度

42. 齿轮泵是一种常用的液压泵，它的主要缺点是（　）。

A. 噪声大　　B. 体积小　　C. 自吸性能不好

43. 单作用叶片泵在转子每转一转过程中，吸油压油各（　）次。

A. 一　　B. 二　　C. 三

44. 柱塞泵常做成（　）。

A. 低压泵　　B. 中压泵　　C. 高压泵

45. 普通止回阀通常简称止回阀，它只允许油液（　）流动。

A. 双向　　B. 正向　　C. 反向

46. 溢流阀主要是用于溢去系统多余油液，并让压力（　）。

A. 基本恒定　　B. 增加　　C. 减小

47. 汽车车身制图中，坐标零平面的确定原则是（　）。

A. 按汽车满载时确定零平面

B. 按汽车空载时确定零平面

C. 按汽车满载或空载时确定零平面均可，但是在制图时要加以标注

48. 直动型溢流阀一般只能用于（　）。

A. 高压大流量　　B. 低压小流量　　C. 低压大流量

49. 液压系统的故障中约有（　）是由于油液污染造成的。

A. 70%　　B. 75%　　C. 80%

50. 车身修复测量的基本长度单位是（　）。

A. 毫米（mm）　　B. 米（m）　　C. 厘米（cm）

51. 车身修复测量的角度的基本单位是（　）。

A. 度（°）　　B. 分（′）　　C. 秒（″）

52. 在角度单位中，1度等于（　）秒。

A. 360　　B. 3600　　C. 36 000

53. 当剪切线距离板料边缘很近时，要注意压紧装置的压脚能否压住板料，如果不能全部压住板料，则对被剪钢板厚度大于8mm的，必须采用取（　）的方法进行剪切。

A. 加垫板　　B. 压板压住　　C. 快速剪切

54. 游标卡尺主尺刻度间距是1mm，游标刻度间距是0.9 mm，其误差是（　）mm。

A. 0.1　　B. 0.2　　C. 0.05

55. 游标卡尺是应用（　）制成的。

A. 螺旋微动原理　　B. 游标读数原理　　C. 旋转原理

56. 1级千分尺的示值误差不大于（　）mm。

A. ± 0.002　　B. ± 0.004　　C. ± 0.006

（三）多项选择题

1.（　）要在图纸的标题栏中填写。

A. 材料类型　　B. 尺寸　　C. 绘图比例　　D. 零件名称

2. 一张完整的车身零件图通常包括（　）。

A. 一组视图　　B. 标题栏　　C. 技术要求　　D. 完整的尺寸

3.（　）是零件的加工精度要求。

A. 形位公差　　B. 平面平整度　　C. 尺寸精度　　D. 表面粗糙度

4. 车身制图上要标注（　）。

A. 长度　　B. 宽度　　C. 斜度　　D. 高度

5. 钣金件的检验方法有（　）。

A. 检视法　　B. 展开法　　C. 测量法　　D. 探测法

6. 装配图上的明细栏一般由序号、（　）、质量和备注等组成。

A. 代号　　B. 名称　　C. 数量　　D. 材料

7. 下列物体能准确地展成平面图形的是（　）。

A. 柱面　　B. 螺旋面　　C. 锥面　　D. 圆环面

8. 可以在卷板机上进行操作卷制的是（　）。

A. 圆柱面　　B. 圆锥面　　C. 抛物线面　　D. 双曲面

9. 关于弯管机使用的注意事项，（　）叙述是正确的。

A. 操作者必须熟悉弯管机的性能及用法

B. 弯管前，应认真检查电器设备、限位开关的性能是否良好

C. 胎具圆弧槽应与管子外径相符，以保证管子在弯曲时不致产生椭圆形横截面

D. 弯管机应保持清洁，不能放任何杂物

10. 关于使用剪床的注意事项，（　）叙述是正确的。

A. 剪床传动系统中的离合器和制动器要经常检查调整

B. 剪切时根据板料的厚度来调整上、下剪刀的间隙，剪薄板取0.5mm以下

C. 剪切板料时，切线的两端应对准下剪刀刃

D. 当剪切线距离板料边缘很近时，要注意压紧装置的压脚能否压住板料

11.（　）属于液压控制元件。

A. 溢流阀　　B. 节流阀　　C. 止回阀　　D. 液压缸

12. 柱塞泵常用于（　）的液压系统。

A. 高压大流量　　B. 流量需要调节　　C. 低压小流量　　D. 流量无需调节

13. 关于液压传动用油的要求，（　）叙述是正确的。

A. 黏度高，黏温特性好　　B. 润滑性能好，防锈能力强

C. 对金属和密封有良好的相容性　　D. 抗泡沫性和抗乳化性好

14.（　　）属于液压泵。

A. 节流阀　　B. 齿轮式泵　　C. 叶片式泵　　D. 柱塞式泵

15. 常用柱塞泵的是（　　）。

A. 龙门刨床　　B. 拉床　　C. 起重机械　　D. 发动机

16. 测量过程的要素包括（　　）。

A. 被测对象　　B. 计量单位　　C. 测量方法　　D. 测量精度

17. 车身修复中常用的基本测量工具有（　　）。

A. 游标卡尺　　B. 千分尺　　C. 扭簧比较仪　　D. 水平仪

18. 液压传动系统中控制元件（溢流阀、节流阀、止回阀）的作用是用以控制液压系统中油液的（　　），以保证执行元件完成预期的工作。

A. 压力　　B. 流量　　C. 流动方向　　D. 体积

二 习题答案

（一）判断题

1. ×　2. √　3. ×　4. ×　5. ×　6. ×　7. √　8. √　9. ×　10. √
11. √　12. √　13. √　14. ×　15. ×　16. ×　17. √　18. √　19. √　20. ×
21. √　22. ×　23. √　24. ×　25. √　26. ×　27. √　28. ×　29. √　30. ×
31. ×　32. √　33. ×　34. √　35. ×　36. √　37. √　38. ×　39. √　40. √
41. √　42. √　43. ×　44. √　45. √　46. ×　47. ×　48. √　49. √　50. √
51. ×　52. √　53. ×　54. √　55. √　56. ×　57. ×　58. √　59. ×　60. √
61. ×　62. √　63. ×　64. √　65. ×　66. √　67. √　68. ×　69. √　70. √
71. √　72. √　73. ×　74. √　75. ×

（二）单项选择题

1. A　2. C　3. B　4. C　5. C　6. B　7. A　8. C　9. A　10. B
11. A　12. A　13. B　14. B　15. B　16. A　17. A　18. A　19. C　20. A
21. B　22. B　23. A　24. C　25. A　26. C　27. A　28. B　29. A　30. A
31. B　32. C　33. A　34. B　35. C　36. C　37. A　38. B　39. C　40. B
41. B　42. A　43. A　44. C　45. B　46. A　47. A　48. B　49. B　50. A
51. A　52. B　53. A　54. A　55. B　56. B

（三）多项选择题

1. ABCD　2. ABCD　3. ACD　4. ABD　5. ACD
6. ABCD　7. AC　8. ABD　9. ABCD　10. ACD
11. ABC　12. AB　13. BCD　14. BCD　15. ABC
16. ABCD　17. ABD　18. ABC

第3章 汽车车身结构

本章提要

1. 熟悉汽车车身分类；
2. 掌握车架式车身的结构和特点；
3. 掌握整体式车身的结构和特点；
4. 掌握大客车车身的结构和特点。

考纲要求

一 汽车车身的分类

1. 碰撞修理的目标是将汽车恢复到事故前的状态。

2. 汽车车身主要有整体式车身和车架式车身两类。

3. 目前，0.5t和0.75t货车、越野车和大多数大型货车上应用的是车架式车身。

4. 整体式车身采用了轻型、高强度合金钢和新的处理、校正、焊接技术，在修理时的处理、校正和焊接技术与车架式车身不同。

5. 非承载式的车身用弹性元件与车架相连，车身不承受大的载荷。

6. 硬顶轿车有前座、后座、金属顶盖，通常以没有门柱或中立柱为特征。

7. 旅行车由于没有单独的后车身，采用加大顶盖内侧后板及后窗下部框架、将顶盖内侧板延伸至后侧板等措施来加强车身的刚度。

二 车架式车身的结构

1. 20世纪80年代前，大多数轿车都采用车架式车身。

2. 车架式车身的车架常见的有梯形车架、X形车架和框架式车架等三种形式。

3. 车架是车架式车身的基础，它既是一个高强度构架，也是一个独立的部件。车身和发动机、变速器、悬架、转向灯总成都固定在车架上，车架式车身由车架承受大部分载荷，因此要求车架必须有足够的坚固度，在发生碰撞时能保持汽车其他部件的正常位置，所以车架式车身修复的重点是车架。

4. 车身通常用螺栓固定在车架上，为了减少乘坐室的噪声和振动，车身与车架之间除放置特制橡胶垫块外，还安装有减振器，将振动、噪声减至最小。

5. X形车架中间窄，刚性好，能较好地承受扭曲变形。

6. 梯形车架有两个纵梁与一些横梁相连接。梯形车架的强度好，在一些货车上仍能看到。但由于它的舒适性差，现在轿车上已不采用。

7. 现代汽车高强度钢车架的纵梁截面通常是U形槽截面或箱形截面，用来加强车架，碰撞时能吸收大量的能量。

8. 为了便于汽车转弯，并为汽车提供较大的支撑，大多数传统的车架后部宽、前部窄。

9. 目前，轿车所使用的大多数车架都是框架式车架。

三 整体式车身构造

1. 整体式车身在设计理念上与车架式车身完全不同，因此它需要新的装配技术、新的材料和完全不同的碰撞修理方法。

2. 整体式车身由于整个车身和车架合成一体，因此，整体式车身没有单独的车架，所以整体式车身也叫无架式车身。整个车身是由冲压成不同形状的薄钢板用电阻点焊连接成一个整体的。

3. 当碰撞程度相同时，整体式车身的损坏要比车架式车身的损坏更为复杂，修复前要进行彻底的损坏分析。车身一旦损坏变形，则需要采用特殊的（不会导致进一步损坏）程序来恢复原来的形状。所以汽车碰撞后，对整体式车身的检查要更为仔细。

4. 纵梁是在车身前部底下延伸的箱形截面梁，通常是承载式车身上最坚固的部件。汽车前纵梁与挡泥板焊接连接在一起。

5. 在整体式车身结构中，所有的结构性板件（从散热器支架到后端板）都焊接在一起，构成一个整体框架。结构性板件包括散热器支架、挡泥板、地板、门槛板、立柱、发动机的纵梁、上部加强件、后纵梁、内部的护板槽、行李舱地板等。结构性板件是由高强度钢或超高强度钢制造。

6. 整体式车身上刚性最强的部位是汽车的中部，它把前部（或后部）吸能区不能完全吸收而传过来的能量传递到车身的后部（或前部），引起远离碰撞点部件的变形，从而保证中部乘客室的结构完整及安全。

7. 为了控制二次损伤变形，汽车在前部和后部设计了吸能区，如前后保险杠支撑、前后纵梁、前后挡泥板、发动机罩和行李箱盖等部位都设计了吸能区。

8. 发动机罩包括外板、内板和加强梁等。内板和外板的四周以折边连接取代焊接。为了确保发动机罩铰链和发动机罩锁支架的刚性和强度，将加强梁点焊在内板上，将密封胶涂抹在内板和外板的某些间隙当中，以确保外板有足够的张力。

9. 行李舱盖的构造类似于发动机罩，由外板、内板和加强梁组成。

10. 轿车常用的车门类型有窗框车门、冲压成型车门和无窗框车门等三种类型。车门包括外板、内板、加强梁、防撞杆和门框。其中，内板、加强梁和防撞杆以点焊结合在一起，而内板和外板通常是以折边连接。铰链是车门连接车身的重要支撑件，用螺栓将车身与车门组装在一起。

11. 前置发动机后轮驱动汽车的发动机是纵向配置的。前置前驱的发动机可以纵向放置也可以横向放置，当纵向放置时，发动机由连接左、右前纵梁的前悬架横梁支撑。当横向安置发动机时，发动机支撑有4个，即发动机安装在中心构件和左、右前纵梁上。

12. 整体式车身与车架式车身相比，安全性更高。

13. 整体式车身分为三部分，分别为前车身、中间车身和后车身。

14. 整体式车身防止侧面撞击的主要部件有门槛板和中立柱。

15. 整体式车身的强度由部件的形状和设计以及部件的材料确定。

16. 整体式车身前部结构比车架式车身复杂得多，车身前部不仅装有前悬架构件和操纵联动装置，而且装有发动机、传动轴等。车身前部板件承受的载荷大，要求前部车身的刚性要好。

17. 现在的整体式车身结构有前置发动机后轮驱动（FR）、前置发动机前轮驱动（FF）和中置发动机后轮驱动（MR）等三种基本类型。

18. 前置后驱汽车的地板拱起，能起到增加地板刚性和充当传动轴通道的作用。

19. 当代中小型汽车以前置前驱为主，发动机安装形式以横置为主。

20. 前置前驱汽车的内部空间比前置后驱空间大。同样大小的汽车，整体式车身的内部空间比车架式车身的大。

21. 新式整体式车身的后纵梁后段和后纵梁是分开的，以方便车身维修时更换作业。

22. 四轮驱动汽车的前车身与前置前驱汽车的前车身类似，中、后车身与后轮驱动汽车的中、后车身类似。

23. 前车身制造精确并具有较高的强度。

24. 由于前置前驱发动机横向放置，转向操纵机构的齿轮齿条就装在前围板的下部，转向传动杆系通过前横梁后部的大开口和悬架臂一起装在直对开口下面的结构上，所以其前车身的下围板和前纵梁与后轮驱动汽车或发动机纵向安置的前轮驱动汽车完全不同。

25. 在前置发动机前轮驱动汽车中，由于发动机、传动轴、前悬架装置和操纵装置都设置在车身前部，车身前部部件承受的载荷比较大，所以前置前驱的车身前部强度与前置后驱的有很大不同。

26. 汽车前后纵梁在生产制造中有特别压制的凹痕或褶皱点，这是为了在撞击时吸收冲击能量。

27. 前置前驱汽车前部承受较大的载荷，其扭力箱焊接在前纵梁的后端，所以其前纵梁比前置后驱汽车的相应构件强度要大。

28. 车身的侧面由于有车门，其强度被削弱，因而其立柱等用内外板件来加强，形成一个非常坚固的箱形结构。

29. 整体式车身的前立柱、中立柱、门槛板、车顶纵梁等部位都采用三层板设计，同时应用了大量的高强度钢，以防止来自前方、后方和侧面的碰撞引起中部车身变形。

30. 前轮驱动和后轮驱动汽车的前悬架几乎是相同的。两种汽车都使用滑柱式独立前悬架，安装在前挡泥板上。前车身的精度对前轮定位有直接影响，例如前挡泥板的安装精度就会影响前轮的定位参数，所以在完成前车身修理以后，一定要检查前轮的定位。

31. 后纵梁和后挡泥板的安装精度会影响后轮的定位参数。

32. 纵向安装发动机（包括4WD）的前车身几乎与后轮驱动的后车身相同，只是其前挡泥板和前纵梁有所不同，其前挡泥板与盖板的上、下纵梁焊接在一起，以增强前挡泥板的强度和刚度。扭力箱焊接在与悬架臂连接的前纵梁的后端。

33. 中置后驱汽车的发动机和动力传动装置布置在乘坐室和后桥之间。这种形式的汽车重心低，汽车大部分的重量靠近汽车的中心，车身普遍采用高强度箱形结构，这样减少了很多质量。另外，发动机的进气效率和冷却效率降低。

34. 中置后驱汽车的中部车身结构强度比前置前驱和前置后驱汽车的大。

四 大客车的结构

1. 大客车是指载客45人及以上的乘用车辆。

2. 客车、轿车和多数专用车的车身总成质量占整车质量的40% ~ 60%。各车型车身的制造成本占整车制造成本的60%左右。

3. 当代大客车采用发动机后置、横置、后轮驱动方式。

4. 客车发动机后置使车厢内的主要部分远离振动和噪声源，使车厢内部容积完整、流畅。

5. 基础承载式客车结构的车身侧围腰线以下部分为主要承载件，车顶为非承载件，所以窗立柱较细，侧窗开口大，视野开阔，通透感强。

6. 承载式大客车车身按照车身上下受力程度不同，又分为基础承载式和整体承载式两种。

7. 基础承载式大客车车身通常在长途大客车上采用，其底部构件一般采用异型钢管在胎具上焊接而成，外蒙皮为0.8mm左右的薄板，采用的是张拉蒙皮的方法。

8. 大客车的结构有非承载式、半承载式和承载式三种类型，覆盖件有前围蒙皮、顶盖蒙皮、侧围蒙皮、后围蒙皮等。蒙皮与骨架的连接方式有铆接、焊接和黏结三种。

9. 大客车蒙皮与骨架焊接，一般采用二氧化碳气体保护焊、单面点焊、电阻点焊、钎焊等等。二氧化碳气体保护焊的焊接质量好，焊接效率高，操作简便，成本较低，便于实现自动化。

例题解析

1 判断题

例题：整体式车身没有独立车架，车身紧挨地面，重心低，行驶稳定性较好。（ ）

解析：此题为判断题，如果此题正确，应（✓），错误应（×）。此题考核的是整体式车身的特点。没有独立车架，车身紧挨地面，重心低，行驶稳定性较好是整体式车身的特点之一。所以此题答案为（✓）。

2 单项选择题

例题：大客车蒙皮与骨架焊接的焊接方法中，（ ）的焊接质量好，焊接效率高，操作简便，成本较低，便于实现自动化。

A. 二氧化碳气体保护焊　　B. 单面点焊　　C. 电阻点焊

解析：此题为单项选择题，只有一个正确答案，将选择的正确答案填在（ ）内。此题是考核大客车蒙皮与骨架焊接的焊接方法。大客车蒙皮与骨架焊接的焊接方法中，一般采用二氧化碳气体保护焊、单面点焊、电阻点焊等。二氧化碳保护焊的焊接质量好，焊接效率高，操作简便，成本较低，便于实现自动化。所以此题答案为（ A ）。

3 多项选择题

例题：车架式车身的车架常见的有（ ）等几种形式。

A. 梯形车架　　B. X形车架　　C. 框式车架　　D. U形车架

解析：此题为多项选择题，有一个或多个正确答案，将选择的正确答案填在（　　）内。此题是考核车架的类型。车架式车身的车架常见的有梯形车架、X形车架和框式车架等三种。所以此题答案是（ABC）。

习题及答案

一 习题

（一）判断题

1. 碰撞修理就是将汽车恢复到事故前的尺寸。（　）

2. 前轮驱动和后轮驱动汽车的前悬架结构是不相同的。（　）

3. 整体式车身采用了轻型、高强度合金钢，在修理时的处理、校正和焊接技术也与车架式车身不同。（　）

4. 非承载式的车身用弹性元件与车架相连，车身大多不承受载荷。（　）

5. 车架式车身由车架来承受大部分载荷。（　）

6. 整体式车身在设计理念上与车架式车身完全不同，因此它需要新的装配技术、新的材料和完全不同的碰撞修理方法。（　）

7. 整体式车身有部分骨架，其他的部件全部焊接在一起。（　）

8. 硬顶轿车的特征是只有一个中立柱。（　）

9. 车身结构主要分为车架式和整体式两种。（　）

10. 车架是汽车的基础，车身和主要部件都焊接在车架上。（　）

11. 整体式车身由冲压成不同形状的薄钢板用电阻点焊连接成一个整体。（　）

12. 车架有足够的坚固度，在发生碰撞时能保持汽车其他部件的正常位置。（　）

13. 纵梁是在车身前部底下延伸的箱形截面梁，通常是承载式车身上最坚固的部件。（　）

14. 车架式的主车身是用螺栓固定在车架上的。（　）

15. 整体式车身的门槛板是车身上的装饰件。（　）

16. 挡泥板是整体式车身上强度最高的部件。（　）

17. 整体式车身的主要部件是焊接在一起的，车身易于形成紧密的结构，有助于在碰撞时保护车内乘客。（　）

18. 车架式车身修复的重点是主车身，因为它对整个车身的外观起到至关重要的作用，而且还影响汽车行驶的性能。（　）

19. 整体式车身上刚性最强的部位是汽车的前部，因为它安装汽车主要的机械部件，同时在碰撞中还要能够很好地吸收碰撞能量。（　）

20. 在车身前纵梁上有吸能区设计，而在挡泥板部位没有这种设计。（　）

21. 前置后驱汽车前车身的强度，比前置前驱汽车前车身的强度大。（　）

22. 汽车前后纵梁在生产制造中有特别压制的凹痕，增加此部位加工硬化的程度，同时加大了纵梁的强度。（　）

23. 整体式车身以薄金属板制成的车身紧挨地面，因此应采取适当的措施以防止由于腐蚀引起的损伤。（　）

24. 强度最高、承载能力最强的车架是框式车架。（　）

25. X形车架中间窄、刚性好，能较好地承受弯曲变形。（ ）

26. 车架式车身在前车轮前面和后车轮后面的区域分段地形成扭力箱结构。（ ）

27. 车架在发生碰撞时，由中部车架变形吸收能量。（ ）

28. 整体式车身刚性较大，有助于向整个车身传递和分散冲击能量，使远离冲击点的一些部位也会有变形。（ ）

29. 对于前置发动机后轮驱动汽车，前车身的刚度和精度影响前轮的定位和传到乘坐室的振动与噪声，因此要求前车身制造精确并具有较高的强度。（ ）

30. 当碰撞程度相同时，整体式车身的损坏要比车架式车身的损坏简单。（ ）

31. 整体式车身前部结构比车架式车身复杂得多。（ ）

32. 整体式车身前部板件承受的载荷更大，因此要求前部车身的刚性要好。（ ）

33. 整体式前车身制造精确，并具有极高的强度。（ ）

34. 当代中小型汽车以前置前驱为主，发动机安装形式以横置为主。（ ）

35. 车门窗框通常是由点焊和铜焊结合而成。（ ）

36. 前置前驱汽车的内部空间比前置后驱空间小。（ ）

37. 前置后驱汽车主要应用在小型汽车中。（ ）

38. 新式整体式车身的后纵梁后段和后纵梁是分开的，以方便车身维修时更换作业。（ ）

39. 旅行车由于没有单独的后车身，采用加大顶盖内侧后板及后窗下部框架、将顶盖内侧板延伸至后侧板等措施来加强车身的刚度。（ ）

40. 行李舱盖的构造类似于发动机罩，由外板、内板和加强梁组成。（ ）

41. 发动机罩内板和外板的四周以铆接连接取代焊接，为了确保发动机罩铰链和发动机罩锁支架的刚性和强度，将加强梁点焊于内板上。（ ）

42. 前置前驱车身前部部件承受的载荷比前置后驱车身大。（ ）

43. 前置前驱和前置后驱汽车的前悬架几乎是相同的。（ ）

44. 前置前驱汽车前部承受较大的载荷，其扭力箱焊接在前纵梁的后端，所以其前纵梁比前置后驱汽车的相应构件强度要大。（ ）

45. 前置前驱汽车横置发动机和纵置发动机的前车身完全一样。（ ）

46. 后纵梁的后段都经过波纹加工，以提高吸收撞击的效果。（ ）

47. 纵向安装发动机（包括4WD）的前车身几乎与后轮驱动的后车身相同，只是其前挡泥板和前纵梁有所不同，其前挡泥板与盖板的上、下纵梁焊接在一起，以增强前挡泥板的强度和刚度。（ ）

48. 四轮驱动汽车的前车身与前置前驱汽车的前车身类似，中、后车身与后轮驱动汽车的中、后车身类似。（ ）

49. 当代大客车采用发动机后置、横置、后轮驱动方式。（ ）

50. 客车发动机后置使车厢内的主要部分远离振动和噪声源，使车厢内部容积完整、流畅。（ ）

51. 客车的车身结构都是车架式的。（ ）

52. 基础承载式客车结构的车身侧围腰线以下部分和车顶都是主要承载件。（ ）

53. 横向安装发动机汽车前车身的下围板和前纵梁与后轮驱动汽车或纵向安装发动机的前轮驱动汽车完全不同。（ ）

54. 客车蒙皮与骨架焊接，一般采用二氧化碳气体保护焊、单面点焊、电阻点焊、钎

焊等。 ( )

55. 后纵梁与前纵梁一样也有吸能区设计，可以吸收后端碰撞时的能量。 ( )

56. 前轮驱动汽车的发动机可以纵向放置，也可以横向放置，这两种发动机的支撑方式是相同的。 ( )

57. 车门是通过螺栓固定在车身立柱上的。 ( )

58. 前置前驱汽车的后轮采用独立的滑柱式悬架，在后面碰撞时对后轮定位的影响比后轮驱动汽车要大得多。 ( )

59. 基础承载式大客车底部构件一般采用异型钢管在胎具上焊接而成，外蒙皮为0.8mm左右的薄板，采用的是张拉蒙皮的方法。 ( )

60. 车架都做成前部宽、后部窄的形式。 ( )

(二) 单项选择题

1.（ ）不是车身的结构性部件。

A. 前立柱　B. 后纵梁　C. 后侧围板

2. 车架式车身在碰撞时主要由（ ）吸收能量。

A. 主车身　B. 车架　C. 横梁

3. 目前货车上使用的车架是（ ）。

A. 梯形车架　B. X形车架　C. 框式车架

4. 整体式车身的（ ）刚性最大。

A. 前车身　B. 中车身　C. 后车身

5. 目前，0.5t和0.75t载货车、越野车和大多数大型货车上应用（ ）车身。

A. 车架式　B. 整体式　C. 承载式

6. 在前置前驱汽车的车身上，由（ ）来支撑减振器。

A. 前横梁　B. 前纵梁　C. 前挡泥板

7. 同样大小的汽车，车架式车身和整体式车身的内部空间是（ ）。

A. 车架式车身的大　B. 整体式车身的大　C. 同样大

8. 整体式车身与车架式车身相比，（ ）是整体式车身的特点。

A. 汽车通过性提高　B. 安全性提高

C. 碰撞时把损坏局限在某些部件上

9. 整体式车身分为（ ）部分。

A. 2　B. 3　C. 4

10. 发动机纵向放置在前车身的（ ）上。

A. 中间梁　B. 前悬架横梁　C. 后纵梁

11. 要求车架式车身的车架必须有（ ），在发生碰撞时能保持汽车其他部件的正常位置。

A. 足够的坚固度　B. 足够的塑性　C. 足够的抗冲击能力

12.（ ）是整体式车身前车身的部件。

A. 门槛板　B. 前纵梁　C. 中立柱

13. 汽车中立柱采用（ ）结构。

A. U形　B. X形　C. 箱形

14. 在整体式车身发动机舱部位，（ ）没有吸能区设计。

A. 纵梁　B. 横梁　C. 挡泥板

15. 20世纪80年代前，大多数轿车的车身结构都采用（ ）车身。

A. 整体式　　　　　B. 车架式　　　　　C. 半架式

16. 前置前驱汽车的发动机是（　）。

A. 纵向放置　　　　　B. 横向放置

C. 既有纵向放置，也有横向放置

17. 车架式车身通常用（　）固定在车架上，车身与车架之间有特制橡胶垫块。

A. 焊接的方式　　　　　B. 螺栓　　　　　C. 铆接的方式

18. 车门内外板通常是用（　）方式连接的。

A. 焊接　　　　　B. 折边　　　　　C. 螺栓

19. 发动机罩的加强梁是通过（　）连接在内板上的。

A. 折边　　　　　B. 点焊　　　　　C. 螺栓

20. 前置前驱汽车的横置发动机有（　）点固定支撑。

A. 3　　　　　B. 4　　　　　C. 5

21.（　）是属于侧面车身结构件。

A. 翼子板　　　　　B. 后侧围板　　　　　C. 门槛板

22. 中置后驱汽车的发动机和动力传动装置布置在（　）之间。

A. 乘坐室和后桥　　　　　B. 乘坐室与前轮　　　　　C. 后桥与后行李舱

23. 为了便于汽车转弯，并为汽车提供较大的支撑，大多数传统的车架都做成（　）。

A. 前部宽、后部窄　　　　　B. 后部宽、前部窄　　　　　C. 前后宽度一样

24. 对于中置后驱汽车，（　）的说法是错的。

A. 车身构件普遍采用箱形结构

B. 重心高

C. 发动机的进气效率和冷却效率降低

25.（　）是车身外覆盖件。

A. 前纵梁　　　　　B. 后侧围板　　　　　C. 散热器支架

26. 客车、轿车和多数专用车的车身总成质量占整车质量的（　）。

A. 30% ~ 50%　　　　　B. 40% ~ 60%　　　　　C. 50% ~ 70%

27. 车身的制造成本约占整车制造成本的（　）。

A. 60%　　　　　B. 70%　　　　　C. 50%

28. 前纵梁的截面通常是（　）。

A. 框形　　　　　B. 箱形　　　　　C. 门形

29. 整体式车身整个车身由冲压成不同形状的薄钢板用（　）连接成一个整体。

A. 电阻点焊　　　　　B. 铆接方式　　　　　C. 黏接方式

30. 客车的蒙皮使用（　）连接在骨架上的。

A. 螺栓　　　　　B. 焊接　　　　　C. 折边

31.（　）的安装精度会影响前轮的定位参数。

A. 前挡泥板　　　　　B. 散热器支架　　　　　C. 翼子板

32. 整体式车身的前立柱、中立柱、门槛板、车顶纵梁等部位由（　）层板件组成。

A. 2　　　　　B. 3　　　　　C. 4

33. 前置前驱纵置发动机是由（　）支撑的。

A. 前悬架横梁　　　　　B. 中间梁　　　　　C. 散热器支架

34. 车架式车身在受到侧面碰撞时，主要由（　）来吸收能量。

A. 门槛板和车门　　B. 中立柱和门槛板　　C. 纵梁和中间横梁

35. 前置发动机前轮驱动汽车后车身的后车底板侧梁的后段都经过（　）加工，以提高吸收撞击的效果。

A. 褶皱　　B. 波纹　　C. 上弯曲

36. 中置后驱汽车的中部车身结构强度与前置前驱和前置后驱汽车相比是（　）。

A. 中置后驱汽车的大

B. 前置前驱和前置后驱汽车的大

C. 纵梁同样大

37. 整体式车身的碰撞情况是（　）。

A. 比车架式车身复杂　　B. 比车架式车身简单　　C. 与车架式车身相同

38. 汽车碰撞后，对（　）检查要更为仔细。

A. 车架式车身　　B. 整体式车身　　C. 半架式车身

39. 整体式车身防止侧面撞击的主要部件有（　）。

A. 门槛板和中立柱　　B. 中立柱和地板　　C. 中立柱和车门

40. 现在的客车采用（　）方式。

A. 发动机后置、横置、后轮驱动

B. 发动机前置、纵置、后轮驱动

C. 发动机后置、纵置、后轮驱动

41. 大客车是指搭载乘客为（　）人的客车。

A. 35　　B. 45　　C. 55

42. 汽车前纵梁与（　）焊接连接在一起。

A. 挡泥板　　B. 前横梁　　C. 翼子板

（三）多项选择题

1. 车架的纵梁截面通常是（　　）。

A. U形槽截面　　B. X形　　C. 槽形截面　　D. 箱形截面

2. 前置前驱汽车的车身结构与前置后驱汽车车身结构在（　　）上有明显不同。

A. 前纵梁　　B. 中间梁　　C. 转向齿轮箱支撑梁　D. 前立柱

3. 整体式车身上的（　　）是由高强度钢或超高强度钢制造的。

A. 翼子板　　B. 中立柱　　C. 车顶板　　D. 后纵梁

4. 整体式车身上有吸能区设计的部件有（　　）。

A. 前纵梁　　B. 车顶板　　C. 发动机罩　　D. 后纵梁

5. 下列（　　）是整体车身的特点。

A. 整体式车身的主要部件是焊接在一起的，车身易于形成紧密的结构，有助于在碰撞时保护车内乘客。

B. 没有独立车架，车身紧挨地面，重心低，行驶稳定性较好

C. 车身刚性大，有助于向整个车身传递和分散冲击能量，使远离冲击点的一些地方也会有变形

D. 当碰撞程度相同时，整体式车身的损坏要比车架式车身的损坏更为复杂

6. 车架式的前车身由（　　）组成。

A. 散热器支架　　B. 前纵梁　　C. 前翼子板　　D. 前挡泥板

7. 整体式车身结构有（　　）等基本类型。

A. 前置发动机后轮驱动　　B. 后置发动机后轮驱动
C. 中置发动机后轮驱动　　D. 前置发动机前轮驱动

8. 前置后驱汽车的地板拱起，能起到（　　）作用。
A. 传动轴通道　　B. 排气管通道　　C. 增加地板刚性　D. 改善通风效果

9. 轿车常用的车门类型有（　　）。
A. 窗框车门　　B. 冲压成形车门　　C. 折叠式车门　　D. 无框车门

10. 整体式车身的强度由（　　）确定。
A. 部件的刚度和厚度　　B. 部件的形状和设计
C. 部件的重量　　D. 部件的材料

11. 大客车蒙皮与骨架焊接，一般采用（　　）等。
A. 二氧化碳气体保护焊 B. 单面点焊　　C. 电阻点焊　　D. 锡焊

12. 承载式客车车身有（　　）类型。
A. 基础承载式　　B. 骨架承载式　　C. 车架承载式　　D. 整体承载式

13. 客车的蒙皮使用（　　）连接在骨架上的。
A. 焊接方式　　B. 铆接方式　　C. 螺栓连接　　D. 黏结方式

14.（　　）的安装精度会影响后轮的定位参数。
A. 后纵梁　　B. 后侧围板　　C. 后挡泥板　　D. 后地板

 习题答案

(一) 判断题

1. ×	2. ×	3. √	4. √	5. √	6. √	7. ×	8. ×	9. √	10. ×
11. √	12. √	13. √	14. √	15. ×	16. ×	17. √	18. ×	19. ×	20. ×
21. ×	22. ×	23. √	24. ×	25. ×	26. ×	27. ×	28. √	29. √	30. ×
31. √	32. ×	33. √	34. √	35. √	36. ×	37. ×	38. √	39. √	40. √
41. ×	42. √	43. √	44. √	45. ×	46. √	47. √	48. √	49. √	50. √
51. ×	52. ×	53. √	54. √	55. √	56. ×	57. ×	58. √	59. √	60. ×

(二) 单项选择题

1. C	2. B	3. A	4. B	5. A	6. C	7. B	8. B	9. B	10. B
11. A	12. B	13. C	14. B	15. B	16. C	17. B	18. B	19. B	20. B
21. C	22. A	23. B	24. B	25. B	26. B	27. A	28. B	29. A	30. B
31. A	32. B	33. A	34. C	35. B	36. A	37. A	38. B	39. A	40. A
41. B	42. A								

(三) 多项选择题

1. AD	2. BC	3. BD	4. ACD	5. ABCD
6. ACD	7. ACD	8. AC	9. ABD	10. BD
11. ABC	12. AD	13. ABD	14. AC	

第4章 车身材料

本章提要

1. 掌握车身中常用的钢板类型；
2. 掌握高强度钢的种类及其在车身中的应用；
3. 掌握加热对钢材性能产生的影响；
4. 熟悉钢材的热处理知识；
5. 掌握维修高强度钢的注意事项；
6. 掌握特殊金属板在车身中的应用及其特性；
7. 掌握非金属材料在车身中的应用及特性。

考纲要求

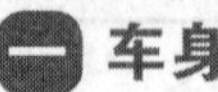

一 车身钢板

1. 车身结构中有两种类型的钢板：热轧钢板和冷轧钢板。

2. 热轧钢板是在800℃以上的高温下轧制的，它的厚度一般在1.6～8mm之间，用于制造汽车上比较厚的零部件，例如车身、横梁、纵梁、车辆车身内部钢板、底盘零件等。

3. 冷轧钢板是由热轧钢板经过酸洗后冷轧变薄，并经过退火处理得到的。由于冷轧钢板是在较低的温度下轧制的，它的厚度精度高，一般厚度为0.4～1.4mm。冷轧钢板的表面质量好，具有良好的可压缩性和焊接性能。大多数整体式车身都采用冷轧钢板制成。在悬架周围、车身底部容易腐蚀的地方，采用经过表面处理的冷轧钢板作为防锈钢板。

4. 低碳钢的含碳量低，比较软，便于加工，可以很安全地进行焊接、热收缩和冷加工等操作，它的强度不会受到严重影响。为了达到环保和节能的要求，汽车车身既要质量轻又要有足够强度，因此在整体式车身上越来越少采用低碳钢。但车身的外覆盖件从修理的角度考虑一般还会采用低碳钢来制造。

5. 高强度钢泛指强度高于低碳钢的各种类型的钢材，一般强度在200N/mm^{2}以上。

6. 高强度钢受到碰撞时不容易变形，但是一旦变形后，它比低碳钢更难修复到原来的形状。

二 高强度钢的种类和应用

1. 高强度、低合金钢（HSLA），又称回磷钢，是通过在低碳钢中加入磷来提高钢的强度。它具有和低碳钢相类似的加工特性，为汽车的外部面板和车身提供了更高的抗拉强度。许多汽车上都有高强度、低合金钢制造的零部件，例如前后纵梁、门槛板、保险杠面板、保险杠加强筋、车门立柱和挡泥板等。它的强度主要取决于添加的化学元素。但对高强度钢高温加热后，原用于提高强度的化学元素被损失掉，导致强度降低。

2. 为了避免汽车结构性能明显降低，所以在修理时对高强度钢一定要按生产厂规定的温度加热。根据经验，加热温度不可超过370～480℃，同时加热时间不可超过3min。因此对高强度、低合金钢进行焊接时，要采用气体保护焊或电阻点焊，不允许采用氧乙炔和电弧焊焊接。

3. 高抗拉强度钢（HSS）又称Si-Mn固溶体淬火钢。这种钢增加了硅、锰和碳的含量，使抗拉强度得到提高。一般用这种钢来制造与悬架装置有关的构件和车身等。

4. 沉淀淬硬钢是另一种高抗拉强度钢，它通过形成碳氮化铌沉淀物来提高钢材的强度。这种钢具有优异的加工性能，主要用于门边护板、保险杠加强筋等。

5. 对于高抗拉强度钢制成的车身构件，常规的加热和焊接方法不会明显降低这种钢的强度，它的屈服强度可达350MPa、抗拉强度可超过450MPa。

6. 对高抗拉强度钢进行氧乙炔焊时，在用氧乙炔焊炬加热的部位周围必须用温度显示的方法，将这些地方的温度限制在600℃以下。

7. 对于车门护板的轻微损坏，只要它不产生功能性的损坏，就可忽略不计。如果它已经凹陷或产生其他变形，应加以更换。

8. 在进行新板件焊接时，应使用牌号为AWS-E-70S-6的焊丝进行惰性气体保护焊。

9. 在现代车身上应用的超高强度钢（UHSS）主要有：高塑性钢、双相钢、多相钢、硼钢和铁素体—贝氏体钢等。

10. 单相钢只有一相显微组织，如马氏体。马氏体钢是最著名的超高强度钢。双相钢具有两相显微组织，它的可成形性好，抗拉强度大于800MPa，主要应用于前纵梁吸能区的部件。

11. 汽车上所有的车门防撞杆、车顶纵梁和一些保险杠加强筋都是由各种超高强度钢制成的。超高强度钢损坏时不适宜校正，而应更换。

12. 硼钢的抗拉强度能达到1300～1400MPa。如VOLVO SC90型车的中立柱就是用硼钢来制造的。

13. 超高强度钢不同寻常的高强度，是由于在加工过程中产生的特殊细化的晶粒形成的。修理中的重新加热将会破坏这种独特的结构，而使钢的强度降低到一般低碳钢的水平。此外，这些钢材非常坚硬，一般修理厂的设备无法在常温下对它们进行校正。因此，受损坏的超高强度钢零部件不可修复，必须更换。安装新的零部件时，应采用气体保护焊的塞焊方式或大功率电阻点焊机来焊接，切不可使用能产生大量热量的焊接方式。

14. 当代车身上应用超高强度钢的比例可以达到20%，应用高强度钢的比例可以达到50%。

15. 现代的车身外部覆盖件一般采用低碳钢或强度比较低的高强度钢制造，但是车身的结构件都采用高强度钢或超高强度钢来制造。使用高强度钢可以使汽车的安全性提高，排放减少。

三 修理高强度钢板的注意事项

1. 对低碳钢进行加热时，随着钢板温度的增高，其强度和刚度也会下降；停止加热，温度下降到常温后，它的强度又恢复到原来的程度。所以对于低碳钢钢板的修理来说，加热操作后不会降低钢板原有的强度。用常规的氧乙炔和电弧焊进行焊接，或对低碳钢钢板进行短时间的加热方式的修理，都是允许的。

2. 对高强度钢进行加热时，随着温度的升高，高强度钢内部的金属晶粒会发生改变，由原来比较小的晶粒互相融合、吸收而变成大晶粒，金属晶粒之间的作用力会随着晶粒的变大而减小，表现出来外观的强度会降低。当加热后的高强度钢恢复到常温时，它内部的晶粒不能够自己恢复到原来小晶粒的状态，所以高强度钢经过过度加热再冷却后，强度会下降。

3. 修理车身时应尽量避免加热（尤其是车架、梁，一定不可以用加热的方式来修理），加热除改变钢板的强度外，还会损坏镀锌层，引起钢板锈蚀，降低钢板的防锈能力；形成氧化膜后钢板厚度降低，这些又会进一步降低钢板的强度；过度加热不小心时还可能使车辆燃烧起来。

4. 对钢材加热时，其颜色会随着温度上升而发生变化。例如钢板在加热到暗红色时的温度是600℃；当钢铁呈现红色时，温度可以达700℃；当钢铁呈现黄色时，温度可以达1000℃。

5. 钢材的热处理是以调整加热温度和冷却速率来控制的，而热处理的结果依金属的含碳量和合金的种类有所不同。

6. 正火处理用来强化内部结构。正火处理是将钢材加热到850℃后，以空气来冷却的一种热处理过程。当钢材经过机械加工产生塑性变形后，其内部结构将变得散乱，从而造成强度不均，此时可借正火处理来整顿其内部结构，改善机械性能。

7. 淬火处理用来增加硬度（脆性）。淬火处理是将含碳量为0.4%的钢材加热至850℃后，急速冷却的一种热处理过程。淬火虽然增加硬度，但同时也增加脆性。

8. 回火处理用来增加韧性。回火处理是将淬火处理过的材料，再次加热到200℃，然后冷却的一种热处理过程。回火处理可使材料的内部组织稳定，以增加韧性。

9. 退火处理用来增加柔软性。退火处理是材料加热后，慢慢冷却的一种热处理过程。对高强度钢进行600℃加热后冷却，就相当于对它进行了退火处理。如果用退火处理在各种管类或线类制造期间改善材料的切削性，以便于切削，应将材料加热到600～700℃。

10. 在修理中对高强度钢板进行加热的目的是为了消除钢板内部的应力，而不是用过度加热来软化钢板以方便修理。消除应力的加热方式一般不能超过200℃，在加热时要采用热敏材料来控制加热的温度。

四 特殊金属板在车身上的应用

1. 防锈钢板的表面有一层镀层，镀层的种类有镀锌、镀铝和镀锡。在这三种镀层中，镀锌和镀铝比钢板容易腐蚀，而镀锡防腐蚀能力则比钢板好。镀锌钢板对碱性环境的防腐蚀性能要好于酸性环境，一般用于车身钢板；而镀铝钢板对酸性环境的防腐蚀性能要好于碱性环境，一般用于排气管护板；镀锡钢板则用于燃油箱。

2. 在车身结构中应用最广泛的是镀锌钢板。由于钢板的表面有锌，空气不能直接和钢板接触。当锈蚀情况出现时，锌先于钢板生锈，且只在表面形成薄薄的涂层，不向内部延伸，钢板可以不与空气接触，从而得到保护。

3. 车身用的镀锌钢板有单面镀锌和双面镀锌两种，双面镀锌钢板一般用在车身的下部板件，如车地板、挡泥板、发动机罩等部位，这些部位经常接触腐蚀物质，需要重点防护。单面镀锌一般用在不经常接触腐蚀物质的部件，如车身上部的板件。

4. 不锈钢板是一种铬、镍合金碳钢，碳钢的含铬量大约为12%，在车身上主要用于一些豪华车的外装饰部件。

5. 夹层制振钢板在其表面或中间覆有塑胶，以前用于钢板覆盖的塑胶膜较薄，而现在应用的覆盖塑胶膜较厚，吸收振动的效果更好一些。夹层制振钢板用在下隔板或乘坐室隔板。

6. 车身中的铝合金，依照它们在车身中应用的要求，可分为铸造件、冲压件、压铸件。车身板件大部分使用压铸件。这些压铸件的铝合金类型是铝硅、铝镁系列铝合金，合金中主要合金元素是镁、硅，有的加入铜。

7. 铝合金车身与传统钢结构车身相比有以下优点和特性：

（1）经济性。铝的密度大约是钢铁的三分之一，在车身制造中铝的应用可以使车辆减小20%～30%的质量，可以减少10%的燃油消耗，这意味着每百公里约节省0.5L燃油。

（2）环保性。铝车身的环保性能优于钢铁车身，不仅是可以减少燃油的消耗，重要的是减少在生产制造过程中污染物的排放。因为99%的铝可以被循环利用，在一定程度上补偿了从铝矿石冶炼铝时产生的成本和高消耗。

（3）防腐蚀性。铝暴露在空气中很快在表面形成一层致密的氧化物，这层氧化物是三氧化二铝，使金属铝和空气隔绝开来，防止进一步腐蚀。正是这种可以迅速形成铝氧化物以抵抗外部氧化腐蚀的性能，使它成为一种优良的防腐性能材料。铝金属外层的氧化铝具有高熔点的特性，这层氧化物的熔点高达2050℃，在焊接操作时需要去除这层氧化物，否则焊缝会存在气孔和杂质等缺陷。

（4）可加工性。铝有良好的塑性和刚性，一定厚度的板材可以制造整车的有关板件。铝材的一致性要比钢材好，它能够很好地通过冲压或挤压加工成形。

（5）安全性。铝材具有高的能量吸收性能，使它成为一种制造车身变形区的理想材料，以增加车身的被动安全性。

五 汽车非金属材料

1. 钢化玻璃是将普通玻璃淬火使其内部组织形成一定的内应力，从而使玻璃的强度得到加强。在受到冲击破碎时，玻璃会分裂成带钝边的小碎块，从而不易对乘员造成伤害。

2. 区域钢化玻璃是钢化玻璃的一个新品种，它经过特殊处理，能够在受到冲击破碎时，其玻璃的裂纹仍可以保持一定的清晰度，保证驾驶人的视野区域不受到影响。目前汽车风窗玻璃以夹层区域钢化玻璃为主，能承受较强的冲击力。

3. 塑料是以合成树脂为基体，并加入某些添加剂制成的高分子材料。

4. 热塑性塑料数量很大，约占全部塑料的80%，常用的有聚乙烯、聚氯乙烯、聚四氟乙烯、聚苯乙烯、聚丙烯、聚甲醛、聚苯醚、聚酰胺等。

5. 比强度是指单位质量的强度。尽管塑料的强度要比金属低，但塑料密度小、质量轻，以等质量相比，其比强度要高。

6. 塑料也有不少缺点，与钢材相比其力学性能较低；耐热性较差（一般只能在100℃以下长期工作）；导热性差；容易吸水，吸水后性能恶化。此外，塑料还有易老化、易燃烧、温度变化时尺寸稳定性差等缺点。

7. 由于塑料具有诸多金属和其他材料所不具备的优良性能，因此在汽车上应用很广。例如，玻璃纤维加强塑料大量应用于车身的刚性车身面板、翼子板、发动机罩、行李箱盖等；聚氯乙烯可用于制造车身内饰板；还有后侧围板、保险杠护罩、外部装饰件、车门面板、仪表板等很多板件都可以用各种塑料来制造。

8. 在汽车上用量最大的橡胶制品是轮胎，另外橡胶还广泛应用于车门、车窗的密封条、各种胶管、胶带、减振配件以及耐油配件等。

9. 环氧树脂黏合剂是一种有机黏合剂，它的用途很广，适合黏结各种金属材料和非金属材料。环氧树脂黏合剂以环氧树脂及固化剂为主，再加入增韧剂、稀释剂、填料和促进剂等配制而成。常用的固化剂有乙二胺、间苯二胺、聚酰胺等。

10. 酚醛树脂黏合剂可以单独使用，也可以与其他树脂或橡胶混合使用。它与环氧树脂混合使用时，其用量为环氧树脂的30%~40%。

例题解析

1 判断题

例题：热固性塑料是指经过一次固化后，不再受热软化，只能塑制一次的塑料。（ ）

解析：此题为判断题，如果此题正确，应（√），错误应（×）。此题考核的是热固性塑料的特性。热固性塑料是指经过一次固化后，不再受热软化，只能塑制一次的塑料。这类塑料耐热性好，受压不易变形，但力学性能较差。所以此题答案为（√）。

2 单项选择题

例题：目前汽车风挡玻璃以（ ）为主，能承受较强的冲击力。

A. 夹层区域钢化玻璃　　B. 夹层玻璃　　C. 钢化玻璃

解析：此题为单项选择题，只有一个正确答案，将选择的正确答案填在（ ）内。此题是考核夹层区域钢化玻璃。夹层区域钢化玻璃是钢化玻璃的一个新品种，它经过特殊处理，能够在受到冲击破碎时，其玻璃的裂纹仍可以保持一定的清晰度，保证驾驶人的视野区域不受到影响。目前汽车风窗玻璃以夹层区域钢化玻璃为主，能承受较强的冲击力。所以此题答案为（A）。

3 多项选择题

例题：钢铁的热处理通常可分为（ ）。

A. 正火处理　　B. 淬火处理

C. 回火处理　　D. 退火处理

解析：此题为多项选择题，有一个或多个正确答案，将选择的正确答案填在（ ）内。此题是考核钢铁的热处理知识。钢铁的热处理通常可分为四类：正火处理、淬火处理、回火处理和退火处理。所以此题答案是（ABCD）。

习题及答案

一 习题

(一) 判断题

1. 低碳钢可以很安全地进行焊接、热收缩和冷加工，它的强度不会受到影响。( )

2. 热轧钢板的表面精度比冷轧钢板高。( )

3. 低碳钢的修理可以使用氧乙炔焊接。( )

4. 高强度钢可以使用电阻点焊和电弧焊进行焊接。( )

5. 为了达到环保和节能的要求，汽车车身既要质量轻，又要有足够的强度，因此整体式车身越来越少采用低碳钢。( )

6. 热轧钢板比冷轧钢板在整体车身结构上应用得多。( )

7. 车身使用高强度钢板后，在修理中可以用加热到600℃的方法修理。( )

8. 车门加强梁都不适宜校正，损坏时应当更换。( )

9. 冷轧钢板是由热轧钢板经过酸洗后冷轧变薄，并经过退火处理得到的。( )

10. 冷轧钢板是在较高的温度下轧制的。( )

11. 大多数整体式车身都采用热轧钢制成。( )

12. 大多数整体式车身都采用冷轧钢板制成。( )

13. 车身的外覆盖件从维修的角度考虑，一般还会采用低碳钢来制造。( )

14. 车身结构性部件一般采用高强度钢制造。( )

15. 车身上用的钢材是低碳钢和高碳钢。( )

16. 高强度钢受到碰撞时不容易变形，但是一旦变形后，它比低碳钢更难修复到原来的形状。( )

17. 汽车上所有的车顶纵梁和一些保险杠加强筋都是由各种超高强度钢制成的。( )

18. 高强度、低合金钢（HSLA）又称回磷钢，通过在低碳钢中加入锰来提高钢的强度。( )

19. 高强度、低合金钢的强度主要取决于所添加的化学元素。( )

20. 高抗拉强度钢（HSS）又称Si-Mn固溶体淬火钢。这种钢增加了磷、锰和碳的含量使抗拉强度得到提高。( )

21. 沉淀淬硬钢是一种高抗拉强度钢，它通过形成碳氮化铌沉淀物来提高钢材的强度。( )

22. 车门护板的轻微损坏，只要它不影响门的对准或门的功能，可以继续使用。( )

23. 超高强度钢修理中的重新加热会使钢的强度降低到一般低碳钢的水平。( )

24. 对高抗拉强度钢进行常规的加热和焊接不会明显降低它的强度。( )

25. 高抗拉强度钢具有优异的加工性能。( )

26. 对高强度钢进行焊接时，应采用牌号为AWS-E-70S-6的焊丝。( )

27. 马氏体钢是一种双相超高强度钢。( )

28. 只要在钢铁中加入合金元素，就可以得到高强度钢。( )

29. 超高强度钢非常坚硬，一般修理厂的设备无法在常温下对它们进行校正。因此，受损坏的马氏体钢即超高强度钢零部件不可修复，必须更换。( )

30. 超高强度钢不同寻常的高强度是由于在加工过程中产生的特殊细化的晶粒形成的。（ ）

31. 对低碳钢进行加热时，随着钢板温度的增高，其强度和刚度也随着下降，停止加热后温度下降到常温，它的强度又恢复到原来的程度。（ ）

32. 对低碳钢钢板进行长时间加热方式的修理，是允许的。（ ）

33. 对钢铁加热时，其颜色会随着温度上升而发生变化。（ ）

34. 钢铁的热处理是通过调整加热温度来实现的。（ ）

35. 安装新的超高强度钢零部件时，应采用气体保护焊的塞焊方式或大功率电阻点焊机来焊接，切不可使用能产生大量热量的焊接方式。（ ）

36. 当钢铁经过机械加工产生塑性变形后，其内部结构将变得散乱，从而造成强度不均，此时可借回火处理来整顿其内部结构，改善机械性能。（ ）

37. 大部分的装饰性部件是采用低碳钢制造的，因此对热不敏感。（ ）

38. 对高强度钢加热后可以用快速冷却来处理，恢复它的强度。（ ）

39. 回火处理用来增加硬度，它是将淬火处理过的材料，再次加热到200℃，然后冷却的一种热处理过程。（ ）

40. 退火处理是材料加热后，慢慢冷却的一种热处理过程。（ ）

41. 现在的车身的外部覆盖件一般采用低碳钢或强度比较低的高强度钢制造，但是车身的结构件都采用高强度钢和超高强度钢来制造。（ ）

42. 在对高强度钢进行加热时，可以使用热敏材料来控制温度。（ ）

43. 在修理中对钢板进行加热的目的是消除钢板内部的应力，而不是过度加热来软化钢板以方便修理。（ ）

44. 车身中的排气管护板是镀锡钢板。（ ）

45. 不锈钢在车身上主要用于一些豪华车的防腐蚀性部件。（ ）

46. 铝合金中主要合金元素是硅，还有少量的镁和铜。（ ）

47. 对于低碳钢钢板的修理来说，加热操作后不会降低钢板原有的强度。（ ）

48. 铝暴露在空气中，会很快在表面形成一层致密的氧化物，使金属铝和空气隔绝开来，防止进一步腐蚀。（ ）

49. 在焊接铝时需要去除氧化物，否则焊缝会存在气孔和杂质等缺陷。（ ）

50. 铝材的一致性要比钢材好，它能够很好地通过冲压或挤压加工成形。（ ）

51. 铝合金的熔点高达2050℃。（ ）

52. 铝合金的防腐性能好是因为很难被氧化。（ ）

53. 高强度钢经过过度加热再冷却后强度不会下降。（ ）

54. 铝材较软，强度比铁低一些，所以其能量吸收性能比钢铁差。（ ）

55. 钢化玻璃在受到冲击破碎时，会分裂成带钝边的小碎块，不易对乘客造成伤害。（ ）

56. 当代汽车上应用的区域钢化玻璃裂纹后仍可以保持一定的清晰度，保证驾驶人的视野区域不受到影响。（ ）

57. 正火处理是将材料加热到850℃后，以空气来冷却的一种热处理过程。（ ）

58. 塑料的主要组成部分是合成树脂和填料。（ ）

59. 环氧树脂黏合剂是一种有机黏合剂，它的用途很广，适合黏结各种非金属材料，但对于金属材料黏合性能不好。（ ）

60. 加热处理后的板件如果没有变形，其强度是不会发生大改变的。（ ）

（二）单项选择题

1. 热轧钢板是在（ ）℃以上轧制的。

A. 600　B. 700　C. 800

2. 钢板在加热到暗红色时的温度是（ ）℃。

A. 500　B. 550　C. 600

3. 当代整体式车身上，应用超高强度钢的部件是（ ）。

A. 中立柱　B. 门槛板　C. 翼子板

4. 大多数整体式车身都采用（ ）制成。

A. 冷轧钢　B. 热轧钢　C. 高强度钢

5. 热轧钢板的厚度一般是（ ）mm。

A. 1.2 ~ 8　B. 1.4 ~ 8　C. 1.6 ~ 8

6. 冷轧钢板的厚度一般是（ ）mm。

A. 0.4 ~ 1.4　B. 0.4 ~ 1.6　C. 0.4 ~ 1.2

7. 高强度钢的强度一般在（ ）N/mm^2以上。

A. 150　B. 200　C. 300

8. 采用高强度钢制造车身前部构件后，其强度（ ）。

A. 变大　B. 变小　C. 不会变化

9. 在悬架周围特别容易受到腐蚀的地方，应采用经过表面处理的（ ）作为防锈钢板。

A. 冷轧钢板　B. 热轧钢板　C. 高强度钢

10. 在车身上，（ ）损坏后不允许修理，只能更换。

A. 前立柱　B. 前纵梁　C. 保险杠加强梁

11. 高强度、低合金钢与低碳钢的加工特性是（ ）。

A. 低碳钢难于加工

B. 高强度、低合金钢容易加工

C. 两种钢加工难度相似

12. 当钢铁呈现红色时，温度可以达（ ）。

A. 700℃　B. 900℃　C. 1000℃

13. 高强度、低合金钢的加热温度不能超过（ ）℃。

A. 360 ~ 480　B. 370 ~ 480　C. 370 ~ 490

14. 高强度、低合金钢的加热时间不能超过（ ）min。

A. 3　B. 4　C. 5

15. 高抗拉强度钢的屈服强度和抗拉强度分别是（ ）MPa。

A. 250和450　B. 350和550　C. 350和450

16. 车门护板已经凹陷或产生其他变形，应该（ ）。

A. 低温加热维修

B. 更换新的

C. 修理后只要不影响尺寸就可以继续使用

17. 钢铁的正火处理用来（ ）。

A. 强化内部结构　B. 增加硬度（脆性）　C. 增加韧性

18. 对高抗拉强度钢用氧乙炔焊炬加热部位的周围必须使用温度显示的方法，将这些地方的温度限制在（　）℃以下。

A. 500　　B. 600　　C. 400

19. 双相钢的抗拉强度可以达到（　）MPa以上。

A. 450　　B. 800　　C. 1300

20. 双相钢一般用来制造车身的（　）。

A. 保险杠　　B. 前纵梁吸能部件　　C. 挡泥板

21. 硼钢的抗拉强度可以达到（　）MPa。

A. 1200～1400　　B. 1200～1300　　C. 1300～1400

22. 钢铁的回火处理用来（　）。

A. 强化内部结构　　B. 增加硬度（脆性）　　C. 增加韧性

23. 当代车身上应用超高强度钢的比例可以达到（　）。

A. 10%　　B. 20%　　C. 30%

24. 当代车身上应用高强度钢的比例可以达到（　）。

A. 30%　　B. 40%　　C. 50%

25. 如果用退火处理在各种管类或线类制造期间改善材料的切削性，以便于切削，应将材料加热到（　）。

A. 150～600℃　　B. 600～700℃　　C. 800℃以上

26. 高强度钢内部晶粒变大熔合后，强度（　）。

A. 不变　　B. 变大　　C. 变小

27. 当钢铁呈现黄色时，温度可以达（　）℃。

A. 800　　B. 900　　C. 1000

28. 对一些高强度钢进行加热处理时，加热温度不能超过（　）℃。

A. 100　　B. 200　　C. 300

29. 对高强度钢进行600℃加热后冷却，相当于对它进行了（　）。

A. 正火处理　　B. 退火处理　　C. 淬火处理

30. 消除应力的加热方式一般不能超过（　）℃，在加热时要采用热敏材料来控制加热的温度。

A. 200　　B. 300　　C. 600

31. 正火处理用来强化钢材内部结构，正火处理要把钢材加热到（　）℃。

A. 850　　B. 750　　C. 650

32. 车身上，应用双面镀锌的部件有（　）。

A. 车顶板　　B. 门槛板　　C. 发动机罩

33. 车身上，应用单面镀锌的部件有（　）。

A. 挡泥板　　B. 车门　　C. 车顶板

34. 不锈钢中，铬的含量大约是（　）。

A. 10%　　B. 11%　　C. 12%

35. 夹层制振钢板用于车身（　）。

A. 地板　　B. 前围板　　C. 后舱隔板

36. 在车身制造中，铝的应用可以使车辆减小（　）的质量。

A. 10%～20%　　B. 20%～30%　　C. 30%～40%

37. 铝的密度大约是钢铁的（　　）。

A. 1/3　　B. 1/4　　C. 1/5

38. 在修理中对钢板进行加热的目的是（　　）。

A. 消除钢板内部的应力

B. 用过度加热来软化钢铁以方便维修

C. 优化钢铁的组织结构

39. 铝外层氧化物的熔点可以达到（　　）℃。

A. 2050　　B. 2150　　C. 2100

40. 塑料的比强度（　　）钢铁的比强度。

A. 高于　　B. 低于　　C. 等于

41. 热塑性塑料数量很大，约占全部塑料的（　　）。

A. 60%　　B. 70%　　C. 80%

42. 塑料的缺点是（　　）。

A. 比强度小　　B. 耐热性低　　C. 吸振性差

43. 车身上的（　　）是用橡胶制造的。

A. 保险杠　　B. 密封条　　C. 翼子板

44. 环氧树脂中加入的乙二胺是（　　）。

A. 增韧剂　　B. 稀释剂　　C. 固化剂

45. 酚醛树脂与环氧树脂混合使用时，其用量为环氧树脂的（　　）。

A. 20% ~ 30%　　B. 40% ~ 50%　　C. 30% ~ 40%

46. 玻璃纤维加强塑料大量应用于车身的（　　）。

A. 保险杠　　B. 密封条　　C. 刚性车身面板

47.以下（　　）可以用于制造车身内饰板。

A. 聚氯乙烯　　B. 聚丙烯　　C. 玻璃纤维加强塑料

(三) 多项选择题

1.以下（　　）是用热轧钢板制造的。

A. 车架纵梁　　B. 车架横梁　　C. 散热器支架　　D. 门槛板

2. 使用高强度钢可以使汽车的（　　）。

A. 质量增加　　B. 排放减少　　C. 安全性提高　　D. 刚性降低

3. 车身结构中有（　　）类型的钢板。

A. 热轧钢板　　B. 冷轧钢板

C. 高温轧钢板　　D. 低温轧钢板

4. 整体式车身上，用高强度钢或超高强度钢制造的部件是（　　）。

A. 后侧围板　　B. 挡泥板　　C. 保险杠加强梁　　D. 后纵梁

5.以下（　　）属于超高强度钢。

A. 高塑性钢　　B. 多相钢　　C. 双相钢　　D. 硼钢

6. 高强度、低合金钢适合采用（　　）焊接方式。

A. 气体保护焊　　B. 氧乙炔焊　　C. 电阻点焊　　D. 电弧焊

7. 对高强度钢加热会（　　）。

A. 损坏镀锌层　　B. 改变钢铁强度

C. 改变钢板的尺寸　　D. 形成氧化膜后使钢板厚度减小

8. 防锈钢板一般有（　　）镀层。
A. 镀锌　B. 镀铜　C. 镀铝　D. 镀锡
9. 对高强度、低合金钢（HSLA）进行焊接时，大多数汽车制造商都不允许采用（　　）焊接这两种钢材。
A. 气体保护焊　B. 氧乙炔焊　C. 电阻点焊　D. 电弧焊
10. 镀锌钢板防腐的原因是（　　）。
A. 锌层先腐蚀且不向内延伸　B. 阻断空气接触钢板
C. 油漆防腐　D. 吸收氧气
11. 车身中的铝合金件有（　　）。
A. 铸造件　B. 冲压件　C. 焊接件　D. 压铸件
12. 铝车身的优点有（　　）。
A. 强度高　B. 质量轻　C. 防腐性能好　D. 环保
13.（　　）属于热塑性塑料。
A. 聚乙烯（PE）　B. 丙烯腈丁二烯苯乙烯（ABS）
C. 玻璃纤维加强塑料（SMC）　D. 聚氯乙烯（PVC）
14. 车身上（　　）可能是用塑料制造的。
A. 前纵梁　B. 翼子板　C. 后侧围板　D. 保险杠

二 习题答案

（一）判断题

1. ✓　2. ×　3. ✓　4. ×　5. ✓　6. ×　7. ×　8. ✓　9. ✓　10. ×
11. ×　12. ✓　13. ✓　14. ✓　15. ×　16. ✓　17. ✓　18. ×　19. ✓　20. ×
21. ✓　22. ✓　23. ✓　24. ✓　25. ✓　26. ×　27. ×　28. ×　29. ✓　30. ✓
31. ✓　32. ×　33. ✓　34. ✓　35. ✓　36. ×　37. ✓　38. ×　39. ×　40. ✓
41. ✓　42. ✓　43. ✓　44. ×　45. ×　46. ✓　47. ✓　48. ✓　49. ✓　50. ✓
51. ✓　52. ×　53. ×　54. ×　55. ✓　56. ✓　57. ✓　58. ✓　59. ×　60. ×

（二）单项选择题

1. C　2. C　3. A　4. A　5. C　6. A　7. B　8. C　9. A　10. C
11. C　12. A　13. B　14. A　15. C　16. B　17. A　18. B　19. B　20. B
21. C　22. C　23. B　24. C　25. B　26. C　27. C　28. B　29. B　30. A
31. A　32. C　33. C　34. C　35. C　36. B　37. A　38. A　39. A　40. A
41. C　42. B　43. B　44. C　45. C　46. C　47. A

（三）多项选择题

1. AB　2. BC　3. AB　4. BCD　5. ABCD
6. AC　7. ABCD　8. ACD　9. BD　10. AB
11. ABD　12. BCD　13. AD　14. BCD

第5章 车身损坏分析

本章提要

1. 掌握汽车碰撞诊断的基本步骤；
2. 掌握汽车损坏评估时的安全注意事项；
3. 熟悉各种碰撞因素对汽车损坏的影响；
4. 掌握车架式车身的碰撞变形；
5. 熟悉碰撞对整体式车身的影响；
6. 掌握整体式车身的碰撞变形；
7. 能通过目测确定碰撞损坏的程度。

考纲要求

 碰撞修复程序

1. 汽车碰撞损坏修复的主要过程通常包括校正车身的弯曲、扭转、偏斜等变形板件，更换严重损坏的板件，以及调整装配车身部件等。在按程序修复之前，先要对碰撞损伤的车辆进行全面、细致的损坏评估。

2. 在修理中可能找到一些未被发现的损坏，或认为对某些损坏评估过低，这就需要对汽车的损坏情况进行补充诊断和重新评估。根据新的损坏评估决定修复方法，就可以对车身进行修复了。

3. 有经验的车身修理人员一定会把大量的精力用在损坏评估上，这是因为一旦在修复中发现新的损坏情况，修复的方法及工序必将随之改变，这会浪费大量的人力、物力和时间。

4. 定损人员和车身修理人员在损坏诊断检查中，通过目测方式不会遗漏明显的损坏，但常会忽略损坏对其他无关联系统的影响及发生在远离碰撞部位的损坏。因此，除用目测方式进行诊断外，还应该使用精确的工具及设备来测量、评估受损汽车，为后续的车身修复工作打下良好的基础。

5. 检查车身损伤时，要沿着碰撞能量传递路线一处一处地检查部件的损坏，直到没有任何损坏痕迹的位置。对于小的碰撞，可以通过比较车身的标准尺寸和汽车上的实际尺寸来检查，简单的测量检查可以用一个轨道式量规或定心量规来比较车身上的尺寸。对于比较复杂的车身损坏，必须用三维测量系统检查悬架和整个车身的损坏情况。

6. 在对汽车损坏评估之前，首先要处理汽车上的破碎玻璃棱边及锯齿状金属。锯齿状的金属刃口要贴上胶带纸，但最好用砂轮机或锉刀将其磨平。拆除电气系统时，先要

卸下蓄电池负极电缆，切断电路，防止短路，以免突然点燃易燃气体，同时也保护了电气系统。

二 汽车的碰撞损坏及其影响因素

1. 汽车前车身和后车身要设计得在某种程度上容易损坏，以形成一个能吸收碰撞能量的结构；同时中车身要保证设计得结实牢固，给乘客提供一个安全的生存空间。

2. 当汽车以50km/h的速度撞上障碍物时，发动机舱的长度会被压缩30%～40%，但乘坐室的长度仅被压缩1%～2%。

3. 汽车碰撞时，产生的碰撞力及受损程度取决于事故发生时的状况。影响碰撞损坏的因素有：被碰撞汽车的尺寸、构造和碰撞位置；碰撞时汽车行驶的速度和方向；碰撞碰撞物的差异；碰撞时汽车上乘客、货物的数量及位置。

4. 碰撞点在汽车前端较高部位，就会引起车壳和车顶后移及后部下沉。而碰撞点在汽车前端下方，因车身惯性就会引起汽车后部向上变形、车顶被迫上移，在车门的前上方与车顶缝之间形成一个极大的裂口，车顶板会产生凹陷变形。

5. 车辆以相同的车速碰撞，当撞击的对象不同时，车辆损坏程度差异就很大。汽车撞上墙壁，其碰撞面积较大，损坏程度就较轻；相反，撞上电线竿，因碰撞面积较小，其损伤程度就较严重。

6. 当横向行驶的汽车撞击纵向行驶汽车的侧面时，纵向行驶汽车的中部会产生弯曲变形，而横向行驶的汽车除产生压缩变形外还会被纵向行驶的汽车向前牵引，导致弯曲变形。由此可看出，横向行驶的汽车虽然只有一次碰撞但损坏却发生在两个方向。

7. 不同类型的车辆碰撞时，产生的变形也不一样，碰撞车辆质量越大，被撞车辆的变形越大。

三 车架式车身的碰撞变形

1. 车架的前部和后部具有上弯的结构，碰撞时会变形，但是可以保持车架中部结构的完整。

2. 车身与车架之间有橡胶垫间隔，橡胶垫能减缓从车架传至车身上的振动效应。遇有强烈振动时，橡胶垫上的螺栓可能会折弯，并导致车架与车身之间出现裂缝。碰撞时由于振动的大小和方向不同，车架可能遭受损坏而车身没有。

3. 车架是否变形，可通过比较门槛板与车架前后之间的空间尺寸、比较前翼子板与轮罩前后之间的空间尺寸，以及比较前保险杠上的后孔到前车架横梁之间左右尺寸的大小来确定。

4. 当汽车一侧被碰撞时应观察被撞一侧纵梁的内侧及未被撞一侧纵梁的外侧是否有皱曲，车门长边上有无裂缝和短边上是否有褶皱，或汽车被撞一侧是否有明显的碰撞损坏，车身和车顶盖是否有错位等情况，可确定是否有左右弯曲变形。

5. 汽车被撞后，若车身外壳表面比正常位置低，结构上也有后倾现象，这就发生了上下弯曲变形。大多数车辆碰撞损坏中都会有上下弯曲变形，即使在车架上看不出褶皱和扭曲。严重的上下弯曲变形也能破坏车架上车身钢板的准直。

6. 汽车发生碰撞后，当观察到发动机罩前移或后车窗后移；车身上的某些部件或车架元件的尺寸小于标准尺寸；车门可能吻合得很好，但挡板、车身或车架的拐角处褶皱或有其他严重的变形；车架在车轮挡板圆顶处向上提升，引起弹性外壳损坏和保险杠会有一个非常微小的垂直位移，这些都表明车身上发生了断裂变形。当车架发生断裂变形后，在长度上尺寸会有变化。

7. 菱形变形是整个车架的变形，可以明显看到发动机罩及行李舱盖发生错位。此外，菱形变形还会附加有许多断裂及弯曲的组合损坏，但菱形变形很少会发生在整体式车身上。发生菱形变形后，有时可通过测量对角线判断。

8. 当汽车高速撞击到路缘石或路中隔离栏或车身后侧角端发生碰撞时，就可能发生扭转变形。发生扭转变形后，汽车的一角会比正常情况高，而相反的一角则会比正常情况低。

9. 车架式车身上各类损坏发生的次序为：左右弯曲、上下弯曲、断裂变形、菱形变形和扭转变形。

10. 架修复最重要的准则是颠倒方向和次序。这就是说，校正汽车的碰撞损坏时，对损坏部位的拉或推操作必须按照与碰撞相反的方向进行。

四 整体式车身的碰撞影响

1. 由薄钢板连接成的车身壳体，在碰撞中，能吸收大部分振动。其中一部分碰撞能量被碰撞区域的部件通过变形吸收掉，另一部分能量会通过车身的刚性结构传递到远离碰撞的区域，这些被传递的振动波引起的影响称为二次损坏。二次损坏会影响整体式车身的内部结构或与被撞击相反一侧的车身。

2. 汽车在前部和后部设计了吸能区（抗挤压区域）。前保险杠支撑、前纵梁、前挡泥板、发动机罩、后保险杠支撑、后纵梁、后挡泥板、行李舱盖等部位，都设计了波纹或结构强度上的局部弱化。在受到撞击时，它们就会按照预定的形式折曲，这样碰撞振动波在传送过程中就被大大减小直至消散。中部车身有很高的刚性，把前部（或后部）吸能区不能完全吸收而传过来的能量传递到车身的后部（或前部），引起远离碰撞点部件的变形，从而保证中部乘坐室的结构完整及安全。这是现代汽车安全性设计的一个重要特点。

3. 在所有碰撞中，超过70%的碰撞发生在汽车的前部，在碰撞比较小时，由前部的保险杠、保险杠支撑等变形来吸收能量。碰撞剧烈时，后面的前纵梁等可以很好地吸收能量，前纵梁作为前部最坚固的部件，不仅有承载前部其他部件和载荷的能力，在碰撞中它还作为主要吸能元件来变形吸收碰撞能量。

4. 经过波纹加工的新型保险杠加强件用螺栓连接在纵梁上，在碰撞时可以充分地吸收碰撞能量，并且在修理时可以迅速更换。

5. 整体式车身的中部没有抗挤压区（吸能区）设计，当碰撞发生在车身中部时，碰撞能量由车门、车门槛板、中立柱等部件变形来吸收。为了保证乘客舱的完整及乘客的安全，在中部的区域如中柱、车门槛板采用一些高强度钢板甚至超高强度钢板来保护中部的安全，在车门内部还有超高强度钢板的加强防撞杆（板）来保护乘客安全。

6. 如果在设计中没有很好地考虑吸能区的吸能效果，或者在修复后破坏了吸能区的结构，那么吸能区将不能很好地吸收碰撞能量，会造成中部乘坐室严重变形，威胁乘客的安全。

五 整体式车身的碰撞变形

1. 汽车前部碰撞的冲击力取决于汽车的质量、速度、碰撞范围及碰撞物。碰撞程度较轻时，保险杠会被向后推，前纵梁、保险杠支撑、前翼子板、散热器支座、散热器上支撑和发动机罩锁紧支撑等也会折曲。

2. 如果碰撞的程度剧烈，那么前翼子板就会弯曲而触到前车门，发动机罩铰链会向上弯曲至前围上盖板，前纵梁也会折弯到固定前悬架的横梁上并使其弯曲。如果碰撞力量足够大，前挡泥板及车身前立柱（特别是前门铰链上部装置）将会弯曲，并使车门松垮掉下。另外，前纵梁会发生褶皱，前悬架构件、前围板和前车门平面也会弯曲。

3. 如果从某一角度进行正面碰撞，前纵梁的连接点就会成为旋转中心。由于左面和右面的前侧构件是通过前横向构件连接在一起的，碰撞引起的振动就会从碰撞点一侧传递至另一侧的前部构件并引起其变形。

4. 汽车后部碰撞时其受损程度取决于碰撞面的面积、碰撞时的车速、碰撞物及汽车的质量等因素。如果碰撞力小，后保险杠、后地板、行李舱盖及行李舱地板可能会变形。如果碰撞力大，相互垂直的钢板会弯曲，后顶盖顶板会塌陷至顶板底面。而对于四门汽车，车身中立柱也可能会弯曲。

5. 当坠落物体砸到汽车的顶部时，除车顶钢板受损外，车顶纵梁、后顶盖侧板和车窗也可能同时被破坏。在汽车发生翻滚时，车顶板、立柱，车下部的悬架会严重损坏，悬架固定点的部件也会受到损坏。

6. 整体式车身结构的碰撞损坏是按弯曲变形、断裂变形、增宽变形和扭转变形的顺序进行的。

7. 左右弯曲通常通过测量宽度或对角线，上下弯曲变形通常通过测量车身部件的高度是否超出配合公差来判别。与车架式车身结构的弯曲变形相似，这一变形可能仅发生在汽车的一侧。

8. 在碰撞过程中，碰撞点会产生明显的挤压，碰撞的能量被结构的折曲变形吸收，以保护乘坐室。而较远距离的部位则可能会褶皱、断裂或者松动。测量车身部件长度是否超出配合公差可以判别是否为断裂变形。

9. 增宽变形与车架式车身上的左右弯曲变形相似，可以通过测量车身宽度是否超出配合公差来判别。

10. 整体式车身的扭转变形与车架式车身的相似，可以通过测量其高度是否超出配合公差来进行判别。

六 目测确定碰撞损伤的程度

1. 车身在发生碰撞时，容易观察到变形的部位有板件的连接部位（如电阻点焊焊点位置和板件接缝处）、零件的棱角和边缘。

2. 整体式车身轻微碰撞时，可能只造成装饰性部件的损坏；严重碰撞时，既会造成装饰性部件的损坏，也会造成结构性部件损坏。

3. 车身前部发生碰撞进行校正时，应最先校正车身中部。

4. 通过观察和测量车身部件之间间隙的变化可以判定发生了哪些变形。如车身左侧翼子板与车门缝隙变宽，右侧缝隙消失，说明前部车身向右弯曲；车身翼子板与车门缝隙上部变宽，下部变窄，说明前部车身向下弯曲。

5. 汽车前部修复时，重点是要恢复部件的尺寸与状态。

6. 引起车门轻微下垂的前端碰撞，其损伤不会扩展越过汽车的中心。

7. 在碰撞中由于乘客惯性的原因，仪表盘、转向盘、转向支柱和座位靠背将受到损坏。行李舱中的行李也可能成为引起行李舱地板、行李舱盖和后顶侧板损伤的原因之一。

例题解析

1 判断题

例题： 扭转变形往往隐藏在底层，可能在钢板表面检查看不出任何明显的损坏。（ ）

解析： 此题为判断题，如果此题正确，应（✓），错误应（×）。此题是考核的是车架式车身的扭转变形。发生扭转变形后，汽车的一角会比正常情况高，而相反的一角则会比正常情况低。若汽车的一角下垂接近地面，就应对汽车进行扭转损坏检查。要特别注意的是，扭转变形往往隐藏在底层，可能在钢板表面检查看不出任何明显的损坏。所以此题答案为（✓）。

2 单项选择题

例题： 整体式车身是否发生断裂变形可通过（ ）来判别。

A. 测量部件长度是否超出配合公差

B. 测量车身部件的高度是否超出配合公差

C. 测量车身宽度是否超出配合公差

解析： 此题为单项选择题，只有一个正确答案，将选择的正确答案填在（ ）内。此题是考核整体式车身的断裂变形。在碰撞过程中，碰撞点会产生明显的挤压，碰撞的能量被结构的折曲变形吸收，以保护乘坐室。而较远距离的部位则可能会褶皱、断裂或者松动。测量车身部件长度是否超出配合公差来判别是否为断裂变形。所以此题答案为（A）。

3 多项选择题

例题： 汽车前部碰撞的冲击力取决于（ ）。

A. 汽车的质量　B. 汽车的速度　C. 碰撞范围　D. 碰撞物

解析： 此题为多项选择题，有一个或多个正确答案，将选择的正确答案填在（ ）内。此题是考核汽车前部的碰撞变形。汽车前部碰撞的冲击力取决于汽车的质量、速度、碰撞范围及碰撞物。所以此题答案是（ABCD）。

习题及答案

习题

（一）判断题

1. 在所有的修复程序进行之前，先要对碰撞损坏的车辆进行全面、细致的损伤评估。（ ）

2. 在修理中发现一些未被检查到的损伤，可以不必重新进行损坏分析，继续修理。（ ）

3. 损伤诊断检查中，通过目测方式一般不会遗漏掉所有的损伤。（ ）

4. 除用目测方式进行诊断外，还应该使用精确的工具及设备来测量，评估受损汽车。（ ）

5. 对于小的碰撞，可以通过比较车身的标准尺寸和汽车上的实际尺寸来检查，简单的测量检查可以用一个轨道式量规或定心量规来比较车身上的尺寸。（ ）

6. 检查车身损伤时，要沿着碰撞能量传递路线，一处一处地检查部件的损伤，直到没有任何损伤痕迹的位置。（ ）

7. 汽车前部车身和后部车身要设计成在某种程度上容易损坏的结构，以吸收碰撞能量。

8. 车身中部可以压缩变形以吸收碰撞能量。（ ）

9. 汽车碰撞时，产生的碰撞力及受损程度取决于事故发生时的状况。（ ）

10. 两辆相同的车，以相同的车速碰撞，当各撞击的对象不同时，撞伤结果差异就很大。（ ）

11. 对于比较复杂的车身损坏，必须用三维测量系统检查悬架和整个车身的损坏情况。（ ）

12. 汽车虽然只有一个方向的碰撞，但损伤却可能发生在两个方向上。（ ）

13. 碰撞车辆质量越大，被碰撞车辆的变形越大。（ ）

14. 碰撞时，由于振动的大小和方向不同，车架可能遭受损伤，而车身可能没有损伤。（ ）

15. 当汽车被撞后，车身外壳表面会比正常位置低，结构上也有后倾现象，这就发生了左右弯曲变形。（ ）

16. 车身左右弯曲时，部件的高度尺寸会发生变化。（ ）

17. 对车身进行检查时，锋利的金属刃口可以粘贴上胶带纸，但最好用便携式电动砂轮机或锉刀将其磨平。（ ）

18. 车辆碰撞损伤中，车架上会有上下弯曲，但可能看不出褶皱和扭曲。（ ）

19. 当汽车高速撞击到路缘石、路中隔离栏或汽车后侧角端发生碰撞时，就可能发生扭转变形。（ ）

20. 车架式车身上各类损伤发生的次序为：上下弯曲、左右弯曲、断裂变形、菱形变形和扭转变形。（ ）

21. 在前纵梁上有吸能区设计，而在挡泥板部位没有这种设计。（ ）

22. 车身或车架修复最重要的准则是，后变形的先修复，先变形的后修复。（ ）

23. 碰撞点在汽车前端下方，因车身惯性就会引起汽车后部向上变形、车顶被迫上移，在车门的前上方与车顶缝之间形成一个极大的裂口，车顶板会产生凹陷变形。（ ）

24. 在汽车前部较低位置发生碰撞时，除了前部的损伤外，在汽车尾部可能有向上的变形损伤。（ ）

25. 汽车中部经常发生碰撞，所以要采用高强度钢来制造，防止对乘员的伤害。（ ）

26. 整体式车身上发生菱形变形时，也可能在地板上发现褶皱和弯曲。（ ）

27. 引起车门轻微下垂的前端碰撞，其损伤不会扩展越过汽车的中心。（ ）

28. 整体式车身的增宽变形和车架式车身的左右弯曲变形相类似。（ ）

29. 车辆以相同的车速撞击墙壁和电线竿，其损伤程度是相同的。（ ）

30. 当汽车受到偏离中心的碰撞时，通常会产生扭转变形。（ ）

31. 菱形变形一般还会附加有许多断裂及弯曲的组合损伤。（ ）

32. 整体式车身的汽车发生碰撞时，除了碰撞点的损伤外，远离碰撞点的部位也会有损伤。（ ）

33. 碰撞点在汽车前部，而同时发生在汽车后部的损伤称为二次损伤。（ ）

34. 发动机罩没有吸能区设计。（ ）

35. 车架的前部和后部具有上弯的结构，碰撞时会发生变形，但可保持车架中部结构的完整。（ ）

36. 汽车车身中部强度很高，也设计了吸能区以保护乘员。（ ）

37. 新型汽车的纵梁前部会有用螺栓固定的保险杠支撑件，在剧烈碰撞中吸收能量，可以快速更换。（ ）

38. 汽车前部修复时，重点是要恢复部件的形状与尺寸。（ ）

39. 如果在碰撞中，前门松垮下来，那么中立柱也可能受到损伤。（ ）

40. 汽车上下弯曲变形后，车身外壳表面会比正常位置低，结构上也有后倾现象。（ ）

41. 如果汽车后部发生严重碰撞，中立柱一般不会变形。（ ）

42. 车架式车身和整体式车身的弯曲变形是相似的。（ ）

43. 用对角线测量，可以检验出车身的扭转损伤。（ ）

44. 吸能区件上的压痕在受到严重碰撞后，会产生弯曲变形。（ ）

45. 所有的上下弯曲变形会破坏车架上车身钢板的准直。（ ）

46. 整体式车身的菱形变形很复杂，需要仔细检查、诊断。（ ）

47. 当汽车以50km/h的速度碰撞时，发动机舱长度会压缩30%～40%。（ ）

(二) 单项选择题

1. 有经验的车身维修人员会把大量精力和时间用在损伤评估上，总的修理时间会（ ）。

A. 缩短　B. 增加　C. 不变

2. 比较复杂的车身损坏，需要使用（ ）来检查悬架和整个车身的损伤情况。

A. 轨道式量规、定心量规　B. 三维测量系统　C. 钢卷尺

3. 当汽车以50km/h的速度撞上障碍物时，发动机舱的长度会被压缩（ ）。

A. 20%～30%　B. 30%～40%　C. 40%～50%

4. 当汽车以50km/h的速度撞上障碍物时，乘坐室的长度会被压缩（ ）。

A. 5%～10%　B. 2%～5%　C. 1%～2%

5. 对于小的碰撞，可以通过比较车身的标准尺寸和汽车上的实际尺寸来检查，简单的测量检查可以用一个（ ）来比较车身上的尺寸。

A. 轨道式量规、定心量规　B. 三维测量系统　C. 钢卷尺

6. 汽车前部正面碰撞时，如果碰撞点位置靠下部，则后部会（ ）变形。

A. 向上　B. 向下　C. 向左或右

7. 汽车前部正面碰撞时，如果碰撞点位置靠上部，则后部会（ ）变形。

A. 向上　B. 向下　C. 向左或右

8. 被撞纵梁的内侧及未被撞纵梁的外侧有褶皱是发生了（ ）。

A. 上下弯曲　B. 左右弯曲　C. 压缩变形

9. 车架各类损伤发生的次序为（ ）。

A. 左右弯曲、上下弯曲、断裂变形、菱形变形、扭转变形

B. 上下弯曲、左右弯曲、断裂变形、菱形变形、扭转变形

C. 左右弯曲、上下弯曲、断裂变形、扭转变形、菱形变形

10. 车身左侧翼子板与车门缝隙变宽，右侧缝隙消失，说明前部车身（　）。

A. 向左弯曲　　B. 向右弯曲　　C. 向上弯曲

11. 车身翼子板与车门缝隙上部变宽，下部变窄，说明前部车身（　）。

A. 向上弯曲　　B. 向右弯曲　　C. 向下弯曲

12. 当车架发生上下弯曲时，变形的部件在（　）上发生了变形。

A. 长度　　B. 宽度　　C. 高度

13. 若发动机罩前移或后车窗后移，或者车门可能吻合得很好，但挡板、车身或车架的拐角处有褶皱或其他严重变形，这可能发生了（　）。

A. 上下弯曲　　B. 左右弯曲　　C. 断裂变形

14. 车身或车架修复最重要的准则是（　）。

A. 颠倒方向和次序

B. 颠倒方向，不颠倒次序

C. 颠倒次序，不颠倒方向

15. 如果观察到发动机罩及行李舱盖发生错位，可能发生了（　）。

A. 上下弯曲　　B. 菱形变形　　C. 断裂变形

16. 前端碰撞大约占到总的碰撞的（　）。

A. 60%　　B. 70%　　C. 80%

17. 在整体式车身发动机舱部位，（　）没有吸能区设计。

A. 纵梁　　B. 发动机罩　　C. 横梁

18. 车身前部碰撞时，吸收能量最大的部件是（　）。

A. 纵梁　　B. 散热器支架　　C. 挡泥板

19. 如果从某一角度正面碰撞，（　）就会成为旋转中心或旋转面，并发生侧向的和垂直方向的弯曲。

A. 前纵梁的连接点　　B. 中立柱　　C. 前立柱

20. 对于当代汽车，前端碰撞较轻时，（　）可能会损坏。

A. 前立柱　　B. 中立柱　　C. 散热器支架

21. 当车架发生断裂变形后，在（　）上尺寸会有变化。

A. 高度　　B. 宽度　　C. 长度

22. 当车架发生扭转变形时，在（　）上尺寸会有变化。

A. 高度　　B. 宽度　　C. 长度

23. 车身前部发生碰撞进行校正时，最先校正的是（　）。

A. 车身前部　　B. 车身后部　　C. 车身中部

24. 整体式车身严重碰撞时，会造成（　）的损坏。

A. 结构件　　B. 装饰性部件　　C. 结构件与装饰性部件

25. 整体式车身结构的碰撞损坏是按（　）的顺序进行的。

A. 增宽变形、弯曲变形、断裂变形和扭转变形

B. 弯曲变形、断裂变形、增宽变形和扭转变形

C. 弯曲变形、增宽变形、断裂变形和扭转变形

26. 车架式车身的变形修复顺序是（　）。

A. 左右弯曲、上下弯曲、断裂变形、菱形变形和扭转变形

B. 扭转变形、菱形变形、断裂变形、上下弯曲和左右弯曲

C. 扭转变形、菱形变形、断裂变形、左右弯曲和上下弯曲

27. 车身中，（　）在碰撞中不吸收能量，只传递能量。

A. 前纵梁　　B. 后纵梁　　C. 门槛板

28. 整体式车身的变形修复顺序是（　）。

A. 弯曲变形、断裂损伤、增宽变形和扭转变形

B. 断裂损伤、增宽变形、弯曲变形和扭转变形

C. 扭转变形、增宽变形、断裂损伤和弯曲变形

29. 在一般的碰撞中，不会发生变形的部件是（　）。

A. 前纵梁　　B. 地板纵梁　　C. 后纵梁

30. 车架式中存在断裂变形、上下弯曲变形和菱形变形等损伤时，要先修复（　）。

A. 断裂变形　　B. 上下弯曲变形　　C. 菱形变形

31. 整体式车身上下弯曲变形通常通过测量（　）来判别。

A. 宽度

B. 对角线

C. 车身部件的高度是否超出配合公差

32. 增宽变形与车架式车身上的左右弯曲变形相似，可以通过测量车身（　）方向的配合公差来判别。

A. 宽度和长度　　B. 长度和高度　　C. 高度和宽度

33. 当车身前部吸能区吸能效果不好时，会导致（　）。

A. 车身后部损坏　　B. 车身中部变形　　C. 车身中部完好

34. （　）说法是正确的。

A. 汽车在前部、中部和后部都设计了吸能区

B. 吸能区是在部件上设置强度的局部变化

C. 承载式车身的菱形变形容易校正

35. 发生菱形变形后，通过测量（　）可以判断。

A. 长度　　B. 高度　　C. 对角线

36. 以下（　）说法是正确的。

A. 车架式车身最后修复上下弯曲

B. 车架上不会发生菱形变形

C. 碰撞中车架可能遭受损伤，而车身没有

(三) 多项选择题

1. 对车身进行检查时，发现车身板件有锐利的边缘，应（　　）。

A. 贴上胶带　　B. 切割掉　　C. 锉刀磨平　　D. 等修理时再处理

2. 对车身诊断分析时，为了（　　），要断开蓄电池。

A. 防止短路　　B. 保护电气系统　　C. 防止触电　　D. 防止起火

3. 横向行驶的汽车撞在纵向行驶的汽车的中部，横向行驶的汽车（　　）。

A. 车身前部压缩变形　　B. 车身后部压缩变形

C. 车身后部弯曲变形　　D. 车身前部左右弯曲变形

4. 车身上有吸能区设计的部件有（　　）。

A. 前纵梁　　B. 车顶板　　C. 发动机罩　　D. 后纵梁

5. 汽车碰撞损坏修复的主要过程通常包括（　　）等。

A. 校正车身的弯曲、扭转、偏斜等变形板件
B. 更换严重损坏的板件
C. 调整装配车身部件
D. 对相关部位进行焊接、铆接或黏结

6. 车架是否变形，可通过比较（　　）的变形来确定。
A. 门槛板与车架前后之间　　B. 前翼子板与轮罩前后之间
C. 保险杠上的后孔到前车架钢梁总成之间　　D. 车门缝隙

7. 整体式车身上可能会发生（　　）。
A. 上下弯曲　　B. 左右弯曲　　C. 断裂变形　　D. 菱形变形

8. 汽车顶部坠物，一般会造成（　　）的损伤。
A. 中立柱　　B. 挡泥板　　C. 纵梁　　D. 车顶板

9. 影响碰撞损坏的因素有（　　）。
A. 被碰撞汽车的尺寸、构造和碰撞位置
B. 碰撞时汽车行驶的速度和方向
C. 碰撞碰撞物的差异
D. 碰撞时汽车上乘客、货物的数量及位置

10. 汽车发生翻滚后，一般会造成（　　）的损伤。
A. 中立柱　　B. 纵梁　　C. 挡泥板　　D. 车顶板

11. 车身在发生碰撞时，容易观察到变形的部位有（　　）。
A. 电阻点焊焊点部位　　B. 板件接缝处
C. 部件的棱角部位　　D. 前立柱部位

12. 在汽车前部碰撞时，行李舱中物体的惯性会导致（　　）变形。
A. 后纵梁　　B. 行李舱地板　　C. 后围板　　D. 后地板

二 习题答案

(一) 判断题

1.✓　2.×　3.×　4.✓　5.✓　6.✓　7.✓　8.✓　9.✓　10.✓
11.✓　12.✓　13.✓　14.✓　15.×　16.×　17.✓　18.✓　19.✓　20.×
21.×　22.✓　23.✓　24.✓　25.✓　26.×　27.✓　28.✓　29.×　30.×
31.✓　32.✓　33.✓　34.×　35.✓　36.×　37.✓　38.×　39.✓　40.✓
41.×　42.✓　43.×　44.×　45.×　46.×　47.✓

(二) 单项选择题

1. A　2. B　3. B　4. C　5. A　6. A　7. B　8. B　9. A　10. B
11. C　12. C　13. C　14. A　15. B　16. B　17. C　18. A　19. A　20. C
21. C　22. A　23. C　24. C　25. B　26. B　27. C　28. C　29. B　30. C
31. C　32. A　33. B　34. B　35. C　36. C

(三) 多项选择题

1. AC　2. AB　3. AD　4. ACD　5. ABC
6. AC　7. ABC　8. AD　9. ABC　10. AD
11. ABC　12. BC

第6章 车身测量

本章提要

1. 掌握机械式车身测量系统的使用方法及注意事项；
2. 掌握电子式测量系统的使用方法及注意事项；
3. 掌握车身三维测量的原理；
4. 能够识读车身数据图；
5. 掌握车身尺寸的测量方法；
6. 掌握大客车车身的测量方法。

考纲要求

一 车身测量的重要性

1. 车身的测量工作是车身修复程序中必须进行的操作，在事故车的损坏评估、校正、板件更换及安装调整等工序中都要用到测量工作。

2. 对整体式车身来说，转向系和悬架都装配在车身上，有的悬架是依据装配要求设计的，车身损坏后就会严重地影响到悬架结构的安装基础。

3. 为保证汽车使用性能良好，总成的安装位置必须正确，因此在修理后要求车身尺寸的配合公差不能超过 ± 3 mm。

4. 修理中常用的机械式车身测量系统大致可分为三种类型：量规测量系统、专用测量系统和通用测量系统。

二 机械式车身测量系统类型

1. 修理人员常用的基本测量工具有钢板尺和卷尺。这两种尺可以测量两个测量点之间的距离，将卷尺的前端进行加工后，在插入控制孔测量时，会使测量结果更为准确。如果两个测量点之间有障碍将会使测量不准确，这就需要使用轨道式量规。

2. 量规主要有轨道式量规、中心量规和麦弗逊撑杆式中心量规等多种，它们既可以单独使用，也可互相配合使用。

3. 轨道式量规多用于测量点对点之间的距离；中心量规用来检验部件之间是否发生错位；麦弗逊撑杆式中心量规可以测量麦弗逊悬架支座（减振器支座）是否发生错位。

4. 在使用轨道式量规进行测量时，要根据车身的标准尺寸来精确地测量受损汽车。如果没有标准尺寸，而车身仅是一侧受到损坏且不严重，那么就可测量未损受一侧的尺寸并以此作为损坏一侧的对照尺寸。否则，可用一辆没有受损且是同一厂家、同一年份、同一型号的汽车作为校正受损汽车的参照。

5. 车身上部的测量可以大量使用轨道式量规来进行，对一些小的碰撞损坏，用这种方法既快速又有效。

6. 在车身构造中，大多数的控制点实际上都为孔、洞，而测量尺寸一般是孔中心至孔中心的距离。

7. 当测量孔直径大于测量头直径时，为了用轨道式量规进行精确测量，在两测量孔的直径相同时，就需用同缘测量法，这是因为两个孔中心的距离等于两个孔同侧边缘的距离。如果测量孔直径不相同，有时甚至不是同一类型的孔（圆孔、方孔、椭圆孔等），要测出两个孔中心点间的距离，就要先测得两孔内缘间距后再测得两孔外缘间距，然后将两次测量结果相加再除以2即可。例如，有两个圆孔，一个圆孔直径为10mm，另一个圆孔直径为26mm，测得其内缘间距为300mm，外缘间距为336mm，则孔中心距为（300+336）÷2=318mm，即轨道式量规测得的两个孔的中心距为318mm。

8. 使用轨道式量规测量时的注意事项：

（1）汽车上固定点（如螺栓孔）的测量位置是中心。

（2）点至点测量为两点间直线的距离测量。

（3）量规臂应与汽车车身平行，这就要求量规臂上的指针在测量某些尺寸时要设置成不同长度。

（4）某些标准车身数据要求平行测量，有些则只要求点至点之间的长度测量，而有的则两者都用。修理人员必须使用与车身表述的数据一致的测量方法，否则就很容易导致错误的测量。

（5）按车身标准数据测量损坏车辆上所有点，损坏程度通常用标准数据减去实际测量数据表示。

9. 中心量规最常用的是自定心量规，自定心量规的构造同轨道式量规相似，它不是用来测量实际尺寸，但能够通过投影用肉眼看出车身结构是否准直。

10. 自定心中心量规测量的原理是找到车辆的基准面、中心面和零点平面等基准，找出它们之间的偏移量，在车身修理中只能做一个大体的分析，它不能显示测量的具体数据。具体到每一个尺寸的变形的测量，则需要使用三维测量系统来测量。

11. 麦弗逊撑杆式中心量规有一根上横梁和一根下横梁，下横梁有一个中心销，上横梁上有两个测量指针，指针的作用是将量规安装到减振器拱形座或上部车身上。上横梁一般是从中心向外标定的。麦弗逊撑杆式中心量规的上下横梁在测量时必须要调整平行。

12. 麦弗逊撑杆式中心量规一般用来检测减振器拱形座的不对中情况。另外，它还可以用来检测散热器支架、中立柱、车颈部（前车身与中车身的交界处称为车颈）和后侧围板等的不对中情况。

13. 专用测量工具根据车身上的主要测量点的三维空间尺寸，制作出一套包含主要测量控制点的测量头（也称为定位器）。在车身变形后，可以通过车身上每个主要控制测量点与它专用测量头的配合情况来确定测量点的数据是否变化，直到主要测量控制点的位置与专用测量头完全配合后，就能够确定测量点的尺寸已经恢复到位。专用测量系统的测量是把注意力放在控制点与测量头的配合上，而不是像其他测量系统那样要测量出数据，然后与标准数据对比才能知道尺寸是否正确。

14. 专用测量头最大的优点是专用性，每一款汽车就有一套专用测量头，可以快速精确的修复车身，但它最大的缺点也是专用性，由于一套专用测量头只适用于一个车型，这就限制了它的应用范围。

15. 专用测量头的测量原理与米桥尺的测量原理是相同的，但只是测量附件不同。

16. 机械式通用测量系统（如龙门式通用测量系统、米桥式通用测量系统）在当代车身修理中被广泛应用。通用测量系统能够同时测量所有基准点。在测量时，只要将通用测量系统绕车辆移动，不仅能检查车辆的所有基准点，而且能快速地确定车辆上的每个基准点的位置。

17. 机械式通用测量系统的测量精度达到±1～±1.5mm才能作为一个合格的车身测量工具。

18. 在测量时，首先建立起车辆和测量系统的基准，在测量桥或测量架上安装好横尺，将测量头安装在横尺上，就可以同时测量受损车辆上的多个基准点。

19. 机械式通用测量系统的精确度取决于测量头的位置和精确性。与轨道式量规比较，机械式通用测量系统具有即时读取测量数据的优点。

20. 在用通用测量系统进行实际测量操作过程中，修理人员首先要用测量头来测量基准点。通过各基准点实际测量数据与标准数据相比较，就能很快地确定各个基准点所处的位置是否变形，如果车身上的基准点的数据超过±3mm的公差，就必须先对基准点进行校正。

三 电子车身测量系统

1. 电子式车身测量系统中，计算机数据库储存了大量的不同厂家、不同年代的车身数据，这些标准的车身数据图可以随时被调出。系统就可以自动地将实际的测量值与标准值进行比较，并在计算机屏幕上显示出来，不用再去人工查阅数据手册或测量值。

2. 电子测量系统可以显示标准数据、实际测量数据、标准数据和实际测量数据的差值。

3. 常见的半机械半电子测量系统，如CHIEF公司的产品VIRTEX类型的测量系统，它的测量工具是一个类似轨道式量规的测尺，在量规上安装了位移传感器，在测尺上可以电子显示测量的高度和长度两个方向的数值，一次只能测量两个测量点之间的高度和长度或高度和宽度。

4. 常见的半自动电子测量系统如Car–o–Liner、Carbenc、Spenis等测量系统，使用自由臂方式进行测量，自由臂由一节节可以转动的关节连接，每两个节之间可以在一个平面内360° 转动，通过多个自由臂的转动可以移动到空间的任意一个位置，在连接处有角度位移传感器，任何一个关节转过的任何一个角度会被记录并传输到计算机。自由臂的每个臂长是固定的，计算机会自动地计算出自由臂端部到达的空间位置的三维数据尺寸。

5. 半自动电子的自由臂测量系统只有一个测量臂，在测量中每次只能测量一个控制点，控制点变形后则测量不准确。在实际拉伸修复中经常要同时监控多个控制点，而自由臂测量系统不能做到多点同步进行测量。

6. 激光测量系统包括多个反射靶、一个激光发射接收器和一台计算机。激光测量系统使用起来相对比较容易，而且非常精确。它采用激光测量技术，由两个准分子激光发射器发射激光投射到标靶上，每个标靶上有不同的反射光栅，通过接收光栅反射的激光束测量出数据。

7. 为了使用激光测量系统测量车身上部的各个点，要在减振器支座（挡泥板上冲压成形的减振器支座）上安装一个专用支架。在量针接触减振器支座上特定的点时，支架底部的标靶反射的激光就可以被激光发射接收器读取。

8. 全自动电子测量系统中目前应用最广泛的一种是超声波测量系统，它的测量精度可以小于±1mm，测量稳定、准确，可以瞬时测量，操作简便、高效。

9. 超声波测量系统由超声波发射器、超声波接收器、控制柜（包括计算机，也称主机）及各种测量头组成。

10. 超声波发射器有上下两个发声源同时发射超声波，由测量头及测量头转接器等安装到车身某一构件的测量点上，发射器发送超声波，由于声音是以等速传播的，装置在测量横梁上的上下两排48个接收器可快速精确地测量声波在车辆上不同基准点之间传播所用的时间。计算机根据每个接收器的接收情况自动计算出每个测量点的三维数据。

11. 根据事故车的类型选择汽车公司、汽车品牌、生产年代，从数据系统内调出符合的车型数据图。

12. 根据车辆的损坏情况来选择长度基准：若汽车前部发生碰撞则选择后面的基准点作为长度基准；若汽车的后部发生碰撞则选择前面的基准点作为长度基准；如果车身中部发生碰撞，则要对车身中部进行整修，直到车身中部四个基准点有三个点的尺寸被恢复。

13. 超声波测量系统一次可以测量多个测量点，能同时对几个点测量监控。可以选择持续测量实时监控模式，系统会自动每隔很短时间发射一次超声波进行测量，并把最新的测量结果在显示器上实时显示。

14. 超声波测量系统在测量过程中，测量不会相互干扰，系统每隔1～2s会自动重新测量一次，把环境对它的影响降低到最小。操作中不用调节水平，计算机自动找正，而且不会因为发射器、接收器的位置移动而改变数据。可以实现车辆碰撞修理前的预检、测量、定损、修理中的测量监控、修复后的数据存储及打印等工作。

15. 三维测量系统可以测量车身上没有标准数据的孔的三维尺寸。

四 车身三维测量原理

1. 基准面是一个假想表面，与车身底板平行并与之有固定的距离。基准面被用来作为车身所有垂直尺寸测量的参照面，汽车高度尺寸数据就是从基准面得到的测量结果。

2. 中心面是三维测量的宽度基准，它将汽车分成左右对等的两部分。对称的汽车所有宽度尺寸都是以中心面为基准测得的。大部分汽车都是对称的，对称意味着汽车右侧尺寸与左侧相应点的尺寸是完全相同的。车身结构的一侧是另一侧完全对称的镜像。

3. 为了正确分析汽车损坏，一般将汽车看作一个矩形结构并将其分成前、中、后三部分，三部分的基准面称作零平面。在实际测量中，零平面也叫零点，是长度的基准。

4. 在实际测量工作中，高度基准面我们一般使用车身校正仪的平台平面，宽度中心面是车辆的中心面与测量系统的中心面重合或平行。长度的基准不在平台或测量尺上，而是在车身上，可以找到前或后的零平面作为长度基准，来测量其他测量点的长度数据。

五 车身数据图的识读

1. 不同公司提供的数据图在形式上可能有所不同，但是基本的数据信息是相同的，都要反映出车身上测量点的长宽高的三维数据。

2. 有些汽车制造厂为修理厂提供车身数据表。

3. 进行车身测量时的关键是选对车身数据。

4. 车身上主要的安装点可以用来测量数据。

5. 车身数据图中，车身俯视图上标有长度和宽度；车身侧视图标有长度和高度。

6. 车身俯视图中心线的上面部分是右侧车身，下面部分是左侧车身。

7. 车身的测量位置包括车身上的圆孔、方孔或椭圆孔、焊接裙边搭接缝隙、车身部件表面以及一些主要的安装螺栓。

8. 车身数据图中有长度尺寸、宽度尺寸、高度尺寸和对角线尺寸。

9. 测量车门数据的过程中，要测量铰链的安装点和门锁的安装点。

10. 对称的汽车所有宽度尺寸都是以中心面为基准测得的；汽车高度尺寸是以基准面为基准测得的；汽车长度尺寸是以零平面为基准测得的，零平面也叫零点。

六 车身尺寸的测量方法

1. 前部车身损坏变形的程度也可用导轨式量规或卷尺来确定。检验汽车前部尺寸时，轨道式量规测量的最佳位置是悬架及机械装置上的安装点，因为它们对中的正确与否很关键。每一尺寸应该对照另外的两个基准点进行检验，其中至少有一个基准点要进行对角线测量。通常，测量的尺寸越长，其精确度越高。

2. 在进行点与点的距离测量时，经常要利用车身的左右对称性。运用对角线测量法可检测出车身的翘曲。在发动机室及下部车身数据遗失、车身尺寸表上没有可提供的数据或汽车在倾翻中受到严重创伤时，都可以使用对角线对比测量方法。

3. 车身上的每一个控制点都由3个数据组成，即长度、宽度和高度数值，在测量时要找到尺的零点才可以进行测量。

4. 侧面车身的测量主要使用轨道式量规。

5. 发动机舱的数据可以使用轨道式量规来测量，也可使用三维测量系统来测量。

6. 车身测量时，车身中间部分最先测量。

7. 为了测量更准确，把车身或车架分为三部分来进行测量。

8. 测量时发现测量孔已经变形，还需要对孔进行校正后再测量。

9. 高度与长度是测量尺平行于车身基准面时测量出来的。

10. 对于车身上部的测量重点是板件之间的配合情况。

11. 整体式车身发生轻微碰撞时，可以使用钢卷尺和轨道式量规快速测量；发生严重碰撞时，可以使用三维测量系统准确测量。

12. 在实际测量时，车辆的基准面和测量系统的基准面重合或平行都可以。

13. 在检测汽车两侧受损或扭转情况时，不能仅仅使用对角线测量法，因为测量不出这两条对角线间的差异。如果汽车左侧和右侧的变形相同，对角线长度相等，此方法就更不宜使用了。

14. 后部车身的变形大致可通过行李舱盖开关和缝隙的变化估测出来。

15. 根据数据图的提示，选择正确的测量杆和测量头，安装在中心线杆（横尺）上，把测量头与要测量的测量孔配合。测量头的选择正确与否非常重要，若选择不当，测量的高度数据将是错误的。

七 大客车的车身测量

1. 客车测量时，一般用量具测量车门框、侧窗框、车身骨架、龙门框架等位置。

2. 大客车侧窗框对角线长度差应控制在3 mm以内。

3. 大客车龙门框架对角线长度差不能大于8 mm。

4. 大客车车门框对角线长度差不能大于6 mm。

5. 大客车车身整体结构是长方形结构，许多局部有曲面或类似曲面结构，用一般量具测量还不能达到目的，所以常采用样板检测的方法。检查部位是前后窗框、驾驶室门框、骨架弧度等。

例题解析

1 判断题

例题： 超声波测量系统选择持续测量实时监控模式，系统会自动每隔很短时间发射一次超声波进行测量，并把最新的测量结果在显示器上实时显示。（ ）

解析： 此题为判断题，如果此题正确，应（√），错误应（×）。此题考核的是超声波测量系统。超声波测量系统一次可以测量多个测量点，能同时对几个点测量监控。可以选择持续测量实时监控模式，系统会自动每隔很短时间发射一次超声波进行测量，并把最新的测量结果在显示器上实时显示。所以此题答案为（√）。

2 单项选择题

例题： 侧面车身的测量主要使用（ ）。

A. 轨道式量规　　B. 机械三维测量　　C. 电子三维测量

解析： 此题为单项选择题，只有一个正确答案，将选择的正确答案填在（ ）内。此题是考核侧面车身的测量方法。轨道式量规常用来进行点对点的测量，侧面车身的测量主要使用轨道式量规。所以此题答案为（ A ）。

3 多项选择题

例题： 大客车车身整体结构是长方形结构，许多局部有曲面或类似曲面结构，因此常采用样板检测的方法，检查部位是（ ）等。

A. 前窗框　　B. 后窗框　　C. 驾驶室门框　　D. 骨架弧度

解析： 此题为多项选择题，有一个或多个正确答案，将选择的正确答案填在（ ）内。此题是考核大客车车身的测量方法。大客车车身整体结构是长方形结构，许多局部有曲面或类似曲面结构，用一般量具测量还不能达到目的，所以常采用样板检测的方法。检查部位是前后窗框、驾驶室门框、骨架弧度等。所以此题答案是（ABCD）。

习题及答案

习题

（一）判断题

1. 车身测量工作一般只在校正拉伸中配合使用。（ ）

2. 车身上的尺寸指的是中心点到中心点的距离。（ ）

3. 点对点的测量是指两点之间的直线测量距离。（ ）

4. 就整体式车身来说，转向系统和悬架都装配在车身上，有的悬架则是依据装配要求设计的，车身损伤就会严重地影响到悬架结构的安装基础。（ ）

5. 点对点测量时，轨道式量规可以与车身基准面不平行。（ ）

6. 同一尺寸，用不同的测量方法测量，其结果是一样的。（ ）

7. 用钢卷尺不能进行三维测量，而使用轨道式量规可以对车身进行三维测量。（ ）

8. 车身上左右两点的距离就是两点的宽度尺寸。（ ）

9. 车身上两点的长度值就是指两点的直线距离。（ ）

10. 常用的基本测量工具有钢板尺和卷尺，这两种尺可以测量两个测量点之间的距离。（ ）

11. 如果两个测量点之间有障碍，使用钢板尺和卷尺进行测量将会导致测量不准确，此时需要使用轨道式量规。（ ）

12. 三维测量是指对长度和宽度尺寸的测量。（ ）

13. 车身测量时，车身中间部分最先测量。（ ）

14. 中心线不用于测量车身宽度尺寸。（ ）

15. 尽管对角线的测量结果是正确的，但车身结构或车架仍有可能不在其正确的位置。（ ）

16. 车身测量的误差允许为 ± 5mm。（ ）

17. 测量的尺寸越短，测量的精度越高。（ ）

18. 数据表的侧视图只显示车身数据的高度值。（ ）

19. 在车身修复时，钢卷尺的使用范围要比三维测量广泛。（ ）

20. 为了测量更准确，把车身或车架分为三部分来进行测量。（ ）

21. 车身上部的测量可以大量使用轨道式量规来进行，对一些小的碰撞损坏，用这种方法既快速又有效。（ ）

22. 在车身构造中，大多数的控制点实际上都为孔、洞，而测量尺寸一般是孔中心至孔中心的距离。（ ）

23. 电子测量系统软件储存有车身数据表。（ ）

24. 电子测量系统只能测量长度和宽度。（ ）

25. 高度与长度是测量尺平行于车身基准面时测量出来的。（ ）

26. 车身左、右侧的数据值总是相同的。（ ）

27. 所有车身数据图纸都使用一样的标记符号。（ ）

28. 电子测量的计算机会自动比较实际测量数据和标准数据。（ ）

29. 点对点的测量是车身测量中最重要的测量手段。（ ）

30. 有些汽车制造厂为修理厂提供车身数据表。（ ）

31. 车身零平面是用来测量长度的。（ ）

32. 离地间隙值在所有车身数据表中都是一样的。（ ）

33. 如果没有标准尺寸，而车身仅是一侧受损坏且不严重，那么就可以测量未受损一侧的尺寸并以此作为损坏一侧的对照尺寸。（ ）

34. 所有汽车使用相同的测量控制点。（ ）

35. 可以使用钢卷尺进行车身所有点对点的测量。（ ）

36. 测量两个孔时，中心对中心的测量与边对边的测量效果一样。（ ）
37. 零平面用于测量高度尺寸。（ ）
38. 麦弗逊撑杆式中心量规可以进行长度测量。（ ）
39. 电子测量系统通过计算机传输数据。（ ）
40. 在数据表上，车身上部数据都是三维尺寸。（ ）
41. 允许误差适用在每一次的测量中。（ ）
42. 用对角线测量方法，可以检验出车身的扭转损伤。（ ）
43. 自定心量规可以测量测量点的变形值。（ ）
44. 车身部件损伤的程度，通常用标准数据减去实际测量数据来表示。（ ）
45. 汽车上测量点如螺栓、孔的测量位置是其中心。（ ）
46. 轨道式量规的测量头在测量某些尺寸时要设置成不同长度。（ ）
47. 轨道式量规和麦弗逊撑杆式中心量规可以作为一个整体使用，也可作为单独的诊断工具使用。（ ）
48. 中心量规用来检验部件之间是否发生错位。（ ）
49. 麦弗逊撑杆式中心量规可以测量点对点之间的尺寸。（ ）
50. 机械式车身测量系统大致可分为量规测量系统、专用测量系统和通用测量系统三种基本类型。（ ）
51. 麦弗逊撑杆式中心量规的上下横梁在测量时必须要调整平行。（ ）
52. 使用专用测量头可以快速地测量出变形的变形量。（ ）
53. 在测量时，只要将通用测量系统绕车辆移动，不仅能检查车辆所有基准点，而且能快速地确定车辆上的每个基准点的位置。（ ）
54. 一套专用测量头一般可以测量不同厂家的几种车型的数据，但不能测量所有厂家的车型。（ ）
55. 专用测量头的测量原理与米桥尺的测量原理是相同的，但只是测量附件不同。（ ）
56. 三维测量系统可以测量车身上没有标准数据的孔的三维尺寸。（ ）
57. 使用通用测量系统时，测量的第一步是建立测量基准。（ ）
58. 在使用通用测量系统对车身进行测量时，应拆下可拆卸的损坏部件，包括机械部件和车身覆盖件。（ ）
59. 在使用通用测量系统对车身进行测量时，如果车身损坏非常严重，应对车辆的中部或基础部分先进行粗略地校正，然后将中部基准点的尺寸恢复到标准数值。（ ）
60. 在使用通用测量系统对车身进行测量时，如果某些机械部件不需要拆除，应对这些部件进行必要的支撑。（ ）
61. 与轨道式量规比较，通用测量系统具有即时读取的优点。（ ）
62. 自由臂电子测量系统一般一次可以测量两个点。（ ）
63. 自由臂电子测量系统可以实时测量出测量点的数据。（ ）
64. 超声波电子测量系统可以实时测量出测量点的数据。（ ）
65. 自由臂电子测量系统对变形的控制点也能准确测量。（ ）
66. 超声波电子测量系统的测量精度可以达到 ± 1mm以下。（ ）
67. 超声波电子测量系统是根据声音等速传播的原理进行测量的。（ ）
68. 进行车身测量时的关键是选对车身数据。（ ）

69. 在汽车前端碰撞时，要选择前部的基准点作为测量长度的基准。（ ）

70. 如果车身中部发生碰撞，则要对中部进行整修，直到中部四个基准点有三个点的尺寸恢复了，才可以进行下一步的测量。（ ）

71. 使用超声波电子测量系统测量时，可以任意选择测量头安装在测量孔上。（ ）

72. 超声波测量系统一次可以测量多个测量点，能同时对几个点同时测量监控。（ ）

73. 超声波测量系统在测量过程中，测量不会相互干扰，系统每隔1～2s会自动重新测量一次，把环境对它的影响减小到最小。（ ）

74. 超声波电子测量系统可以同时对多个点进行实时测量。（ ）

75. 在使用机械式通用测量系统时，必须使汽车的中心面、基准面与测量系统的中心面、基准面重合后才能进行测量。（ ）

76. 在测量时，车身必须要调节成水平状态。（ ）

77. 车身的基准面、中心面和零平面各只有一个。（ ）

78. 车身上的每一个控制点都由3个数据组成，即长度、宽度和高度数值，在测量时要找到尺的零点才可以进行测量。（ ）

79. 发动机舱的数据可以使用轨道式量规来测量，也可以使用三维测量系统来测量。（ ）

80. 中立柱的测量点一般是焊接裙边搭接缝隙。（ ）

81. 车身侧面的数据一般使用轨道式量规进行测量，不必使用三维测量系统。（ ）

82. 对于车身上部的测量重点是板件之间的配合情况。（ ）

83. 为了正确分析汽车损坏，一般将汽车看作一个矩形结构并将其分成前、中、后三部分，三部分的基准面称作零平面，这三部分在汽车的设计中已形成。（ ）

84. 测量系统自身的测量精度对测量结果影响不大。（ ）

85. 选择测量基准时，一般选择汽车前纵梁或后纵梁的孔作为基准。（ ）

86. 使用米桥式测量系统时，测量头选择错误，测量出来的宽度数据就不准确。（ ）

87. 后部车身的变形大致上可通过行李舱盖开关和缝隙的变化估测出来。（ ）

88. 客车测量时，一般用量具测量车门框、侧窗框、车身骨架、龙门框架等位置。（ ）

89. 客车测量时，除了用量具测量外，还可以使用样板检测的方法。（ ）

90. 客车龙门框的弯角处，应使用样板进行测量。（ ）

（二）单项选择题

1. 车身修理后，要求尺寸公差是（ ）mm。

A. ±3　　B. ±4　　C. ±2

2.以下（ ）属于机械测量系统。

A. 自由臂式测量系统　　B. 专用量头　　C. 超声波测量系统

3. 点对点的测量可以使用（ ）测量系统进行。

A. 轨道式量规　　B. 中心量规　　C. 麦弗逊撑杆式中心量规

4.以下（ ）用来检验部件之间是否发生错位。

A. 轨道式量规　　B. 中心量规　　C. 麦弗逊撑杆式中心量规

5.以下（ ）可以测量麦弗逊悬架支座（减振器支座）是否发生错位。

A. 轨道式量规　　B. 中心量规　　C. 麦弗逊撑杆式中心量规

6. 麦弗逊撑杆式中心量规可以测量车身的（ ）尺寸。

A. 前纵梁　　B. 后纵梁　　C. 散热器支架

7. 麦弗逊撑杆式中心量规的（　）是安装在上横梁上的。

A. 中心销　　B. 测量指针　　C. 立尺

8. 中心量规可以测量（　）。

A. 部件的非准直度　　B. 偏移量　　C. 中柱的变形

9.以下（　）测量系统可以测量出实际的尺寸数值。

A. 专用测量头　　B. 中心量规　　C. 轨道式量规

10. 使用轨道式量规测量时，测量孔径大于测量头直径时用（　）。

A. 自定心测量法　　B. 同缘测量法　　C. 同孔测量法

11. 在测量前端碰撞的汽车时，先要测量（　）。

A. 散热器支架部位　　B. 车身中部　　C. 车身前部包括散热器支架

12. 通用机械式测量系统通过（　）来评定受损的车辆。

A. 显示部件错位多少

B. 测量点相对于基准点的尺寸

C. 测量点之间的尺寸

13. 如果车身上的基准点的数据超过（　），就必须先对基准点进行校正。

A. ±1mm　　B. ±2mm　　C. ±3mm

14. 用同缘测量法测量两个孔的距离时，外边缘距离450mm，内边缘距离430mm，两个孔的距离是（　）mm。

A. 430　　B. 440　　C. 450

15. 在点对点测量中，两孔直径相同时，（　）。

A. 边缘的距离大于孔中心距离

B. 边缘的距离小于孔中心距离

C. 边缘的距离等于孔中心距离

16. 车身上部的测量点可以大量地使用（　）测量系统进行测量。

A. 轨道式量规　　B. 中心量规　　C. 自由臂式测量系统

17. 使用钢卷尺可以测量（　）。

A. 纵梁上的测量点

B. 发动机舱上部的测量点

C. 减振器支座的高度尺寸

18. 三维测量系统的测量精度要求达到（　）mm。

A. 1 ~ 1.5　　B. 0.5 ~ 1.5　　C. 1 ~ 2

19. 中心量规的每一个横臂都与车身结构（　）。

A. 垂直　　B. 平行　　C. 倾斜

20. 在使用专用测量头测量时，要把注意力放在（　）。

A. 板件的变形量上　　B. 板件与测量头的配合上　　C. 测量头上

21. 一套专用测量头可以测量（　）种类型的车型。

A. 1　　B. 2　　C. 3

22. 以下（　）的说法是错误的。

A. 专用性是专用量头的优点

B. 专用性是专用量头的缺点

C. 一种量头可测量多种车型

23. 对称的汽车所有宽度尺寸都是以（　）为基准测得的。

A. 基准面　　B. 中心面　　C. 零平面

24. 汽车高度尺寸是以（　）为基准测得的。

A. 基准面　　B. 中心面　　C. 零平面

25. 汽车长度尺寸是以（　）为基准测得的。

A. 基准面　　B. 中心面　　C. 零平面

26. 对车身进行测量时，测量长度为1m和2m的两个点，它们的误差要求是（　）mm。

A. 2和3　　B. ±3　　C. 3和4

27. 专用测量头的缺点是（　）。

A. 快速测量　　B. 快速定位　　C. 专用性

28. 关于机械通用式测量系统，（　）的说法是错误的。

A. 可以测量车身每一个点的数据

B. 可以测量每个点的三维数据

C. 只能测量每个点的变形方向

29. 车身电子测量系统的测量精度要达到（　）mm。

A. ±1　　B. 0.5　　C. 1.5

30. 各汽车生产厂、数据公司提供的车身测量数据的格式（　）。

A. 都是相同的

B. 可以不同

C. 只有高度数据相同，其他的不同

31. 可以进行实时测量的测量系统是（　）。

A. 自由臂测量系统　　B. 超声波测量系统　　C. 米桥式测量系统

32. 自由臂测量系统可以对（　）个点进行测量。

A. 3　　B. 2　　C. 1

33. 车身测量时，长度基准（　）。

A. 选在汽车的中部　　B. 在车头损坏时选车尾，在车尾损坏时选车头

C. 选在底部长测量尺的中间位置

34. 半机械半电子测量系统同时可以对（　）个点进行测量。

A. 1　　B. 2　　C. 3

35. 自由臂测量系统的测量传感器是（　）。

A. 位移传感器　　B. 角度传感器　　C. 激光传感器

36. 在实际测量中，零平面也叫零点，是（　）的基准。

A. 长度　　B. 高度　　C. 长度、高度和宽度

37. 在实际测量工作中，高度基准一般使用（　）。

A. 车身校正仪的平台

B. 车辆的中心面

C. 与测量系统的中心面重合或平行的车辆的中心面

38. 自由臂测量系统可以做到（　）。

A. 适时测量　　B. 实时测量　　C. 多点测量

39. 激光测量系统标靶的作用是（　）。

A. 接收激光束　　B. 反射激光束　　C. 发射激光束

40. 超声波测量系统横梁上的上下两排小孔的作用是（ ）。

A. 发射超声波　　B. 反射超声波　　C. 接收超声波

41. 车身上（ ）可以用来测量数据。

A. 所有的孔都　　B. 主要的安装点　　C. 只是底部的孔

42. 每个超声波发射器有（ ）个超声波发射源。

A. 1　　B. 2　　C. 3

43. 用超声波测量系统测量时，要测量三对点，需要（ ）个超声波发射器。

A. 9　　B. 6　　C. 3

44. 激光测量系统有（ ）个准分子激光发射器。

A. 1　　B. 2　　C. 3

45. 超声波测量系统测量头的作用是（ ）。

A. 安装在测量点上

B. 显示出测量点的数据

C. 校正测量点的变形

46. 测量时发现测量孔已经变形，还需要（ ）。

A. 继续测量　　B. 对孔进行校正后再测量

C. 换另外一个测量点

47. 运用对角线测量法可检测出车身的（ ）。

A. 翘曲　　B. 扭曲　　C. 弯曲

48. 在发动机室及下部车身数据遗失、车身尺寸表上没有提供数据或汽车在倾翻中受到严重损伤时，都可以使用（ ）方法。

A. 对角线对比测量　　B. 轨道式量规测量　　C. 机械三维测量

49. 超声波测量系统的横梁在测量时向前移动50mm，会使（ ）。

A. 长度读数增加50mm　　B. 长度读数减少50mm　　C. 长度读数不变

50. 以下（ ）的说法是错误的。

A. 电子测量系统内都会存有数据

B. 自由臂测量系统只可测量1个点

C. 电子测量系统计算机会提示测量点的位置

51. 车身数据图中，车身俯视图上标有（ ）。

A. 长度和高度　　B. 长度和宽度　　C. 宽度和高度

52. 车身数据图中，车身侧视图上标有（ ）。

A. 长度和高度　　B. 长度和宽度　　C. 宽度和高度

53. 车身高度数值是以（ ）为基准测量的。

A. 基准面　　B. 中心面　　C. 零平面

54. 在实际测量时，车辆的基准面和测量系统的基准面（ ）。

A. 要求完全重合　　B. 只要求平行　　C. 重合或平行都可以

55. 在进行车身测量时，长、宽、高的测量基准分别有（ ）。

A. 1个、1个、2个　　B. 2个、1个、1个　　C. 1个、2个、1个

56. 中心面把汽车分为（ ）。

A. 前后相等的两部分　　B. 上下相等的两部分　　C. 左右相等的两部分

57. 在使用机械通用测量系统测量时，汽车的中心面向右偏离测量系统的中心面

50mm，右侧某点的宽度读数是250mm，那么这个点的宽度实际数值是（ ）mm。

A. 200　　B. 250　　C. 300

58. 在使用机械通用测量系统测量时，汽车的中心面向右偏离测量系统的中心面50mm，右侧某点的高度读数是250mm，那么这个点高度实际数值是（ ）mm。

A. 200　　B. 250　　C. 300

59. 车辆长度的测量基准在（ ）。

A. 车身前部　　B. 车身中部　　C. 车身后部

60. 使用通用测量系统测量时，测量系统基准面在数据图基准上面50mm并保持平行，某点的标准高度数值是386mm，那么在误差范围内这个点的实测高度数据为（ ）mm。

A. 335　　B. 385　　C. 435

61. 车身俯视图中心线的上面部分是（ ）。

A. 左侧车身　　B. 右侧车身　　C. 前部车身

62. 在车身数据图上，若一组点之间的距离是510mm，那么每个点至中心线的宽度值为（ ）mm。

A. 510　　B. 255　　C. 1020

63. 从车身中部前方基准点测量某点的长度是538mm，而从车身中部后方基准点测量同一点的长度是2186mm，车身中部前后基准点的长度是（ ）mm。

A. 538　　B. 2186　　C. 1648

64. 大客车车身整体结构是长方形结构，许多局部有曲面或类似曲面结构，因此常采用（ ）的方法。

A. 对角线测量　　B. 样板检测　　C. 超声波测量

65. 关于发动机舱数据图，（ ）的说法是正确的。

A. 只能用点对点的尺寸表示

B. 只能用三维的数据表示

C. A、B两种都可以表示

66. 车身侧面的尺寸测量，（ ）的说法是正确的。

A. 只能用点对点的尺寸表示

B. 只能用三维的数据表示

C. A、B两种都可以表示

67. 用对角线方法测量时，两个对角线的数据相同，测量的部件（ ）变形。

A. 肯定没有　　B. 肯定有　　C. 可能有

68. 车身发生扭转变形时，用对角线方法测量（ ）测出变形。

A. 能　　B. 不能　　C. 测量准确就能，否则就不能

69. 对大客车上的曲面结构，应用（ ）来进行测量。

A. 定位测量杆　　B. 样板检测的方法　　C. 导轨式量规

70. 用量具检查大客车车门框的对角线长度，误差应不大于（ ）mm。

A. 6　　B. 8　　C. 10

（三）多项选择题

1. 车身的测量位置包括（ ）。

A. 螺栓　　B. 车身上的圆孔、方孔或椭圆孔

C. 焊接裙边搭接缝隙　　D. 车身部件表面

2. 在车身修复的各个工序中，（　　）使用测量系统。

A. 诊断分析　B. 拉伸操作　C. 拆除部件　D. 安装部件

3. 在选择车身数据时，要根据（　　）来选。

A. 汽车公司　B. 车辆型号　C. 车身大小　D. 生产年代

4. 电子测量系统可以显示（　　）。

A. 标准数据　B. 实际测量数据

C. 只有标准数据　D. 标准数据和实际测量数据的差值

5. 修理中常用的机械式车身测量系统大致可分为（　　）类型。

A. 量规测量系统　B. 专用测量系统

C. 通用测量系统　D. 常规钢卷尺测量系统

6. 量规主要有（　　）等。

A. 轨道式量规　B. 中心量规

C. 麦弗逊撑杆式中心量规　D. 框架式量规

7. 用通用测量系统测量长度时，长度基准选择（　　）。

A. 车身中部靠前基准点　B. 前纵梁前部附近的基准点

C. 后纵梁后部附近的基准点　D. 车身中部靠后基准点

8. 车身数据图中有（　　）。

A. 长度尺寸　B. 宽度尺寸　C. 高度尺寸　D. 对角线尺寸

9. 发动机舱数据图中有（　　）的数据。

A. 发动机支撑横梁安装点　B. 减振器支座安装点

C. 翼子板安置点　D. 转向器安装点

10. 测量车门数据的过程中，要测量（　　）。

A. 铰链的安装点　B. 门槛裙边的中间位置

C. 门锁的安装点　D. 顶盖纵梁的中间位置

11. 车身左右前纵梁的数据可以用（　　）来测量。

A. 轨道式量规　B. 通用测量系统

C. 麦弗逊撑杆式中心量规　D. 超声波测量系统

12. 客车车身侧窗测量时，（　　）是正确的。

A. 以上纵梁下平面为基准　B. 定位杆固定两窗框立柱内侧

C. 测量应避开窗框圆角　D. 侧窗对角线长度差不超过6mm

13. 麦弗逊撑杆式中心量规可以检测（　　）的不对中情况。

A. 减振器拱形座　B. 散热器支架

C. 中立柱　D. 车颈部和后侧围板

14. 以下（　　）的说法是正确的。

A. 对角线测量正确，那么就没有变形　B. 测量要先从车身中部开始

C. 客车尺寸的精度要求要大于轿车　D. 用轨道式量规可以测量车身侧面尺寸

15. 整体式车身发生轻微碰撞时，可以使用（　　）快速测量。

A. 通用测量系统　B. 钢卷尺　C. 专用测量头　D. 轨道式量规

16. 整体式车身发生严重碰撞时，可以使用（　　）准确测量。

A. 通用测量系统　B. 钢卷尺和轨道式量规配合

C. 专用测量头　D. 超声波测量系统

17. 超声波测量系统由（　　）组成。

A. 超声波发射器　B. 超声波接收器

C. 各种测量头　D. 控制柜（也称主机）

18. 用轨道式量规测量时，可以快速测量（　　）。

A. 纵梁的高度　B. 减振器支座

C. 严重变形的后部车身　D. 车身侧面板件

19. 对大客车进行测量时，不同位置的尺寸的误差标准为（　　）mm。

A. ±3　B. ±4　C. ±6　D. ±10

20. 麦弗逊撑杆式中心量规除了可以检测前减振器支座外，还可以检查（　　）。

A. 纵梁　B. 散热器支架　C. 后减振器支座 D. 车地板

21. 可以显示测量数据的测量系统有（　　）。

A. 通用测量系统　B. 中心量规　C. 专用测量头　D. 超声波测量系统

22. 可以实时显示测量数据的测量系统有（　　）。

A. 激光测量系统　B. 通用测量系统

C. 自由臂测量系统　D. 超声波测量系统

23. 使用测量系统时应该（　　）。

A. 每次测量都要准确　B. 对同一点要多次测量

C. 对安装点进行测量，其他可以不测 D. 全部的测量点都要测量

24.（　　）的说法是正确的。

A. 激光测量系统可以实时测量

B. 用专用测量头测量时，重点放在控制点与测量头的配合上

C. 自由臂测量系统只显示实际测量数据

D. 超声波测量系统可以同时测量12个点

二 习题答案

（一）判断题

1.×	2.×	3.√	4.√	5.×	6.×	7.×	8.×	9.×	10.√
11.√	12.×	13.√	14.×	15.√	16.×	17.×	18.×	19.×	20.√
21.√	22.√	23.√	24.×	25.√	26.×	27.×	28.√	29.×	30.√
31.√	32.×	33.√	34.×	35.×	36.×	37.×	38.×	39.√	40.×
41.√	42.×	43.×	44.√	45.√	46.√	47.√	48.√	49.×	50.√
51.√	52.×	53.√	54.×	55.√	56.√	57.√	58.√	59.√	60.√
61.√	62.×	63.×	64.√	65.×	66.√	67.√	68.√	69.×	70.√
71.×	72.√	73.√	74.√	75.×	76.×	77.×	78.√	79.√	80.×
81.×	82.√	83.√	84.×	85.×	86.×	87.√	88.√	89.√	90.√

（二）单项选择题

1. A	2. B	3. A	4. B	5. C	6. C	7. B	8. A	9. C	10. B
11. B	12. A	13. C	14. B	15. C	16. A	17. B	18. A	19. B	20. B
21. A	22. C	23. B	24. A	25. C	26. B	27. C	28. C	29. A	30. B
31. B	32. C	33. A	34. B	35. B	36. A	37. A	38. A	39. B	40. C

41. B 42. B 43. B 44. B 45. A 46. B 47. A 48. A 49. C 50. C
51. B 52. A 53. A 54. C 55. B 56. C 57. C 58. B 59. B 60. A
61. B 62. B 63. C 64. B 65. C 66. C 67. C 68. B 69. B 70. A

(三) 多项选择题

1. ABCD 2. ABD 3. ABD 4. ABD 5. ABC
6. ABC 7. AD 8. ABCD 9. BC 10. AC
11. BD 12. BCD 13. ABCD 14. BD 15. BD
16. ACD 17. ABCD 18. BD 19. ABC 20. BC
21. AD 22. AD 23. AB 24. ABD

第7章 车身校正技术

本章提要

1. 理解车身校正的基本原理；
2. 掌握各种车身校正设备的使用方法；
3. 了解车身校正操作的安全注意事项；
4. 掌握车身校正操作的基本方法；
5. 掌握车身前部、后部和车身侧面损坏的修复方法；
6. 理解应力对车身部件的影响；
7. 掌握消除车身板件应力的方法。

考纲要求

车身校正的重要性及原理

1. 车身校正的重点是“精确地恢复车身的尺寸与状态”。

2. 如果车身结构尺寸没有整形到位，仅仅通过调整或垫上垫片等方法把更换的钢板装好，把修整和其他机械方面的问题留给机修人员去做，这显然是不妥当的。车身修理人员有责任把基本结构全部修复。

3. 不适当的车身和车架校正技术，是车身结构不能恢复到原来尺寸的主要原因。车身校正是一个非常重要的操作过程，车身校正工作的好坏直接影响到汽车的安全性、修理所用的时间以及整车的修理质量。

4. 在车身校正时消除由于碰撞而造成的车身和车架上的变形和应力也是非常重要的。并不是所有的变形部件都可以校正后再继续使用的，有些部件特别是高强度和超高强度钢制造的部件，其变形后内部的应力相当大，而且用常规的方法无法完全消除这些应力，所以就不能校正而要更换。

5. 校正（拉伸）车身时，有一个基本原则，即按与碰撞力相反的方向，在碰撞区施加拉伸力。当碰撞很小，损坏比较简单时，这种方法很有效。

6. 但是当损坏区域有褶皱，或者发生了剧烈碰撞，构件变形就比较复杂，这时仍采用沿着一个方向拉伸就不能使车身恢复原状。这是因为变形复杂的构件，在拉伸恢复过程中，其强度和变形也随着改变，因此拉伸力的大小和方向就需要适时改变，把力仅仅施加在一个方向上，就不能取得好的修复效果。

7. 在拉伸校正时，要同时在损坏区域不同的方向上施加拉力。把力加在与变形相反的方向可以看做是确定有效拉力方向的原则。

二 车身校正设备

1. 车身修理中为了达到比较好的修复效果，必须使用有能力完成多种基本修复功能的校正设备。车身校正设备虽然种类繁多，但并不是每个称为车身校正仪的设备都能高效、精确、安全地修复好汽车车身。

2. 为了能够完成好车身修复工作，车身校正设备必须具备的条件有配备高精度、全功能的校正工具；配备多功能的固定器和夹具；配备多功能、全方位的拉伸装置；配备精确的三维测量系统。

3. 车架式结构可以接受反复的拉伸过程，而整体式车身的薄板结构，要求一次就调好位置，反复拉伸会使板件破裂。

4. 对于整体式车身的修复，其校正设备必须能同时显示每一个参考点变形的大小和变形的方向。

5. 车辆在地框系统上拉伸校正时要进行固定，其紧固力必须满足在拉力的大小和方向上同时保持平衡的要求。一般在车身下部的四个位置都要进行固定，确保车辆在拉伸校正中保持稳定。

6. 地框式校正系统最适合于小型的车身修理车间使用，因为当顶杆、主夹具和其他动力辅助设备被清理后，校正作业区就可以用作其他用途，有利于车间面积的充分利用。

7. L形简易校正仪只能在一个方向上拉伸。因此，它只适合一些小的碰撞修复，不能精确地修复复杂的碰撞变形。

8. 框架式校正仪使用专用测量头可以快速地把车身变形点拉伸到标准位置，达到修复的目的，在使用框架式校正仪时不考虑车身具体尺寸的变化是多少。

9. 平台式车身校正仪形式有多种，但一般配有两个或多个塔柱进行拉伸校正。这种拉伸塔柱为车身修理人员提供了很大的自由度，可在绕车身的任何角度、任何高度和任何方向进行拉伸。

10. 校正仪平台是车身修复的主要工作台，拉伸校正、测量、板件更换等工作都在平台上完成。

11. 平台的工作高度有固定式和可调式的，固定式的一般为倾斜式升降，高度在500～600mm；可调式的一般为整体式升降，高度一般为300～1000mm。

12. 修理前，固定在平台上的主夹具将车辆紧固在平台上，车辆、平台和主夹具成为一个刚性的整体，车辆在拉伸操作时不能移动。为满足不同车身下部固定位置的需要，主夹具结构有多种，双夹头夹具可以夹持比较宽的裙边部位，防止拉伸中损坏夹持部位；单夹头夹具的钳口开口很宽，能够夹持车架。

13. 车身拉伸校正工作是通过液压力的强大力量来把车身上的变形板件拉伸到位。

14. 塔柱拉伸系统通过导向环把拉力的方向改变成需要进行拉伸的方向。

三 车身校正系统的使用

1. 车辆上到平台上后，首先是找好车身与测量系统的基准，其次就是在校正平台上定位。

2. 测量的基准找到后，就可以对车辆进行固定，整体式车身固定时至少需要四个以上的固定点。

3. 拉伸时钣金工具要在车身上紧固牢靠，链条必须稳固地与汽车和平台连接，以防在拉伸过程中脱落。避免将链条缠在尖锐器物上。

4. 用厚防护毯包住链条或用钢丝绳把链条、钣金工具固定在车身的牢固部件上，万一链条断裂，可防止工具、链条甩出对人员和其他物品产生损坏。

5. 在拉伸时要把塔柱与平台的固定螺栓紧固牢靠，否则拉伸中塔柱滚轮移动装置会受力损坏，可能导致塔柱突然脱离平台造成人员和物品的损坏。

6. 操作人员在汽车上面和下面工作时，不要用千斤顶支撑汽车。

7. 拉伸时，操作人员要站在塔柱的侧面。

8. 严禁操作人员与链条或拉伸夹钳处在一条直线上，因为当链条断裂、夹钳滑落、钢板撕断时，特别是在拉伸方向可能会造成直接的伤害事故。在车外进行拉伸校正时，人员在车内工作很危险。

9. 塔柱使用链条进行拉伸时，链条在顶杆的锁紧窝锁紧，链条不能有扭曲，所有链节都呈一条直线。导向环的固定手轮是在拉伸前固定导向环高度的，当拉伸开始后要松开手轮，手轮松开后，一旦链条断裂，导向环因自重向下滑，防止链条向左右甩出。

四 车身校正的基本方法

1. 先要根据测量和损坏分析的结果来制定精确的碰撞修理程序（工艺），然后按照已定好的程序完成车身修理操作。

2. 在拉伸校正开始之前，应该拆去车上妨碍校正的部件。

3. 在进行修复前，要仔细研究车身结构、损坏位置和损坏程度，决定应拆去什么保留什么，以及如何拆卸更为方便。

4. 制定修理（拉伸）程序时，应按与碰撞损坏相反的顺序修理碰撞时出现的损坏（先里后外），以碰撞方向相反的方向来设计拉伸校正顺序。

5. 车架式车身的车架金属板厚度在3mm以上，可以承受反复的拉伸，一般不会发生拉伸过度或拉断的现象。

6. 在整体式车身损坏较轻的表面可以使用简单的单向拉伸。

7. 整体式车身大部分的板件都比较薄，高强度钢板在变形后内部有更多的加工硬化，在修理过程中，这些变形的板件恢复形状需要更大的力，当只用一个拉力拉伸校正变形部件时，变形还没有恢复，但是钢板可能已经被撕裂了，所以整体式车身的部件在拉伸时要求有多重拉力。这要求在每次拉伸校正过程中，尽量要找到两个或更多的拉伸点和方向。

8. 在拉伸时必须使拉力方向的延长线通过夹齿的中间，否则夹钳有可能受扭转的力而脱开，还会对钳口夹持的部位造成进一步的损坏。

9. 整个车身在修理时，要按“从里到外”的顺序完成修理过程。因为车身尺寸的基准在车身中部，需要先对车身中部进行整修，使中部车身尺寸恢复，以它们为基准再对前部或后部的尺寸进行测量和校正。不是车身前部损坏就先修理前部部件，后部损坏就先修理后部部件，而是要先对车身的中部（乘坐室）进行校正，使车身的中部和底部的尺寸特别是基准点的尺寸恢复到位。

10. 一个部件在受到损坏后，可能存在三个方向的损坏，那么修整的顺序应该是首先校正长度，然后校正宽度，最后校正高度。

11. 整个拉伸校正的过程中，具体到每一个变形板件的拉伸校正时，拉伸校正的程度是由损坏部件的尺寸决定的。拉伸前需要知道每个损坏部件变形的方向和变形的大小，这需要准确地测量来决定，通过三维测量数据和车身标准数据对比可以知道变形的大小和方向。

12. 每一个板件的修复需要很多次的拉伸操作，每一次拉伸时，只使受损板件产生少量的变形，然后卸力、测量，检查一下板件变形恢复的程度，还有多少尺寸没有恢复，再重复拉伸、测量、检查的工作过程，直到板件的尺寸恢复到标准尺寸的误差范围内。

13. 在拉伸中根据拉伸部位的高度来调整链条和液压顶杆的长度和高度，链条一端固定在汽车的钣金工具上，调整液压顶杆的接管长度，以便达到恰当的高度。如果顶杆与链条固定点之间的链条超过了垂直状态，就必须马上停止拉伸，否则链条端部的固定点和顶杆支撑点部位可能出现过载，导致链条断裂。

14. 由于整体式车身的强度比较高，同时对热很敏感，不要试图一次拉伸就可以完成拉伸校正操作，而要通过一系列的反复拉伸操作：拉伸—保持平衡（消除应力）—再拉伸—再保持平衡（消除应力）。在这样一个循环往复的操作过程中，车身金属板可以有更多的时间恢复变形，有更多的时间使金属松弛（消除加工硬化的应力），有更多的时间测量检查和调整拉伸校正的进度。

15. 在拉伸到出现一定变形后要停止并保持拉伸拉力，再用锤子不断锤击损坏区域以消除应力，卸载使之松弛，然后再次拉伸并消除应力。

16. 车身部件的拉伸要从靠近车中心的部分向外进行，当靠近中部部件的控制点尺寸到位以后，可以用一个辅助固定夹来固定，再拉伸下一段没有完全恢复尺寸的部分。如果对已经拉伸校正好的部位不进行辅助固定，再拉伸下一段时可能影响已修复好的部分。

17. 产生过度拉伸的原因一般有两个：一是在修复中没有遵循“先里后外”的拉伸原则；二是在校正过程中没有经常地、精确地测量拉伸部位的尺寸，没有很好地控制拉伸的程度。

18. 过度拉伸唯一的修理方法就是把损坏的板件更换。

19. 车身板件在拉伸时破了一个大裂口，要更换新的板件。

20. 拉伸中车身出现移动，要重新找到新的基准后，拧紧螺栓后继续拉伸。

21. 部件拉伸时总会发生回弹，拉伸保持后锤击可减小回弹。

五 车身校正技术

1. 如果拉伸校正一侧的损坏对另一侧的部件产生影响，使另一侧的尺寸变化，那么需要将前横梁和散热器的支撑分开，再分别加以校正。在修理纵梁弯曲损坏时，应该夹紧纵梁里面的损坏面，向前拉伸时，在损坏部位要有一个力同时从里向外拉或从外向里压。

2. 如果修理中简单地夹住挡泥板，对纵梁前缘进行拉伸，则不能修理好前立柱或前围板的主要损坏。在这种情况下，应取下挡泥板和纵梁，在前围损坏处夹紧。

3. 当后纵梁被撞进轮罩，后门有间距误差时，不能对有少量变形甚至没有变形的后顶盖作拉伸，而只能靠拉伸纵梁来消除后顶盖侧板的应力。如果轮罩或车顶侧边的内板和后部纵梁一起夹紧拉伸，那么车门的间隙就很容易校正到位。

4. 在车架右前部朝右侧拉伸校正车架的弯曲时，要在右后部朝右侧拉紧定位，在左前部朝左侧拉紧定位。

5. 纵梁后部损伤，修理时可在纵梁根部焊接焊片后拉伸。

6. 在碰撞时门槛板承受了大量的力，变形量大，有些板件可能需要更换，但必须在进行校正后才能够进行更换。通过大力拉钩向外进行拉伸，注意大力拉钩与车辆板件的接触受力点要根据情况选择不同接触面积的垫块，同时注意拉伸的方向，遵循拉伸的要点，使应力充分放松。

7. 在拉伸中立柱下部时，为了防止中立柱上部也跟着变形，需要用尼龙带在中立柱上部进行辅助拉伸。

8. 车身校正后检查时应注意以下几点：

（1）检查车门与车门槛之间的空隙（应该是一条又直又窄的缝隙）。

（2）检查整个车身上部所有部位总的平整情况。

（3）然后开、关车门，掀、关发动机罩盖和行李舱盖，看开关时是否感觉过紧。

9. 汽车车身有些部件受到向下的碰撞力导致向下的弯曲变形，有些校正仪有斜拉臂装置可以完成向上的拉伸校正工作，但是斜拉臂的拉伸力较小，只能拉伸车顶等需要校正力比较小的部位。对于需要拉伸力比较大的部位可以用液压顶杆来辅助向上顶伸。

10. 汽车车身有些部件会有向上变形，需要用下拉式装置向下进行拉伸。有时拉伸要在车身底下塞上垫块加以支撑，然后通过下拉式装置将车身高端向下拉，这样可修复车身基准线。当用下拉式装置向下拉伸时，塔柱上的链条（导向环）必须处在最低位置。

11. 车身扭曲后车辆的一个对角比另一个对角高或者低，在修复这种类型的损坏时，先要把车辆的中部四个点固定在校正台上，在车身较低一侧的校正台上，用液压顶杆向上拉伸；在车身较高一侧的校正台上用下拉式夹具向下拉伸，必要时，再塞上垫块。配合车身尺寸的测量结果把车身的高度校正到位。

12. 客车车身骨架结构目前大多数采用异型钢管或薄板冲压成型制成，车身整体是一个桁架结构。采用撑拉校正的工具有撑拉器、杆式液压千斤顶等。操作时要采用拉伸—保持平衡（消除应力）—再拉伸—再保持平衡（消除应力）的方法。

六 车身板件的应力消除

1. 如果拉伸校正的金属板外形恢复后，允许这些有微小变形和不均匀晶体的存在，而不考虑其状态。晶体并没有随着板件外形的改变而改变晶体的排列状态，金属内部还会有大量的应力存在。

2. 一般用可控制的加热（一般在200℃以下）和锤击，晶体能被激活，重新松弛后恢复到原来状态。

3. 在拉伸校正中利用拉力作用恢复板件的变形，再用弹簧锤消除应力。对于主要损坏部位相邻的地方也要用弹簧锤敲击以消除应力。

4. 在整体式车身设计中，有时设计有预加应力的零部件，用于控制和吸收碰撞力，使车身结构损坏减少到最低程度，增加乘客的安全性。

5. 如果损坏部分需要加热，必须严格遵守汽车生产厂修理手册上的建议。例如，在整体式车身梁上加热时，应仅在梁的角上加热。加热后不能用水或压缩空气冷却加热区，必须让它自然冷却。

6. 消除应力时，可以在折叠比较严重的部位加热。

7. 修理好的汽车在行驶一段时间后，车身上的应力会使某些部位出现裂纹、焊点拉开、油漆层剥落、焊缝的保护层裂开等现象。

例题解析

1 判断题

例题：人员在汽车上面和汽车下面工作时，不要用千斤顶支撑汽车。（　）

解析：此题为判断题，如果此题正确，应（√），错误应（×）。此题考核的是拉伸操作中的安全事项。操作人员在汽车上面和下面工作时，不要用千斤顶支撑汽车。所以此题答案为（√）。

2 单项选择题

例题：整体式车身的定位必须采用（　）。

A. 在车架的固定孔（位于车架的架梁上）内放置适当的塞钩

B. 多点固定方式（至少需要4个固定点）

C. 焊接加强垫片

解析：此题为单项选择题，只有一个正确答案，将选择的正确答案填在（　）内。此题是考核事故车在平台上的定位。测量的基准找到后，就可以对车辆进行固定，整体式车身固定时至少需要4个以上的固定点。所以此题答案为（B）。

3 多项选择题

例题：产生过度拉伸的原因一般有（　　）。

A. 在修复中没有遵循“先里后外”的拉伸原则，导致修理程序混乱

B. 在校正过程中没有经常地、精确地测量拉伸部位的尺寸，没有很好地控制拉伸的程度

C. 在拉伸校正过程中没有使用塔柱液压系统

D. 在拉伸过程中没有使用专用的钣金工具

解析：此题为多项选择题，有一个或多个正确答案，将选择的正确答案填在（　　）内。此题是考核有关过度拉伸的知识点。产生过度拉伸的原因一般有两个：一是在修复中没有遵循“先里后外”的拉伸原则；二是在校正过程中没有经常地、精确地测量拉伸部位的尺寸，没有很好地控制拉伸的程度。所以此题答案是（AB）。

习题及答案

一 习题

（一）判断题

1. 在整体式车身拉伸过程中，应用最多的是单拉系统。（　）

2. 车身校正仪是通过液压力量进行修复操作的。（　）

3. 车身结构件的校正可以通过锤子、垫铁和外形修复机完成。（ ）

4. 拉伸校正的重点是恢复变形部件的尺寸。（ ）

5. 车身修理人员有责任把基本结构全部修好。（ ）

6. 车身结构尺寸没有整形到位时，可以通过调整或垫上垫片等方法把更换的钢板装好。（ ）

7. 在车身校正时消除由于碰撞而造成的车身和车架上的变形和应力是非常重要的。（ ）

8. 不适当的车身和车架校正技术，是车身结构不能恢复到原来尺寸的主要原因。（ ）

9. 车身校正工作的好坏直接影响到汽车的安全性。（ ）

10. 对车身所有部件的损坏都可以校正。（ ）

11. 对车身上需要更换的板件，在校正前要拆下，以免妨碍校正工作的进行。（ ）

12. 有些部件特别是高强度和超高强度钢制造的部件，其变形后内部的应力相当大，用常规的方法无法完全消除这些应力，所以就不能校正而要更换。（ ）

13. 当碰撞损坏区域有褶皱或者发生了剧烈碰撞，构件变形比较复杂时，采用沿着一个方向拉伸不能使车身恢复原状，在拉伸恢复过程中拉伸力的大小和方向需要适时改变。（ ）

14. 对于车身所有板件变形，都可以使用按输入力相反方向拉伸的方法。（ ）

15. 变形复杂的构件，在拉伸恢复过程中，其强度和变形也随着改变，因此拉伸力的大小和方向就需要适时改变。（ ）

16. 在校正拉伸时，要同时在损坏区域不同的点上施加拉力。（ ）

17. 所有类型的车身校正仪都可以对整体式车身进行修复。（ ）

18. 整体式车身的薄板结构，反复拉伸会使板件破裂。（ ）

19. 校正设备必须能同时显示每一个参考点上非准直度（变形）的大小和非准直度的方向。（ ）

20. 在校正中是通过塔柱来监控整个校正过程的。（ ）

21. 在校正前，一般在车身下部的四个位置都要进行固定。（ ）

22. 地框式校正系统最适合于大型的车身维修车间使用。（ ）

23. L形校正装置只能在一个方向上拉伸。（ ）

24. 车架式车身结构可以接受反复的拉伸过程，而整体式车身的薄板结构要求第一次就调好拉伸装置。（ ）

25. L形校正装置适合车身严重碰撞的拉伸。（ ）

26. 在使用框架式校正仪时不考虑车身具体尺寸的变化是多少。（ ）

27. 平台式校正仪可以在围绕车身的任何角度、任何高度和任何地方，向上或向下进行拉伸。（ ）

28. 校正平台是车身修复的主要工作平台。（ ）

29. 校正平台的工作高度有固定式和可调式两种。（ ）

30. 车辆上到校正平台上后，首先是找好车身与测量系统的基准，其次就是在校正平台上定位。（ ）

31. 主夹具一般将整体式车身的纵梁固定在平台上。（ ）

32. 塔柱上改变拉力方向的部件是顶杆。（ ）

33. 汽车固定后，要把测量系统的基准调整好。（　）

34. 在进行大力拉伸时，车身中部的四个固定点就可以承受拉力。（　）

35. 拉伸时钣金工具要在车身上紧固牢靠，链条必须稳固地与汽车和平台连接，以防在拉伸过程中脱落。（　）

36. 拉伸时，只要把钣金工具用安全绳固定就可以。（　）

37. 拉伸时，塔柱不固定会损坏车身。（　）

38. 制订好拉伸计划后，要完全按照计划拉伸修复。（　）

39. 在拉伸校正开始之前，应该拆去车上妨碍校正的部件。（　）

40. 在拉伸前，要仔细研究汽车结构和损伤程度，决定应拆去和保留什么部件。（　）

41. 严禁操作人员与链条或拉伸夹钳处在一条直线上，因为当链条断裂、夹钳滑落、钢板撕断时，都可能造成伤害事故。（　）

42. 拉伸时，要保证通过最少量的拉伸校正，来修复损坏部件的变形，并且不会造成进一步的车身结构损伤。（　）

43. 车架式车身的车架金属板厚度在3mm以上，可以承受反复的拉伸。（　）

44. 整体式车身的汽车，损伤较轻的表面，可以使用简单的单向拉伸。（　）

45. 每次校正拉伸过程中，尽量要找到2个或更多的拉伸点和方向。（　）

46. 单向拉伸减少了薄钢板被拉断的危险。（　）

47. 钣金工具在拉伸时，必须使拉力方向的延长线通过夹齿的中间。（　）

48. 在进行修复前，要仔细研究车身结构、损坏位置和损坏程度，决定拆去什么保留什么，以及如何拆卸更为方便。（　）

49. 整个车身在修理时，要按照“从外到里”的顺序完成修理过程。（　）

50. 车身前部损坏就先修理前部部件，后部损坏就先修理后部部件。（　）

51. 前纵梁在三个方向都有变形，要先修复高度方向上的变形。（　）

52. 具体到每一个板件变形的拉伸校正时，拉伸校正的程度是由损坏部件的尺寸决定的。（　）

53. 每一个板件的修复需要很多次的拉伸操作，每一次拉伸时，只使受损板件产生少量变形，然后卸力、测量，再拉伸。如此往复，直到板件尺寸恢复到标准尺寸的误差范围内。（　）

54. 只要对板件进行拉伸，板件就能部分恢复变形。（　）

55. 一个板件的变形一般拉伸校正1～2次就能恢复。（　）

56. 拉伸中不断重复停止拉伸、保持、放松、再拉伸的过程，是为了消除内部的应力。

57. 前立柱向后发生变形时，同时拉伸前纵梁和挡泥板可以有效恢复变形。（　）

58. 中立柱上方的顶盖位置如有前端碰撞引起的凹陷，要先修理凹陷，然后再修理前部的变形。（　）

59. 使用大力拉钩校正时，接触板件部位可以不用垫块。（　）

(二) 单项选择题

1. 拉伸操作在（　）时，停止拉伸放松应力。

A. 链条拉紧　　B. 出现一定的变形量　　C. 拉到标准尺寸

2. 当钢板受到超过15 000N的拉力时就会断裂，而该钢板需要20 000N的拉力才能恢复变形，使用2个工具夹住后拉伸（　）变形。

A. 可以恢复　　B. 也不能恢复　　C. 不一定能恢复

3. 拉伸时，操作人员要站在塔柱的（　）。

A. 前面　　B. 后面　　C. 侧面

4. 校正（拉伸）车身时，有一个基本原则，即（　）。

A. 按与碰撞力相反的方向，在碰撞区施加拉伸力

B. 按与碰撞力相同的方向，在碰撞区施加拉伸力

C. 按与碰撞力相反的方向，在碰撞区的反面施加拉伸力

5. 校正（拉伸）车身时，（　）可以看作是确定有效拉力方向的原则。

A. 把力加在与变形相反的方向　　B. 把力加在与变形相同的方向

C. 精确地恢复车身的尺寸与状态

6. 在使用链条和液压顶杆进行拉伸时，链条的角度不能小于（　）。

A. 60°　　B. 90°　　C. 120°

7. 对车身进行校正时，要遵循（　）的原则。

A. 先里后外　　B. 先外后里　　C. 里外同时

8. 以下（　）的方法可用来处理过度拉伸的板件。

A. 用力顶回去　　B. 用更换新件　　C. 用热收缩处理

9. 两个前纵梁都发生了变形，应该（　）。

A. 不拆散热器支架，先校正严重损伤的纵梁

B. 不拆散热器支架，先校正轻微损伤的纵梁

C. 拆开散热器支架，分开校正

10. 纵梁向右弯曲时，校正时要（　）拉伸。

A. 夹紧纵梁右侧的板件

B. 夹紧纵梁左侧的板件

C. 夹紧纵梁右侧或纵梁左侧的板件

11. 校正前端严重碰撞的汽车时，要先校正（　）。

A. 散热器支架　　B. 车身中部　　C. 前纵梁

12. 一个部件在受到损坏后，可能存在三个方向的损坏，整修的顺序为（　）。

A. 校正宽度→校正长度→校正高度

B. 校正长度→校正高度→校正宽度

C. 校正长度→校正宽度→校正高度

13. 在车身拉伸校正过程中，其修复程度由（　）决定。

A. 板件变形量　　B. 测量的板件尺寸　　C. 板件配合间隙

14. A部件拉伸校正恢复尺寸后，对与它相连的B部件进行拉伸，（　）。

A. 拉伸时力量小一些

B. 边拉伸B件边测量A件

C. 对A件进行辅助固定再拉伸

15. 车门中立柱附近受到严重碰撞，校正时，要从（　）个方向同时进行拉伸校正。

A. 3　　B. 4　　C. 5

16. 对车门槛板弯曲后向前后拉伸校正时，门槛板下的主夹具要（　）。

A. 与校正平台不固定　B. 与校正平台固定　C. 固定，但不能完全紧固

17. 对中立柱进行拉伸时，使用（　）。

A. 钢丝绳　　B. 尼龙带　　C. 只要能夹紧的钣金工具都可以

18. 校正仪的斜拉臂可以向上拉伸（　）。

A. 前纵梁　B. 后纵梁　C. 车顶板或风窗立柱

19. 对车身构件进行拉伸时，导向环的高度（　）构件的高度。

A. 稍微高于　B. 等于　C. 稍微低于

20. 板件需要向上拉伸时，可以使用（　）。

A. 液压顶板向上顶　B. 斜拉臂向上拉伸　C. 塔柱向上拉伸

21. 通过下拉工具向下拉伸时，导向环的位置（　）。

A. 与拉伸的板件平齐　B. 可以在安全范围内的任意高度

C. 与下拉工具平齐

22. 车架菱形变形时，要同时从（　）个方向拉伸校正最有效。

A. 2　B. 3　C. 4

23. 拉伸时锤击拉伸部位的板件，是为了（　）。

A. 敲平板件的变形　B. 消除板件内部应力　C. 防止拉伸夹持部位变形

24. 拉伸过度的修理方法是（　）。

A. 通过推压的方法将其缩短

B. 更换损坏的板件

C. 采用反方向拉伸

25. 当用下拉式装置向下拉伸时，塔柱上的链条（导向环）必须处在（　）位置。

A. 最低　B. 最高　C. 中部

26. 车身扭曲后要配合车身尺寸的测量结果首先把车身的（　）校正到位。

A. 长度　B. 宽度　C. 高度

27. 对板件进行加热消除应力时，加热温度不能超过（　）℃。

A. 100　B. 200　C. 300

28. 车身板件在拉伸时破了一个大裂口，要（　）。

A. 对接焊起来　B. 在后面加衬板焊起来　C. 更换新的

29. 车身板件变形恢复后，内部还存在应力的原因是（　）。

A. 内部晶粒的变形没有恢复

B. 使用了高强钢

C. 拉伸时测量不及时

30. 对某个部件拉伸时造成拉伸过度，其原因是（　）。

A. 没有及时测量

B. 错误使用高压油泵，拉伸力过大

C. 部件变形后太软造成的

31. 锤击板件变形部位可以消除应力，其原因是（　）。

A. 锤击会整平金属内的应力

B. 使金属晶粒松弛

C. 把板件敲软了

32. 车身板件变形恢复后，（　）。

A. 要全部消除　B. 还要清除变形产生的应力

C. 不用再处理了

33. 金属结构存在应力集中时，其强度可能减小，为了（　），修理后要消除某些板件的应力集中。

A. 变形吸收能量　　B. 增加强度　　C. 增加刚性

34. 消除应力时，（　）的说法是正确的。

A. 加热不能超过200℃，然后要用水冷却

B. 可以在折叠比较严重的部位加热

C. 可以加热到600℃，但不能超过3min

35. 塔柱导向环的作用是（　）。

A. 改变拉力的方向　　B. 加强拉力的大小　　C. 拴住链条

36. 固定式校正平台的高度一般是（　）mm。

A. 400 ~ 500　　B. 500 ~ 700　　C. 500 ~ 600

37. 拉伸板件时，（　）的说法是错误的。

A. 拉伸中可以敲击板件

B. 拉伸中可以敲击夹持工具

C. 拉伸中要使用安全绳

38. 拉伸中车身出现移动，要（　）。

A. 拧紧螺栓后继续拉伸

B. 把车身移动到拉伸前的位置后，拧紧螺栓后继续拉伸

C. 重新找到新的基准后，拧紧螺栓后继续拉伸

39. 在整体式车身梁上加热时，应（　）加热。

A. 仅在梁的角上　　B. 避免在梁的角上

C. 根据应力集中的情况确定加热部位

40. 拉伸中（　）最重要，它影响着校正的成败。

A. 不断测量　　B. 放松应力　　C. 不断调整拉力方向

41. 关于拉伸，以下（　）的说法是正确的。

A. 按与碰撞损坏相反的顺序拉伸　　B. 单向拉伸更省力、更快捷

C. 复合拉伸使板件的受力加大

42. 纵梁后部损伤，修理时可（　）。

A. 用两个夹具夹紧纵梁前部拉伸　　B. 在纵梁根部焊接焊片后拉伸

C. 拉伸挡泥板与纵梁前部

43. 部件拉伸时总会发生回弹，（　）可减小回弹。

A. 大力拉伸　　B. 小力拉伸　　C. 拉伸保持后锤击

44. 关于拉伸，以下（　）的说法是错误的。

A. 使用两个夹钳时，允许拉力是一个夹钳时的两倍

B. 拉伸出现一定变形后要停止，并保持拉伸拉力

C. 拉伸时看不到任何效果，就要加大拉力

(三) 多项选择题

1. 在车架右前部朝右侧拉伸校正车架的弯曲时，要在（　）。

A. 右后部朝右侧拉紧定位　　B. 左后部朝右侧拉紧定位

C. 右后部朝左侧拉紧定位　　D. 左前部朝左侧拉紧定位

2. 对客车车身校正时，一般会使用（　）拉伸装置。

A. 撑拉器　　B. 塔柱　　C. 手拉葫芦　　D. 液压顶杆

3. 切割更换后，（　　）可以采用搭接的方式进行焊接。

A. 行李舱地板　　B. 前纵梁　　C. 门槛板　　D. 风窗立柱

4. 门槛板更换后，可以采用（　　）进行焊接。

A. 二氧化碳气体保护焊和对接焊　　B. 搭接焊

C. 塞焊　　D. 塞焊或钎焊

5. 为了能够完成好车身修复工作，车身校正设备必须具备的条件是（　　）。

A. 配备高精度、全功能的校正工具　　B. 配备多功能的固定器和夹具

C. 配备多功能、全方位的拉伸装置　　D. 配备精确的三维测量系统

6. 对于整体式车身的修复，其校正设备必须能同时显示（　　）。

A. 每一个参考点变形的大小　　B. 每一个参考点变形的方向

C. 每一个变形部位的应力大小　　D. 每一个测量点的长宽高尺寸数据

7. 前立柱碰撞后长度减小，可以通过拉伸（　　）恢复前立柱长度尺寸。

A. 散热器支架　　B. 前围上盖板　　C. 纵梁后部　　D. 纵梁前部

8. 为了高质量的修复事故车，使用的车身校正设备需要（　　）才能够保证修复的质量和精度。

A. 配备全面的车型数据　　B. 测量系统的精度达到 ± 3mm

C. 配备多种钣金拉伸工具　　D. 配备一个拉伸塔柱

9. 实行拉伸、保持拉伸、再拉伸、再保持方法的目的是（　　）。

A. 确定拉伸的方向　　B. 让损坏板件充分放松应力

C. 因为拉伸时有危险，修理人员要休息　　D. 消除板件的弹性变形

10. 修理好的汽车在行驶一段时间后，车身上的应力会使某些部位出现（　　）。

A. 焊点拉开　　B. 油漆层剥落　　C. 裂纹　　D. 焊缝的保护层裂开

11. 车身校正后应注意（　　）。

A. 检查车门与车门槛之间的空隙（应该是一条又直又窄的缝隙）

B. 检查整个车身上部所有部位总的平整情况

C. 开、关车门，掀、关发动机罩盖和行李舱盖，看开关时是否感觉过紧

D. 检查车身顶棚是否平整

12. 校正设备中，（　　）适合对整体式车身进行校正。

A. 地框式校正设备　　B. L形校正设备

C. 框架式校正设备　　D. 平台式校正设备

13. 一个合格的车身校正设备要配备（　　）。

A. 高精度、全功能的校正工具　　B. 多功能的固定器和夹具

C. 多功能、全方位的拉伸装置　　D. 精确的三维测量系统

14. 关于车身校正，（　　）的说法是正确的。

A. 车身校正设备只要配备测量系统，就可以高质量地修复车身

B. 汽车在固定前，要把测量基准找好

C. 朝某一侧大力拉伸时，只要把中部四个主夹具固定好就可以了

D. 校正中要边测量边拉伸

15. 拉伸时，塔柱（　　）。

A. 链条所有链节呈一条线　　B. 链条在塔柱顶杆锁紧窝锁紧

C. 链条尾部拴在导向环手轮上　　D. 要使用规定的链条

二 习题答案

(一) 判断题

1.×	2.✓	3.×	4.×	5.✓	6.×	7.✓	8.✓	9.✓	10.×
11.×	12.✓	13.✓	14.×	15.✓	16.✓	17.×	18.✓	19.✓	20.×
21.✓	22.×	23.✓	24.✓	25.×	26.✓	27.✓	28.✓	29.✓	30.✓
31.×	32.×	33.×	34.×	35.✓	36.×	37.×	38.×	39.✓	40.✓
41.✓	42.✓	43.✓	44.✓	45.✓	46.×	47.✓	48.✓	49.×	50.×
51.×	52.✓	53.✓	54.×	55.×	56.✓	57.×	58.×	59.×	

(二) 单项选择题

1. B	2. A	3. C	4. A	5. A	6. B	7. A	8. B	9. C	10. A
11. B	12. C	13. B	14. C	15. C	16. A	17. B	18. C	19. B	20. A
21. C	22. C	23. B	24. B	25. A	26. C	27. B	28. C	29. A	30. A
31. B	32. B	33. A	34. B	35. A	36. C	37. B	38. C	39. A	40. A
41. A	42. B	43. C	44. C						

(三) 多项选择题

1. AD	2. AD	3. AC	4. BC	5. ABCD
6. AB	7. BC	8. AC	9. ABD	10. ABCD
11. ABC	12. CD	13. ABCD	14. BD	15. ABD

第8章 车身连接及焊接技术

本章提要

1. 了解车身板件常用的连接方式；
2. 掌握氧乙炔焊的焊接原理及方法；
3. 掌握惰性气体保护焊的焊接原理及方法；
4. 掌握镀锌钢板、铝板等的焊接方法；
5. 掌握电阻点焊的焊接原理及方法；
6. 掌握钎焊的焊接方法；
7. 了解焊接缺陷的种类及其原因。

考纲要求

一 车身板件的连接方式

1. 将汽车车身上的金属零部件连接在一起的方式有两大类：可拆卸连接方式和不可拆卸连接方式。可拆卸连接方式包括螺纹连接、卡扣连接和铰链连接；不可拆卸连接方式包括折边连接、铆钉连接、黏结连接和焊接连接方式。

2. 黏结一般不单独使用，而是配合螺栓、铆接、电阻点焊、折边连接等方式一起进行。

3. 在各种压焊方法中，电阻点焊是汽车制造业中最常用的焊接方法，但它在汽车修理业中应用还较少。

4. 熔焊是通过电弧或火焰等方式将金属件加热到熔点，使它们熔化连接在一起（通常采用焊条、焊丝）。

5. 钎焊材料的熔化温度低于450℃的是软钎焊，高于450℃的是硬钎焊。

6. 焊接方式对空气和水的密封性能好。

7. 车身修理中常使用的焊接方式有氧乙炔焊接、惰性气体保护焊、电阻点焊和钎焊。

8. 对车身焊接时，要采用不会降低车身原有强度和耐久性的焊接方法。

9. 焊接是对需要连接的金属板件加热，使它们共同熔化，最后结合在一起的连接方式。焊接种类有压焊、熔焊和钎焊。

二 氧乙炔焊接方式

1. 氧乙炔焊是熔焊的一种形式，将乙炔和氧气在一个腔内混合，在喷嘴处点燃后作为一种高温热源（大约3000℃），将焊条和工件熔化，冷却后工件就熔合在一起了。由于氧乙炔焊接操作中要将热量集中在某一个部位，热量将会影响周围的区域而降低钢板的强度，因此汽车制造厂都不赞成使用氧乙炔焊来修理车身。但氧乙炔焊在车身修理中有其他的应用，如进行热收缩、硬钎焊和软钎焊、表面清洁和切割非结构性零部件等。

2. 车身的装饰性部件可以使用氧乙炔焊进行焊接。

3. 氧乙炔火焰的类型有中性焰、碳化焰和氧化焰。当氧气和乙炔的体积混合比为1∶1时，产生中性焰。混合气中乙炔量略多于氧气量时，燃烧生成的火焰为碳化焰。碳化焰的温度较低，用于焊接铝、镍和其他合金，在车身修理中可以进行热收缩、清洁油漆等工作。混合气中氧气略多于乙炔时，燃烧生成的火焰为氧化焰。氧化焰通常会使熔化的金属氧化，所以不能用来焊接钢材而是用来切割金属，但它可以用来焊接黄铜和青铜。

4. 在氧乙炔焊的焊接中，焊炬可朝向焊缝或背向焊缝操作，前者称为逆向焊接，后者称为正向焊接，在这两种操作中焊炬和焊条的角度要有所调整。正向焊接时，焊条和焊炬的角度分别为30°~40°、60°~70°；逆向焊接时，焊条和焊炬的角度分别为30°~40°、40°~50°。

三 惰性气体保护焊

1. 惰性气体保护焊可使焊接板件100%地熔化，因此，经惰性气体保护焊焊接过的部位可修平或研磨到与板件表面同样的高度，而不会降低强度。

2. 惰性气体保护焊焊接更适合焊接有缝隙和不吻合的地方。对于若干处缝隙，可迅速地在每个缝隙上点焊，不需要清除熔渣，焊后可以很方便地将这些部位重新上漆。

3. 一般车身钢板都可以用一根通用型的焊丝来焊接。

4. 采用惰性气体保护焊焊接，对需要焊接的小区域的加热时间较短，因而减少了板件的疲劳和变形。因为金属熔化的时间极短，所以能够轻松地进行立焊和仰焊操作。

5. 根据铝合金的种类和材料的厚度，分别采用氩气或氩、氦混合气体进行保护。如果在氩气中加入4%~5%的氧气作为保护气，就可以焊接不锈钢。

6. 大多数车身修理中都采用二氧化碳或二氧化碳和氩气的混合气作为保护气体，人们还是习惯用惰性气体保护焊来概括所有的气体保护电弧焊接。

7. 修理车身时，焊接一般用二氧化碳或二氧化碳和氩气的混合气体（气体的比例为：75%的氩、25%的二氧化碳，这种混合气体通常被称为C-25气体）来进行保护。采用二氧化碳气体保护除了使焊接熔深和焊缝加大以外，还会使电弧变得比较粗糙且不够稳定，以及焊接时的溅出物增加。所以，在较薄的材料上进行焊接时，最好使用氩气或二氧化碳混合气。

8. 调整送丝装置时要确保送丝轮轴槽、焊丝导向装置、送丝管和焊枪的导电嘴的尺寸都与所使用的焊丝的尺寸相一致。

9. 焊接电流的大小会影响板件的焊接熔深、焊丝熔化的速度、电弧的稳定性、焊接溅出物的数量。随着电流强度的增加，焊接熔深、剩余金属的高度和焊缝的宽度也会增大。使用惰性气体保护焊用0.6mm的焊丝焊接1.0mm厚的板件时，焊接电流是40~50A。

10. 由于电弧的长度由电压的高低决定，电压过高将产生过长的电弧，从而使焊接溅出物增多，而电压过低会导致起弧困难。

11. 导电嘴到工件的距离是高质量焊接的一项重要因素。标准的距离为7~15mm。如果导电嘴到工件的距离过大，从焊枪端部伸出的焊丝长度增加而产生预热，就加快了焊丝熔化的速度，保护气体所起的作用也会减小。如果导电嘴到板件的距离过小，将难以进行焊接，并会烧毁导电嘴。

12. 焊接方向有两种，即正向焊接和逆向焊接。正向焊接的熔深较小且焊缝较平；逆向焊接的熔深较大，并会产生大量的熔敷金属。采用上述两种方法时，焊枪角度都应在10°～15° 之间。

13. 如果保护气体的流量太大，将会形成涡流而降低保护层的效果；如果流出的气体太少，保护层的效果也会降低。应根据喷嘴和板件之间的距离、焊接电流、焊接速度以及焊接环境（焊接部位附近的空气流动）来调整保护气体的流量。喷嘴的主要功能是提供供气保护。

14. 一般来说，焊接速度由工件的厚度、焊接电压两个因素决定。使用惰性气体保护焊焊接1.0 mm厚的钢板时，焊接速度是1m/min。

15. 调整导电嘴到喷嘴的距离大约为3mm，焊丝伸出喷嘴5～8mm。

16. 仰焊容易造成熔池过大的危险，而且一些熔融金属会落入喷嘴而引起故障。在进行仰焊时，一定要使用较低的电压，同时还要尽量使用短电弧和小的焊接熔池。

17. 定位焊各焊点间的距离大小与板件的厚度有关，一般其距离为板件厚度的15～30倍。

18. 进行对接焊时必须注意（尤其是在薄板上），每次焊接的长度最好不超过20 mm。如果焊缝较长，最好在金属板的若干处先进行定位焊（连续点焊），以防止金属板变形。

19. 车身板件焊接时要采用分段焊接，待某一段区域的焊缝自然冷却后，然后再进行下一区域的焊接。尽管外层低碳钢金属板对焊接的敏感性较小，焊接时也要分段焊接，以防止由于温度升高而引起弯曲和变形。

20. 在焊接金属薄板时，如果薄板厚度为0.8mm以下，必须采用不连续的焊接即连续点焊，以防止烧穿薄板。

21. 焊枪移动得过快或过慢，都将使焊接质量下降。焊接速度过慢将会造成熔穿；相反，焊接速度过快将使熔深变浅而降低焊接强度。

22. 为了防止金属板弯曲，应从金属板的中心处开始焊接，并经常改变焊接的位置，以便将热量均匀地扩散到板件金属中去。金属板的厚度越小，焊缝的长度应越短。

23. 进行对接焊时，熔深一定要达到焊缝的背部。当对接焊的金属厚度为1.6mm以上时，必须留一个坡口，以确保有足够的熔深。

24. 对接焊完成后不需要再加固。因为在加固过的地方会产生应力集中，使加固过的焊缝强度低于未经加固的焊缝。

25. 在焊接各种薄型的非结构性金属板和外壳上的搭接缝和凸缘时，搭接点焊是一种常用的快速有效的方法。

26. 搭接焊只能用于修理原先在制造厂进行过这种焊接的地方，或用于修理外板和非结构性的金属板。当需要焊接的金属多于两层时，不可采用这种方法。

27. 在车身修理中，可采用塞焊来代替汽车制造厂的电阻点焊。塞焊还可用于装饰性的外部板件和其他金属薄板上。它是通过一个孔进行的点焊。在需要连接的外层板件上钻（或冲）一个孔来进行焊接，一般结构性板件的孔直径为8mm，装饰性板件上孔的直径为5mm。在进行一个孔的焊点塞焊时要求一次完成，避免二次焊接。

28. 塞焊焊接过的部位应该自然冷却，然后才可以焊接相邻部位。不能用水或压缩空气对焊点周围进行强制冷却。让其缓慢、自然地冷却，会减小金属板的变形，并使金属板保持原有的强度。

29. 当需要将两件以上的金属板焊接在一起时，应在每一层金属板上冲一个孔。下层金属板的塞焊孔直径应小于最上层金属板塞焊孔的直径。采用塞焊法焊接不同厚度的金属板时，应将较薄的金属板放在上面，并在较薄的金属板上冲较大的孔，这样可以保证较厚的金属板能首先熔化。

30. 对镀锌钢材进行气体保护焊接时，不必将锌清除掉。如果将锌磨掉，金属的厚度降低，强度也随之降低，该区域也极易受到腐蚀。

31. 镀锌钢板焊接时会产生锌蒸气，而锌蒸气有毒，所以应有良好的通风条件，并且在进行焊接时操作人员应该戴上供气的防毒面罩。

32. 由于铝板的导热性好，它最适合采用惰性气体保护焊接，用这种方法更容易进行高质量的焊接。在焊接之前要清除焊接区域的氧化层，因为氧化层的存在会导致焊缝夹渣和裂纹。

33. 焊接铝板时要使用铝焊丝和100%的氩气。和焊接钢板相比，焊接铝板时的送丝速度较快。焊接铝板时，焊炬应更加接近垂直位置。焊接方向只能从垂直方向倾斜5°～15°。只能采用逆向焊接法，不能在铝板上进行正向焊接。只能推，不能拉。进行垂直的焊接时，应从下面开始，向上焊接。

34. 塞焊扭曲破坏后下面工件上必须有直径不小于10mm的孔。

35. 产生气孔或凹坑的原因有：板件上有锈迹或污物；焊丝上有锈迹或水分；保护不当、喷嘴堵塞、焊丝弯曲或气体流量过小；焊接时冷却速度过快；电弧过长；焊丝规格不正确；气体被不适当封闭；焊接表面不干净等。

36. 熔深不足产生的原因有：电流太小；电弧过长；焊丝端部没有对准两层金属板的对接位置；坡口太小等。

37. 烧穿的焊缝内有许多孔。产生的原因有：焊接电流太大；两块金属之间的坡口太宽；焊枪移动速度太慢；焊枪到板件之间的距离太短等。

38. 对于薄金属板，防止焊接熔穿的方法是控制焊接接头附近的热量。

39. 夹具夹持位置应离焊接处尽可能近。

40. 惰性气体保护焊搭铁夹钳的作用是使电流形成回路。

41. 与脉冲焊接相比，点焊通常需要较多的热量。

42. 无论哪一种类型的惰性气体保护焊设备，都带有流速调节器的保护气体供应管道、送丝装置、焊丝、焊机电源、电缆和搭铁接线装置、焊枪（也称焊炬）、保护气和控制面板等基本部分组成。

43. 电源的核心是变压器，它把220V或380V的电压变成只有10V左右的低电压，同时电流会变的很大。鉴于焊接对电源的要求，必须使用具有稳定电压的电源。

44. 点焊法是当送丝定时脉冲被触发时，电弧引入被焊的两块金属板，将两层金属板熔化熔合焊接在一起。

45. 镀锌钢板焊接时，为了防止较宽的间隙造成烧穿或过量的熔深，应使焊枪左右摆动。

46. 在焊接铝板时，如果铝板表面有涂层，应用装有粒度为80号砂轮的砂轮机磨去宽度为20mm范围内的涂层，让金属裸露出来。在喷嘴内装入直径1mm的铝焊丝，当焊丝伸出喷嘴大约10mm时，起动焊机。

四 电阻点焊

1. 在整体式车身上进行的焊接生产中，有90%～95%都采用电阻点焊。

2. 双面点焊用于结构性部件的点焊，而单面点焊的强度比较低，一般只能用于外部装饰性面板的焊接。

3. 焊枪电极的压力太小、电流过大都会产生焊接飞溅物，导致焊接接头强度降低。焊枪电极压力太大会使焊点过小（熔核小），并降低焊接部位的机械强度。

4. 电流太大或压力太小，将会产生内部溅出物。如果适当减小电流强度或增加压力，便可使焊接溅出物减少到最小值。焊接电流大时焊点中间电极接触部分的颜色变深呈蓝色。

5. 电阻点焊机的变压器将低电流强度的220V或380V车间线路电压转变成低电压（2～5V）、高电流强度的焊接电流，避免了电击的危险。

6. 车身修理所使用的大多数焊枪随着电极臂的加长焊接压力会减小，焊接质量会下降。当配备100mm或更短的缩短型电极臂时，其最大焊接能力达两层2.5mm厚的钢板。一般要求配有加长型或宽距离电极臂的焊机至少可焊接两层1mm厚的钢板。

7. 电极头直径增加，焊点的直径将减小；电极头直径减小，焊点直径将增大；电极头直径小到一定值以后，焊点的直径将不再增大。可参照公式$D=2T+3$mm来选择合适的电极头直径，其中T为板件厚度。

8. 许多简单的点焊机都无法调整施加的压力和焊接电流，而且其电流强度值较低。这些焊机在操作时可适当延长通电时间（让低强度的电流流过较长的时间）来保证焊接的强度。

9. 电阻点焊时两个焊接表面之间的任何间隙都会影响电流的通过。不消除这些间隙也可进行焊接，但焊接部位将会变小而降低焊接的强度。因此，焊接前要将两个金属表面整平，以消除间隙，还要用一个夹紧装置将两者夹紧。

10. 金属板表面上的油漆层、锈斑、灰尘或其他任何污染物，都会减小焊接电流强度而使焊接质量降低，所以在进行焊接时一定要将这些物质从焊接表面上清除掉。

11. 进行点焊操作时，尽量采用双面点焊的方法。对于无法进行双面点焊的部位，可采用气体保护焊焊接中的塞焊法来焊接，而不能用单面点焊来焊接结构性板件。电极和金属板之间的夹角应呈90°。当三层或更多层的金属重叠在一起点焊时，应进行两次点焊或加大焊接电流。

12. 与制造厂的点焊相比，修理中进行点焊时，应将焊点数量增加30%。

13. 两层金属板之间的结合力随着焊接间距的缩小而增大。但如果再进一步缩小间距，结合力将不再增大，这是因为焊接电流将流向已被焊接过的焊点产生分流，焊接部位流过的电流变小，焊接强度下降。一般，板材厚度0.8mm时，焊点间距≥14mm，焊点到边缘的距离≥5mm；板材厚度1.0mm时，焊点间距≥17mm，焊点到边缘的距离≥6mm。

14. 应该在正常焊完第一个焊点后，把第二个焊点的电流调大一些，才能得到两个焊接强度一致的焊点。

15. 不要只沿着一个方向连续地进行焊接操作。这种方法会使电流产生分流而降低焊接质量。

16. 焊点质量的外观检验项目有焊接位置、焊点的数量、焊点间距、压痕、气孔和溅出物。

17. 破坏性检验时，根据焊接处是否整齐地断开，可以判断出焊接质量的好坏。

18. 非破坏性检验时，将錾子插入焊接的两层金属板之间并轻敲錾子的端部，直到在两层金属板之间形成2～3mm的间隙（当金属板的厚度大约为1mm时）。如果这时焊点部位仍保持正常没有分开，则说明所进行的焊接是成功的。如果两层金属板的厚度不同，操作时两层金属板之间的间隙限制在1.5～2mm范围内。

19. 不论哪种焊接方法，焊接之前的焊接部位清洁非常重要，否则会影响焊接强度。焊接之后要做好防腐蚀保护工作。

20. 一般电阻点焊机都可以调整电流、焊接压力和焊接时间。

五 钎焊

1. 钎焊只能用在车身密封结构处。在焊接过程中只熔化有色金属（铜、锌等），而不熔化工件（金属板），有色金属的熔点低于金属板。只能对制造厂已进行过钎焊的部位进行钎焊，其他地方不可使用钎焊焊接。

2. 汽车制造厂使用电弧钎焊将车顶和后顶侧板连接在一起。电弧钎焊的原理与气体保护焊接相同。不过电弧钎焊使用氩气来代替惰性气体保护焊接中的二氧化碳或氩气和二氧化碳混合气，还需要专用的钎焊丝。

3. 给板件的表面涂上焊剂后，加热会把焊剂变成液体，变成液体的焊剂会清除金属表面的氧化层。氧化层被清除后，钎焊材料将黏结在板件上。焊剂还可以预防板件表面进一步氧化，增加板件和钎焊材料之间的黏结强度。

4. 由于钎焊材料的强度低于板件的强度，接头的形状和间隙决定了钎焊接头结合的强度。钎焊接头的强度取决于需要连接的两个工件的表面积，因此需要焊接的部件应该尽量加宽搭接接头的宽度，搭接部位的宽度一般应等于或大于金属板厚度的3倍。

5. 对板件加热时，将板件的接合处均匀地加热到能够接受钎焊材料的温度。

6. 硬钎焊的温度必须比黄铜的熔点高出30～60℃。

7. 钎焊部位会呈现出银灰色，如果为浅蓝色，表明加热温度过高。

例题解析

1 判断题

例题：黏结一般不单独使用，是配合螺栓、铆接、电阻点焊、折边连接等方式一起进行。（ ）

解析：此题为判断题，如果此题正确，应（√），错误应（×）。此题考核的是车身连接方式之一的黏结。黏结一般不单独使用，而是配合螺栓、铆接、电阻点焊、折边连接等方式一起进行。所以此题答案为（√）。

2 单项选择题

例题：当氧气和乙炔的体积混合比为1:1时，产生（ ）。

A. 中性焰　　B. 碳化焰　　C. 氧化焰

解析：此题为单项选择题，只有一个正确答案，将选择的正确答案填在（ ）内。此题是考核氧乙炔火焰的类型。当氧气和乙炔的体积混合比为1∶1时，产生中性焰。所以此题答案为（ A ）。

 多项选择题

例题：下列（　　）焊接方法属于惰性气体保护焊机的基本的焊接方法。

A. 定位焊　　B. 连续焊　　C. 塞焊　　D. 对接焊

解析：此题为多项选择题，有一个或多个正确答案，将选择的正确答案填在（　　）内。此题是考核惰性气体保护焊的基本焊接方法的类型。惰性气体保护焊有6种基本的焊接方法，分别为定位焊、连续焊、塞焊、点焊、搭接点焊和连续点焊。所以此题答案是（ABC）。

习题及答案

一 习题

（一）判断题

1. 当代车身上用的焊接方式有电阻点焊、二氧化碳气体保护焊、电弧焊和钎焊。（　　）

2. 焊接接头的强度受操作者水平的影响不大。（　　）

3. 车身的装饰性部件可以使用氧乙炔焊或二氧化碳气体保护焊进行焊接。（　　）

4. 惰性气体保护焊（MIG）和活性气体保护焊（MAG）的含义是相近的。（　　）

5. 焊接是对需要连接的金属板件加热，使它们共同熔化，最后结合在一起的连接方式。（　　）

6. 经惰性气体保护焊焊接过的位置，可修平和研磨到与表面同样的高度，这样就不会降低强度。（　　）

7. 车身上几乎所有的钢材，都可以用一根通用型的焊丝来焊接。（　　）

8. 使用惰性气体保护焊后要做好防腐工作，而电阻点焊焊接后不用。（　　）

9. 不论哪种焊接方法，焊接之前的焊接部位清洁非常重要，否则会影响焊接强度。（　　）

10. 对于薄金属板，防止焊接熔穿的方法是控制焊接接头附近的热量。（　　）

11. 由于氧乙炔焊接操作中要将热量集中在某一个部位，热量将会影响周围的区域而降低钢板的强度，因此制造厂都不赞成使用氧乙炔焊来修理汽车。（　　）

12. 电阻点焊时，两焊点的间距要适当增大。（　　）

13. 焊接电流增大会使熔深增加，导致熔穿。（　　）

14. 焊接电压过低，电弧长度会增加，焊接熔深会减小。（　　）

15. 导电嘴到工件距离为20mm时，焊接效果最好。（　　）

16. 正向焊接时，熔深较小且焊缝较平。（　　）

17. 氧乙炔焊的碳化焰不可以用于焊接铝、镍和其他合金。（　　）

18. 采用惰性气体保护焊时，要尽量加大保护气的流量，因为气流越大，保护效果越好。（　　）

19. 焊接电压的大小对焊缝的宽窄没有影响。（　　）

20. 焊接电流的大小对焊缝的宽窄没有影响。 （ ）

21. 由于装饰性部件是低碳钢，对热不敏感，在对其焊接时可以不用间歇焊。 （ ）

22. 为了防止金属板产生弯曲变形，要从金属的边缘或靠近边缘的地方开始焊接。 （ ）

23. 焊接完毕后不需要加固，因为加固过的焊接缝强度低于未经加固的焊缝。 （ ）

24. 氧乙炔焊的氧化焰可以用来焊接黄铜和青铜。 （ ）

25. 在修理结构性部件时，只能对在制造厂进行过搭接焊的地方进行搭接焊。 （ ）

26. 做一个塞焊时可以进行多次焊接。 （ ）

27. 采用惰性气体保护焊时，对焊接不允许使用强制冷却，原因是会使焊缝金属变硬、强度太大。 （ ）

28. 对镀锌板焊接时，应该佩戴焊接头盔和防毒口罩。 （ ）

29. 加大电极压力会增加电阻点焊焊点的焊接强度。 （ ）

30. 电阻点焊的焊接电压大，焊件熔融大就会产生飞溅。 （ ）

31. 大多数汽车车身修理厂都采用二氧化碳或二氧化碳和氩气的混合气作为保护气体。 （ ）

32. 惰性气体保护焊设备都由带有流速调节器的保护气体供应管道、送丝装置、焊丝、焊机电源、电缆和搭铁接线装置、焊枪（也称焊炬）、保护气和控制面板等基本部分组成。 （ ）

33. 惰性气体保护焊必须使用具有稳定电压的电源。 （ ）

34. 当电阻点焊焊接电流达不到所要求的标准时，可以通过增加焊接时间来调整。 （ ）

35. 采用电阻点焊时，焊接接缝一定要干净并且缝隙要小。 （ ）

36. 对整体式车身焊接，建议采用C-25保护气。 （ ）

37. 使用0.8mm的焊丝进行焊接时，要采用氩气和二氧化碳的混合气；使用0.6mm的焊丝焊接时，可以不采用氩气和二氧化碳的混合气。 （ ）

38. 电阻点焊焊接1.0mm厚的板件时，焊点到边缘的距离应该大于8mm。 （ ）

39. 采用塞焊焊接不同厚度的金属时，应将较薄的金属板放在上面。 （ ）

40. 钎焊焊接接头的强度取决于接头处板件的强度。 （ ）

41. 在汽修厂，代替电阻点焊的方法是用惰性气体保护焊进行点焊。 （ ）

42. 惰性气体保护焊焊接的部位要与搭铁接线连接形成电流回路。 （ ）

43. 采用电阻点焊时，电极头直径增加，焊点直径也会随之增加，但不能无限增加。 （ ）

44. 采用电阻点焊时，应该先把电流调到最大，逐步降低找到合适的电流值。 （ ）

45. 使用电阻点焊焊三层板时，为了增加焊接强度，可以在一个焊点焊接两次。 （ ）

46. 在电阻点焊破坏性试验中，焊点被破坏说明试验合格。 （ ）

47. 一般的点焊机都可以对铝板进行点焊焊接。 （ ）

48. 惰性气体保护焊喷嘴的主要功能是提供供气保护。 （ ）

49. 进行隋性气体保护焊时，如果导电嘴到工件的距离过小，将难以进行焊接，并会烧毁导电嘴。 （ ）

50. 进行惰性气体保护焊时，如果导电嘴到工件的距离过大，将难以进行焊接，并会烧毁导电嘴。 （ ）

51. 钎焊接头的搭接部位的宽度一般要大于金属板厚度的3倍。（ ）

52. 对车身焊接时，要采用不会降低车身原有强度和耐久性的焊接方法。（ ）

53. 钎焊一般用在车身立柱和门槛板连接处的焊接。（ ）

54. 在铝板上进行惰性气体保护焊焊接时，只能采用正向焊接。（ ）

55. 在使用惰性气体保护焊进行正向焊接时，应该是焊枪推动焊炬。（ ）

56. 惰性气体保护焊的点焊通常使用在对非结构件的焊接上。（ ）

57. 所有更换部件后的电阻点焊，焊接接头的数量应该和生产厂家原来的焊接接头数量相等。（ ）

58. 焊枪的喷嘴应该和焊丝直径匹配。（ ）

59. 焊缝比较长时，可以不用间歇焊。（ ）

60. 惰性气体保护焊时，如果焊枪的移动速度过慢，会产生许多烧穿孔。（ ）

61. 惰性气体保护焊仰焊操作时，过大的熔池产生的金属熔滴可能会落入导电嘴或进入气体喷嘴，导致喷嘴或导电嘴烧损。（ ）

62. 分段焊接时，可以立即对焊接处进行吹风等强制冷却，然后进行下一段的焊接。（ ）

63. 在连续焊接时，应该进行分段焊接以减小变形。（ ）

64. 进行钎焊时，只能在汽车制造厂原钎焊的部位使用。（ ）

65. 钎焊过程中，工件和焊接材料熔融后结合在一起。（ ）

66. 用惰性气体保护焊焊接镀锌钢板时，可以不必将镀锌层除去。（ ）

67. 塞焊焊缝尺寸必须为6mm。（ ）

68. 点焊1.0mm厚的金属板材时，焊点之间的最小距离为22mm。（ ）

69. 点焊时，需要在汽车制造厂原有的焊点上进行焊接修复。（ ）

70. 焊接时，建议把焊枪上的触头当作夹具来使用，使金属的焊缝靠近。（ ）

71. 进行塞焊时，应在外面的一个或若干个工件上打一个孔，电弧穿过此孔，进入里面的工件，这个孔被熔化的金属填满，板件被焊接在一起。（ ）

72. 点焊法是当送丝定时脉冲被触发时，电弧引入被焊的两块金属板，将两层金属板熔化熔合焊接在一起。（ ）

73. 在点焊破坏性试验中，其中一片金属上应有一长度为10mm的孔。（ ）

74. 焊接导电嘴的尺寸必须与焊丝直径尺寸匹配。（ ）

75. 如果汽车制造厂没有建议，塞焊时建议结构件焊孔直径为8mm。（ ）

76. 车身修复时，应在汽车制造厂原有焊点之间进行惰性气体保护焊的塞焊。（ ）

77. 电阻点焊的焊点密度越大，焊接后强度越高。（ ）

78. 对一个部件进行电阻点焊时，可以按照一个方向连续进行。（ ）

79. 进行钎焊时，考虑到工件的加热变形，可以不对工件加热。（ ）

80. 焊接3个1.0mm厚的板材时，在原有焊点数量上应再增加30%的焊点。（ ）

81. 点焊时，建议焊角为50°。（ ）

82. 点焊时，应除去镀锌层。（ ）

83. 焊接时，高电压会导致板材烧穿。（ ）

84. 对接焊时要采用分段焊接，让某一段区域的对接焊能够自然冷却，再进行下一区域的焊接。（ ）

85. 间歇式塞焊可以防止板材过热。（ ）

86. 夹具夹持位置应离焊接处尽可能地近。（ ）
87. 车身上部件的连接方式分为可拆卸连接和不可拆卸连接。（ ）
88. 铆钉属于可拆卸连接方式。（ ）
89. 熔焊是通过电弧或火焰等方式将金属件加热到熔点，使它们熔化连接在一起。（ ）
90. 焊接对水和空气的密封好。（ ）
91. 氧乙炔焊在当代整体式车身修复中不能使用。（ ）
92. 氧乙炔焊的氧化焰只能用来切割，不能用来焊接。（ ）

（二）单项选择题

1. 以下（ ）属于不可拆卸连接。
A. 折边连接 B. 卡口连接 C. 焊接螺母连接
2. 钎焊材料的熔化温度低于（ ）℃是软钎焊。
A. 350 B. 450 C. 550
3. 以下（ ）是车身修复中应用最多的焊接方式。
A. 压焊 B. 熔焊 C. 钎焊
4. 将车顶板与前立柱连接在一起，可以采用（ ）。
A. 压焊 B. 熔焊 C. 钎焊
5. 对1mm钢板进行电阻点焊时，两个焊点之间的最小间距是（ ）mm。
A. 16 B. 17 C. 18
6. 以下（ ）是气体保护焊焊接的优点。
A. 焊接质量受操作人员影响不大
B. 不受板件形状限制
C. 产生热量多，板件不会变形
7. 氧乙炔火焰的温度可以达到（ ）℃。
A. 3000 B. 2500 C. 3500
8. 氧乙炔火焰的碳化焰混合气中的氧气量（ ）乙炔量。
A. 多于 B. 少于 C. 等于
9. 对钢板进行热收缩时，使用（ ）。
A. 氧化焰 B. 中性焰 C. 碳化焰
10. 氧乙炔正向焊接时，焊条和焊炬的角度分别是（ ）。
A. 30°～40°、60°～70°
B. 60°～70°、30°～40°
C. 30°～40°、40°～50°
11. 钎焊接头的搭接宽度一般是其厚度的（ ）倍。
A. 3 B. 3.5 C. 4
12. 进行电阻点焊时，防腐应在（ ）。
A. 焊接后对全车身一起进行
B. 焊接后立即对该部位进行
C. 焊接之前进行
13. 在氩气中加入（ ）的氧气作为保护气，就可以焊接不锈钢。
A. 2%～3% B. 4%～5% C. 3%～4%

14. 用惰性气体保护焊进行焊接时，随着电流的增大，会造成（　）。

A. 焊缝变宽、熔深加大　B. 焊缝变宽、熔深减小　C. 焊缝变窄、熔深加大

15. 在1mm厚的一般结构性钢板上进行塞焊时，塞孔直径是（　）mm。

A. 3　B. 5　C. 8

16. 对于惰性气体保护焊，焊枪导电嘴到工件的距离是（　）mm。

A. 7 ~ 15　B. 7 ~ 16　C. 6 ~ 16

17. 进行电阻点焊操作前，要（　）。

A. 打开保护气　B. 清除镀锌层　C. 夹紧两个焊接表面

18. 电阻点焊两个焊点间距过小，使强度降低的原因是（　）。

A. 焊接电流被分流　B. 焊接时间缩短　C. 两个焊点的热影响

19. 要求焊机输出的是（　）

A. 高电压、低电流　B. 高电压、高电流　C.低电压、高电流

20. 焊接时，二氧化碳和氩气混合气体的气体比例是（　）。

A. 3∶1　B. 1∶3　C. 4∶1

21. 惰性气体保护焊搭铁夹钳的作用是（　）。

A. 作固定用　B. 使电流形成回路　C. 使电流稳定，焊接效果好

22. 车身板件更换后，电阻点焊焊接接头的数量与生产厂家原来的焊接接头数量相比（　）。

A. 可以少一些，但焊点强度要足够

B. 必须数量相等

C. 要多30%

23. 使用惰性气体保护焊用0.6mm的焊丝进行焊接1.0mm厚的板件时，焊接电流是（　）A。

A. 20 ~ 30　B. 30 ~ 40　C. 40 ~ 50

24. 采用惰性气体保护焊时，焊枪角度是（　）。

A. 10° ~ 15°　B. 20° ~ 40°　C. 20° ~ 30°

25. 当需要焊接的金属多于（　）层时，不可采用搭接焊焊接方法。

A. 2　B. 3　C. 4

26. 塞焊时，在需要连接的外层板件上钻（或冲）一个孔来进行焊接，一般结构性板件的孔直径为（　）。

A. 5 mm　B. 8 mm　C. 10 mm

27. 在车身修理中，可采用（　）来代替汽车制造厂的电阻点焊。

A. 点焊　B. 搭接焊　C. 塞焊

28. 当需要将两层以上的金属板用塞焊焊接在一起时，应在每一层金属板上冲一个孔（最下面的金属板除外），每一层金属板的塞焊孔直径应（　）最上层金属板塞焊孔的直径。

A. 小于　B. 等于　C. 大于

29. 采用塞焊法焊接不同厚度的金属板时，应将较薄的金属板放在（　）。

A. 下面　B. 上面　C. 上面和下面均可以

30. 采用塞焊法焊接不同厚度的金属板时，应在较薄的金属板上冲（　）的孔。

A. 较小　B. 较大　C. 等于厚金属板孔径

31. 使用惰性气体保护焊焊接1.0mm厚的钢板时，焊接速度是（　）m/min。

A. 1　　B. 1.1　　C. 1.2

32. 惰性气体保护焊的焊炬移动速度是由（　）决定的。

A. 板厚和电流　　B. 板厚和电压　　C. 电压和电流

33. 惰性气体保护焊保护气中的二氧化碳含量增大时，会出现（　）现象。

A. 焊接熔深加大、焊缝宽度加大

B. 焊接熔深加大、焊缝宽度减小

C. 焊接熔深减小、焊缝宽度加大

34. 惰性气体保护焊，焊枪导电嘴到喷嘴的距离和焊丝伸出喷嘴的长度分别是（　）。

A. 2mm、5～8mm　　B. 3mm、5～8mm　　C. 3mm、4～8mm

35. 用惰性气体保护焊进行仰焊操作时，要（　）。

A. 调低电压、缩短电弧　　B. 调高电压、缩短电弧　　C. 调低电压、加大电弧

36. 用惰性气体保护焊进行定位焊时，各焊点间的距离大小与板件的厚度有关，一般距离为板件厚度的（　）倍。

A. 15～20　　B. 20～30　　C. 15～30

37. 在后侧围板上应用气体保护焊塞焊时，一般要求塞孔直径为（　）mm。

A. 3　　B. 5　　C. 8

38. 镀锌钢材焊接时，为了防止较宽的间隙造成烧穿或过量的熔深，应使焊枪（　）。

A. 垂直于焊接表面　　B. 呈10°～15°的角度　　C. 左右摆动

39. 惰性气体保护焊焊接铝板时，要使用铝焊丝和（　）。

A. 100%的氩气　　B. 50%的氩气　　C. 100%的氮气

40. 焊接铝板时，焊枪（　）。

A. 只能推，不能拉　　B. 只能拉，不能推　　C. 既能推，又能拉

41. 对铝板进行垂直焊接时，应（　）。

A. 从上面开始，向下焊接

B. 从下面开始，向上焊接

C. 从中间开始，向两边焊接

42. 在焊接铝板时，如果铝板表面有涂层，应用装有粒度为（　）号砂轮的砂轮机磨去宽度为20mm范围内的涂层，让金属裸露出来。

A. 60　　B. 80　　C. 100

43. 在进行惰性气体保护点焊时，以下（　）的说法是错误的。

A. 较薄的金属焊接到较厚的金属上

B. 正式焊接前要试焊检验

C. 与脉冲焊相比，点焊通常需要较少的热量

44. 采用惰性气体保护焊连续焊时，每次焊接长度应该不大于（　）mm。

A. 10　　B. 20　　C. 30

45. 分段焊接的目的是（　）。

A. 有利于对准焊缝　　B. 有利于冷却　　C. 降低焊接难度

46. 薄板厚度为0.8mm以下，必须采用（　）的惰性气体保护焊焊接方式。

A. 连续点焊　　B. 连续焊，每次焊接长度不超过10mm

C. 连续焊

47. 惰性气体保护焊的焊炬移动过慢时，会产生（　）现象。

A. 焊缝变窄　　B. 熔穿　　C. 熔深变浅

48. 为了防止金属板弯曲，应从工件的（　）开始焊接。

A. 前部　　B. 后部　　C. 中部

49. 惰性气体保护焊焊接的板件厚度超过（　）mm时，要留出焊接坡口。

A. 1.4　　B. 1.6　　C. 1.8

50. 使用气体保护焊焊接后，不能用水降温的原因是（　）。

A. 会使焊缝变脆　　B. 会使焊缝生锈　　C. 会使焊缝变软

51. 对铝板进行气体保护焊焊接时，要采用（　）的保护气。

A. 100%氩气　　B. 100%二氧化碳　　C. 50%氩气和50%二氧化碳

52. 采用气体保护焊焊接铝板时，焊炬的焊接角度是（　）。

A. 5°～15°　　B. 10°～15°　　C. 10°～20°

53. 在铝板上只能采取（　）的气体保护焊的焊接方式。

A. 逆向焊接　　B. 逆向焊接和正向焊接都可以

C. 正向焊接

54. 焊接铝板时，应采用直径为（　）的铝焊丝。

A. 1mm　　B. 2mm　　C. 3mm

55. 采用气体保护焊焊接铝板时，（　）的说法是正确的。

A. 使用直径为0.8mm的铝焊丝

B. 送丝速度比焊接钢板快

C. 在焊接前只对板件进行清洗

56. 气体保护焊塞焊的板件扭曲破坏后，修复时下面的工件上必须有直径不小于（　）mm的孔。

A. 8　　B. 10　　C. 12

57. 车身上有（　）的板件是用电阻点焊焊接的。

A. 80%～90%　　B. 85%～90%　　C. 90%～95%

58. 电阻点焊的电流调大时，会产生（　）现象。

A. 飞溅变多、焊点颜色变深　　B. 飞溅变少、焊点颜色变深

C. 飞溅变多、焊点颜色变浅

59. 电阻点焊的焊接电压一般是（　）V。

A. 5～10　　B. 10～15　　C. 2～5

60. 车身修复用的电阻点焊设备，要求配备100mm或更短的缩短型电极臂时，其最大焊接能力达（　）。

A. 两层2.0mm厚的钢板　　B. 两层2.5mm厚的钢板

C. 两层3.0mm厚的钢板

61. 车身修复用的电阻点焊设备，要求配备最长电极臂时，其最大焊接能力达（　）。

A. 两层1.0mm厚的钢板　　B. 两层1.5mm厚的钢板

C. 两层2.0mm厚的钢板

62. 使用电阻点焊设备焊接1mm厚的钢板时，电极头的直径应为（　）mm。

A. 5　　B. 4　　C. 6

63. 使用电阻点焊设备焊接1mm厚的钢板时，两层板的间隙应该是（　）mm。

A. 0　　B. 0.5　　C. 1

64. 采用电阻点焊设备焊接时，电极与板件的角度是（　）。

A. 60°　　B. 90°　　C. 120°

65. 采用电阻点焊焊接时，原焊点有4个，修理时要有（　）个焊点。

A. 4　　B. 5　　C. 6

66. 使用电阻点焊焊接0.8mm和1.0mm厚的钢板时，最小焊点间距是（　）mm。

A. 13和16　　B. 14和18　　C. 14和17

67. 进行电阻点焊时，要（　）。

A. 第一个焊点电流大、第二个焊点电流小

B. 第一个焊点电流小、第二个焊点电流大

C. 两个焊点电流一样大

68. 用錾子检验电阻点焊焊接的两个不同厚度的板件时，錾开的缝隙是（　）mm。

A. 2.0 ~ 2.5　　B. 1.0 ~ 2　　C. 1.5 ~ 2

69. 用錾子检验电阻点焊焊接的两个1.0mm厚度的板件时，錾开的缝隙是（　）mm。

A. 2.0 ~ 2.5　　B. 2.5 ~ 3　　C. 1.5 ~ 2

70. 进行正常软钎焊时，钎焊部位是（　）色。

A. 银灰　　B. 浅蓝　　C. 淡黄

71. 硬钎焊时的温度必须比黄铜的熔点高出（　）℃

A. 40 ~ 50　　B. 50 ~ 80　　C. 30 ~ 60

（三）多项选择题

1. 当增大（　）时，惰性气体保护焊焊接熔深也会增大。

A. 电流　　B. 电压　　C. 焊枪运行速度　　D. 焊丝直径

2. 黏结连接一般和（　）共同使用。

A. 电阻点焊　　B. 气体保护焊　　C. 折边连接　　D. 卡扣连接

3. 氧乙炔可以对整体式车身进行（　）。

A. 热收缩　　B. 硬钎焊和软钎焊

C. 结构性零部件的切割　　D. 后纵梁表面的清洁

4. 氧乙炔的火焰是（　）。

A. 收缩焰　　B. 氧化焰　　C. 中性焰　　D. 碳化焰

5.以下（　）连接方式是将汽车上的金属零部件连接在一起的可拆卸连接方式。

A. 螺纹连接　　B. 卡扣连接　　C. 铰链连接　　D. 折边连接

6.以下（　）连接方式是将汽车上的金属零部件连接在一起的不可拆卸连接方式。

A. 折边连接　　B. 铆钉连接　　C. 黏结连接　　D. 焊接连接

7. 惰性气体保护焊的优点是（　）。

A. 可以使钢板100%熔化　　B. 焊接后不用除去焊渣

C. 焊缝打磨后强度不下降　　D. 轻松进行立焊和仰焊

8. 更换中立柱后，可以采用（　）进行焊接。

A. 惰性气体保护焊　　B. 钎焊　　C. 氧乙炔焊　　D. 电阻点焊

9. 使用高质量气体保护焊进行塞焊的要求有（　）。

A. 各工件紧密地固定在一起　　B. 底层金属应首先熔化

C. 适当调大电流　　D. 焊丝与被焊接的金属相容

10. 焊接可以分为（　　）等类型。

A. 压焊　B. 熔焊　C. 钎焊　D. 惰性气体保护焊

11. 氧乙炔在车身修理厂的应用有（　　）。

A. 进行热收缩　B. 硬钎焊和软钎焊

C. 表面清洁　D. 切割非结构性零部件

12. 在气体保护焊焊接中，熔深不足的原因可能有（　　）。

A. 电流太小　B. 焊接速度太慢　C. 板件金属生锈　D. 电弧过长

13. 气体保护焊的焊缝产生气孔的原因可能有（　　）。

A. 焊丝上有锈迹或水分　B. 焊接时冷却速度过快

C. 电弧过长　D. 焊丝规格不正确

14. 电阻点焊的优点有（　　）。

A. 焊接过程中不产生烟或蒸气　B. 不需要对焊缝进行研磨

C. 焊接强度高、受热范围小　D. 焊接成本比气体保护焊等低

15. 对电阻点焊质量进行外观检查时，要检查（　　）。

A. 焊点间距　B. 电极头压痕深度

C. 焊件表面光滑程度　D. 焊接位置

16. 钎焊中，焊剂的作用是（　　）。

A. 清除金属表面的氧化层　B. 使钎焊料容易熔化

C. 增加钎焊结合强度　D. 预防板件表面进一步氧化

17.以下（　　）的说法是正确的。

A. 钎焊接头的强度高于板件的强度

B. 电弧钎焊的原理与气体保护焊的相同

C. 电阻点焊的单面点焊只能用在结构件上

D. 电阻点焊焊接前的清洁工作非常重要

18. 关于电阻点焊，（　　）的说法是错误的。

A. 前、后车窗角落裙边上不能焊接

B. 可以在一个方向连续地进行焊接操作

C. 双电极的单面点焊可以用在结构件上

D. 焊接前要涂导电底漆

19. 影响电阻点焊焊接质量的因素有（　　）。

A. 板件厚度　B. 电极头压力

C. 焊件表面光洁度　D. 电流大小

20. 关于惰性气体保护焊，（　　）的说法是错误的。

A. 焊接熔深与电流有关，但与电压无关

B. 焊接质量受操作者的水平影响很大

C. 塞焊只能用于结构性板件的焊接

D. 对强度要求高的结构性板件，焊接后要进行加固

21. 进行惰性气体保护焊焊接时，（　　）会使板件变形。

A. 使用大电流　B. 使用分段焊接　C. 使用脉冲点焊　D. 放慢焊接速度

22. 在车身外覆盖件上可以使用（　　）的焊接方法。

A. 脉冲点焊　B. 塞焊　C. 连续焊　D. 对接焊

23. 一般电阻点焊焊机都可以调整（　　）。
A. 电流　　B. 电压　　C. 焊接压力　　D. 焊接时间

 习题答案

（一）判断题

1. ×　2. ×　3. ✓　4. ✓　5. ✓　6. ✓　7. ✓　8. ×　9. ✓　10. ✓
11. ✓　12. ✓　13. ✓　14. ×　15. ×　16. ✓　17. ×　18. ×　19. ×　20. ×
21. ×　22. ×　23. ✓　24. ✓　25. ✓　26. ×　27. ×　28. ✓　29. ×　30. ×
31. ✓　32. ✓　33. ✓　34. ✓　35. ✓　36. ✓　37. ×　38. ×　39. ✓　40. ×
41. ×　42. ✓　43. ×　44. ×　45. ✓　46. ×　47. ×　48. ✓　49. ✓　50. ✓
51. ✓　52. ✓　53. ×　54. ×　55. ×　56. ✓　57. ×　58. ×　59. ×　60. ✓
61. ✓　62. ×　63. ✓　64. ✓　65. ×　66. ✓　67. ×　68. ×　69. ×　70. ×
71. ✓　72. ✓　73. ×　74. ✓　75. ✓　76. ×　77. ×　78. ×　79. ×　80. ✓
81. ×　82. ×　83. ×　84. ✓　85. ✓　86. ✓　87. ✓　88. ×　89. ✓　90. ✓
91. ✓　92. ×

（二）单项选择题

1. A　2. B　3. B　4. C　5. B　6. B　7. A　8. B　9. C　10. A
11. A　12. C　13. B　14. A　15. C　16. A　17. C　18. A　19. C　20. B
21. B　22. C　23. C　24. A　25. A　26. B　27. C　28. A　29. B　30. B
31. A　32. B　33. A　34. B　35. A　36. C　37. B　38. C　39. A　40. A
41. B　42. B　43. C　44. B　45. B　46. A　47. B　48. C　49. B　50. A
51. A　52. A　53. A　54. A　55. B　56. B　57. C　58. A　59. C　60. B
61. A　62. A　63. A　64. B　65. B　66. C　67. B　68. C　69. B　70. A
71. C

（三）多项选择题

1. AD　2. AC　3. ABCD　4. BCD　5. ABC
6. ABCD　7. ABCD　8. AD　9. ABD　10. ABC
11. ABCD　12. ACD　13. ABCD　14. ABCD　15. ABCD
16. ACD　17. BD　18. BC　19. BCD　20. ACD
21. AD　22. ABD　23. ACD

第9章 车身板件修复

本章提要

1. 了解钢板的内部结构与物理特性；
2. 了解车身板件损坏的类型；
3. 会用钣金维修常用的工具；
4. 掌握板件变形的校正方法；
5. 掌握板件轻微损伤的修复方法；
6. 掌握铝制板件的修复方法。

考纲要求

一 钢板的内部结构与物理特性

1. 在碰撞过程中，受碰撞部位的金属变形后内部的晶体结构就发生变化，金属变得更硬、更能抵抗各种外力的影响。

2. 钢板内部晶体组织的状态决定了它能够被加工成形的程度，一块平钢板弯曲处所有晶体的形状和位置就会改变。

3. 金属材料在外力的作用下，尺寸和形状发生改变，也就是说发生了变形。当外力消失后，金属材料可以恢复（回弹）到原来的尺寸和形状，亦即原来的变形消失了，这种变形就称为弹性变形。

4. 当金属材料所受到的外力超出弹性极限，将产生永久变形，这种变形就是在外力消失后也不能消除，亦即金属材料不能恢复原来的形状。这种永久变形就称为塑性变形。

5. 将一钢板弯曲，在弯曲的部位出现弯折，这个部位的塑性变形非常大，迫使晶体组织完全离开了原来的位置，钢板变得非常硬。这种硬度的增加称为加工硬化。加工硬化产生的原因是金属变形后在变形区内增加了应力。

6. 在车身上未受任何损坏的钢板，都会因在制造过程中的加工而存在某种程度的加工硬化。碰撞造成的弯曲只能使受到影响的部位产生更加严重的加工硬化。

7. 钢板在加工成翼子板之前相当柔软，冲压后被加工的部分变得很硬，仍保持平坦的部位则比较柔软。同样材质、同样大小的一块波纹板的强度比平坦板的强度高。

8. 将钢板稍微弯曲，钢板可恢复原来的形状，这是弹性变形。如果弯曲超过了弹性极限，金属将出现折损。外力消除后，在折损部位周围的金属都将恢复原来的状态，而在折损部位出现了加工硬化。

9. 在修理过程中造成的损坏与碰撞对汽车造成的损坏几乎同样多，这是由于缺少这方面的知识和经验而造成的。在校正金属板的过程中，多少总要引起一些加工硬化，但一定要将它控制在最小范围内，不应造成损坏。

二 车身板件损坏的类型

1. 在所有的损坏中，直接损坏通常只占10%～15%。但是，如果碰撞产生了一条很长的擦伤或折痕，它将在总损坏中占80%。可以对严重的直接损坏进行修理，但现在车身上使用的金属件太薄，难以重新加工，校正修理需花费很多时间。所以实际上一般不对受到直接损坏的部位进行修理，直接损坏部位的修复通常需要使用塑料填充剂（腻子）。

2. 碰撞除产生直接损坏外还产生间接损坏，也就是说间接损坏是由直接损坏引起的。在实际中间接损坏占所有类型损坏的绝大多数（80%～90%）。所有非直接的损坏都可认为是间接损坏。

3. 在直接损坏周围区域的折损（单纯铰折、凹陷铰折、单纯卷曲和凹陷卷曲）和挤压（拉伸部分和压缩部分）变形就是间接损坏。

4. 单纯铰折的弯曲过程像铰链一样，沿着一条线均匀地弯曲。产生这种变形时，金属上部受到拉力而产生拉伸变形，下部受到压力而产生压缩变形，其中间将有一层不发生变形的区域。对实心的金属板而言，单纯铰折总是形成一条“直线”形的折损，而对箱形截面的弯曲就不同了。

5. 箱形截面的中心线没有强度，所以顶部的金属板被向下拉（很少有拉伸）产生凹陷；底部的金属板受到两边的压力产生铰折。顶部凹陷、底部铰折、侧面产生褶皱，这就是凹陷铰折。

6. 长度的增加是凹陷卷曲的特征。凹陷铰折和单纯铰折增加的是高度方向的变化，而不是长度。发生在拱形表面上的任何折损都会使金属收缩，凹陷卷曲也不例外，其金属收缩量决定于碰撞的程度。

7. 当发生凹陷卷曲时，在凹陷卷曲部位的旁边还有两处也同时发生折损，这两处折损就是单纯卷曲。这两处折损都位于金属板的拱形部分，因而也是收缩型的折损。由于金属自身的收缩作用，所有发生在拱形部分的凹陷卷曲的方向都与拱形的方向相反，所产生的收缩方向也与拱形的方向相反。

8. 通常各种金属板的拱起程度会有所不同，拱形很高的金属板称为“高拱形”，而接近平坦的金属板称为“低拱形”。当低拱形的金属板受损时，金属被拉入损坏的中心部位。这个拉力使金属板低于它原来的高度，低于正常高度的损坏区称为拉伸区，相反，金属板上任何超出原高度的损坏区都称为压缩区。

9. 校正时，先要确定受损部位受到的是拉伸还是压缩，然后才可确定修理的方法和使用的工具。不能用锤子敲打拉伸区，也不能用垫铁敲打压缩区的内侧，要根据压力的方向来决定需要施加的力，同样当损坏部位存在压缩区时，不能在此部位使用塑料填充剂。

10. 汽车外部面板上的拱起类型有单曲拱形、复合拱形和双曲拱形三种。不同类型的拱形在受到外力时变形是不相同的。

11. 单曲拱形的金属板在纵向（金属板的长度方向）是平坦的，而在横向（金属板的宽度方向）是拱形的。当向金属板拱形处顶端施加一个压力时，则在金属板的纵向方向受到拉伸，在金属板的横向方向受到压缩。

12. 对于出现在拱形处的凹陷区，如果在它的附近没有伴随着出现一个压缩区，便可以用拉伸的方法来校正收缩的凹陷区。通过升高受拉伸的凹陷区的方法进行校正时，只会降低邻近部位的高度。但一块受到损坏的金属板上除出现凹陷区外总会出现一些压缩区，如果它不是受到来自下面的损坏，而采用拉伸方法校正，金属将受到向里面拉的力，使凹陷进一步加深。

13. 在一个凹陷的表面上焊接时，由于金属材料的收缩，会使金属上升，形成一个拱形。解决这个问题可采用铁锤在垫铁上敲击，使金属表面得以降低。

14. 在修理时，基本的原则是最后的损伤要最先修复，最先的损伤要最后修复。

三 钣金修理工具

1. 橡胶锤或木锤用于柔和地锤击薄钢板，这样不会损坏喷漆表面。它经常与吸杯配合用于大面积的凹陷修复上。

2. 垫铁有高拱形、低拱形、凸缘等多种不同形状，每种形状用于特定的凹陷形式和车身板面外形。垫铁与面板外形的配合非常重要，假如在高拱形的面板上使用平面或低拱形的垫铁，结果将会增加凹陷。

3. 外形修复机的电源是220V，通过内部的变压器转换成10V左右的直流电。主机上有两条输出电缆线，一条为焊枪电缆，另一条为搭铁电缆，在工作时两条电缆形成一个回路。把搭铁线连接到工件上，焊枪通过垫圈等介子把电流导通到金属板的某一部分上，由于电流达到3500A左右，垫圈接触金属板的部位产生巨大的电阻热，使温度能够熔化钢铁，熔化的垫圈就焊接到面板上了。焊接电流要求至少达到2500A。一般外形修复机有焊接垫片拉伸修复、热收缩和单面点焊等功能。

4. 使用外形修复机时，把垫圈安装到焊枪上，焊枪的触头一般有磁性可以吸住垫圈。把垫圈抵在金属板上，不需要用过大的力去抵，力太弱也焊接不好，要掌握一个好的力度。当焊接垫圈时，有时焊接不牢固，可能是因为电流太小、板件不干净、垫圈不干净。

5. 吸盘是一种简单工具，它可以拉起浅的凹坑，但凹坑位置不能有褶皱。有时凹陷拉出后，还需要用橡胶锤和顶铁来整平金属板，消除金属板上存在的弹性变形。

6. 使用砂轮机时，只有最上端的部分与金属表面相接触，并且不要使压力过大，砂轮机的质量应恰到好处。应将砂轮机抬起，使砂轮的背面与金属表面形成10°～20°的夹角。

7. 凹陷拉出器是修理车身外部面板最常用、最理想的工具。

8. 当锉一个很平坦的部位时，将车身锉与推进方向成30°水平推，也可以将锉平放，沿30°方向推。

9. 当车身板件受轻微碰撞产生小的凹陷时，为了不损伤漆面，可用微钣金黏结拉伸工具和黏结剂，把衬垫固定在变形部位进行拉伸校正。

10. 在使用垫铁、钣金锤和外形修复机都可以修理的情况下，使用垫铁、钣金锤可以省时省力。

11. 车身锤是连续敲打钣金件以恢复其形状的基本工具。它有许多不同的设计，有方头、单头、圆头以及尖头的。每种形式都是为不同用途而设计的。

12. 镐锤只能用来修理一些小凹陷。其尖顶用于将凹陷从内部锤出，对中心进行柔和地轻打。

13. 侧面锉在使用时是拉动而不是推进。推进操作会引起锉的振动，结果形成刻痕和不平的表面。

14. 低速转动的磨光机可用来清除油漆，使用粒度为16～60号的砂轮，最常用的是16号。

15. 球头锤用于校正弯曲的基础结构，修平厚度较大的钢板部件和用于车身锤和手顶铁作业之前粗成形的车身部件。

四 板件变形的校正方法

1. 校正金属板件的关键是应知道在什么部位、在什么时间、用多大的力敲打多少次。每两次敲击点的间距为9～12mm。

2. 铁锤的工作面必须与金属板的形状相配合，具有平坦锤面的铁锤适用于平坦的或低拱形的金属板表面；凸形工作面的敲击锤适用于敲打内侧的弧形金属面；重的敲击锤可用来进行大致的修整，但要保证敲击不能加重损坏的程度。

3. 精修锤用于最后的精整修复，精修锤比敲击锤轻，而且通常都带有锤头。精整修复时敲击的要领是快速轻敲，敲击时，锤子也应和金属表面垂直。用铁锤敲打金属表面的棱边将会加重金属的变形。

4. 铁锤在垫铁上敲击法适用于修理较小、较浅的凹陷和折损，也可以用这种方法来延伸金属，使其恢复原来的形状。

5. 铁锤在垫铁上敲击法用于拉伸金属，而铁锤不在垫铁上敲击法则用来整平金属。

6. 对拱形处的不正确敲击不仅不能使它延伸，相反还会使它收缩。所有为延伸而进行的敲击必须准确有力，不准确的猛击也会损坏金属板。用铁锤轻敲的方法可以进行整平，不可用来延伸。

7. 许多拱形上的收缩区都可采用铁锤在垫铁上敲击法，使它恢复到原来的高度。和其他方法相比，这种方法最方便迅速。但是，采用铁锤在垫铁上敲击法时，必须能够接触到金属板的背面，否则，只能使用惯性锤拉伸或用填充剂填充。

8. 铁锤不在垫铁上敲击法一般用在平坦的或低拱形的金属板上，这些金属板要比高拱形的金属板柔软。

9. 修理凹陷部位时，必须从凹陷区域边缘开始，逐渐向凹陷中心处接近。将垫铁紧压在凹陷部位的最外端，这里的弯曲程度最轻。用一个平面的冲击锤在凹陷处的外端进行轻度到中度的敲击（铁锤在垫铁上敲击）。铁锤上的力迫使凹陷上升，在铁锤和垫铁的共同作用下，使凹陷处拉伸向上抬起。

10. 修理凹陷部位时，必须从外部开始向内压平，逐渐向中心处接近，按照和碰撞发生时相反的顺序进行。

11. 大面积板件凹陷的损伤修复重点是消除板件的弹性变形，小面积严重凹陷的损伤修复的重点是消除板件的塑性变形。

12. 金属收缩的方法有两种，对于轻微的拱起变形可使用敲击方法进行收缩，对于严重的拱起变形可以使用加热方法进行收缩。

13. 用铁锤和垫铁敲击进行收缩时，应该使铁锤不在垫铁上敲击，敲击时铁锤要快速轻敲，沿着拱形表面的最低点开始敲击，逐步朝着拱形的最高点进行，要保证每次敲击的都是拱形的最低位置。

14. 对金属进行热收缩修理时，先让拉伸区的最高点收缩，然后再让下一个最高点收缩，以此类推，直到整个部位都缩回到原来的位置。加热的范围越大，热量越难以控制。

一般的收缩范围大约相当于一枚五角硬币的大小。

15. 用氧乙炔对金属板拱形处加热时，采用焊接金属板的中性焰，并使用小号的喷嘴。保持焰心到金属板的距离为3mm，直到金属开始发红。加热后，用钣金锤在加热区周围轻敲几下，使金属晶体之间相互靠拢。在敲打时一般不需用垫铁支撑金属板，除非金属发生塌陷。如果需要支撑金属板，只能将垫铁轻轻地放在金属板的下面。当金属上的红色消失并经过整平以后，用一块潮湿的布或海绵使金属的收缩部位冷却。当收缩的部位完全冷却下来时，经常会出现过量的收缩，校正过量收缩的方法是用重铁锤在垫铁上敲击法拉伸最后一次的收缩。热收缩处理后的金属板背面的防腐层会破坏，随后的防腐处理是必不可少的。

16. 用外形修复机的电极触头收缩时同样会破坏金属板背面的防腐层，因此随后要进行防腐处理。

17. 用黏结法修复板件微小变形时，选择衬垫的直径要与凹陷部位的直径相近。把黏结剂均匀地涂到衬垫上，将衬垫放到碰撞点，黏结剂只要能填平凹陷部位，不能太多。衬垫要准确黏结在变形部位的中心。一旦拉拔完成，使用同样的稀释剂取下衬垫。在衬垫周围滴几滴稀释剂，使用塑料刮刀的边缘，取下黏合剂。使用同样的方法取下衬垫上的黏结剂，对修复表面进行抛光处理后就得到完好的表面。

18. 对微小凹痕进行修复用的工具与常规的钣金工具不同，由于修复时的力量要小、轻柔，所以工具也要小、精致。用微钣金锤轻敲凹陷部位，动作要轻柔，不要损伤漆面。当在修复好的凹陷部位的油漆表面有细微的磨损时，可用研磨膏进行研磨抛光。

五 铝板件的修复

1. 与钢板相比，铝板的修理更需要小心。铝比钢软得多，而且当铝受到损坏后由于加工硬化的影响，更难以修复；它的熔点也较低，加热时容易变形；铝制的车身及车架构件的厚度通常是钢件的1～2倍。在修理损坏的铝板时，应该考虑到铝的这些特性。

2. 对铝板进行钣金操作时，由于铝板的强度比较低，不能使用常规钢板的整形工具。一般使用橡胶锤、木锤或木垫铁维修表面，可以防止在校正中对铝板敲击过重产生过度拉伸。

3. 由于铝板的可延展性不及钢板，在受到碰撞而变形后，铝板不容易恢复原来的尺寸。因此，对铝板的变形采用较缓和的铁锤不在垫铁上的敲击法。

4. 在铝板上打磨时，建议使用36号粒度的疏涂层砂轮，不要用高速砂轮机上粗糙的砂轮，以免烧穿铝板。

5. 对铝加热时，由于铝在高温下不会改变颜色，且在600℃的温度时会熔化烧穿，因此对加热的控制十分重要。为防止过量加热，可以使用在一定温度会改变颜色的热敏涂料或热敏笔来控制加热的温度。当用热敏涂料或热敏笔画的标志改变颜色时，停止加热。这时，受热处中心位置的温度为400～425℃，应极缓慢地进行冷却，以免过度的收缩造成铝板变形。

6. 铝板外形修复机内部没有线圈变压器，里面有十几个大容量的电容，通过所有电容瞬间放电来焊接。

7. 在采用铁锤在垫铁上的敲击法校正铝板时，应该多次轻敲，而不能只是重敲一两次，否则锤击太重或次数太多都会拉伸铝板。

例题解析

1 判断题

例题：产生单纯铰折变形时，金属上部受到拉力而产生拉伸变形，而下部受到压力而产生收缩变形，中间将有一层不发生变形的区域。（ ）

解析：此题为判断题，如果此题正确，应（✓），错误应（×）。此题考核的是间接损坏类型之一的单纯铰折。单纯铰折的弯曲过程像铰链一样，沿着一条线均匀地弯曲。产生这种变形时，金属上部受到拉力而产生拉伸变形，下部受到压力而产生压缩变形，其中间将有一层不发生变形的区域。对实心的金属板而言，单纯铰折总是形成一条“直线”形的折损，而对箱形截面的弯曲就不同了。所以此题答案为（✓）。

2 单项选择题

例题：冲击锤只能（ ）。

A. 用在修复小的凹陷处

B. 用于修理金属板大的凹陷

C. 用来敲打损坏的金属板使其大致回到原形

解析：此题为单项选择题，只有一个正确答案，将选择的正确答案填在（ ）内。此题是考核冲击锤的用途。这种锤顶面大，打击力散布在较大的面积上，用于凹陷板面初始的校正，或加工内部板和加强部位的板件。一般，大的凹陷需要使用冲击锤。所以此题答案为（ B ）。

3 多项选择题

例题：车身修理中最常用的铆枪是（ ）规格的。

A. 3mm　　B. 4mm　　C. 5mm　　D. 6mm

解析：此题为多项选择题，有一个或多个正确答案，将选择的正确答案填在（ ）内。此题是考核车身修理中常用的铆钉枪。车身上不同材料之间，铝合金或不能使用焊接的部位，都要使用铆钉连接。最通用的铆钉枪是3mm和6mm规格的。所以此题答案是（AD）。

习题及答案

习题

(一) 判断题

1. 加工硬化产生的原因是金属变形后在变形区内增加了应力。（ ）
2. 塑料填充剂开裂，甚至丧失与钢板的结合能力而脱落的原因是涂层太厚。（ ）
3. 加工硬化产生的原因是，金属变形后在变形区内减小了应力。（ ）
4. 在车身修理过程中造成的损坏，与碰撞对汽车造成的损坏几乎同样多。（ ）
5. 对于箱形截面的凹陷铰折，不适当的校正会造成尺寸缩短。（ ）
6. 钢板被加工成一定的形状后，钢板上不同部位的强度是一样的。（ ）

7. 许多拱起部位上的收缩区，都可以采用铁锤在垫铁上敲击的方法，使它恢复到原来的高度。（ ）

8. 对金属板进行收火时，可以使用铁锤在垫铁上敲击的方法。（ ）

9. 金属板变形区金属晶粒的结构会改变。（ ）

10. 单纯卷曲和凹陷卷曲一样，都会使金属收缩。（ ）

11. 金属材料在外力作用下发生变形，当外力消失后，金属材料可以恢复（回弹）到原来的尺寸和形状，这种变形称为弹性变形。（ ）

12. 当金属材料所受外力超出弹性极限时，将产生永久变形，该变形在外力消失后不能消除，亦即金属材料不能恢复到原来的形状，这种永久变形称为塑性变形。（ ）

13. 在校正金属板的过程中，多少总要引起一些加工硬化，但一定要将它控制在最小范围内，不应造成损坏。（ ）

14. 金属的铰折折损上只存在拉伸力。（ ）

15. 当金属板损坏部位存在压缩区时，不可使用塑料填充剂。（ ）

16. 金属板受到铰折折损，折损处顶部金属受到的损伤比底部要小得多。（ ）

17. 当金属受到拉伸时，可以使用热收火的方法校正。（ ）

18. 同样材质、同样大小的一块波纹板的强度比平坦板的强度高。（ ）

19. 金属板件损伤后，低于正常高度的损坏区称为拉伸区，相反，任何超出原高度的损坏区都成为压缩区。（ ）

20. 校正损坏的金属板件时，先要确定受损部位受到的是拉伸还是压缩，然后才可确定修理的方法和使用的工具。（ ）

21. 金属板受弯曲和加工过的部位都会产生加工硬化。（ ）

22. 金属板间接损坏是由直接损坏引起的。（ ）

23. 金属板被弯曲后，在弯曲的位置就会产生折损。（ ）

24. 单纯铰折是一条直线形的折损。（ ）

25. 对于凹陷铰折的不适当校正，会使其尺寸加长。（ ）

26. 金属被推上去的部位称为压缩区，被拉下的部位成为拉伸区。（ ）

27. 金属所具有的延伸并恢复到原来形状的能力称为塑性变形。（ ）

28. 车身锤是连续敲打钣金件以恢复其形状的基本工具，它有许多不同的设计，有方头、单头、圆头、尖头，每种形式都是为专门用途而设计的。（ ）

29. 在车身修理时，大部分工作都是在修理直接损伤。（ ）

30. 在校正铰折折损处时，应该按拱形的端点到最高点依次交替校正。（ ）

31. 金属板上有一块凹陷，应用铁锤在垫铁上敲击的方法校正。（ ）

32. 修理凹陷时，应该从内部开始向外压平，直到边缘。（ ）

33. 金属收缩时，采用铁锤在垫铁上敲击的方法。（ ）

34. 在所有的凹陷部位向上敲打，并将所有的拱形部位向下敲打，最终能使金属变平。（ ）

35. 使用垫铁时，垫铁表面应和加工金属表面相配合。（ ）

36. 凹陷拉出器是修理车身外部面板最常用、最理想的工具。（ ）

37. 当锉一个很平坦的部位时，将车身锉与推进方向成30°角水平推，也可以将锉平放，沿30°角方向推。（ ）

38. 拉伸区的修理可以用锤子敲打，对压缩区的修理可以用垫铁敲打。（ ）

39. 在一个凹陷的部位上进行焊接时，由于金属收缩，形成了一个凸起。（ ）
40. 钢板弯曲处所有晶体的形状和位置就会改变。（ ）
41. 采用铁锤在垫铁上敲击法时，必须能够接触到金属板的内侧。（ ）
42. 单纯的卷曲折损和凹陷卷曲折损，都使金属收缩。（ ）
43. 用外形修复机焊接时，要把垫圈紧紧压到板件上才能焊住。（ ）
44. 校正金属的关键是知道在什么部位、什么时间、用多大的力敲打多少次。（ ）
45. 板件的修复是按照与碰撞相同的方向依次进行校正。（ ）
46. 精整修复时，敲击的要领是快速重敲。（ ）
47. 在采用铁锤在垫铁上的敲击法校正铝板时，应该多次轻敲，而不能只是重敲一两次，否则锤击太重或次数太多都会拉伸铝板。（ ）
48. 金属板某一处受到拉伸后，它的金属晶体将互相靠近。（ ）
49. 热收缩时，加热的范围越大，热量越难控制。（ ）
50. 热收缩处理后，板件背面的防腐层会破坏，随后的防腐处理是必不可少的。（ ）
51. 用电极触头收缩时，不会破坏板件背面的防腐层，随后不用防腐处理。（ ）
52. 使用外形修复机可以对板件微小凹痕进行修复。（ ）
53. 在铝板上打磨时，要防止高速砂轮机上粗糙的砂轮烧穿柔软的铝。（ ）
54. 铝外形修复机是利用大功率的变压器来焊接铝焊钉的。（ ）

(二) 单项选择题

1. 板件变形后，在弯曲部位强度会（ ）。
A. 增强　　B. 不变　　C. 下降
2. 车门板中间和边缘的强度是（ ）。
A. 中间高、边缘低　　B. 中间低、边缘高　　C. 中间和边缘相同
3.（ ）会使钢板产生拉伸。
A. 铁锤不在垫铁上轻敲　　B. 铁锤不在垫铁上重敲
C. 铁锤在垫铁上重敲
4. 凹陷卷曲的特征是（ ）。
A. 长度增加　　B. 高度方向的变化　　C. 宽度方向的变化
5. 可用氧乙炔火焰的（ ）对钢板进行收火处理。
A. 中性焰　　B. 氧化焰　　C. 碳化焰
6. 车门板上有一条划痕，其中直接损伤的比例是（ ）。
A. 80%　　B. 50%　　C. 10% ~ 15%
7. 箱形截面工件发生铰折时，弯曲的（ ）。
A. 上表面受压力、内表面受拉力
B. 上表面受压力、内表面受压力
C. 上表面受向下拉力、内表面受压力
8. 板件发生凹陷铰折后，直接把它弯曲回原先的形状，板件长度会（ ）。
A. 变长　　B. 不变　　C. 变短
9. 在一个凹陷的表面上焊接时，会造成金属上升，形成一个拱形，解决这个问题的方法是（ ）。
A. 可采用铁锤在垫铁上敲击，使金属表面得以降低
B. 采用拉伸的方法使凹陷的金属表面升高

C. 在凹陷处用塑料填充剂垫平

10. 镐锤只能（　）。

A. 用在修复小的凹陷处

B. 用于修理金属板大的凹陷

C. 用来敲打损坏的金属板使其大致回到原形

11. 侧面锉在使用时应（　）。

A. 拉动　　B. 推进　　C. 拉动或推进均可

12. 低速转动的磨光机可用来（　）。

A. 清除金属

B. 消除锉平时留下的痕迹或对金属进行抛光

C. 清除油漆

13. 修复凹陷铰折的办法是（　）。

A. 修复形状后再加热拉伸　　B. 通过两个方向拉伸　　C. 边拉伸边加热

14. 车身板件的折损类型有（　）种。

A. 3　　B. 4　　C. 5

15. 车身板件有（　）三种类型。

A. 单曲拱形、复合拱形和双曲拱形

B. 单曲拱形、多向拱形和双曲拱形

C. 低拱形、中拱形和高拱形

16. 单曲拱形的板件受到下压力作用产生变形，在纵向和横向上所受到的是（　）。

A. 拉伸力和压缩力　　B. 压缩力和拉伸力　　C. 拉伸力和拉伸力

17. 直接碰撞点应（　）修理。

A. 最先　　B. 在中间阶段　　C. 最后

18. 外形修复机的焊接电流要求达到（　）A。

A. 2500　　B. 3500　　C. 4500

19. 外形修复机是通过（　）把垫圈焊接在钢板上的。

A. 电弧加热　　B. 电阻热　　C. 火焰加热

20. 在使用垫铁、钣金锤和外形修复机都可以修理的情况下，使用（　）可以省时省力。

A. 垫铁、钣金锤　　B. 外形修复机　　C. 两种工具都

21. 使用砂轮机时，砂轮盘要和工件呈（　）。

A. 10°～20°　　B. 20°～30°　　C. 30°～40°

22. 用钣金锤敲击时，发力部位是（　）。

A. 手指　　B. 手腕　　C. 手臂

23. 使用钣金锤敲打时应垂直敲击，两个落点的距离最好是（　）mm。

A. 5　　B. 10　　C. 20

24. 铁锤在垫铁上的敲击法和铁锤不在垫铁上的敲击法是（　）。

A. 前者拉伸金属，后者整平金属

B. 前者整平金属，后者拉伸金属

C. 铁锤在垫铁上的敲击法和铁锤不在垫铁上的敲击法都是拉伸金属

25. 铁锤在垫铁上的敲击法可以修理（　）损伤。

A. 小的凹陷　　B. 大的凸起　　C. 板件上的拉伸区

26. 在车身修理中，使用铁锤时，每两次敲击点的间距为（ ）。

A. 3 ~ 4mm B. 5 ~ 8mm C. 9 ~ 12mm

27. 精整修复时，精修锤敲击的要领是（ ）。

A. 快速轻敲 B. 快速重敲 C. 慢速轻敲

28. 拱起的损伤，应该（ ）进行修理。

A. 先从最低点 B. 先从最高点 C. 先从中间

29.（ ）的说法是正确的。

A. 受到拉伸的部位不存在加工硬化

B. 受到压缩的部位不存在加工硬化

C. 受到拉伸和压缩的部位都存在加工硬化

30. 每次进行热收缩的直径范围为（ ）mm。

A. 10 ~ 20 B. 20 ~ 30 C. 30 ~ 40

31. 对板件进行热收缩时，要先从（ ）开始。

A. 最高点 B. 中间位置 C. 最低点

32. 关于板件的热收缩操作，（ ）的说法是错误的。

A. 可以用铁锤不在垫铁上敲击

B. 可以用铁锤在垫铁上轻敲

C. 可以用铁锤在垫铁上实敲

33. 用氧乙炔火焰进行热收缩时，焰心到金属板的距离是（ ）mm。

A. 3 B. 4 C. 5

34. 热收缩操作时，（ ）进行冷却。

A. 当板件呈现鲜红色时 B. 当板件呈现暗红色时

C. 当红色消失后

35. 校正铝板时，一般建议采用（ ）。

A. 铁锤在垫铁上的敲击法 B. 铁锤不在垫铁上的敲击法

C. 垫铁不在铁锤上的敲击法

36. 对铝板进行热收缩时，要（ ）。

A. 当红色消失后再冷却收缩

B. 使用热敏材料控制温度

C. 加热到400℃左右时再用湿抹布冷却

37. 用氧乙炔对铝板进行热收缩时，加热温度应控制在（ ）℃。

A. 300 ~ 425 B. 400 ~ 525 C. 400 ~ 425

38. 大面积凹陷和小面积凹陷损伤修复的区别是（ ）。

A. 前者重点是消除板件的弹性变形，后者重点是消除板件的塑性变形

B. 前者重点是消除板件的塑性变形，后者重点是消除板件的弹性变形

C. 前者重点基本相同，无太大区别

39. 橡胶锤可以修复（ ）变形。

A. 大面积凹陷 B. 大面积拱形 C. 小面积凹陷

40. 在平板上会发生（ ）。

A. 单纯铰折 B. 凹陷铰折 C. 单纯卷曲

41. 热收缩时使用垫铁的作用是（ ）。

A. 使金属稍微回弹　　B. 整平金属　　C. 支撑金属

42. 钢板热收缩过量后，（　）。

A. 用铁锤在垫铁上轻敲，拉伸收缩过量的金属

B. 不用铁锤在垫铁上轻敲，即可拉伸收缩过量的金属

C. 用铁锤在垫铁上重敲，拉伸收缩过量的金属

43. 使用黏结法修复板件微小凹痕时，（　）的操作是错误的。

A. 衬垫要准确地黏结在变形部位的中心

B. 涂胶的表面要超过碰撞变形部位的直径

C. 去除胶以后，要进行抛光打磨

44. 使用微钣金工具对微小凹痕修复时，（　）的操作是错误的。

A. 修复时的力量要准确、有力

B. 在修复好的部位上放一些研磨膏抛光

C. 用微钣金锤轻敲凹陷部位，动作要轻柔

(三) 多项选择题

1.以下（　）的说法是正确的。

A. 当损坏部位存在压缩区时，不能在此部位使用塑料填充剂

B. 低于正常高度的损坏区称为压缩区

C. 发生在拱起部分的凹陷卷曲折损的方向，都与拱起的方向相反

D. 在校正金属板的过程中，多少总要引起一些加工硬化

2. 一般外形修复机有（　）功能。

A. 焊接垫片拉伸修复　B. 单面点焊　C. 热收缩　D. 焊接焊钉

3. 使用外形修复机焊接垫圈时，焊接不牢固，可能是（　）造成的。

A. 板件太厚　B. 电流太小　C. 板件不干净　D. 垫圈不干净

4. 吸盘可以和（　）一起使用。

A. 外形修复机　B. 橡胶锤　C. 钣金锤　D. 划针

5. 汽车外部面板上的拱起类型有（　）。

A. 单曲拱形　B. 复合拱形　C. 双曲拱形　D. 多曲拱形

6. 球头锤用于（　）。

A. 校正弯曲的基础结构

B. 修平厚度较大的钢板部件

C. 车身锤和手顶铁作业之前粗成形的车身部件

D. 柔和地锤击薄钢板

7.以下（　）的说法是错误的。

A. 平坦锤面的铁锤用于平坦或低拱起金属表面的修复

B. 精整锤用于大致的精整修复

C. 锤子的平面应该与金属板的平面一致

D. 精整修复时，敲击的要领是快速轻敲

8. 对铝板进行外形修复时，可以使用（　）。

A. 木垫铁　B. 橡胶锤　C. 收缩锤　D. 精修锤

9. 对钢板和铝板进行钣金整修时，两者（　）。

A. 加热时的温度不同　B. 敲击的方法不同

C. 使用的外形修复机的原理不同　　　　D. 使用的工具不同

10. 以下（　　）的说法是正确的。

A. 对金属的不适当加工，会造成过度的加工硬化

B. 间接损坏的类型有四种

C. 修理凹陷部位时，必须从外部开始向外压平，逐渐向中心处接近

D. 对板件进行修复时，最先的损伤要最先修复，最后的损伤要最后修复

11. 修理板件上受到拉伸的部位时，可以用（　　）。

A. 垫铁　　B. 匙形铁　　C. 整形锉　　D. 橡胶锤

12. 车身板件受到间接损坏的类型有（　　）。

A. 单纯凹陷　　B. 凹陷铰折　　C. 单纯拱曲　　D. 单纯卷曲

13. 关于箱形截面的凹陷铰折，（　　）的说法是正确的。

A. 箱形截面的顶部和底部表面会同时有凹陷

B. 板件两侧受到拉伸

C. 板件两侧受到压缩

D. 铰折中顶部金属受到的损伤比底部金属要大

14. 以下（　　）的说法是错误的。

A. 用铁锤在垫铁上敲击时，如果锤击太重或次数太多都会拉伸铝板

B. 铝比钢软得多，而且当铝在加工硬化以后，容易加工成形

C. 修复完后，要在裸露的铝表面上涂敷填充剂或油灰

D. 对铝板进行钣金操作时，可以使用常规钢板整形工具

二 习题答案

（一）判断题

1. ✓　2. ×　3. ×　4. ✓　5. ✓　6. ×　7. ×　8. ×　9. ✓　10. ✓
11. ✓　12. ✓　13. ✓　14. ×　15. ×　16. ✓　17. ×　18. ✓　19. ✓　20. ✓
21. ✓　22. ✓　23. ✓　24. ✓　25. ×　26. ✓　27. ×　28. ✓　29. ×　30. ✓
31. ×　32. ×　33. ×　34. ×　35. ✓　36. ✓　37. ✓　38. ×　39. ✓　40. ✓
41. ✓　42. ✓　43. ×　44. ✓　45. ×　46. ×　47. ✓　48. ×　49. ✓　50. ✓
51. ×　52. ×　53. ✓　54. ×

（二）单项选择题

1. A　2. B　3. C　4. A　5. C　6. A　7. C　8. C　9. A　10. A
11. A　12. C　13. C　14. B　15. A　16. A　17. C　18. A　19. B　20. A
21. A　22. B　23. B　24. A　25. A　26. C　27. A　28. A　29. C　30. A
31. C　32. C　33. A　34. C　35. B　36. B　37. C　38. A　39. A　40. A
41. C　42. C　43. B　44. A

（三）多项选择题

1. ACD　2. ABC　3. BCD　4. BC　5. ABC
6. ABC　7. ACD　8. AB　9. ABCD　10. ABC
11. AB　12. BD　13. AC　14. BCD

第10章 车身板件更换

本章提要

1. 了解整体式车身板件更换的要求；
2. 会使用钣金分割工具；
3. 掌握结构性板件的拆卸方法；
4. 掌握车身板件的更换与安装方法；
5. 掌握结构性板件的分割与连接技术；
6. 掌握客车车身的更换方法；
7. 掌握车门板的更换方法。

考纲要求

一 整体式车身板件更换

1. 对于严重腐蚀损坏的钢板，更换板件通常是唯一的补救方法。

2. 结构性板件是车身其他零部件和外部板件的安装基础。因此，结构性板件更换后定位的精确性，决定了所有外形的配合和悬架装置的准确性。焊接之前的新板件不能草率地用垫片进行调整，结构性板件必须精确地定位后才能进行焊接操作。

3. 修理结构性板件时，当需要切割或分割板件，应完全遵照制造厂的建议。有些制造厂不允许反复分割结构性板件，有些制造厂只有在遵循它们的正确工艺规程时才同意分割。所有制造厂家都强调：不要割断可能降低乘员安全性的吸能区区域、降低汽车性能的区域或者影响关键尺寸的地方。

4. 对于高强度钢板，例如保险杠加强件和侧护板门梁，这些板件受损后必须更换，在任何条件下，都不能用加热来校直高强度钢板。

二 板件分割工具及设备

1. 等离子切割机是用等离子弧来切割金属的。等离子弧柱的温度高（弧柱中心温度近20 000～30 000℃），远远超过所有金属和非金属的熔点。瞬间能加热和熔化被切割的金属却不会使金属板过热，并借助内部或外部的高速气流吹走熔化的材料，直到等离子气流束穿透金属板而形成切割口。因此等离子弧切割过程不是依靠氧化反应，而是靠熔化来切割材料，因而比氧切割方法使用范围大得多，能够切割绝大部分金属和非金属材料。

2. 等离子切割机的开路电压有可能很高（250～400V），所以切割枪和内部接线的绝缘很重要。

3. 切割枪上的两个关键部件——喷嘴和电极是易损件，喷嘴和电极的损坏都将影响切割的质量。它们在每次切割中都略有损耗，而且如果压缩空气中有水分或切割过厚的材料，或操作者水平太低都将使它们过早地损坏。

4. 等离子切割枪的电极通常由锆或钨制成，这两种金属的硬度高、使用寿命长。在切割厚度超过5mm的钢板时，应该使用钨电极，钨电极适用于除空气以外的其他气体，例如氩气、氮气或氢气，不过在碰撞修理中很少用这几种气体。现在车身修理中用的电极一般是锆电极。

5. 等离子切割机由机内或机外空气压缩机供应压缩空气，也可以采用压缩空气气瓶供气。空气要求干燥、清洁，为了减少污染，在气路上应安装过滤器。空气压力一般应在0.3 ~ 0.5MPa，气压过高或过低都将降低切割质量、损坏电极或喷嘴，并降低等离子切割机的切割能力。

6. 当切割厚度在3mm以上时，最好使切割枪与工件成45° 角，直到等离子焰切入金属板。

7. 在切割过程中，从切割电弧中喷出的火花会损坏油漆的表面，火花还会在玻璃上留下凹点，可用一个焊接防护套来保护这些表面。

8. 使用焊点转除钻时要仔细，因为不小心会切割到下层板件。

9. 打孔器有气动和手动之分，用于车身板件塞焊时在新板件上打孔的操作。

10. 气动剪可用于切断、修整和剪切外形，或剪切塑料、白铁皮、铝和其他金属板。

11. 车身修理中常用的是气动往复式切割锯，用于金属（钢板、铝板）结构件、外部面板的分割。

12. 气动磨削工具主要用于金属磨削、切割，油漆层的去除，研磨腻子等工作。

三 结构性板件的拆卸

1. 为了找到电阻点焊焊点的位置，通常要去除底漆、保护层或其他覆盖物。可用氧乙炔或丙烷焰烧焦底漆，并用钢丝刷将它刷掉（丙烷的火焰温度比氧乙炔火焰温度低些，金属所受的热应力也小些）。最好用粗钢丝砂轮、砂轮机或刷子来磨掉涂料。

2. 在烧焦油漆之前，要刮掉厚的底漆或石蜡保护层。不要烧透漆层以致金属薄板变色。加热应该仅限于足够软化油漆即可，然后刷去或刮去油漆。如果通过漆层能看清焊点的区域，就没有必要清除油漆。

3. 使用等离子切割枪，可以同时在各种厚度的金属中很快地除掉焊点，但是使用等离子切割不能保证下层板件的完整。

4. 钻除、等离子清除或磨掉焊点以后，在两块板件之间打入錾子可以分离它们，但不要切伤或弄弯未受损坏的板件。

5. 在一些汽车的局部板件连接中，板件是用惰性气体保护焊的连续焊连接的。由于焊缝长，因此要用砂轮切割机或圆盘研磨机来分离焊缝，要磨透焊缝而不磨进或磨透板件。要将砂轮以45° 角进入搭接焊缝，磨透焊缝以后，用锤子和錾子来分离板件。

6. 钎焊用于外盖板边缘处或车顶与车身立柱的连接处。通常是用氧乙炔焊枪或丙烷焊枪熔化钎焊的金属来分离钎焊区域。在用电弧钎焊的区域，电弧钎焊金属熔化的温度比普通钎焊的高些，而熔化钎焊金属会导致下面板件的损坏。因此，通常采用磨削分离电弧钎焊的方法。普通钎焊与电弧钎焊可以通过钎焊层金属的颜色来识别，普通钎焊区域是黄铜色的，而电弧钎焊的区域是淡紫铜色的。

7. 在所有其他焊接部分分离以后，分离钎焊区域是比较容易的。

8. 如果除去油漆以后，确定连接是电弧钎焊，可采用高速砂轮机，用砂轮切除钎焊。如果更换上面的板件，不要切透它下面的板件。磨透钎焊接头以后，用錾子和锤子分离板件。

四 车身板件的更换和安装

1. 如果新钢板要切割成与现有的钢板搭接的形状，需要采用气动锯或切割砂轮，或者其他工具，将新钢板粗切到需要的尺寸。钢板的搭接宽度应为18～24mm。如果搭接部分太大，装配时板件的配合调整很困难。

2. 一般有两种基本的方法来定位车身板件：一种是用测量的方式，用测量工具来确定安装位置；另一种是目测的方式，通过新板件与周围板件之间的相互关系来确定位置。

3. 车身下面的结构性板件，例如汽车挡泥板和纵梁部件，其精确度对车轮的对中和驱动性能有直接的影响。因此，在整体式车身中更换结构性板件时，应使用准确的测量定位方法。结构性板件焊接就位之前，所有的测量数据都必须是精确的，每一块板件必须精确地定位。

4. 无论是结构性板件还是装饰性板件的更换，重点都在于准确的配合。只有配合准确了，才能保证高质量车身修理所要求的精确与外观。

5. 在钻除焊点时或剥离钢板时所产生的毛刺要磨平，注意不要把钢板磨薄。进行电阻点焊焊接的部位要清理干净，露出新的金属。

6. 要磨除实施点焊焊接部位的底漆，在磨除底漆后的表面上涂抹点焊防锈底漆。

7. 在焊接时应从强度较高的部位开始焊接，焊接的两个板件要结合良好没有缝隙，焊接时要采用分段焊接以减小焊接应力与变形。焊接后拆除焊接夹钳，并重新测量。

8. 在更换非结构性的外部板件时，可以只用肉眼检查与相邻板件是否匹配，而不用像更换结构性板件那样精确地进行测量。外部板件更换着重的是在外观上的配合，车身轮廓线必须平齐，板件之间的间距必须均匀。

五 结构性板件的分割与连接

1. 在分割时要考虑车辆的特殊设计，除防撞吸能区外，还有内部的加强件、制造时的接缝位置，以及理想的分割区域。当分割高强度钢和超高强度钢时，在确认分割将不危害车辆结构的完整性时才能实行。

2. 分割时有些部位要避开，如要避开构件中一些“孔”。不要切穿任何内部加强件，如金属的双层构件。如果不小心切穿了内部加强件的箱形截面，则不可能使该部位恢复事故发生前的强度。 还应避开支承点，如悬架支承点、座椅安全带在地板中的固定点以及肩带D环的固定点。例如当切割中立柱时，应环绕着D环面作偏心切割，以避免影响固定点的加固。

3. 结构件分割有三种基本的连接类型，分别为有插入件的分割、没有插入件对接方式的分割、搭接。

4. 根据被分割构件的形状和结构，可能采用组合的连接类型。例如，分割中立柱，可能要求在外件上用偏置对接连接，而在内件上用搭接连接。

5. 在修理中需要对前纵梁进行切割时，一定要避开前纵梁防撞吸能区，要按照修理手册中指定的位置进行切割，否则就会改变设计的安全目的。

6. 车身的前纵梁和后纵梁都是箱形截面构件。箱形截面有两种不同形式，一种是封闭的箱形截面结构；另一种是开口的、槽板式，与其他构件连接而形成箱形截面。修理箱形截面梁采用的工艺是用插入件对接。大多数的后纵梁为帽子形槽板式结构，其焊接工艺是在搭接区域中用塞焊并沿着搭接的边缘连续搭接塞焊。切割前纵梁或后纵梁时，一定要记住它们都肯定有防撞吸能区，进行切割时，必须避开这些区域，同时切割要避开任何孔和加强件。

7. 切割或修理门槛板时，一种是纵向切割用插入件对接，另一种可以切割门槛板的外件，用搭接的方法装上修理件。用插入件作对接时，从纵向切割板件。用从修理件上的多余部分或损坏件的端部切割下来的一块或多块材料，制作插入件，长度为15～30mm。用塞焊将插入件固定在适当位置。

8. 在箱形截面中安装插入件时，不管它是门槛板、前立柱、中立柱或者车身梁，都要确保封闭焊接完全焊透插入件。当用对接封闭焊时，其坡口应宽到足以允许彻底地焊透插入件。坡口的宽度根据金属的厚度确定，但理论上坡口不应小于1.5mm，不大于3mm。

9. 为了避免切割到中立柱下面的任何加强件，应避开中立柱的基础50mm以上进行切割。

10. 对前立柱切割，可用纵向切割，用插入件对接，或者用没有插入件的偏置对接。用插入件对接修理时，前立柱插入件的长度应是100～150mm。插入件沿长度方向清除任何凸缘以后，将插入件轻轻地敲入。用塞焊将插入件固定在适当位置，并用连续对接焊缝封闭立柱所有的周边。

11. 对于中立柱的分割，可以采用两种类型的对接：插入件连接，偏置和对接相结合。当中立柱的截面相对简单仅由两件组成没有内部加强件时，用插入件对接通常比较容易对中和相配，插入件可提供附加的强度要在D环座的下部切割，其距离要避免切通D环固定点的加强件。大部分中立柱都有加强件。对中立柱，仅在它的外件使用槽形插入件。D环固定点加强件是焊到内件上的，因此无法使用插入件。

12. 一般说来，当安装新件时，或者当加工分离的内件和外件时，要经常地采用偏置连接和搭接的组合。在外件上，在D环固定点加强件之上进行对接切割。在内件上，在D环固定点加强件之下进行重叠切割。首先安装内件，用新的板件搭接在原有的板件上。搭接焊接边缘。将外件安放就位，在边缘上进行塞焊，并且在对接处用连接焊缝封闭截面。

13. 通常，当中立柱截面由三件或更多件组成时，采用偏置连接和搭接组合是有利的，因为在这种情况下，难以装入插入件。当内有加强件不能使用插入件时，必须采用偏置和搭接组合的工艺。

14. 切割地板时，不要切穿任何加强件，例如座椅安全带的固定装置。要注意使后部地板搭接在前板上，使汽车下部地板的边缘总是指向后方。这样，从前向后运动的道路飞溅物会从底部边缘流出而不会迎面撞击。

15. 假如加强件在切割中偶然发生了小的损坏，必须要焊好。如果切割长度大于6mm，并且完全切透加强件，即使修复了加强件，切割也是不成功的。

16. 使用氧乙炔焊切割车身结构件时，可以在距离准确切割位置5mm以上的地方进行切割。

17. 整体式车身部件分割时，一般在接缝处进行分离。

18. 新更换的车身板件要进行塞焊或电阻点焊时，要先决定两端的位置，再分配其余的焊点数。

19. 乘客门框主要损坏在乘客门立柱与上边梁和底横梁连接处。立柱与底横梁连接处的裂纹一般不是单纯采用圆弧镶角或角板加固能解决，单纯加固会出现撑到哪里断到哪里的现象，这与乘客大门开口有关。解决上述问题，除了采取圆弧镶角加固以外，还应在车内增加立柱的支撑，以加强骨架的整体刚度，分散应力集中点，同时还可以增加车顶骨架相应部位的刚度。

20. 在安装新面板以前，要在它的背面施用车体密封胶。在离凸缘18mm处均匀地施用密封胶，其厚度为3mm。

21. 当加工凸缘弯至与内面板成30° 角范围以内时，用折边工具完成折边。在折边时小心不要使面板变形。

22. 最快速地拆除门外部面板的方法是磨掉折边凸缘的边。只需要磨掉足够的金属面板，就能从里面凸缘分离出来，不要磨削到内面板件。不要使用焊炬或动力錾子去分离面板，否则里面的板件可能变形或被错误地切割。

23. 进行前立柱偏置对接时，内件的切割位置与其他件不同，形成偏置。只要有可能，应尽量设法在制造厂的焊接点之间进行切割，以便于钻除焊点。两切割线之间的间距不得小于50mm。

例题解析

1 判断题

例题：焊点转除钻可以进行车身电阻点焊焊点的去除分离，有进度限位装置，保证在分离板件的同时不会损伤下层板。（ ）

解析：此题为判断题，如果此题正确，应（✓），错误应（×）。此题考核的是焊点转除钻的知识点。焊点转除钻可以进行车身电阻点焊焊点的去除分离，有进度限位装置，保证在分离板件的同时不会损伤下层板。所以此题答案为（✓）。

2 单项选择题

例题：钢板的搭接宽度应为（ ）。

A. 5 ~ 8mm　　B. 10 ~ 16mm　　C. 18 ~ 24mm

解析：此题为单项选择题，只有一个正确答案，将选择的正确答案填在（ ）内。此题是考核板件焊接时的搭接宽度。钢板的搭接宽度应为18 ~ 24mm。如果搭接部分太大，装配时板件的配合调整很困难。所以此题答案为（C）。

3 多项选择题

例题：车身构件分割时（ ）。

A. 要避开构件中一些“孔”　　B. 不要切穿任何内部加强件

C. 应避开支承点　　D. 要避开座椅安全带在地板中的固定点

解析：此题为多项选择题，有一个或多个正确答案，将选择的正确答案填在（ ）内。此题是考核切割板件时的注意事项。分割时有些部位要避开，如要避开构件中一些

"孔"。不要切穿任何内部加强件，如金属的双层构件。如果不小心切穿了内部加强件的箱形截面，则不可能使该部位恢复事故发生前的强度。还应避开支承点，如悬架支承点，座椅安全带在地板中的固定点，以及肩带D环的固定点。所以此题答案是（ABCD）。

习题及答案

习题

（一）判断题

1. 对于严重腐蚀损坏的钢板，更换板件通常是唯一的补救方法。（ ）
2. 更换车身结构板件时，必须精确定位后才能进行焊接操作。（ ）
3. 在车身板件更换时可以反复分割结构板件。（ ）
4. 使用焊点转除钻时要仔细，因为不小心会切割到下层板件。（ ）
5. 打孔器适用于焊点的切除工作。（ ）
6. 在任何条件下，都不能用加热来校直高强度钢板。（ ）
7. 切割板件使用的等离子弧是一种压缩电弧，是通过磁收缩方式获得的。（ ）
8. 切割板件使用的等离子弧温度高，远远超过所有金属和非金属的熔点。（ ）
9. 更换门槛板时可以使用没有插入件的对接方法。（ ）
10. 等离子弧切割过程是依靠氧化反应来切割金属的。（ ）
11. 等离子切割机也与其他焊接设备一样，采用低电压、高电流的工作方式。（ ）
12. 在分离车身板件时，要注意不要破坏未受损伤的部件。（ ）
13. 打孔器用于车身板件塞焊时在新板件上打孔的操作。（ ）
14. 气动剪不可以剪切塑料、白铁皮、铝和其他金属板（包括各种规格的轧制钢板）。（ ）
15. 车身上所有的板件，都可以通过切割更换的方式进行修复。（ ）
16. 在车身修复中，使用的等离子切割机的电极都是钨电极。（ ）
17. 对前立柱可采用纵向切割，然后用插入件对接，也可采用没有插入件的偏置对接。（ ）
18. 用等离子切割机进行切割时，不需要搭铁。（ ）
19. 在切割厚度3mm以上的板件时，等离子切割枪应与板件保持垂直。（ ）
20. 在车身中立柱安全带固定点处，可以通过切割的方式来更换新部件。（ ）
21. 等离子切割的火花会烧伤油漆层，但不会烧伤玻璃。（ ）
22. 更换车身结构性板件时，可以只通过观察部件间的配合间隙来定位。（ ）
23. 更换后侧围板时，可以仅通过观察其配合间隙来定位。（ ）
24. 切割时要避开车身板件上的任何孔和加强件。（ ）
25. 找到车身板件上的电阻点焊焊点的位置后，可用氧乙炔或氧丙烷焰烧焦底漆。（ ）
26. 车身板件切割更换后，上面的毛刺可以不用去除。（ ）
27. 烧焦车身板件上的油漆层时，加热到钢板微微变色即可。（ ）
28. 等离子切割枪可以很快地除去焊点，但不能保证下层板材的完整。（ ）
29. 由于等离子切割可产生30 000℃的高温瞬间熔化金属，不会使金属板过热。（ ）

30. 等离子切割机是用等离子弧来切割金属的。（ ）

31. 等离子切割过程是靠熔化来切割材料的。（ ）

32. 车身上的防撞吸能区，在修复中尽量不要进行切割分离。（ ）

33. 惰性气体保护焊的连续焊焊缝可以使用钻头来切割。（ ）

34. 车身新板件的更换，必须在相连接配合的板件彻底修复后进行。（ ）

35. 通常是用氧乙炔焊枪或丙烷焊枪熔化钎焊的金属，来分离车身上的电弧钎焊区域。（ ）

36. 在车身上所有其他焊接部分分离以后，分离钎焊区域就比较容易了。（ ）

37. 因为连接板件的内表面不能再进行涂漆，所以焊接前要采用防锈底漆处理。（ ）

38. 无论是更换结构板还是装饰板，重点都在于准确的配合。（ ）

39. 焊接新钢板时，应从强度较低的部位开始焊接。（ ）

40. 等离子切割机的开路电压有可能很高，所以割炬和内部接线的绝缘很重要。（ ）

41. 等离子切割机的开路电压一般不是很高，割炬和内部接线的绝缘并不重要。（ ）

42. 在使用氧乙炔焊切割车身结构件时，可以在距离准确切割位置5mm以上的地方进行切割。（ ）

43. 在安装发动机罩时，其高度要最先调整。（ ）

44. 整体式车身部件分割时，一般在接缝处进行分离。（ ）

45. 切割车身中立柱时，应环绕着D环面作偏心切割，以避免影响安全带固定点的加固。（ ）

46. 车身板件上没有插入物的对接方式，通常称为偏置对接。（ ）

47. 修理车身箱形截面梁，不能用插入件对接方式。（ ）

48. 在更换非结构性的外部板件时，可以只用肉眼检查与相邻板件是否匹配，而不用像更换结构板件那样精确地进行测量。（ ）

49. 更换车身地板时，前地板要搭在后地板的下面，然后用惰性气体保护焊塞焊进行焊接。（ ）

50. 更换车身门槛外板时，采用插入件对接方式。（ ）

51. 当车身中立柱由三件或更多件组成时，可以采用插入件对接连接方式。（ ）

52. 所有的前纵梁和后纵梁都有防撞吸能区。（ ）

53. 车身地板内没有加强件，可以任意切割。（ ）

54. 更换车身地板时，可以用有加强件的对接方式连接。（ ）

55. 更换车身地板进行连接时，只能采用气体保护焊塞焊进行焊接。（ ）

56. 车身板件的加强件在切割中偶然发生了损坏，必须要焊好后继续使用。（ ）

57. 一般车身板件锈蚀面积超过1/4以上时，应该采用局部截换的工艺方案。（ ）

58. 客车的立柱与底横梁连接处的裂纹，一般可以采用圆弧镶角或角板加固的方法来解决。（ ）

(二) 单项选择题

1. 进行等离子切割时，温度可以达到（ ）℃。

A. 20 000 ~ 30 000　　B. 30 000 ~ 40 000　　C. 10 000 ~ 20 000

2. 用等离子切割板件时，当板件厚度超过5mm时，要采用（ ）。

A. 铬电极　　B. 锆电极　　C. 钨电极

3. 用等离子切割时，压缩空气的压强应为（ ）MPa。

A. 0.2 ~ 0.4　　B. 0.3 ~ 0.5　　C. 0.4 ~ 0.6

4. 用等离子切割钢板的厚度在3mm以上时，切割枪要和工件呈（　）角。

A. 30°　　B. 45°　　C. 60°

5. 清除焊点时，（　）的操作方法是错误的。

A. 要清理掉所有的焊点油漆

B. 不能破坏下层板

C. 可以用钻和磨削的方法切割

6. 接缝处的焊点用（　）的方法除去。

A. 钻孔　　B. 切割　　C. 錾

7.（　）用于金属（钢板、铝板）结构件、外部面板的分割。

A. 气动往复式切割锯　　B. 气动磨削工具　　C. 气动剪

8. 用砂轮磨削分割板件上的连续焊缝，砂轮盘与工件的角度是（　）。

A. 45°　　B. 30°　　C. 60°

9. 车身上的普通钎焊与电弧钎焊可以通过颜色来识别，（　）。

A. 普通钎焊区域是黄铜色的，而电弧钎焊区域是淡紫铜色的

B. 普通钎焊区域是淡紫铜色的，而电弧钎焊区域是黄铜色的

C. 普通钎焊区域是淡紫色的，而电弧钎焊区域是黄色的

10. 车身上电弧钎焊焊接的板件可以用（　）的方法分离。

A. 砂轮切除钎焊

B. 钻头切割

C. 氧乙炔焊枪或丙烷焊枪熔化钎焊的金属

11. 更换车身板件时清洁很重要，原因是它可以（　）。

A. 妨碍板件对齐　　B. 影响焊接强度　　C. 影响配合尺寸

12. 车身修理中等离子切割板件时用的电极一般是（　）。

A. 铬电极　　B. 锆电极　　C. 钨电极

13. 当切割门槛板时，为了避免切割到中立柱下面的加强件，应避开中立柱的基础（　）mm进行切割。

A. 30　　B. 40　　C. 50

14. 门槛板对接时，为了要焊透下面的板件，要留出（　）mm缝隙（坡口）。

A. 1.0 ~ 2.0　　B. 1.5 ~ 3.0　　C. 2.0 ~ 3.0

15. 门槛板内的插入件要用（　）的方法固定。

A. 点焊　　B. 定位焊　　C. 塞焊

16. 门槛板的（　），在更换时可以采用搭接方式连接。

A. 外板　　B. 加强板　　C. 内板

17. 前立柱如果使用插入件，其长度应该是（　）mm。

A. 50 ~ 100　　B. 100 ~ 150　　C. 150 ~ 200

18. 对车身中立柱进行切割时，以下（　）的做法是对的。

A. 在外件上，在D环固定点加强件之下进行对接切割

B. 在内件上，在D环固定点加强件之下进行重叠切割

C. 在内件上，在D环固定点加强件之上进行重叠切割

19. 对于可分割的结构件，要求塞焊的孔径为（　），塞焊焊接时要求喷枪做螺旋运

动，以适当地熔化孔边至基底金属。

A. 6mm　　B. 8mm　　C. 10mm

20. 插入件对接法连接门槛内板时，用（　）将插入件固定在适当位置。

A. 电阻点焊　　B. 电弧焊　　C. 塞焊

21. 门槛内的插入件长度一般是（　）mm。

A. 10 ~ 20　　B. 15 ~ 30　　C. 20 ~ 30

22. 由三层板组成的门槛板，在更换时使用（　）的方式连接。

A. 插入件对接　　B. 无插入件搭接　　C. 无插入件对接

23. 车身前立柱切割后，可用（　）的方式连接。

A. 搭接　　B. 无插入件对接　　C. 有插入件对接

24. 车身封闭梁不能采用（　）的方式连接。

A. 插入件对接　　B. 搭接　　C. 偏置对接

25. 更换车地板进行连接时，（　）的方法是错误的。

A. 不能切割座椅安全带的固定位置　　B. 后部地板搭接在前板下

C. 搭接部位用塞焊焊接

26. 新更换的车身板件要进行塞焊或电阻点焊时，要（　）。

A. 先决定中间的位置，再分配其余的焊点数

B. 先决定两端的位置，再分配其余的焊点数

C. 从一端开始逐个分配

27. 当错误切割车身加强件的尺寸大于（　）mm时，即使修复好了，也会影响其强度。

A. 4　　B. 5　　C. 6

28. 车身立柱下端是主要的锈蚀部位，一般锈蚀面积超过（　）时，应该采用局部截换的工艺方案。

A. 1/2　　B. 1/3　　C. 1/4

29. 最快速拆卸车门外板的方法是用（　）。

A. 等离子切割　　B. 焊点转除钻　　C. 砂轮磨削

30. 安装新车门面板前要使用密封剂，涂抹密封剂的厚度是（　）mm。

A. 2　　B. 3　　C. 4

31. 进行前立柱偏置对接时，内件的切割位置与其他件不同，两切割线之间的间距（　）。

A. 不得大于50mm　　B. 不得小于50mm　　C. 必须等于50mm

32. 当中立柱的截面相对简单仅由两件组成，没有内部加强件时，用（　）通常比较容易对中和相配，插入件可提供附加的强度。

A. 无插入件对接　　B. 插入件对接　　C. 偏置和对接相结合

33. 对车身中立柱进行切割时，应该注意（　）。

A. 不能在中间位置进行切割

B. 不能在下部位置进行切割

C. 不能切割安全带固定位置

34. 车身的（　）损坏后不可以切割更换，要整体更换。

A. 门槛板　　B. 前纵梁　　C. 车门加强梁

35. 更换的车身板件采用搭接连接时，板件的搭接宽度应为（　）mm。

A. 20 ~ 30　　B. 18 ~ 24　　C. 15 ~ 20

36. 更换（　）的过程中，安装必须用测量的方式进行。

A. 车门槛外板　　B. 后侧围板　　C. 散热器支架

37. 当新更换的车门外板的边缘弯至距内板（　）时，开始使用折边工具。

A. 30°　　B. 40°　　C. 50°

38. 行李舱地板在更换时可以采用（　）的方式连接。

A. 搭接　　B. 对接　　C. 偏置对接

39. 对更换的板件清洁时，（　）的做法是错误的。

A. 可以用氧乙炔清洁油漆

B. 要打磨掉镀锌层以利于焊接

C. 对钢板加热、磨削时，钢板不能变色

40. 以下（　）是封闭梁结构。

A. 后顶侧板　　B. 前纵梁　　C. 地板

41. 可以使用偏置对接连接方式的车身板件是（　）。

A. 前立柱　　B. 后纵梁　　C. 门槛板

42. 可以使用搭接连接方式的车身板件是（　）。

A. 前立柱　　B. 后纵梁　　C. 前纵梁

43. 对前纵梁切割操作时，（　）的做法是错误的。

A. 不能切割有波纹或凹痕加工的表面

B. 为了保证整个前纵梁的吸能效果，必须更换整个纵梁

C. 可以在规定区域进行切割

（三）多项选择题

1. 车身板件需要更换的情况有（　）。

A. 钢板锈蚀严重　　B. 吸能区压缩变形

C. 门板大约200mm范围的凹陷　　D. 板件破损

2. 更换车身板件时，可以用（　）进行分离。

A. 等离子切割机　　B. 气动切割锯

C. 焊点转除钻　　D. 打孔器

3. 等离子切割枪上最重要的部件是（　）。

A. 电极　　B. 密封圈

C. 开关　　D. 喷嘴

4. 导致等离子切割枪上电极和喷嘴过快损坏的原因有（　）。

A. 压缩空气中有水分　　B. 切割速度太快

C. 切割板件太厚　　D. 操作者水平太低

5. 气动磨削工具主要用于（　）等工作。

A. 金属磨削　　B. 金属切割

C. 油漆层的去除　　D. 研磨腻子

6. 切割更换后时，（　）可以采用搭接的方式进行连接。

A. 行李舱地板　　B. 前纵梁　　C. 门槛外板　　D. 前后地板

7. 门槛板更换时，可以采用（　）的方式焊接。

A. 偏置对接　　B. 搭接　　C. 内部加强件塞焊　　D. 钎焊

8. 车身新板件在焊接之前要（　）。

A. 清洁所有的油漆或底漆　　B. 涂刷防锈底漆
C. 进行必要的切割　　D. 事先钻孔（用塞焊的方式）

9. 结构件分割有（　）基本的连接类型。
A. 插入件的分割　　B. 没有插入件对接方式的分割
C. 搭接　　D. 焊接

10. 更换（　　）时，必须要用测量的方法进行定位。
A. 后纵梁　　B. 后侧围板　　C. 散热器支架　　D. 门槛外板

11. 车身新板件在焊接时，要注意（　　）。
A. 从强度较高的部位开始焊接　　B. 板件要结合良好，没有缝隙
C. 采用分段焊接的方法　　D. 焊接后不必再检查尺寸

12. 车身中立柱内加强板更换时，要使用（　　）的焊接方式。
A. 惰性气体保护焊塞焊　　B. 惰性气体保护焊脉冲点焊
C. 钎焊　　D. 电阻点焊

13. 车身前立柱切割后，可用（　　）的方式连接。
A. 插入件对接　　B. 没有插入件的偏置对接
C. 无插入件对接　　D. 偏置搭接

14. 车身中立柱切割后，可用（　　）的方式连接。
A. 插入件对接　　B. 没有插入件的偏置对接
C. 无插入件对接　　D. 偏置搭接

二 习题答案

(一) 判断题

1. ✓　2. ✓　3. ×　4. ✓　5. ✓　6. ✓　7. ✓　8. ✓　9. ✓　10. ×
11. ×　12. ✓　13. ✓　14. ×　15. ×　16. ×　17. ✓　18. ×　19. ×　20. ×
21. ×　22. ×　23. ✓　24. ✓　25. ×　26. ×　27. ×　28. ✓　29. ✓　30. ✓
31. ✓　32. ✓　33. ×　34. ✓　35. ×　36. ✓　37. ✓　38. ✓　39. ×　40. ✓
41. ×　42. ✓　43. ×　44. ✓　45. ✓　46. ✓　47. ×　48. ✓　49. ×　50. ×
51. ×　52. ✓　53. ×　54. ×　55. ×　56. ×　57. ✓　58. ×

(二) 单项选择题

1. A　2. C　3. B　4. B　5. A　6. A　7. A　8. A　9. A　10. A
11. C　12. B　13. C　14. B　15. C　16. A　17. B　18. B　19. B　20. C
21. B　22. B　23. C　24. B　25. B　26. B　27. C　28. C　29. C　30. B
31. B　32. B　33. C　34. C　35. B　36. C　37. A　38. A　39. B　40. B
41. A　42. B　43. B

(三) 多项选择题

1. ABD　2. ABC　3. AD　4. ABCD　5. ABCD
6. ACD　7. BC　8. ABCD　9. ABC　10. AC
11. ABC　12. AD　13. AB　14. AB

第11章 车身塑料件修理

本章提要

1. 能识别塑料的种类；
2. 掌握塑料件的修理方式及注意事项；
3. 掌握塑料件的黏结修理技术；
4. 掌握塑料件的焊接修理技术；
5. 掌握加强型塑料件的修理方法。

考纲要求

 塑料的种类及修理

1. 汽车结构中常见的塑料件材料有两种：热塑性塑料和热固性塑料。

2. 热塑性塑料可以通过加热反复地软化和变形，而其化学成分不会发生变化。在加热时变软或熔化，而在冷却时变硬。热塑性塑料弹性好。热塑性塑料件的损坏可以用塑料焊机进行焊接修理，也可以进行黏结修理。

3. 热固性塑料在热量、催化剂或紫外线的作用下会发生化学变化，硬化后形成永久形状，不能通过反复加热和使用催化剂改变它的形态。热固性塑料件的损坏不能用焊接方式来修理，一般用黏结的方式来进行修理。

4. 在汽车的各种塑料件上应用SMC和其他纤维加强型塑料（FRP）已经很多年了。外部车身板也经常使用加强型塑料，这些塑料件用黏合剂黏结到车身金属骨架上，增加了汽车结构的刚性。

5. 如果在弧形接板或大的塑料板上有小的裂缝、撕裂、凹槽或孔，而这些部件更换成本较高，则修理是合理的；如果塑料件大面积损坏，或者翼子板喇叭口、塑料装饰件等价格便宜的部位发生损坏，则进行更换是合理的。一般塑料件的修理时间比钢板的修理时间要快。

6. 不同的塑料件有不同的修理方法，因此对塑料件进行修理前，首先要清楚它是什么类型的塑料，目前识别塑料件类型主要采用编号识别和测试识别两种方法。其中测试识别法有黏结测试法、挠性测试法和燃烧测试法。

7. 只要拆下需修理的塑料件，从背面的标记内识别出其符号或缩略语（国际标准符号或ISO码）的内涵，就知道这个塑料件是什么类型的塑料。

8. 黏结测试法是用焊条在需要修理的塑料件背面或损坏部位进行焊接测试。试用不同的焊条，直到某一种能够粘住为止，一旦发现焊条黏结在塑料件上，就确定了塑料的基本

材料，也就是说，可用该焊条进行修补。

9. 将修理用的塑料制成试件，并与损坏的塑料件共同进行弯曲测试。一般热固性塑料在弯折后不能完全恢复形状，而热塑性塑料弹性较好，可以恢复形状。当挠性相同时，两者材料类型相同，该试件的塑料就可用来修理损坏的塑料件，反之就要再换塑料试件，直到两者挠性相同为止。

10. 利用热固性塑料燃烧时不会产生熔滴而热塑性塑料燃烧时会产生熔滴来确定塑料的种类。但是这种测试并不总是可靠的，而且燃烧塑料会产生致癌物质，还会对环境造成污染，因此，建议一般不要使用这种方法。

11. 当切割、打磨或研磨塑料件时，要注意防尘控制，最好使用吸尘式打磨装置并佩戴呼吸器、防护眼镜和橡胶手套，避免吸入打磨粉尘和树脂蒸气。

二 塑料件的黏结修理

1. 黏结法的修理类型有溶剂黏结法、氰基丙烯酸酯黏结法和双组分黏合剂黏结法。

2. 溶剂黏结法就是把丙酮或乙酸乙酯滴在结合部位的边缘处，直到材料溶解为止（在呈糊状时材料就结合在一起了），此方法用于车顶灯座、侧灯座等小件修理。对于聚丙烯、聚乙烯塑料板件不能使用这方法，因为丙酮不能溶解这些材料。

3. 氰基丙烯酸酯（CA）是一种单组分快速固化黏合剂，用来修理塑料件。它们经常在涂敷最后的修理材料之前使用，当作填料或将各个部分固定在一起。氰基丙烯酸酯也称为“超级胶”，能快速黏合塑料件。

4. 双组分黏合剂由基底树脂和硬化剂（催化剂）组成，树脂装在一个容器中，硬化剂装在另一个容器中。混合后，混合剂可以在零件上固化并与基底材料黏结。在许多塑料件的修理过程中，双组分黏合剂可以代替塑料焊接，而且比单组分的氰基丙烯酸酯强度更高。

5. 大多数黏合剂产品系列都有两个以上的品种，可用于不同种类塑料的修理。不同的黏合剂不能混用。用黏合剂修复塑料时，固化时间根据使用的黏合剂种类而定。

6. 使用黏合剂前将塑料件加热到21℃。

7. 为了使黏合剂能够良好地黏结，需要对修理部位进行打磨，一般要使用中等粒度的小砂轮进行低速打磨，转速不超过2000r/min。将凹痕等损伤处侧边切成6～10mm的斜面，并打磨粗糙，有利于更好地黏结。每次进行修理时，都应打磨接合的表面以提高黏结性。

8. 用黏结法修理凹痕、撕裂时，也可以用玻璃纤维布块作衬底，而不是用衬带。布块可以保留下来，有利于提高修理部位的强度。将整块布的两侧都浸透黏合剂，这样可以使布块良好地黏结在塑料件的背面，还可以密封布块。

9. 用橡皮刷或塑料刮刀将黏合剂刮入损伤处。必须小心地快速完成操作，因为黏合剂在2～3min内就会开始硬化。一般需要涂两遍黏合剂，第一遍用来填充损伤处的底部，涂抹时不必担心外部形状。在涂抹第一遍时，一定要尽量多地填满，然后在室温下硬化大约1h，如果允许加热硬化，可使用加热灯或加热枪以90℃的温度加热20min进行硬化处理。

10. 为了获得良好的黏结性和修理强度，在受损部位加工出V形槽，然后在V形槽顶部打磨约40mm宽的斜面。

三 塑料件的焊接修理

1. 塑料件焊接是利用热源把塑料焊条和塑料件熔化后黏结在一起的方法。成功的焊接需要压力和热量都保持恒定且比例平衡，焊条上压力过大往往会拉伸焊缝，温度过高会使塑料烧焦、熔化或变形。

2. 热空气塑料焊接使用电热工具产生热空气（230 ~ 350℃），通过喷嘴喷到塑料件上。当使用热空气焊接塑料件时，焊条直径若比被焊接的塑料件厚度大，将会导致焊条熔化前塑料件过热，为了避免由此产生修复后塑料件的翘曲问题，建议使用直径较小的塑料焊条。热空气塑料焊接有三种焊头，分别为定位焊头、圆形焊头和快速焊头。

3. 快速焊头可以固定住塑料焊条向前递送并自动预热。这种结构可使焊条进入基底材料，从而加速焊接。主要用于长而直的焊接处。

4. 无空气塑料焊接是利用电热元件熔化直径为3 mm的较小焊条，不使用热空气。用较小的焊条进行无空气焊接有助于解决塑料件翘曲和焊条过度堆积两个难题。

5. 超声波塑料焊接依靠高频振动能量使塑料黏合，而不必熔化基底材料。它适用于焊接大的塑料件和空间狭窄难以到达的区域。焊接时间短，几乎不超过0.5s。

6. 温度过高会使塑料烧焦、熔化或变形，温度过低则无法将基底材料和焊条熔透。

7. 焊条必须与基底材料兼容，才能得到与原来的塑料件相同的强度、硬度和挠性。

8. 一定要测试焊条与基底材料的兼容性。测试时，将焊条熔化在损坏部位的隐蔽处，然后使焊条冷却，试着拉离焊条，如果焊条呈兼容的，那么它会粘在上面。一般在塑料件背面位置进行焊接测试。

9. 不同的塑料有不同的焊接温度，焊接时一定要把焊机调整到所需的温度设置。

10. 塑料件焊接的基本修理程序：

（1）预处理受损部位；（2）将受损部位定位；（3）进行焊接；（4）使其冷却；（5）进行打磨；（6）涂上保护漆。

11. 使用定位焊头，沿着裂缝的底部将两侧熔合，形成薄薄的铰接焊，这对于长裂缝特别有用，因为它可以轻易地调整和定位塑料件边缘。

12. 沿着焊缝进行临时点焊。用力压焊头，确保裂缝的两侧都接触到，沿着断裂线平稳地移动焊头（临时点焊时不使用焊条）。

13. 熔流塑料焊接是无空气焊接方法中最常用的。它既可以用于单面修理，也可以用于双面修理。一次焊接大约25mm，这样可以在塑料冷却前磨光焊接位置。

14. 单面塑料焊接时，在受损部位开V形槽，深度为基底材料的75%。在受损部位的每一侧，使用打磨机或类似工具将撕裂边缘斜削至少6mm。

15. 双面塑料焊接时，在受损部位开V形槽，深度为塑料件厚度的50%。

16. 大多数仪表板用包有聚乙烯的氨基甲酸乙酯泡沫制成，比较柔软，在碰撞时可以对人进行保护。在碰撞修理中，泡沫仪表板、肘靠或其他带衬垫部件的表面凹痕是常见的。这些凹痕可以用加热的方法来修复。修复时，加热枪距离表面250 ~ 300mm，加热温度为50 ~ 60℃。

17. 塑料有记忆效应，也就是说，塑料件总是想保持或恢复至原来的形状。如果塑料件轻微地弯曲或变形，对它进行加热就可以使其恢复到原来的形状。

18. 热空气塑料焊枪的定位焊头用来在焊接之前对塑料件的断开部位进行临时点焊。

19. 一般的塑料焊机的焊接厚度小于3mm，为防止塑料件产生变形，对薄的塑料件进行焊接时，必须在下面将其支撑住。

四 加强型塑料件的修理

1. 加强型塑料件修理用的工具主要是黏合剂枪（又叫胶枪）和搅拌配料器。加强型塑料件黏合剂配料器可以使双组分黏合剂以恒定的速率进行配比。

2. 加强型塑料件上的填料是为两种用途特别配制的装饰填料和结构填料。装饰填料是双组分环氧树脂黏合剂或聚酯黏合剂，用于遮盖小的缺陷。结构填料是用来填充塑料件上较大的缺口，同时保持一定强度，结构填料还可增加塑料件的刚性。

3. 加强型塑料件的修理方法有四种：单面修理、双面修理、塑料件切割和整块塑料件更换。

4. 用脱蜡脱油脂清洁剂清洗损坏部位周围的表面。用36号砂轮清除超出维修区域至少70 mm的所有油漆和底漆。

5. 更换塑料件取决于损坏的程度和位置。加强型塑料板上发生严重打折和弯曲、塑料件缺失超过30%时，不能维修，需要更换。

6. 空间构架部件（如电气管线和加热制冷元件）可能在塑料件的背面，将切割深度限制在6 mm以内，以避免造成损坏。

7. 拆下报废的塑料件后，准备将新的塑料件装入空间构架。首先，从空间构架上清除旧的黏合剂，有时必须加热和使用油灰刀或打磨机从构架上剥离黏合剂。

8. 玻璃纤维加强型复合塑料件是用黏结方式固定在车身骨架上的。修理车身上的SMC塑料板件时，也可以用黏合剂黏结。影响塑料件黏结强度的因素有表面清洁不彻底、黏合剂不均匀等。

9. 修理加强型塑料件的材料一般都是双组分黏合剂。一些用于修理加强型塑料件的黏合剂可以通过加热缩短硬化时间，温度和湿度都会影响工作寿命或硬化时间。

10. 加强型塑料件曲面部分上的孔修理起来比平面板上困难，最好的修理方法是使用型芯更换法，它是修理曲面最快速、最便宜的方法。

例题解析

1 判断题

例题：当使用热空气塑料焊接法焊接塑料件时，为了避免产生修复后塑料件的翘曲问题，建议用直径较大的塑料焊条。（ ）

解析：此题为判断题，如果此题正确，应（√），错误应（×）。此题考核的是热空气塑料焊接。当使用热空气焊接塑料件时，焊条直径若比被焊接的塑料件厚度大，将会导致焊条熔化前塑料件过热，为了避免由此产生修复后塑料件的翘曲问题，建议使用直径较小的塑料焊条。所以此题答案为（×）。

2 单项选择题

例题：热固性塑料件的损坏一般用（ ）的方式进行修理。

A. 焊接　　B. 黏结　　C. 铆接

解析：此题为单项选择题，只有一个正确答案，将选择的正确答案填在（ ）内。此题是考核热固性塑料件的修理方法。热固性塑料件的损坏不能用焊接方式来修理，一般用黏结的方式来进行修理。所以此题答案为（B）。

3 多项选择题

例题： 塑料件焊接修理方法有（　　）。

A. 热空气塑料焊接　　B. 无空气塑料焊接

C. 超声波塑料焊接　　D. 高电压强电流塑料焊接

解析： 此题为多项选择题，有一个或多个正确答案，将选择的正确答案填在（　）内。此题是考核塑料件的焊接修理方法。塑料件焊接修理方法有热空气塑料焊接、无空气塑料焊接和超声波塑料焊接。所以此题答案是（ABC）。

一 习题

（一）判断题

1. 一般塑料件的修理时间比钢板的修理时间要快。（　）
2. 热塑性塑料件的损坏可以用塑料焊机进行焊接维修，也可以进行黏结维修。（　）
3. 热固性塑料件的损坏可以用塑料焊机进行焊接维修，也可以进行黏结维修。（　）
4. 玻璃纤维加强型复合塑料件的损坏可以用塑料焊机进行焊接维修，也可以进行黏结维修。（　）
5. 汽车结构中常见的塑料件材料有热塑性塑料和热固性塑料。（　）
6. 热塑性塑料可以通过加热反复软化和变形，而其化学成分不会发生变化。（　）
7. 玻璃纤维加强型复合塑料是用螺栓固定到车身金属骨架上的。（　）
8. 所有损坏的塑料件都可以维修后再继续使用。（　）
9. 通过塑料件上的编号识别塑料是最可靠的方法。（　）
10. 热固性塑料燃烧时会产生熔滴，而热塑性塑料燃烧时不会产生熔滴。（　）
11. 一般不建议使用燃烧法来鉴别塑料的种类。（　）
12. 热固性塑料可以通过加热反复软化和变形，而其化学成分不会发生变化。（　）
13. 用燃烧法来鉴别塑料非常可靠，但会污染环境。（　）
14. 黏结测试时，发现可以粘住，那么就可以使用这种塑料来修理所粘的塑料件。（　）
15. 热固性塑料在弯折后不能完全恢复形状，而热塑性塑料弹性较好，可以恢复形状。（　）
16. 在调节塑料黏合剂时要佩戴防尘口罩。（　）
17. 在打磨塑料件时要戴防护眼镜和橡胶手套。（　）
18. 热塑性塑料件的损坏不能用焊接方式修理，一般用黏结的方式进行修理。（　）
19. 将丙酮或乙酸乙酯滴在聚乙烯件结合部位的边缘处，材料溶解后就可以黏结在一起了。（　）
20. 氰基丙烯酸酯（CA）是一种单组分快速固化黏合剂，用来维修热固性和热塑性的塑料件。（　）
21. 双组分黏合剂可以代替塑料焊接，而且比单组分的氰基丙烯酸酯强度更高。（　）
22. 不同的黏合剂可以组合在一起，使强度更高。（　）
23. 一般的黏合剂产品适用于所有的塑料件黏结。（　）
24. 不同的塑料件有不同的修理方法，因此在对塑料件进行修理前，首先要清楚它是

什么类型的塑料。 ( )

25. 目前识别塑料件类型主要采用编号识别和测试识别两种方法。 ( )

26. 塑料件黏结时都需要使用黏合促进剂。 ( )

27. 塑料件黏结前用干净湿布擦干净就行了。 ( )

28. 对所有的塑料件维修时，都应打磨接合的表面以提高黏结性。 ( )

29. 在黏结时用玻璃纤维布作衬底，有利于提高修理部位的强度。 ( )

30. 通常黏结修复塑料件时，黏合剂涂一遍要尽量填满。 ( )

31. 塑料件焊接是利用热源把塑料焊条和塑料件熔化后连接在一起的方法。 ( )

32. 只要拆下需修理的塑料件，从背面的标记内识别出其符号或缩略语的内涵，就知道这个塑料件是什么类型的塑料。 ( )

33. 成功的塑料焊接需要压力和热量都保持恒定且比例平衡。 ( )

34. 使用热空气焊接时，焊条直径要比焊接的板件厚度大，焊接质量才会好。 ( )

35. 塑料焊枪的快速焊头是用来进行短焊、焊接小孔、焊接难以触及的部位以及焊接尖锐的拐角。 ( )

36. 无空气塑料焊接利用电热元件熔化焊条，不使用热空气。 ( )

37. 超声波塑料焊接依靠高频振动能量使塑料熔化黏合在一起。 ( )

38. 一定要测试焊条与塑料件的兼容性后才能进行焊接。 ( )

39. 不同的黏合剂不能混用，选定一个产品系列，在整个修理过程中都要使用它。 ( )

40. 基本上所有的塑料件焊接都可以使用同一个焊接温度。 ( )

41. 对塑料件上的较长撕裂处进行永久焊接之前可作小的临时点焊。 ( )

42. 焊接时要用推的方式，而不要用拉的方式焊接。 ( )

43. 对聚乙烯材料的内饰件修理，有时可以只用加热就可以修复。 ( )

44. 变形塑料件加热就可以修复的原因是因为塑料有记忆效应。 ( )

45. 加强型塑料件黏合剂的配料器，可以使双组分黏合剂以恒定的速率进行配比。 ( )

46. 维修加强型塑料件时，为了增加强度，可以使用金属板填料。 ( )

47. 部分更换塑料件时，一般可以在任意位置进行切割。 ( )

(二) 单项选择题

1. ( ) 塑料在燃烧时会有熔滴产生。

A. 热固性　　B. 热塑性　　C. 热固性和热塑性

2. ( ) 塑料的弹性好。

A. 热塑性　　B. 热固性　　C. 热固性和热塑性

3. 热空气塑料焊接，使用电热工具产生热空气的温度一般要求达到 ( ) ℃。

A. 150 ~ 250　　B. 230 ~ 350　　C. 300 ~ 400

4. 热空气塑料焊枪的 ( ) 用来在焊接之前对塑料件的断开部位进行临时点焊。

A. 定位焊头　　B. 圆形焊头　　C. 快速焊头

5. 一般塑料焊接的塑料焊条直径为 ( ) mm。

A. 2　　B. 3　　C. 4

6. 用加热元件对塑料进行焊接时，最少要预先加热 ( ) min。

A. 3　　B. 4　　C. 5

7. 用超声波塑料焊接的焊接时间是（　）s。

A. 低于0.2　　B. 1.0　　C. 不超过0.5

8. 对塑料焊接前，一般要在塑料件（　）位置进行焊接测试。

A. 表面　　B. 侧面　　C. 背面

9. 塑料件正式焊接前要进行临时点焊，（　）的做法是错误的。

A. 使用圆形焊头　　B. 临时点焊时不使用焊条

C. 焊接前要先固定好位置

10. 为了增加塑料件的单面焊接强度，需要在工件破损位置开V形槽，它的深度为基底材料厚度的（　）。

A. 75%　　B. 50%　　C. 30%

11. 一般的塑料焊机的焊接厚度（　）。

A. 小于3mm　　B. 小于10mm　　C. 大于3mm

12. 对塑料件双面焊接时，先在工件破损位置开V形槽，它的深度为基底材料厚度的（　）。

A. 75%　　B. 50%　　C. 30%

13. 对聚乙烯内饰件加热修复时，加热枪的喷嘴离工件的距离是（　）mm。

A. 150 ~ 200　　B. 200 ~ 250　　C. 250 ~ 300

14. 对聚乙烯内饰件加热修复时，加热温度是（　）℃。

A. 40 ~ 50　　B. 50 ~ 60　　C. 60 ~ 70

15. 加强型塑料件的维修方法有（　）种。

A. 3　　B. 4　　C. 5

16. 塑料件的熔流焊接，一次焊接大约（　），这样可在塑料冷却前磨光焊接位置。

A. 5mm　　B. 15mm　　C. 25mm

17. 加强型塑料件维修用的工具主要是（　）。

A. 黏合剂枪和搅拌配料器　　B. 电热工具

C. 超声波焊枪

18. 在车身上切割塑料件时，切割深度限制在（　）mm范围内。

A. 3　　B. 6　　C. 10

19. 更换加强型塑料板件时，对车身上原位置的黏合剂要（　）。

A. 清洁干净后，方可继续使用　　B. 把黏附不牢的清除掉

C. 全部清除

20. 以下（　）的说法是错误的。

A. 塑料件在黏结前不需要预热　　B. 黏合剂固化时可以加热

C. 加热会影响板件变形，最好少用

21. 修理加强型塑料件的材料一般都是（　）。

A. 单组分黏合剂　　B. 双组分黏合剂　　C. 氰基丙烯酸酯黏合剂

22. 一些用于修理加强型塑料件的黏合剂可以通过（　）来缩短硬化时间。

A. 冷却　　B. 加热

C. 调整基底材料和硬化剂的混合比例

23. 用黏合剂修复塑料件时，固化时间是（　）。

A. 3 ~ 12h　　B. 5 ~ 24h　　C. 根据使用的黏合剂的种类而定

24. 调和黏合剂时，不适合（　）。

A. 戴护目镜　B. 穿长袖工作服　C. 戴防尘口罩

25. 加强型塑料件曲面部分上的孔修理起来比平面上困难，最好的修理办法是使用（　）法。

A. 焊接　B. 黏结　C. 型芯更换

26. 玻璃纤维加强型复合塑料件是用（　）固定在车身骨架上的。

A. 黏结方式　B. 螺栓　C. 铆钉

27. 根据（　）来更换损坏的塑料件。

A. 损坏的面积　B. 定损人员的决定　C. 价格的高低

28. 关于塑料件维修的说法，正确的是（　）。

A. 热塑性塑料必须用焊接来修复　B. 热固定塑料也可以用焊接来修复

C. 热塑性和热固定的塑料都能用黏结修复

29. 黏结修复裂纹比较大的塑料件时,要开V形槽，且在V形槽两边打磨斜面的宽度是（　）mm左右。

A. 20　B. 30　C. 40

30. 对塑料件进行预处理打磨时，要使用（　）的砂轮片。

A. 细粒度　B. 中粒度　C. 粗粒度

31. 塑料焊接时，温度过高可能会造成（　）。

A. 塑料烧焦　B. 黏结更牢固　C. 焊枪过热烧毁

32. 塑料焊接的第一个步骤是（　）。

A. 塑料件定位　B. 表面预处理　C. 打磨

33. 熔流塑料焊接是无空气焊接方法中最常用的，它一般用在（　）。

A. 单面维修　B. 双面维修　C. 单面维修和双面维修

34. 对加强型塑料件或玻璃纤维板的双面维修时，维修部位周围至少要清除（　）mm范围的油漆和底漆。

A. 50　B. 60　C. 70

35. 修理车身上的SMC塑料板件时，可以（　）。

A. 用黏合剂黏结　B. 用塑料焊接　C. 用黏结和焊接两种方式

（三）多项选择题

1. 可以使用（　）来准确识别塑料件的种类。

A. 燃烧法　B. 编号识别　C. 黏结测试　D. 挠性识别

2. 一般不用燃烧法识别塑料的原因是（　）。

A. 识别不准确　B. 会产生致癌物质　C. 污染环境　D. 车间要防火

3. 对塑料件进行修复时，要佩戴（　）。

A. 安全帽　B. 护目镜　C. 呼吸器　D. 线手套

4. 影响塑料件黏结强度的因素有（　）。

A. 表面清洁不彻底　B. 黏结面积太大

C. 黏合剂不均匀　D. 固化时间过长

5. 塑料件焊接时，（　）可以防止板件变形。

A. 焊条直径比板件厚度大　B. 降低加热温度

C. 使用细焊条　D. 先对板件进行定位焊

6. 塑料焊接时，（　　）的说法是正确的。

A. 焊条与塑料件要兼容　　B. 可以使用搭接焊

C. 压力过大会拉伸焊接处　　D. 角度过大会无法正确焊接

7. 加强型塑料板上发生（　　）时，不能维修，需要更换。

A. 刺穿和破裂　　B. 板件从金属空间构架上被拉离

C. 严重打折和弯曲　　D. 塑料件缺失超过30%

8. 加强型塑料件的维修方法有（　　）。

A. 单面维修　　B. 双面维修　　C. 板件切割　　D. 板件更换

9. 关于修复塑料件的黏合剂，错误的说法是（　　）。

A. 每一种塑料修复时都要使用黏合剂促进剂

B. 黏合促进剂用来处理塑料件的表面，使维修材料可以更好地黏合

C. 所有的黏合剂都使用一种挠性填料

D. 不同的黏合剂可以混用

10. 关于塑料件的修复，有以下四种说法，其中（　　）是正确的。

A. 双组分黏合剂可以代替焊接

B. 塑料焊接时需要掌握维修塑料件的类型，而黏结可不必掌握其类型

C. 塑料件修复后的黏合剂固化时不能加热，防止板件变形

D. 对塑料件进行维修的第一个步骤是清洁表面

11. 热空气塑料焊枪有（　　）焊头类型。

A. 定位焊头　　B. 圆形焊头　　C. 快速焊头　　D. 方形焊头

12. 黏结法修理的类型有（　　）。

A. 溶剂黏结法　　B. 氰基丙烯酸酯黏结法

C. 双组分胶黏结法　　D. 单组份胶黏结法

二 习题答案

（一）判断题

1. ✓　2. ✓　3. ×　4. ×　5. ✓　6. ✓　7. ×　8. ×　9. ✓　10. ×

11. ✓　12. ×　13. ×　14. ✓　15. ✓　16. ×　17. ✓　18. ×　19. ✓　20. ✓

21. ×　22. ×　23. ×　24. ✓　25. ✓　26. ×　27. ×　28. ✓　29. ✓　30. ✓

31. ✓　32. ✓　33. ✓　34. ×　35. ×　36. ✓　37. ✓　38. ✓　39. ✓　40. ×

41. ✓　42. ✓　43. ✓　44. ✓　45. ✓　46. ×　47. ✓

（二）单项选择题

1. B　2. A　3. B　4. A　5. B　6. A　7. C　8. C　9. A　10. A

11. A　12. B　13. C　14. B　15. B　16. C　17. A　18. B　19. C　20. C

21. B　22. B　23. C　24. C　25. C　26. A　27. A　28. C　29. C　30. B

31. A　32. B　33. C　34. C　35. A

（三）多项选择题

1. BCD　2. ABC　3. BC　4. AC　5. CD

6. ACD　7. CD　8. ABCD　9. ACD　10. AD

11. ABC　12. ABC

第12章 车身附件修理

本章提要

1. 掌握车身玻璃的更换方法；
2. 掌握车门及其附件的修理方法；
3. 掌握车身内饰件的修理方法；
4. 掌握车身漏风、漏水及噪声的检查和维修方法；
5. 掌握安全带及安全气囊的修理与更换方法。

考纲要求

一 车身玻璃的更换

1. 风窗玻璃和后窗玻璃通常用橡胶垫或黏合剂固定。

2. 玻璃内表面周围的嵌条称为装饰嵌条，玻璃外表面周围的嵌条称为窗框嵌条。

3. 风窗玻璃和后窗玻璃的更换步骤几乎相同。玻璃安装完毕后要进行泄露测试。

4. 黏合剂固定法就是使用黏合剂来固定玻璃。黏合剂固定细分为完全切除和局部切除。局部切除是利用未受损坏且厚度足够的原黏合剂作涂抹新黏合剂的基底，而对不能利用的部分原黏合剂给予切除，在窗框裙边上要留出2mm以上厚度的旧密封胶。如果原有黏合剂都不能利用，就给予全部清除，这就是完全切除。

5. 橡胶垫固定法在老式汽车用得较多，现在一些高档车型上仍有使用。使用橡胶垫固定时，应按照先从玻璃的顶部开始，慢慢向上，最后是顶部的顺序固定橡胶垫。

6. 原黏合剂需要完全切除时可以使用钢丝、热刀、气动刀、电动刀或锋利的冷刀等工具，但一般首选装有薄钢刀片的气动刀。

7. 完全切除原黏合剂时使用的钢丝是直径最小、长1m的单股钢琴线，操作时可以防止玻璃的破碎。

8. 在玻璃周围或点焊周围涂少量氨基甲酸乙酯黏合剂。将黏合剂筒嘴切割成45°角的开口，黏合剂筒嘴开口不能太大，否则会使黏合剂用量过大，安装后会挤出，还要进行清理。

9. 按照厂家推荐的时间使黏合剂在室温下硬化，一般为6～8h以上。

10. 用局部切除安装玻璃之前，要彻底地检查剩下的黏合剂，点焊部位中必须留有足够的黏合剂，以使车身和玻璃之间有一定的间隙，并为新的黏合剂提供一个牢固的基底。如果原玻璃要重新装上，那么必须用溶剂从玻璃上清除所有的黏合剂残余。

11. 前角窗和后角窗的拆卸和更换程序与风窗玻璃的更换类似。

12. 客车窗玻璃有固定玻璃、升降玻璃和可推拉玻璃。

13. 客车的侧窗经常采用推拉的玻璃，其装配形式可分为有内框的和无内框的两种。

14. 更换风窗玻璃时要先拆除内部或外部的嵌条和车身立柱外板。拆卸和安装玻璃时要戴手套、护目镜，并穿工作服。

15. 检查黏合剂固定的风窗玻璃的安装情况时，不要将水直接喷到新涂的黏合剂上面，让水从玻璃边缘流过。如果发现泄露，则在泄露点涂上黏合剂。

二 车门及其附件的修理

1. 车门有两种基本类型：包框车门和硬顶车门。

2. 检查车门边缘的所有间隙是否均匀，车门间隙不均匀表示门板件由于结构损坏、固定件移动或机械部件（铰链或锁栓）磨损而发生错位。

3. 车门经常会出现下垂的问题，后部比前部低，通常是由于铰销严重磨损而造成。

4. 所有螺栓从车门装饰板上拆下后，把塑料卡夹取下，卡夹安装在装饰板的边界周围。可以用一个专用拆卸装饰板上卡夹的叉状工具，将其在车门和装饰板之间撬动，起出所有塑料卡夹，这样做不会损坏装饰板。

5. 玻璃升降器可以使用一个或两个升降臂；可以是手动的，也可以是电动的，手动和电动的升降原理是一样的。修复车窗升降机构时，升降机构的定位是升降是否灵活的关键。

6. 车窗玻璃升降器和玻璃导轨用小螺母和螺栓固定到位。玻璃用螺栓固定到升降器的上臂，也可使用铆钉将玻璃固定到升降器上。在一些老式汽车上，玻璃是用专用黏合剂固定的。如果玻璃破裂，要使用真空清洁器将所有碎玻璃从车门内部清除。安装新的玻璃后，用螺栓固定到升降器上。

7. 焊在立柱上的铰链与用螺栓固定的铰链的修理方法是不同的。

8. 钻除焊接式车门铰链的焊点时，要用12mm直径的钻头。车门铰链重新焊在立柱上时，要采用气体保护焊的连续焊。

9. 四门轿车的车门需要调整时，由于后侧围板不能移动，所以要先调整后门，且必须将后门调整到与车身轮廓线和门框适合。调整完后门，再调整前门以适合后门。最后将前翼子板调整到适合前门。

10. 如果车门玻璃黏连或活动困难，则要检查夹框是否夹紧、错位，或玻璃导轨润滑不良，或下部窗框支架调整不当，这些都会导致门窗倾斜或黏连。

11. 客车车门多为整体式，形式有旋转门、折叠门、推拉门等。

12. 调整车门的原则是车门与车身门框的正确配合。如果铰链磨损过度，应先修理或更换铰链以后再进行调整。

13. 推拉门的调整，主要是通过改变上、中、下滚柱体以及定位器、门闩等装配位置来实现。

14. 车门与门框的配合间隙和铰链的调整，是车门维修与更换的重点。

15. 内部后视镜通常用快速黏合剂固定到风窗玻璃上，外部后视镜的壳体通常用螺栓固定在门框上。

三 乘坐室部件的修理

1. 大多数内饰件用塑料卡夹或小螺钉固定，螺钉头包有塑料塞或塑料装饰件。

2. 座椅调节滑轨一般用四个高强度螺栓固定在地板上，螺栓上可能有塑料装饰件。

3. 安装前座椅时，用扭力扳手按规定力矩拧紧座椅固定螺栓。

4. 由于碰撞或气囊爆开会导致仪表板损坏，需要修理或更换。

5. 当仪表板的部件在碰撞中受到损坏时，必须拆下进行更换。许多仪表板部件不拆下仪表板衬垫就可以进行更换。要按照正确的顺序拆下仪表板部件，安装时按与拆卸相反顺序进行。

6. 修理仪表组时，首先断开电源防止短路，还要防止静电损坏数字式仪表内的芯片。要用静电带将手臂搭铁防止静电积累。

7. 天窗框架上部排水系统的排水管被树叶或其他碎片堵住，水就会渗入到乘坐室。通过喷气嘴朝管内吹入空气，能将排水管清理干净。

8. 空调系统通过排水管排出蒸发器冷凝出来的水，如果蒸发器排水管堵塞，水一般会泄漏到右边的地毯上。

9. 密封条或密封剂损坏、车门松动、车门玻璃调整不当、在板件接缝处出现裂缝均会导致进入灰尘和水。

10. 风噪声一般是由于密封条松动、磨损或安装不正确、车门错位引起的。车身嵌条松动、前翼子板定位不准或发动机罩调整不当也会引起风噪声。

11. 用光来检查泄露时，将强光源环绕汽车进行照射来观察车内是否漏光。此法仅适用于泄漏通道是直通的情况。

12. 前窗和后窗常常会漏水，一般的泄漏发生在风窗玻璃顶部或后窗的顶部和底部。在旅行车上，泄漏通常发生在后侧窗上。如果探测到几个泄漏点，那么最好密封上该位置周围的所有区域，而不是只密封每个泄漏点。用低压水流检查风窗玻璃是否漏水，用从底部开始，慢慢向上，最后是顶部的检验顺序来找出泄露位置。

13. 修理内饰件时首先要确定它们的固定方式，大多数紧固件隐藏在塑料塞或盖板下面。

14. 活动车顶的汽车上安装有翻车保护杆，在翻车时保护乘员的安全。翻车杆一般采用高强度钢制造，损伤后需要更换。

15. 常用的找出漏风和漏水故障的方法有淋水、强光检查、肥皂水检查和使用监听设备等方法。

四 安全带及安全气囊的修理与更换

1. 主动安全系统是一种乘员必须主动使用后才能起到保护作用的安全系统。

2. 被动安全系统是一种自动操作的系统，乘员不需要任何操作就可以生效。

3. 主动安全带系统在座椅下和中立柱、后立柱上使用两个卷收器，而被动式安全带只使用中立柱、后立柱上的一个卷收器。

4. 乘员的惯性力使限力卷收器收紧安全带，然后稍微伸长以一个恒定的约束力保持在安全带上，不会猛地拉住乘员，可以减小胸部受到的损伤。

5. 烟火式卷收器由气体发生卷收器产生压力来快速张紧安全带，它一般与气囊系统协同工作。气囊爆开后，烟火式卷收器通常也要更换掉。

6. 从卷收器中完全拉出安全带，如果发现扭曲、裂口或损坏、纤维织带断开或拉出、割伤、褪色或染色、卡在导向板中等需更换新的安全带。

7. 安全带从卷收器中快速拉出时应能被锁止。在时速10～25km时紧急制动，安全带应能被锁止。如果卷收器没有被锁止，则拆下并更换安全带总成。

8. 发生碰撞时气囊传感器会向控制单元发送信号。正面区域受到的撞击强度必须足够大时，才能闭合两个碰撞传感器中的开关。

9. 只有两个传感器发送信号给控制单元，控制单元才传送电流给气囊组件引爆气囊。

10. 气囊系统一般使用两个或多个传感器。例如，碰撞传感器、警戒传感器、安全传感器。

11. 碰撞传感器是最先探测到碰撞的传感器，一般安装在汽车前部发动机舱内，通过探测急减速或惯性力来产生一个信号。

12. 侧面安全气囊使用变形传感器来控制，它通过探测车门的内凹损坏和结构件的碰撞损坏，引起金属变形改变传感器的气隙，从而触发传感器，激活气囊模块后引爆充气剂，从而使侧气囊爆开。

13. 修理装有气囊的汽车之前为了防止气囊意外爆开，先将气囊系统解除。可以通过拆除蓄电池负极电缆并用绝缘胶带包住电缆端部断开电源来解除气囊系统。最好还要拆下系统熔断丝或断开模块。

14. 修理或更换安全带时，固定螺栓按规范用扭力扳手拧紧，拧紧不足或过度都会在事故中出现断裂。

15. 对已爆开的气囊，一般要更换所有传感器，有时也要更换电子控制单元。在修理爆开的气囊时，要戴上橡皮手套、防护面具和护目镜。

例题解析

❶ 判断题

例题：修理内饰件时首先要确定它们的固定方式。（ ）

解析：此题为判断题，如果此题正确，应（√），错误应（×）。此题考核的是内饰件的修理。修理内饰件时首先要确定它们的固定方式，大多数紧固件隐藏在塑料塞或盖板下面。所以此题答案为（√）。

❷ 单项选择题

例题：侧面安全气囊使用（ ）传感器来控制。

A. 警戒　　B. 碰撞　　C. 变形

解析：此题为单项选择题，只有一个正确答案，将选择的正确答案填在（ ）内。此题是考核侧面安全气囊。侧面安全气囊使用变形传感器来控制，它通过探测车门的内凹损坏和结构件的碰撞损坏，引起金属变形改变传感器的气隙，从而触发传感器。所以此题答案为（C）。

3 多项选择题

例题：警戒传感器通常安装在（　　）。

A. 汽车前保险杠　　B. 汽车前部发动机舱内

C. 散热器的固定架附近　　D. 乘坐室内

解析：此题为多项选择题，有一个或多个正确答案，将选择的正确答案填在（　）内。此题是考核警戒传感器。警戒传感器通常安装在汽车前保险杠或散热器的固定架附近。所以此题答案是（ AC ）。

习题及答案

习题

（一）判断题

1. 风窗玻璃和后窗玻璃都是用黏合剂固定的。（　）
2. 风窗玻璃周围的内部嵌条称为窗框嵌条，其外部嵌条称为装饰嵌条。（　）
3. 风窗玻璃和后窗玻璃的更换步骤几乎相同。（　）
4. 玻璃黏合剂安装法就是使用黏合剂来固定玻璃的方式。（　）
5. 风窗玻璃和后窗玻璃都是用橡胶垫固定的。（　）
6. 玻璃使用黏合剂固定时，原先的黏合剂要全部清除，不能继续使用。（　）
7. 固定玻璃采用的橡胶垫安装法现在在大部分汽车上运用。（　）
8. 拆卸风窗玻璃时，固定玻璃的黏合剂可以用一根钢丝来切除。（　）
9. 玻璃安装完毕后要进行泄漏测试。（　）
10. 如果继续使用拆除的玻璃，其上面的黏合剂要完全清除。（　）
11. 完全切除原黏合剂时使用的钢丝一般为直径最小、长1 m的单股钢琴线。（　）
12. 前、后角窗的拆卸与更换程序，同风窗玻璃的拆卸与更换程序类似。（　）
13. 客车的侧窗多采用推拉玻璃，其装配形式可分为内框式和无内框式两种。（　）
14. 包框车门和硬顶车门是常用轿车车门的两种基本类型。（　）
15. 车门与车身的间隙不均匀，说明车门板件的结构有损坏。（　）
16. 车门经常会出现下坠的问题，这是由于铰销严重磨损而造成。（　）
17. 检查黏合剂固定的风窗玻璃的安装情况时，应将水直接喷到新涂的黏合剂上面。（　）
18. 用局部切除安装玻璃之前，要彻底地检查剩下的黏合剂，点焊部位中必须留有足够的黏合剂。（　）
19. 玻璃都是用黏合剂固定到玻璃升降器上的。（　）
20. 清除车门内的破碎玻璃时，可使用压缩空气吹除。（　）
21. 焊在立柱上的门铰链与螺栓固定的门铰链的维修方法相同。（　）
22. 关闭车门时，如果车门会被迫升高或降低，则表明门铰链需要调整。（　）
23. 翻车保护杆一般用高强度钢制造，损伤后需要更换。（　）
24. 车门玻璃上的黏合剂要全部清除，如果玻璃夹框上的黏合剂完好，可以继续使用。（　）

25. 客车车门有旋转门、折叠门、推拉门和上掀式门等形式。（　）

26. 客车旋转门的调整，主要是依赖改变上、中、下滚柱以及定位器、门闩等装配位置来实现。（　）

27. 汽车乘坐室内饰件一般用塑料卡夹固定。（　）

28. 座椅一般用高强度螺栓固定。（　）

29. 气囊爆开时不会损坏仪表板。（　）

30. 修理或更换安全带时固定螺栓按规范用扭力扳手拧紧。（　）

31. 风噪声一般是由于密封条松动、磨损或安装不正确、车门错位等引起的。（　）

32. 用强光照射可以找出所有可能泄漏的位置。（　）

33. 发现车窗有泄漏部位，需要拆下玻璃重新密封。（　）

34. 对已爆开的气囊，一般要更换所有的传感器。（　）

35. 安装行李舱密封条时，要拉紧一些才能密封好。（　）

36. 主动安全系统是一种自动操作的系统，乘员不需要任何操作就可以起到安全保护作用。（　）

37. 尼龙带有轻微的裂口，可以继续使用，不必更换。（　）

38. 如果安全带的锁扣无法扣上，则需要更换安全带总成。（　）

39. 烟火式安全带卷收器在气囊爆开后必须更换。（　）

40. 在修理爆开的气囊时，要戴上橡皮手套、防护面具和护目镜。（　）

41. 在碰撞中只要一个碰撞传感器发出信号，气囊就会引爆。（　）

42. 气囊传感器的作用是引爆气囊。（　）

43. 更换安全气囊时，要断开所有的电源、熔断丝及模块。（　）

44. 车门玻璃黏连或活动困难时，可在橡胶或毡布玻璃夹框上使用机油润滑。（　）

45. 被动安全系统是一种自动操作的系统，乘员不需要任何操作就可以起到安全保护作用。（　）

46. 车门与门框的配合间隙和铰链的调整，是车门维修与更换的重点。（　）

47. 安装前座椅时，按规范用扭力扳手拧紧座椅固定螺栓。（　）

48. 安装玻璃使用黏合剂时，可以采用局部切除法，它是利用未受损坏且厚度足够的大部分原黏合剂作涂抹新黏合剂的基底。（　）

（二）单项选择题

1. 安装玻璃时可以使用橡胶垫固定，此时应按照（　）的顺序固定橡胶垫。

A. 先从玻璃的顶部开始，然后是侧面，最后是下部

B. 先从玻璃的侧面开始，然后是下部，最后是顶部

C. 先从玻璃的下部开始，然后是侧面，最后是顶部

2. 用低压水流检查风窗玻璃是否漏水，按照（　）的检验顺序来找出泄漏位置。

A. 从底部开始，慢慢向上，最后是顶部

B. 从顶部开始，慢慢向下，最后是底部

C. 从中部开始，然后是顶部，最后是下部

3. 黏合剂的筒嘴要切割成（　），才能涂抹合适宽度的密封胶。

A. 30°　　B. 45°　　C. 60°

4. 原黏合剂需要完全切除时可以使用钢丝、热刀、气动刀、电动刀或锋利的冷刀等工具，但一般首选装有薄钢刀片的（　）。

A. 热刀　　　　　　　B. 气动刀　　　　　　C. 电动刀

5. 玻璃用密封胶固定后，黏合剂需要固化（　）h。

A. 3 ~ 4　　　　　　B. 6 ~ 8　　　　C. 8 ~ 10

6. 不完全切除黏合剂时，在窗框的裙边上要留出（　）mm厚度的旧密封胶。

A. 1　　　　　　　B. 2　　　　　　　C. 3

7. 关于玻璃升降器，（　）的说法是错误的。

A. 玻璃升降器可以是手动的，也可以是电动的

B. 玻璃升降器可以使用一个或两个升降臂

C. 手动的和电动的玻璃升降器的升降原理不一样

8. 内部后视镜通常用（　）固定到风窗玻璃上。

A. 快速黏合剂　　　　B. 螺栓　　　　　　C. 铆钉

9. 外部后视镜的壳体通常用（　）固定在门框上。

A. 快速黏合剂　　　　B. 螺栓　　　　　　C. 铆钉

10. 拆卸车门装饰板时，（　）的做法是正确的。

A. 用螺丝刀撬开塑料卡夹　　B. 用叉状工具在两个卡夹之间撬动

C. 用叉状工具在卡夹头部撬动

11. 钻除焊接式车门铰链的焊点时，要用（　）mm直径的钻头。

A. 8　　　　　　　B. 10　　　　　　C. 12

12. 车门铰链在重新焊接到立柱上时，要采用（　）。

A. 电阻电焊　　　　B. 气体保护焊的塞焊　C. 气体保护焊的连续焊

13. 四门轿车的车门需要调整时，要按照（　）的顺序进行。

A. 先调整后门，再调整前门以适合后门，最后调整前翼子板适合前门

B. 先调整前门，再调整后门以适合前门，最后将前翼子板调整适合前门

C. 先前翼子板调整到适合前门，再调整前门以适合后门，最后调整后门

14. 关于更换车身仪表板，以下（　）的做法是错误的。

A. 要按照正确的顺序拆下仪表板部件　　B. 首先断开电源

C. 以拆卸的相同顺序安装仪表组部件

15. 在乘坐室前排座椅前的地毯上经常有水，可能是（　）造成的。

A. 上部排水系统的排水管堵塞

B. 空调蒸发器排水管堵塞

C. 风窗玻璃漏水

16. 风窗玻璃有几个泄漏点时，要把（　）。

A. 几个泄漏点位置密封

B. 泄漏点一段位置密封

C. 所有玻璃周边全部密封

17. 安装车门或行李舱上的密封条，要裁剪得比需要长度多出（　）mm。

A. 5　　　　　　　B. 20　　　　　　C. 12

18. 主动安全带和被动安全带各使用（　）个安全带卷收器。

A. 1和2　　　　　　B. 2和1　　　　　　C. 1和1

19. 使用安全带限力卷收器可（　）。

A. 防止安全带断裂　　B. 防止伤害乘员　　　C. 防止乘员碰撞到仪表板

20. 对行驶速度为（　）km/h的车辆实施紧急制动，可验证安全带是否起作用。

A. 10 ~ 25　　B. 20 ~ 35　　C. 30 ~ 45

21. 安全气囊的碰撞传感器一般安装在汽车（　）。

A. 中部　　B. 前部　　C. 后部

22. 碰撞传感器是通过（　）来感知碰撞的。

A. 变形　　B. 惯性力　　C. 位移

23. 车身侧气囊传感器是通过（　）来感知碰撞的。

A. 变形　　B. 惯性力　　C. 位移

24. 维修安全气囊时，断开蓄电池的目的是（　）。

A. 防止损坏气囊　　B. 防止短路　　C. 防止气囊爆开

25. 在车身的（　）有安全气囊传感器。

A. 前部和后部　　B. 前部和中部　　C. 中部和后部

26. 对于座椅的固定螺栓，（　）的做法是正确的。

A. 必须要完全拧紧　　B. 可以拧得松一些　　C. 用扭力扳手按规范拧紧

27. 修复车窗的升降机构时，升降机构的（　）是升降是否灵活的关键。

A. 定位　　B. 强度　　C. 刚度

28. 车窗玻璃升降器和玻璃导轨用（　）固定到位。

A. 铆钉　　B. 小螺母和螺栓　　C. 黏合剂

29. 座椅调节滑轨一般用四个（　）固定在地板上。

A. 螺钉　　B. 高强度螺栓　　C. 普通螺栓

(三) 多项选择题

1. 在更换风窗玻璃时要先拆除（　）。

A. 内部或外部的嵌条　　B. 车身立柱外板　　C. 内装饰板　　D. 仪表板

2. 拆卸或安装玻璃时要（　）。

A. 戴防尘口罩　　B. 戴手套　　C. 戴护目镜　　D. 穿工作服

3. 拆除玻璃黏合剂时，可以使用（　）。

A. 尼龙绳　　B. 钢丝绳　　C. 加热刀　　D. 螺丝刀

4. 前后角窗用（　）固定。

A. 橡胶嵌条　　B. 黏合剂　　C. 紧固件　　D. 几种方法的联合

5. 客车的门窗玻璃有（　）等形式。

A. 固定玻璃　　B. 升降玻璃　　C. 推拉玻璃　　D. 活动玻璃

6. 车门升降玻璃安装在夹框上，夹框是用（　）固定在升降导轨上的。

A. 黏结　　B. 焊接　　C. 铆钉　　D. 螺栓

7. 常用的找出漏风和漏水故障的方法有（　）等方法。

A. 淋水检查　　B. 强光检查　　C. 肥皂水检查　　D. 使用监听设备

8. 客车推拉门调整，可通过调整（　）来完成。

A. 滚柱　　B. 铰链　　C. 定位器　　D. 门闩

9. 发现安全带（　）时要更换，不能再继续使用。

A. 有毛边　　B. 褪色　　C. 裂纹　　D. 卡在卷收器中

10. 汽车的安全气囊系统有（　）。

A. 碰撞传感器　　B. 警戒传感器　　C. 安全传感器　　D. 变形传感器

(一) 判断题

1.×	2.×	3.√	4.√	5.×	6.×	7.×	8.√	9.√	10.√
11.√	12.√	13.√	14.√	15.×	16.√	17.×	18.√	19.×	20.√
21.×	22.×	23.√	24.×	25.√	26.×	27.√	28.√	29.×	30.√
31.√	32.×	33.×	34.√	35.×	36.×	37.×	38.√	39.√	40.√
41.×	42.×	43.√	44.×	45.√	46.√	47.√	48.√		

(二) 单项选择题

1. A	2. A	3. B	4. B	5. B	6. C	7. C	8. A	9. B	10. C
11. C	12. C	13. A	14. C	15. B	16. B	17. C	18. B	19. B	20. A
21. B	22. B	23. A	24. C	25. B	26. C	27. A	28. B	29. B	

(三) 多项选择题

1. AB	2. BCD	3. BC	4. ABCD	5. ABC
6. ACD	7. ABCD	8. ACD	9. ACD	10. ABC

第13章 车身防腐蚀技术

本章提要

1. 了解防腐蚀失效的原因；
2. 了解现代汽车的防腐蚀方法和防腐蚀材料；
3. 掌握车身修复中的防腐蚀操作过程；
4. 了解酸雨造成的防腐蚀损坏及其修复方法。

考纲要求

一 防腐蚀失效的原因

1. 在车身板件修复过程和结束后都需要进行防腐蚀工作。腐蚀会造成钢板锈穿，轻者影响美观，重者会造成强度削弱，这不仅影响车辆的行驶性能及使用寿命，而且还可能影响车辆的运行和乘员的安全。

2. 目前常用的车身防腐方法有三种：镀锌或锌涂层、油漆和防腐蚀化合物。

3. 导致防腐蚀失效的原因有：油漆膜失效、碰撞损坏、修理过程和环境等的电化学腐蚀。

4. 车身修理人员要恢复所有受碰撞影响区域的防腐蚀性能。

5. 汽车修理过程可能会损坏保护涂层。在修理中需要用机械方法或等离子体焊炬切割车身板件和接缝，在校正拉伸和应力释放的过程中也会损坏这些保护涂层，修理时的研磨也会导致保护涂层损坏。

6. 在相对湿度高的区域，腐蚀会加速进行，特别是我国南方地区湿度高，腐蚀的速度要高于北方地区。温度的增高也会加快化学反应的速度，亦即加快腐蚀的速度。

7. 在修理中对车身的防锈处理主要有两种情况：修理已经锈蚀损坏的板件；采取措施预防板件锈蚀的再次发生。事故车修复的目的是要恢复汽车状态，其中一项重要工作是防腐蚀工作。

二 现代汽车的防腐蚀

1. 当汽车的精整表面受到刮伤或形成刻痕而损坏时，锌涂层经受腐蚀而牺牲本身来保护在其下面的钢，这层氧化锌实际上形成一个保护涂层并保护了钢的裸露区域。可以说，锌做出了一个双重的保护，首先是提供化学的镀锌保护，其次在裸露的钢上形成一层氧化锌，使空气不能直接与钢板接触，从而对其进行保护。

2. 油漆在大气和钢板表面之间形成屏障，使空气中的湿气和杂质不能与钢板的表面相互发生作用，所以钢板不会被腐蚀。

3. 防腐蚀化合物用作油漆膜的附加涂层。最常用的两种防腐蚀涂层为：石油基化合物和蜡基化合物。防腐蚀化合物主要用于箱形截面车身板件及其他容易锈蚀的部位。

4. 以前在修理后采用沥青基的防腐蚀涂料。但这种涂料在喷涂后不容易进行清洁。其优点是能消音和预防飞石的冲击，目前只在玻璃纤维制作的车身板件上仍然使用沥青基的底涂层。

5. 防腐蚀材料对裸露的金属和油漆表面都要有良好的黏合性。另外还要能高度防水。

6. 车身密封剂或密封胶可以防止水或泥浆进入板件连接处，并会预防相邻的表面发生锈蚀，可用在车身底板上。

7. 防锈剂用在难以用防腐蚀材料覆盖的地方，例如具有箱形截面结构的内部（如车身侧面构件）不能涂油漆之处。

8. 防腐涂层要能保持一定的挠性和韧性，可以防止飞石造成的冲击损伤。

三 车身修复中的防腐蚀操作

1. 良好的表面预处理工作是保证车身板件耐腐蚀的最重要的步骤之一，如果没有正确的表面预处理（特别是对裸露的金属），之后的修理和表面的涂层工作可能会失效。

2. 常用的表面预处理方法有三个步骤：清洗污染物、用金属洗涤剂清洗、采用转化涂层。

3. 转化涂层能形成锌磷酸盐涂层，与金属进行化学黏合。它是底层涂料的理想表面，可以防止锈蚀从油漆下面扩展。它适合在镀锌钢板、没有涂层的钢板及铝板上应用。

4. 车身修理中必须进行防腐蚀处理的部位有四种基本类型：封闭的内表面、外露的内表面、外露的接头、外露的外表面。

5. 金属洗涤剂和转化涂层不适合封闭内表面的防腐处理，因为一旦实施操作将很难把化学物质和湿气从内接缝除去，而且内表面受飞石的冲击危险性不大，所以在这些部位可使用有足够黏合性的底层涂料。

6. 最常用的防腐蚀底层涂料有自刻蚀或两组分环氧树脂底层涂料和导电底漆。其中导电底漆是富锌的底层涂料，能更好地保护焊接接头，可使用在裸金属表面的钢板上。

7. 不要使用漆基底层涂料，因为漆在封闭的内表面不能得到足够的黏合性。在整体式车身汽车中，绝不可在裸露的金属上直接涂漆基底层涂料。

8. 在封闭的内表面使用底层涂料和防腐蚀材料时，必须应用专用涂料喷涂设备，一般为无空气喷枪或压力喷枪。操作时要使用特制的软管作喷管，以便喷射到内部的所有凹处和缝隙，先把喷管插进孔穴，并伸到板件内部需要喷涂的最远处。喷射开始后，以均匀的速度把喷管拉出，在移动过程中把该孔穴内表面包括微小的缝隙涂满。

9. 一般来说，所有的接头都要涂上车接缝密封剂，使得在板件表面之间不留间隙。

10. 车身上裸露接头使用的密封剂应具有可油漆性和一定的挠性。

11. 硅树脂密封剂不能使用在车身的接缝上，因为它不能油漆，还会吸附尘土和污物，没有其他密封剂所具有的黏合性。

12. 汽车防腐蚀常用的接缝密封剂有四种。薄体密封剂适用于宽3mm以下接缝的密封；重体密封剂适用于宽3～6mm的接缝；可刷涂的接缝密封剂适用于车身内接缝，可以涂刷；固体接缝密封剂适用于板件接头或孔等较大缝隙。

13. 车身下部的底面和车轮罩内面会受到飞石的冲击而损坏涂层，导致发生锈蚀。可用吸振性能较好的涂料对这些部位进行底涂处理。一般不在乘坐室内使用这种防腐蚀材料。

14. 防腐蚀程序从用溶剂彻底清洗开始，一旦表面完全风干，在所有的焊接部位和板件接头上喷射第一层蜡基或石油基底涂化合物。第一层干燥后，然后在整个区域喷上第二层。

15. 根据腐蚀环境的不同，裸露的内表面防腐蚀可采用不同的底层涂料。使用最多的是两组分环氧树脂底层涂料，裸露内表面也可采用自刻蚀底层涂料。

16. 裸露外表面经受飞石冲击的机会比内表面大，在处理时使用刻蚀和转化涂料对外表面来说是很重要的。转化涂层具有类似超级油漆膜的黏合作用，在受到飞石冲击后能阻止漆膜下锈蚀的蔓延。

17. 不要把涂底层化合物涂在高温零件如排气管、消声器等上面，也不要涂在悬架、传动系零件、制动鼓及其他有关的运动件上。

四 酸雨造成的腐蚀损坏

1. 酸雨腐蚀损坏一般在外部板件的油漆颜料上发生，尤以铅基颜料为甚。腐蚀损坏处的油漆会褪色，有时腐蚀损坏处出现具有清晰而黯淡白圈，情况严重的则有蚀坑。褪色程度取决于颜色本身。

2. 金属板件的面层腐蚀损坏是由于酸溶液与漆层粒子反应而把面层侵蚀，新面层比旧面层更容易损坏。

3. 被酸雨腐蚀损坏后的面板的恢复程序取决于损坏的面积和深度。抛光会除去原来面层腐蚀损坏的一部分，但会缩短板件的防腐蚀寿命。

4. 酸雨腐蚀后，油漆面要用肥皂水和溶剂清洗，然后对有问题的部位进行手工抛光。

例题解析

1 判断题

例题： 车身板件防腐蚀工作只需在修复结束后进行。（　）

解析： 此题为判断题，如果此题正确，应（√），错误应（×）。此题考核的是防腐蚀工作应用的范围。在车上板件修复过程中和结束后都需要进行防腐蚀工作。所以此题答案为（×）。

2 单项选择题

例题：（　）用在难以用防腐蚀材料覆盖的地方，例如具有箱形截面结构和内部（如车身侧面构件）不能涂油漆之处。

A. 防腐蚀化合物　　B. 防锈剂　　C. 车身密封剂或密封胶

解析： 此题为单项选择题，只有一个正确答案，将选择的正确答案填在（　）内。此题是考核防腐蚀材料。防腐蚀材料有三类，其中防锈剂用在难以用防腐蚀材料覆盖的地方。所以此题答案为（B）。

3 多项选择题

例题：金属化学腐蚀由（　　）因素形成。

A. 裸露的金属　　B. 氧　　C. 湿气（电解质）　　D. 电化学反应

解析：此题为多项选择题，有一个或多个正确答案，将选择的正确答案填在（　　）内。此题是考核腐蚀的原因。化学腐蚀由三个因素形成，即：裸露的金属、氧、湿气。铁在潮湿环境下会与空气中的氧发生化学反应，形成红褐色的三氧化二铁，即铁锈。所以此题答案是（ABC）。

习题及答案

一 习题

（一）判断题

1. 车身钢板严重锈蚀会影响车身的美观，但不会造成车身强度的削弱。（　　）
2. 腐蚀会影响车辆的行驶性能及使用寿命，但不会影响乘员的安全。（　　）
3. 车身钢板腐蚀发生的原因是破坏了防腐层，并接触了水造成的。（　　）
4. 车身修复中常用的防腐方法是涂油漆。（　　）
5. 车身修复人员要恢复车身上所有碰撞受影响区域的防腐蚀性能。（　　）
6. 防腐涂层要能保持一定的强度和硬度，以防止飞石造成的冲击损伤。（　　）
7. 在车身修复过程中不会造成防腐涂层的损坏。（　　）
8. 相对湿度高、温度高的条件下会加快车身钢板腐蚀的速度。（　　）
9. 酸雨会破坏车身钢板的油漆层，不会使钢板腐蚀。（　　）
10. 车身修复中的防腐蚀操作主要是修复已经锈蚀损坏的板件。（　　）
11. 良好的表面预处理工作是保证车身板件耐腐蚀的重要步骤之一，如果没有正确的表面预处理（特别是对裸露的金属），之后的修理和表面的涂层工作可能会失效。（　　）
12. 镀锌层防腐蚀的原因主要是，在锌层上形成一层氧化膜来阻止氧气的腐蚀。（　　）
13. 油漆和防腐化合物防腐蚀的原理是通过涂层来阻断氧气的腐蚀。（　　）
14. 事故车修复的目的是要恢复汽车状态，其中一项重要工作是防腐蚀工作。（　　）
15. 防腐蚀材料必须要有良好的黏合性，还必须不能溶于其他溶剂。（　　）
16. 车身板件防腐蚀主要是靠油漆层来达到防腐蚀的目的。（　　）
17. 转化涂层能形成锌磷酸盐涂层，与金属进行化学黏合，它是底层涂料的理想表面，以防止锈蚀从油漆下面扩展。（　　）
18. 防腐蚀工作成败的关键是对板件表面预处理的好坏。（　　）
19. 对车身门槛板等内表面进行防腐蚀处理时，要从距离喷嘴入口最近的地方向最远处喷射防腐剂。（　　）
20. 对车身板件上的裸露接头进行防腐蚀处理时，最好的防腐材料是硅树脂密封剂。（　　）
21. 对车身上裸露的内表面防腐蚀处理使用最多的是两组分环氧树脂底层涂料。（　　）
22. 车身上裸露的外表面受到飞石冲击的机会比内表面大，要在防腐蚀处理时使用刻

蚀和转化涂料。（　）

23. 所有的密封剂必须能够进行油漆涂装，并且与裸露的金属和底层涂料良好黏合。（　）

24. 车身上的裸露接头一般使用接缝密封剂进行防腐蚀处理。（　）

25. 对车身板件焊接处进行防腐蚀处理时，最好使用钢丝刷进行打磨，可有效地去除杂物，露出新金属，有利于防腐蚀材料的黏附。（　）

26. 在整体式车身汽车中，也可以在裸露的金属上直接涂漆基底层涂料。（　）

27. 对车身上封闭的内表面进行防腐蚀处理时，一定要采用金属洗涤剂和转化涂料进行预处理，增加防腐材料黏附的强度。（　）

28. 防腐蚀化合物一般用在车身上具有箱形截面结构的内部表面。（　）

29. 转化涂料在与钢板接触时能形成锌磷酸盐涂层，防止锈蚀从油漆下面扩展。（　）

(二) 单项选择题

1. 车身修复操作中破坏钢板防腐性能的原因是（　）。

A. 形成电化学腐蚀　B. 内部的应力没有消除　C. 破坏了防腐涂层

2. 防锈剂可以用在车身（　）上。

A. 前纵梁　B. 挡泥板　C. 顶盖板

3. 车身密封剂或密封胶可以用在车身（　）上。

A. 中立柱　B. 门槛板　C. 地板

4. 车身上封闭的内表面可以使用（　）防腐材料。

A. 薄体密封剂　B. 重体密封剂　C. 导电底漆

5. 车身防腐蚀用的薄体密封剂适用于宽度为（　）mm以下接缝的密封。

A. 5　B. 3　C. 4

6.（　）主要用于箱形截面车身板件及其容易锈蚀的部位。

A. 防腐蚀化合物　B. 油漆防腐　C. 镀锌防腐

7. 目前只在（　）制作的车身板件上仍然使用沥青基的底涂层。

A. 铝　B. 玻璃纤维　C. 金属

8. 车身防腐蚀用的重体密封剂适用于宽度为（　）mm接缝的密封。

A. 3 ~ 6　B. 4 ~ 7　C. 5 ~ 8

9. 车身板件接头或孔等较大缝隙的密封防腐采用（　）。

A. 重体密封剂　B. 固体接缝密封剂　C. 可刷涂的接缝密封剂

10. 在车身电阻点焊焊接时，采用的是（　）防腐蚀材料。

A. 自刻蚀两组分环氧树脂底层涂料　B. 薄体密封剂

C. 导电底漆

11. 在对车身上封闭的门槛板内表面进行防腐处理时，从一端打孔插入喷嘴，要先从（　）开始喷防腐材料。

A. 离孔最近的地方　B. 离孔最远的地方　C. 孔与最远距离的一半位置

12. 沥青底涂层的优点是能消音和预防飞石的冲击，目前在车身上（　）使用这种防腐蚀材料。

A. 钢板　B. 铝板　C. 玻璃纤维塑料板

13. 车身上封闭的内表面不使用漆基底层涂料，原因是（　）。

A. 黏合性不够　B. 挠性不够　C. 容易老化脱落

14. 导电底漆可以用在车身（　）钢板上。

A. 表面带油漆的　　B. 表面镀锌的　　C. 裸金属表面的

15. 封闭内表面的防腐蚀不要使用（　）。

A. 导电底漆　　B. 自刻蚀或两组分环氧树脂底层涂料

C. 漆基底层涂料

16.（　）是富锌的底层涂料，能更好地保护焊接接头。

A. 导电底漆　　B. 两组分环氧树脂底层涂料

C. 漆基底层涂料

17. 车身板件表面有旧漆层、旧防腐材料等需要清理，最好使用（　）清除。

A. 钢丝刷打磨　　B. 砂轮打磨　　C. 喷砂处理

18. 在车身板件上涂刷了防腐密封剂后，要到（　）才能进行涂装工作。

A. 5h后　　B. 12h后　　C. 密封剂充分干燥后

19. 对车身外露内表面喷涂蜡基或石油基底涂化合物，一般要喷涂（　）层。

A. 1　　B. 2　　C. 3

20. 关于车身防腐蚀，（　）的说法是错误的。

A. 裸露的内表面不能采用自刻蚀底层涂料

B. 裸露的内表面防腐蚀使用最多的是两组分环氧树脂底层涂料

C. 裸露的内表面要用吸振性能较好的涂料对这些部位进行底涂处理

21. 对车身上裸露的外表面进行防腐处理时，（　）是错误的。

A. 使用刻蚀和转化涂料

B. 在喷涂前除去任何杂物和消声材料

C. 排气管、消声器等部件腐蚀严重，也要涂刷涂底层化合物

22. 酸雨腐蚀后，油漆面（　）是错误的。

A. 清水清洗后再抛光

B. 首先进行中和处理

C. 修复后最好再喷一层清漆

（三）多项选择题

1. 车身上钢板发生腐蚀的原因是（　）。

A. 修理过程破坏　　B. 油漆膜失效　　C. 碰撞损坏　　D. 电化学反应

2. 在修理中，对车身防腐处理主要是（　）。

A. 喷涂油漆　　B. 修理已经锈蚀损坏的板件

C. 涂刷底漆　　D. 预防板件锈蚀的再次发生

3. 防腐蚀操作的关键是对金属表面进行（　）预处理。

A. 打磨　　B. 清洗　　C. 采用转化涂层　　D. 加热

4. 目前常用的车身防腐方法有（　）。

A. 镀锌　　B. 锌涂层　　C. 油漆　　D. 防腐蚀化合物

5. 金属洗涤剂和转化涂层不适用于内表面防腐蚀，原因是（　）。

A. 这些表面并不像外表面那样会受到直接的损坏

B. 使防腐剂黏附能力下降

C. 一般难以冲洗干净

D. 防腐蚀操作不方便

6. 车身上需要进行防腐蚀处理的部位有（　　）。

A. 裸露的内表面　B. 裸露的接头　C. 裸露的外表面　D. 封闭的内表面

7. 车身上裸露接头使用的密封剂应具有（　　）。

A. 可油漆性　B. 一定的挠性　C. 好的流动性　D. 耐高温

二 习题答案

(一) 判断题

1.× 2.× 3.× 4.× 5.✓ 6.× 7.× 8.✓ 9.× 10.✓
11.✓ 12.× 13.× 14.✓ 15.× 16.× 17.✓ 18.✓ 19.× 20.×
21.✓ 22.✓ 23.✓ 24.✓ 25.× 26.× 27.× 28.✓ 29.✓

(二) 单项选择题

1. C 2. A 3. C 4. C 5. B 6. A 7. B 8. A 9. B 10. C
11. B 12. C 13. A 14. C 15. C 16. A 17. C 18. C 19. B 20. A
21. C 22. A

(三) 多项选择题

1. ABCD 2. BD 3. BC 4. ABCD 5. AC
6. ABCD 7. AB

第14章 模拟试题及参考答案

模拟试题一

一 判断题（30题，每题1分，共30分）

1. 当车间发生火灾烟雾过大时，要打开门窗及时排烟。（　）
2. 使用呼吸器前要进行密合度测试。（　）
3. 图纸的技术要求包括表面粗糙度、精度、形位公差等。（　）
4. 线面分析法是通过对平面投影图的线条和封闭线框特性进行分析的方法。（　）
5. 对立体表面展开时，一般使用图解法和计算法。（　）
6. 用探测方式对钣金件检验的方法有浸油锤击、水压和目测等。（　）
7. 剪床是客车车身修复工作中重要的剪切机械。（　）
8. 车身测量中常用的单位是毫米（mm）。（　）
9. 游标卡尺的读数为10.15mm，其中最后一位数字是估读得出的。（　）
10. 碰撞修理就是将汽车恢复到事故前的尺寸。（　）
11. 前轮驱动和后轮驱动汽车的前悬架结构是不相同的。（　）
12. 低碳钢的修理可以使用氧乙炔焊接。（　）
13. 高强度钢可以使用电阻点焊和电弧焊进行焊接。（　）
14. 在修理中发现一些未被检查到的损伤，可以不必重新进行损坏分析，继续修理。（　）
15. 除用目测方式进行诊断外，还应该使用精确的工具及设备来测量，评估受损汽车。（　）
16. 点对点测量时，轨道式量规可以与车身基准面不平行。（　）
17. 同一尺寸，用不同的测量方法测量，其结果是一样的。（　）
18. 用钢卷尺不能进行三维测量，而使用轨道式量规可以对车身进行三维测量。（　）
19. 车身校正工作的好坏，直接影响到汽车的安全性。（　）
20. 对车身所有部件的损坏都可以校正。（　）
21. 焊接完毕后不需要加固，因为加固过的焊接缝强度低于未经加固的焊缝。（　）
22. 在修理结构性部件时，只能对在制造厂进行过搭接焊的地方进行搭接焊。（　）
23. 在车身修理过程中造成的损坏，与碰撞对汽车造成的损坏几乎同样多。（　）
24. 更换车身结构板件时，必须精确定位后才能进行焊接操作。（　）
25. 在车身板件更换时可以反复分割结构板件。（　）
26. 热固性塑料件的损坏可以用塑料焊机进行焊接维修，也可以进行黏结维修。（　）
27. 玻璃纤维加强型复合塑料件的损坏可以用塑料焊机进行焊接维修，也可以进行黏

结维修。 （ ）

28. 车门经常会出现下坠的问题，这是由于铰销严重磨损而造成。 （ ）

29. 防腐蚀材料必须要有良好的黏合性，还必须不能溶于其他溶剂。 （ ）

30. 在汽车前端碰撞时，要选择前部的基准点作为测量长度的基准。 （ ）

二 单项选择题（30题，每题1分，共30分）

1. 使用灭火器时应该对准火焰的（ ）。

A. 上部　　B. 中部　　C. 根部

2. 液压系统的故障中约有（ ）是由于油液污染造成的。

A. 70%　　B. 75%　　C. 80%

3. 整体式车身的（ ）刚性最大。

A. 前车身　　B. 中车身　　C. 后车身

4. 在前置前驱汽车的车身上，由（ ）来支撑减振器。

A. 前横梁　　B. 前纵梁　　C. 前挡泥板

5. 表示的含义是（ ）。

A. 粗糙度的最大值为3.2μm，去除材料的方法获得

B. 粗糙度的最大值为3.2μm，不去除材料的方法获得

C. 粗糙度的最小值为3.2μm，去除材料的方法获得

6. 热轧钢板的厚度一般是（ ）mm。

A. 1.2 ~ 8　　B. 1.4 ~ 8　　C. 1.6 ~ 8

7. 冷轧钢板的厚度一般是（ ）mm。

A. 0.4 ~ 1.4　　B. 0.4 ~ 1.6　　C. 0.4 ~ 1.2

8. 对于当代汽车，前端碰撞较轻时，（ ）可能会损坏。

A. 前立柱　　B. 中立柱　　C. 散热器支架

9.以下（ ）测量系统可以测量出实际的尺寸数值。

A. 专用测量头　　B. 中心量规　　C. 轨道式量规

10. 使用轨道式量规测量时，测量孔径大于测量头直径时用（ ）。

A. 自定心测量法　　B. 同缘测量法　　C. 同孔测量法

11. 车身板件在拉伸时破了一个大裂口，要（ ）。

A. 对接焊起来　　B. 在后面加衬板焊起来

C. 更换新的

12. 车身板件变形恢复后，内部还存在应力的原因是（ ）。

A. 内部晶粒的变形没有恢复　　B. 使用了高强钢

C. 拉伸时测量不及时

13. 对于惰性气体保护焊，焊枪导电嘴到工件的距离是（ ）mm。

A. 7 ~ 15　　B. 7 ~ 16　　C. 6 ~ 16

14. 进行电阻点焊操作前，要（ ）。

A. 打开保护气　　B. 清除镀锌层　　C. 夹紧两个焊接表面

15. 直接碰撞点应（ ）修理。

A. 最先　　B. 在中间阶段　　C. 最后

16. 外形修复机的焊接电流要求达到（　　）A。

A. 2500　　B. 3500　　C. 4500

17. 当切割门槛板时，为了避免切割到中立柱下面的加强件，应避开中立柱的基础（　　）mm进行切割。

A. 30　　B. 40　　C. 50

18. 门槛板对接时，为了要焊透下面的板件，要留出（　　）mm缝隙（坡口）。

A. 1.0 ~ 2.0　　B. 1.5 ~ 3.0　　C. 2.0 ~ 3.0

19. 在车身上切割塑料件时，切割深度限制在（　　）mm范围内。

A. 3　　B. 6　　C. 10

20. 碰撞传感器是通过（　　）来感知碰撞的。

A. 变形　　B. 惯性力　　C. 位移

21. 车身侧气囊传感器是通过（　　）来感知碰撞的。

A. 变形　　B. 惯性力　　C. 位移

22. 防锈剂可以用在车身（　　）上。

A. 前纵梁　　B. 挡泥板　　C. 顶盖板

23. 部件拉伸时总会发生回弹，（　　）可减小回弹。

A. 大力拉伸　　B. 小力拉伸　　C. 拉伸保持后锤击

24. 关于拉伸，（　　）的说法是错误的。

A. 使用两个夹钳时，允许拉力是一个夹钳时的两倍

B. 拉伸出现一定变形后要停止，并保持拉伸拉力

C. 拉伸时看不到任何效果，就要加大拉力

25. 车身上（　　）可以用来测量数据。

A. 所有的孔都　　B. 主要的安装点　　C. 只是底部的孔

26. 每个超声波发射器有（　　）个超声波发射源。

A. 1　　B. 2　　C. 3

27. 外形修复机是通过（　　）把垫圈焊接在钢板上的。

A. 电弧加热　　B. 电阻热　　C. 火焰加热

28. 在使用垫铁、钣金锤和外形修复机都可以修理的情况下，使用（　　）可以省时省力。

A. 垫铁、钣金锤　　B. 外形修复机　　C. 两种工具都

29. 当错误切割车身加强件的尺寸大于（　　）mm时，即使修复好了，也会影响其强度。

A. 4　　B. 5　　C. 6

30. 车身立柱下端是主要的锈蚀部位，一般锈蚀面积超过（　　）时，应该采用局部截换的工艺方案。

A. 1/2　　B. 1/3　　C. 1/4

三 多项选择题（20题，每题2分，共40分）

1.（　　）的安装精度会影响后轮的定位参数。

A. 后纵梁　　B. 后侧围板　　C. 后挡泥板　　D. 后地板

2. 整体式车身上可能会发生（　　）。

A. 上下弯曲　　B. 左右弯曲　　C. 断裂变形　　D. 菱形变形

3. 整体式车身发生严重碰撞时，可以使用（　　）准确测量。

A. 通用测量系统　　B. 钢卷尺和轨道式量规配合

C. 专用测量头　　D. 超声波测量系统

4. 用轨道式量规测量时，可以快速测量（　　）。

A. 纵梁的高度　　B. 减振器支座

C. 严重变形的后部车身　　D. 车身侧面板件

5. 对客车车身校正时，一般会使用（　　）拉伸装置。

A. 撑拉器　　B. 塔柱　　C. 手拉葫芦　　D. 液压顶杆

6. 切割更换后，（　　）可以采用搭接的方式进行焊接。

A. 行李舱地板　　B. 前纵梁　　C. 门槛板　　D. 风窗立柱

7. 对电阻点焊质量进行外观检查时，要检查（　　）。

A. 焊点间距　　B. 电极头压痕深度

C. 焊件表面光滑程度　　D. 焊接位置

8. 钎焊中，焊剂的作用是（　　）。

A. 清除金属表面的氧化层　　B. 使钎焊料容易熔化

C. 增加钎焊结合强度　　D. 预防板件表面进一步氧化

9. 修理板件上受到拉伸的部位时，可以用（　　）。

A. 垫铁　　B. 匙形铁　　C. 整形锉　　D. 橡胶锤

10. 车身板件受到间接损坏的类型有（　　）。

A. 单纯凹陷　　B. 凹陷铰折　　C. 单纯拱曲　　D. 单纯卷曲

11. 更换车身板件时，可以用（　　）进行分离。

A. 等离子切割机　B. 气动切割锯　　C. 焊点转除钻　　D. 打孔器

12. 等离子切割枪上最重要的部件是（　　）。

A. 电极　　B. 密封圈　　C. 开关　　D. 喷嘴

13. 一般不用燃烧法识别塑料的原因是（　　）。

A. 识别不准确　　B. 会产生致癌物质　C. 污染环境　　D. 车间要防火

14. 拆除玻璃黏合剂时，可以使用（　　）。

A. 尼龙绳　　B. 钢丝绳　　C. 加热刀　　D. 螺丝刀

15. 客车的门窗玻璃有（　　）等形式。

A. 固定玻璃　　B. 升降玻璃　　C. 推拉玻璃　　D. 活动玻璃

16. 车身上需要进行防腐蚀处理的部位有（　　）。

A. 裸露的内表面　B. 裸露的接头　　C. 裸露的外表面　　D. 封闭的内表面

17. 车身板件需要更换的情况有（　　）。

A. 钢板锈蚀严重　　B. 吸能区压缩变形

C. 门板大约200mm范围的凹陷　　D. 板件破损

18. 以下（　　）的说法是正确的。

A. 当损坏部位存在压缩区时，不能在此部位使用塑料填充剂

B. 低于正常高度的损坏区称为压缩区

C. 发生在拱起部分的凹陷卷曲折损的方向，都与拱起的方向相反

D. 在校正金属板的过程中，多少总要引起一些加工硬化

19. 一般电阻点焊焊机都可以调整（　　）。

A. 电流　　B. 电压　　C. 焊接压力　　D. 焊接时间

20. 拉伸时，塔柱（　）。

A. 链条所有链节呈一条线　　B. 链条在塔柱顶杆锁紧窝锁紧

C. 链条尾部拴在导向环手轮上　　D. 要使用规定的链条

模拟试题一参考答案

一 判断题

1. × 2. ✓ 3. ✓ 4. ✓ 5. ✓ 6. ✓ 7. ✓ 8. ✓ 9. × 10. ×
11. × 12. ✓ 13. × 14. × 15. ✓ 16. × 17. × 18. × 19. ✓ 20. ×
21. ✓ 22. ✓ 23. ✓ 24. ✓ 25. × 26. × 27. × 28. ✓ 29. × 30. ×

二 单项选择题

1. C 2. B 3. B 4. C 5. A 6. C 7. A 8. C 9. C 10. B
11. C 12. A 13. A 14. C 15. C 16. A 17. C 18. B 19. B 20. B
21. A 22. A 23. C 24. C 25. B 26. B 27. B 28. A 29. C 30. C

三 多项选择题

1. AC 2. ABC 3. ACD 4. BD 5. AD
6. AC 7. ABCD 8. ACD 9. AB 10. BD
11. ABC 12. AD 13. ABC 14. BC 15. ABC
16. ABCD 17. ABD 18. ACD 19. ACD 20. ABD

模拟试题二

一 判断题（30题，每题1分，共30分）

1.在焊接时最好穿绝缘鞋，防止触电事故的发生。（　）

2. 可以用压缩空气来清理衣物，但不能用来清理身体。（　）

3. 所有的零件都必须要通过三个视图才可以识别出来它的形状。（　）

4. 车身制图中，汽车的纵向对称中心平面是X坐标的零平面。（　）

5. 钣金件的展开放样技术在客车或货车修理中的应用很普遍。（　）

6. 纸质过滤器污染使滤芯逐渐堵塞时，流经过滤器时产生的压差增大。（　）

7. 车架式车身由车架来承受大部分载荷。（　）

8. 整体式车身有部分骨架，其他的部件全部焊接在一起。（　）

9. 车门加强梁都不适宜校正，应当更换。（　）

10. 冷轧钢板是由热轧钢板经过酸洗后冷轧变薄，并经过退火处理得到的。（　）

11. 车身中部可以压缩变形以吸收碰撞能量。（　）

12. 汽车碰撞时，产生的碰撞力及受损程度取决于事故发生时的状况。（　）

13. 麦弗逊撑杆式中心量规可以进行长度测量。（　）

14. 电子测量系统通过计算机传输数据。（　）

15. 在数据表上，车身上部数据都是三维尺寸。（　）

16. 所有类型的车身校正仪都可以对整体式车身进行修复。（　）

17. 整体式车身的薄板结构，反复拉伸会使板件破裂。（　）

18. 经惰性气体保护焊焊接过的位置，可修平和研磨到与表面同样的高度，这样就不会降低强度。（　）

19. 车身上几乎所有的钢材，都可以用一根通用型的焊丝来焊接。

20. 金属板被弯曲后，在弯曲的位置就会产生折损。（　）

21. 单纯铰折是一条直线形的折损。（　）

22. 等离子切割机也与其他焊接设备一样，采用低电压、高电流的工作方式。（　）

23. 在分离车身板件时，要注意不要破坏未受损伤的部件。（　）

24. 一般的黏合剂产品适用于所有的塑料件黏结。（　）

25. 塑料件黏结时都需要使用黏合促进剂。（　）

26. 风噪声一般是由于密封条松动、磨损或安装不正确、车门错位等引起的。（　）

27. 用强光照射可以找出所有可能泄漏的位置。（　）

28. 车身钢板腐蚀发生的原因是破坏了防腐层，并接触了水造成的。（　）

29. 车身修复中常用的防腐方法是涂油漆。（　）

30. 在车身修复中，使用的等离子切割机的电极都是钨电极。（　）

二 单项选择题（30题，每题1分，共30分）

1. 焊接时佩戴的防护镜片是（　）的。
   A. 茶色　　B. 深色　　C. 咖啡色
2. 液压动力元件是把（　）提供给系统。
   A. 压力油　　B. 机械能　　C. 动力能
3. 发动机纵向放置在前车身的（　）上。
   A. 中间梁　　B. 前悬架横梁　　C. 后纵梁
4. 以下（　）是整体式车身前车身的部件。
   A. 门槛板　　B. 前纵梁　　C. 中立柱
5. 一般图纸的视图都是利用（　）来绘制的。
   A. 立体图投影　　B. 正投影　　C. 侧投影
6. 热轧钢板是在（　）℃以上轧制的。
   A. 600　　B. 700　　C. 800
7. 钢板在加热到暗红色时的温度是（　）℃。
   A. 500　　B. 550　　C. 600
8. 车身前部碰撞时，吸收能量最大的部件是（　）。
   A. 纵梁　　B. 散热器支架　　C. 挡泥板

9. 三维测量系统的测量精度要求达到（ ）mm。

A. 1 ~ 1.5　　B. 0.5 ~ 1.5　　C. 1 ~ 2

10. 中心量规的每一个横臂都与车身结构（ ）。

A. 垂直　　B. 平行　　C. 倾斜

11. 对车身进行校正时，要遵循（ ）的原则。

A. 先里后外　　B. 先外后里　　C. 里外同时

12. 以下（ ）的方法用来处理过度拉伸的板件。

A. 用力顶回去　　B. 用更换新件　　C. 用热收缩处理

13. 用惰性气体保护焊进行定位焊时，各焊点间的距离大小与板件的厚度有关，一般距离为板件厚度的（ ）倍。

A. 15 ~ 20　　B. 20 ~ 30　　C. 15 ~ 30

14. 在后侧围板上应用气体保护焊塞焊时，一般要求塞孔直径为（ ）mm。

A. 3　　B. 5　　C. 8

15. 可用氧乙炔火焰的（ ）对钢板进行收火处理。

A. 中性焰　　B. 氧化焰　　C. 碳化焰

16. 车门板上有一条划痕，其中直接损伤的比例是（ ）。

A. 80%　　B. 50%　　C. 10% ~ 15%

17. 车身上电弧钎焊焊接的板件可以用（ ）的方法分离。

A. 砂轮切除钎焊　　B. 钻头切割

C. 氧乙炔焊枪或丙烷焊枪熔化钎焊的金属

18. 更换车身板件时清洁很重要，原因是它可以（ ）。

A. 妨碍板件对齐　　B. 影响焊接强度　　C. 影响配合尺寸

19. 用超声波塑料焊接的焊接时间是（ ）s。

A. 低于0.2　　B. 1.0　　C. 不超过0.5

20. 风窗玻璃有几个泄漏点时，要把（ ）。

A. 几个泄漏点位置密封　　B. 泄漏点一段位置密封

C. 所有玻璃周边全部密封

21. 安装车门或行李舱上的密封条，要裁剪得比需要长度多出（ ）mm。

A. 5　　B. 20　　C. 12

22. 车身上封闭的内表面不使用漆基底层涂料，原因是（ ）。

A. 黏合性不够　　B. 挠性不够　　C. 容易老化脱落

23. 车身发生扭转变形时，用对角线方法测量（ ）测出变形。

A. 能　　B. 不能　　C. 测量准确就能，否则就不能

24. 对大客车上的曲面结构，应用（ ）来进行测量。

A. 定位测量杆　　B. 样板检测的方法　　C. 导轨式量规

25. 用量具检查大客车车门框的对角线长度，误差应不大于（ ）mm。

A. 6　　B. 8　　C. 10

26. 拉伸操作在（ ）时，停止拉伸放松应力。

A. 链条拉紧　　B. 出现一定的变形量　　C. 拉到标准尺寸

27. 当钢板受到超过15 000N的拉力时就会断裂，而该钢板需要20 000N的拉力才能恢复变形，使用两个工具夹住后拉伸（ ）变形。

A. 可以恢复　　B. 也不能恢复　　C. 不一定能恢复

28. 以下（　）属于不可拆卸连接。

A. 折边连接　　B. 卡口连接　　C. 焊接螺母连接

29. 对铝板进行热收缩时，要（　）。

A. 当红色消失后再冷却收缩

B. 使用热敏材料控制温度

C. 加热到400℃左右时再用湿抹布冷却

30. 使用微钣金工具对微小凹痕修复时，以下（　）的操作是错误的。

A. 修复时的力量要准确、有力

B. 在修复好的部位上放一些研磨膏抛光

C. 用微钣金锤轻敲凹陷部位，动作要轻柔

三 多项选择题（20题，每题2分，共40分）

1. 整体式车身上有吸能区设计的部件有（　）。

A. 前纵梁　　B. 车顶板　　C. 发动机罩　　D. 后纵梁

2. 汽车顶部坠物，一般会造成（　）的损伤。

A. 中立柱　　B. 挡泥板　　C. 纵梁　　D. 车顶板

3. 在车身修复的各个工序中，（　）使用测量系统。

A. 诊断分析　　B. 拉伸操作　　C. 拆除部件　　D. 安装部件

4. 在选择车身数据时，要根据（　）来选。

A. 汽车公司　　B. 车辆型号　　C. 车身大小　　D. 生产年代

5. 修理好的汽车在行驶一段时间后，车身上的应力会使某些部位出现（　）。

A. 焊点拉开　　B. 油漆层剥落　　C. 裂纹　　D. 焊缝的保护层裂开

6. 校正设备中，（　）适合对整体式车身进行校正。

A. 地框式校正设备　　B. L形校正设备

C. 框架式校正设备　　D. 平台式校正设备

7. 黏结连接一般和（　）共同使用。

A. 电阻点焊　　B. 气体保护焊

C. 折边连接　　D. 卡扣连接

8. 氧乙炔可以对整体式车身进行（　）。

A. 热收缩　　B. 硬钎焊和软钎焊

C. 结构性零部件的切割　　D. 后纵梁表面的清洁

9. 对铝板进行外形修复时，可以使用（　）。

A. 木垫铁　　B. 橡胶锤　　C. 收缩锤　　D. 精修锤

10. 对钢板和铝板进行钣金整修时，两者（　）。

A. 加热时的温度不同　　B. 敲击的方法不同

C. 使用的外形修复机的原理不同　　D. 使用的工具不同

11. 门槛板更换时，可以采用（　）的方式焊接。

A. 偏置对接　　B. 搭接

C. 内部加强件塞焊　　D. 钎焊

12. 车身新板件在焊接之前要（　　）。

A. 清洁所有的油漆或底漆　　B. 涂刷防锈底漆

C. 进行必要的切割　　D. 事先钻孔（用塞焊的方式）

13. 塑料件焊接时，（　　）可以防止板件变形。

A. 焊条直径比板件厚度大　　B. 降低加热温度

C. 使用细焊条　　D. 先对板件进行定位焊

14. 客车推拉门调整，可通过调整（　　）来完成。

A. 滚柱　　B. 铰链　　C. 定位器　　D. 门闩

15. 发现安全带（　　）时要更换，不能再继续使用。

A. 有毛边　　B. 褪色　　C. 裂纹　　D. 卡在卷收器中

16. 在修理中，对车身防腐处理主要是（　　）。

A. 喷涂油漆　　B. 修理已经锈蚀损坏的板件

C. 涂刷底漆　　D. 预防板件锈蚀的再次发生

17. 车身新板件在焊接时，要注意（　　）。

A. 从强度较高的部位开始焊接　　B. 板件要结合良好，没有缝隙

C. 采用分段焊接的方法　　D. 焊接后不必再检查尺寸

18. 影响电阻点焊焊接质量的因素有（　　）。

A. 板件厚度　　B. 电极头压力　　C. 焊件表面光洁度　　D. 电流大小

19. 前立柱碰撞后长度减小，可以通过拉伸（　　）恢复前立柱长度尺寸。

A. 散热器支架　　B. 前围上盖板　　C. 纵梁后部　　D. 纵梁前部

20. 麦弗逊撑杆式中心量规除了可以检测前减振器支座外，还可以检查（　　）。

A. 纵梁　　B. 散热器支架　　C. 后减振器支座　　D. 车地板

模拟试题二参考答案

一 判断题

1. √	2. ×	3. ×	4. ×	5. √	6. √	7. √	8. ×	9. √	10. √
11. √	12. √	13. ×	14. √	15. ×	16. ×	17. √	18. √	19. √	20. √
21. √	22. ×	23. √	24. ×	25. ×	26. √	27. ×	28. ×	29. ×	30. ×

二 单项选择题

1. B	2. B	3. B	4. B	5. B	6. C	7. C	8. A	9. A	10. B
11. A	12. B	13. C	14. B	15. C	16. A	17. A	18. C	19. C	20. B
21. C	22. A	23. B	24. B	25. A	26. B	27. A	28. A	29. B	30. A

三 多项选择题

1. ACD	2. AD	3. ABD	4. ABD	5. ABCD
6. CD	7. AC	8. ABCD	9. AB	10. ABCD
11. BC	12. ABCD	13. CD	14. ACD	15. ACD
16. BD	17. ABC	18. BCD	19. BC	20. BC

模块G

车身涂装

第1章 车身涂装个人防护与安全生产

本章提要

1. 掌握车身涂装操作时，如何根据不同的工作环境采用合适的防护用品；
2. 掌握为了防止发生中毒事故，施工中应该注意的内容；
3. 熟悉涂料的存放、保管方法和注意事项；
4. 掌握涂料施工时防火、防爆措施；
5. 掌握安全用电的知识；
6. 掌握火灾与灭火技术的知识。

考纲要求

一 个人安全与防护

1. 涂料施工操作中安全生产和个人保护是防止发生火灾、伤亡事故、职业病，保障职工身体健康的一个重要措施。

2. 由于涂料及稀释剂都是易燃品，都易挥发并且有一定毒性，在施工中要严格执行劳动保护法规和条例。

3. 进行手工清除铁锈、旧涂膜、焊渣及打磨，以及打磨原子灰和底漆、面漆抛光时，应采取的防护措施有：

（1）戴工作帽。

（2）戴护目镜。

（3）戴棉纱手套。

（4）戴防尘口罩。

（5）穿棉布工作服。

（6）穿带钢头的防滑皮鞋。

4. 用溶剂清洗工件、用脱漆水脱漆和喷涂时，应采取的防护措施有：

（1）戴护目镜。

（2）戴橡胶手套。

（3）戴双筒活性炭口罩。

（4）穿抗静电工作服。

（5）穿带钢头的防滑皮鞋。

5. 喷涂含异氰酸酯固化剂的双组分涂料时，应采取的防护措施有：

（1）戴护目镜。

（2）戴耐溶剂手套。

（3）戴供气式面罩。

（4）穿抗静电工作服。

（5）穿带钢头的防滑皮鞋。

6. 以下几种情况下，必须戴供气式防护面罩：

（1）喷涂的是含异氰酸酯固化剂的双组分涂料。

（2）空气中的氧气含量低于19.5%。

（3）喷涂水性涂料。

7. 为了防止发生中毒事故，施工中应该注意以下几点：

（1）为了防止发生中毒事故，施工场地应有良好的通风或排风设备，使空气流通，加速溶剂气体散发，降低溶剂在空气中的浓度。

（2）有机溶剂通过呼吸进入人体，因此在喷涂时要戴供气式面罩或活性炭口罩。

（3）有机溶剂蒸气可以通过皮肤渗入人体。为了保护皮肤，施工前暴露在外的皮肤要涂抹防护油膏。施工后洗干净，再涂抹润肤霜以保护皮肤。

（4）喷涂完毕后要多喝开水，平时多喝牛奶，有利于排毒。

8. 安全施工的几点要求：

（1）施工环境要有良好的通风条件，不仅有利于涂层干燥，还能及时排出有害废气和挥发性气体。

（2）电气设备（空气压缩机、电气工具、照明设备）发生故障时，应立即切断电源，然后报告，由专业人员进行检修。

（3）使用空气压缩机时，随时注意压力计的指针不要超过极限红线。

（4）使用电动工具操作时，应该检查工具是否搭铁，电线要用胶管保护，在潮湿场地操作，必须穿胶皮鞋，戴橡胶手套。

二 涂料施工的安全管理

1. 涂料在存放和保管中应该注意以下几点：

（1）库房要有通风口。防止库房过分密封，使得有机溶剂的浓度过高而发生危险。

（2）涂料仓库照明开关应安装在库房外面，施工场地的照明设备必须有防爆装置。

（3）火柴、打火机以及手机等移动通信设备不得带进库房。

（4）库房室温不得超过28℃。

（5）夏季高温时应有降温措施。取料时避开中午高温，在早、晚温度较低时取料。

（6）库房内不许调配涂料，使用过的涂料桶必须盖紧，不准存放敞口的涂料桶。

2. 涂料施工中，安全操作是防止火灾伤亡事故的一个重要措施。

3. 在涂装材料中，有机溶剂是发生火灾与爆炸的主要材料。

4. 为了消除隐患，安全生产，施工时应该做好以下安全防火防爆工作：

（1）由于涂料在施工中有大量溶剂挥发，是易燃品，其闪点低，极易燃烧。因此涂料桶盖要盖紧，防止溶剂蒸发使空气中的溶剂浓度超过规定的界限。

（2）所用过的浸有涂料、溶剂的棉纱、碎布等易燃物，应该集中存放在金属桶内，并用清水浸没，防止材料因过热而自燃。

（3）涂料施工现场必须使用防爆插座，禁止使用闸刀开关。

（4）有机溶剂使用量大的工作场所，不能安装配电箱、断路器、闸刀开关等设备。

三 汽车修理厂的环境保护

1. 涂料对环境的影响主要包括涂料中有机物的挥发、废涂料的排放、稀释剂的处理等。

2. 汽车修理厂对环境污染最严重的是挥发性有机化合物（英文简称VOC）的排放。

3. 目前汽车修理厂为减少对环境的污染，采用的方法有：

（1）选用高固体涂料。

（2）采用水性涂料。

（3）选用提高涂料使用率的工具设备。

（4）对废涂料的科学管理。

4. 使用环保工具，可以提高涂料的使用率而达到降低VOC的目的。以下几种喷枪能使涂料利用率达到65%以上：

（1）HVLP喷枪。高流量低气压的省漆环保喷枪。

（2）静电喷枪。采用静电技术，涂料的利用率非常高。

（3）无气喷枪。

5. 对VOC等废气的处理采用科学的方法有：

（1）活性炭吸附法。

（2）催化燃烧法。

（3）液体吸附法。

（4）直接燃烧法。

四 用电安全

1. 安全用电是企业经营管理的基本原则之一。

2. 违反用电规程，会造成停电、停产、损坏设备、引起火灾，甚至触电危及生命等后果。

3. 触电是指电流以人体为通路，使身体的一部分或全身受到电的刺激或伤害。触电可分为电击和电伤两种。

（1）电击，是指电流通过人体，造成人体内部器官伤害，这是十分危险的。

（2）电伤，是指电流对人体外部造成的局部伤害，如电弧烧伤、电灼伤等。

4. 影响触电伤害程度的因素有：

（1）通过人体电流的大小。

（2）电流频率的高低。

（3）电流通过人体时间的长短。

（4）人体电阻的大小。

（5）电流通过人体的途径。

5. 电流是触电伤害的直接因素，通过人体的电流越大，致命的危险也就越大。

（1）当人体流过交流1mA或直流5mA电流时，人体就会有麻、刺、痛的感觉。

（2）当人体流过交流20～50mA或直流80mA电流时，就有生命危险。

（3）当人体流过100mA的交流电流时，就会呼吸困难，心脏停跳。

6. 触电事故的常见原因有以下三种：

（1）忽视安全操作，违章冒险。

（2）缺乏安全用电的基本常识。

（3）输电线或电气设备的绝缘损坏。

7. 触电方式分为单相触电和两相触电：

（1）单相触电，大部分的触电事故都是单相触电，此时人体承受220V的电压作用。

（2）两相触电，是指人体同时触及两根火线，此时加在人体的电压是380V电压，其触电后果最为严重。

8. 我国照明电源采用的都是单相电源。

9. 为了防止触电事故的发生，可采用以下安全措施：

（1）电气设备的保护搭铁。保护搭铁是指将电气设备的金属外壳与搭铁体之间可靠连接。

（2）电气设备的保护接零。保护接零是指将电气设备的金属外壳与零线可靠连接。

（3）选用安全电压。一般情况下，36V以下的电压对人体没有生命危险，所以36 V以下的电压称为安全电压。

（4）提高电气设备的绝缘要求。

10. 电气设备的金属外壳和导电线圈之间的绝缘好坏通常用绝缘电阻来衡量。

（1）固定电气设备的绝缘电阻不能低于0.5MΩ（兆欧）。

（2）可移动的电气设备的绝缘电阻不能低于1MΩ（兆欧），如手提式电钻、台式风扇等。

（3）潮湿地方使用的电气设备，如洗衣机等电器的绝缘电阻还应更高些，以保证安全。

11. 随着使用年限的增长、温度升高和湿度增大，电气设备的绝缘性能会下降。

12. 安全用电要注意以下事项：

（1）使用手提式电钻时，必须戴上橡皮手套或站在绝缘垫上。

（2）电灯开关应接在火线上，用螺旋灯头时不可把火线接在跟螺旋套相连的接线柱上，以免调换灯泡时触电。

（3）电线或电气设备失火时，应迅速切断电源，然后马上报告。

（4）在带电状态下，不能用水和泡沫灭火器灭火，否则会使人触电。这种情况可用黄沙、二氧化碳灭火器或1211灭火器进行灭火。

（5）发现有人触电时，首先应使触电者脱离电源，然后进行现场抢救。

（6）施工现场使用电器插座，应先合上闸刀开关，再插好。

（7）抛光机、电动角磨机等使用三脚扁插头和三眼扁插座。正确的接法是把用电器的外壳用导线接在中间长的插脚上，并通过插座与保护零线相连。

五 防火技术

1. 可燃性液体的蒸气与空气形成可燃混合气体，遇到明火而引起闪电式燃烧，这种现象称为闪燃。引起闪燃的最低温度称为该可燃气体的闪点。

2. 根据闪点不同将物质的火灾危险等级分为三级：

（1）一级火灾危险品。闪点为21℃以下的物品，极易燃烧。

（2）二级火灾危险品。闪点为21～70℃之内的物品，一般易燃烧。

（3）三级火灾危险品。闪点为70℃以上的物品，难于燃烧。

3. 着火点是溶剂蒸气遇火能燃烧5s以上的最低温度，比闪点略高。

4. 自燃点是不需要借助火源，物质加热到一定的温度后自行燃烧的最低温度，比闪点高得多。

5. 爆炸范围。可燃性气体与空气混合形成爆炸性混合气体，点火即爆炸。为了确保安全，汽修厂燃油烤房烘烤时，要求易燃气体和溶剂蒸气的体积应控制在下限浓度的25%以下。

6. 溶剂蒸气密度。易燃性溶剂的蒸气一般比空气重，有积聚在地面和低处的倾向，因此通风换气口应该设置在接近地面处。

7. 灭火的基本方法有如下几种：

（1）移去或隔离已经燃烧的火源，熄灭火焰。

（2）燃烧时，氧气含量要达到15%以上。所以隔绝空气，切断氧气，使空气中的氧气含量下降到16%以下，熄灭火焰。

（3）用冷却法把燃烧物的温度降低到着火点以下，即可以灭火。

8. 在涂装作业中，产生火种引发自燃的常见情况有：

（1）使用砂轮机脱漆。

（2）使用焊枪焊接操作。

（3）铁器的撞击产生火花。

（4）电气开关的接触火花。

（5）摩擦产生的静电。

（6）吸烟。

（7）易燃物堆积。

9. 铁器相互敲击或穿有铁钉的鞋子撞击铁器都容易发生撞击火花。所以涂料桶不能用螺丝起子开启。

10. 涂装车间内的设备、管道、较大型的溶剂容器都必须搭铁，避免产生静电。

11. 灭火器的种类很多，按不同的标准有不同的分类：

（1）按其移动方式分为手提式和推车式。

（2）按驱动灭火剂动力来源分为储气瓶式、储压式、化学反应式。

（3）按所充装的灭火剂分为泡沫、二氧化碳、干粉、卤代烷（例如常见的1211灭火器），还有酸碱、清水等类型的灭火器等。

12. 常见的灭火器有MP型、MPT型，MF型、MFT型、MFB型，MY型、MYT型，MT型、MTT型。这些字母的含义如下：

（1）第一个字母M表示灭火器。

（2）第二个字母P表示泡沫，F表示干粉，Y表示卤代烷，T表示二氧化碳。

（3）有第三个字母的，T表示推车式，B表示背负式，没有第三个的字母的表示手提式。

13. 泡沫灭火器使用和储存方法如下：

（1）可用于扑救液体涂料火灾灭火。

（2）使用灭火器时应始终保持倒置状态，否则将会中断喷射。切忌直接对准液面喷射，以免由于喷射流的冲击，反而将燃烧的液体冲散或冲出容器，扩大燃烧范围。

（3）灭火器每隔两年进行一次水压试验。

（4）每年要更换药剂，并注明换药时间。

14. 二氧化碳灭火器使用和储存方法如下：

（1）可用于扑救液体涂料火灾灭火，不适用于扑救轻金属火灾。

（2）使用时，要戴上手套，防止手被冻伤；在室外使用时，应选择在上风方向喷射，不能逆风操作；灭火时应连续喷射；在搬运过程中，应轻拿轻放、防止撞击。

（3）二氧化碳是窒息性气体，对人体有害，空中的二氧化碳含量达到8.5%，就会发生呼吸困难，血压增高，严重的可因窒息而死亡。因此，在空气不流通的火场使用二氧化碳灭火器后，必须及时通风。

（4）二氧化碳灭火器不可放在采暖或加热设备附近以及阳光强烈照射的地方，存放温度不要超过55℃。

（5）每隔5年进行一次水压试验，并打上试验年、月的钢印。

15. 干粉灭火器使用和储存方法如下：

（1）可用于扑救液体涂料火灾灭火，不适宜扑救轻金属燃烧的火灾。

（2）干粉灭火器一经打开使用，不论是否用完，都必须进行再充装，充装时不得变换干粉品种。

（3）每隔5年或每次在充装前，应进行水压试验。

16. 卤代烷型灭火器（1211灭火器）使用和储存方法如下：

（1）可用于扑救液体涂料火灾灭火。

（2）每隔半年检查一次灭火器上的压力。

（3）每隔五年或再次充装灭火剂前，应进行水压实验，合格后方可继续使用。

例题解析

1 判断题

例题：存放涂料的库房内不准存放敞口的涂料桶。 （ ）

解析：此题为判断题，如果此题正确，应（√），错误应（×）。此题是考核涂料存放的知识，存放涂料的库房内是不准存放敞口的涂料桶的。所以此题答案为（√）。

2 单项选择题

例题：用溶剂型清洗液清洗工件，用脱漆水脱漆和喷涂时应该选用（ ）。

A. 棉纱手套　　B. 橡胶手套　　C. 乳胶手套

解析：此题为单项选择题，只有一个正确答案，将选择的正确答案填在（ ）内。考查的是个人安全防护的知识，用溶剂型清洗液清洗工件，用脱漆水脱漆和喷涂时手部的防护要戴橡胶手套。所以此题答案为（B）。

3 多项选择题

例题：涂料施工对环境的影响主要有（ ）等。

A. 涂料中的有机物的挥发　　B. 废涂料的排放

C. 稀释剂的处理　　D. 清洗用废水的处理

解析：此题为多项选择题，有一个或多个正确答案，将选择的正确答案填在（ ）内。此题是考核涂装施工环保的知识。涂料施工对环境的影响主要有：涂料中的有机物的挥发、废涂料的排放、稀释剂的处理等。所以此题答案是（ABC）。

习题及答案

习题

（一）判断题

1. 涂料施工中，安全操作是防止火灾伤亡事故的一个重要措施。（ ）
2. 涂料施工中的个人保护是防止职业病、保障职工身体健康的重要措施。（ ）
3. 涂料产品都是易燃品，并有一定毒性，在施工中应严格执行劳动保护条例和法规。（ ）
4. 通风良好的施工环境，不仅有利涂层干燥，还能及时排出有毒挥发物。（ ）
5. 涂料仓库照明开关应安装在库内，防止外人随便开启。（ ）
6. 涂料施工现场必须使用防爆插座，禁止使用闸刀开关。（ ）
7. 使用空压机时，随时注意压力计的指针不要超过极限红线。（ ）
8. 由于涂料施工中大量溶剂挥发，其闪点高，极易燃烧。（ ）
9. 浸有涂料、溶剂的棉纱和碎布不能乱放，要集中堆放在一起。（ ）
10. 施工现场使用电器插座，应先插好，再合上闸刀开关。（ ）
11. 电气设备发生故障时，应先报修，然后再切断电源。（ ）
12. 存放涂料的库房内不准存放敞口的涂料桶。（ ）
13. 有机溶剂蒸气只能通过呼吸进入人体，施工时必须佩戴防毒面具。（ ）
14. 有机溶剂对皮肤的伤害只是引发皮肤干燥，可涂抹润肤霜来保护。（ ）
15. 施工人员平时多喝牛奶，多喝水，有利于排毒。（ ）
16. 仓库密封性要好，防止雨水侵入造成材料的损失。（ ）
17. 使用过的棉纱、废漆桶，不能留放在施工场地，应先集中放在库房，以便定期处理。（ ）
18. 电气设备的保护接零就是将电气设备的金属外壳与零线可靠连接。（ ）
19. 安全用电是企业经营管理的基本原则之一。（ ）
20. 电流是触电伤害的直接因素，通过人体的电流越大，致命的危险就越大。（ ）
21. 触电分电击和电伤，电伤是指电流通过人体造成的内部器官伤害。（ ）
22. 触电分电击和电伤，电击是指电流通过人体外部造成的局部伤害。（ ）
23. 我国的照明电源都是单相电源。（ ）
24. 使用手提式电钻时，必须戴上橡皮手套或站在绝缘垫上。（ ）
25. 大部分的触电事故都是单相触电。（ ）
26. 人体同时触及两根火线，引起的触电称两相触电，比单相触电后果严重得多。（ ）
27. 使用手提电钻时，必须戴上棉纱手套。（ ）
28. 电灯开关应安装在零线上。（ ）
29. 电气设备失火时，不能用水灭火，只能用泡沫灭火器灭火。（ ）

30. 涂装车间和仓库内的设备、管道、较大型的溶剂容器都必须搭铁，避免产生静电。（　）

31. 发现有人触电时，要及时抢救，然后关闸。（　）

32. 在涂装材料中，有机溶剂是发生火灾与爆炸的主要材料。（　）

33. 物质遇火可引起燃烧的最低温度称自燃点。（　）

34. 物质到一定温度不需外来火源自行燃烧称闪点。（　）

35. 根据不同物质的闪点不同，将火灾危险品分三级。（　）

36. 在空气不流通的火场使用二氧化碳灭火器后，必须及时通风。（　）

37. 有机溶剂的挥发气体要比空气轻。（　）

38. 烤房要保持一定的通风，保证溶剂气体浓度不大于爆炸浓度。（　）

39. 由于有机溶剂的挥发气体向上飘，故通风排气口应装在高处。（　）

40. 为了防止涂料桶内的涂料挥发，一般盖子比较紧，要用螺丝起子才能开启。（　）

41. 使用化学泡沫灭火器扑灭液体类火灾，要对准液面上喷射。（　）

42. MF型灭火器一经打开启用，不论是否用完，都必须进行再充装，充装时不得变换品种。（　）

43. 汽修厂对生产环境污染最严重的是VOC排放。（　）

44. 电线或电气设备失火时，应迅速切断电源。（　）

45. 为防止发生中毒事故，施工现场应该有良好的通风或排风设备，使空气流通，加速溶剂气体散发，降低溶剂在空气中的浓度。（　）

（二）单项选择题

1. 手工除锈，应选用（　）。

A. 乳胶手套　　B. 棉纱手套
C. 耐溶剂手套　　D. 耐酸手套

2. 手工除锈，应选用（　）。

A. 供气面罩　　B. 活性炭口罩　　C. 防尘口罩

3. 涂料库房室温应不超过（　）℃。

A. 20　　B. 25　　C. 28　　D. 35

4. 夏季气温较高时，应避开（　）去库房取料。

A. 早晨　　B. 中午　　C. 傍晚

5. 用溶剂型清洗液清洗工件，用脱漆水脱漆和喷涂时应该选用（　）。

A. 棉纱手套　　B. 橡胶手套　　C. 乳胶手套

6. 在触电事故中，通过人体电流达（　）mA就有致命的危险。

A. 1　　B. 50　　C. 100　　D. 200

7. 经计算分析，（　）V以下的电压属于安全电压。

A. 36　　B. 40　　C. 70　　D. 100

8. 根据电气设备的绝缘要求，固定电气设备绝缘电阻不能低于（　）MΩ。

A. 0.5　　B. 1　　C. 1.5

9. 根据电气设备的绝缘要求，可移动的电气设备的绝缘电阻不能低于（　）MΩ。

A. 0.5　　B. 1　　C. 1.5

10. 燃烧时，氧气含量要达到（　）以上。

A. 10%　　B. 15%　　C. 20%　　D. 25%

11. 如果喷涂的是含异氰酸酯固化剂的双组份涂料，必须佩戴（　）。

A. 供气式面罩

B. 双筒活性炭口罩

C. 防尘口罩

12. 涂料在施工中会有大量易燃溶剂挥发，由于其的（　）低，极易燃烧。

A. 闪点　　B. 着火点　　C. 自燃点

13. 使用二氧化碳灭火器时，要注意窒息性气体的浓度，空气中二氧化碳含量达到（　）会使人呼吸困难。

A. 5%　　B. 8.5%　　C. 10%　　D. 15%

14. 下列灭火器钢瓶，（　）每隔两年就要做一次水压试验。

A. 泡沫灭火器　　B. 二氧化碳灭火器

C. 干粉灭火器　　D. 1211灭火器

15. 闪点为（　）的物品，称为三级火灾危险品。

A. 21℃以下　　B. 21～70℃　　C. 70℃以上

16. 汽修厂燃油烤房烘烤时，要求易燃气体和溶剂蒸气体积控制在（　）。

A. 爆炸浓度的25%以下

B. 爆炸上限浓度的25%以下

C. 爆炸下限浓度的25%以下

17. 电气设备的金属外壳与到电线竿之间的绝缘好坏通常用（　）来衡量。

A. 绝缘电阻　　B. 抗击电压　　C. 绝缘电压

18. 表示手提式灭火器的是（　）。

A. MP　　B. MPT　　C. MFB　　D. MTT

19. 表示推车式灭火器的是（　）。

A. MP　　B. MPT　　C. MFB　　D. MY

20. 表示背负式灭火器的是（　）。

A. MPT　　B. MF　　C. MTT　　D. MFB

21. 单相用电设备如洗衣机等使用的三脚扁插头和插座，正确的接法是（　）。

A. 把用电器的外壳与中间的长插脚连接，并通过插座与保护零线相连

B. 把用电器的零线直接与设备的外壳相连

C. 把用电器的外壳与保护零线相连，再接在中间的长插脚上

22. 手提式化学泡沫灭火器（　）要更换药剂，并注明换药时间。

A. 每年　　B. 每2年　　C. 每3年

23. 二氧化碳灭火器不可放在采暖或加热设备附件以及阳光强烈照射的地方，存放温度不能超过（　）℃。

A. 45　　B. 50　　C. 55

24. 1211灭火器每隔（　）检查一次灭火器上的压力，压力表指针指示在红色区域内，应立即加充灭火剂和氮气。

A. 半年　　B. 1年　　C. 2年

（三）多项选择题

1. 在喷涂双组分涂料时，符合防护规范的防护用品是（　）。

A. 耐溶剂手套　　B. 棉纱手套　　C. 供气面罩

D. 活性炭面罩　　E. 防静电工作服　　F. 常规工作服

2. 在做机磨原子灰作业时，符合防护规范的防护用品是（　　）。

A. 耐溶剂手套　　B. 棉纱手套　　C. 供气面罩

D. 防尘口罩　　E. 防静电工作服　　F. 棉布工作服

G. 塑胶工作鞋　　H. 护目镜

3. 进入涂料仓库，（　　）等物品不准带入。

A. 打火机　　B. 香烟　　C. 手机

D. 蜡烛　　E. 火柴

4. 违反用电操作规程，会造成（　　）等后果。

A. 停电　　B. 停产　　C. 损坏设备

D. 引起火灾　　E. 触电危及生命

5. 触电的伤害程度，与（　　）等情况有关。

A. 通过电流大小　　B. 频率高低　　C. 时间长短

D. 人体电阻　　E. 通过人体的途径

6. 手工清除铁锈、旧涂膜、焊渣及打磨时应该（　　）。

A. 戴护目镜　　B. 戴棉纱手套　　C. 戴防尘口罩

D. 穿工作服　　E. 穿带钢头的防滑皮鞋

7. 常见引发触电的原因有（　　）。

A. 违章操作　　B. 缺乏安全用电常识

C. 电气设备绝缘损坏　　D. 电气设备外壳连搭铁线

E. 380V用电设备错用220V电源

8. 可防止触电事故的安全措施有（　　）。

A. 电气设备的保护搭铁　　B. 电气设备的保护接零

C. 选用安全电压　　D. 提高电气设备的绝缘要求

E. 电气零线与外壳相连

9. 引起电气设备绝缘性下降的原因有（　　）。

A. 使用年限增长　　B. 温度升高

C. 湿度增大　　D. 外壳搭铁

10. 在涂装作业中，以下（　　）等情况下会产生火种。

A. 砂轮机脱漆　　B. 使用焊枪

C. 铁器的撞击　　D. 电气开关的接触火花

E. 静电　　F. 吸烟

G. 易燃物堆积引发自燃

11. 有机溶剂使用量大的工作场所，不能安装（　　）等设备。

A. 防爆照明装置　　B. 配电箱　　C. 断路器

D. 闸刀开关　　E. 防爆电机

12. 灭火的原理是（　　）。

A. 隔离火源　　B. 隔绝空气　　C. 使燃烧物温度降到着火点以下

D. 隔绝阳光，阻止光合作用

13. 下列（　　）灭火器材适合液体涂料火灾灭火。

A. 泡沫灭火器　　B. 二氧化碳灭火器

C. 干粉灭火器　　D. 清水灭火器

E. 1211灭火器

14. 使用二氧化碳灭火器时，要注意（　　）。

A. 戴手套　　B. 室外不能逆风操作

C. 防止撞击　　D. 灭火时应连续喷射

15. 不能用于轻金属燃烧的灭火工作的灭火器材是（　　）。

A. 泡沫灭火器　　B. 二氧化碳灭火器

C. 干粉灭火器　　D. 1211灭火器

16. 目前汽车修理厂可以采用（　　）等方法来减少对环境的污染。

A. 选用高固体涂料　　B. 采用水性涂料

C. 选用提高涂料使用率的工具设备　　D. 对废涂料的科学管理

17. 涂料施工对环境的影响主要有（　　）等。

A. 涂料中的有机物的挥发　　B. 废涂料的排放

C. 稀释剂的处理　　D. 清洗用废水的处理

18. 能使涂料利用率达到65%以上的工具是（　　）。

A. 常规空气喷枪　　B. RP喷枪　　C. HVLP喷枪

D. 静电喷枪　　E. 无气喷枪

19. 对VOC的废气处理，目前常用的方法是（　　）。

A. 活性炭吸附法　　B. 直接燃烧法

C. 催化燃烧法　　D. 液体吸附法

20. 间隔五年要做一次水压试验的灭火器钢瓶是（　　）。

A. 泡沫灭火器　　B. 二氧化碳灭火器

C. 干粉灭火器　　D. 1211灭火器

21. 在涂装施工中，（　　）等情况下需佩戴供气式面罩。

A. 喷涂单组分涂料　　B. 空气中氧含量低于19.5%

C. 喷涂含异氰酸成分涂料　　D. 喷涂水性涂料

E. 喷涂高温涂料

22. 以下常规的灭火器型号中，属于泡沫灭火器的是（　　）。

A. MP　　B. MPT　　C. MF　　D. MY

E. MT　　F. MFB　　G. MTT

23. 以下常规的灭火器型号中，属于二氧化碳灭火器的是（　　）。

A. MP　　B. MF　　C. MT

D. MTT　　E. MFB　　F. MY

24. 以下常见的灭火器型号中，属于干粉灭火器的是（　　）。

A. MPT　　B. MFT　　C. MFB

D. MF　　E. MYT　　F. MY

25. 以下常见的灭火器型号中，属于1211灭火器的是（　　）。

A. MFT　　B. MY　　C. MYT

D. MP　　E. MT　　F. MTT

二 习题答案

(一) 判断题

1. ✓ 2. ✓ 3. ✓ 4. ✓ 5. × 6. ✓ 7. ✓ 8. × 9. × 10. ×
11. × 12. ✓ 13. × 14. × 15. ✓ 16. × 17. × 18. ✓ 19. ✓ 20. ✓
21. × 22. × 23. ✓ 24. ✓ 25. ✓ 26. ✓ 27. × 28. × 29. × 30. ✓
31. × 32. ✓ 33. × 34. × 35. ✓ 36. ✓ 37. × 38. × 39. × 40. ×
41. × 42. ✓ 43. ✓ 44. ✓ 45. ✓

(二) 单项选择题

1. B 2. C 3. C 4. B 5. B 6. B 7. A 8. A 9. B 10. B
11. A 12. A 13. B 14. A 15. C 16. C 17. A 18. A 19. B 20. D
21. A 22. A 23. C 24. A

(三) 多项选择题

1. ACE 2. BDFH 3. ACE 4. ABCDE 5. ABCDE
6. ABCDE 7. ABC 8. ABCD 9. ABC 10. ABCDEFG
11. BCD 12. ABC 13. ABCE 14. ABCD 15. BC
16. ABCD 17. ABC 18. CDE 19. ABCD 20. BCD
21. BCD 22. AB 23. CD 24. BCD 25. BC

第2章 汽车车身结构与维修要求

本章提要

1. 掌握汽车的主要车型及其用途；
2. 掌握汽车车身的结构要求；
3. 熟悉汽车车身的类型及其特点；
4. 掌握汽车车身的维修要求。

考纲要求

一 汽车车身发展

1. 当代汽车是集中机械、材料、电子、化工等多种行业最新成果的产品。
2. 在汽车总体构造中，车身的式样决定于汽车的用途。
3. 汽车车身结构的发展更注重人体工程学。
4. 1886年，德国工程师高特里勃·戴姆勒制成了装有汽油机的四轮汽车。
5. 早期的汽车是一种敞开式车身，到了20世纪初开始出现了箱形的车身。
6. 车身最早是用木材制成骨架，外表钉上木板。到了1916年，美国出现全部使用钢骨架及冲压成型钢板组成的汽车车身，奠定了现今汽车的基础。
7. 车身外部的涂装最初是使用凡立水与油脂漆。到1924年出现了硝化纤维漆，俗称“拉卡”，它色彩艳丽，耐久性好，成为后来普遍使用的车身涂装涂料。
8. 1940年以后，随着焊接及加工技术的发展，汽车车身结构发生了很大变化，大量采用机械化和自动化的作业方式。
9. 汽车车身的材料中，高强度钢正在取代传统的低碳素钢。
10. 塑料件在车身上的应用越来越广泛。
11. 用塑料代替金属可改善汽车的性能有：

（1）增加零件的耐磨性能。

（2）提高零件的防腐性能。

（3）提高车身的避振性能。

（4）降低噪声。

（5）提高车身轻量化性能。

12. 对汽车车身结构的几点说明：

（1）汽车车身的刚度不是越大越好。对于轿车车身来说，驾驶室强度高，发动机室和行李厢强度低，在发生碰撞时保护乘员。

（2）汽车的总体构造中，用来安置乘员与货物的主要是车厢。

（3）所有的汽车不一定都有行李舱，比如货车。

（4）汽车发动机罩盖、车门等是位置可以调节的零件。

（5）一般来说，汽车车身外蒙皮钢板厚度一般为0.8mm左右。

（6）达到车身造型轻量化主要是车身外围板，汽车车身外围板约占车身质量的20%。

（7）通常所说的黑色金属是指钢铁类材料。

二 汽车车身的分类

1. 汽车车身按用途可分为：

（1）轿车车身。

（2）货车车身。

（3）客车车身。大客车车身可按车身材料、豪华程度、座位排列等进行分类。

2. 因使用环境不同，旅游客车更讲究外观豪华和乘客舒适性。

3. 汽车车身按车身壳体的结构可分为：

（1）骨架式车身结构。

（2）半骨架式车身结构。

（3）无骨架式车身结构。

4. 汽车车身按受力情况不同可分：

（1）非承载式车身结构。非承载式车身下面保留有车架，车身与车架分开。车架的刚度大，载荷全部由车架承受。

（2）承载式（壳体式）车身结构。承载式车身取消了车架，全部载荷由车身承受。

（3）半承载式车身结构。半承载式车身与车架采用刚性连接，车身承受汽车的一部分载荷。

5. 非承载式车身与车架常用螺栓连接在一起，在连接点处用特制的橡胶垫置于车身与车架之间将它们隔开。

6. 货车车身大部分采用非承载式车身结构。

7. 大客车半承载式车身，车身与车架采用刚性（铆接或焊接）连接，车身直接承受汽车的一部分载荷。

8. 承载式车身的特点是质量小、刚性好、抗弯抗扭、无独立车架。

9. 当代轿车的车身大部分采用承载式车身。

三 汽车车身维修要求

1. 车身损伤的原因和发生的部位各不相同，其修复方法也不相同。汽车维修针对的主要损伤有：

（1）车身板件的弯曲变形。

（2）车身板件表面的凹凸不平。

（3）车身板件的断裂损伤。

（4）车身板件的锈蚀损伤。

（5）车身涂层的损坏损伤。

2. 对车身涂层的要求依据不同的车型，不同部位也是不同的。一般来说，轿车车身涂层各种性能的要求要比货车车身涂层高得多。

3. 国家行业标准《汽车油漆涂层》（QC／T 484—1999）中对各种车型和各个部件的涂层要求都有明确的规定。此标准将汽车涂层分10个组和若干等级。

4. 车身涂层的质量指标有：

（1）漆膜外观指标。

（2）涂层厚度指标。

（3）机械强度指标。

（4）耐腐蚀性指标。

（5）耐水性指标。

（6）耐温变性指标。

（7）耐候性指标。

5. TQ2甲等级涂层的耐腐蚀性要求：使用8年不应产生穿孔腐蚀或因锈蚀产生结构损坏。

6. TQ2甲等级涂层的漆膜外观要求有：

（1）涂层表面光滑平整。

（2）涂层表面应无颗粒。

（3）涂层光亮如镜。

（4）涂层光泽度不低于90 %。

7. TQ2乙等级涂层的耐腐蚀性要求：在长江以南地区使用20万km（5年）后，不应产生穿孔腐蚀或因锈蚀产生结构损坏。

8. TQ2乙等级涂层漆膜外观要求有：

（1）涂膜外观光滑平整。

（2）涂膜外观允许有极轻微“橘皮”。

（3）涂膜表面光泽均匀。

9. 轿车车身耐候性要求使用4年后，涂层仍要完整并达到：

（1）涂层不起泡。

（2）涂层不粉化。

（3）底材不生锈。

（4）涂层不开裂。

10. 在车身修理中，由于车身结构的不同，应采用不同的修理工艺。

11. 进行车身拆检维修和装配作业时，通常按工艺种类分为钣金作业、焊接作业、涂装作业等。

12. 导致汽车车身变形的因素很多，主要包括锈蚀和碰撞。

13. 影响车身壳体锈蚀速度的因素包括酸雨、工业大气等。

14. 钣金作业是为了恢复车身原来的形状，为涂装作业奠定良好的基础，保证后续涂装的质量和效果。

15. 钣金作业的工艺质量与涂层的材料质量密切相关。

16. 汽车经钣金修理和防腐处理后，还需要用清洗剂对车身外饰板清洗。

17. 当汽车因为碰撞要进行修理时，要同时修复受损部件的防腐层。

18. 钣金修理时，使用夹具会对漆膜造成划痕，应作防腐处理。

19. 一辆能给人以精神感染、享受美好生活感觉的汽车，需要喷涂作业人员的精心装饰。

20. 在空气中能造成汽车车身损坏的因素有：

（1）氧气，可以与铁生成氧化亚铁。

（2）酸雨。

（3）二氧化碳。

21. 车门门框下沿设计有孔和缝的作用是：

（1）主要是为了排水、通风。

（2）改善涂料的附着性。

（3）减轻腐蚀。

22. 对车身容易锈蚀的部位和构件，一般采用经过防锈处理的钢板，典型的有镀锌板、合金化镀锌板、铬酸锌板等。

23. 维修车身经过防锈处理的钢板时，要更换相同的板件。

例题解析

1 判断题

例题： 对车身涂层来说，不同的车型、不同部位的要求是相同的。（ ）

解析： 此题为判断题，如果此题正确，应（√），错误应（×）。此题是考核车身结构的知识。因为对车身涂层的要求依据不同的车型，不同部位也是不同的。一般来说，轿车车身涂层各种性能的要求要比货车车身涂层高得多。所以此题答案为（√）。

2 单项选择题

例题： 现代车身不再使用（ ）作为车身材料。

A. 铝　　B. 钢铁　　C. 木材

解析： 此题为单项选择题，只有一个正确答案，将选择的正确答案填在（ ）内。此题是考核车身发展方面的知识。车身最早是用木材制成，现代车身已经不使用木材作为车身材料了。所以此题答案为（C）。

3 多项选择题

例题： 车身维修针对的主要是（ ）等损伤。

A. 弯曲变形　　B. 凹凸不平　　C. 断裂

D. 锈蚀　　E. 涂层损坏

解析： 此题为多项选择题，有一个或多个正确答案，将选择的正确答案填在（ ）内。此题是考汽车车身维修方面的知识。车身维修针对的主要是弯曲变形、凹凸不平、断裂、锈蚀、涂层损坏等损伤，引起这些损伤的原因和发生的部位各不相同，其修复方法也不相同。所以此题答案是（ABCDE）。

习题及答案

一 习题

(一) 判断题

1. 汽车车身的刚度越大越好。 ( )
2. 在汽车总体构造中，车身的式样决定于汽车的用途。 ( )
3. 大客车半承载式车身，车身与车架螺栓连接。 ( )
4. 汽车车身的材料，高强度钢正在取代传统的低碳钢。 ( )
5. 采用半承载式车身的汽车，车身整体承受外力。 ( )
6. 一般来说，轿车车身涂层各种性能的要求要比货车车身涂层低得多。 ( )
7. 车辆经钣金修理和防腐处理后，还需要用清洗剂对车身外饰板清洗。 ( )
8. 当汽车因为碰撞要进行修理时，要同时修复受损部件的防腐层。 ( )
9. 当代轿车的车身大部分采用非承载式。 ( )
10. 钣金修理时，使用夹具会对漆膜造成划痕，应作防腐处理。 ( )
11. 汽车车身结构的发展更注重人体工程学。 ( )
12. 维修车身经过防锈处理的钢板时，可以更换其他类型的板件。 ( )
13. 影响车身壳体锈蚀速度的因素包括酸雨、工业大气、空气压力。 ( )
14. 1924年，涂料工业出现了硝化纤维漆，俗称“拉卡”。 ( )
15. 钣金作业是为了恢复车身原来的形状，为涂装施工奠定良好的基础。 ( )
16. 半承载式车身与车架采用刚性连接，车身承受汽车的一部分载荷。 ( )
17. 车身结构不同，应采用不同的修理工艺。 ( )
18. 非承载式车身与车架常通过焊接的方法连接在一起。 ( )
19. 钣金作业的工艺质量与涂层的材料质量无关。 ( )

(二) 单项选择题

1. 车身全部使用钢骨架及冲压成形钢板始于（ ）年。
   A. 1916　　B. 1940　　C. 1943
2. 国家行业标准《汽车油漆涂层》（QC/T 484—1999）中规定油漆涂层分（ ）个组和若干等级。
   A. 8　　B. 10　　C. 12
3. 汽车车身外围板约占车身质量的（ ）。
   A. 40%　　B. 30%　　C. 20%
4. 汽车的总体构造中，用来安置乘员与货物的主要是（ ）。
   A. 底盘　　B. 车身　　C. 车厢
5. 汽车的车身可以与车架分开的是（ ）。
   A. 承载式车身　　B. 半承载式车身　　C. 非承载式车身
6. 汽车的车身按车身受力情况分类的是（ ）。
   A. 承载式车身　　B. 无骨架式车身　　C. 轿车车身
7. 黑色金属是指（ ）类材料。
   A. 铝　　B. 钢铁　　C. 铜

8. 所有的汽车（　）行李舱。

A. 都有　　B. 都没有　　C. 不一定有

9. 当代轿车大部分采用（　）车身。

A. 非承载式　　B. 承载式　　C. 车架式

10. 一辆能给人以精神感染、享受美好生活感觉的汽车，需要（　）的精心装饰。

A. 喷涂作业人员　　B. 机修作业人员　　C. 钣金作业人员

11. 汽车发动机罩盖是（　）。

A. 铆接连接　　B. 位置可以调节　　C. 不能调节

12. 货车大部分采用（　）车身。

A. 非承载式　　B. 承载式　　C. 无骨架式

13. 汽车车身外蒙皮钢板厚度一般为（　）mm左右。

A. 1.5　　B. 2　　C. 0.8

14. 世界上第一辆装有汽油机的四轮汽车是在（　）生产的。

A. 美国　　B. 英国　　C. 德国　　D. 日本

15. 最早期的汽车是敞开式车身，（　）出现箱形车身。

A. 20世纪初　　B. 20世纪末　　C. 19世纪末　　D. 19世纪初

16. 车身最早是用木材制成骨架，外装订上木板制成。到1916年，（　）出现全部使用钢骨架冲压成型组成的汽车车身。

A. 美国　　B. 英国　　C. 德国　　D. 法国

17. 车身外部涂装，最初使用凡立水及油脂漆，（　）年开始使用硝基漆。

A. 1934　　B . 1924　　C. 1940　　D. 1886

18. TQ2甲等级涂层的漆膜外观要求：光滑平整，应无颗粒，光亮如镜，光泽不低于（　）。

A. 60%　　B. 70%　　C. 80%　　D. 90%

19. TQ2乙等级涂层漆膜外观要求：光滑平整，允许有极轻微（　），光泽均匀。

A. 橘皮　　B. 颗粒　　C. 划痕　　D. 流挂

20. 随着焊接及加工技术的发展，（　）年以后，汽车车身结构发生了很大的变化。

A. 1924　　B. 1940　　C. 1962　　D. 1980

21. 客车车身因使用环境不同，讲究外观更豪华和乘客舒适性的是（　）。

A. 城市公交客车　　B. 长途客车

C. 卧铺客车　　D. 旅游客车

22. （　）车身结构取消了车架。

A. 非承载式　　B. 半承载式

C. 骨架式　　D. 壳体式

23. TQ2甲等级涂层的耐腐蚀性要求使用（　）年后，不应产生穿孔腐蚀及结构性损坏。

A. 3　　B. 5　　C. 8　　D. 10

24. TQ2乙等级涂层的耐腐蚀性要求在江南地区使用（　）万km后，不应产生穿孔及结构性损坏。

A. 5　　B. 10　　C. 20　　D. 30

（三）多项选择题

1. 汽车是集中（　　）等多种行业最新成果的产品。

A. 材料　　B. 电子　　C. 机械　　D. 化工

2. 汽车车身壳体按结构形式分为（　　）等类型。

A. 无骨架式　　B. 骨架式

C. 半骨架式　　D. 壳体式

3. 汽车车身的构件一般经过防锈处理，典型的是（　　）。

A. 镀锌板　　B. 不锈钢板

C. 合金化镀锌板　　D. 铬酸锌板

4. 在空气中能造成汽车车身损坏的因素有（　　）。

A. 氧气　　B. 酸雨

C. 二氧化碳　　D. 灰尘

5. 大客车车身的分类方法有（　　）。

A. 按车身材料分类　　B. 按发动机布置形式分类

C. 按豪华程度分类　　D. 按座位排列分类

6. 车身涂层的质量指标有（　　）等。

A. 漆膜外观　　B. 涂层厚度　　C. 机械强度

D. 耐腐蚀性　　E. 耐候性

7. 用塑料代替金属可改善汽车的（　　）性能。

A. 耐磨　　B. 防腐　　C. 避振

D. 降噪　　E. 轻量化

8. 承载式车身的特点是（　　）。

A. 质量小　　B. 刚性好　　C. 抗弯抗扭

D. 无独立车架　　E. 噪声小

9. 轿车车身耐候性要求：使用4年后，涂层仍要完整并达到（　　）。

A. 不起泡　　B. 不粉化　　C. 不生锈

D. 不开裂　　E. 不失光

10. 车身门框下沿设有孔和缝的作用是（　　）。

A. 改善涂料附着力　　B. 排水

C. 通风　　D. 减少质量

11. 对车身拆检维修和装配中，通常涉及（　　）等方面的作业。

A. 钣金　　B. 焊接

C. 涂装　　D. 举升

12. 导致汽车车身变形的因素很多，主要包括（　　）。

A. 锈蚀　　B. 碰撞

C. 断裂　　D. 磨损

二 习题答案

（一）判断题

1.×　2.✓　3.×　4.✓　5.×　6.×　7.✓　8.✓　9.×　10.✓

11. ✓　12. ×　13. ×　14. ✓　15. ✓　16. ✓　17. ✓　18. ×　19. ×

(二) 单项选择题

1. A　2. B　3. C　4. C　5. C　6. A　7. B　8. C　9. B　10. A
11. B　12. A　13. C　14. C　15. A　16. A　17. B　18. D　19. A　20. B
21. D　22. D　23. C　24. C

(三) 多项选择题

1. ABCD　2. BCD　3. ACD　4. ABC　5. ACD
6. ABCDE　7. ABCDE　8. ABCD　9. ABCD　10. ABC
11. ABC　12. AB

第3章 汽车车身材料与金属防腐蚀

本章提要

1. 掌握汽车采用的材料种类及其特性；
2. 掌握车身的金属薄板的主要类型，它们表面处理有何区别；
3. 掌握车身的非金属材料种类；
4. 掌握橡胶和塑料在汽车上的应用特点；
5. 掌握金属防腐的原理以及金属腐蚀的分类；
6. 掌握汽车车身的防腐蚀方法。

考纲要求

一 车身材料

(一) 车身黑色金属材料

1. 汽车车身常用的金属材料，按其断面形状分为板材、管材、型材和线材四类。
2. 涂装时，涂料选择、表面处理及施工工艺都应采用与底材合适配套的相关材料。
3. 黑色金属钢板可分为如下几类：
（1）按其性质分为普通薄钢板、优质薄钢板和镀层薄钢板等。
（2）按其轧制方法分为热轧钢板和冷轧钢板两种。
（3）按其厚度不同分为薄钢板和厚钢板。
4. 薄钢板通常是指用冷轧或热轧方法生产的厚度在4mm以下的钢板。
5. 厚度在4mm以上的钢板为厚钢板。
6. 冷轧钢板具有的特性有：
（1）有较好的塑性和韧性。
（2）适宜弯曲延伸制成凹凸形、曲面形、弧形等。
（3）不容易断裂。
7. 大多数的整体车身都采用冷轧钢板制成。
8. 热轧钢板塑性和强度适中，制作凹凸形状的延伸性能比冷轧钢板差，容易开裂。
9. 车身常用的板材有：
（1）普通碳素钢薄钢板。
（2）低合金结构薄钢板。
（3）酸洗薄钢板。
10. 优质薄钢板最适合成型加工，因为它具有以下特性：
（1）有中等的抗拉强度。

模块G 车身涂装

（2）具有较高的塑性。

（3）具有较低的硬度。

（4）具有良好的焊接性。

11. 镀层薄钢板俗称白铁皮，是在冷轧或热轧薄钢板上镀一层有色金属膜而成。按镀层不同分为镀锌、镀锡和镀铅薄钢板三种。

（1）镀锌薄钢板，也称白锌板，具有抗腐蚀性好及表面美观的特点，表面发白。

（2）镀锡薄钢板，也称马口铁，呈银白色，表面光亮美观，抗蚀性能较好。

（3）镀铅薄钢板，也叫白铅板，具有抗腐蚀性能强的特点，最适合做耐酸容器。

(二) 有色金属板材

1. 有色金属板材是指除钢、铁以外的其他金属及其合金的板材。

2. 有色金属板材的种类比较多，而汽车钣金件中用得比较多的是铜材和铝材。

3. 纯铝薄板的耐腐蚀性比酸洗薄板好，一般用于制作耐腐蚀容器。

4. 由于铝板抗拉强度较低，所以不宜制作承受大载荷的构件。

5. 铝及铝合金可焊性较差，要按照特定的焊接工艺操作才能获得较好的焊接效果。用氩弧焊效果更好。

(三) 钢管和型钢

1. 钢管分为无缝钢管和有缝钢管两大类。

2. 根据生产方法，无缝钢管又分为热轧管、冷轧管、挤压管。

3. 无缝钢管主要用于制作高精度构件。

4. 有缝钢管又称焊接钢管，有镀锌和不镀锌两种。

5. 镀锌管又称白铁管，不镀锌管称为黑铁管。

6. 扁钢是断面为长方形的条钢，规格用厚度和宽度来表示。

7. 角钢分等边角钢和不等边角钢。

8. 角钢的大小用号数表示，其数值表示角钢边长长度的厘米数值。如3号角钢表示边长为30mm的等边角钢。

9. 10号槽钢，表示高度为100mm。

10. 槽钢常用于制作车身柱、梁以及汽车的底盘等。

11. 在车身修复中，角钢也常用来代替型钢作车身修复的材料。

(四) 塑料

1. 塑料是以合成树脂为基体，并加入某些添加剂制成的高分子化合物。

2. 合成树脂是塑料的主要成分，大部分的塑料是以所加树脂的名称来命名的。

3. 加入添加剂是为了改善塑料的性能，以扩大其使用范围。

4. 塑料的种类很多，按其受热性能不同，可分为热固性塑料和热塑性塑料两大类。

（1）热固性塑料是指经一次固化后，不再受热软化，只能塑制一次的塑料。

（2）热塑性塑料是指受热时软化，冷却后变硬，再加热又软化，冷却又变硬，可反复多次加热重新制造的塑料。

5. 热固性塑料耐热性能好，受压不易变形，但力学性能较差。

6. 常用的热固性塑料有：

（1）环氧树脂塑料。

（2）酚醛树脂塑料。

（3）氨基树脂塑料。

（4）有机硅树脂塑料。

7. 可以用来做汽车仪表板的聚丙烯的代号是“PP”。

8. 热塑性塑料加工成形方便、力学性能较好，但耐热性相对较差、容易变形。

9. 热塑性塑料数量很大，约占全部塑料的80%。

10. 聚乙烯、聚氯乙烯、聚四氟乙烯属于热塑性塑料。

11. 车身部分常用塑料种类及应用，见表3-3-1。

车身用塑料的种类及应用 表3-3-1

类型	符号	化学成分	主要用途
热塑性塑料	PE	聚乙烯	翼子板内板、内装饰板、扰流器、溢流箱、散热器护罩、汽油箱
	PC	聚碳酸酯	内部刚性装饰板
	PVC	聚氯乙烯	内装饰件，软垫板
	PS	聚苯乙烯	仪表外壳、汽车灯罩
	TPE	热塑性人造橡胶	保险杠护罩、护板、发动机罩下的部件
	PP	聚丙烯	保险杠护罩、导流板、内部嵌条、散热器护罩、内翼子板、汽油箱热固性塑料
热固性塑料	PA	聚酰胺	散热器箱、前照灯灯圈、侧围板外延部分、外部装饰件
	ABS	丙烯腈丁二烯乙烯	仪表组、装饰嵌条、控制台、肘靠、格栅
	PUR	热固性聚氨基甲酸乙酯	保险杠护罩、前后车身面板、护板

12. 塑料具有许多优良的物理、化学性能和力学性能，主要有：

（1）质量轻。

（2）化学稳定性好。

（3）比强度高。由于塑料密度小、质量小，因此以等质量相比，其比强度要高。

（4）良好的电绝缘性能。因此，汽车电器零件广泛采用塑料来作为绝缘体。

（5）优良的耐磨性。大多数塑料的摩擦系数较小，耐磨性好。

（6）良好的吸振性和消声性。

13. 塑料也有不少缺点，主要有：

（1）容易吸水。塑料吸水后，会引起使用性能恶化。

（2）易燃烧。

（3）易老化。

（4）与钢相比，其力学性能较低。

（5）耐热性较差。

（6）温度变化时，其尺寸稳定性差。

14. 由于塑料具有金属和其他材料所不具备的优良性能，各种类型的塑料件在汽车上的应用很广。

15. 塑料在汽车中的应用广泛，常用于制作各种结构零件、耐磨零件、减磨零件、隔热零件、防振零件等。

16. 塑料的修理难度比金属大。

17. ABS塑料能溶解在酮、苯和酯类溶剂中。

18. 聚丙烯塑料制品是一种难黏、难涂的材料。

(五) 橡胶

1. 橡胶是一种有机高分子化合物，汽车上有许多零件是用橡胶制造的。

2. 橡胶在车身上仅应用于汽车轮胎一项，在汽车运输成本中占了10%左右。

3. 橡胶的基本性能有：

（1）具有极高的弹性。

（2）具有良好的热可塑性。

（3）具有良好的黏着性。

（4）具有良好的绝缘性。

4. 橡胶还具有良好的耐寒、耐蚀和不渗漏水、气等性能。

5. 橡胶的缺点是：

（1）导热性差。

（2）硬度和抗拉强度不高。

（3）容易老化。

6. 引起橡胶老化的主要原因有：

（1）受空气中氧、臭氧的氧化。

（2）光照，特别是紫外线照射。

（3）温度的作用。

（4）机械变形产生的疲劳。

二 金属腐蚀与预防

1. 金属的腐蚀危害是非常巨大的，年损失远远超过水灾、火灾、风灾、地震损失的总和。

2. 据统计，工业发达国家每年由于金属腐蚀的直接损失，占国民经济总产值的2%～4%。

3. 金属腐蚀和环境有极大的关系，导致金属腐蚀的因素有：

（1）天然大气的因素。

（2）工业大气的因素。

（3）酸雨的因素。

（4）特殊气候环境的因素。

（5）土壤的因素。

（6）化学物质的因素。

4. 工业大气通常指被化学物质的气体污染的空气，即化工、冶金、石油等多种工业排放的气体或废气。这些气体对材料尤其是金属材料的腐蚀远比天然大气严重。

5. 酸雨会损害漆膜中的色素成分，尤其是对以铅为主要成分的颜料，从而使漆层褪色。

6. 判断酸雨危害程度的标准是pH值，其范围为0～14。pH值为7表示其酸碱度等于蒸馏水，为中性。

7. pH值为4的酸液的酸性相当于pH值为5的10倍，相当于pH值为6的100倍。

8. 海洋和近海地区的湿度很大，水和空气的含盐量较高，在这些地区金属的腐蚀速度远高于内陆干燥地区。

9. 土壤对材料的腐蚀主要源于土壤中的水、氧和一些电解质。

10. 金属腐蚀分为化学腐蚀和电化学腐蚀两大类，各种腐蚀基本上都属于这两类。

（1）化学腐蚀，是指金属在干燥气体和非电解质溶液中发生化学反应而导致腐蚀。

（2）电化学腐蚀，是在有电解质和水的作用下发生的，反应时产生电流形成电池，被称为电化学腐蚀。

11. 大多数的金属腐蚀属于电化学腐蚀。

12. 化学腐蚀是没有水介入的，类型一般有以下几种：

（1）氧化反应。金属在高温下容易和氧气发生化学反应生成金属氧化物。

（2）气体的腐蚀作用。在高温和压力下，氢被钢铁表面吸附并扩散到内部，会产生内压力而降低钢铁强度，氢气对钢铁的这种腐蚀作用称为“氢脆”。

（3）非电解质腐蚀。非电解质即有机物。

13. 有机物对金属无腐蚀作用，若有机物含有杂质，如油料中的硫，则会对金属产生腐蚀。

14. 水分子（H_2O）、二氧化碳分子（CO_2）属于化合物。氢气（H_2）、氮气(N_2)属于单质，不属于化合物。

15. 在金属的电化学腐蚀中，金属的电极电位是评价金属耐腐蚀能力的重要指标。电极电位的大小，除了温度、压力外，主要决定于电极的性质及电解质溶液中有关离子的浓度。

16. 现在一般用的电极电位，是指定氢气的标准电位设为零，其他材料的电极电位与其的相对值。氢前面的金属的标准电极电位为负，氢后面的金属的标准电极电位为正。

17. K、Na、Mg、Zn、Pe、Ni、Sn、Pb、H、Cu、Hg、Ag为序列的一部分。位于序列前面的金属能把后面的金属（或氢）离子从它的溶液中置换出来。

18. 在电化学腐蚀条件下，负电性金属容易被腐蚀，负值越大，越容易被腐蚀。

19. 金属被腐蚀的两个条件：

（1）使金属材料发生状态变化，与介质中的某一组分形成新相。

（2）在金属材料破坏的过程中，包括金属材料和介质在内的整个体系的自由能降低。

20. 铁被腐蚀产生铁锈。铁锈是铁的氧化物、氢氧化物、含水分子的氢氧化物的混合物。

21. 电化学防腐按原理可分为阴极保护和阳极保护两种。

（1）阴极保护，分为护屏保护和外加电源保护两种。护屏保护是在被腐蚀体系中附加一个负电性更强的金属作为附加阳极，使得被保护的金属变成阴极，从而达到保护的目的；外加电源保护指被保护的金属与外加电源的负极相连，使之变成阴极，而外加电源的阳极和石墨、不锈钢等相连，从而达到保护的目的。

（2）阳极保护，把被保护的主体金属和直流电源的正极连接，外加电流使金属阳极化，从而提高金属的稳定性。

22. 采用金属阴极覆盖保护时，必须保证涂层没有裸露，否则会发生严重的局部腐蚀。

23. 金属防腐蚀既经济又有效的覆盖层是涂料涂膜。涂料防腐有以下特点：

（1）选择多，用途广。

（2）涂装工艺方便，成本低。

（3）修复方便。

三 车身防腐蚀

1. 汽车车身锈蚀可以分为如下几类：

（1）表面锈蚀，是金属生锈的开始，锈斑仅仅停留在金属表面。

（2）锈坑，是表面锈蚀的继续，属于比较严重的一种锈蚀形式。

（3）大面积锈蚀，锈坑数量逐渐增多、合并，最后发展成为大面积的锈蚀，以致锈穿。

2. 在汽车涂装中，涂料除了装饰作用外，其另一个重要的功能即为防腐蚀。

3. 在汽车上，无论是原厂涂装，还是修补涂装都是防腐蚀的重要环节。

4. 若车身底材防腐不好，那么再好的涂装都不能起到很好的防护作用。

5. 中涂底漆或底漆受到紫外线的作用容易老化而剥落。

6. 造成车身防腐层早期损坏的原因是不正确的表面处理方法。

7. 通过汽车车身钣金整形校正的损坏，主要是由变形、凹陷、凸起引起。

8. 金属表面预处理的方法有以下几种：

（1）脱脂处理。

（2）表调。增强基材表面的附着力，提高整个涂装体系的耐介质性能。

（3）磷化。使钢铁表面生成一层不溶性的极薄的结晶状复盐保护膜，能够与金属牢固结合。

（4）钝化。使金属表面生成一层很薄的钝化膜。

9. 在金属表面上形成一层不溶性磷酸盐保护膜叫磷化处理。车身金属板材都经过磷化处理。

10. 透明涂层是防止酸雨造成侵蚀的保护层，因此新型的汽车都有2~3层最终涂层，从而大大降低了酸雨带来的危害。

11. 透明涂层只能保护涂料中的色素不发生褪色现象，但酸雨仍能在透明涂层上形成圆形侵蚀。

12. 针对不同的车身材料，要采用不同的防腐方法。增强耐蚀性，保证面涂层与基底之间的附着力。

13. 镀锌板的表面虽然已经进行过钝化或磷化处理，但涂装时还需要再喷涂底漆。

14. 虽然玻璃钢本身具有很好的防腐能力，但在涂装时也要选用配套的底漆。

15. 客车制造中目前使用最多的底漆是环氧底漆，其耐腐蚀性和附着力都非常好。

16. 汽车车容装饰美观是汽车产品的一项技术指标，也被当作汽车年检中技术要求项目之一。

17. 车身构件由于形状特殊，受载荷作用时会产生断裂。

例题解析

1 判断题

例题：金属在电化学腐蚀条件下，负电性金属不容易被腐蚀，负值越大，越不容易被腐蚀。（ ）

解析：此题为判断题，如果此题正确，应（✓），错误应（×）。此题是金属腐蚀方面的知识。在电化学腐蚀条件下，负电性金属容易被腐蚀，负值越大，越容易被腐蚀。所以此题答案为（×）。

2 单项选择题

例题： 在汽车涂装中，涂料除了（　）作用以外，其另一个重要的功能即为防腐蚀。

A. 密封　　　　B. 填平　　　　C. 装饰

解析： 此题为单项选择题，只有一个正确答案，将选择的正确答案填在（　）内。此题是考核车身防腐蚀方面的知识。在汽车涂装中，涂料除了装饰作用以外，其另一个重要的功能即为防腐蚀。所以此题答案为（C）。

3 多项选择题

例题： 引起橡胶老化的主要因素有（　　）。

A. 温度的作用　　　　B. 机械变形产生的疲劳

C. 紫外线照射　　　　D. 空气中氧和臭氧的氧化

解析： 此题为多项选择题，有一个或多个正确答案，将选择的正确答案填在（　　）内。此题是考核车身材料方面的知识。橡胶的缺点是导热性差，硬度和抗拉强度不高，尤其是容易老化等。引起橡胶老化的主要原因有：受空气中氧、臭氧的氧化；光照，特别是紫外线照射；温度的作用；机械变形产生的疲劳。所以此题答案是（ABCD）。

习题及答案

一 习题

(一) 判断题

1. 有色金属板材的种类比较多，而汽车钣金件中用得比较多的是铜材和铝材。（　）
2. 汽车上使用的塑料只有热固性塑料。（　）
3. 由于塑料密度小、质量小，因此以等质量相比，其比强度要高。（　）
4. 塑料由于有独特的理化性能，所以修理的难度比金属大。（　）
5. 冷轧钢板具有较好的塑性和韧性，适宜弯曲延伸制成凹凸形、曲面形、弧形等，不易断裂。（　）
6. 黑色金属钢板按其性质分为普通薄钢板、优质薄钢板和镀层薄钢板三种。（　）
7. 镀层薄钢板按镀层不同分为镀锌、镀锡和镀铅薄钢板三种。（　）
8. 厚度为4mm的钢板通常称为厚钢板。（　）
9. 由于铝板抗拉强度较低，所以不宜制作承受大载荷的构件。（　）
10. 角钢分为等边角钢和不等边角钢。（　）
11. 角钢的大小可用号数表示，其数值表示角钢边长毫米（mm）的数值。（　）
12. 镀锌管又称白铁管，不镀锌管又称黑铁管。（　）
13. 塑料是以合成树脂为基体，并加入某些添加剂制成的高分子材料。（　）
14. 加入添加剂是为了改善塑料的性能，以扩大其使用范围。（　）
15. 底涂层涂料的选择与车身的材质无关。（　）
16. 镀锌薄板，也称马口铁。（　）

17. 薄钢板通常是指厚度在4mm以下的钢板。（ ）
18. 无缝钢管主要用于高精度构件。（ ）
19. 黑色金属钢板按其厚度不同，分为薄钢板和厚钢板两种。（ ）
20. 有色金属板材是指除钢、铁材料以外的其他金属或合金。（ ）
21. 由于铝材抗拉强度高，适宜制作承受大载荷的构件。（ ）
22. 铝及铝合金的可焊性比铜材好，适合各种焊接方法。（ ）
23. 纯铝薄板的耐腐蚀性比酸洗薄钢板好。（ ）
24. 有缝钢管有镀锌和不镀锌两种。（ ）
25. 冷轧钢板比热轧钢板韧性差，制成凹凸形构件易开裂。（ ）
26. 热塑性塑料是指经一次固化，不再受热软化只能塑制一次的塑料。（ ）
27. 热固性塑料耐热性好，但力学性能较差。（ ）
28. 橡胶是一种有机高分子化合物材料，汽车上有许多零件是用橡胶制造的。（ ）
29. 扁钢是断面为长方形的条钢，规格用厚度和宽度来表示。（ ）
30. 塑料有化学稳定性好的特点。（ ）
31. 塑料有比强度低的特点。（ ）
32. 塑料有电绝缘性好的特点。（ ）
33. 塑料的弱点是不耐磨。（ ）
34. 塑料有容易吸水的特点。（ ）
35. 塑料有易老化的特点。（ ）
36. 塑料有易燃烧的特点。（ ）
37. 橡胶的缺点是导热性差，硬度和抗拉强度不高，尤其是容易老化等。（ ）
38. 镀锌板的表面已进行过钝化或磷化处理，涂装时不用再喷涂底漆。（ ）
39. 金属表面预处理的方法有氧化和钝化两种。（ ）
40. 玻璃钢本身具有很好的防腐能力，所以涂装时可选任何底漆。（ ）
41. 工业大气通常指被化学物质污染的空气。（ ）
42. 化学腐蚀一般有氧化反应、气体的腐蚀作用和非电解质腐蚀等几种。（ ）
43. 土壤对材料的腐蚀主要源于土壤中的水、氧和一些电解质。（ ）
44. 可以用来做汽车仪表板的聚丙烯的代号是“PP”。（ ）
45. ABS塑料能溶解在酮、苯和脂类溶剂中。（ ）
46. 聚丙烯塑料制品是一种难黏、难涂的材料。（ ）
47. 金属腐蚀分为化学腐蚀和电化学腐蚀两大类。（ ）
48. 有机物对金属无腐蚀作用，但是如果有机物含有杂质，则会对金属产生腐蚀。（ ）
49. 氢电极电位作为基准电极电位，设定为零。（ ）
50. 中涂底漆或底漆受到紫外线的作用容易老化而剥落。（ ）
51. 无论是原厂涂装，还是修补涂装，防腐蚀都是重要环节。（ ）
52. 目前客车制造中使用最多的底漆是环氧底漆。（ ）
53. 金属在干燥气体和电解质溶液中发生化学反应，引起的腐蚀称为化学腐蚀。（ ）
54. 在电化学腐蚀条件下，负电性金属不容易被腐蚀，负值越大，越不容易被腐蚀。（ ）
55. 大多数的金属腐蚀都属于化学腐蚀。（ ）
56. 在有电解质和水的作用下产生电流，形成电池，称电化学腐蚀。（ ）

57. pH值为7，表示其酸碱度等于蒸馏水，为中性。（ ）

58. 酸雨通常会损害漆膜中的色素成分，使漆层褪色。（ ）

59. 透明涂层增加了可以防止酸雨侵蚀的保护层。（ ）

60. 透明涂层能够有效防止酸雨对车身漆面的腐蚀作用。（ ）

61. 金属的腐蚀危害是非常巨大的，年损失远远超过水灾、火灾、风灾、地震损失的总和。（ ）

62. 有机物对金属无腐蚀作用。（ ）

63. 不同车身材料的防腐方法是相同的。（ ）

64. 若车身底材防腐不好，那么再好的涂装都不能起到很好的防护作用。（ ）

65. 汽车车容装饰美观与汽车产品的技术指标无关，只与车辆年检有关。（ ）

66. 采用金属阴极覆盖保护时，涂层有裸露情况存在，一般不会导致严重的局部腐蚀。（ ）

67. 无缝钢管分为热轧管、冷轧管、挤压管。（ ）

(二) 单项选择题

1. 在车身修复中常用（ ）来代替型钢作为车身修复材料。

A. 扁钢 B. 角钢 C. 槽钢

2. 有色金属指的是（ ）类材料。

A. 铸铁 B. 铜 C. 钢材

3. 大多数整体式车身都采用（ ）制成。

A. 热轧钢板 B. 冷轧钢板 C. 高碳钢板

4. 聚丙烯的缩写代号是（ ）。

A. PE B. PP C. PC

5. 热塑性塑料数量很大，约占全部塑料的（ ）。

A. 80% B. 60% C. 40%

6. 薄钢板通常是指用冷轧或热轧方法生产的厚度在（ ）mm以下的钢板。

A. 8 B. 6 C. 4

7. 下面不是塑料优点的是（ ）。

A. 减振性好 B. 消声性好 C. 吸水性好

8. 角钢大小可用号数表示，其数值表示角钢的边长，单位为cm，如3号角钢表示边长为（ ）mm 的等边角钢。

A. 30 B. 3 C. 300

9. 槽钢常用于制作车身梁，10号槽钢的高度为（ ）mm。

A. 10 B. 100 C. 1000

10. 大部分的塑料以所加（ ）的名称来命名。

A. 树脂 B. 颜料 C. 助剂

11. 塑料中加入添加剂是为了改善其（ ），扩大其使用范围。

A. 性能 B. 塑性 C. 强度

12. 热固性塑料是指经（ ）固化后，不再受热软化。

A. 一次 B. 二次 C. 多次

13. 各种各样的腐蚀中，以（ ）为多。

A. 电化学腐蚀 B. 化学腐蚀

C. 表面锈蚀　　D. 缝隙锈蚀

14. 热塑性塑料数量约占全部塑料的（　）。

A. 80%　　B. 60%

C. 40%　　D. 20%

15. 不属于橡胶优点的是（　）。

A. 耐寒　　B. 耐蚀

C. 不渗水　　D. 耐老化

16. 工业发达国家每年由于金属腐蚀的直接损失占国民经济总产值的（　）。

A. 1%～2%　　B. 2%～4%

C. 1%～3%　　D. 2%～5%

17. 车身构件由于形状特殊，受荷载作用时会产生（　）。

A. 断裂　　B. 锈蚀　　C. 磨损

18. 车身涂装形成的涂膜主要是起（　）作用。

A. 防尘　　B. 隔腐　　C. 防水

19. 在汽车涂装中，涂料除了（　）作用以外，其另一个重要的功能是防腐蚀。

A. 密封　　B. 填平　　C. 装饰

20. 在金属表面上形成一层不溶性磷酸盐保护膜叫（　）。

A. 去油处理　　B. 磷化处理　　C. 物理处理

21. 金属防腐蚀既经济又有效的覆盖层是（　）。

A. 化学表面处理层　　B. 涂料涂膜　　C. 金属热喷涂层

22. 判断酸雨危害程度的标准是pH值，pH值为（　）等于蒸馏水。

A. 6　　B. 7　　C. 9

23. 电化学腐蚀的条件是（　）。

A. 氮气　　B. 潮气　　C. 二氧化碳

24. 造成车身防腐层早期损坏的原因是（　）。

A. 污染的空气　　B. 碰撞　　C. 不正确的表面处理方法

25. 电化学腐蚀的特征是在有（　）的作用下发生的，反应时产生电流形成电池，被称为电化学腐蚀。

A. 氧和水　　B. 电解质和氧

C. 电解质和有机物　　D.电解质和水

（三）多项选择题

1. 引起橡胶老化的主要因素有（　）。

A. 温度的作用　　B. 机械变形产生的疲劳

C. 紫外线照射　　D. 空气中氧和臭氧的氧化

2. 下列（　）属于热塑性塑料。

A. 聚乙烯　　B. 聚氯乙烯

C. 聚四氟乙烯　　D. 聚氨酯

3. 下列（　）是按其断面形状进行分类的金属材料。

A. 板材　　B. 管材　　C. 型材　　D. 线材

4. 车身常用的金属板材有（　）。

A. 普通碳素钢薄钢板　　B. 低合金结构钢薄钢板

C. 酸洗薄钢板　　D. 中碳素钢薄钢板

5.下列关于优质钢薄钢板的特性，叙述正确的是（　　）。

A. 有中等的抗拉强度　　B. 塑性较高

C. 硬度较低　　D. 焊接性好

6. 热塑性塑料的性能是（　　）。

A. 加工成型方便　　B. 力学性差

C. 耐热性差　　D. 易变形

7. 腐蚀与环境有极大的关系，产生腐蚀的环境有（　　）。

A. 工业大气　　B. 酸雨　　C. 天然大气

D. 特殊气候环境　　E. 土壤和化学物质

8. 塑料在汽车上应用很广，常用于（　　）中。

A. 结构零件　　B. 耐磨零件　　C. 减磨零件

D. 隔热零件　　E. 防振零件

9. 橡胶的基本性能是（　　）。

A. 极高的弹性　　B. 不易老化

C. 良好的热塑性　　D. 黏着力

E. 绝缘性

10. 通过汽车车身钣金整形校正的损坏，主要是由（　　）引起。

A. 锈痕　　B. 变形

C. 凹陷　　D. 凸起

11. 下列（　　）属于化合物。

A. 氢气　　B. 氮气

C. 水分子　　D. 二氧化碳分子

12. 铁锈是（　　）的混合物。

A. 铁的氧化物　　B. 氢氧化物

C. 含水分子的氢氧化物　　D. 纯铁

13. 下列（　　）属于化学腐蚀。

A. 氧化反应　　B. 酸雨腐蚀

C. 气体的腐蚀　　D. 非电解质腐蚀

二 习题答案

(一) 判断题

1.✓　2.×　3.✓　4.✓　5.✓　6.✓　7.✓　8.×　9.✓　10.✓

11.×　12.✓　13.✓　14.✓　15.×　16.×　17.✓　18.✓　19.✓　20.✓

21.×　22.×　23.✓　24.✓　25.×　26.×　27.✓　28.✓　29.✓　30.✓

31.×　32.✓　33.×　34.✓　35.✓　36.✓　37.✓　38.×　39.×　40.×

41.✓　42.✓　43.✓　44.✓　45.✓　46.✓　47.✓　48.✓　49.✓　50.✓

51.✓　52.✓　53.×　54.×　55.×　56.✓　57.✓　58.✓　59.✓　60.×

61.✓　62.✓　63.×　64.✓　65.×　66.×　67.✓

(二) 单项选择题

1. B　2. B　3. B　4. B　5. A　6. C　7. C　8. A　9. B　10. A

11. A　12. A　13. A　14. A　15. D　16. B　17. A　18. B　19. C　20. B
21. B　22. B　23. B　24. C　25. D

（三）多项选择题

1. ABCD　2. ABC　3. ABCD　4. ABC　5. ABCD
6. ACD　7. ABCDE　8. ABCDE　9. ACD　10. BCD
11. CD　12. ABC　13. ACD

第4章 有机化学基础知识

本章提要

1. 掌握有机化合物和无机化合物的基础知识；
2. 掌握有机化合物的特性以及有机物的分类原则；
3. 熟悉重要的链烃及链烃衍生物及其性质；
4. 掌握高分子化合物的种类及其特性。

考纲要求

一 有机物与无机物

1. 自然界中的物质分为有机化合物和无机化合物两种。

（1）有机化合物，简称有机物，指的是碳元素的化合物。绝大多数有机化合物中都含有氢。

（2）无机化合物，简称无机物。无机物以分子或离子状态存在。

2. 有机化合物的化学键是共价键。

3. 离子化合物中，离子的相互作用力称为离子键。

4. 酸、碱、盐是主要的离子化合物。硫酸、盐酸、硝酸属于酸。

5. 二氧化碳、水、铁等属于纯净物。空气属于混合物。

6. 物质改变状态，没有生成新的分子的变化，称为物理变化。

（1）与物理变化相对应的是物质的物理性质。比如水的物理性质是，常温下为无色、无味、透明的液体。

（2）水结冰、水变成水蒸气、汽油挥发等属于物质的物理变化。

7. 物质改变状态，生成了新的分子的变化，称为化学变化。

（1）与化学变化相对应的是物质的化学性质。比如乙醇能燃烧。

（2）铁变成铁锈、甲烷等可燃物的燃烧等，属于物质的化学变化。

（3）锌和盐酸反应产生氢气和氯化锌，可以说明酸的化学性质。

8. 铁的元素符号是Fe，氧的元素符号是O，碳的元素符号是C，氢的元素符号是H。

9. 三氧化二铁中，铁元素的化合价是+3价。

二 有机化合物的分类和特性

(一) 有机物的特性

1. 有机化学是涂料工业的基础。

2. 涂料中的树脂、固化剂、溶剂以及各种添加剂、颜料均与有机物有关。

3. 涂料成膜的过程也都是有机化学反应。

4. 有机化合物种类繁多，但它们却有共同的特性，主要有以下几方面：

（1）难溶于水。

（2）可以燃烧。

（3）熔点、沸点低，常温下多为液态或气态。大多数固体有机物的熔点在室温至400℃之间。

（4）反应速度缓慢。一般情况下，有机物发生化学反应的速度比较缓慢。为了使其反应速度加快，常常需要加热或使用催化剂。

（5）有同分异构现象。分子组成及分子式相同，而分子结构及性能不同的物质互称同分异构体。

5. 有机化合物存在分子式相同而结构不同的现象叫作同分异构现象。具有同分异构现象的化合物可称为同分异构体。

(二) 有机化合物的分类标准

1. 有机化合物根据碳链的类型分为以下两类：

（1）开链化合物，碳链呈线形的化合物，又称为无环化合物或脂肪族化合物。

（2）闭链化合物，包括一切有环状结构的化合物，有脂肪环族化合物、芳香族化合物和杂环化合物。

2. 官能团是指在有机物中决定其某些特殊性能的原子或原子团。它也是有机化合物分类标准。

3. 醇类有机物的官能团是羟基（—OH），酸类有机物的官能团是羧基（—COOH），醛类有机物的官能团是醛基（—CHO）等。

(三) 链烃

1. 在有机化合物里，有一大类物质仅由碳（C）和氢（H）两种元素组成，这类物质的总称叫烃，也叫碳氢化合物。

2. 按照烃的分子结构和性质，烃可以分成链烃和环烃两大类。

3. 如果每个碳原子的化合价都已充分利用，达到“饱和”。这种结构称为饱和链烃或烷烃。

4. 结构相似，组成上相差一个或若干个原子团“$—CH_2—$”的物质互称为同系物。

5. 烃（烷烃）分子失去一个或几个氢原子后剩余的部分叫烃基（烷基）。

6. 烷烃的命名时，选定分子中最长的碳链为主链，并按照主链上碳原子的数目称其为“某烷”。如甲烷在碳链上有1个碳原子，丁烷在碳链上有4个碳原子。

7. 烷烃的结构相似，原子间均以饱和共价键结合。

8. 在常温下烷烃化学性质比较稳定，但在特定条件下，烷烃也会发生氧化反应、取代反应或热裂反应等。

（1）氧化反应：烷烃燃烧生成CO_2和H_2O，并放出热量。

（2）取代反应：有机物中的某些原子被另外原子或原子团取代的反应叫取代反应。

（3）热裂反应：烷烃在高温条件下会发生分解反应，变成较小的分子。

9. 含有不饱和碳键的烃类被称为不饱和烃。常见的不饱和烃有含有双键的烯烃及二烯烃和含有三键的炔烃等。

10. 直链烯烃和炔烃的物理性质变化，同直链烷烃的物理性质变化规律相似。一般碳链越长，熔点、沸点及密度越大。

11. 不饱和烃常温下是气体或液体，沸点在100℃以下。

12. 不饱和烃的化学性质和烷烃的化学性质有显著不同，能发生如下化学反应：

（1）加成反应：因为不饱和键的化学性质比较活泼，能发生加成反应。

（2）氧化反应：烯烃和炔烃都能燃烧并放出大量的热，生成CO_2和H_2O。

（3）聚合反应：如烯烃可以经聚合反应生成聚乙烯，丙烯可以生成聚丙烯等。

13. 聚合反应是形成高分子化合物的最基础反应，涂料中所使用的丙烯酸树脂即为最典型的高分子化合物。

（四）链烃的衍生物

1. 醇、醚、醛、酮、羧酸及酯是几种重要的烃衍生物。

2. 烃分子中的一个或多个氢原子被羟基（—OH）取代后的衍生物叫醇。

（1）最常见的醇是乙醇，俗称酒精。

（2）乙醇分子式为C_2H_5OH。

（3）乙醇可以用乙烯气制取，可以用淀粉发酵制得。

3. 根据醇分子中所含羟基的数目将醇分为一元醇和多元醇。

（1）分子中有一个羟基的醇称为一元醇，如甲醇、乙醇。

（2）分子中有两个及两个以上羟基的醇称为多元醇，如乙二醇、丙三醇。

4. 醇典型的化学反应有氧化反应、酯化反应和脱水反应。

（1）氧化反应：醇燃烧生成水和二氧化碳，并释放出热量。

（2）酯化反应：醇和酸（包括有机酸和无机酸）生成酯和水的反应叫酯化反应。

（3）脱水反应：在浓硫酸作用及高温条件下，醇可以发生脱水形成烯烃或醚。

5. 两个烃基由一个氧原子连接起来的化合物称为醚。

6. 醇和醚都是涂料工业中的重要溶剂。醇是溶解硝酸纤维常用的溶剂，而醚是溶解各种类型树脂常用的溶剂。

7. 醛和酮比较有代表性的化学反应主要有聚合反应、缩合反应及氧化反应。

8. 37%的甲醛水溶液称为福尔马林，用于消毒。

9. 丙酮是用于挥发成膜涂料的重要溶剂。

10. 分子中烃基和羧基直接相连接的化合物叫羧酸。

11. 甲酸俗称蚁酸，是无色、有刺激性气味的气体，具有较强的酸性和腐蚀性。

12. 甲酸能溶于水和有机溶剂，常用作消毒剂、防腐剂和制作甲酸酯。

13. 乙酸俗称醋酸，溶于水、乙醇和乙醚。

14. 高级脂肪酸和高级一元酸组成的固体脂是蜡。

15. 醋酸和醇反应的生成物为酯。

16. 醋酸丁酯是双组分涂料中常用的挥发性大的重要溶剂之一。

（五）环烃及其衍生物

1. 有环状结构而且有脂肪特性的烃类叫脂肪烃。

2. 几个重要脂环烃有环己烷、环戊二烯、苯及其衍生物。

3. 环烯烃的性质和烯烃相似，容易发生加成反应。

4. 苯是最基本的芳香化合物。苯是无色易挥发、易燃液体，有芳香气味，有毒。

5. 苯及其同系物多为液体，都具有芳香气味，但苯蒸气有毒。

6. 由于苯蒸气有毒，长期接触可能影响造血器官，很多领域均禁止或限制使用苯。

7. 芳香烃虽然有芳香气味，但是有毒，不能用来制作香水。

8. 环己醇结构式为$C_6H_{11}OH$。

9. 环己酮可用作溶剂和稀释剂，还可用于制造合成树脂、合成纤维。

三 高分子化合物

1. 一般无机物的分子量较小，有机化合物的分子量的变化范围则可以从几十到几十万，甚至更高。由众多原子或原子团主要以共价键结合而成的相对分子量在一万以上的化合物称为高分子化合物。

2. 高分子化合物虽然分子量很大，但结构比较简单。

3. 高分子化合物是由单体聚合而成，最典型的高分子合成反应有加成聚合反应（简称加聚反应）和缩合聚合反应（简称缩聚反应）。

4. 高分子化合物有线形高分子化合物和体形高分子化合物两种。

（1）线形高分子化合物，受热到一定的温度范围内开始软化，冷却后液体又变成固体，这就是常说的热塑性高分子。

（2）体形高分子化合物，受热不会熔化，这就是常说的热固性高分子。

5. 汽车常用塑料中，环氧树脂、聚氨酯、聚丙烯属于热塑性塑料。

例题解析

1 判断题

例题：一元醇就是分子中含有两个以上羟基的醇，如甲醇、乙醇。（　）

解析：此题为判断题，如果此题正确，应（✓），错误应（×）。此题是考核醇类有机物方面的知识。一元醇就是分子中含有一个羟基的醇，如甲醇、乙醇。所以此题答案为（✓）。

2 单项选择题

例题：乙炔在充足的氧气中完全燃烧，生成二氧化碳和水，并（　）。

A. 发光　　B. 产生黑烟

C. 产生白烟　　D. 放出热量

解析：此题为单项选择题，只有一个正确答案，将选择的正确答案填在（　）内。此题是考核烃类有机物方面的知识。在乙炔在充足的氧气中完全燃烧，生成二氧化碳和水，并放出热量。所以此题答案为（D）。

3 多项选择题

例题：最典型的高分子合成反应是（　　）。

A. 加成反应　　B. 加成聚合反应（加聚反应）

C. 聚合反应　　D. 缩合聚合反应（缩聚反应）

解析：此题为多项选择题，有一个或多个正确答案，将选择的正确答案填在（　　）内。此题是考核高分子有机物方面的知识。最典型的高分子合成反应有加成聚合反应（简称加聚反应）和缩合聚合反应（简称缩聚反应）两种。所以此题答案是（BD）。

习题及答案

一 习题

(一) 判断题

1. 官能团是指在有机物中决定某些特殊性能的原子或原子团。 ( )
2. 烷烃分子失去一个或几个氢原子后剩余的部分叫烃基。 ( )
3. 同分异构是指物质分子组成相同，但性质有差异的现象。 ( )
4. 一般条件下，有机物发生化学反应的速度比较缓慢。 ( )
5. 高分子化合物的分子结构比较复杂。 ( )
6. 丙酮是用于挥发成膜涂料的重要溶剂。 ( )
7. 一般情况下，有机物发生化学反应的速度比较快。 ( )
8. 有机物中的某些原子被另外的原子或原子团取代的反应叫取代反应。 ( )
9. 有机化合物的化学键是离子键。 ( )
10. 烯烃和炔烃都属于不饱和烃。 ( )
11. 乙醇燃烧能生成水和二氧化碳，并放出热量。 ( )
12. 醇能和有机酸反应生成酯和水，叫酯化反应。 ( )
13. 两个烃基由一个氧原子连接起来的化合物称为醚。 ( )
14. 烃分子中一个或多个氢原子被一个或多个羟基取代后的衍生物称之为醇。 ( )
15. 酮比较有代表性的化学反应主要有聚合反应、缩合反应及氧化反应。 ( )
16. 涂料中的树脂、固化剂、溶剂等各种添加剂，均与有机物有关。 ( )
17. 绝大多数有机化合物中都含有氧。 ( )
18. 涂料成膜的过程都是有机化学反应。 ( )
19. 不饱和烃的化学性质和烷烃的化学性质基本相同。 ( )
20. 碳链呈线形的化合物，又称为无环化合物或脂肪族化合物。 ( )
21. 烃类按照分子结构和性质，可以分成链烃和环烃两大类。 ( )
22. 结构相似，组成上相差一个或若干个原子团—CH_2—的物质互称为同系。 ( )
23. 烷烃的化学键都是饱和键。 ( )
24. 直链烯烃和炔烃的物理性质变化，同直链烷烃的物理性质变化规律相似，一般碳链越长，熔点、沸点及密度越大。 ( )
25. 烷烃分子中的一个或多个氢原子被羟基（—OH）取代后的衍生物称为醇。 ( )
26. 最常见的醇是乙醇，即常说的酒精。 ( )
27. 醇典型的化学反应有氧化反应、酯化反应和脱水反应。 ( )
28. 烯烃和炔烃都能燃烧并放出大量的热，生成CO_2和H_2O。 ( )
29. 根据醇分子中所含羟基的数目将醇分为一元醇和多元醇。 ( )
30. 一元醇就是分子中含有两个以上羟基的醇，如甲醇、乙醇。 ( )
31. 分子中烃基和羧基直接相连接的化合物叫羧酸。 ( )
32. 甲酸俗称蚁酸，无色，有刺激性气味的气体，具有较强的酸性和腐蚀性，能溶于水。 ( )
33. 苯及其同系物多为液体，都具有芳香气味，但苯蒸气有毒。 ( )
34. 很多领域均禁止或限制使用苯，因为苯蒸气有毒。 ( )

35. 有机化学是涂料工业的基础。（ ）
36. 甲酸能溶于有机溶剂，但不能溶于水，常用作消毒剂和防腐剂。（ ）
37. 芳香烃是制作香水的主要原料。（ ）
38. 苯及其同系物多为固体，都具有芳香气味。（ ）
39. 苯蒸气有毒，长期接触可能影响造血器官，因此很多领域禁止或限制使用苯。（ ）
40. 环已酮可用于制作溶剂和稀释剂。（ ）
41. 有机化合物要比无机物的分子量高得多，故称高分子化合物。（ ）
42. 乙酸俗称醋酸，能溶于乙醇和乙醚，但是不能溶于水。（ ）
43. 线形高分子受热不会熔化，属热固性分子。（ ）
44. 体形高分子受热到一定的温度范围开始软化，属热塑性高分子。（ ）
45. 体形高分子受热不会熔化，属热塑性高分子。（ ）
46. 线形高分子受热会软化，属热固性高分子。（ ）
47. 醋酸丁酯是涂料中常用的重要溶剂之一。（ ）
48. 醋酸和醇反应的生成物为纤维。（ ）
49. 含甲醛37%的水溶液称福尔马林，可用于消毒。（ ）
50. 甲醇就是我们平时说的工业酒精。（ ）
51. 醇和醚都是涂料工业中的重要溶剂，醇是溶解硝酸纤维的常用溶剂。（ ）
52. 有机化合物的同分异构现象是指分子量相同，而结构不同。（ ）
53. 有机化合物的同分异构现象是指分子结构不同，但分子式相同。（ ）
54. 分子中含有三个及三个以上羟基的醇称为多元醇，如丙三醇。（ ）
55. 有机化合物，简称有机物，是指含有碳元素的化合物。（ ）

（二）单项选择题

1. 醛类有机物的官能团是（ ）。
   A. 羧基（—COOH） B. 羟基（—OH） C. 醛基（—CHO）
2. 酸类有机物的官能团是（ ）。
   A. 羟基（—OH） B. 羧基（—COOH） C. 氨基（$—NH_2$）
3. 苯的分子式是（ ）。
   A. C_6H_6 B. CH_3OH C. C_4H_8
4. 以下有机物中，（ ）可制造用于消毒的福尔马林。
   A. 甲醛 B. 乙醇 C. 甲酸
5. 以下有关有机化合物的特点，描述错误的是（ ）。
   A. 可燃 B. 有同分异构现象 C. 易溶于水
6. 以下物质中，（ ）属于高分子化合物。
   A. 水 B. 乙烯 C. 丙烯酸树脂
7.物质改变状态，没有生成新分子的变化，称为（ ）。
   A. 化学变化 B. 物理变化 C. 化学反应
8.（ ）是溶解各种类型树脂的溶剂。
   A. 醛 B. 醇 C. 醚
9. 下列变化中，（ ）不属于化学变化。
   A. 水变成水蒸气 B. 食物长霉 C. 铁在潮湿环境中生锈
10. 离子化合物中，离子的相互作用力称为（ ）。

A. 离子键　　B. 化合价　　C. 共价键

11. 为使化学反应速度加快，通常使用（　）。

A. 催化剂　　B. 催干剂　　C. 固化剂

12. 根据烷烃的命名法，丁烷一定含有（　）个碳。

A. 2　　B. 3　　C. 4

13. 下列变化中，（　）属于物理变化。

A. 水变成水蒸气　　B. 木炭燃烧　　C. 铁变成铁锈

14. 下列（　）反应可以说明酸的化学性质。

A. 锌和盐酸　　B. 碱和二氧化碳　　C. 氢氧化钠和氯化铜

15. 以下表示铁的元素符号正确的是（　）。

A. Fa　　B. Fe　　C. FE

16. 三氧化二铁中，铁元素的化合价是（　）价。

A. –2　　B. +1　　C. +3

17. 乙醇的分子式是（　）。

A. CH_3OH　　B. C_2H_5OH　　C. CH_4

18. 大多数固体有机物的熔点在（　）℃以下。

A. 400　　B. 500　　C. 600

19. 关于不饱和烃的物理性质，下列（　）的叙述是正确的。

A. 常温下是气体、液体　　B. 结构是双键　　C. 有加成反应

20. 醚是两个烃基由一个（　）连接起来的衍生物。

A. 氢原子　　B. 氧原子　　C. 碳原子

21. 高级脂肪酸与高级一元酸组成的固体脂叫（　）。

A. 醇　　B. 醚　　C. 蜡

22. 环烯烃的性质与烯烃相类似，易发生（　）。

A. 聚合反应　　B. 加成反应　　C. 酯化反应

23. 下列环已醇的结构式是（　）。

A. $C_6H_{11}OH$　　B. C_6H_6OH　　C. C_2H_5OH

24. 乙炔在充足的氧气中完全燃烧，生成二氧化碳和水，并（　）。

A. 发光　　B. 产生黑烟　　C. 产生白烟　　D. 放出热量

25. 在有机化合物里，有一大类物质由（　）两种元素组成，称为烃。

A. C和H　　B. H和S　　C. C和O

26. 下列物质中属于混合物的是（　）。

A. 氧化铁　　B. 空气　　C. 水　　D. 铜

（三）多项选择题

1. 醇典型的化学反应有（　）。

A. 氧化反应　　B. 酯化反应

C. 中和反应　　D. 取代反应

2. 烷烃的化学性质稳定，但在（　）条件下，也会发生某些反应。

A. 高温　　B. 加压

C. 催化剂　　D. 常温

3. 甲烷在充足的氧气中完全燃烧，生成（　　），并放出热量。

A. 二氧化碳　　B. 水

C. 乙苯　　D. 乙烷

4. 醇可以在空气中燃烧，生成（　　），并放出热量。

A. 二氧化碳　　B. 水

C. 酯　　D. 乙酸

5. 有环状结构而且有脂肪特性的是（　　）。

A. 苯　　B. 环已烷

C. 甲基　　D. 乙烷

6. 关于苯的性质，下列（　　）的叙述是正确。

A. 无色易挥发　　B. 不易燃烧

C. 芳香气味　　D. 有毒

7. 下列（　　）的变化属于化学变化。

A. 水结冰　　B. 铁变成铁锈

C. 甲烷燃烧　　D. 汽油挥发成气态

8. 下列物质中，（　　）属于纯净物。

A. 二氧化碳　　B. 空气

C. 水　　D. 铁

9. 下列物质中，（　　）属于酸。

A. 硫酸　　B. 硫酸铜

C. 盐酸　　D. 水

10. 关于不饱和烃的物理性质，下列（　　）的叙述是正确。

A. 常温下是气体、液体

B. 结构简单，分子量大

C. 沸点在100℃以下

D. 能发生加成反应

11. 关于乙醇，下列（　　）的叙述是正确。

A. 乙醇分子式为C_2H_4OH　　B. 乙醇俗称酒精

C. 乙醇可从乙烯气中制取　　D. 乙醇可用淀粉发酵制得

12. 有机化合物的特性是（　　）。

A. 难溶于水　　B. 可燃性

C. 熔沸点高　　D. 反应速度缓慢

E. 同分异构现象

13. 最典型的高分子合成反应是（　　）。

A. 加成反应　　B. 加成聚合反应（加聚反应）

C. 聚合反应　　D. 缩合聚合反应（缩聚反应）

14. 汽车常用塑料中，（　　）属于热塑性塑料。

A. 环氧树脂　　B. 聚氨酯

C. 聚丙烯　　D. 不饱和聚酯

二 习题答案

(一) 判断题

1.√ 2.√ 3.√ 4.√ 5.× 6.√ 7.× 8.√ 9.× 10.√
11.√ 12.√ 13.√ 14.√ 15.√ 16.√ 17.× 18.√ 19.× 20.√
21.√ 22.√ 23.√ 24.√ 25.√ 26.√ 27.√ 28.√ 29.√ 30.×
31.√ 32.√ 33.√ 34.√ 35.√ 36.× 37.× 38.× 39.√ 40.√
41.√ 42.× 43.× 44.× 45.× 46.× 47.√ 48.× 49.√ 50.√
51.√ 52.× 53.√ 54.× 55.√

(二) 单项选择题

1. C 2. B 3. A 4. A 5. C 6. C 7. B 8. C 9. A 10. A
11. A 12. C 13. A 14. A 15. B 16. C 17. B 18. A 19. A 20. B
21. C 22. B 23. A 24. D 25. A 26. B

(三) 多项选择题

1. ABC 2. ABC 3. AB 4. AB 5. AB
6. ACD 7. BC 8. ACD 9. AC 10. AC
11. BCD 12. ABDE 13. BD 14. ABC

第5章 汽车涂料知识

本章提要

1. 掌握涂料的功能；
2. 掌握涂料的组成部分；
3. 熟悉树脂的种类和各自的特点；
4. 掌握颜料的种类和各自的特性；
5. 掌握溶剂的组成和特性；
6. 掌握涂料中常用的助剂；
7. 掌握汽车涂料的选择要求。

考纲要求

一 涂料的基本组成

1. 涂料是指涂于物体表面，能形成具有保护、装饰或特殊功能（如绝缘、导电、示温、隐身等）的固态涂膜的一类液体或固体材料的总称。

2. 涂装是将涂料涂覆于经处理后的被涂表面，再经干燥成膜的工艺过程。

3. 一般涂料由四部分组成，它们是：

（1）成膜物质（树脂）。

（2）颜料。

（3）溶剂。

（4）助剂。

4. 树脂是主要的成膜物质，是涂料的基础，它是涂料成膜不可缺少的物质。颜料、溶剂和助剂不能单独成膜。

5. 涂料的许多特性，主要取决于成膜物质（树脂）的性能。

6. 涂料在干燥成膜过程中，溶剂和助剂挥发出去，颜料存在于树脂中形成涂膜膜。

二 树脂

1. 树脂是许多高分子复杂化合物相互溶解而成的混合物，有天然的、人工的、合成的树脂。

2. 树脂常温下多为黏稠的液体或固体，具有受热熔化的性能。

3. 一般树脂都具有可熔化和溶解于有机溶剂中，而难溶或不溶于水的性质。

4. 树脂能赋予涂膜以一定的保护与装饰的特性，如光泽、硬度、弹性、耐水性、耐酸碱性等。

5. 互溶性不好和溶解有局限性的树脂，都会限制它在涂料中的应用。

6. 目前涂料用的树脂按来源可分为天然树脂、人造树脂和合成树脂。

（1）天然树脂，包括松香、虫胶、沥青。

（2）人造树脂，有松香甘油酯、醋酸纤维素、硝酸纤维素等。

（3）合成树脂，有丙烯酸树脂、环氧树脂、聚氨酯树脂、聚酯树脂、醇酸树脂等。

7. 现在涂料中使用的树脂，以合成树脂为最多，而且涂料的性能最好。

8. 沥青可分为天然沥青和人造沥青两大类。

9. 人造沥青分为石油沥青、煤沥青、焦油沥青和脂肪沥青。

10. 在工业用途上有重要意义的聚氯乙烯树脂只有两类，即高分子量与低分子量的聚氯乙烯。

11. 聚氯乙烯树脂含氯量为44%～45%，它在干燥状态是白色粉末或粒状。

12. 丙烯酸树脂广泛用来制造各种用途的涂料，因为它具有以下极宝贵的性能：

（1）无色、透明。

（2）耐热、耐寒。

（3）在高温下不泛黄。

13. 酚醛树脂在涂料中的性能是耐酸、耐碱、耐热。

14. 醇酸树脂一般是黏稠液体或固体，都有热固性。

15. 环氧树脂是含有环氧基团的高分子化合物，主要由环氧氯丙烷和双酚基丙烷在碱作用下，缩聚而成的高分子聚合物。环氧树脂具有以下可贵的特性：

（1）黏合力强。

（2）收缩性小。

（3）稳定性高。

（4）耐化学品性优良。

（5）韧性好。

16. 汽车涂料中最早应用的树脂是植物油等天然树脂，之后使用干燥迅速、硬度高的硝酸纤维素树脂，为改善涂膜的光泽和丰满度，在硝酸纤维素的基础上加入了醇酸树脂。

17. 随着人工合成树脂技术的发展，汽车涂料使用了烘烤交联型醇酸树脂和氨基树脂、热塑性丙烯酸树脂和热固性丙烯酸树脂、环氧树脂等。

18. 目前汽车涂料中常用的树脂有以下几类：

（1）醇酸树脂。

（2）聚酯树脂，在汽车涂料中被大量应用。

（3）氨基树脂，用于汽车生产厂的涂装。

（4）丙烯酸树脂，其优点是颜色浅、变色性小、久晒不变黄、用于金属颜料不会发黄发暗。

（5）环氧树脂，是指含有环氧基团的高分子物。

19. 热固性丙烯酸树脂生产涂料，对钢铁、锌、铝的附着力都好，并且耐水性好、耐热性好，主要用于汽车工业。

三 颜料

1. 颜料是天然矿物、金属粉，或是化学合成的无机化合物、有机染料。

2. 颜料是一种微细粉末状的有色物质，它不溶于水或油。

3. 颜料在涂层中能阻挡紫外线的穿透力，很多颜料还具有吸收紫外线的功能，因而颜料也提高了涂层的防老化性能。

4. 在涂料的组成中，没有颜料或体质颜料的透明体，称为清漆；加有颜料或体质颜料的有色或不透明体，称为色漆；加有大量体质颜料的稠厚浆状体，称为腻子。

5. 颜料能赋予涂料的性能有：

（1）具有一定的遮盖力和颜色。

（2）增加漆膜的厚度。

（3）提高漆膜的耐磨性能。

（4）提高漆膜的耐热性能。

（5）提高漆膜的防锈性能。

6. 颜料具有适当的遮盖力、着色力、高分散度、鲜明的颜色和光稳定性等。

7. 颜料与染料的区别在于染料可溶于介质中，使被染物品全部染色，而颜料不溶于介质中，仅能使物品表面着色。

8. 一般来说，颜料的粒径越小，色调越深，亮度越大。

9. 颜料的特性有如下几点：

（1）遮盖力。颜料的遮盖力是能遮盖起涂膜的表面，使它不能透过涂膜而显露的能力。

（2）着色力。着色力是某一颜料与另一种颜料混合后形成颜色强弱的能力。着色力强，用量就少。

（3）耐溶剂性。一般无机颜料的耐溶剂性能较好，而有机颜料遇到某些溶剂会有褪色现象。

（4）颗粒大小。颜料颗粒的大小，不仅决定着颜料的特性，而且也决定着涂膜的质量。

（5）耐光性。颜料在光的作用下，颜色有不同程度的变化。

（6）粉化。涂膜后经过一定时间的曝晒后，成膜物被破坏，表面上的颜料无法牢固地继续留在涂膜里，而从涂膜中脱落，形成一个粉末层，可以被擦掉或用水洗掉。这种现象叫做粉化。

（7）水分。

（8）耐热性。

（9）吸油量。

（10）耐酸碱性能。

10. 颜料的遮盖力和着色力是颜料的两种不同性质。

11. 着色颜料在涂料中主要起着色和遮盖的作用。

12. 一般着色颜料具有白色、黑色或各种彩色，有如下几类：

（1）白色颜料。钛白、氧化锌（又名锌白）、锌钡白（又名立德粉）是主要的白色颜料。

（2）黑色颜料。炭黑、铁黑是常用的黑色颜料。

（3）黄色颜料。铅铬黄、铁黄是常用的黄色颜料。

（4）红色颜料。镉红、铁红为常用的红色颜料。

（5）蓝色颜料。铁蓝、酞青蓝是常用的蓝色颜料。

（6）绿色颜料。铅铬绿、酞菁绿是常用的绿色颜料。

13. 金属粉颜料主要有如下几类：

（1）铝粉颜料。铝粉颗粒呈平滑的鳞片状，显银色光泽，故称银粉。银粉色母的基质是铝粉。

（2）铜粉颜料。铜粉俗称金粉，是铜、锌合金的细粉，锌、铜比例不同，也会呈现不同的颜色。

（3）珠光颜料。珠光颜料独特的光学效果使以珠光涂料喷涂的汽车不仅具有传统的视觉感受，而且可以引起人们心灵深处的回应，产生一种奇妙的感受。

（4）超细二氧化钛。在汽车表面金属涂料中，特殊超细二氧化钛与铝粉颜料配合使用，可以出现人们熟悉的随角度异色效应。

14. 体质颜料也叫填充颜料，它不具有遮盖力和着色力，用以改进涂料的性能，并降低成本。

15. 体质颜料的主要功用有：

（1）增加涂膜厚度。

（2）提高机械性能，使涂膜经久坚硬、耐磨。

（3）为底漆增加粗糙度。

（4）减少涂料光泽。

（5）降低成本。

（6）改善涂料的涂刷性能。

（7）控制涂料的黏度。

（8）改进颜料的悬浮性能。

16. 各种防锈颜料的性质不同，它们的防锈作用机理也各不相同。

17. 防锈颜料可分为两类：

（1）化学性防锈颜料。例如，锌粉能提供阴极保护作用；红丹在阳极范围内发生钝化作用。

（2）物理性防锈颜料。阻止阳光和水分的透入，增加防锈效果。

18. 红丹是常用的化学性防锈颜料，但是不能用作铝等轻金属表面的防锈颜料。

四 溶剂

1. 涂料中使用溶剂是为了降低成膜物质的黏度以达到施工的要求。

2. 溶剂在涂料成膜过程中挥发掉，留下不挥发部分（树脂和颜料）形成坚硬的涂膜。

3. 溶剂是由真溶剂、助溶剂和冲淡剂按所需要的溶解性能和挥发速度配制而成的混合物。

4. 具有溶解涂料中的有机高聚物能力的是真溶剂。

5. 涂料中没有挥发性稀释剂称为无溶剂涂料，又呈现粉末状的则为粉末涂料；以一般有机溶剂为稀释剂的称为溶剂型涂料；以水作为稀释剂的则称为水性涂料。

6. 溶剂的种类很多，按其来源、化学成分不同，可分为以下几类：

（1）水。可以单独与醇类或醚醇类溶剂一起用作溶解水性树脂或水性颜料的溶剂。

（2）萜烯类溶剂。常用的有松节油，它的溶解力大于松香水，但低于苯类溶剂。

（3）烃类溶剂。烃类溶剂是涂料工业用量最多的一类。溶剂汽油又称200号溶剂或松香水。

（4）醇类溶剂。乙醇是一种极性很大的有机溶剂，甲醇能溶解硝化纤维素。

（5）酯类溶剂。它们的溶解力强，性质相似，只是沸点和蒸发速度有所不同。

（6）酮类溶剂。丙酮溶解力很强，是脱漆剂的主要组分之一。环已酮溶解力强，挥发速度慢。

7. 溶解在成膜物质中的溶剂，施工后应全部挥发掉，而无残余。

8. 在涂料的生产和施工过程中，选择溶剂时应考虑到溶剂对树脂的溶解力、挥发力。某些树脂或油脂只能溶解于某些类型的溶剂。

9. 每一类树脂在各种溶剂的溶解力是不同的。

10. 溶剂虽然是涂料中暂时存在的成分，施工后会从涂膜中挥发出去。然而溶剂对涂料成膜质量的影响是非常大的，溶剂的性质极大地影响着涂膜的外观和应用。

11. 溶剂的选择首先要考虑的是溶解力和挥发速率两个基本因素。

12. 溶剂挥发是涂料干燥过程的一部分。调整溶剂的挥发速率，可以控制干燥过程中各个阶段上的涂料黏度。在初干阶段，溶剂的挥发要相对快，但是为了达到一定的流平性和附着力，溶剂的挥发又必须要足够慢，这里就存在一个平衡问题。

13. 溶剂的溶解力与活性有关。

14. 如果溶剂挥发得太快，则湿膜的流平不好，不能产生很好的附着力。

15. 如果溶剂挥发得过慢，湿膜流平性很好，但垂直面的涂膜却会发生流挂。

16. 溶剂从湿膜中的挥发是一个非常复杂的过程，受到许多因素的影响：

（1）温度的影响。

（2）湿度的影响。

（3）空气的流动的影响。

（4）成膜物与溶剂相互作用的影响。

（5）湿涂膜时内部上下对流的影响。

（6）内层向表层扩散速度。

17. 溶剂的技术要求有如下几点：

（1）颜色浅。

（2）透明。

（3）化学性质稳定。

（4）刺激性气味少。

（5）毒性小。

（6）价格便宜。

（7）来源充足。

18. 溶剂释放性越低，其挥发率越差。

19. 溶剂的着火点必须较高，使用时绝对不能用明火，以防火灾和爆炸。

20. 有毒溶剂的蒸气，对人体具有危害性。可多喝开水，施工地必须有良好的通风设备，避免吸进溶剂和接触溶剂，尽量少用毒性强的溶剂，做好安全防护工作。

21. 稀释剂一般由溶剂、助溶剂和冲淡剂三个部分组成，也可能全部是溶剂或冲淡剂，或是两者的混合物。

22. 在涂料施工中，常用的稀释剂是用来溶解及稀释涂料，调整涂料的黏度，使之符合施工要求，以达到涂层表面子整光滑的目的。

23. 稀释剂的选配不当会导致很多涂膜缺陷。

24. 常用稀释剂有许多种，常用几种稀释剂的名称和用途如下：

（1）X-1硝基漆稀释剂，又名喷漆稀料、甲级信那水、甲级香蕉水、甲级天那水。是一种常用的硝基稀释剂，也可用来稀释各种热塑性丙烯酸漆。

（2）X-7环氧漆稀释剂，又名环氧稀料，可用来稀释由纯环氧树脂及高分子环氧树脂制成的清漆、底漆、磁漆及腻子、防腐漆。

（3）X-8沥青漆稀释剂，具有良好的流平性和稀释能力，但不能用于常温干燥的沥青漆。常温干燥的沥青漆的稀释剂，常用200号煤焦溶剂或200号溶剂汽油和二甲苯稀释。

五 汽车涂料用助剂

1. 在涂料中添加助剂，往往使涂料的某些性能起显著变化，但不能改变涂膜的根本性能。

2. 助剂一般用量很少，但所起的作用很大。

3. 涂料助剂的添加，可以改进涂料的生产工艺，提高涂料的质量和赋予涂料特殊功能，改善涂料的施工性能。

4. 依据助剂对汽车涂料和涂膜的作用可以分为：

（1）对涂料生产过程发生作用的助剂。如，消泡剂、湿润剂、分散剂、引发剂。

（2）对涂料储存过程中发生作用的助剂。如，防沉淀剂。

（3）在涂料施工成膜过程中挥发作用的助剂。如，催干剂、固化剂、流平剂、表面控制剂、静电调节剂。

（4）对涂膜性能产生影响的助剂。如，增塑剂、消光剂、防静电剂、光稳定剂、抗划伤剂。

5. 涂料在干燥成膜过程中如果流平性不好，得到的是一个橘皮状的不平整表面，从而影响涂膜的光泽度。

6. 涂膜流平的过程与下列因素有关：

（1）涂层的厚度。涂膜流平的过程与涂层厚度的3次方成反比。

（2）涂料的黏度。降低黏度有利于涂膜的流平。

（3）涂料的表面张力。表面张力的增加可以缩短流平的时间。

（4）溶剂的挥发。挥发慢流平效果较好。

7. 经研究发现，涂膜厚度减少一半，流平时间要增加8倍。

8. 固化剂能与合成树脂发生化学反应而使其干结成膜，而不是起到一般的催化剂作用。

9. 固化剂主要应用于不能自干或烘烤干结成膜的涂料中。

10. 随着涂料工业的发展，使用固化剂的涂料品种越来越多，以下为常用的固化剂：

（1）环氧漆固化剂，型号为H-1。它具有固化快、用量小的特性，但毒性及腐蚀性大，相对湿度大时不宜使用。

（2）聚胺酯漆固化剂，型号为H-3。该固化剂含有一定量的二异氰酸基，能与烃基反应，也可与水、酸、碱类基团反应，适于和聚胺酯漆类配套使用。

（3）聚酯漆固化剂，型号为H-6。其作用是使不饱和聚酯在室温条件下迅速固化。

11. 催干剂又称干料，不同于固化剂，是一种能够加速漆膜干燥的液体或固体。

12. 增塑剂也称柔软剂，是和成膜物质混合以增加其弹性和附着力的溶液。

13. 涂料中加入增塑剂，可以使涂膜的以下性能提高：

（1）耐冲击强度。

（2）弯曲性能。

（3）附着力。

14. 涂料中加入增塑剂可以使涂膜的以下性能下降：

（1）涂膜抗张强度。

（2）硬度。

（3）耐热性。

六 涂料的成膜方式

1. 涂料的成膜方式主要有以下几种：

（1）溶剂挥成膜型。

（2）氧化—聚合成膜型。

（3）烘烤聚合成膜型。

（4）与固化剂反应成膜型。

2. 溶剂挥发型涂料在常温下靠溶剂挥发干燥成膜。在干燥过程中，成膜物质的分子结构无显著的化学变化。

3. 氧化—聚合型涂料的干燥可在常温下进行。干燥过程大致分为两个阶段：

（1）第一阶段，溶剂从液态的涂膜中挥发出来。

（2）第二阶段，发生氧化和聚合反应，形成坚韧的涂膜。

4. 烘烤聚合型涂料必须在一定的温度下烘烤，使成膜物质分子中的官能基团发生交联反应而固化。每种涂料都有一定的烘烤温度，不可随意升高或降低，否则对涂膜的质量有影响。

5. 固化剂成膜型涂料的固化机理，是依靠固化剂中的活性基团引起成膜物质分子交联而固化。根据所用固化剂种类，可分为常温固化和高温固化两种。

七 涂料分类和命名

1. 我国涂料产品的分类是以涂料产品的用途为主线，并辅以主要成膜物的分类方法。

2. 根据成膜物质（树脂）的不同，涂料共分成17大类。

3. 涂料的型号用于区别具体涂料品种，位于涂料名称之前。

4. 涂料的型号由一个汉语拼音字母和几个阿拉伯数字组成。

5. 汉语拼音字母表示涂料类别代号，即哪类成膜物质，位于型号的最前部。17类涂料的类别代号如表3-5-1所列。

17类涂料类别代号　　表3-5-1

代　号	涂料类别	代　号	涂料类别
Y	油脂漆类	Y	稀树脂漆类
T	天然树脂类	B	丙烯酸漆类
F	酚醛漆类	Z	聚酯漆类
L	沥青漆类	H	环氧漆类
C	醇酸漆类	S	聚氨酯漆类
A	氨基漆类	W	元素有机漆类
Q	硝基漆类	J	橡胶漆类
M	纤维素漆类	E	其他漆类
G	聚氯乙烯漆类		

6. 我国涂料基本名称代号共有99种。

7. 我国涂料产品中的辅助材料目前共有五大类，如表3-5-2所列。

辅助材料代号　　表3-5-2

代　号	辅助材料名称	代　号	辅助材料名称
X	稀释剂	F	防潮剂
G	催干剂	T	脱漆剂
H	固化剂	—	—

8. 表3-5-3列出了几种涂料型号和名称示例。

涂料型号和名称示例　　表3-5-3

型　号	名　称	型　号	名　称
Q01—17	硝基清漆	G64—1	过氯乙烯可剥漆
Q04—36	白硝基球台磁漆	Q20—34	黑氨基无光烘干磁漆
H36—51	中绿环氧烘干电容器漆	S07—1	浅灰聚氨腻子（分装）
H52—98	铁红环氧酚醛干防腐底漆	Y36—31	红丹油性防锈漆

八 汽车用涂料的特点和要求

1. 轿车车身对涂料的装饰性、耐久性、保护性、保光性的要求很高。

2. 汽车用涂料品种分为以下几类：

（1）涂前表面处理用材料，主要包括清洗剂和磷化处理剂。

（2）汽车用底漆。

（3）汽车用中间涂料。

（4）汽车用面漆。

（5）辅助材料，有溶剂、粘尘涂料、抛光材料、防噪声浆等。

3. 汽车用中间层涂料，有以下四种不同功能的涂料：

（1）通用底漆，可直接涂于金属表面，具有一定的填平能力。

（2）腻子，是一种专供填平表面用的含体质颜料较多的涂料。

（3）二道浆，其功用介于通用底漆和腻子之间。

（4）封底漆，是涂面漆前的最后一道中间层涂料层。

4. 高固体化、水性化、粉末化，从20世纪60年代末期开始就一直是世界涂料行业开发新产品的基本方针和指导思想。

5. 汽车的耐候性、装饰性、耐潮湿性、抗污性等主要靠汽车面漆来实现。

6. 在实际施工中，涂料的烘干时间与下列因素有关：

（1）涂料的颜色。

（2）被涂工件的形状。

（3）被涂工件的材质。

（4）被涂工件的厚度。

例题解析

1 判断题

例题：一般树脂都具有可熔化和溶解于有水中，而难溶或不溶于有机溶剂的性质。（　）

解析：此题为判断题，如果此题正确，应（√），错误应（×）。此题是考查树脂特性方面的知识。一般树脂都具有可熔化和溶解于有机溶剂中而难溶或不溶于水的性质。所以此题答案为（×）。

2 单项选择题

例题：颜料在涂层中能阻挡紫外线的穿透力，因而颜料也提高了涂层的（　）作用。

A. 防腐蚀　　B. 抗冲击

C. 装饰性　　D. 防老化

解析：此题为单项选择题，只有一个正确答案，将选择的正确答案填在（　）内。此题是考核颜料性能方面的知识。颜料在涂层中能阻挡紫外线的穿透力，很多颜料还具有吸收紫外线的功能，因而颜料也提高了涂层的防老化作用。所以此题答案为（D）。

3 多项选择题

例题：一般涂料由四部分组成，它们是（　　）。

A. 成膜物质（树脂）　　B. 颜料

C. 溶剂　　D. 助剂

解析：此题为多项选择题，有一个或多个正确答案，将选择的正确答案填在（　　）内。此题是考核涂料基本组成方面的知识。一般涂料由四部分组成，它们是成膜物质（树脂）、颜料、溶剂、助剂。所以此题答案是（ABCD）。

习题及答案

一 习题

（一）判断题

1. 涂装是将涂料涂覆于经处理后的被涂表面，再经干燥成膜的工艺过程。（　）

2. 颜料的遮盖力和着色力是同一内涵的不同表达。 ( )

3. 树脂常温下是液态的，受热才能固化。 ( )

4. 颜料是一种不溶于水或油的细微粉末。 ( )

5. 一般颜料颗粒越小，色调越深，亮度越大。 ( )

6. 一般无机颜料的耐溶剂性比有机颜料好。 ( )

7. 丙烯酸树脂具有极宝贵的性能：无色、透明，耐热耐寒，在高温下不泛黄，因而广泛用来制造各种用途的涂料。 ( )

8. 体质颜料有增加涂膜厚度、耐磨性及提高底漆粗糙度的作用。 ( )

9. 防锈颜料根据其防锈机理不同，可分为化学防锈和物理防锈两类。 ( )

10. 红丹不能作为铝等轻金属的表面防锈颜料。 ( )

11. 水不能作为涂料中的溶剂。 ( )

12. 每一类树脂在各种不同溶剂中的溶解力是不同的。 ( )

13. 一般树脂都具有可熔化和溶解于水中，而难溶或不溶于有机溶剂的性质。 ( )

14. 溶解在成膜物质中的溶剂，施工后应全部挥发掉，无残余。 ( )

15. 溶剂的挥发是涂料干燥过程的一部分。 ( )

16. 溶剂的挥发快慢与附着力无关，与流平性有关。 ( )

17. 稀释剂一般由真溶剂、助溶剂和冲淡剂混合组成。 ( )

18. 稀释剂的选配不当会造成很多缺陷。 ( )

19. 汽车涂料用树脂最早应用的是植物油等合成树脂。 ( )

20. 涂料中添加助剂可改善施工性，赋予特殊功能。 ( )

21. 涂料的流平过程与光泽度无关。 ( )

22. 固化剂主要应用于不能自干或烤干结膜的涂料中。 ( )

23. 固化剂也称催干剂。 ( )

24. 增塑剂也称柔软剂。 ( )

25. 颜料为细粉状，或是天然矿物、金属粉，或是化学合成的无机化合物、有机染料。 ( )

26. 固化剂是一种具有催化作用的化合物。 ( )

27. 催干剂是一种能够保持漆膜干燥的液体或固体。 ( )

28. 铝粉颗粒呈平滑的鳞片状，显银色光泽，故称银粉。 ( )

29. 体质颜料也叫填充颜料，用以改进涂料性能并降低成本。 ( )

30. 醇酸树脂一般是黏稠的液体或固体，都具有热固性。 ( )

31. 颜料与染料的区别在于颜料可溶于介质中，而染料不溶于介质中。 ( )

32. 热固性树脂对钢铁、锌、铅附着力好，主要用于汽车工业。 ( )

33. 聚氯乙烯树脂含氯量为44%～45%，是白色粉。 ( )

34. 目前涂料中使用的树脂，以人造树脂为最多。 ( )

35. 体质颜料也叫填充颜料，不具遮盖力和着色力。 ( )

36. 铜粉俗称金粉，是铜、铝合金的细粉，铝、铜比例不同，会呈现不同的颜色。 ( )

37. 涂料中使用溶剂是为了降低成膜物的黏度以达到施工要求。 ( )

38. 涂料中添加助剂可以从根本上改变涂料的性能。 ( )

39. 溶剂的释放性越低，挥发率越高。 ( )

40. 在工业上，聚氯乙烯树脂只有两类，即高分子量与低分子量的聚氯乙烯。 ( )

（二）单项选择题

1.（　）用于汽车生产厂的涂装。

A. 聚氯乙烯树脂　　B. 环氧树脂

C. 硝酸纤维素　　D. 氨基树脂

2. 下列成膜方法中，成膜分子结构无显著化学变化的是（　）。

A. 溶剂挥发型　　B. 氧化聚合型

C. 烘烤聚合型　　D. 固化剂成膜型

3. 我国的涂料产品是按（　）作为分类依据的。

A. 色彩　　B. 适用工序

C. 成膜物　　D. 用途

4. 我国涂料产品型号编制中所包含的汉语拼音字母表示（　）。

A. 颜色　　B. 成膜物

C. 产品序号　　D. 用途

5. 我国涂料产品目前共分成（　）大类。

A. 12　　B. 15

C. 17　　D. 20

6. 我国涂料产品中的辅助材料目前共有（　）大类。

A. 3　　B. 4

C. 5　　D. 6

7. 颜料在涂层中能阻挡紫外线的穿透力，因而颜料也提高了涂层的（　）作用。

A. 防腐蚀　　B. 抗冲击

C. 装饰性　　D. 防老化

8. 在成膜物质的分类中，松香属于（　）类型。

A. 天然树脂　　B. 人造树脂

C. 合成树脂　　D. 油脂

9. 在成膜物质的分类中，硝酸纤维素属于（　）。

A. 天然树脂　　B. 人造树脂

C. 合成树脂　　D. 油脂

10. 在成膜物质的分类中，丙烯酸树脂属于（　）。

A. 天然树脂　　B. 人造树脂

C. 合成树脂　　D. 油脂

11. 涂膜的流平过程与膜厚有关，厚度减少一半，流平时间要增加（　）倍。

A. 1　　B. 2

C. 4　　D. 8

12. 涂料中加入增塑剂，（　）性能有所下降。

A. 耐冲击强度　　B. 附着能力

C. 耐热性　　D. 抗弯曲性

13. 在涂料的组成中，没有颜料或体质颜料的透明体，称为（　）。

A. 清漆　　B. 色漆

C. 腻子　　D. 底漆

14. 在涂料的组成中，加有大量体质颜料的稠厚浆状体，称为（　）。

A. 清漆　　B. 色漆
C. 腻子　　D. 底漆

15. 溶剂的溶解力与（　）有关。
A. 活性　　B. 温度　　C. 分子结构

16. 具有溶解涂料中的有机高聚物能力的是（　）。
A. 真溶剂　　B. 助溶剂　　C. 冲淡剂

17. 银粉色母的基质是（　）。
A. 铜粉　　B. 铝粉　　C. 锌粉

18. 酚醛树脂在涂料中的性能是（　）。
A. 耐酸、耐碱、耐热　　B. 耐化学性　　C. 耐氧化性

19. 涂料的许多特性，主要取决于（　）的性能。
A. 树脂　　B. 颜料
C. 添加剂　　D. 溶剂

20. 我国涂料基本名称代号共有（　）种。
A. 66　　B. 77
C. 88　　D. 99

21. 高固体化、水性化、粉末化是从（　）开始发展的。
A. 19世纪60年代　　B. 20世纪60年代
C. 19世纪80年代　　D. 21世纪初

22. 溶剂的着火点必须（　）。
A. 较低　　B. 较高　　C. 常温

（三）多项选择题

1. 随着人工合成树脂技术的发展，汽车涂料使用了（　）等。
A. 烘烤交联型醇酸树脂和氨基树脂
B. 热塑性丙烯酸树脂和热固性丙烯酸树脂
C. 环氧树脂
D. 聚氯乙烯树脂

2. 在下列涂料的组分中，形成涂膜后仍存在的物质是（　）。
A. 树脂　　B. 颜料
C. 助剂　　D. 溶剂

3. 在下列涂料的组分中，不能单独成膜的物质是（　）。
A. 树脂　　B. 颜料
C. 助剂　　D. 溶剂

4. 涂料具有的功能是（　）。
A. 保护　　B. 装饰
C. 绝缘　　D. 导电
E. 示温　　F. 隐身

5. 颜料在涂料中的作用是（　）。
A. 遮盖力　　B. 色彩
C. 耐磨　　D. 耐热
E. 防锈　　F. 增厚

6. 在实际施工中，涂料的烘干时间与（　　）等因素有关。

A. 涂料的颜色　B. 工件的形状　C. 工件的材质
D. 工件的厚度　E. 工件的质量

7. 一般涂料由四部分组成，它们是（　　）。

A. 成膜物质（树脂）　B. 颜料
C. 溶剂　D. 助剂

8. 树脂作为主要成膜物质应具备（　　）的特性。

A. 光泽　B. 硬度　C. 色彩
D. 耐水性　E. 耐酸碱　F. 弹性

9. 下列属于合成树脂的是（　　）。

A. 沥青　B. 环氧　C. 硝酸纤维素
D. 聚氨酯　E. 聚酯　F. 醇酸

10. 沥青的来源分为天然沥青和人造沥青，下列属于人造沥青的是（　　）。

A. 地沥青　B. 石油沥青　C. 煤沥青
D. 焦油沥青　E. 脂肪沥青

11. 环氧树脂的优点是（　　）。

A. 黏和力强　B. 收缩性小　C. 耐化学品性优良
D. 韧性好　E. 抗紫外线

12. 丙烯酸树脂的优点是（　　）。

A. 颜色浅　B. 变色性小
C. 久晒不变黄　D. 用于金属颜料不会发黄发暗

13. 颜料应该具备（　　）的特性。

A. 遮盖力　B. 着色力　C. 高分散度
D. 色彩鲜明　E. 光稳定性

14. 对溶剂的技术要求是（　　）。

A. 色浅　B. 透明　C. 化学性能稳定
D. 毒性小　E. 来源稳定

15. 涂料的流平性与（　　）因素有关。

A. 涂层厚度　B. 涂料黏度
C. 表面张力　D. 溶剂的挥发

16. 涂料中加入增塑剂后，（　　）性能有所下降。

A. 抗张强度　B. 硬度　C. 耐热性
D. 延伸性　E. 附着力

17. 轿车车身涂层对（　　）性能的要求很高。

A. 装饰性　B. 耐久性
C. 保护性　D. 保光性

18. 主要靠面漆来实现的性能有（　　）。

A. 耐候性　B. 装饰性　C. 耐湿性
D. 抗污性　E. 防腐性

19. 下列材料中，属于中间涂层范围的是（　　）。

A. 防锈底漆　B. 腻子　C. 二道浆

D. 封底漆　　　　E. 磷化底漆

20. 在稀料的组分中，（　　）物质对成膜物无溶解力。

A. 正溶剂　　　　B. 助溶剂

C. 添加剂　　　　D. 溶剂

21. 下列代表涂料型号的是（　　）。

A. S07−1　　　　B. G64−1　　　　C. X−5

D. H−1　　　　E. Q20−34

22. 下列（　　）的性能，会限制某些树脂在涂料中的用途。

A. 互溶性不好　　　　B. 颜色透明

C. 溶解有局限性　　　　D. 价格昂贵

二 习题答案

（一）判断题

1. ×	2. ×	3. ×	4. √	5. √	6. √	7. √	8. √	9. √	10. √
11. ×	12. √	13. ×	14. √	15. √	16. ×	17. √	18. √	19. ×	20. √
21. ×	22. √	23. ×	24. √	25. √	26. ×	27. ×	28. √	29. √	30. √
31. ×	32. √	33. ×	34. ×	35. √	36. ×	37. √	38. ×	39. ×	40. √

（二）单项选择题

1. D	2. A	3. C	4. B	5. C	6. C	7. D	8. A	9. B	10. C
11. D	12. C	13. A	14. C	15. A	16. A	17. B	18. A	19. A	20. D
21. B	22. B								

（三）多项选择题

1. ABC	2. AB	3. BCD	4. ABCDEF	5. ABCDEF
6. ABCD	7. ABCD	8. ABDEF	9. BDEF	10. BCDE
11. ABCD	12. ABCD	13. ABCDE	14. ABCDE	15. ABCD
16. ABC	17. ABCD	18. ABCD	19. BCD	20. CD
21. ABE	22. AC			

第6章 汽车修补涂装工具与设备

本章提要

1. 掌握涂装作业的基本工具；
2. 掌握腻子刮涂工具的种类和使用方法；
3. 熟悉研磨工具和材料；
4. 掌握无尘干磨系统的使用方法；
5. 掌握喷枪的种类和调整方法；
6. 掌握干燥烘烤设备的种类；
7. 熟悉空气压缩机的种类；
8. 掌握涂装对压缩空气的要求。

考纲要求

一 腻子刮涂工具

1. 刮板是刮涂腻子的主要手工工具，刮板的种类有：

（1）按其材料组成的不同，可分为金属刮板、塑料刮板、橡胶刮板。

（2）按其软硬程度不同，可分为硬刮板和软刮板。

2. 金属刮板属于硬刮板，塑料刮板、橡胶刮板属于软刮板。

3. 钢片金属刮板一般的厚度为0.3～0.4mm。

4. 软刮板主要适用于刮涂圆弧形、圆柱形和曲面形状的部位。

5. 刮板的刮口要平直，不能有齿形、缺口、弧形、弓形。

6. 刮板使用完毕后，要立即用溶剂清洗干净，以免影响下次使用效果。

7. 对于平面缺陷或凹坑较大部位应使用硬刮板。

二 打磨设备

1. 在汽车修补涂装工艺中研磨工艺的主要作用有三种：

（1）清除工件表面已老化或过厚的旧漆膜，确保涂装质量。

（2）对腻子部分进行研磨，达到整形修饰的效果。

（3）对平滑的表面进行恰当打粗处理，以增加涂层间的附着力。

2. 手工打磨的方法分为手工水磨和手工干磨。

3. 手工打磨的缺点有以下几点：

（1）工作效率低。

（2）劳动强度大。
（3）污水造成环境污染。
（4）涂膜容易产生橘皮、气泡、砂痕等质量缺陷。
（5）底材容易锈渍。
4. 随着科技的不断进步，专业研磨设备和工具不断推出，无尘干磨得到迅速推广。
5. 无尘干磨系统由以下几部分设备组成：
（1）打磨工具。
（2）供气与吸尘管道。
（3）吸尘设备。
（4）磨垫与砂纸。
（5）辅助系统。
6. 机械打磨工具按驱动方式可分为气动与电动两种。
7. 气动工具有如下优点：
（1）使用寿命长。
（2）使用轻便。
（3）维修简单。
（4）安全性好。
8. 根据打磨工具的运动方式分为：
（1）单向旋转式研磨机，主要用于除锈、去旧漆等粗磨工作。
（2）轨道式单振动研磨机，主要用于粗、中腻子平面打磨。
（3）双轨道式偏心振动研磨机，有不同的偏心振幅，适合不同类型的打磨。
9. 影响打磨速度与光洁度的因素有：
（1）打磨机的运动方式。
（2）选择砂纸颗粒的粗细。
（3）打磨机振动幅度的大小。
10. 打磨机的振动幅度大，磨腻子速度更快。
11. 打磨机的振动幅度小，保证在精细研磨时无任何划痕。
12. 研磨不同的材料，应采用不同的打磨机。
13. 研磨不同形状的底材，要选用不同的打磨机。
14. 细研磨机采用3mm，保证在精细磨时无任何划痕。
15. 常见的吸尘方式有三种，分别为：
（1）中央式多工位吸尘，适合大型维修站和工作量较大的维修使用。
（2）分离式单工位吸尘，适合小型维修站使用。
（3）简易袋式吸尘，属于被动式吸尘。
16. 九孔磨垫系统采用喷射流技术，吸尘效果更佳，砂纸的使用寿命可延长近30%。
17. 在研磨不同材料时，应用不同的磨垫：
（1）研磨腻子时应采用硬磨垫。
（2）研磨中涂底漆应采用软磨垫。
（3）研磨弧度较大形状复杂时，应采用超软磨垫。
（4）长时间工作时应采用耐高温磨垫。

三 砂纸

1. 砂纸用于除锈，砂磨旧涂层、腻子及漆面。

2. 磨料黏结牢固程度是砂纸质量的一个重要标志。

3. 制造砂纸的磨料根据原料可分为：

（1）氧化铝。氧化铝磨料硬度高、耐久性好、使用寿命长且不易在底层材料上产生较深的划痕。

（2）金刚砂（碳化硅）。常用于汽车旧漆面的砂磨，以及抛光前对涂面的砂磨。

（3）锆铝。锆铝的自磨刃特性和工作时产生热量少的特点大大减少了打磨阻力，减少了材料消耗，提高了工作效率和涂层质量。

4. 根据磨料在底板上的疏密分布情况可分为密砂纸和疏砂纸两种。

（1）密砂纸上的磨料几乎完全黏满磨料面，用于湿磨。

（2）疏砂纸的磨料只占磨料面积的50%～70%，适合干磨。

5. 水砂纸湿磨使用时应先浸水，特别是冬天气温低时，应用温水浸泡，以防止砂纸脆裂。

6. 搭扣式漆面干研磨砂纸由高性能氧化铝磨料制成。

7. 三维打磨材料是研磨颗粒附着在三维纤维上形成的打磨材料。

8. 三维打磨材料适合于打磨以下表面：

（1）外形复杂的表面。

（2）特殊材料的表面。

（3）可用于各种条件下的打磨，既可用于干磨，也可用于沾水磨。

9. 菜瓜布是三维打磨材料中的一种。

10. 使用硬橡胶打磨垫时，要外垫水砂纸，一般用于湿磨腻子层，把物体高凸的腻子部分打磨掉，使物面达到平整的要求。

11. 辊涂的涂面有一定的局限性，即只能辊涂平面。

12. 辊刷毛黏结在芯材上，其材料有纯羊毛、合成纤维和两者的混合物。

（1）一般纯羊毛因耐溶剂性强，适用于油性涂料及合成树脂。

（2）合成纤维因耐水性好，适用于水性涂料。

四 喷枪

1. 常用喷枪根据供应涂料的方式主要有：

（1）重力式喷枪，适合小面积的修补喷涂使用。

（2）吸上式喷枪，喷涂时稳定性良好，调换涂料容易。

（3）压送式喷枪，用于生产线涂装。

2. 汽车修理厂的涂装使用较普遍的是吸上式和重力式喷枪。

3. 喷枪的气帽上有多种气孔，其中与枪幅大小有关的是扇幅控制孔。

4. 影响空气喷枪出漆量的因素有喷枪口径、针阀行程。

5. 喷枪的调整项目有：

（1）调节喷幅。顺时针调节可以缩小喷幅；逆时针调节可以增大喷幅。

（2）调整出漆量。顺时针旋转针塞调节螺钉，减少涂料喷出量；逆时针旋转，增加涂料喷出量。

（3）要获得不同角度的喷截面，则可以旋转气流喷嘴。

6. 要获得高质量的镜面涂层，与涂料质量、底层基础、合格的喷枪、喷涂人员技术、施工环境因素有关。

7. 在喷涂中，操作人员要注意的基本喷涂技术要领有：喷涂气压、喷涂距离、喷枪移动速度、重叠幅度、喷涂角度。

（1）喷涂气压，一般喷涂气压为0.35～0.5MPa。

（2）喷涂距离，一般喷涂距离应保持在20～25cm。

（3）喷枪移动速度，要保持移动速度稳定，否则会导致涂层厚薄不均匀。

（4）重叠幅度，每一层喷涂幅度与上一层喷涂幅度必须重叠1/2～3/4。

（5）喷涂角度，无论被涂面是平面、垂直面、斜面、侧面，喷幅应始终与被涂面保持垂直。

8. 干燥速度较慢的涂料（如烘漆、双组分涂料）的喷枪移动速度以40～60cm/s为宜。

9. 在实际操作中，喷涂距离还需要根据施工环境温度、喷枪移动速度、涂料黏度等灵活掌握。

10. 喷枪移动速度过慢会造成涂膜流痕；过快会使涂膜粗糙无光、橘皮以及涂层过薄。

11. 测试喷枪雾化是否均匀时：

（1）如发现流痕长度基本一致，说明喷雾流是均匀的。

（2）如发现流痕两头长中间短，应做降低气压、减小枪幅等操作。

（3）如发现流痕中间长两头短，应做减小出漆量、提高气压等操作。

12. 造成涂膜不均匀的因素是气压不稳、喷涂角度不稳、喷涂距离不恒定、走枪速度不稳。

13. 高压无气喷涂设备的喷幅大小，由喷嘴决定。

14. 高压无气喷涂设备一般按驱动方式、压力比、喷出量分类。

15. 高压无气喷涂对工件及涂料的适应性靠喷涂压力、喷嘴口径来调节。

16. 高压无气喷涂具备的优点是：

（1）附着力好。

（2）雾化效果好。

（3）漆雾飞散少。

（4）喷涂效率高。

（5）涂层没有油水污染。

五 黏度计

1. 涂料的稀稠用涂料黏度的高低表示。

2. 涂-4黏度计用于测定黏度在10～150s之间的各种涂料产品，如空气喷涂的涂料黏度等。

3. 涂-4黏度计容量为100mL。

4. 使用涂-4黏度计测量涂料的黏度时，需要连续测量两次，两次测定值之差不应大于平均值的3%即为测试结果。

5. 在相同温度下，涂料的黏度秒数越大，黏度越高。

6. 空气喷涂一般适合的黏度为16～24s。

六 抛光设备

1. 抛光机按动力分类，有电动和气动两种。转速一般可调整。

2. 抛光机都是单向旋转式的，一般有磨砂和抛光双效功能。

3. 抛光盘有三种不同的材料：

（1）纯羊毛，其研磨力最强，用于清漆层抛光时要谨慎操作。

（2）人造纤维，研磨力次强，一般用于普通漆面和清漆层的抛光。

（3）海绵，研磨力弱，一般用于普通漆面和清漆层的抛光。

4. 三种抛光盘一般有三种颜色，各种颜色的抛光盘有不同的功能。

七 空气压缩机和空气分配系统

1. 目前使用的空气压缩机根据机械运动的方式基本分为三种：

（1）隔膜式空气压缩机，隔膜式空气压缩机供气量最小。

（2）活塞式空气压缩机，供气量中等，分一级压缩和二级压缩，二级压缩气压较高。

（3）螺杆式空气压缩机，自带的油气分离器，出气含油量小于$3mg/m^3$。

2. 螺杆式压缩机控制面板上显示的内容有：

（1）电源指示。

（2）运行指示。

（3）排气温度。

（4）排气压力。

（5）计时显示。

3. 压缩机自动调节系统的作用是安全、节能、降低机械损耗。

4. 活塞压缩机自动调节系统包括调压阀、安全阀、压力开关。

5. 螺杆式压缩机的优点是风压风量恒定、噪声小、气量大、自动化程度高。

6. 对压缩机每天都需要进行保养。

7. 空气压缩机日常保养的内容：放掉储气罐油、水分离器的水、检查曲轴箱润滑油、清洗或吹净空压机上灰尘。

8. 空气压缩机与墙和其他障碍物应距离空气压缩机30cm以上，以有利于空气流动，并有助于散热冷却。

9. 油水分离器应安装在主供气管道与空气压缩机相距8～10m的位置，提高油水分离效果。

10. 能避免压缩空气中水油及微粒的装置有：

（1）供气管道设置。

（2）油水分离器。

（3）气压调节器。

（4）空气干燥器。

八 加热烘干设备

1. 根据传热方式可把干燥设备分为三类：

（1）借热空气加热的对流式干燥设备。

（2）借电磁感应加热的感应式干燥设备。

（3）借热辐射加热的热辐射式干燥设备。紫外线固化、脉冲辐射固化、电子束固化属辐射加热。

2. 按照热空气在烘干室内的对流方式，对流烘干可分为强制对流式和自然对流式。

3. 对流式烘干的特点是：

（1）加热均匀。

（2）烘干温度范围大。

（3）升温时间长。

（4）占地面积大。

4. 对流式加热由于热量传导与溶剂蒸发方向相反，会产生针孔、起泡等涂膜病态。

5. 按照加热空气介质的方式，对流烘干室又有直接加热和间接加热两种类型。

6. 汽车修理行业中使用较普遍的燃油烤房属于直接加热、强制空气对流式烤房。

7. 目前，国内燃油式热空气对流干燥的低温烤漆房在汽车修理行业中使用较普遍。

8. 烤漆房应用计算机技术全自动操作控制，能自动控制风压、温度、时间。

9. 对流烤漆房在结构上采用了过压原理，无论是喷涂还是烘烤，室内风压均高于室外，使灰尘不能进入室内。

10. 对流加热烤房，在烘烤过程中空气循环加热，每次大约补充10%的新鲜空气，这样热量利用充分，节约能源。

11. 室内温度可调节，烘干时最高为80℃。

12. 一般室温从20℃升高至60℃不超过20min。

13. 由于喷涂烤漆房喷与烤在同一室体进行，喷涂时空气流速要大于烘烤时空气流速。

（1）一般喷涂时空气流速最好控制在0. 3 ~ 0.6m/s。

（2）对涂膜进行加温烘烤时空气流速应在0.05 m/s左右。

14. 汽车修补涂装温度调节一般以被烘烤物体表面温度为70℃为宜，不要超过80℃。若温度达到85℃以上会造成仪表、塑料件变形等，若90℃以上则可能引起燃油起火、爆炸等。

15. 要保证烤房安全正常运行，需定期检查过滤系统、排风系统、加热系统、电器系统、控制系统、照明系统。

16. 烤漆房内不能进行任何腻子打磨及其他打磨工作，也不要进行抛光作业。

17. 烤漆房最重要的是空气滤清系统，它与喷涂质量、施工人员健康、环境保护等有关。

18. 干式空气过滤系统主要包括有纸、棉、玻璃纤维、聚酯纤维等材料。

19. 干式空气过滤系统通过粗滤、中滤、细滤等措施能去除飞漆率达99.8%。

20. 干式空气过滤系统主要使用纸、棉、玻璃纤维、聚酯纤维等。

21. 人眼在涂膜表面所能见到的尘埃最小粒径为10 μ m。

22. 辐射式干燥的特点是辐射热不需任何中间介质（空气、液体），而靠电磁波传播热量。

23. 红外线和紫外线，它们都是电磁波，区别仅是波长不同。

24. 红外线与可见光一样，都是直线传播的。

25. 被吸收的红外线辐射能量转变成热能，使物体温度升高。被吸收的能量越大，物体的温度升得越高。

26. 到达被加热物体上的红外线辐射能量与红外线传播的距离有着密切的关系。

27. 红外辐射源至被加热物体之间的距离每增加一倍，达到物体的红外辐射能量便减少到原来的1/4。

28. 红外加热的效果，决定于被加热物体吸收红外线辐射能量的多少。

29. 远红外线比近红外线更适合用于涂料的干燥。

30. 远红外线辐射干燥速度快，时间是热空气对流干燥的1/10，近红外线辐射干燥的1/2。

31. 红外线干燥设备的特点是结构简单、效率高、投资少、占地面积小。

32. 红外线干燥有如下特点：

（1）干燥速度快并彻底。

（2）干燥质量好，可避免产生针孔、气泡等涂膜缺陷。

（3）红外线辐射具有方向性，可用于局部加热。

（4） 空气流动小，减少灰尘。

（5）效率高，短波红外加热比对流加热的效率可提高70%。

33. 影响红外辐射干燥速度的因素有：

（1）辐射源与受热面的距离。涂层干燥时，辐射源与受热面的距离为70～120cm。

（2）受热面的颜色。深色的比浅色的干燥快。

（3）受热件的形状。

（4）受热件的材质。抛光铝板对红外线吸收率最低。

（5）受热件的质量。工件质量越大，干燥时热量消耗多，干燥越慢。

34. 远红外干燥比一般红外线干燥能取得更好的效果。

例题解析

1 判断题

例题：重力式喷枪喷涂时稳定性良好，调换涂料容易。（ ）

解析：此题为判断题，如果此题正确，应（√），错误应（×）。此题是考核喷枪方面的知识。常用喷枪根据供应涂料的方式主要有：重力式喷枪，适合小面积的修补喷涂使用；吸上式喷枪，喷涂时稳定性良好，调换涂料容易；压送式喷枪，用于生产线涂装。所以此题答案为（×）。

2 单项选择题

例题：密砂纸上的磨料几乎完全黏满磨料面，用于（ ）。

A. 干磨　　B. 湿磨　　C. 抛光　　D. 除锈

解析：此题为单项选择题，只有一个正确答案，将选择的正确答案填在（ ）内。此题是考核研磨材料方面的知识。根据磨料在底板上的疏密分布情况可分为密砂纸和疏砂纸两种：密砂纸上的磨料几乎完全黏满磨料面，用于湿磨；疏砂纸的磨料只占磨料面积的50%～70%，适合干磨。所以此题答案为（B）。

 多项选择题

例题：喷枪的调整项目有（　　）。

A. 喷涂距离　　B. 出漆量调整　　C. 喷涂截面的角度　　D. 喷幅调节

解析：此题为多项选择题，有一个或多个正确答案，将选择的正确答案填在（　　）内。此题是考核喷枪调整方面的知识。喷枪的调整项目有：调节喷幅、调整出漆量、获得不同角度的喷截面。所以此题答案是（BCD）。

习题及答案

一 习题

（一）判断题

1. 刮板使用完毕后，要立即用溶剂清洗干净，以免影响下次使用效果。（　）
2. 橡胶刮板适用于平面缺陷的填补。（　）
3. 机械打磨工具都是采用电动的。（　）
4. 单向旋转式研磨机适用于平面打磨。（　）
5. 打磨机研磨光洁度与砂纸粗细有关，与振动幅度大小无关。（　）
6. 简易袋式吸尘，属于主动式吸尘。（　）
7. 打磨机振动幅度小，不易产生划痕。（　）
8. 研磨不同材料，应用不同打磨机。（　）
9. 研磨不同形状的底材，要选用不同的打磨机。（　）
10. 根据磨料在底板上疏密分布不同，疏砂纸适合湿磨。（　）
11. 一般干磨砂纸的磨料采用氧化铝。（　）
12. 磨料切削力是砂纸质量的一个重要标志。（　）
13. 三维打磨材料是指研磨砂附着在三维纤维上形成的打磨材料。（　）
14. 涂油性涂料时，应选用辊刷毛为合成纤维的辊筒。（　）
15. 辊筒涂装只适合平面工件的施工。（　）
16. 涂料黏度秒数越大，黏度越低。（　）
17. 空气喷涂的涂料黏度一般用涂-4黏度计测量。（　）
18. 金刚砂砂纸常用于汽车旧漆面的砂磨，以及抛光前对涂面的砂磨。（　）
19. 抛光机都是单向旋转式的，一般具有砂磨和抛光机双效功能。（　）
20. 抛光机按动力分为电动和气动两种，转速可调。（　）
21. 抛光盘颜色不同，功能不同。（　）
22. 活塞式压缩机分一级压缩和二级压缩，二级压缩气压较高。（　）
23. 对空气压缩机每天都需要保养。（　）
24. 重力式喷枪喷涂时稳定性良好，调换涂料容易。（　）
25. 目前，修理厂用的燃油烤房属直接加热式。（　）
26. 目前，修理厂用的燃油烤房属间接加热式。（　）

27. 目前，修理厂用的燃油烤房属自然对流式。（ ）
28. 目前，修理厂用的燃油烤房属强制对流式。（ ）
29. 喷烤合一的烤漆房，喷涂时与烘烤时的空气流速是一样的。（ ）
30. 喷烤合一的烤漆房，喷涂时的空气流速小于烘烤时的空气流速。（ ）
31. 测试喷枪雾化是否均匀时，如发现流痕长度基本一致，说明喷雾流是均匀的。（ ）
32. 无论被涂面是平面、垂直面、斜面、侧面，喷幅应始终与被涂面保持平行。（ ）
33. 烤漆房烘干时，温度最高不超过80℃，若温度超过90℃可能引起爆炸等。（ ）
34. 烤漆房内不能进行任何打磨及抛光作业。（ ）
35. 红外线、紫外线都是电磁波，但两者的波长不同。（ ）
36. 红外线辐射不需要空气来传导。（ ）
37. 红外线辐射能量与传播距离无关。（ ）
38. 红外线加热，被加热材料的干燥速度与其对红外线能量吸收速度有关。（ ）
39. 红外线加热，被加热材料深色越深，干燥越慢。（ ）
40. 红外线加热，被加热工件的质量越大，干燥越慢。（ ）
41. 涂料的稀稠用涂料干燥度的高低表示。（ ）
42. 远红外线比一般红外线干燥能取得更好的效果。（ ）
43. 金属刮板是属于软刮板的一种。（ ）
44. 打磨机振动幅度大，磨腻子速度快。（ ）
45. 锆铝磨料有独特的研磨刃性，研磨时产生热量少。（ ）
46. 高压无气喷涂设备的喷幅大小，由喷嘴决定。（ ）
47. 空气压缩机应尽可能放在室外通风的地方。（ ）
48. 喷涂时，烤房内的气压应大于房外的气压。（ ）
49. 烤漆房烘烤时，房内的气压应小于烤房外的气压。（ ）
50. 红外线是直线传播的。（ ）

（二）单项选择题

1. 对于平面缺陷或凹坑较大部位应使用（ ）。
A. 软刮板 B. 硬刮板 C. 塑料刮板 D. 橡胶刮板
2. 要保持精细打磨无划痕，应采用振幅为（ ）mm的打磨机。
A. 3 B. 5 C. 7 D. 10
3. 打磨工具配有不同软硬的打磨垫，磨腻子一般采用（ ）。
A. 硬磨垫 B. 软磨垫 C. 超软磨垫 D. 耐高温磨垫
4. 打磨工具配有不同的打磨垫，研磨中途底漆一般采用（ ）。
A. 硬磨垫 B. 软磨垫 C. 超软磨垫 D. 耐高温磨垫
5. 打磨工具配有不同打磨垫，研磨带有弧形的工件选用（ ）。
A. 硬磨垫 B. 软磨垫 C. 超软磨垫 D. 耐高温磨垫
6. 九孔磨垫系统采用喷射流技术，吸尘效果更佳，砂纸的使用寿命延长近（ ）。
A. 10% B. 20% C. 30% D. 40%
7. 下列三种不同形式的打磨工具，用于除锈、脱漆等粗磨工作的是（ ）。
A. 单向旋转式 B. 轨道式单振动式 C. 双轨道偏心振动
8. 下列三种不同形式的打磨工具，适用于平面打磨的是（ ）。
A. 单向旋转式 B. 轨道式单振动式 C. 双轨道偏心振动

9. 干磨吸尘方法中，适合大型维修站使用的吸尘方法是（　　）。

A. 中央式多工位吸尘系统

B. 分离式单工位吸尘系统

C. 简易袋式吸尘系统

10. 喷枪的气帽上有多种气孔，其中与枪幅大小有关的是（　　）。

A. 主雾化孔　　B. 辅助雾化孔　　C. 扇幅控制孔　　D. 出漆孔

11. 常规空气喷枪一般气压调节范围是（　　）MPa。

A. 0.25 ~ 0.35　　B. 0.35 ~ 0.5　　C. 0.5 ~ 0.7　　D. 0.7 ~ 0.8

12. 常规空气喷枪一般喷涂距离应保持在（　　）cm。

A. 10 ~ 15　　B. 15 ~ 20　　C. 20 ~ 25　　D. 25 ~ 30

13. 常规空气喷枪喷涂双组分涂料时，喷枪移动速度为（　　）cm/s。

A. 20 ~ 30　　B. 30 ~ 40　　C. 40 ~ 60　　D. 60 ~ 80

14. 使用常规喷枪喷涂时，枪幅重叠（　　）。

A. 1/3 ~ 1/4　　B. 1/2 ~ 3/4　　C. 1/5 ~ 1/6　　D. 1/4 ~ 1/5

15. 水砂纸在冬天气温低时，应用（　　）浸泡，以防止砂纸脆裂。

A. 温水　　B. 冷水　　C. 酒精　　D. 信那水

16. 涂-4黏度计容量为（　　）mL。

A. 50　　B. 80　　C. 100　　D. 150

17. 涂- 4黏度计可测定黏度范围为（　　）s。

A. 10 ~ 50　　B. 50 ~ 100　　C. 100 ~ 150　　D. 10 ~ 150

18. 下列抛光盘中，研磨力最强的是（　　）。

A. 羊毛盘　　B. 人造纤维盘　　C. 海绵盘

19. 属于三维打磨材料的是（　　）。

A. 羊毛盘　　B. 砂纸　　C. 菜瓜布

20. 螺杆式压缩机内带油水分离器，使出气含油量小于（　　）mg/m^3。

A. 1　　B. 2　　C. 3　　D. 4

21. 空气压缩机与墙和其他障碍物应当保持（　　）cm以上的距离。

A. 20　　B. 30　　C. 50　　D. 80

22. 安装油水分离器时，与空气压缩机的距离最好为（　　）m。

A. 2 ~ 3　　B. 3 ~ 5　　C. 5 ~ 7　　D. 8 ~ 10

23. 用于生产线涂装的喷枪是（　　）。

A. 重力式　　B. 吸上式　　C. 压力式

24. 对流加热烤房加热烘烤过程，每次约补充（　　）新鲜空气。

A. 10%　　B. 20%　　C. 30%　　D. 40%

25. 在烤房喷涂时，空气流速最好控制在（　　）m/s。

A. 0.03 ~ 0.06　　B. 0.04 ~ 0.07　　C. 0.3 ~ 0.6　　D. 3 ~ 6

26. 烤房加热烘烤时，空气流速控制在（　　）m/s左右。

A. 0.03　　B. 0.04　　C. 0.05　　D. 0.06

27. 烤漆房一般室温从20 ℃升高至60 ℃应不超过（　　）min。

A. 10　　B. 20　　C. 30　　D. 40

28. 使用涂-4黏度计测量涂料的黏度时，两次测定值之差不应大于平均值的（　　）即为测试结果。

A. 1% B. 2% C. 3% D. 4%

29. 红外线辐射传播距离每增加一倍，达到物体的红外辐射能量便减少到原来的（ ）。

A. 1倍 B. 1/2 C. 1/4 D. 1/8

30. 远红外干燥速度是空气对流式的（ ）。

A. 1/2 B. 1/4 C. 1/8 D. 1/10

31. 红外辐射到达物体会出现下列情况，能使物体温度升高的是（ ）。

A. 被物体表面反射 B. 被物体表面吸收 C. 被物体表面折射

32. 涂层干燥时，红外辐射源与工件距离为（ ）cm。

A. 30～50 B. 50～80 C. 70～120 D. 120～180

33. 短波红外加热比对流加热的效率可提高（ ）。

A. 30% B. 40% C. 50% D. 70%

34. 密砂纸上的磨料几乎完全黏满磨料面，用于（ ）。

A. 干磨 B. 湿磨 C. 抛光 D. 除锈

35. 涂刮腻子的金属刮板一般采用厚度为（ ）cm的钢片。

A. 1～2 B. 2～3 C. 0.1～0.2 D. 0.3～0.4

36. 小面积的喷涂修补使用（ ）最合适。

A. 吸上式喷枪 B. 重力式喷枪 C. 压送式喷枪 D. 加压式喷枪

37. 空气喷涂一般适合的黏度为（ ）s。

A. 10～15 B. 16～24 C. 20～30 D. 25～35

38. 目前使用的空压机有多种形式，供气量最小的是（ ）空压机。

A. 活塞式 B. 螺杆式 C. 隔膜式 D. 离心式

39. 燃油式烤房属于（ ）干燥设备。

A. 对流式 B. 辐射式 C. 感应式

40. 人眼在涂膜上能看见到最小尘埃有（ ）μm。

A. 5 B. 10 C. 15 D. 20

41. 以下（ ）不是红外烘烤的特点。

A. 干燥彻底 B. 减少灰尘 C. 易产生针孔 D. 具有方向性

（三）多项选择题

1. 刮板的刮口不允许出现（ ）等情况。

A. 齿形 B. 缺口 C. 弧形

D. 弓形 E. 有弹性

2. 砂纸可以用于（ ）。

A. 除锈 B. 研磨旧涂层 C. 研磨腻子

D. 研磨漆面 E. 刮腻子

3. 手工水磨的缺点是（ ）。

A. 效率低 B. 劳动强度大 C. 污染环境

D. 易生锈 E. 产生气泡

4. 无尘干磨系统包括（ ）等设备。

A. 打磨头 B. 供气及吸尘管道 C. 吸尘设备

D. 磨垫及砂纸 E. 辅助系统

5. 气动打磨工具的优点是（ ）。

A. 寿命长　　B. 使用轻便

C. 维修简单　　D. 安全性好

6. 下列会影响打磨速度与光洁度的因素有（ ）。

A. 运动方式　　B. 砂纸粗细

C. 振幅大小　　D. 施工环境温度

7. 氧化铝磨料的特点是（ ）。

A. 硬度高　　B. 耐久性好

C. 使用寿命长　　D. 易产生较深划痕

8. 汽车维修中，砂纸上使用的磨料有（ ）。

A. 氧化铝　　B. 石英砂

C. 碳化硅　　D. 锆铝

9. 三维打磨材料适合于（ ）情况下研磨。

A. 外形复杂工件　　B. 特殊材料表面　　C. 干磨

D. 沾水磨　　E. 粗磨

10. 根据磨料在底板上的疏密分布情况可分为（ ）。

A. 密砂纸　　B. 水砂纸

C. 干磨砂纸　　D. 疏砂纸

11. 要获得高质量的镜面涂层，与（ ）因素有关。

A. 涂料质量　　B. 底层基础　　C. 合格的喷枪

D. 喷涂人员技术　　E. 施工环境

12. 测试喷枪雾化是否均匀时，如发现流痕两头长中间短，应做（ ）等操作。

A. 增加气压　　B. 降低气压

C. 减小枪幅　　D. 加大枪幅

13. 测试喷枪雾化是否均匀时，如发现流痕中间长两头短，应做（ ）等操作。

A. 增加出漆量　　B. 减小出漆量

C. 提高气压　　D. 降低气压

14. 造成涂膜不均匀的因素是（ ）。

A. 气压不稳　　B. 喷涂角度不稳

C. 喷涂距离不恒定　　D. 走枪速度不稳

15. 高压无气喷涂具备的优点是（ ）。

A. 附着力好　　B. 雾化效果好　　C. 漆雾飞散少

D. 喷涂效率高　　E. 涂层没有油水污染　　F. 适合各种面漆涂饰

16. 高压无气喷涂设备一般的分类方式是（ ）。

A. 施工环境　　B. 施工对象　　C. 驱动方式

D. 压力比　　E. 喷出量

17. 高压无气喷涂对工件及涂料的适应性靠（ ）来调节。

A. 雾化气压　　B. 喷涂压力

C. 喷嘴口径　　D. 扇幅气道压力

18. 喷枪移动速度过快会产生（ ）涂膜缺陷。

A. 流痕　　B. 粗糙无光

C. 橘皮　　　　D. 涂层过薄

19. 活塞压缩机自动调节系统包括（　　）。

A. 放水阀　　　　B. 调压阀

C. 安全阀　　　　D. 压力开关

20. 螺杆式压缩机的优点是（　　）。

A. 风压风量恒定　　B. 噪声小　　C. 价格低

D. 气量大　　E. 自动化程度高

21. 螺杆式压缩机控制面板上显示的内容有（　　）。

A. 电源指示　　B. 运行指示　　C. 排气温度

D. 排气压力　　E. 计时显示

22. 空气压缩机日常保养的内容有（　　）。

A. 放掉储气罐油、水分离器的水　　B. 检查曲轴箱润滑油

C. 清洗或吹净空压机上灰尘　　D. 清洗空气滤清器

23. 能避免压缩空气中水油及微粒的装置有（　　）。

A. 供气管道设置　　B. 油水分离器　　C. 气压调节器

D. 空气干燥器　　E. 软管　　F. 阀门

24. 属于喷涂基本技术要领的是（　　）。

A. 喷涂气压　　B. 喷涂距离　　C. 喷涂角度

D. 走枪速度　　E. 重叠幅度　　F. 喷涂路线

25. 对流式烘干的特点是（　　）。

A. 加热均匀　　B. 烘干温度范围大　　C. 升温时间长

D. 占地面积大　　E. 热能消耗少

26. 对流式加热由于热量传导与溶剂蒸发方向相反，会产生（　　）等涂膜病态。

A. 流挂　　B. 橘纹　　C. 针孔

D. 起泡　　E. 脱皮

27. 在实际操作中，喷涂距离还需要根据（　　）等灵活掌握。

A. 施工环境温度　　B. 喷枪移动速度

C. 涂料黏度　　D. 涂料遮盖力

28. 要保证烤房安全正常运行，需定期检查（　　）。

A. 过滤系统　　B. 排风系统　　C. 加热系统

D. 电器系统　　E. 控制系统　　F. 照明系统

29. 干式空气过滤系统主要包括有（　　）等材料。

A. 纸　　B. 棉　　C. 玻璃纤维

D. 聚酯纤维　　E. 石棉纤维

30. 干式空气过滤系统通过（　　）等措施能去除飞漆率达99.8%。

A. 粗滤　　B. 中滤

C. 细滤　　D. 精滤

31. 喷枪的调整项目有（　　）。

A. 喷涂距离　　B. 出漆量调整

C. 喷涂截面的角度　　D. 喷幅调节

32. 影响红外辐射干燥速度的因素有（　　）。

A.受热件的质量

B. 受热面的颜色

C. 受热件的形状

D. 受热件的材质

E. 辐射源与受热面的距离

33. 下列干燥固化方法中，（　　）属辐射加热。

A. 紫外线固化

B. 脉冲辐射固化

C. 电子束固化

D. 电磁感应固化

34. 涂装工艺中，打磨工序的主要作用是（　　）。

A. 清除老化破损旧漆膜

B. 整形修饰

C. 提高光泽

D. 粗化提高附着力

35. 影响空气喷枪出漆量的因素有（　　）。

A. 主雾化孔

B. 辅助气孔

C. 喷枪口径

D. 针阀行程

E. 扇帽孔

36. 汽车修理厂的涂装使用较普遍的是（　　）。

A. 吸上式喷枪

B. 重力式喷枪

C. 压力式喷枪

D. 静电喷枪

37. 压缩机自动调节系统的作用是（　　）。

A. 安全

B. 节能

C. 降低机械损耗

D. 环保

38. 烤漆房最重要的是空气滤清系统，它与（　　）有关。

A. 喷涂质量

B. 喷涂效率

C. 施工人员健康

D. 环境保护

39. 红外线干燥设备的特点是（　　）。

A. 结构简单

B. 效率高

C. 投资少

D. 占地面积小

E. 与受热件距离无关

二 习题答案

（一）判断题

1. ✓　2. ×　3. ×　4. ×　5. ×　6. ×　7. ✓　8. ✓　9. ✓　10. ×
11. ✓　12. ×　13. ✓　14. ×　15. ✓　16. ×　17. ✓　18. ✓　19. ✓　20. ✓
21. ✓　22. ✓　23. ✓　24. ×　25. ✓　26. ×　27. ×　28. ✓　29. ×　30. ×
31. ✓　32. ×　33. ✓　34. ✓　35. ✓　36. ✓　37. ×　38. ✓　39. ×　40. ✓
41. ×　42. ✓　43. ×　44. ✓　45. ✓　46. ✓　47. ×　48. ✓　49. ×　50. ✓

（二）单项选择题

1. B　2. A　3. A　4. B　5. C　6. C　7. A　8. B　9. A　10. C
11. B　12. C　13. C　14. B　15. A　16. C　17. D　18. A　19. C　20. C
21. B　22. D　23. C　24. A　25. C　26. C　27. B　28. C　29. C　30. D
31. B　32. C　33. D　34. B　35. D　36. B　37. B　38. C　39. A　40. B
41. C

（三）多项选择题

1. ABCD　2. ABCD　3. ABCDE　4. ABCDE　5. ABCD

6. ABC	7. ABC	8. ACD	9. ABCD	10. AD
11. ABCDE	12. BC	13. BC	14. ABCD	15. ABCDE
16. CDE	17. BC	18. BCD	19. BCD	20. ABDE
21. ABCDE	22. ABC	23. ABCD	24. ABCDE	25. ABCD
26. CD	27. ABC	28. ABCDEF	29. ABCD	30. ABC
31. BCD	32. ABCDE	33. ABC	34. ABD	35. CD
36. AB	37. ABC	38. ACD	39. ABCD	

第7章 汽车修补涂装

本章提要

1. 掌握涂装前表面处理的项目和要求；
2. 掌握不同车身材料的零件喷涂前需要做的处理工作；
3. 熟悉底漆的作用；
4. 掌握底漆的施工注意事项；
5. 掌握腻子的特性；
6. 掌握腻子的施工注意事项；
7. 熟悉中涂底漆的要求；
8. 掌握车中涂底漆的施工注意事项；
9. 掌握喷涂前遮护的操作；
10. 掌握面漆的种类；
11. 掌握不同种类面漆的施工要点；
12. 掌握面漆涂层的抛光与打蜡施工工艺；
13. 掌握汽车修补基本流程。

考纲要求

一 涂装前表面处理

1. 为了提高涂膜质量，延长漆膜的使用寿命，要做到以下几点：

（1）完善的表面处理。

（2）合理选择涂料。

（3）正确的施工工艺。

（4）适合的使用环境。

2. 工件表面预处理是涂装工艺的第一步，表面预处理质量的好坏，将直接影响涂层质量。

3. 表面经过预处理，使底材表面达到以下要求：

（1）无油。

（2）无锈。

（3）无水。

（4）无尘。

（5）无其他污物。

（6）具有一定的粗糙度。

4. 涂装表面预处理的作用有：

（1）保证涂层质量。

（2）增强涂膜在底材上的附着力。

（3）提高涂膜的耐腐蚀能力。

（4）改进涂层的外观。

5. 良好的前处理也会减少面涂层的橘皮。

6. 要根据被涂物的用途、材质、形状和表面状况，采取不同的与之相适应的处理方法。

7. 空气中的水分、氧气、工业污染物等，会使钢铁表面产生锈蚀。

8. 旧车修理时，常发现积水处、弯角、饰条处、积垢处易产生锈蚀，腐蚀严重时，被蚀物质会填满锈坑。

9. 为了增强金属的耐腐蚀能力，底材用酸性金属处理液进行处理，形成化学处理涂层（如磷化、钝化等）以提高耐蚀能力。

10. 铅、铝制品不耐碱，不能用强碱液清洗。

11. 锌表面光滑，并会与涂料反应生成锌皂影响附着力，故需作磷化处理。

12. 对于镀锌金属表面有以下处理方法：

（1）黄膜铬酸盐处理。

（2）磷酸盐膜处理。

13. 纯铝的机械强度较低。铝合金机械强度大为提高。

14. 塑料由于以下缺点，造成对涂层的附着力较低：

（1）极性小。

（2）结晶度大。

（3）表面张力低。

（4）湿润性差。

（5）表面光滑。

15. 提高涂层对塑料制品的附着力和减少塑料涂层的各种缺点，其方法有以下几种：

（1）物理处理，包括火焰处理和紫外线辐射处理两种方法。

（2）除静电，喷涂前塑料表面一定要用除静电剂进行处理。

（3）表面脱脂、除尘、退火处理。

（4）化学处理，包括酸性氧化处理和溶剂处理。

16. 汽车修补中的表面预处理，应根据涂层的表面状况、不同的物件来采用相应的方法。

17. 用除油剂脱脂除油处理时，一次清除的面积不应大于0.2 ~ 0.3m^2，应一块一块地进行。在进行大面积清洗时，要注意经常更换抹布。

二 底漆的施工

1. 底漆的作用主要是提供附着力和防腐蚀，一般不具备填补车身表面缺陷的能力。

2. 常用的汽车修补涂装底漆有：磷化底漆、环氧底漆、聚氨酯底漆等。

3. 磷化底漆涂层一般称为转换涂层。

4. 调配磷化底漆可选用搪瓷、塑料、陶瓷、玻璃等非金属材质的容器。

5. 磷化底漆适用于各种金属，如钢、铁、铝、铜及铝镁合金等。

6. 磷化底漆能代替磷化处理，一般不能单独作为底漆使用。

7. 磷化底漆漆膜厚度以10 ~ 15 μ m为宜，厚了效果反而差。

8. 磷化底漆调配后一般要放置20min（20℃）再使用。

9. 环氧底漆是汽车涂层面进行较大的整修工作时的最佳选择，它的优点有：

（1）环氧底漆附着力、耐蚀性能、封闭性好。

（2）耐化学品性能及耐碱性能非常突出。

（3）漆膜柔韧性好、硬度高。

（4）对铝镁合金及轻金属、钢铁、玻璃钢等有极好的附着力。

三 腻子与中涂底漆的施工

1. 在进行腻子施工前，钣金件的表面必须做到：

（1）圆顺平整、线条分明、过渡自然。

（2）尽量减少凹凸现象。

（3）焊疤过高须用电动砂轮磨平。

（4）不允许在钣金件上存在裂纹、开口等问题。

（5）表面平整度的变形量应不超过2mm。

2. 大多数腻子与金属的附着力比涂料差。

3. 汽车修补用腻子的特性有：

（1）与底漆、中涂底漆及面漆有良好配套性，有较强的层间黏合力。

（2）具有良好的刮涂性能。

（3）打磨性能良好，能适应干磨或湿磨。

（4）干燥性能良好，能在规定时间内干燥、打磨。

（5）形成的腻子层要有一定韧性和硬度。

（6）具有较好的耐溶剂和耐潮湿性。

4. 调配聚酯腻子，固化剂按主剂的2% ~ 3%的比例加入。

5. 聚酯腻子调配好后，要在7 ~ 10min内用完，否则腻子会固化而无法施工。

6. 一次刮涂腻子层厚度不要超过5mm。

7. 刮涂第一层腻子时只求平整，不求光滑。

8. 过厚的腻子层会降低涂层的机械强度，故腻子厚度不应超过5mm。

9. 打磨腻子时注意只能干磨，不能水磨。

10. 腻子的吸水性很强，当水磨残留水分不能很好地挥发时，会导致漆膜起泡、“痱子”、“剥落”，金属底材锈蚀等现象。

11. 打磨腻子层主要是为了取得平整光滑的表面。

12. 干磨可分为手工打磨和机械打磨。

13. 腻子第一道打磨只要求初步平整，不求光滑。

14. 机械打磨腻子层用时不可采用单旋转打磨机打磨。

15. 打磨机应把其平放在打磨面上，而不是倾斜放置，在腻子涂刮的范围内以连续直线移动。

16. 腻子打磨后应使用菜瓜布清洁，然后用吹尘枪吹净表面灰尘，不能使用除油剂或类似清洁剂清洁表面。

17. 腻子打磨后的质量要求有：

（1）底材应平整、光滑。

（2）表面无砂孔、无缺陷。

（3）底材边缘无锯齿形。

（4）局部涂腻子边缘平整光滑，且无接口痕迹。

18. 普通腻子不能直接用在镀锌板上，只有专用的钣金腻子才可以。

19. 调配腻子时，若固化剂加入太少会引起：

（1）腻子干燥慢。

（2）附着力差。

（3）易起泡、剥落。

（4）打磨时腻子边缘平滑性差。

20. 固化剂太多易产生气孔，还会使面漆产生腻子印。

21. 腻子主剂与固化剂配制后，要在可使用时间（一般为7～10min）之内用完。

22. 不要把腻子刮涂在酚醛底漆、醇酸底漆和磷化底漆上，以免产生脱落、起泡现象。

23. 腻子可直接刮涂于黑色金属表面、高温烤漆和双组分底漆上。

24. 快干腻子俗称填眼灰，此类腻子颗粒细腻、快干、易打磨、腻子边缘平滑。

25. 使用P120干磨砂纸打磨羽状边。

26. 羽状边距离裸金属凹陷至少7～8cm，羽状宽度至少10mm。

27. 腻子刮涂范围在羽状边范围内。

28. 中涂底漆要有一定的附着力、耐溶剂性、封闭性、填充性以及与底漆面漆的配套性。

29. 在汽车修补涂装行业，有着广泛应用的中涂底漆是双组分丙烯酸聚氨酯底漆。

四 遮护

1. 遮护是一种保护方法，使用胶带或纸盖住不需要修饰的表面。

2. 一般情况下，如果给后门喷面漆，它的漆雾可以扩展至车门以外1~2m。

3. 使用反向遮护法，以防止遮护区与涂饰区产生喷涂台阶。

4. 在涂料易于聚积的地方（例如板边、沿特征线或要涂厚涂料的区域），贴双层遮护胶带和纸，可以防止涂料透入遮护材料。

5. 沿边界的遮护胶带，应在涂装后趁涂层还是软的时候小心地取下。

五 面漆的施工

1. 面漆的分类方法很多：

（1）按颜色效果可分为纯色漆、金属漆和珍珠漆。

（2）按成膜物质种类可分为硝基漆、醇酸漆和丙烯酸漆等。

（3）按固化机理可分为溶剂挥发型、氧化型和交联反应型等。

（4）按施工工序可分为单工序、双工序和三工序等。

2. 每一种分类方法互相的界线不是绝对的，可以相互交叉。

3. 纯色漆有作单工序施工的，也有作双工序施工。

4. 单工序面漆指喷涂同一种涂料即形成完整的面漆层的喷涂系统。

5. 一般单工序面漆的颜色比较单调，而三工序面漆的效果比较丰富。

6. 面漆工序越多，施工及修补越复杂。

7. 固化剂异氰酸酯对水、油、蜡敏感性极强。

8. 双组分面漆喷涂时，喷涂第二层的最佳时机是，待涂面不沾尘时。

9. 双组分涂料喷涂后，一般在60℃时经30min烘烤完全固化，冷却后可投入使用。

10. 金属底色漆一般喷涂2～3层，以全部均匀遮盖为准。

11. 金属粒子易沉于喷枪罐底，每次加料都要注意搅拌均匀。在喷涂中，每喷一层后也要经常晃动喷枪，以防止银粉粒子沉淀。

12. 清漆作用是：

（1）保护底色漆。

（2）防止金属颜料氧化。

（3）抵抗紫外线损坏。

（4）提高涂层的饱满度。

（5）提高图层的光泽度。

（6）使车体显出艳丽的色泽。

六 抛光打蜡

1. 抛光的目的主要是：

（1）增加涂膜的光泽度与平滑度。

（2）消除涂面的粗粒、划痕。

（3）消除轻微流痕、橘皮。

（4）清除泛白、泛色。

（5）清除老化层。

（6）去除修补区新旧涂层交界痕迹。

2. 打蜡的作用主要是：

（1）反射阳光中的紫外线。

（2）防止水分子对涂膜的渗透，并具有抗污能力。

（3）可减轻划伤漆膜的程度。

（4）提高涂膜的光泽度、丰满度。

（5）弥补抛光处理后的不足。

3. 最好给车身涂保护蜡。

4. 封蜡停留于车身表面两年以上的车辆，应在开蜡后进行抛光，然后打蜡。

5. 抛光力度不宜过大，抛光程度不宜过深，使涂面达到光泽柔和程度即可，防止产生补涂边缘线形痕迹。

6. 上蜡后，等车蜡干燥一会，要及时抛亮。

7. 蜡完全干燥后再擦净，是错误的。

8. 上蜡后要在蜡半干不干、尚未干燥白化时擦净。

七 塑料底材的涂装

1. 近年来，在汽车制造业中，塑料零件制品使用越来越广泛，目前在每辆轿车中的应用平均已达20%（质量比），约150 kg / 辆。

2. 车身塑料产品的几种鉴别方法：

（1）查看ISO代号。一般在零件拆下后就看到所标的符号。

（2）燃烧鉴别。PVC塑料燃烧时火焰呈绿色或青色，有盐酸味；聚烯烃类塑料在燃烧时的火焰没有明显的烟雾，有蜡的气味。聚酯酸纤维素类塑料经点燃后有醋酸味。ABS塑料燃烧时有明显的烟雾产生。

（3）焊接法。塑料焊条能与之焊合的即为此种焊条类型的塑料品种。

（4）敲击法。用手敲击塑料制品内侧，PU塑料声音较弱，PP塑料声音较脆。

（5）打磨法。PU塑料用砂纸打磨后没有粉末，而PP塑料有粉末。

3. 由于塑料本身具有优良防腐能力，在涂装施工中，不需要对颜料产品进行表面的防腐处理。

4. 涂料的选择应符合塑料制品的特性和质地。

5. 塑料制品由于以下原因，而导致对涂层的附着力差：

（1）极性小。

（2）结晶度大。

（3）表面张力低。

（4）湿润性差。

（5）表面光滑。

6. 在涂装修补中，涂料的选择与施工方法的应用，将决定修补涂层的质量。

7. 软性塑料涂装难度较大，比如聚丙烯塑料（PP）制品就是一种难黏、难涂的材料。涂装前不仅要进行很好的表面预处理，还要喷涂专用底漆，以增强面漆对被涂表面的附着力。

8. 不能用在塑料件上的底漆有：磷化底漆、侵蚀底漆、金属处理剂等材料。

八 汽车车身涂层修复

1. 汽车涂层的主要作用是阻缓汽车车身的锈蚀，其次才是美观。

2. 对于汽车车身的涂层修复的作业人员，决不能只追求满足客户对车身的表面要求，不重视汽车车身的涂层修复工艺。

3. 国家标准《汽车涂层质量》要求，汽车车身涂膜要保持长达20年的防腐蚀要求。

4. 汽车旧涂层的修补主要的技术要求是：

（1）有好的附着力。

（2）修补面涂层的颜色与原色统一。

（3）修补面涂层有良好的耐老化性能。

5. 旧涂层的基本修复工艺为：

（1）表面清理。

（2）喷防锈底涂层。

（3）涂刮腻子并打磨。

（4）喷中涂底漆并打磨。

（5）喷面漆并抛光、打蜡。

6. 如果车身已经被重新喷涂过了，就必须判断使用的涂料类型。

7. 判断车身使用的涂料类型的常用方法有：

（1）目测法。

（2）溶剂处理法。

（3）测量硬度法。

8. 在汽车涂装维修中，客车车身的材料最复杂。

9. 客车车身材料通常有黑色金属、轻金属、玻璃钢、木材、塑料等。

10. 一辆客车一般需要2～3名喷涂技术人员同时施工，喷涂人员之间的默契配合也是十分重要的。

例题解析

1 判断题

例题： 工件表面预处理是涂装工艺的第一步，表面预处理质量的好坏不会影响涂层质量。（ ）

解析： 此题为判断题，如果此题正确，应（✓），错误应（×）。此题是考查喷涂前表面处理方面的知识。工件表面预处理是涂装工艺的第一步，表面预处理质量的好坏会直接影响涂层质量。所以此题答案为（×）。

2 单项选择题

例题： 调配腻子时，若固化剂加入太多易产生（ ）。

A. 附着力差　B. 腻子干燥慢　C. 易起泡　D. 面漆产生腻子印

解析： 此题为单项选择题，只有一个正确答案，将选择的正确答案填在（ ）内。此题是考核腻子施工方面的知识。调配腻子时，若固化剂加入太少会引起腻子干燥慢，附着力差，易起泡、剥落，打磨时腻子边缘平滑性差等问题。固化剂太多易产生气孔，还会使面漆产生腻子印。所以此题答案为（D）。

3 多项选择题

例题： 常用的汽车修补涂装底漆有（ ）等。

A. 磷化底漆　B. 环氧底漆　C. 聚氨酯底漆

D. 酚醛底漆　E. 醇酸底漆

解析： 此题为多项选择题，有一个或多个正确答案，将选择的正确答案填在（ ）内。此题是考核底漆施工方面的知识。常用的汽车修补涂装底漆有：磷化底漆、环氧底漆、聚氨酯底漆等。所以此题答案是（ABC）。

习题及答案

一 习题

(一) 判断题

1. 工件表面预处理是涂装工艺的第一步，表面预处理质量的好坏不会影响涂层质量。 ( )
2. 锌表面光滑，并会与涂料反应生成锌皂影响附着力，故需作磷化。 ( )
3. 原子灰打磨只能干磨，不能水磨。 ( )
4. 干磨可分为手工打磨和机械打磨。 ( )
5. 涂刮第一道腻子只求平整，不求光滑。 ( )
6. 打磨第一道腻子只求平整，不求光滑。 ( )
7. 良好的前处理也会减少面涂层的流挂。 ( )
8. 打磨机要平放在打磨面上，不可以倾斜。 ( )
9. 原子灰干磨后每次都要用气管吹尘、除油。 ( )
10. 原子灰干磨后，必须用吹尘枪吹尘。 ( )
11. 腻子的涂刮范围应超出羽状边范围。 ( )
12. 底漆的作用主要是提供附着力和防腐蚀，但不具备填补缺陷功能。 ( )
13. 为了增强金属的耐蚀能力，底材用碱性金属处理液进行处理。 ( )
14. 磷化底漆也称转换涂层。 ( )
15. 遮护的功能是使用胶带及各种遮护材料保护非涂饰的表面。 ( )
16. 空气喷涂使飞雾能扩散至涂饰区外1 ~ 2m远。 ( )
17. 反向遮护能防止遮护区与涂饰区产生台阶。 ( )
18. 双重遮护可防止涂料堆积及渗透遮护材料。 ( )
19. 边沿的分界遮护胶带应等涂料干透后剥落。 ( )
20. 打磨腻子层主要是为了取得平整光滑的表面。 ( )
21. 单工序是指同一种涂料经喷涂即形成完整的面漆层。 ( )
22. 单工序颜色比较单调，多工序效果比较丰富。 ( )
23. 面漆工序越多，喷涂与修补越复杂。 ( )
24. 异氰酸对油、蜡、水的敏感极强。 ( )
25. 纯铝的机械强度较高，铝合金机械强度低。 ( )
26. 给车身涂上光蜡最好。 ( )
27. 给车身涂好上光蜡，要及时抛亮。 ( )
28. 给车身涂好上光蜡，等蜡完全干后再擦净，便于蜡质渗透。 ( )
29. 给车身涂上光蜡，要在蜡半干时擦净为好。 ( )
30. 塑料具有良好的防腐蚀能力，故在涂装中不需对塑料进行防腐处理。 ( )
31. 涂料的选择应符合塑料制品的特性和质地。 ( )
32. 在塑料件的涂装修补中，涂料的选择施工方法将决定修补涂层的质量。 ( )
33. 普通腻子可以直接用在镀锌板上。 ( )
34. 汽车车身的涂装修复，主要是防止腐蚀，其次才是美观。 ( )

35. 涂装维修人员不能只追求满足客户对车身表面的要求，而忽视涂层修复工艺。（ ）

36. 如果知道车身已经喷涂过，就必须判断所使用的涂料类型。（ ）

37. 腻子对金属附着力比涂料好。（ ）

38. 在汽车修补涂装行业，有着广泛应用的中涂底漆是双组分丙烯酸聚氨酯底漆。（ ）

39. 打磨腻子层可采用单旋转打磨机打磨，效率高。（ ）

40. 磷化底漆只能替代磷化处理，不能替代防腐底漆。（ ）

41. 在面漆的涂饰中，纯色漆只能做单工序施工。（ ）

42. 每喷一层金属漆后，再次喷涂前都要搅拌均匀，防止颜料沉淀。（ ）

43. 在汽车内外塑料件施工中，软性塑料涂装难度较大。（ ）

44. 铅制品不耐碱，不能用强碱液清洗。（ ）

（二）单项选择题

1. 汽车修补中的表面预处理，应根据（ ）来采用相应的方法。

A. 涂层的表面状况　B. 设备情况　C. 经济状况　D. 天气状况

2. 磷化底漆的膜厚为（ ）μm。

A. 5 ~ 10　B. 10 ~ 15　C. 15 ~ 20　D. 20 ~ 25

3. 磷化底漆调配好需放置（ ）min后，再使用。

A. 2　B. 5　C. 10　D. 20

4. 调配聚酯腻子，一般固化剂的比例是（ ）。

A. 1% ~ 2%　B. 2% ~ 3%　C. 3% ~ 5%　D. 5% ~ 10%

5. 一次刮涂的腻子层厚度不要超过（ ）mm。

A. 2　B. 3　C. 5　D. 10

6. 聚酯腻子配制后，要求（ ）min内用完。

A. 2 ~ 3　B. 3 ~ 5　C. 5 ~ 7　D. 7 ~ 10

7. 机械打磨羽状边，选用（ ）干磨砂纸为宜。

A. P60　B. P80　C. P120　D. P180

8. 下列（ ）不是汽车修补用腻子的特性。

A. 良好配套性　B. 较强的层间黏合力　C. 打磨性良好　D. 较高的硬度

9. 在60℃时，双组分涂料完全固化需要（ ）。

A. 16min　B. 30min　C. 40min　D. 45min

10. 双组分面漆喷涂时，喷涂第二层的最佳时机为（ ）。

A. 距喷涂第一层20min以后

B. 距喷涂第一层15min以后

C. 待涂面不沾尘

11. 底色漆的喷涂标准为（ ）。

A. 2 ~ 3层　B. 3 ~ 4层　C. 4 ~ 5层　D. 均匀覆盖

12. 新车封蜡（ ）以上，在开蜡后需要进行抛光处理。

A. 6个月　B. 1年　C. 2年　D. 3年

13. 近年来，在汽车制造业中塑料零件使用越来越广，平均已经达（　　）kg/辆。

A. 80　　B. 100　　C. 150　　D. 200

14. 调配腻子时，若固化剂加入太多易产生（　　）。

A. 附着力差　　B. 腻子干燥慢

C. 易起泡　　D. 面漆产生腻子印

15. 过厚的腻子层会降低涂层的机械强度，故腻子厚度不应超过（　　）mm。

A. 2　　B. 3　　C. 5　　D. 10

16. 国家标准规定，汽车车身涂层的防腐性能至少要保持（　　）年。

A. 5　　B. 10　　C. 20　　D. 30

17. 在汽车涂装维修中，（　　）车身材料品种最复杂。

A. 货车　　B. 大客车

C. 小轿车　　D. 越野车

18. 用除油剂脱脂除油处理时，建议每次清除（　　）m^2的面积且一块一块进行。

A. 0.2～0.3　　B. 0.5～0.6　　C. 0.8～0.9　　D. 1～1.2

19. 羽状边打磨距凹陷部位至少要（　　）cm。

A. 1～2　　B. 2～3　　C. 3～5　　D. 7～8

20. 在下列常见的汽车塑料制品中，属于难黏、难涂的材料是（　　）。

A. PU　　B. PP　　C. ABS　　D. PVC

21. 一般，一台客车需要（　　）名喷涂技术人员同时施工，喷涂人员之间的默契配合也是十分重要的。

A. 1～2　　B. 2～3　　C. 3～4　　D. 4～5

（三）多项选择题

1. 涂装表面进行预处理时，应根据被涂物的（　　）来选择不同处理方法。

A. 用途　　B. 材质　　C. 形状

D. 表面状况　　E. 颜色

2. 为了提高涂膜质量，延长漆膜的使用寿命，要做到（　　）。

A. 完善的表面处理　　B. 合理选择涂料

C. 正确的施工工艺　　D. 适合的使用环境

3. 底材经表面预处理，要求达到（　　）。

A. 无油　　B. 无锈　　C. 无水

D. 无尘　　E. 有一定的粗糙度　　F. 没有污物

4. 旧车修理时，易产生锈蚀的地方有（　　）。

A. 积水处　　B. 弯角处　　C. 饰条处　　D. 积垢处

5. 塑料由于（　　）等原因而导致对涂层的附着力差。

A. 极性小　　B. 结晶度大　　C. 表面张力低

D. 湿润性差　　E. 表面光滑

6. 为了提高涂层对塑料件的附着力，可通过物理方法处理，下列属物理方法的是（　　）。

A. 火焰处理　　B. 紫外线辐射处理

C. 酸性氧化处理　　D. 溶剂处理

7. 空气中的（　　）等就会使钢铁表面产生锈蚀。

A. 氮气　　B. 氧气
C. 水分　　D. 工业污染物

8. 双组分环氧底漆非常突出的性能是（　　）。
A. 附着力　　B. 封闭性
C. 耐碱性　　D. 柔韧性
E. 耐光性　　F. 耐化学品性

9. 磷化底漆适用于（　　）等材质上涂饰。
A. 钢材　　B. 玻璃钢
C. 铝　　D. 铜
E. 塑料　　F. 铝镁合金

10. 在使用腻子时，（　　）等现象是由于固化剂太少引起的。
A. 干燥慢　　B. 附着力差
C. 易起泡　　D. 打磨时腻子边缘平滑性差
E. 易产生气孔　　F. 面漆会产生腻子印

11. 腻子不能直接刮涂在（　　）表面上。
A. 黑色金属　　B. 高温漆
C. 双组分面漆　　D. 酚醛底漆
E. 磷化底漆　　F. 醇酸底漆

12. 水磨腻子时，残留水分导致的病态有（　　）。
A. 起泡　　B. 起痱子
C. 剥落　　D. 底材锈蚀
E. 失光　　F. 橘纹

13. 常用的汽车修补涂装底漆有（　　）等。
A. 磷化底漆　　B. 环氧底漆
C. 聚氨酯底漆　　D. 酚醛底漆
E. 醇酸底漆

14. 腻子经涂刮打磨后，要求达到（　　）。
A. 平整　　B. 光滑
C. 无砂孔　　D. 腻子边缘无锯齿状
E. 无接口痕

15. 中途底漆应具备（　　）等特点。
A. 装饰性　　B. 与底漆面漆配套性
C. 封闭性　　D. 填充性
E. 耐溶剂性

16. 罩光清漆的作用是（　　）。
A. 保护底色漆　　B. 防止金属颜料氧化
C. 抗紫外线　　D. 提高光泽
E. 提高饱满度　　F. 显示艳丽色彩

17. 抛光的作用是（　　）。
A. 增加漆膜光泽　　B. 消除粗粒划痕
C. 消除流痕橘皮　　D. 清除泛白泛色

E. 清除老化层　　F. 去除修补区新旧涂层交界痕迹

18. 抛光后打蜡的作用是（　　）。

A. 反射紫外线　　B. 防止水分子渗透

C. 减轻划伤　　D. 提高光泽

E. 弥补抛光处理的不足　　F. 提高抗污能力

19. 塑料产品种类多，不同品种性能有所不同，一般的鉴别方法有（　　）。

A. 硬度鉴别　　B. ISO代号鉴别

C. 燃烧鉴别　　D. 焊接法鉴别

E. 敲击法鉴别

20. 对于镀锌金属表面处理方法有（　　）。

A. 黄膜铬酸盐处理　　B. 磷酸盐膜处理

C. 强碱液清洗　　D. 强酸液清洗

21. 涂装表面预处理的作用是（　　）。

A. 保证涂层质量　　B. 增加涂层附着力

C. 提高漆膜耐腐性　　D. 改进涂层外观

22. 车身钣金修复质量会直接影响涂层质量，故钣金件修复后必须做到（　　）。

A. 圆顺平整　　B. 线条分明

C. 过渡自然　　D. 凹坑深度不超过2mm

E. 无裂纹开口现象　　F. 平滑光亮

23. 调配磷化底漆，可选用（　　）材质的容器。

A. 不锈钢　　B. 搪瓷

C. 塑料　　D. 陶瓷

E. 玻璃　　F. 铝材

24. 快干腻子俗称填眼灰，其特点是（　　）。

A. 细腻　　B. 快干

C. 易打磨　　D. 边缘平滑

E. 可替代填充腻子

25. （　　）等材料是不能用在塑料件上的。

A. 塑料底漆　　B. 磷化底漆

C. 侵蚀底漆　　D. 金属处理剂

E. 静电消除剂　　F. 柔软剂

二 习题答案

(一) 判断题

1.×　2.✓　3.✓　4.✓　5.✓　6.✓　7.×　8.✓　9.×　10.✓

11.×　12.✓　13.×　14.✓　15.✓　16.✓　17.✓　18.✓　19.×　20.✓

21.✓　22.✓　23.✓　24.✓　25.×　26.×　27.✓　28.×　29.✓　30.✓

31.✓　32.✓　33.×　34.✓　35.✓　36.✓　37.×　38.✓　39.×　40.✓

41.×　42.✓　43.✓　44.✓

（二）单项选择题

1. A　2. B　3. D　4. B　5. C　6. D　7. C　8. D　9. B　10. C
11. D　12. C　13. C　14. D　15. C　16. C　17. B　18. A　19. D　20. B
21. B

（三）多项选择题

1. ABCD　2. ABCD　3. ABCDEF　4. ABCD　5. ABCDE
6. AB　7. BCD　8. ABCDF　9. ACDF　10. ABCD
11. DEF　12. ABCD　13. ABC　14. ABCDE　15. BCDE
16. ABCDEF　17. ABCDEF　18. ABCDEF　19. BCDE　20. AB
21. ABC　22. ABCDE　23. BCDE　24. ABCD　25. BCD

第8章 汽车面漆调色

本章提要

1. 掌握颜色产生三要素相关知识；
2. 掌握颜色的三个基本属性；
3. 熟悉颜色的同色异谱现象；
4. 掌握调色架、比色灯箱、电子秤、样板喷涂设备的使用；
5. 掌握素色漆的调配流程；
6. 掌握金属漆的调配流程；
7. 熟悉影响颜色差异的因素。

考纲要求

一 调色的基础知识

1. 颜色是光线和感观器官作用后所引起的生理感觉，感知颜色有以下三个要素：

（1）光（来自光源）。

（2）视觉器官（眼睛和大脑）。

（3）物体（被观察物表面的反射性）。

2. 颜色有色调、明度和彩度三个重要特性：

（1）色调，又称色相，是区分不同色彩的视觉属性。它取决于光源的光谱组成以及物体表面对各种波长可见光的反射比例。

（2）明度，是人眼对物体明亮程度的感觉，是表示物体的颜色在“量”方面的特性。

（3）彩度，又称饱和度，是表示颜色是否饱和纯洁的一种特性。饱和度取决于物体表面对光的反射选择性程度。

3. 明度与光源亮度有对应关系。光源亮度越高，则观察到的颜色明度也越高。但由于人的视觉灵敏度有限，明度和亮度又是有区别的。

4. 若对某一很窄波段的光有很高的反射率，而对其余波长的光反射率低，则说明其反射选择性程度很高，颜色的饱和度也高。

5. 光是一种电磁波，我们看到物体呈现不同颜色是由于物体对光波的反射率不同而形成的。

6. 一般情况下，只有波长在400 ~ 700 nm之间的电磁辐射才能引起人的视觉，称为可见光。

7. 色漆的颜色是指物体在日光（白光）照射下所呈现的颜色。

8. 不同色调也有不同亮度，如在太阳光谱中，紫光亮度最低，红光和绿光亮度中等，黄色光亮度最高。

9. 一般说，波长变动1～2nm时，人眼就能觉察出颜色变化。

10. 我们看到的颜色不只是物体对光线反射后所呈现的现象，还包含物体对光线的吸收和透射。

11. 如果物体表面把照射在它上面的白光中的所有组分全部反射出来时，则物体呈白色。而白光中的所有组分都以同样的程度被物体所吸收时，物体则呈灰色；全部吸收时物体便呈黑色。

12. 白→浅灰→中灰→深灰→黑的一系列颜色，便构成了颜色的非彩色一类。

13. 白色、灰色和黑色等无色彩颜色的饱和度最低。

14. 组成光的各组分被选择吸收的结果，使物体呈现出红、橙、黄、绿各种颜色，这便构成了颜色的彩色一类。

15. 颜色定位就是将颜色进行量化的一种方法。所有的颜色都可以在这个系统中占据一个位置，而系统中的一个位置代表唯一的一个颜色。

16. 孟塞尔的颜色定位系统是目前世界上应用最广的颜色定位系统，能显示颜色的三个属性。

17. 两个颜色在明度上有差异,在孟塞尔颜色定位坐标显示的是垂直坐标的不同。

18. 两个颜色在彩度上有差异,在孟塞尔颜色定位坐标显示的是水平坐标的不同。

二 调色材料、设备和工具

1. 调色的材料就是汽车修补涂料中的色母。

2. 色母就是各种颜色之母，不同品牌的涂料色母不宜掺和使用。

3. 汽车涂料千变万化的颜色都是由数量有限的色母调配而成。

4. 目前汽车修补涂料主要采取两种方法设计色母系统：

（1）把色母分为两个系列，一个系列是单工序面漆的色母，另一个系列是双工序和三工序面漆的色母。

（2）只使用一套色母，调色后在色母中加入树脂，由加入的树脂类型决定面漆的性质，是单工序或双工序。

5. 调色中需要用的设备有调色架、电子秤、配色箱、喷涂样板设备。

6. 调色架放置位置的要求：

（1）调色架应放在平整、坚实的水平地面上，用螺栓固定在地基上。

（2）放置调色架的房间要通风，避免阳光直射。

（3）温度要适中，一般为10～30℃之间，最好能保持在20℃左右。

（4）机械部件应经常滴加润滑油。

7. 色母上调色架之前，先用振动机摇动5～10min将其摇匀；或者打开涂料罐，用调漆尺把涂料完全搅拌均匀。

8. 色母搅拌浆盖出漆口涂料应及时清除，不然会引发以下问题：

（1）造成安全隐患。

（2）影响称重精确。

（3）影响调色准确度。

（4）影响色母滴加的可控性。

9. 每天上午和下午各开动调色架一次，每次搅拌15 ~ 20min。

10. 色母上架后保持期一般不超过一年，时间太长质量会下降，还会影响调色精确度。

11. 一般工作中仅需使用到小数点后1位（0.1）精度的电子秤，只有在实验室中才用到两位（0.01）精度的电子秤。

12. 使用电子秤称重色母的要求有：

（1）避免振动而影响精度。

（2）涂料罐称重轻拿轻放。

（3）按照说明书的指示，定期校正。

（4）避免气流影响，引起读数不稳定。

（5）不可在秤上搅拌色母。

（6）保持清洁。

13. 必须在阴天、晚上或光线不足的车间内调配颜色时，需要使用灯箱。

14. 灯箱的主要目的是提供一个接近日光的光源，目前的技术还不能造出一个和日光完全相同的光源。

15. 配色灯箱还配备了其他三种光源，用于鉴别颜色异构现象及某种颜料的特殊性：

（1）一般的荧光灯光源，用于鉴别颜色。

（2）类似于白炽灯的红光光源，用于鉴别颜色。

（3）一种紫外光光源，主要是为了观察涂料中颜料的某些特性而设置的。

16. CIE规定了多个标准光源，如D65光源、A光源、F光源等。最常用的光源为D65光源。

17. 当一对颜色在某光源下，呈现的颜色是相同的，但在另外的光源下，其呈现的颜色是有差异的，此现象称为同色异谱。

18. 调色工具包括色卡资料、颜色登记册、颜色配方系统（配方光盘或计算机）。

19. 色母指南的色卡目的都是为了让调色人员能够明了、直观地了解该晶牌色母的特性，方便调色。

20. 色母指南的色卡能提供色母的信息有：

（1）该色母在素色漆中特性。

（2）该色母在金属漆中特性。

（3）金属颗粒大小。

（4）该色母遮盖力等信息。

21. 即使最严格、科学地控制，在生产线下来的汽车颜色上还是会存在色差的。

22. 涂料厂家发布颜色登记册的信息中主要有：

（1）车身颜色名称。

（2）颜色代码。

（3）出厂年份。

（4）停用年份。

（5）使用车型。

（6）代码在车上位置。

（7）颜色代码的字母含义。

23. 近年来，汽车颜色数量增长很快，仅用于轿车颜色的配方就在40000个以上。

三 调色流程

1. 调配颜色前要做好的准备工作有：

（1）色母已搅拌均匀。

（2）色母的数量能满足。

（3）调色罐是干净的。

（4）电子秤已校准。

（5）搅拌尺已准备好。

2. 调配颜色时，应掌握由浅入深、由艳到浊的手法。

3. 一个色卡与车身完全相符的情况发生的概率非常低。

4. 由于手工喷涂的灵活性，有时可以通过施工者改变喷涂的方式，就能得到色卡所显示的颜色。

5. 调配素色漆时，选择色度和亮度比车身颜色高的色卡。因为素色漆很容易从鲜艳、明亮向灰暗方向调整。

6. 调配金属（珍珠）漆时，找一个侧面稍暗的色卡或一个正面偏亮、侧视偏暗的色卡。

7. 一般而言，一滴色母的质量在0.02～0.05g之间。

8. 称量色母时，累积质量要比单独质量的误差大。

9. 喷涂试板是很重要的一步，湿涂料的颜色不能真实反映干涂膜的颜色，特别是金属漆中银粉的颗粒和亮度，不经过喷涂不可能把握得准确。

10. 试板的面积不宜太小，太小则对颜色的分辨不准确。至少应该在10cm×15cm。

11. 在判断试板与修补区色差时，会影响正确判断的因素有：

（1）修补区域的光线。

（2）修补区域的周围环境。

（3）比色区原涂膜的老化层。

（4）比色区与试板的角度一致性。

（5）长时间盯视。

12. 在很多情况下，根据颜色代码或色卡的配方调出的涂料颜色与车身的颜色或多或少有一些差别，这时就必须对颜色进行调整，这种颜色调整又称为微调颜色。

13. 微调颜色时要注意：

（1）尽量不要使用原配方以外的色母。

（2）每次加入或减少量要“宁少勿多”。

（3）每次进行调整后都要将色板与样板比较。

14. 调配素色漆时，由于色母颜料的“沉降效应”，烤干后的漆面都会显得偏暗一点。

15. 如果出现了严重的异构现象，基本上都与色母选用不当有关，这时一定要改变所用的色母。

16. 在调配某个金属色漆颜色时，每一个色母都会对这个颜色的正、侧面产生影响。

（1）使用了较多（5%～10%）的无光银时，就绝对无法消除正面的灰暗和颜色的不纯。

（2）使用大量的珍珠色母（30%以上）后，就不要期望能把侧视调暗。

17. 在金属色涂料中，色泽效果与下列情况有关：

（1）金属颗粒在涂层中的位置。

（2）金属颗粒排列角度与密度。

（3）金属颗粒的大小。

（4）清漆层的厚度。

（5）光线的照射角度。

（6）人员观察角度。

18. 调整金属色侧视效果的手段主要有：

（1）改变基调色母间比例。

（2）调整合适的银粉组合。

（3）使用银粉控色剂。

（4）使用白色色母。

（5）使用青黄或鲜黄色母。

（6）多使用透明色母。

19. 手工喷涂的方式非常严重地影响着序珍珠色的效果，是三工序珍珠色很难修补的最大原因。

20. 珍珠漆要求采用“多层喷涂试验”的方法制作试板。

21. 就一般经验而言，手工喷涂对浅颜色的金属漆受到的影响大，深颜色的金属漆受到的影响少，实色漆基本上不会受到影响。

22. 金属色泽与喷涂人员习惯有很大关系，使颜色变浅的因素有：

（1）走枪速度快。

（2）喷涂次数少。

（3）清漆薄。

（4）枪距远。

23. 用慢干型稀料、喷涂气压小能使金属漆色泽变深。

24. 施工环境是客观因素，环境温度、环境湿度、空气对流等，都会对颜色偏向有影响：

浅 ← 颜色偏向 → 深

高 ← 环境温度 → 低

小 ← 环境湿度 → 大

增加 ← 空气对流 → 减少

25. 色母颜料的比重不同，对各种颜料在涂层流平、闪干的过程中的分布有重要影响。

26. 施工人员的灵活掌握，利用喷涂方式的改变从而达到微调颜色的目的。

27. 汽车涂料的颜色测定有两种方法：目测法和仪器测量法。

28. 汽车的色彩要从使用功能、使用环境和人们的心理作用等方面来考虑。

29. 减少汽车局部修补喷涂色差的技巧：

（1）驳口渐淡法。

（2）用双层胶带进行局部整喷法。

（3）利用车门或车身部位分界折口为界限，进行局部整喷。

（4）修补喷漆时的收边工艺。

例题解析

1 判断题

例题：如果物体表面把照射在它上面的白光中的所有组分全部反射出来时，则物体呈黑色。（ ）

解析：此题为判断题，如果此题正确，应（√），错误应（×）。此题是考查颜色产生三要素方面的知识。如果物体表面把照射在它上面的白光中的所有组分全部反射出来时，则物体呈白色。而白光中的所有组分都以同样的程度被物体所吸收时，物体则呈灰色；全部吸收时物体便呈黑色。所以此题答案为（×）。

2 单项选择题

例题：必须在阴天、晚上或光线不足的车间内调配颜色时，需要使用（ ）。

A. 电子秤　B. 调色架　C. 色卡　D. 灯箱

解析：此题为单项选择题，只有一个正确答案，将选择的正确答案填在（ ）内。此题是考核调色工具方面的知识。必须在阴天、晚上或光线不足的车间内调配颜色时，需要使用灯箱。所以此题答案为（D）。

3 多项选择题

例题：微调颜色时要注意的项目有（ ）。

A. 在通风的环境调色

B. 不可在电子秤上搅拌色母

C. 尽量不要使用原配方以外的色母

D. 每次加入或减少量要“宁少勿多”

E. 每次进行调整后都要将色板与样板比较

解析：此题为多项选择题，有一个或多个正确答案，将选择的正确答案填在（ ）内。此题是考核调色流程注意事项方面的知识。微调颜色时要注意的项目有：尽量不要使用原配方以外的色母、每次加入或减少量要“宁少勿多”、每次进行调整后都要将色板与样板比较。所以此题答案是（CDE）。

习题及答案

一 习题

（一）判断题

1. 颜色是光线和感观器官作用后所引起的心理感觉。（ ）
2. 色漆的颜色是指物体在日光（白光）照射下所呈现的颜色。（ ）
3. 明度与光源亮度无关。（ ）
4. 明度和光源亮度是一样的意思。（ ）
5. 彩度又称饱和度，是表示颜色的色纯度。（ ）

6. 光是一种电磁波，我们看到物体呈现不同颜色是由于物体对光波的反射率不同而形成的。（　）

7. 物体只单独对某个很窄的波段产生反射，即说明饱和度强。（　）

8. 我们看到的颜色是物体对光线吸收后所呈现的现象。（　）

9. 颜色定位就是将颜色进行量化的一种方法。（　）

10. 不同颜色品牌的色母只要属同一类型，就可以掺和使用。（　）

11. 如果物体表面把照射在它上面的白光中的所有组分全部反射出来时，则物体呈黑色。（　）

12. 新色母上架需先用手工或振荡机摇匀。（　）

13. 配色灯的光源与日光是完全一样的，用于在日光不足时配色。（　）

14. 配色灯箱还配备了其他三种光源，用于鉴别颜色异构现象及某种颜料的特殊性。（　）

15. 当一对颜色在某种光源下，呈现的颜色是相同的，但在另外的光源下颜色产生差异，称“同色异谱”或“颜色异构”。（　）

16. 调色的材料就是汽车修补涂料中的树脂。（　）

17. 色母指南中色卡的作用是为了让调色人员能够明确直观地了解该色品的特性，方便调色。（　）

18. 颜色色卡与车身颜色完全相符的概率非常低。（　）

19. 调配素色漆时，要选用色度和明度比车身颜色低的色卡配方为基础作调整。（　）

20. 调配金属色漆时，要选用正面暗、侧面较亮的色卡配方为基础作调整。（　）

21. 在计量调色中，累计称量比单独称量的误差要小。（　）

22. 在调色中，由于色母颜料的“沉降效应”，会使颜色变浅。（　）

23. 在调配金属色时，每个色母都会对颜色的正、侧光产生影响。（　）

24. 近年来，汽车颜色数量增长很快，仅用于轿车颜色的配方就在4000个以上。（　）

25. 调配颜色时，应掌握由深入浅、由浊到艳的手法。（　）

26. 喷涂人员可利用改变喷涂手法的手段达到微调色泽的目的。（　）

27. 色母颜料的密度不同，在流平及闪干过程中会影响颜料的分布。（　）

28. 在金属色涂料中，色彩的效果与金属颗粒大小无关。（　）

29. 在金属色涂料中，色彩的效果与金属颗粒在涂层中的位置有关。（　）

30. 在金属色涂料中，色彩的效果与金属颗粒排列密度无关。（　）

31. 调配金属漆时，可以不喷涂试板。（　）

32. 明度是人眼对物体明亮程度的感觉。（　）

33. 千变万化的汽车涂料颜色都是由数量有限的色母调配而成。（　）

34. 在严格而又科学的控制下，制造厂下线的汽车不会存在色差。（　）

35. 三工序珍珠色很难修补，其最大原因是，喷涂对颜色效果影响很大。（　）

36. 色调又称色相，是区分不同色彩的视觉属性。（　）

（二）单项选择题

1. 可见光的范围是（　）nm。

A. 300 ~ 600　　B. 400 ~ 700　　C. 400 ~ 700

2. 在太阳光谱中，（　）亮度最高。

A. 紫色　B. 红色　C. 绿色　D. 黄色

3. 孟塞尔的颜色定位系统能显示颜色（　）个属性。

A. 4　B. 5　C. 3　D. 2

4. 两个颜色在明度上有差异,在孟塞尔颜色定位坐标显示的是（　）的不同。

A. 垂直坐标　B. 水平坐标　C. 环形坐标

5. 两个颜色在彩度上有差异,在孟塞尔颜色定位坐标显示的是（　）的不同。

A. 垂直坐标　B. 水平坐标　C. 环形坐标

6. 色母在搅拌架上的保持期一般不超过（　）。

A. 3个月　B. 6个月　C. 1年　D. 2年

7. 最常用的光源为（　）。

A. D65光源　B. A光源　C. F2光源　D. F11光源

8. 一滴漆量的质量在（　）g之间。

A. 0.1 ~ 0.3　B. 0.01 ~ 0.03　C. 1 ~ 3　D. 0.02 ~ 0.05

9. 配色时喷涂试板的尺寸为（　）cm^2。

A. 5 × 10　B. 10 × 10　C. 5 × 5　D. 10 × 15

10. 在颜色配方中，珍珠色母的量占（　），就无法将侧光调暗。

A. 40%　B. 30%　C. 20%　D. 10%

11. 在涂装修补施工中，喷涂手法对（　）影响最小。

A. 素色　B. 金属色

C. 珍珠色　D. 幻彩色

12. 必须在阴天、晚上或光线不足的车间内调配颜色时，需要使用（　）。

A. 电子秤　B. 调色架

C. 色卡　D. 灯箱

13. 施工环境会对金属漆色泽带来影响，使颜色比较浅的是（　）。

A. 环境温度高　B. 环境温度低

C. 湿度大　D. 空气对流小

14. 搅拌架上的色母每天要开动搅拌架（　）次。

A. 1　B. 2　C. 3　D. 4

15. 搅拌架每次要搅拌的时间是（　）min。

A. 5 ~ 10　B. 10 ~ 15　C. 15 ~ 20

16. 人眼可以分辨（　）nm波长变化引起的颜色变化。

A. 1 ~ 2　B. 5 ~ 6　C. 8 ~ 10

17. 称量色母的电子秤要求精度为（　）g。

A. 0.001　B. 0.01　C. 0.1　D. 1

18. 在做调色试板时，应采用“多层喷涂法” 的色泽是（　）。

A. 素色　B. 金属色

C. 珍珠色　D. 幻彩色

(三) 多项选择题

1. （　）颜色的饱和度最低。

A. 红　B. 灰　C. 黄　D. 黑　E. 白

2. 颜色的重要特性有（　　）。

A. 质量　　B. 色调　　C. 容量　　D. 明度　　E. 彩度

3. 下列的颜色中，（　　）是非彩色类。

A. 红　　B. 灰　　C. 黄　　D. 黑　　E. 白

4. 调色中需要用的设备有（　　）。

A. 色母　　B. 调色架

C. 电子秤　　D. 配色箱

E. 喷涂样板设备　　F. 色卡资料

5. 色母搅拌浆盖出漆口涂料应及时清除，不然会引发的问题有（　　）。

A. 造成安全隐患　　B. 影响称重精确

C. 影响调色准确度　　D. 影响色母滴加的可控性

6. 搅拌架放置的要求有（　　）。

A. 通风　　B. 温度适中

C. 地面平整牢固　　D. 阳光直射

7. 使用电子秤称重色母的要求有（　　）。

A. 避免振动　　B. 称重轻拿轻放

C. 定期校正　　D. 避免气流影响

E. 不可在秤上搅拌　　F. 保持清洁

8. 微调颜色时要注意的项目有（　　）。

A. 在通风的环境调色

B. 不可在电子秤上搅拌色母

C. 尽量不要使用原配方以外的色母

D. 每次加入或减少量要“宁少勿多”

E. 每次进行调整后都要将色板与样板比较

9. 色母指南的色卡能提供（　　）等信息。

A. 该色母在素色漆中特性　　B. 该色母在金属漆中特性

C. 金属颗粒大小　　D. 该颜料密度

E. 该色母遮盖力

10. 调配颜色前要做好（　　）等准备工作。

A. 色母已搅拌均匀　　B. 色母的数量能满足

C. 调色罐是干净的　　D. 电子秤已校准

E. 搅拌尺已准备好

11. 在判断试板与修补区色差时，会影响正确判断的因素有（　　）。

A. 修补区域的光线　　B. 修补区域的周围环境

C. 比色区原涂膜的老化层　　D. 比色区与试板的角度一致性

E. 长时间的盯视

12. 调整金属色侧视效果的手段主要有（　　）。

A. 改变基调色母间比例　　B. 合适的银粉组合

C. 使用银粉控色剂　　D. 通过白色色母

E. 使用青黄或鲜黄色母　　F. 多使用透明色母

13. 金属色泽与喷涂人员习惯有很大关系，使颜色变浅的因素有（　　）。

A. 走枪速度快　　B. 枪距近　　C. 喷涂次数少
D. 油漆流量大　　E. 清漆薄

14. 下列能使金属漆色泽变深的因素有（　　）。
A. 稀料配比多　　B. 用慢干型稀料　　C. 喷枪口径小
D. 喷涂气压小　　E. 枪幅扇面大

15. 在金属色涂料中，色泽效果与（　　）等情况有关。
A. 金属颗粒的位置　　B. 金属颗粒排列角度
C. 金属颗粒的大小　　D. 光油层厚度
E. 光线的照射角度　　F. 人员观察角度

16. 感知颜色需（　　）等要素。
A. 光　　B. 视觉感官　　C. 时间
D. 物体　　E. 听觉器官

17. 涂料厂家发布颜色登记册的信息中主要有（　　）。
A. 颜色名称　　B. 颜色代码　　C. 出厂年份
D. 停用年份　　E. 使用车型　　F. 代码在车上位置
G. 代码上字母含义

18. 汽车的色彩要从（　　）等方面来考虑。
A. 使用功能　　B. 使用环境　　C. 温度情况
D. 价位高低　　E. 人的心理作用

二 习题答案

（一）判断题

1. ×　2. ✓　3. ×　4. ×　5. ✓　6. ✓　7. ✓　8. ×　9. ✓　10. ×
11. ×　12. ✓　13. ×　14. ✓　15. ✓　16. ×　17. ✓　18. ✓　19. ×　20. ×
21. ×　22. ×　23. ✓　24. ×　25. ×　26. ✓　27. ✓　28. ×　29. ✓　30. ×
31. ×　32. ✓　33. ✓　34. ×　35. ✓　36. ✓

（二）单项选择题

1. B　2. D　3. C　4. A　5. B　6. C　7. A　8. D　9. D　10. B
11. A　12. D　13. A　14. B　15. C　16. A　17. C　18. C

（三）多项选择题

1. BDE　2. BDE　3. BDE　4. BCDE　5. ABCD
6. ABC　7. ABCDEF　8. CDE　9. ABCE　10. ABCDE
11. ABCDE　12. ABCDEF　13. ACE　14. BD　15. ABCDEF
16. ABD　17. ABCDEF　18. ABE

第9章 汽车涂装质量的检验

本章提要

1. 掌握汽车涂装的检验标准；
2. 掌握涂料的检验项目；
3. 熟悉常用涂料性能的检验方法；
4. 掌握涂装工艺的检验项目；
5. 掌握涂膜的性能及检验方法；
7. 熟悉常见的车身涂膜缺陷及产生的原因。

考纲要求

一 涂装检验标准

1. 涂装是指将涂料涂覆于经处理后的被涂物体表面上，再经过干燥成膜的工艺过程。

2. 涂料作为保护和装饰材料使用，它本身又是半成品，只有将其涂覆在被涂物上，待干燥成膜后才能成为装饰和保护材料。

3. 车身涂装质量检验，应贯穿在施工的全过程，主要体现在以下方面：

（1）涂料的原始状态的性能

（2）施工应用时的性能。

（3）涂料成膜后的性能。

（4）涂层质量。

4. 按生产过程的次序，质量检验的种类有：

（1）进货检验。

（2）过程检验。

（3）最终检验。

5. 我国的标准分为四类，分别为：

（1）国家标准。对需要在全国范围内统一的技术要求，应当制定国家标准。

（2）行业标准。没有国家标准，而又需要在某个行业范围内统一的技术要求，可以制定行业标准。

（3）地方标准。没有国家标准和行业标准，而又需要在省级范围内统一的，可以制定地方标准。

（4）企业标准。对企业生产的产品没有国家标准和行业标准的，应当制定企业标准。

6. 国家标准由国务院标准化行政主管部门制定。

7. 我国的涂料产品很多，因此相应的标准也很多，其中国家标准48项，行业标准也有100多项。

二 涂料性能的检验

1. 对涂料性能检测的目的是：

（1）检验涂料的产品质量，防止变质或不合格的涂料投入使用。

（2）得到高质量的涂装效果，防止出现涂装质量问题。

2. 涂料的检测项目主要有：

（1）涂料细度检测。涂料的细度主要是涂料中的颜料、体质颜料的颗粒大小或分散度。

（2）涂料中固体分含量的检测。

（3）涂料流平性的检测。

（4）涂料遮盖力的检测。

（5）涂料存储稳定性的检测。

（6）涂料活化期的检测。

3. 涂料的细度会直接影响涂料和涂膜的性能有：

（1）影响涂膜的平整性。

（2）影响涂膜的保护性。

（3）影响涂膜的透水性。

（4）影响涂料储存的稳定性。

4. 涂料的用途不同，涂料的细度要求也不同。如面漆要求涂料要细，而底漆则要求涂料不应太细，以免影响涂膜的附着力。

5. 涂料的细度检测采用刮板细度计，以微米（μm）为单位。

6. 涂料固体分含量就是涂料中所含不挥发成分的百分比。即把一定量的涂料试样经焙烘后，剩余物与溶剂蒸发前的涂料试样的质量比值，用百分比表示。

7. 涂料固体分含量的高低对涂料的影响有：

（1）影响涂料的用量。如果涂料的固体分含量低，单位面积的涂料消耗量大。

（2）影响施工次数。如果涂料的固体分含量低，施工次数要增多。

（3）影响涂层厚度。如果涂料的固体分含量低，一次形成的涂膜太薄。

（4）影响遮盖力。如果涂料的固体分含量低，遮盖力不足。

8. 流平性就是涂料涂布于物体表面后，经过一定的时间，涂膜表面的痕迹能自行消失，形成均匀、平滑的表面的性能。

9. 流平性影响涂膜的形成质量：

（1）流平性太差，涂膜表面的痕迹不易消失，产生涂装缺陷。

（2）流平性太好，涂膜容易产生流挂、流痕等缺陷。

10. 影响流平性的因素很多：

（1）在涂料的调配方面，如溶剂的溶解力和挥发速度。

（2）在施工工艺方面，如喷枪的出漆量、喷涂气压的大小、一次成膜的厚度、施工温度、喷涂室的空气流速等。

11. 流平性的测定，是将涂料刷涂或喷涂于平整的底板表面上，以刷纹消失和形成平滑表面所需要的时间，以分钟（min）计。

12. 一般要求，涂料的流平时间与干燥的时间相适应。

（1）流平时间大于干燥时间，涂料没有完全流平就已干燥。

（2）流平时间小于干燥时间，涂膜则容易产生流挂、垂流、皱纹等缺陷。

13. 涂料的遮盖力在修补涂装中直接影响修补质量和涂料用量。如果遮盖力差，就需对被涂表面的底色进行清除封盖，增加了施工的工作量。

14. 影响涂料遮盖力的因素有：

（1）涂料中颜料的颜色。

（2）颜料颗粒的大小及形状。

（3）颜料在涂料中的分散程度。

15. 采用单位面积测量法测定涂料遮盖力，把色漆均匀地涂布在物体表面上，使其原底漆色不复呈现的最小用漆量，以g / m^{2}表示。

16. 涂料绝不允许和可燃物质、氧化剂和金属粉末等混合存放。

17. 对储存性能的检测项目有：

（1）涂料存放过程中的结皮性。

（2）涂料的储存稳定性。

18. 涂料有储存期或质量保证期，储存稳定性越好，储存期就越长。

19. 涂料超出了规定的储存期后，要按照涂料技术条件所规定的项目重新检测。

20. 双组分涂料混合后，最好先放置一定时间，使两种组分有充分时间能均匀缓慢反应，这段时间称为熟化期。

三 涂装工艺的检验

1. 涂装工艺规程指导和管理施工作业。

2. 汽车涂装是一个完整的工艺过程，需要检验的内容有：

（1）对涂装的涂料的检验。

（2）对被涂物表面的检验。

（3）对工艺过程检验。

（4）对涂层的检验。

3. 汽车涂膜一般分为以装饰性涂膜为主和以防护性涂膜为主两大类，具体可分为五个等级。

（1）高级装饰性涂膜（或称I级涂膜），具有最佳的涂膜外观，最好的装饰效果。

（2）装饰性涂料（或称Ⅱ级涂膜），有很好的装饰效果。

（3）保护装饰性涂膜（或称Ⅲ级涂膜），应有较美观的外表。

（4）一般防护性涂膜（或称Ⅳ级涂膜），要求具有一般的防蚀功能，无装饰性能要求或要求较低。

（5）特殊防护性涂膜（或称功能性涂膜），这种涂膜对被涂物能起到特殊的防护或特殊的功能作用。

4. 在涂装前对被涂物表面进行的一切准备，称为表面预处理。

5. 表面预处理是涂料涂装的第一道工序。

6. 涂膜质量的影响因素中，工件表面处理的质量要占到49%。

7. 表面预处理的方法有化学处理法和物理处理法两种：

（1）化学处理法，如酸洗除锈、磷化处理、纯化处理等。

（2）物理处理法，如喷砂除锈、砂磨除锈等。

8. 与表面预处理的方法相适应的是工件的用途、工件的材质、工件的要求、工件的表面状况。

9. 底涂层是物体表面的基础用料，是任何组合涂层的第一层。

10. 底涂层主要作用是提供附着力和防腐蚀。

11. 腻子是一种以颜料、填充料、油料或树脂、催干剂、溶剂调制而成的呈稠浆状的物质。

12. 刮腻子不能代表钣金所有的工作。

13. 腻子一般刮涂1~5层，刮涂的次数（层数），主要取决于：

（1）工件表面的状况。

（2）施工质量要求。

（3）操作人员技术水平。

14. 快干腻子的施工以薄而均匀为宜，太厚不易干燥。适当的厚度应以薄层多次操作来实现。

15. 中涂底漆在涂层组合中是在面漆之下的涂层，主要起到的作用有：

（1）增强涂层间的附着力的作用。

（2）加强底涂层的封闭性。

（3）填充细微痕迹的作用。

（4）提高涂层的光泽。

16. 面漆是指涂于物体的最外层涂膜，起着装饰、标识和保护物面的作用。

17. 运载油料、酸、碱等化学物品的载重汽车，对面漆耐油、耐酸、耐碱、耐化学性的要求很高，而将装饰性放在第二位。

18. 随汽车工业的发展，对涂膜表面的要求越来越高，而实现这一要求的最大障碍之一是涂膜中带入脏物。

19. 轿车车身表面，一般要求光泽度大于90%，最好能达到95%以上。

四 涂膜性能检验

1. 涂膜性能的检测结果，基本反映了产品的内在质量水平和它的功能水平，其内容包括以下三个方面：

（1）基本的物理力学性能的检验。

（2）物理变化性能和耐化学性能的检验。

（3）耐久性性能的检验。

2. 附着力是指涂膜与被涂物件表面结合在一起的牢固程度。

3. 测定涂膜附着力只能用间接的手段来进行，常用的方法有：

（1）划圈法测定。根据圆滚线划痕范围内涂膜的完整程度，以级表示。

（2）十字划格法测定。采用刀片划格器在涂膜的样板平行和垂直分别切6道切痕（长10~20mm），切痕间的距离为1mm，形成方格。然后用粘胶带对方格部分撕拉。观察涂膜破坏的程度，按标准评定等级。

4. 目前附着力的检测都会破坏涂膜表面。

5. 涂膜的光泽是涂膜表面受光照射时光线向一定方向反射的能力，也称镜面光泽度。

6. 涂膜光泽高低决定于涂膜平整光滑，致密度大，具有对底材很好的封闭保护能力和抗腐蚀能力。

7. 在涂膜性能的测试中，光泽的测定不会损坏涂层表面。

8. 涂膜的硬度是指涂膜抵抗擦划、碰撞、压陷等机械力作用的能力。

9. 铅笔硬度法测定涂膜硬度时，手握铅笔与试样成45°角，用以1mm/s的速度向前推进。

10. 涂膜受很多因素影响会老化，涂膜老化的基本特征有：

（1）失光。失光是涂膜老化的最初特征，涂膜逐步丧失原有光泽，直至发展成全部失光。

（2）变色。变色也是涂膜开始老化的一个显著征兆。涂膜从正常的颜色发生色相或色泽的改变。

（3）粉化。粉化是涂膜老化逐步深化的特征，标志着涂膜老化已趋向于严重阶段。

（4）龟裂。先是表面出现微细裂纹，逐步加深，最后深达到底层直至露底，使涂膜彻底丧失保护性。

（5）脱落。涂膜在老化过程中，涂层失去原有性能和附着力，从基底上自行脱离。它是涂膜老化走完最后里程，到达终点的鲜明标志。

11. 与车身喷涂前处理没做好有关的常见涂膜缺陷是：

（1）锈蚀。在涂装前锈垢未能彻底除净，钢材表面受到污染。

（2）附着力差。涂装前表面预处理不佳。

（3）鱼眼。旧涂膜表面处理不全面，未清洗干净。

12. 喷涂车身漆面底层时处理不当，会引起的常见涂膜缺陷有：

（1）鱼眼。旧涂膜经充分砂磨后，应用清洁的汽油洗掉旧涂膜表面的各种污物。

（2）附着力差。涂装前表面受到污染。

13. 与车身喷涂技术有关而引起的常见涂膜缺陷是：

（1）挂痕。喷枪距喷涂面太近，移动太慢，一次喷涂得过厚。

（2）露底。喷涂过薄或喷涂的层数太少。

（3）色不匀。喷幅重叠不适当，喷距太近，未能保持喷枪与工作表面的正确角度。

14. 与涂料质量有关的常见涂膜缺陷是：

（1）渗色。常产生在涂浅色面涂层的场合。底涂层涂料被易形成渗色的材料所污染。

（2）龟裂。所用面漆的耐候性差。

（3）粉化。所选用涂料的耐候性差。

例题解析

❶ 判断题

例题： 面漆要求涂料不应太细，而底漆则要求涂料要细，以免影响涂膜的附着力。（ ）

解析： 此题为判断题，如果此题正确，应（√），错误应（×）。此题是考查涂料细度性能检验方面的知识。面漆要求涂料要细，而底漆则要求涂料不应太细，以免影响涂膜的附着力。所以此题答案为（×）。

2 单项选择题

例题： 用铅笔硬度法测定漆膜的硬度时，手握铅笔与试样成（ ）角。

A. 30°　　B. 45°　　C. 60°

解析： 此题为单项选择题，只有一个正确答案，将选择的正确答案填在（ ）内。此题是考核涂膜硬度性能检验方面的知识。铅笔硬度法测定涂膜硬度时，手握铅笔与试样成45°角，用以1mm/s的速度向前推进。所以此题答案为（B）。

3 多项选择题

例题： 常用的涂层附着力检测方法有（ ）。

A. 打磨法　　B. 画圈法

C. 十字画格法　　D. 铅笔附着力测定法

解析： 此题为多项选择题，有一个或多个正确答案，将选择的正确答案填在（ ）内。此题是考核涂层附着力性能检验方面的知识。常用的涂层附着力检测方法有画圈法和十字画格法。所以此题答案是（BC）。

习题及答案

一 习题

（一）判断题

1. 涂装是指将涂料涂覆于经处理后的被涂物体表面上。（ ）
2. 涂料作为保护和装饰材料使用，它本身又是半成品。（ ）
3. 在涂料的性能检验中，涂料固体分含量就是所含不挥发成分的百分比。（ ）
4. 涂料的流平性是检测涂料经涂饰后，刷纹或橘皮消失，形成平滑表面所需要的时间。（ ）
5. 涂料的流平性太好，易产生流挂、流痕等缺陷。（ ）
6. 涂料的流平时间大于干燥时间，涂料没有完全流平就已干燥。（ ）
7. 流平时间大于干燥时间，涂膜容易产生垂流。（ ）
8. 涂料的遮盖力好，会增加施工及工作量。（ ）
9. 涂料储存稳定性越好，储存期就越长。（ ）
10. 对超过储存期的涂料，要按涂料的技术条件规定项目重新检测。（ ）
11. 涂装前，对被涂物表面进行的一切准备，称表面预处理。（ ）
12. 国家标准由国务院标准化行政主管部门制定。（ ）
13. 表面预处理是涂料涂装的第一道工序。（ ）
14. 涂层受到碰撞冲击，对碰撞区的防护层会造成损坏，但不会影响其他部位。（ ）
15. 涂装工艺规程，是指导和管理施工作业的。（ ）
16. 底涂层是物体表面的基础用料。（ ）

17. 底涂层的主要作用是提供附着力和防腐蚀。 ( )

18. 面漆要求涂料不应太细，而底漆则要求涂料要细，以免影响涂膜的附着力。 ( )

19. 刮涂原子灰可代替钣金所做的工作。 ( )

20. 风干腻子，越厚干得越快。 ( )

21. 载运化学品的载货汽车对面漆的耐化学品性要求很高，装饰性要放在第二位。 ( )

22. 面漆是物体表面最外层的涂膜，起着装饰、标识和保护物面的作用。 ( )

23. 随汽车工业的发展，对涂膜表面的要求越来越高，而最大障碍之一是涂膜中带入脏物。 ( )

24. 涂膜性能的检测结果，基本反映了产品的内在质量水平和它的功能水平。 ( )

25. 附着力是检测涂膜与被涂物表面结合在一起的牢固程度。 ( )

26. 目前附着力的检测都会破坏涂膜表面。 ( )

27. 涂膜的光泽是指涂膜受到光线照射后吸收光线的能力。 ( )

28. 涂膜的光泽度越高，其保护能力及防腐能力越强。 ( )

29. 涂膜的硬度指标体现涂膜抗擦划碰撞及压陷的能力。 ( )

30. 失光是涂膜老化的最初特征，涂膜逐步丧失原有光泽，直至发展成全部失光。 ( )

(二) 单项选择题

1. 我国的涂料产品很多，相应的标准也很多，属于国家标准的有（ ）项。

A. 48　　B. 32　　C. 2　　D. 12

2. 我国涂料产品的行业标准有（ ）多项。

A. 100　　B. 200　　C. 50　　D. 300

3. 在涂料细度测定中，刮板细度是以（ ）为单位的。

A. 厘米（cm）　　B. 毫米（mm）　　C. 微米（μm）

4. 流平性是以（ ）单位记录的。

A. 秒（s）　　B. 分（min）　　C. 小时（h）

5. 涂料遮盖力测定采用单位面积测量法，是以（ ）单位表示。

A. g/m^2　　B. kg/m^2　　C. g/m^3　　D. kg/m^3

6. 轿车车身表面，一般要求光泽度大于（ ）。

A. 70%　　B. 80%　　C. 90%

7. 双组分涂料混合后最好先放置一定时间，便于两组分能均匀缓慢地反应，这段时间称（ ）。

A. 活化期　　B. 使用期

C. 保质期　　D. 熟化期

8. 在影响涂层质量的因素中，影响比例最高的是（ ）。

A. 表面预处理　　B. 涂料的质量

C. 涂施的工艺　　D. 干燥的因素

9. 在下列涂膜性能的测试中，（ ）不会损坏涂层表面。

A. 附着力测定　　B. 光泽的测定　　C. 硬度的测定

10. 下列涂膜的老化现象中，（ ）显示涂膜老化趋向严重阶段。

A. 失光　　B. 变色　　C. 起泡　　D. 粉化

11. 用铅笔硬度法测定漆膜的硬度时，手握铅笔与试样成（　）角。

A. 30°　　B. 45°　　C. 60°

（三）多项选择题

1. 车身涂装质量检验包含（　　）等内容才能真正评定车身涂装质量。

A. 原材料的性能　　B. 施工时性能

C. 涂膜的性能　　D. 涂层质量

2. 我国的标准包括（　　）。

A. 国家标准　　B. 行业标准　　C. 地方标准

D. 企业标准　　E. 自定标准

3. 涂料的细度直接影响（　　）。

A. 涂膜平整性　　B. 涂膜的保护性

C. 涂膜的透水性　　D. 涂料储存稳定性

4. 涂料的固体分含量的高低对（　　）有影响。

A. 涂料用量　　B. 涂饰次数　　C. 涂层膜厚

D. 遮盖力　　E. 光泽度

5. 影响涂料流平性与（　　）等情况有关。

A. 溶剂的溶解力　　B. 溶剂的挥发速度

C. 喷枪的出漆量　　D. 施工环境温度

E. 喷房空气流速　　F. 一次成膜厚度

6. 按生产过程的次序，质量检验的种类有（　　）。

A. 进货检验　　B. 过程检验

C. 最终检验　　D. 工艺检验

7. 影响涂料遮盖力的因素有（　　）。

A. 颜料密度　　B. 颜料颗粒大小

C. 颜料的分散性　　D. 颜料的颜色

8. 在储存涂料时，不允许与（　　）等混合存放。

A. 不燃性物质　　B. 可燃物质

C. 氧化剂　　D. 金属粉末

9. 汽车涂装是一个完整的工艺过程，必须对涂装的（　　）等阶段进行检验。

A. 涂料的检验　　B. 被涂物表面的检验

C. 工艺过程检验　　D. 涂层的检验

10. 下列表面预处理的方法中，属于化学处理方法的是（　　）。

A. 喷砂除锈　　B. 酸洗除锈

C. 磷化处理　　D. 纯化处理

11. 下列表面预处理的方法中，属于物理处理方法的是（　　）。

A. 喷砂除锈　　B. 酸洗除锈

C. 砂磨除锈　　D. 磷化除锈

12. 涂料的检测项目主要有（　　）。

A. 细度检测　　B. 固体分含量的检测

C. 流平性的检测　　D. 遮盖力的检测

E. 存储稳定性的检测　　F. 活化期的检测

13. 与表面预处理的方法相适应的是（　　）。

A. 工件的用途　　B. 工件的材质

C. 工件的要求　　D. 工件的表面状况

14. 下列涂膜类型中，对装饰性无明显要求的是（　　）。

A. 高级装饰涂膜　　B. 装饰性涂膜

C. 保护装饰性涂膜　　D. 一般防护性涂膜

E. 特殊防护性涂膜

15. 腻子的基料中包含（　　）。

A. 颜料　　B. 填充料

C. 油料或树脂　　D. 催干剂

E. 固化剂　　F. 溶剂

16. 腻子的刮涂次数主要取决于（　　）。

A. 工件表面状况　　B. 施工质量要求

C. 腻子干燥速度　　D. 操作人员技术水平

17. 中途底漆面漆应具备的特性是（　　）。

A. 增强底、面漆间的附着力　　B. 提高底涂层的封闭性

C. 能填充细微的痕迹　　D. 提高涂层的光泽

E. 优良抗紫外线性能

18. 常用的涂层附着力检测方法有（　　）。

A. 打磨法　　B. 画圈法

C. 十字画格法　　D. 铅笔附着力测定法

19. 喷涂车身漆面底层时处理不当，会引起（　　）等问题。

A. 橘皮　　B. 鱼眼　　C. 流挂

D. 起花　　E. 附着力差

20. 与车身喷涂技术有关而引起的现象是（　　）。

A. 腻子痕　　B. 起泡　　C. 挂痕

D. 露底　　E. 色不匀

21. 与涂料质量有关的现象是（　　）。

A. 渗色　　B. 发白　　C. 鱼眼

D. 龟裂　　E. 粉化

22. 与车身喷涂前处理没做好有关的现象是（　　）。

A. 锈蚀　　B. 粉化　　C. 反色

D. 附着力差　　E. 鱼眼

二 习题答案

（一）判断题

1. ×　2. ✓　3. ✓　4. ✓　5. ✓　6. ✓　7. ×　8. ×　9. ✓　10. ✓

11. ✓　12. ✓　13. ✓　14. ×　15. ✓　16. ✓　17. ✓　18. ×　19. ×　20. ×

21. ✓　22. ✓　23. ✓　24. ✓　25. ✓　26. ✓　27. ×　28. ✓　29. ✓　30. ✓

(二) 单项选择题

1. A　2. A　3. C　4. B　5. A　6. D　7. D　8. A　9. B　10. D　11. B

(三) 多项选择题

1. ABCD　2. ABCD　3. ABCD　4. ABCD　5. ABCDEF
6. ABC　7. BCD　8. BCD　9. ABCD　10. BCD
11. AC　12. ABCDEF　13. ABCD　14. DE　15. ABCDF
16. ABD　17. ABCD　18. BC　19. BE　20. CDE
21. ADE　22. ADE

第10章 模拟试题及参考答案

模拟试题一

一 判断题（30题，每题1分，共30分）

1. 涂料仓库照明开关应安装在库内，防止外人随便开启。 （ ）
2. 人体同时触及两根火线，引起的触电称两相触电，比单相触电后果严重得多。 （ ）
3. 当代轿车的车身大部分采用非承载式。 （ ）
4. 汽车上使用的塑料只有热固性塑料。 （ ）
5. 镀层薄钢板按镀层不同分为镀锌、镀锡和镀铅薄钢板三种。 （ ）
6. 镀锌板的表面已进行过钝化或磷化处理，涂装时不用再喷涂底漆。 （ ）
7. 金属表面预处理的方法有氧化和钝化两种。 （ ）
8. 涂料成膜的过程都是有机化学反应。 （ ）
9. 体型高分子受热到一定的温度范围开始软化，属热塑性高分子。 （ ）
10. 涂料中添加助剂可以根本改变涂料的性能。 （ ）
11. 溶剂的挥发是涂料干燥过程的一部分。 （ ）
12. 一般颜料颗粒越小，色调越深，亮度越大。 （ ）
13. 固化剂主要应用于不能自干或烤干结膜的涂料中。 （ ）
14. 红外线加热，被加热材料深色越深，干燥越慢。 （ ）
15. 喷烤合一的烤漆房，喷涂时的空气流速小于烘烤时的空气流速。 （ ）
16. 烤漆房烘干时，温度最高不超过80℃，若温度超过90℃可能引起爆炸等。 （ ）
17. 打磨机振动幅度大，磨腻子速度快。 （ ）
18. 锆铝磨料有独特的研磨刃性，研磨时产生热量少。 （ ）
19. 底漆的作用主要是提供附着力和防腐蚀，但不具备填补缺陷功能。 （ ）
20. 单工序颜色比较单调，多工序效果比较丰富。 （ ）
21. 面漆工序越多，喷涂与修补越复杂。 （ ）
22. 明度和光源亮度是一样的意思。 （ ）
23. 原子灰打磨只能干磨，不能水磨。 （ ）
24. 原子灰干磨后，每次都要用气管吹尘、除油。 （ ）
25. 涂料的选择应符合塑料制品的特性和质地。 （ ）
26. 汽车车身的涂装修复，主要是防止腐蚀，其次才是美观。 （ ）
27. 不同车身材料的防腐方法是相同的。 （ ）

28. 抛光机都是单向旋转式的，一般具有砂磨和抛光机双效功能。（　）

29. 抛光盘颜色不同，功能不同。（　）

30. 涂膜的光泽是指涂膜受到光线照射后吸收光线的能力。（　）

二 单项选择题（30题，每题1分，共30分）

1. 涂料在施工中会有大量易燃溶剂挥发，由于其（　）低，极易燃烧。
A. 闪点　B. 着火点　C. 自燃点

2. 汽车发动机罩盖是（　）。
A. 铆接连接　B. 位置可以调节　C. 不能调节

3. 塑料中加入添加剂是为了改善其（　），扩大其使用范围。
A. 性能　B. 塑性　C. 强度

4. 角钢大小可用号数表示，其数值表示角钢的边长，单位为cm，如3号角钢表示边长为（　）mm 的等边角钢。
A. 30　B. 3　C. 300

5. 金属防腐且经济有效的覆盖层是（　）。
A. 化学表面处理层　B. 涂料涂膜　C. 金属热喷涂层

6. 判断酸雨危害程度的标准是pH值，pH值为（　）的酸碱度等于蒸馏水。
A. 6　B. 7　C. 9

7. 乙醇酒精的分子式是（　）。
A. CH_3OH　B. C_2H_5OH　C. CH_4

8. 下列变化中，（　）属于物理变化。
A. 水变成水蒸气　B. 木炭燃烧　C. 铁变成铁锈

9. 涂料的许多特性，主要取决于（　）的性能。
A. 树脂　B. 颜料　C. 添加剂　D. 溶剂

10. 在烤房喷涂时，空气流速最好控制在（　）m/s。
A. 0.03 ~ 0.06　B. 0.04 ~ 0.07　C. 0.3 ~ 0.6　D. 3 ~ 6

11. 小面积的喷涂修补使用（　）最合适。
A. 吸上式喷枪　B. 重力式喷枪　C. 压送式喷枪　D. 加压式喷枪

12. 常规空气喷枪一般喷涂距离应保持在（　）cm。
A. 10 ~ 15　B. 15 ~ 20　C. 20 ~ 25　D. 25 ~ 30

13. 安装油水分离器时，与空气压缩机的距离最好为（　）m。
A. 2 ~ 3　B. 3 ~ 5　C. 5 ~ 7　D. 8 ~ 10

14. 目前使用的空压机有多种形式，供气量最小的是（　）空压机。
A. 活塞式　B. 螺杆式　C. 隔膜式　D. 离心式

15. 调配聚酯腻子，一般固化剂的比例是（　）。
A. 1% ~ 2%　B. 2% ~ 3%　C. 3% ~ 5%　D. 5% ~ 10%

16. 可见光的波长范围是（　）nm。
A. 300 ~ 600　B. 400 ~ 700　C. 400 ~ 700

17. 称量色母的电子秤要求精度为（　）g。
A. 0.001　B. 0.01　C. 0.1　D. 1

模块G　车身涂装

18. 聚酯腻子配制后，要求（　）min内用完。

A. 2 ~ 3　B. 3 ~ 5　C. 5 ~ 7　D. 7 ~ 10

19. 机械打磨羽状边，选用（　）干磨砂纸为宜。

A. P60　B. P80　C. P120　D. P180

20. 底色漆的喷涂标准为（　）。

A. 2 ~ 3层　B. 3 ~ 4层　C. 4 ~ 5层　D. 均匀覆盖

21. 造成车身防腐层早期损坏的原因是（　）。

A. 污染的空气　B. 碰撞　C. 不正确的表面处理方法

22. 用除油剂脱脂除油处理时，建议每次清除（　）m^2的面积，且一块一块进行。

A. 0.2 ~ 0.3　B. 0.5 ~ 0.6　C. 0.8 ~ 0.9　D. 1 ~ 1.2

23. 磷化底漆的膜厚为（　）μm。

A. 5 ~ 10　B. 10 ~ 15　C. 15 ~ 20　D. 20 ~ 25

24. 两个颜色在明度上有差异,在孟塞尔颜色定位坐标显示的是（　）的不同。

A. 垂直坐标　B. 水平坐标　C. 环形坐标

25. 在颜色配方中，珍珠色母的量占（　），就无法将侧光调暗。

A. 40%　B. 30%　C. 20%　D. 10%

26. 在涂装修补施工中，喷涂手法对（　）影响最小。

A. 素色　B. 金属色　C. 珍珠色　D. 幻彩色

27. 我国的涂料产品很多，相应的标准也很多，属于国家标准的有（　）项。

A. 48　B. 32　C. 24　D. 12

28. 在涂料细度测定中，刮板细度是以（　）为单位的。

A. 厘米（cm）　B. 毫米（mm）　C. 微米（μm）

29. 流平性是以（　）单位记录的。

A. 秒（s）　B. 分钟（min）　C. 小时（h）

30. 下列涂膜的老化现象中，（　）显示涂膜老化趋向严重阶段。

A. 失光　B. 变色　C. 起泡　D. 粉化

三 多项选择题（20题，每题2分，共40分）

1. 导致汽车车身变形的因素很多，主要包括（　）。

A. 锈蚀　B. 碰撞　C. 断裂　D. 磨损

2. 涂料中加入增塑剂后，（　）性能有所下降。

A. 抗张强度　B. 硬度　C. 耐热性

D. 延伸性　E. 附着力

3. 在下列涂料的组分中，不能单独成膜的物质是（　）。

A. 树脂　B. 颜料　C. 助剂　D. 溶剂

4. 在实际施工中，涂料的烘干时间与（　）等因素有关。

A. 涂料的颜色　B. 工件的形状　C. 工件的材质

D. 工件的厚度　E. 工件的质量

5. 调配颜色前要做好（　）等准备工作。

A. 色母已搅拌均匀　B. 色母的数量能满足

C. 调色罐是干净的

D. 电子秤已校准

E. 搅拌尺已准备好

6. 调整金属色侧视效果的手段主要有（　　）。

A. 改变基调色母间比例

B. 合适的银粉组合

C. 使用银粉控色剂

D. 通过白色色母

E. 使用青黄或鲜黄色母

F. 多使用透明色母

7. 腻子经涂刮打磨后，要求达到（　　）。

A. 平整

B. 光滑

C. 无砂孔

D.无接口痕

E. 腻子边缘无锯齿状

8. 磷化底漆适用于（　　）等材质上涂饰。

A. 钢材

B. 玻璃钢

C. 铝

D. 铜

E. 塑料

F. 铝镁合金

9. 涂装表面进行预处理时，应根据被涂物的（　　）来选择不同处理方法。

A. 用途

B. 材质

C. 形状

D. 表面状况

E. 颜色

10. 下列表面预处理的方法中，属于物理处理方法的是（　　）。

A. 喷砂除锈

B. 酸洗除锈

C. 砂磨除锈

D. 磷化除锈

11. 车身钣金修复质量会直接影响涂层质量，故钣金件修复后必须做到（　　）。

A. 圆顺平整

B. 线条分明

C. 过渡自然

D. 凹坑深度不超过2mm

E. 无裂纹开口现象

F. 平滑光亮

12. 罩光清漆的作用是（　　）。

A. 保护底色漆

B. 防止金属颜料氧化

C. 抗紫外线

D. 提高光泽

E. 提高饱满度

F. 显示艳丽色彩

13. 抛光的作用是（　　）。

A. 增加漆膜光泽

B. 消除粗粒划痕

C. 消除流痕橘皮

D. 清除泛白泛色

E. 清除老化层

F. 去除修补区新旧涂层交界痕迹

14. 塑料产品种类多，不同品种性能有所不同，一般的鉴别方法有（　　）。

A. 硬度鉴别

B. ISO代号鉴别

C. 燃烧鉴别

D. 焊接法鉴别

E. 敲击法鉴别

15. 汽车涂装是一个完整的工艺过程，必须对涂装的（　　）等阶段进行检验。

A. 涂料的检验

B. 被涂物表面的检验

C. 工艺过程检验

D. 涂层的检验

16. 下列涂膜类型中，对装饰性无明显要求的是（　　）。

A. 高级装饰涂膜

B. 装饰性涂膜

C. 保护装饰性涂膜

D. 一般防护性涂膜

E. 特殊防护性涂膜

17. 与车身喷涂技术有关而引起的现象是（　　）。

A. 腻子痕　　B. 起泡　　C. 挂痕
D. 露底　　E. 色不匀

18. 与涂料质量有关的现象是（　　）。
A. 渗色　　B. 发白　　C. 鱼眼
D. 龟裂　　E. 粉化

19. 与车身喷涂前处理没做好有关的现象是（　　）。
A. 锈蚀　　B. 粉化　　C. 反色
D. 附着力差　　E. 鱼眼

20. 在金属色涂料中，色泽效果与（　　）等情况有关。
A. 金属颗粒的位置　　B. 金属颗粒排列角度
C. 金属颗粒的大小　　D. 光油层厚度
E. 光线的照射角度　　F. 人员观察角度

模拟试题一参考答案

一 判断题

1. ×	2. ✓	3. ×	4. ×	5. ✓	6. ×	7. ×	8. ✓	9. ×	10. ×
11. ✓	12. ✓	13. ✓	14. ×	15. ×	16. ✓	17. ✓	18. ✓	19. ✓	20. ✓
21. ✓	22. ×	23. ✓	24. ×	25. ✓	26. ✓	27. ×	28. ✓	29. ✓	30. ×

二 单项选择题

1. A	2. B	3. A	4. A	5. B	6. B	7. B	8. A	9. A	10. C
11. B	12. C	13. D	14. C	15. B	16. B	17. C	18. D	19. C	20. D
21. C	22. A	23. B	24. A	25. B	26. A	27. A	28. C	29. B	30. D

三 多项选择题

1. AB	2. ABC	3. BCD	4. ABCD	5. ABCDE
6. ABCDEF	7. ABCDE	8. ACDF	9. ABCD	10. AC
11. ABCDE	12. ABCDEF	13. ABCDEF	14. BCDE	15. ABCD
16. DE	17. CDE	18. ADE	19. ADE	20. ABCDEF

模拟试题二

一 判断题（30题，每题1分，共30分）

1. 施工人员平时多喝牛奶，多喝水，有利于排毒。（　　）

2. 采用半承载式车身的汽车，车身整体承受外力。（ ）

3. 铝及铝合金可焊性比铜材好，适合各种焊接方法。（ ）

4. 由于铝板抗拉强度较低，所以不宜制作承受大载荷的构件。（ ）

5. 玻璃钢本身具有很好的防腐能力，所以涂装时可选用任何底漆。（ ）

6. 工业大气通常指被化学物质污染的空气。（ ）

7. 高分子化合物的分子结构比较复杂。（ ）

8. 线形高分子受热会软化，属于热固性高分子。（ ）

9. 防锈颜料根据其防锈机理不同，可分为化学防锈和物理防锈两类。（ ）

10. 溶剂的挥发快慢与附着力无关，与流平性有关。（ ）

11. 增塑剂也称柔软剂。（ ）

12. 稀释剂的选配不当会造成很多缺陷。（ ）

13. 红外线加热，被加热工件的质量越大，干燥越慢。（ ）

14. 喷烤合一的烤漆房，喷涂时与烘烤时的空气流速是一样的。（ ）

15. 喷涂时，烤房内的气压应大于房外的气压。（ ）

16. 研磨不同形状的底材，要选用不同的打磨机。（ ）

17. 三维打磨材料是指研磨砂附着在三维纤维上形成的打磨材料。（ ）

18. 磷化底漆只能替代磷化处理，不能替代防腐底漆。（ ）

19. 在面漆的涂饰中，纯色漆只能做单工序施工。（ ）

20. 单工序是指同一种涂料经喷涂即形成完整的面漆层。（ ）

21. 色调又称色相，是区分不同色彩的视觉属性。（ ）

22. 打磨第一道腻子只求平整，不求光滑。（ ）

23. 打磨腻子层可采用单旋转打磨机打磨，效率高。（ ）

24. 腻子的涂刮范围应超出羽状边范围。（ ）

25. 如果已知车身已经喷涂过，就必须判断所使用的涂料类型。（ ）

26. 涂装维修人员不能只追求满足客户对车身表面的要求，而忽视涂层修复工艺。（ ）

27. 若车身底材防腐不好，那么再好的涂装都不能起到很好的防护作用。（ ）

28. 抛光机按动力分为电动和气动两种，转速可调。（ ）

29. 载运化学品的载货汽车对面漆的耐化学品性要求很高，装饰性要放在第二位。（ ）

30. 面漆是物体表面最外层的涂膜，起着装饰、标识和保护物面的作用。（ ）

二 单项选择题（30题，每题1分，共30分）

1. 汽车的车身可以与车架分开的是（ ）。

A. 承载式车身　　B. 半承载式车身　　C. 非承载式车身

2. 热塑性塑料数量约占全部塑料的（ ）。

A. 80%　　B. 60%　　C. 40%　　D. 20%

3. 以下不是橡胶优点的是（ ）。

A. 耐寒　　B. 耐蚀　　C. 不渗水　　D. 耐老化

4. 在金属表面上形成一层不溶性磷酸盐保护膜叫（　　）。

A. 去油处理　　B. 磷化处理　　C. 物理处理

5. 电化学腐蚀的条件是（　　）。

A. 氮气　　B. 潮气　　C. 二氧化碳

6. 以下有机物中，（　　）可制造用于消毒的福尔马林。

A. 甲醛　　B. 乙醇　　C. 甲酸

7. 下列变化中，（　　）不属于化学变化。

A. 水变成水蒸气　　B. 食物长霉　　C. 铁在潮湿环境中生锈

8. 在成膜物质的分类中，丙烯酸树脂属（　　）。

A. 天然树脂　　B. 人造树脂

C. 合成树脂　　D. 油脂

9. 对流加热烤房加热烘烤过程，每次约补充（　　）新鲜空气。

A. 10%　　B. 20%　　C. 30%　　D. 40%

10. 喷枪的气帽上有多种气孔，其中与枪幅大小有关的是（　　）。

A. 主雾化孔　　B. 辅助雾化孔

C. 扇幅控制孔　　D. 出漆孔

11. 常规空气喷枪一般气压调节范围是（　　）MPa。

A. 0.25 ~ 0.35　　B. 0.35 ~ 0.5

C. 0.5 ~ 0.7　　D. 0.7 ~ 0.8

12. 螺杆式压缩机内带油水分离器，使出气含油量小于（　　）mg/m^3。

A. 1　　B. 2　　C. 3　　D. 4

13. 下列抛光盘中，研磨力最强的是（　　）。

A. 羊毛盘　　B. 人造纤维盘　　C. 海绵盘

14. 一次刮涂的腻子层厚度不要超过（　　）mm。

A. 2　　B. 3　　C. 5　　D. 10

15. 人眼可以分辨（　　）nm波长变化引起的颜色变化。

A. 1 ~ 2　　B. 5 ~ 6　　C. 8 ~ 10

16. 色母在搅拌架上的保持期一般不超过（　　）。

A. 3个月　　B. 6个月　　C. 1年　　D. 2年

17. 羽状边打磨距凹陷部位至少要（　　）cm。

A. 1 ~ 2　　B. 2 ~ 3　　C. 3 ~ 5　　D. 7 ~ 8

18. 双组分面漆喷涂时，喷涂第二层的最佳时机为（　　）。

A. 距喷涂第一层20min以后

B. 距喷涂第一层15min以后

C. 待涂面不沾尘

19. 车身涂装形成的涂膜主要是起（　　）作用。

A. 防尘　　B. 隔腐　　C. 防水

20. 下列抛光盘中，研磨力最强的是（　　）。

A. 羊毛盘　　B. 人造纤维盘　　C. 海绵盘

21. 新车封蜡（　　）以上，在开蜡后需要进行抛光处理。

A. 6个月　　B. 1年　　C. 2年　　D. 3年

22. 国家标准规定，汽车车身涂层的防腐至少要保持（　）年。

A. 5　　B. 10　　C. 20　　D. 30

23. 两个颜色在彩度上有差异,在孟塞尔颜色定位坐标显示的是（　）的不同。

A. 垂直坐标　　B. 水平坐标　　C. 环形坐标

24. 一滴漆量的质量在（　）g之间。

A. 0.1 ~ 0.3　　B. 0.01 ~ 0.03

C. 1 ~ 3　　D. 0.02 ~ 0.05

25. 在做调色试板时，应采用“多层喷涂法”的色泽是（　）。

A. 素色　　B. 金属色

C. 珍珠色　　D. 幻彩色

26. 施工环境会对金属漆色泽带来影响，使颜色比较浅的是（　）。

A. 环境温度高　　B. 环境温度低

C. 湿度大　　D. 空气对流小

27. 我国涂料产品的行业标准有（　）多项。

A. 100　　B. 200　　C. 50　　D. 300

28. 涂料遮盖力测定采用单位面积测量法，是以（　）单位表示。

A. g/m^2　　B. kg/m^2　　C. g/m^3　　D. kg/m^3

29. 双组分涂料混合后最好先放置一定时间，便于两组分能均匀缓慢的反应，这段时间称（　）。

A. 活化期　　B. 使用期　　C. 保质期　　D. 熟化期

30. 在下列涂膜性能的测试中，（　）不会损坏涂层表面。

A. 附着力测定　　B. 光泽的测定　　C. 硬度的测定

三 多项选择题（20题，每题2分，共40分）

1. 目前，汽车修理厂可以采用（　）等方法来减少对环境的污染。

A. 选用高固体涂料　　B. 采用水性涂料

C. 选用提高涂料使用率的工具设备　　D. 对废涂料的科学管理

2. 车身门框下沿设有孔和缝的作用是（　）。

A. 改善涂料附着力　　B. 排水

C. 通风　　D. 减少质量

3. 下列材料中，属于中间涂层范围的是（　）。

A. 防锈底漆　　B. 腻子　　C. 二道浆

D. 封底漆　　E. 磷化底漆

4. 在下列涂料的组分中，形成涂膜后仍存在的物质是（　）。

A. 树脂　　B. 颜料

C. 助剂　　D. 溶剂

5. 涂料的流平性与（　）因素有关。

A. 涂层厚度　　B. 涂料黏度

C. 表面张力　　D. 溶剂的挥发

6. 色母指南的色卡能提供（　）等信息。

A. 该色母在素色漆中特性　　B. 该色母在金属漆中特性
C. 金属颗粒大小　　D. 该颜料密度
E. 该色母遮盖力

7. 在判断试板与修补区色差时，会影响正确判断的因素有（　　）。
A. 修补区域的光线　　B. 修补区域的周围环境
C. 比色区原涂膜的老化层　　D. 比色区与试板的角度一致性
E. 长时间的盯视

8. 水磨腻子时，残留水分导致的病态有（　　）。
A. 起泡　　B. 起痱子　　C. 剥落
D. 底材锈蚀　　E. 失光　　F. 橘纹

9. 腻子不能直接刮涂在（　）表面上。
A. 黑色金属　　B. 高温漆　　C. 双组分面漆
D. 酚醛底漆　　E. 磷化底漆　　F. 醇酸底漆

10. 底材经表面预处理，要求达到（　　）。
A. 无油　　B. 无锈　　C. 无水
D. 无尘　　E. 没有污物　　F. 有一定的粗糙度

11. 下列表面预处理的方法中，属于化学处理方法的是（　　）。
A. 喷砂除锈　　B. 酸洗除锈
C. 磷化处理　　D. 纯化处理

12. 以下（　）等材料是不能用在塑料件上的。
A. 塑料底漆　　B. 磷化底漆　　C. 侵蚀底漆
D. 金属处理剂　　E. 静电消除剂　　F. 柔软剂

13. 车身涂装质量检验包含（　　）等内容才能真正评定车身涂装质量。
A. 原材料的性能　　B. 施工时性能
C. 涂膜的性能　　D. 涂层质量

14. 我国的标准包括（　）。
A. 国家标准　　B. 行业标准　　C. 地方标准
D. 企业标准　　E. 自定标准

15. 涂料的细度直接影响（　　）。
A. 涂膜平整性　　B. 涂膜的保护性
C. 涂膜的透水性　　D. 涂料储存稳定性

16. 涂料的固体分含量的高低对（　　）有影响。
A. 涂料用量　　B. 涂饰次数　　C. 涂层膜厚
D. 遮盖力　　E. 光泽度

17. 影响涂料流平性与（　　）等情况有关。
A. 溶剂的溶解力　　B. 溶剂的挥发速度
C. 喷枪的出漆量　　D. 施工环境温度
E. 喷房空气流速　　F. 一次成膜厚度

18. 影响涂料遮盖力的因素有（　　）。
A. 颜料密度　　B. 颜料颗粒大小
C. 颜料的分散性　　D. 颜料的颜色

19. 在储存涂料时，不允许与（　　）等混合存放。

A. 不燃性物质　　B. 可燃物质

C. 氧化剂　　D. 金属粉末

20. 喷涂车身漆面底层时处理不当，会引起（　　）等问题。

A. 橘皮　　B. 鱼眼　　C. 流挂

D. 起花　　E. 附着力差

模拟试题二参考答案

一 判断题

1. ✓	2. ×	3. ×	4. ✓	5. ×	6. ✓	7. ×	8. ×	9. ✓	10. ×
11. ✓	12. ✓	13. ✓	14. ×	15. ✓	16. ✓	17. ✓	18. ✓	19. ×	20. ✓
21. ✓	22. ✓	23. ×	24. ×	25. ✓	26. ✓	27. ✓	28. ✓	29. ✓	30. ✓

二 单项选择题

1. C	2. A	3. D	4. B	5. B	6. A	7. A	8. C	9. A	10. C
11. B	12. C	13. A	14. C	15. A	16. C	17. D	18. C	19. B	20. A
21. C	22. C	23. B	24. D	25. C	26. A	27. A	28. A	29. D	30. B

三 多项选择题

1. ABCD	2. ABC	3. BCD	4. AB	5. ABCD
6. ABCE	7. ABCDE	8. ABCD	9. DEF	10. ABCDEF
11. BCD	12. BCD	13. ABCD	14. ABCD	15. ABCD
16. ABCD	17. ABCDEF	18. BCD	19. BCD	20. BE

附录 中华人民共和国机动车维修技术人员从业资格考试大纲

为加强机动车维修技术人员从业资格管理，提高机动车维修技术人员素质，确保机动车维修质量，根据《机动车维修管理规定》及相关法律法规和技术标准，制定本大纲。

一 适用范围

申请从事机动车维修技术负责人、质量检验员、机修、电器维修、钣金（车身修复）、涂漆（车身涂装）和车辆技术评估（含检测）等岗位的机动车维修技术人员。

二 考试内容分类及合格标准

1. 考试内容分为理论考试和技能考核两部分，全部采用模块化考试。

2. 理论考试采用计算机，使用全国统一题库，试题有判断题、单项选择题和多项选择题等三种类型，每套试题为80题，每个模块理论考试时间为90分钟。

3. 技能考核的内容和考核时间见各模块技能考核要求。

4. 各模块理论考试和各项技能考核的满分均为100分，技能考核成绩为各项技能考核成绩的综合平均，理论考试和技能考核均达到80分及以上方为合格。

5. 理论考试和技能考试成绩必须由2名考试员签字确认，单项考试成绩一年内有效。

三 考试范围

1. 机动车维修技术负责人考试范围：模块A和模块B必考，模块D、E、F、G必须选考其一，写一篇不少于3000字的技术管理论文，并通过专家审查。

2. 机动车维修质量检验员考试范围：模块A和模块C必考，模块D、E、F、G必须选考其一。

3. 机修人员考试范围：模块A和模块D。

4. 电器维修人员考试范围：模块A和模块E。

5. 钣金（车身修复）人员考试范围：模块A和模块F。

6. 涂漆（车身涂装）人员考试范围：模块A和模块G。

7. 车辆技术评估（含检测）人员考试范围：模块A和模块H。

四 考试模块

1 模块A 职业道德和法律法规（附表1）

职业道德和法律法规模块考试内容及参考分值　　附表1

考试内容		参考分值
1. 职业道德	（1）交通运输部及有关部门规定的职业道德规范 （2）机动车维修行规行约	20
2. 法律、法规、规章	（1）《道路运输条例》中与机动车维修相关的内容 （2）《机动车维修管理规定》的目的、意义及各条款的内涵	15
	（3）《大气污染防治法》中与机动车排放相关的内容 （4）《合同法》的相关内容 （5）《标准化法》的相关内容 （6）《产品质量法》的相关内容	10
	（7）《消费者权益保护法》的相关内容 （8）《劳动保护法》中与劳动保护和安全生产方面有关的内容 （9）《固体废物污染环境防治法》的相关内容 （10）《水污染防治法》及其实施细则等相关机动车维修方面的法律法规 （11）《安全生产法》的相关内容 （12）《计量法》的相关内容	10
3. 标准、规范	（1）汽车维修标准化体系	5
	（2）《汽车维修业开业条件》（GB/T 16739—2004） （3）《摩托车维修业开业条件》（GB/T 18189—2008）	15
	（4）《汽车维护、检测、诊断技术规范》（GB/T 18344—2001） （5）《营运车辆综合性能要求和检验方法》（GB 18565—2001） （6）《机动车运行安全技术条件》（GB 7258—2004） （7）《点燃工发动机汽车排放污染物限值及测量方法》（GB 18285—2005）	20
	（8）其他相关标准	5

2 模块B 技术质量管理（附表2）

技术质量管理模块考试内容及参考分值　　附表2

考试内容		参考分值
1. 技术质量管理	（1）ISO 9000（族）质量认证体系 （2）质量管理	15
	（3）设备管理 （4）配件管理	10
	（5）计量管理 （6）技术档案和工艺文件管理	10
	（7）环境保护和安全生产管理	15
2. 维修质量纠纷处理	维修质量和纠纷鉴定分析及调解	15
3. 技术支持	（1）技术培训 （2）疑难故障处理和工艺制定 （3）技术保障体系（人员、设备、资料）	15
4. 维修企业计算机管理	维修企业计算机管理知识	5
5.工时定额	制定和组织实施机动车维修工时定额	5
6.现场管理	机动车维修企业现场管理知识	10

3 模块C　维修检验技术（附表3）

维修检验技术模块考试内容及参考分值　　附表3

考试内容			参考分值
理论考试	1. 质量管理	质量管理知识	10
	2. 常用仪器、仪表和量具	（1）机动车维修质量检验常用仪器、仪表和量具的原理及使用方法	10
		（2）机动车维修质量检验常用仪器、仪表和量具的检定方法	
	3. 维修质量检验	（1）机动车维修质量检验的分类和内容	8
		（2）机动车维修质量检验的方法	9
		（3）机动车维修质量检验的技术要求	9
		（4）车身修复质量的检验知识	8
		（5）车身涂装质量的检验知识	8
		（6）车辆综合性能检测主要检测设备的原理、检测参数、使用要求	8
	4. 机动车配件质量检验和控制	（1）机动车常用材料的性能	10
		（2）机动车配件质量检验方法	10
		（3）机动车配件质量控制知识	10
技能考核	1. 配件质量检验（对指定配件进行质量检验，考核时间为20分钟）	（1）安全操作	10
		（2）仪器、仪表和量具使用的规范性	10
		（3）配件质量的检验方法	25
		（4）检测结果分析	30
		（5）配件质量检验结论	25
	2. 维修质量检验（机动车维修进厂、过程、出厂检验并正确填写检验单，考核时间为40分钟）	（1）安全操作	10
		（2）仪器、仪表和量具使用的规范性	10
		（3）检验项目及项目填写的完整性	15
		（4）检验项目填写的规范性	10
		（5）检测结果分析	30
		（6）质量检验结论	25

4 模块D　发动机与底盘维修技术（附表4）

发动机与底盘维修技术模块考试内容及参考分值　　附表4

考试内容				参考分值
理论考试	1. 机修基础知识	1）机械基础	（1）机械识图 （2）典型机械零件 （3）机动车常用材料 （4）机动车运行材料	8
		2）电工基础	（1）电子学基础知识 （2）安全用电 （3）电路图识图 （4）车用传感器	7

续上表

考试内容				参考分值
理论考试	1. 机修基础知识	3）液压基础	（1）液压传动 （2）液压控制	4
		4）维修设备、工具、量具	（1）维修常用维修设备的使用维护 （2）维修常用仪器、仪表、量具和工具的使用维护	4
		5）车用计算机控制基础	（1）控制基本理论 （2）典型控制系统 （3）车载网络技术	7
	2. 机修专业知识	1）结构原理	（1）发动机（发动机基本结构、发动机控制系统、发动机性能检测）	9
			（2）传动系（变速器—机械变速器、自动变速器、传动轴、差速器、分动箱）	7
			（3）制动系（传统制动系、电控制动系）	6
			（4）转向系（普通转向系、液压动力转向系、电动转向系）	6
			（5）悬架（普通悬架、液压悬架、气压悬架、车轮定位）	4
			（6）电控柴油机	4
			（7）机动车新技术的应用	4
		2）故障检测、诊断、维修的基本理论和知识	（1）检验检测的基本原理及方法	11
			（2）常用检测仪器的结构原理和测试方法	8
			（3）典型故障分析	11
技能考核	1. 机械零部件测量	对指定机械零部件进行测量作业（考核时间为20分钟）	（1）安全操作	10
			（2）量具、仪器、仪表、工具使用的规范性	10
			（3）测量方法	25
			（4）测量结果的分析	30
			（5）机械零部件检验结论	25
	2. 整车竣工检验	进行全面的整车维修竣工检验作业（考核时间为40分钟）	（1）安全操作	10
			（2）量具、仪器、仪表、工具使用的规范性	10
			（3）检验项目及项目填写的完整性	10
			（4）检验方法的有效性	20
			（5）检验结果分析	25
			（6）整车竣工检验结论	25

续上表

考试内容				参考分值
技能考核	3. 发动机基本参数调整	按照要求进行发动机基本参数的调整作业（考核时间为25分钟）	（1）安全操作	10
			（2）量具、仪器、仪表、工具使用的规范性	10
			（3）资料查阅能力	20
			（4）调整方法（包括零部件正确拆装）	35
			（5）调整结果	25
	4. 故障诊断排除	综合利用检测手段进行发动机故障排除（考核时间为35分钟）	（1）安全操作	10
			（2）量具、仪器、仪表、工具使用的规范性	10
			（3）故障检测方法及有效性	20
			（4）资料查阅能力	20
			（5）检测结果分析	25
			（6）故障排除方法（包括零部件的拆装等）	15

5 模块E　电器维修技术（附表5）

电器维修技术模块考试内容及参考分值　　附表5

考试内容				参考分值
理论考试	1. 电器维修基础知识	1）电工电子知识	（1）电工电子学基础知识 （2）安全用电 （3）电路图识图 （4）车用传感器	10
		2）机械基础	（1）机械识图 （2）机动车运行材料	9
		3）机动车维修设备、工具使用维护	（1）电器维修常用维修设备的使用、维护 （2）电器维修常用仪器、仪表、量具和工具的使用维护	9
	2. 电器维修专业知识	1）结构原理	（1）整车线路及电源分配中心	6
			（2）机动车电源系统、起动系、点火系统结构原理	4
			（3）机动车灯光、仪表信号系统结构原理	4
			（4）机动车防盗中央门锁系统的结构原理	4
			（5）辅助安全系统（安全气囊、安全带）	5
			（6）车载网络系统的结构原理	3

续上表

考试内容				参考分值
理论考试	2. 电器维修专业知识	1）结构原理	（7）空调系统的结构原理	5
			（8）多媒体及导航系统	3
			（9）车身附件控制系统（电动座椅、电动后视镜等）	5
			（10）机动车新技术应用	3
		2）故障检测诊断的基本理论知识	（1）电气系统故障检测的基本原理及方法	6
			（2）常用检测仪器的结构原理和测试方法	5
			（3）空调系统故障检测诊断方法	8
			（4）典型故障分析	11
技能考核	1. 电器元器件(含传感器)的检测	对指定电器元器件进行测量作业（考核时间为20分钟）	（1）安全操作	10
			（2）量具、仪器、仪表和工具使用的规范性	10
			（3）检测方法（含电器元器件的拆装）	25
			（4）检测结果分析	30
			（5）电器元器件检测结论	25
	2. 电器性能检测	对指定电器进行性能检测（考核时间为30分钟）	（1）安全操作	10
			（2）量具、仪器、仪表和工具使用的规范性	10
			（3）电器性能检测方法（含相关零部件的拆装方法）	25
			（4）检测结果分析	30
			（5）电器性能检测结论	25
	3. 空调性能检测	进行机动车空调性能的检测（考核时间为30分钟）	（1）安全操作	10
			（2）量具、仪器、仪表和工具使用的规范性	10
			（3）空调性能检测方法（含相关零部件的拆装方法）	25
			（4）资料查阅能力	10
			（5）检测结果分析	20
			（6）空调性能检测结论	25
	4. 故障诊断排除	综合利用检测手段进行车身电器故障排除（考核时间为30分钟）	（1）安全操作	10
			（2）量具、仪器、仪表和工具使用的规范性	10
			（3）故障检测方法	20
			（4）资料查阅能力	20
			（5）检测结果分析	25
			（6）故障排除方法（包括零部件的拆装等）	15

6 模块F　车身修复（附表6）

车身修复模块考试内容及参考分值　　附表6

考试内容				参考分值
理论考试	1. 车身修复基础知识	1）机动车材料及钢的热处理	（1）金属材料的基本性能	4
			（2）钢及其热处理	2
			（3）有色金属及合金	2
			（4）非金属材料	2
			（5）焊接和黏接	4
		2）机械基础知识及常用机械零件	（1）常见的机械传动	2
			（2）连接零件	2
			（3）液压传动知识	2
		3）机械制图、车身制图的识读，绘制展开图	（1）三视图的识读（零件图、简单装配图）	1
			（2）车身识图	3
			（3）绘制展开图（求线段实长，截交线、相贯线求法，展开放样）	3
			（4）典型零件的展开图（圆管展开图，两节弯头展开图，圆锥展开图，方圆接头展开图）	3
		4）安全教育	安全生产及安全防护	3
	2. 车身修复专业知识	1）机动车车身结构	（1）车架式车身结构	1
			（2）承载式车身结构	1
			（3）车身零部件	4
			（4）安全设计要求	2
		2）常用设备、钣金工具和量具	（1）剪床、压力机、卷板机、弯管机的结构原理、使用和维护	2
			（2）电动和风动工具的使用	1
			（3）量具（游标卡尺、万能角度尺、水平仪）的使用	2
			（4）焊接设备	2
		3）车身维修设备（测量系统、夹紧系统、钣金系统）及基本操作	（1）车身维修设备的结构	2
			（2）车身测量的基本原理及方法	4
			（3）车身维修设备的使用	4
			（4）碰撞事故车车身校正	6
			（5）车身尺寸的测量	4
			（6）专用工作台及定位器测量系统	2

考试内容				参考分值
理论考试	2. 车身修复专业知识	4）车身修复工艺	（1）编制车身修复工艺	3
			（2）钣金手工成型工艺	4
			（3）车身钣金修理加工工艺	4
			（4）车身钣金焊接、黏接工艺	4
			（5）车身防腐工艺	4
		5）车身碰撞损伤诊断、评估及制定车身修复工艺方案	（1）碰撞的类型及对车辆的影响	2
			（2）碰撞损坏分析	4
			（3）车身损伤诊断、评估	3
			（4）车身修复工艺方案的制定	2
技能考核	1. 电子和机械测量（考核时间为20分钟）	利用车身测量设备进行车身三维尺寸的测量	（1）安全操作	10
			（2）车身测量设备使用的规范性	10
			（3）车身测量方法	25
			（4）车身测量结果分析	25
			（5）车身资料的使用	30
	2. 拉伸（考核时间为60分钟）	对车辆进行拉伸及测量作业	（1）安全操作	10
			（2）拉伸和测量设备使用的规范性	10
			（3）拉伸工艺	35
			（4）车身资料的使用	20
			（5）拉伸质量	25
	3. 焊接工艺（考核时间为60分钟）	使用气体保护焊接设备进行立焊、仰焊和定位焊	（1）安全操作	10
			（2）焊接设备使用的规范性	10
			（3）焊接工艺	55
			（4）焊接质量	25

7 模块G　车身涂装（附表7）

车身涂装模块考试内容及参考分值

附表7

考试内容				参考分值
理论考试	1. 车身涂装基础知识	1）车身材料	（1）车身金属材料及性能	2
			（2）车身非金属材料及性能	2
			（3）车身各种材料的表面处理	4
		2）有机化合物、高分子化合物等相关的化工知识	（1）喷涂材料有机化合物、高分子化合物的种类、特性和用途	4
			（2）树脂、颜料、溶剂的种类、特性和用途	4
			（3）涂装辅料	3

续上表

考试内容				参考分值
理论考试	1. 车身涂装基础知识	3）车身喷涂材料的组成、性能、用途及成膜机理	（1）车身底漆、中间层、面漆材料的性能	4
			（2）常见喷涂材料的成膜机理	4
		4）车身喷涂材料的调配调色程序及相关知识	（1）涂料的调配、调色程序、配比	4
			（2）涂料色彩关键要素	2
		5）安全教育	安全生产及安全防护	3
	2. 车身涂装专业知识	1）机动车车身结构	（1）车架式车身结构	1
			（2）承载式车身结构	1
			（3）车身零部件	2
		2）常用喷涂设备、工具的使用维护	（1）干式和喷淋式喷漆室	2
			（2）对流烘干室、远红外辐射烘干室	2
			（3）喷烤漆房	2
			（4）喷涂工具	2
			（5）气动干磨机	1
			（6）净化装置	1
			（7）电子调漆设备	1
		3）车身涂装工艺	（1）喷涂材料的配套	3
			（2）打磨工艺	6
			（3）工艺流程的编制	4
			（4）防腐处理	6
			（5）涂层的质量检验	6
			（6）涂层的养护	4
		4）常见涂层的病态、防治方法及修复	（1）常见涂层的病态（橘皮、流痕、水迹、油迹、灰尘、色差等）的产生原因和防治方法	10
			（2）涂层病态的修复工艺	10
技能考核	车身涂装技能考核	进行车辆涂装的全套工艺作业（考核时间为150分钟）	（1）安全操作	10
			（2）涂装设备使用的规范性	10
			（3）涂装工艺	55
			（4）质量检验	25

8 模块H　车辆技术评估（附表8）

车辆技术评估模块考试内容及参考分值

附表8

考试内容			参考分值
理论考试	1. 机动车结构原理	（1）发动机、底盘、车身系统的结构原理 （2）机动车技术发展	15

续上表

考试内容			参考分值
理论考试	2. 常用检测设备	（1）机动车性能检测常用检测设备的结构和检测原理	10
		（2）机动车性能检测设备的技术发展	8
		（3）检测站计算机控制系统	7
	3. 机动车辆性能检测和车辆技术评估	（1）整车检验	6
		（2）车辆总成及技术装备检验	6
		（3）机动车动力性检测：机动车动力性能及技术状况检查、机动车动力性评价指标、机动车动力性要求、机动车动力性检验方法	6
		（4）机动车燃料经济性检测：燃料经济性的评价指标、燃油消耗量检验方法	6
		（5）机动车制动性检测：制动装置的基本要求、制动性能评价指标、制动性能要求、制动性能检验方法	6
		（6）机动车转向操纵性检测：转向操纵性一般要求、车轮定位及车轮稳定效应检验、悬架特性检验	6
		（7）机动车排放污染物控制及排放检测	6
		（8）机动车噪声控制及检验	6
		（9）照明和信号装置及其他电器设备的一般检查、前照灯检测	6
		（10）营运车辆技术等级评定项目、内容和技术要求	6
技能考核	1. 整车检验（考核时间为60分钟）	（1）安全操作	10
		（2）整车检验项目的完整性	15
		（3）整车检验流程的正确性	20
		（4）整车检验记录的规范性	20
		（5）整车检验结果分析	20
		（6）整车检验技术评定	15
	2. 制动性能检测（考核时间为30分钟）	（1）安全操作	10
		（2）制动检测设备使用的规范性	10
		（3）制动性能检测项目的完整性	15
		（4）制动性能检测的科学性	25
		（5）制动性能检测结果分析	30
		（6）机动车制动性能评定	10
	3. 前照灯检测（考核时间为30分钟）	（1）安全操作	10
		（2）前照灯检测设备使用的规范性	10
		（3）前照灯检测项目的完整性	15
		（4）前照灯检测的科学性	25
		（5）前照灯检测结果分析	30
		（6）前照灯技术评定	10